致　谢

感谢我们的编辑戴维·马森（David Musson）的妙想和支持，也感谢克莱尔·肯尼迪（Clare Kennedy）指导本手册顺利出版。

The Oxford Handbook of

MANAGEMENT

牛津管理手册

[澳]阿德里安·威尔金森
[英]史蒂文·阿姆斯特朗
[美]迈克尔·劳恩斯伯里
主编

陈 瑜 王丽娜 译

东方出版中心

图书在版编目（CIP）数据

牛津管理手册 /（澳）阿德里安·威尔金森等编；
陈瑜等译. 一上海：东方出版中心，2021.10
ISBN 978-7-5473-1852-2

Ⅰ. ①牛… Ⅱ. ①阿… ②陈… Ⅲ. ①管理学－手册
Ⅳ. ①C93-62

中国版本图书馆CIP数据核字（2021）第147133号

上海市版权局著作权合同登记：图字09-2021-0240号

牛津管理手册

主　　编　［澳］阿德里安·威尔金森　［英］史蒂文·阿姆斯特朗　［美］迈克尔·劳恩斯伯里
译　　者　陈　瑜　王丽娜
策　　划　刘　鑫
责任编辑　刘　军
装帧设计　Lika

出版发行　东方出版中心
地　　址　上海市仙霞路345号
邮政编码　200336
电　　话　021-62417400
印 刷 者　上海盛通时代印刷有限公司

开　　本　700mm × 1000mm　1/16
印　　张　37.25
字　　数　599千字
版　　次　2021年10月第1版
印　　次　2021年10月第1次印刷
定　　价　168.00元

目录

第一部分　主要的历史模式

第二部分　管理的实践/职能

第三部分　主　　题

第四部分　社会和管理组织 /机构中的管理

图解目录

表格目录

贡献者名单

主编

阿德里安·威尔金森（Adrian Wilkinson） 澳大利亚格里菲斯大学商学院劳动关系学教授及工作、组织与健康中心主任，英国拉夫堡大学、谢菲尔德大学和杜伦大学客座教授，剑桥大学贾奇商学院国际人力资源管理中心研究员。他还是 30 本图书、150 多篇期刊论文以及众多图书章节的作者、合著者或主编。他是英国社会科学院院士和澳大利亚社会科学院院士，并于 2010 年当选英国管理学院院士。他还被《人力资源杂志》选入“人力资源最具影响力国际思想者”榜单。

史蒂文·阿姆斯特朗（Steven J. Armstrong） 英国赫尔大学商学院组织行为学教授，比利时弗列里克-鲁汶-根特管理学院客座研究员。他编辑了 4 本图书，合作编辑了 8 本会议论文集，撰有 50 多篇论文或图书章节。现为《美国管理学会学习与教育》期刊副主编，《国际管理评论杂志》和《管理教育期刊》编委会成员。他也是英国特许管理学会会员，目前仍是特许工程师以及工程技术学会的会员。

迈克尔·劳恩斯伯里（Michael Lounsbury） 加拿大阿尔伯塔大学商学院桑顿·格雷厄姆讲席教授及主管研究的副院长，加拿大国家纳米技术研究所首席研究员。他的研究重点是组织与机构变革、创业动态以及新行业新工作出现这三者间的关系。他是“组织社会学研究”丛书主编、《组织研究》期刊联合主编以及《管理学年鉴》副主编，还是多个编委会成员。曾任美国管理学会组织与管理理论分会主席。

贡献者

马茨·阿尔维森(Mats Alvesson) 瑞典隆德大学、澳大利亚昆士兰大学和英国伦敦城市大学卡斯商学院工商管理教授

米歇尔·安特比(Michel Anteby) 美国波士顿大学组织行为学副教授

米·奥吉尔(Mie Augier) 美国斯坦福大学、海军研究生院教授

尼古拉·贝特曼(Nicola Bateman) 英国拉夫堡大学商业与经济学院运营管理系高级讲师

马尔科·贝尔蒂(Marco Berti) 澳大利亚悉尼科技大学(UTS)商学院讲师

罗布·布里纳(Rob Briner) 英国巴斯大学管理学院组织心理学教授

肯·布朗(Ken Brown) 美国艾奥瓦大学蒂皮商学院管理与组织学教授

凯尔·布鲁斯(Kyle Bruce) 澳大利亚麦考瑞大学管理学高级讲师

戴维·A.布坎南(David A. Buchanan) 英国克兰菲尔德大学管理学院组织行为学荣誉教授

安迪·查尔伍德(Andy Charlwood) 英国利兹大学商学院人力资源管理学教授

斯图尔特·克莱格(Stewart Clegg) 悉尼科技大学(UTS)商学院管理学教授，葡萄牙里斯本诺瓦商业与经济学院客座教授，英国纽卡斯尔大学商学院战略研究顾问

戴维·库尔帕松(David Courpasson) 法国里昂商学院社会学教授、英国卡迪夫大学教授

温迪·柯里(Wendy Currie) 法国南特高等商学院信息系统教授

克里斯蒂安·德科克(Christian De Cock) 英国埃塞克斯大学埃塞克斯商学院管理学教授

玛丽-洛尔·杰利可(Marie-Laure Djelic) 法国埃塞克高等商学院管理系教授

彼得·弗莱明(Peter Fleming) 伦敦城市大学卡斯商学院商业与社会学教授

迈克·格佩特（Mike Geppert） 德国耶拿大学经济与工商管理学院战略与国际管理学教授

罗伊斯顿·格林伍德（Royston Greenwood） 加拿大阿尔伯塔大学战略管理教授

鲍勃·希宁斯（Bob Hinings） 阿尔伯塔大学战略管理与组织系荣誉教授

格雷厄姆·霍林斯黑德（Graham Hollinshead） 英国赫特福德大学赫特福德商学院国际和比较人力资源管理专业讲座教授

金·霍克（Kim Hoque） 英国华威大学人力资源管理学教授

沃尔特·P.贾维斯（Walter P. Jarvis） 悉尼科技大学（UTS）商学院讲师

亚历山德罗尼·洛米（Alessandro Lomi） 瑞士卢加诺大学组织理论与行为学教授

克里斯·麦克纳（Chris McKenna） 英国牛津大学赛德商学院商业历史和战略专业讲座教授

尤瓦尔·米洛（Yuval Millo） 英国莱斯特大学金融与管理会计社会学教授

卢西亚拉·纳尔东（Luciara Nardon） 加拿大卡尔顿大学斯普洛特商学院国际商务副教授

克里斯·尼兰（Chris Nyland） 澳大利亚莫纳什大学国际商务教授

披拉斯特·帕塔纳库（Peerasit Patanakul） 美国宾夕法尼亚州立大学管理学副教授

达米安·奥多尔蒂（Damian O'Doherty） 英国曼彻斯特大学曼彻斯特商学院组织分析学讲师

杰弗里·平托（Jeffrey Pinto） 宾夕法尼亚州立大学管理学教授

佐薇·拉德纳（Zoe Radnor） 莱斯特大学商学院院长、服务运营管理学教授

罗纳德·E. 里焦（Ronald E. Riggio） 美国克莱蒙特·麦肯纳学院领导力和组织心理学教授

维奥丽娜·林多娃（Violina Rindova） 美国得克萨斯大学管理学教授

罗伯特·S.鲁宾（Robert S. Rubin） 美国德保罗大学德瑞豪斯商学院副教授

格雷厄姆·休厄尔（Graham Sewell） 澳大利亚墨尔本大学管理与市场营销学系教授

马克·尚利（Mark Shanley） 美国伊利诺伊大学芝加哥分校管理学教授

马丁·斯普林（Martin Spring） 英国兰开斯特大学管理科学教授

彼得·斯塔巴克（Peter Starbuck） 英国切斯特大学客座教授、英国什鲁斯伯

里大学中心创始客座教授

安德鲁·斯特迪（Andrew Sturdy） 英国布里斯托大学管理学教授

露西·塔克萨（Lucy Taksa） 麦考瑞大学市场与管理系教授

斯特凡·滕布拉德（Stefan Tengblad） 瑞典舍夫德大学商业学教授

克里斯托弗·赖特（Christopher Wright） 澳大利亚悉尼大学组织研究学教授

尼克·怀利（Nick Wylie） 英国考文垂大学人力资源管理学首席讲师

第1章

引言及理论概述

管理——过去、现在和未来

阿德里安·威尔金森、史蒂夫·阿姆斯特朗和迈克尔·劳恩斯伯里

管理者是现代组织生态中的守旧落伍分子。管理时代即将结束……(Cloke and Goldsmith，2002)

——《管理的终结》(《华尔街日报》标题，2010年8月21日)

管理仍然是现代社会的核心特征和功能，通常被认为是通过组织和协调人员来达成目标。在20世纪，某些“经典”的公司模式和科层制管理可能被视为一种普遍的组织形式（Weber，1978），而在后福特时代，全球化、知识驱动着当代世界，随着越来越多的人质疑旧模式，我们开始看到了更多不同的管理模式、原则和风格（Diefenbach and By，2012；du Gay and Morgan，2013；Holmqvist and Spicer，2012）。

正如许多学者所记录的（例如Barley and Kunda，1992），管理的功能、意识形态、实践形式和理论随着时间的推移而发生了变化，并且可能根据组织的不同模式（Morgan，1986）以及不同的文化和社会形式而改变（Bendix，1956；Guillén，1994）。尽管行政、公司或工厂的管理者可能衰落，但管理作为一种精神、组织原则、文化和学术教育及研究的领域，其在过去半个世纪中急剧增加，并且通过我们许多贡献者所在的大学商学院的影响遍及全球。在我们生活的组织社会范围内，管理思想和实践不仅在营利性公司中很普遍，而且在非营利性公司、合作社、国家机构以及需要组织机构的社会任何方面都很普遍（Hwang and Powell，2009；Perrow，1991；Scott and Davis，2015）。

2 本手册的目的是分析和探索管理的演进：核心功能及其可能发生的变化；它在现代社会的文化/时代精神中的地位；支撑它的机制和意识形态；以及未来可能的挑战和变化。在此过程中，我们对管理进行了全面概述，包括其历史、发展、背景、在组织和社会中不断变化的功能、关键要素和关键功能，以及当代和未来的挑战。我们提出这样的疑问，20世纪是不是公司管理者、科层管理者的“黄金时代”，如果是，那么未来会如何？如果它的确是“黄金时代”，那么过去五十年对管理的兴趣激增，管理教育、管理文化和商业文化也随之迅猛发展，原因究竟何在？

本手册概述并详细分析了管理的主要功能，以及这些功能是如何随时间而变化的。本手册的各章节由来自该领域的多位国际著名学者撰写。本手册的主要内容是对管理学科的回顾性和前瞻性概述，并对过去和现在的理论进行批判性评估，同时展望未来。本手册通过研究该领域的整体性和知识层面的统一性，强调了管理理论的多样性，同时还审视了管理的各关键要素之内和之间的共振作用。

管理领域的跨学科性质，反映在力图对管理的角色加以分析、促进和批判的各篇目中。每章都提供了对该领域各层面的全面而批判性的概述，对主要争议和研究的讨论，以及对相应主题中新兴议程的评估。

历史背景

根据鲍登和拉蒙德（Bowden and Lamond，2015：viii）的说法：

> 即使全球商学院数量的增长，以及近年来进行的大量管理研究，关于“管理”的构成仍然存在很大的困惑。同时，关于管理作为一种组织工作和创造财富的实用系统，是何时、何地以及如何出现的，也存在误解。例如，在学术界和更广阔的商业界，普遍都认为管理已经存在了数千年。

他们注意到，历史学家通常对发生在工业革命数百年（甚至数千年）前的管理持模糊的看法，而金字塔建造就是早期管理的例子，因为波拉德（Pollard，1965）指出，与金字塔建造者不同，现代管理者不仅要显示绝对的结果，还要
3 将它们与成本相关联，并具有竞争力。他们从波拉德和雷恩身上汲取灵感，将

工业革命视为创造现代管理的关键，尽管不是以蒸汽机为动力；他们认为这与工业革命所产生的新思维方式有更多关系。从这个意义上讲，我们可以将管理视为解决企业发展所产生问题的对策（Fligstein，1990；Willman，2014），并且工业革命和竞争压力所产生的特定对策，导致了广泛的通用管理模式。泰勒主义创造了我们今天所知的管理方法，管理者承担起工人以前所承担的责任和技能，并且还系统地承担起这些责任（Salaman，1995：9）。当然，这在很大程度上取决于我们所说的管理。罗斯玛丽·斯图尔特（Rosemary Stewart，1967）的经典论点认为，管理是指通过他人来完成事情，将管理确立为一种与山丘一样古老的普遍活动，但这是将管理作为一种人类活动而不是一种独特的职业，作为人类我们都必须管理。管理是通过人来完成事情的艺术，但并非所有人都承担管理的职责。我们对生活的普通（正常）需求是由组织提供的，这些组织要求管理者来经营它们，因此管理者在现代社会中起着重要作用。

从工业革命开始，组织的规模已经扩大到无法由所有者控制的程度，因此管理人员开始对它们负责。正如里德所说：

> 人们认为有效的公司控制权已经从私人所有者手中转移到管理技术官僚的圈内，这些管理层被迫关注政策对各种各样的、令人困惑的一系列利益集团的影响，这些利益集团必须被塑造成一个一致和可持续的公众选区。资本家阶级的统治正在让管理技术一致的力量日益强大。（Reed，1992：13）

这并不是说一切都是新的。威尔曼（Willman，2014）等人指出，鉴于所有大型组织都必须处理协调和控制问题，在工业革命之前，管理军械库的方法大部分都是可行的，这本身就引发了代理和问责制的问题，并以意大利文艺复兴时期威尼斯商人的兵工厂为例。

但是，管理不仅是技术的，还是社会的。因此管理任务成为一项既要控制工作意义，又要控制任务执行的任务。也就是说，管理的任务是需要激励和热情的，而不仅仅是提供命令（Grugulis et al.，2000）。正如华生所说：

> 塑造人类活动需要系统规则和程序，但即使是在具有共同利益的组织

> 中工作的人们，也有不同的个人利益，而规则本身不足以使人们聚在一起。（Watson，1994：33）

里德描述了从“压抑控制到诱惑控制”的转变，用情感性而不是生产性的术语重新定义了工作。

4 管理的兴起作为对商业发展和外部事件的回应，也有助于塑造这些发展（Willman，2014：4），并且在过去的一个世纪中，管理教育计划的数量急剧增加。尽管对管理教育的相关性（Pfeffer and Fong，2002）和有效性（Mintzberg，2004）的质疑越来越多，但恩瓦尔（Engwall，2007）显示了在18世纪将经济学科引入欧洲大学的早期尝试（例如，1727年在德意志奥得河畔的法兰克福、林特尔恩；1741年在瑞典乌普萨拉）。最早的著名商业教育机构始于19世纪中叶。商学院也于这段时间在世界其他地区建立，例如在日本的东京（1887）、大阪（1901）和神户（1902），以及印度（1913）。在英国，直到英国管理学会（成立于1948年）组建了一个委员会来处理管理教育的各方面问题（Ivory et al.，2006）后，才开始加速发展（Tiratsoo，1998）。但直到1963年罗宾斯报告呼吁建立两所研究生商学院后，英国的商业教育在20世纪60年代初才真正开始有增长势头。此后不久，华威大学成立了商业教育中心，然后1965年曼彻斯特大学和伦敦大学也建立了两所新的商学院。到70年代，英国237所大学提供管理教育（Tiratsoo，1998），到90年代，英国的商学院每年为英国经济带来超过4亿英镑的收入（Crainer and Dearlove，1999）。恩瓦尔（Engwall，2007）指出，北欧、中欧和东欧的商学院数量激增，并且值得注意的是美国模式在其发展中起着主导作用。

这些商学院的根源可以追溯到美国，尤其是1881年，美国商人约瑟夫·沃顿（Joseph Wharton）在宾夕法尼亚大学的沃顿商学院创立了商科学士学位，尽管与此同时，其他商学院出现在欧洲，例如HEC（巴黎高等商学院）和德国商学院。沃顿商学院被认为是第一所著名的商学院，它的建立，有点讽刺，正如我们将在本手册后面展示的，基于他对当时大学中普遍的“干中学”方法的批判。沃顿商学院倾向于采用结构化和理论化的管理教育方式（Sass，1982）。将近八十年后，他的批评在两项具有里程碑意义的研究中得到了回应，这些研究改变了管理教育的面貌。1902年，第一个工商管理硕士学位（MBA）

出现在美国达特茅斯学院的塔克商学院。该学院由国际金融家和慈善家爱德
华·塔克（Edward Tuck）于 1900 年建立（Friga，Bettis and Sullivan，2003），
该时期也是工商业出现爆炸性增长的时期。1908 年，哈佛商学院开设了首个
MBA 课程，斯坦福大学也于 1925 年效仿。到 1915 年，美国大约有 40 所商学
院，一年后，国际商学院协会（也称为 AACSB）成立认证机构。到 1925 年，
美国的商学院数量增加了五倍，达到近 200 所。有趣的是，当时大多数的商业 5
学教授要么是在职的，要么是退休的公司经理，他们专注于分享在工作场所学
到的经验教训。

20 世纪 50 年代，在北美福特基金会和卡内基公司委托进行了两项里程碑式的研究，推动了大规模改革，在此之后，早期的管理教育“贸易学校”方法戛然而止。这些措施旨在使商学院更具学术性和研究性，能与其他大学的学术课程保持一致。随之而来的管理教学专业化带来了诸如金融、市场营销、法律、管理科学等商务功能的主导，但有趣的是，管理本身并不是主导。这些改革鼓励了管理教育的科学模式（Bennis and O'Toole，2005）。如今，美国（Mintzberg，2004）和欧洲（Ivory et al.，2006）的商学院的战略和结构都与 20 世纪 50 年代建立的相似。

本尼斯和奥图尔（Bennis and O'Toole）认为，这种科学模型是基于这样一个错误的假设，即管理学是化学或物理学之类的学科，而最好将其视为医学或法学等专业。他们认为，商学院的教授对学术出版了解很多，但很少有人真正从事过相关工作。这与医学院形成鲜明对比，例如医学院的教学人员经常是在职的医生。在过去的二十年里，关于商学院学习的学术严谨性和实践相关性的争论已经被广泛讨论。明茨伯格（Mintzberg，2004：32）观察到，“当企业英勇地打破各自为政的壁垒时，商学院却努力地加强它们”。

但是，许多人认为管理不是专业。社会学家已经确定了专业的四个共同方面：共同的知识体系；作为系统用于个人在被许可或允许执业之前，证明其具有此类知识；致力于将专业知识用于公益事业；以及道德准则，其中规定了监督个人遵守该准则的情况，并规定了执行该准则的制裁制度（Khurana et al.，2005）。当我们将商业管理与更传统的专业（例如医学或工程学）进行比较，并应用这四个方面时，我们可以发现管理很匮乏。没有可靠的通用知识体系，以解释大部分的商业社会环境。对于有抱负的成员而言，既没有正式的教育要

求，也没有考试和许可的系统。MBA 不是成为管理者的必要条件。商业管理者并未普遍致力于公益事业，最后也不受共享的规范性准则的约束（Khurana et al.，2005）。

管理不是一门科学，而是一门艺术，有效的管理发生在艺术（强调洞察力）、科学（强调分析）和工艺（强调经验）相遇的地方（Mintzberg，2004）。它涉及“变得自觉、参与、整理和优先考虑一个内在混乱的、纷乱芜杂的世界，这些需求正是管理者所关注的”（Chia，2005：1092）。管理与其说是一门科学，不如说是一种后天的应对能力；与其说是一门专业，不如说是一套熟练的实践；与其说是一个研究领域，不如说是一种方法现象。具有讽刺意味的
6 是，科学管理可能太成功了，在解决问题和管理问题上有太多的科学方法（Mintzberg，2004；参见 Armstrong and Fukami，2009）。

总体而言，我们遵循威尔曼（Willman，2014：4）的观点，将管理学视为一门应用社会科学。威尔曼确定了三个特征：第一，它是衍生的、折中的和支离破碎的；第二，在 19 世纪 90 年代的大多数商业理论中，它是在相对较短的时间内出现的；第三，它几乎都出现在英语国家和说英语的国家，即使它并不都起源于那里。

话虽如此，此书提供的是该学科的发展现状。我们希望读者能从书中章节得到启发，并将着手解决未来的许多需求。

各章概览

本手册结合了过去、现在和未来管理领域顶尖学者的观点。本手册分为四个部分，包含 26 章。在第一部分中，我们从管理的科学模型出发，开始讨论管理学的主要历史模型。露西·塔克萨在第 2 章中讨论了由泰勒开发的科学模型，即泰勒主义，其代表着霸权意识形态，这种意识形态仍然与当代管理哲学和实践相关。她概述了泰勒的哲学、原理和方法是如何代表 20 世纪初期的改革议程，该改革议程在追求高生产率和高消费的时代背景下促进了社会和谐。塔克萨得出的结论是，泰勒的影响力是巨大的，他基于统一的理想和愿景的科学管理原则继续影响着工作组织的设计和运作，特别是在知识、工作和教育领域。

在第 3 章中，凯尔·布鲁斯和克里斯·尼兰讨论了人际关系管理学派，该

学派兴起于 1924 年至 1932 年，当时梅奥及其哈佛商学院的同事调查了西方电气公司霍桑工厂在工作场所中人际交往的作用。该章以梅奥的背景讲述以及他如何基于霍桑研究来发展他的理论开篇。与敦促提高工资和条件，以及工作场所民主化的管理的科学模型相反，梅奥认为员工的社会心理适应不良是导致生产率下降和离职率上升的原因。但是，正如布鲁斯和尼兰所言，梅奥的理论和方法此后遭到了其他学者的质疑，他们认为梅奥没有发现任何新事物。梅奥主张建立的精英管理体系与工作场所民主制度是相对立的，这种范式转变对渴望减少工会影响并提供心理咨询而不是增加工资的雇主具有吸引力。该章将继续探讨这种范式转变，以及泰勒主义与人际关系学派之间的差异，然后展示梅奥 7
及其哈佛同事如何开创了持续影响着当代人力资源管理的组织心理学领域。

马丁·斯普林在第 4 章中概述了运营管理的发展。随着该领域的发展，并从生产管理研究转变为试图发展“管理科学”，斯普林探索了 20 世纪 50 年代和 60 年代运营管理的出现。然后他讨论了自那以后的几十年中，该领域如何被各种术语和理论所主导，其中包括物料需求计划，这是随着大型计算机越来越多地被制造企业用于计划和控制生产而产生的；以及日本的制造模式，比如准时生产和全面质量管理。他认为运营管理这一研究领域缺乏具体的理论，经常被指责与实践脱节。他得出的结论是，运营经理在将管理应用于现场，并将技术与人员联系在一起方面发挥着至关重要的作用，从而维持运营管理作为一种管理模式。

彼得·斯塔巴克在第 5 章中探讨了德鲁克模型的“目标管理和自我控制”的影响，详细介绍了德鲁克（Drucker，1954）在《管理实践》中提出的模型。该模型的核心是自我控制的概念，即组织成员被认为是负责任的工人，共同致力于达成商定的目标，而无须管理层不断提醒。他讨论了德鲁克如何将管理的机械要素与人员绩效相结合的方法，这意味着泰勒先前所建立的工作规划与实施并不需要分开。接下来，他详细介绍了该模型在美国、英国和日本语境中的应用情况。他最后指出，“目标管理”不是一时的风尚（时尚），它在影响各个国家/地区的管理和学者中发挥了重要作用。

马茨·阿尔维森、达恩·谢勒曼和西尔克·伊贝马撰写的第 6 章探讨了如何将组织文化和形象用作管理工具。它们就像本手册中详细介绍的许多管理模型一样，首先提供了有关组织文化的历史文献综述，其起源于日本。他们指出，组织最初将文化的应用作为管理工具，是由于学者们将文化视为一种可以用来分析和解释组织的新范式。但是，对组织文化的兴趣在 20 世纪 80 年代后期逐渐减弱，因为组织发现它不能作为管理的实用工具，以及学者们发现组织内部的文化通常是零散的和不稳定的。不久之后，第二波组织文化研究通过斯温德勒（Swindler，1986）的文化工具包框架和组织认同、新规范控制和话语研究重新活跃起来。作者认为，要进一步振兴组织文化研究领域，未来的组织文化研究应考虑紧密联系和沉浸性、去熟悉化以及批判性质疑和问题化。

第 7 章研究了 20 世纪 50 年代出现的另一种管理模式，即开放系统理论，
8 该理论将组织视为内部协调系统，必须与外部环境相联系和适应。该章首先讨论了开放系统方法的历史进程，以及权变理论在该模型中的应用。鲍勃・希宁斯和罗伊斯顿・格林伍德研究了开放系统理论的三种变体：通用系统理论、特定系统思想和权变理论。然后，他们讨论开放系统理论如何促进我们对组织管理的理解，特别是关于组织的功能、组织的多样性和科层制的发展。作者得出的结论是，在当代研究中，该理论已变得通用，如前一章所述，该理论需要重新焕发活力，以便为组织和机构设计提供新的视角。

在本部分的最后一章中，斯图尔特・克莱格、马尔科・贝尔蒂和沃尔特・P. 贾维斯提出，为了更好地理解组织并在管理研究中创建高影响力的研究，学者们应该站在哲学的立场上，批判性地质疑从“技术”和“科学”两个方向设计的基本假设和偏见。他们认为，学者们曾经在组织话语方面进行过“语言游戏”，将隐性陈述作为组织话语的一部分加以规范化，从而限制了组织的创新能力。在讨论权力在组织中的作用时，他们认为虽然权力是永恒的，但其形式并不是必不可少的，因此可以使用基于哲学的观点来重塑权力关系。

在本手册的第二部分中，我们将研究管理的实践及其职能。第 9 章将说明管理的关键职能之一，即管理人员。在该章中，安迪・查尔伍德和金・霍克考虑了人力资源管理的职能以及如何将其从“侍应”或行政角色转变为更具战略性且以高承诺管理为中心的角色。他们首先讨论了人力资源管理与绩效的关系，以及路径依赖和制度同构的概念。他们认为，人力资源管理的规范模型尚未得到广泛采用，这是由于对人力资源管理表现效果的持续怀疑，以及高承诺的人力资源管理很少付诸实践。所列举的一些原因包括受人力资源管理历史模型影响的人力资源专业人员的期望、技能和能力素质；诸如精益生产和人力资

源职能的乌尔里克模型等竞争性叙述的影响；全球化和金融化逻辑的影响；以及社会规则和规范。总之，作者认为通过考虑人力资源分析，人力资源职能可以变得更具战略性，从而提高其游说采用高承诺人力资源管理模式的能力。

在第 10 章中，贝特曼和拉德纳回顾了运营管理的过去和现在从制造到服务的转变，并且从“适合公共服务”的角度更深入地思考运营管理的未来。该章还对公共服务中的“精益”进行了分析，通常将其视为有效管理运营的新理念和新方法。作者认为，不加批判地将制造思想应用于公共服务是有缺陷的。总之，该章建议未来跨越多部门的运营管理应借鉴一系列学科、理论和概念。

在第 11 章中，杰弗里・K. 平托研究了项目管理，以及越来越多地采用的 9
基于项目的工作，如何对项目管理技能的需求产生了重大影响。在该章中，平托认为许多行业的项目绩效都不能令人满意，并且在项目管理方面存在许多挑战，包括项目生命周期，权限和团队组成的不确定性，计划谬误和乐观主义偏见，任务负责人同时负责多个项目，以及与虚拟项目团队进行沟通和交互的挑战。他认为，缺乏对项目经理的培训和所需技能的不完整模型加剧了这些挑战。在概述了传统的“基于执行”的项目管理模型和更全面的“项目管理”范式之后，他认为后一种模式为项目经理和学者提供了一个更为丰富和更具包容性的综合方案，使他们能够更全面地了解管理项目直至成功应对所面临的挑战。

在第 12 章中，温迪・柯里讨论了管理数据、信息和知识。她首先研究与计算机化的三个时代相关的三个概念：数据处理时代、管理信息系统时代和战略信息系统时代。在该章中，她认为对于管理研究而言，重要的是要考虑这些阶段之间的关系，它们是如何各自提出新的数据和信息挑战，以及知识工作的增长。对这些关系的理解在金融贸易部门尤其重要，因为金融贸易部门在使用信息技术和计算机化方面有着悠久的历史。柯里讨论了金融化的一个方面，即高频交易，并讨论了这如何改变贸易者的工作性质，即减少了人工干预，并扩大了计算机算法做出交易决策的应用程度。这对透明度以及交易者如何使用数据、信息和知识有重要影响。她建议为了解高频交易对公众、媒体和监管领域的影响，未来的研究应采用跨学科方法，并借鉴与金融社会学、IT 人工制品和技术社会学的相关研究。

在第 13 章中，维奥丽娜・林多娃和桑托什・斯利尼瓦斯探索了将管理意义作为核心管理任务的概念。他们首先讨论有关管理意义领域的定义和学术辩论，该领域是由普菲弗（Pfeffer，1981）发表的题为《管理作为象征性行动》的论文提出来的。接下来，他们研究了与意义管理相关的一些关键主题，包括组织文化与组织认同、战略变革、创新、环境设定以及与外部利益相关者受众进行沟通。他们借鉴了普菲弗关于组织活动的象征性和实质性的重要工作以及随后的学术研究，他们认为象征性和实质性的行动都能加强组织内外行动。最后，他们为未来的研究提供了一些建议，包括建立关于组织战略性管理意义所需资源和能力的理论，以及对意义共建的考察，探讨了组织所嵌入的不同社区之间和社区内部的意义交流。

10 在第 14 章中，罗纳德・E. 里焦研究了管理与领导力，并指出尽管两者之间有重要区别，但它们也是交织在一起的。在该章中，他回顾了有关领导力文献的历史，并讨论了一些关键的领导力基础理论，包括情境领导力模型、决策模型和权变模型。然后他转向当代模型，该模型认为领导效力取决于领导者与追随者之间的关系。追随者的角色是领导者-成员交换理论不可或缺的一部分，该理论规定领导者将重视和区别对待某些追随者。权变理论是另一种关注追随者的理论，领导者必须获得追随者的尊重和钦佩。变革型领导力理论超越了个人魅力，其重点在于，领导者有激励和激发追随者的创造力并赋予他们权力的能力。接下来讨论与道德相关的模型，包括真诚型领导力模型和道德领导力模型。考虑到组织希望吸引能够展现这些理论中确定行为的领导者，目前已经有大量研究来开发选拔领导者和衡量其领导效力的方法，包括 360 度反馈法。该章最后提出了针对未来研究的建议，重点关注领导力中的追随者角色以及他们如何参与共同构建领导力，以及领导者所需的能力素质和领导者的多样性。

在第 15 章中，讨论了战略管理的重要性，该主题贯穿本手册的许多章节。尽管对战略管理感兴趣，或者正因为如此，马克・尚利认为它并不代表一个独特的领域，因此人们对战略管理的研究是碎片化的。在该章中，他概述了一些造成这种智力碎片化的原因，包括决策和实施过程中的理论不足，战略理论背后的行动假设不足，尤其是高层管理者如何在多个时间架构、复杂的组织环境、先前的经验和相互冲突的环境需求中做出决策。他建议为了改善战略管理的概念化，应该研究涉及相互联系、跨期联系和相互关系的流程问题，以及对组织机构进行精心设计的方法。

在第 16 章中，斯特凡·滕布拉德从日常实践的角度探讨了日常管理。在他对该主题的历史概述中，他讨论了管理实践的两个主要研究流派，即功能主义流派和民族志流派。功能主义流派强调了经典的概念化，以及分析了管理行为；民族志流派则强调研究管理文化和知识。随着相关工作的新发展，管理实践的研究也在不断扩大，“后科层制”一词的出现是为了描述管理实践的当今时代。但是，他认为管理人员经常很忙，几乎没有时间去反思。因此，管理实践变化缓慢，尤其是工作监督。在他的结论中，他提供了滕布拉德（Tengblad，2012）关于管理实践的十大论题的总结，这些总结是管理实践研究六十年的最 11
高成果。

第 17 章是该部分的最后一章，戴维·A. 布坎南研究了管理变革。他指出人们通常存在对组织变革的抵制，但他也认为抵制对组织及其管理者可能是积极的，因为阻止了不当想法的实施。他详细介绍了许多变革管理策略，包括由学者和管理顾问开发的策略，其中许多策略受库尔特·勒温的“解冻—移动—重新冻结”模型的影响。然后他提出了过程视角的重要性，其有助于变革领导者管理变革的不可预测性，并干预组织的政治。因此，变革推动者需要参与“意义管理”，第 13 章讨论过相关概念。布坎南还警告不要以更快的速度实施变革，建议各组织在适当的时间间隔内实施大规模和小规模的变革。尽管众多行动者可能参与了变革过程，但变革领导者需要为重大变革倡议提供愿景和方向。目前已经有能力素质模型来阐明变革领导者所需的技能；但是，布坎南认为这些模型通常与管理角色有关，且不认可模型所要求的变革领导者的政治技巧。他对未来的研究提供了建议，包括：研究不同的经济状况如何影响变革管理；转型变革的多面性；建立变革管理能力；用路径依赖的概念来解释为什么变革倡议可能会成功；以及危机后的变革管理的思考。

本手册的第三部分探讨了管理的主题。在第 18 章戴维·库尔帕松探讨了管理作为一种权力实践，他认为它是管理人员鼓励人们行动并从事他们本来不会做的活动的一种方式。在这方面，结构关系可能在服从且坚定的行动者之间建立依赖网络，然而冲突和抵抗也可能发生。但是，当代组织内部结构的变化和技术的发展意味着典型的科层形式汇报关系可能不再存在，从而在组织内部诞生了新的权力和抵抗形式。该主题是在库尔帕松探讨了几种当代权力理论以及关于管理政治性质的几种历史模式之后讨论的。他首先讨论了弗莱明和斯派塞（Fleming and Spicer，2007）权力的四个维度，即权力作为强制、操纵、统治和主体化。然后他通过研究泰勒主义的学科基础结构、福特主义的道德基础结构、人际关系基础结构和谷歌所代表的企业文化主义，简要介绍了权力管理和权力基础结构。他接着谈到了权力如何在新组织中被重塑，他指出这些新科层机构已经改变了中心权威和外围行动者之间的权力关系，那些受雇于中央结构外围的人通过新的抵抗形式行使更大的权力，而中央的管理权力却被弱化
12 了。然后他提出在新的权力管理时代，组织中的技术和暴力如何重塑权力关系的问题。

第 19 章探讨了管理与道德，米歇尔・安特比和凯特琳・安德森讨论了道德是否可以存在于企业环境中。他们在该章开篇回顾了从 20 世纪中叶到目前有关企业道德的文献的发展，并证明尽管诸如涂尔干（Durkheim，1961）这样的作者认为职业道德不存在，但有足够的经验证据表明企业道德确实存在，不过可能并不总是在道德规范的观点范围内。从社会学的角度来看，他们建议尽管组织内部的企业道德可能不被外界认为是属于道德范畴，但它们的确代表了能让组织成员遵循并遵守的内部行为准则。企业道德的难以捉摸性可能是企业内部难以获得道德研究的一个表现，因此学者们不得不通过观察来推断企业道德。为了更好地理解企业道德，作者建议应考虑元伦理的内容，这表明企业同时容纳多种道德观点是有价值的。

“主题”部分的最后一章是格雷厄姆・休厄尔对现代性与管理的论述。休厄尔首先讨论了如何在管理中定义现代性，并指出管理是一种试图支撑不稳定劳动的有意识行动，以协调现代文化中变化与稳定的对立力量。因此，现代性可以被看作是由这些情况所产生的一种矛盾状态。然后，休厄尔研究了吉布森・伯勒尔、斯图尔特・克莱格和保罗・杜盖伊三位作者提出的关于现代性的观点和评论，他们借鉴了欧陆理论家的思想，以马克思、涂尔干和韦伯等关键现代思想家的见解为基础，对现代性进行了分析。然后，这构成了与“新”制度理论进行比较的基础，以及它处理管理与现代性之间关系的方式。最后，他讨论了拉什的“另一种现代性”概念，以批判韦伯的“钢硬化外壳”概念是一种个人性格，而不是一个铁笼。

本手册的最后一部分着眼于社会和管理组织/机构中的管理。这部分的第一章是凯文·莫雷尔和马克·利尔蒙思撰写的循证管理。作者从批判性的角度出发，着重探讨了管理作为医学的主题（MAMM）。首先，他们建议在管理研究中采用与医学相同的知识产出和科学模型，例如在促进系统评价方面。其次，他们把管理和医学作为专业实践进行比较。强调这两个方面可以让作者思考一些问题，比如“管理在多大程度上是一种专业?”以及“管理者需要什么样的知识?”在确定循证医学的局限性时，他们告诫不要将管理医学化，这是一种通过临床医生的视角来研究社会现象的趋势。循证方法中的“证据”是 13
与实证主义和还原主义相结合的一种特殊的证据形式。这是他们通过研究医学化导致研究现象扭曲甚至不连贯的案例得出的结论。

在第 22 章中，肯尼斯·G. 布朗和罗伯特 S. 鲁宾探讨了商学院如何运作和教育未来的管理者，并指出了商学院必须变得更具创新性，并在理论研究、学科研究和技术培训、实践研究以及软硬结合的技能培训方面取得平衡。作者讨论了自波特和麦基宾（Porter and McKibbin，1988）研究以来的新兴文献，其研究重点是基础研究，这些基础研究创建了新的研究领域，还从根本上改变了以前的研究方向，甚至为以后的工作奠定了基础。他们首先讨论了具有争议的管理教育的概念，然后明确了能够涵盖所有知识和技能的定义，以帮助学生为管理研究做准备。

接下来，他们讨论了推动管理教育变革的力量，例如财务压力、学生特征、课程需求和技术。然后，他们列出了有关管理教育的学术文献的综述，并指出了期刊和高引用研究的变化。接着他们回顾在线学习的研究，这些研究在最近几年显示出了巨大的增长，并且这种增长趋势还可能继续保持；还回顾了 MBA 课程。最后，他们探讨了两个新兴的研究领域，分别是参与式和非正式课程，以及基于问题的教学和现实生活的互动学习。

在第 23 章中，达米安·奥多尔蒂（Diamian O'Doherty）和克里斯蒂安·德科克（Christian De Cock）研究了管理作为一门学科，是如何因悖论和不一致性而受困扰的。作者讨论了管理的实践和学科在过去的研究中是如何被错误地定义，并因意识形态的复杂和历史上的差异而将管理视为资本的代理人，指出管理的作用是调解并调和资本与劳动之间的矛盾或对立关系。有人认为，劳动过程研究是将管理严格作为一门学科的最重要的研究之一，其重点是管理的政策和实践。作者认为，福柯（Foucault）的研究表明了保持警惕和长期质疑学科的重要性。但是，将管理作为一门学科，可能需要大胆创新的后学科研究方式，这样我们就不会被管理的学科形式所限制。为了实现这一目标，作者建议超越学科内的关注重点和人类的思维方式，将管理重新置于后人类生态系统中。

在第 24 章中，纳尔东研究了跨文化管理，并认为文献没有充分强调语境的作用。她通过回顾文献，证明了尽管人们逐渐认识到语境变量文化对行为的影响，但很少阐明语境。作者从情境认知的角度出发，考虑了语境在塑造认知和行为中的作用。她提出管理者的认知过程和行为是个体认知图式跟语境的三
14 个层次（制度、组织和情境）相互作用的结果。此外，所采取的行动可以影响或修改语境特征以及加强或修改现有模式。纳尔东得出的结论是，全球管理的语境不是一成不变且独立于管理者，而是由管理者及其他行动者的互动所塑造的。为了更好地理解语境的作用，作者建议重新考虑外派人员对所在国环境的适应、文化差异在全球管理中的作用、文化与行为之间的关系、全球经理人的角色及其所需技能。

第 25 章的重点涉及跨国公司研究的国际管理，是由迈克·格佩特和格雷厄姆·霍林斯黑德撰写的。该章首先讨论组织的国际化作为国际分工的先驱，论证了后福特“高科技”跨国公司如今是如何寻找专业知识且劳动力成本低廉的地方。接下来的文献综述是关于跨国公司的组织以及母公司和其子公司之间的关系，并且作者认为现有的理论是建立在不符合组织现实的理想类型之上的。通过使用制度主义的方法，他们认为附属单位被“嵌入”在独特而多样的社会经济环境中，并且易于表现出组织上的差异和统一。此外，他们发现跨国公司内部的人际关系通常以竞争和“权力游戏”为特征。因此，无论本地经理是否认同所在公司或母公司，都有必要更好地了解本地嵌入性，以及本地子公司内部的“身份确认”和身份政治问题。

本手册的最后一章探讨了管理和咨询。学术史文献证明了两者之间的矛盾关系，但也提供了它们之间相互关系的证据。该章的作者安德鲁·斯特迪、克里斯托弗·赖特和尼克·怀利回顾了咨询的主要印象，即咨询在知识、关系、工作和职业模式以及个人特征方面与管理的不同。但是，他们也注意到咨询公司对管理实践的影响，并暗示管理人员可能是管理顾问的代名词，需要变革管

理方面的技能以及使用正式工具、项目工作和便利化工作。他们认为咨询公司一直在广泛地向组织传播管理思想，包括那些围绕科层制的批评和咨询实践内部化的组织。咨询公司还通过其专长和合法性为其管理客户提供服务，并为管理人员提供了榜样和职业轨迹。在这方面，咨询公司可以被视为跨越组织边界的管理的极端情况。

编写此手册的目的是，探讨管理的演变及其在现代社会中的时代精神地位，以及支撑它的机构和意识形态。在此过程中，我们对管理进行了广泛的概述，包括其历史、发展、背景、组织和社会中不断变化的功能、关键要素和功能，以及当代和未来的挑战。我们的目的是向读者介绍管理研究的多元性以及关键管理科学和实践的性质，这种性质继续被提出，但确实存在争议。本手册 15
中的章节包含了不同类型的理论，我们强调需要使用不同的学科视角，以便更全面地理解管理过程。

参考文献

Armstrong, S. and Fukami, C. (2009). *The Sage Handbook of Management Learning Education and Development*. London: SAGE.

Barley, Stephen R. and Kunda, G. (1992). 'Design and Devotion: Surges of Rational and Normative Ideologies of Control in Managerial Discourse'. *Administrative Science Quarterly*, 37: 363 - 99.

Bendix, R. (1956). *Work and Authority in Industry: Ideologies of Management in the Course of Industrialization*. New York: Wiley.

Bennis, W. G. and O'Toole, J. (2005). 'How Business Schools Lost Their Way'. *Harvard Business Review*, 83: 96 - 104.

Bowden, B. and Lamond, D. (2015). *Management History: Its Global Past and Present*. Charlotte, NC: IAP.

Chia, R. (2005). 'The Aim of Management Education: Reflections on Mintzberg's Managers Not MBAs'. *Organization Studies*, 26(7): 1090 - 2.

Cloke, K. and Goldsmith, J. (2002). *The End of Management and the Rise of Organizational Democracy*. New York: Wiley.

Crainer, S. and Dearlove, D. (1999). *Gravy Training: Inside the Business of Business Schools*. San Francisco, CA: Jossey-Bass.

Diefenbach, T. and By, R. T. (eds.) (2012). *Reinventing Hierarchy and Bureaucracy—from the Bureau to Network Organizations*. Research in the Sociology of Organizations, vol. 35. Bradford: Emerald.

Drucker, P. (1954). *The Practice of Management*. New York: Harper and Row.

du Gay, Paul and Morgan, G. (eds.) (2013). *New Spirits of Capitalism: Crises,*

Justifications, and Dynamics. Oxford: Oxford University Press.

Durkheim, E. (1961). *Moral Education: A Study in the Theory and Application of the Sociology of Education*. Trans. E. K. Wilson and H. Schnurer. New York: The Free Press.

Engwall, L. (2007). 'The Anatomy of Management Education'. *Scandinavian Journal of Management*, 23(1): 4 – 35.

Fligstein, N. (1990). *The Transformation of Corporate Control*. Cambridge, MA: Harvard University Press.

Fleming, P. and Spicer, A. (2007). *Contesting the Corporation*. Cambridge: Cambridge University Press.

Fligstein, N. (1990). *The Transformation of Corporate Control*. Cambridge, MA: Harvard University Press.

Friga, P., Bettis, R., and Sullivan, R. (2003). 'Changes in Graduate Management Education and New Business School Strategies for the 21st century'. *Academy of Management Learning & Education*, 2(3): 233 – 49.

Grugulis, I., Dundon, T., and Wilkinson, A. (2000). 'Cultural Control and the 'Culture Manager': Employment Practices in a Consultancy'. *Work, Employment and Society*, 14 (1): 97 – 116.

Guillén, M. F. (1994) *Models of Management: Work, Authority, and Organization in a Comparative Perspective*. Chicago, IL: University of Chicago Press.

16 Holmqvist, M. and Spicer, A. (eds.) (2012). *Managing 'Human Resources' by Exploiting and Exploring People's Potentials*. Research in the Sociology of Organizations, vol. 37. Bradford: Emerald.

Hwang, H. and Powell, W. W. (2009). 'The Rationalization of Charity: The Influences of Professionalism in the Non-Profit Sector'. *Administrative Science Quarterly*, 54: 268 – 98.

Ivory, C., Miskell, P., Shipton, H., White, A., Moeslein, K., and Neely, A. (2006). 'UK Business Schools: Historical Contexts and Future Scenarios', Summary Report from an EBK /AIM Management Research Forum, Advanced Institute of Management Research, London.

Khurana, R., Nohria, N., and Penrice, D. (2005). 'Management as a Profession', in J. W. Lorsch, L. Berlowitz, and A. Zelleke (eds.), *Restoring Trust in American Business*. Cambridge, MA: MIT Press (Produced by the American Academy of Arts & Sciences), 43 – 60.

Mintzberg, H. (2004). *Managers Not MBAs: A Hard Look at the Soft Practice of Managing and Management Development*. San Francisco, CA: Berrett-Koehler.

Morgan, G. (1986). *Images of Organization*. Newbury Park, CA: SAGE.

Murray, A. (2010). 'The End of Management'. *The Wall Street Journal*, 21 August: 84.

Perrow C. (1991). 'A Society of Organizations'. *Theory and Society*, 20: 725 – 62.

Pfeffer, J. and Fong, C. (2002). 'The End of Business Schools? Less Success Than Meets the Eye'. *Academy of Management Learning & Education*, 1(1): 78 – 95.

Pollard, S. (1965). *The Genesis of Modern Management: A Study of the Industrial Revolution in Great Britain*. Cambridge, MA: Harvard University Press.

Porter, L. and McKibbin, L. E. (1988). *Management Education and Development: Drift or Thrust in the 21st Century?* New York: McGraw-Hill.

Reed, M. (1992). *The Sociology of Organizations: Themes, Perspectives and Prospects*. London: Harvester Wheatsheaf.

Salaman, G. (1995). *Managing*. Milton Keynes: Open University Press.

Sass, S. A. (1982). *The Pragmatic Imagination: A History of the Wharton School, 1881 - 1981*. Philadelphia, PA: University of Pennsylvania Press.

Scott, W. R. and Davis, G. F. (2015). *Organizations and Organizing: Rational, Natural and Open Systems Perspectives*. New York: Taylor and Francis.

Stewart, R. (1967). *Managers and Their Jobs*. London: Macmillan.

Swidler, A. (1986). 'Culture in Action: Symbols and Strategies'. *American Sociological Review*, 51: 273 - 86.

Tengblad, S. (2012). *The Work of Managers: Towards a Practice Theory of Management*. Oxford: Oxford University Press.

Tiratsoo, N. (1998). 'What You Need Is a Harvard: The American Influence on British Management Education', in T. Gourvish and N. Tiratsoo (eds.), *Missionaries and Managers: American Influences on European Management Education, 1945 - 1960*. Manchester: Manchester University Press, 140 - 56.

Watson, T. J. (1994). *In Search of Management: Culture, Chaos and Control in Managerial Work*. London: Routledge.

Weber, M. (1978). *Economy and Society*. Berkeley, CA: University of California Press.

Willman, P. (2014). *Understanding Management*. Cambridge: Cambridge University Press.

第一部分

主要的历史模式

第 2 章 科学管理

露西·塔克萨

绪 论

正如学者们反复强调的那样，泰勒及其科学管理体系的持续影响是无可争议的。德鲁克（Drucker，1974：181）称泰勒为“科学管理的牛顿”，而卡尼格尔（Kanigel，1997：503）得出的结论是“泰勒不仅在工厂里，或是在更广阔的工作场所，甚至在任何地方，帮助创造了现代生活”。同样，雷恩（Wren，2011：19）认为泰勒的“思想塑造了我们今天的生活和思想方式”。在《商业与管理杂志》的特刊中，为纪念泰勒的《科学管理原理》出版一百周年，编辑詹南托尼奥和赫尔利·汉森（Giannantonio and Hurley-Hanson，2011：7）指出：“泰勒的功绩当然可以进行辩论，但无可争论的是泰勒改变了 20 世纪人们的工作方式”；他一直是最重要的“美国管理学思想和实践的贡献者”之一。

尽管泰勒的思想和方法所带来的影响得到了广泛的认可，但可以说科学管理（SM）的思想含义被低估了（Littler，1982：55；Merkle，1980：3）。正如思苏丽（Tsutsui，2001：10）所评论的那样，“甚至修正主义学者也倾向于将泰勒主义狭义地视为一种技术而不是意识形态，一种战间期现象而不是跨战争时期现象，一种流水线的习语而不是一种政治、经济和社会改革的扩张性语言”。然后可以得出这样的结论，例如邓福德（Dunford，1992：56）所说的那样，“科学管理的精神”仍然“对工作组织的设计和运作产生重大影响，即使它不能永存（泰勒提倡的一套实践和技术方法）”？

在这里解决这个问题是为了探索这些想法和这种精神对“我们今天如何生活和思考”的确切影响（Wren，2011：19）。本章首先概述了该体系的性质，并考虑了泰勒的同时代学者对科学管理的看法。然后将视线从“经典”扩展
20 到关注科学管理的方法，它们对劳动过程、不稳定劳动的能力（Braverman，1974）以及相关的机械论观点（Clegg and Dunkerley，2013：96）都有影响。通过将科学管理视为霸权意识形态，本章提出的处理方法支持了梅克尔将科学管理解释为“塑造现代社会的最普遍、最无形的力量之一”（Merkle，1980：3），并且与卡尼格尔（Kanigel，1997）看法一致，认为科学管理“永远不只是工具和技术的捆绑”。简而言之，我强调泰勒的哲学、原理和方法的综合对于泰勒的愿景以及那些提倡和采纳泰勒看法的人至关重要。正如泰勒（Taylor，1911：140）所说的那样，科学管理“不只是一个单一元素，而是整个组合……，可以概括为：科学管理，是科学而不是经验法则，是和谐而不是纷争，是合作而不是个人主义，是最大输出而不是有限输出”。因此他告诉众议院，在对他和其他管理体系的调查中，科学管理不应该表示为“任何一堆或一组效率的装置”（Taylor，1947b/1912：26－7）。对他而言，最重要的是该体系的基本理念，即“坚信雇主和雇员的真正利益”是相同的（Taylor，1911：10）。为了实现这一理念，泰勒在工人、工头、主管、企业主和董事会方面推动了“一场彻底的思想革命”，以“解决他们的所有日常问题”，因为他认为“没有这场基于双方的全面思想革命”，科学管理将不会存在（Taylor，1947b/1912：27，29，150）。根据考夫曼（Kaufman，2008：119），“所有利益相关者都搁置自己的自私和短期利益，并作为一个团结的团队进行合作，以实现生产最大化”的思想革命为成功的科学管理提供了支点。这是否意味着最好将科学管理视为“愿景和希望”（Kanigel，1997：502），如果是，那么愿景的长期影响到底是什么？

思想革命的倡导是泰勒思想的一个组成部分，这预示着一个无冲突的社会（Merkle，1980：15）。正如许多学者指出的那样，这种一致的意识形态确保了它的长期影响。该观点的最早代表人物是葛兰西（Gramsci），他认为“泰勒主义是霸权意识形态的力量”和“最复杂的资本主义统治模式的预兆”，在这种资本主义统治下，工人将完全服从于机器专业化和效率崇拜化（Boggs，1976：46－7）。另一个是本迪克斯（Bendix，1974），他认为是“泰勒的社会哲学而

不是他的技术，成为主流管理思想的一部分”。对于梅克尔（Merkle，1980：3，86－7，93，97）来说，这是“关于管理和管理者的意识形态”，这对“现代国家及其工商业的意识形态”产生了深远的影响。对于斯塔克（Stalker，1980：102，117）来说，科学管理发挥了技术专长的意识形态作用，显著提升了专业化，且不限于工程领域。正如多雷（Doray，1988：131）所评论的那样，“泰勒主义对工业生活的影响远远超出了其直接和明确的应用范围”。实际上，他认为“工厂的泰勒化”包括“意识形态的劳动”，这一点在各种法国公司的杂志上都有体现，泰勒的思想在这些杂志上被改编，并引发了政治问题，例如“同意组织、文化征用、管理权合法化，以及劳动过程服从于价值化过程”。 21
其他学者也得出了类似的结论（Littler，1978，1990：52；Noble，1977；Taksa，1992，1995；Witt，2004）。

本章对科学管理进行解释。但是，正如利特勒（Littler，1978，1982）所指出的那样，“经典”技术方法或意识形态视角都未充分解释科学管理意识形态对工作结构的影响。学者们为解决这一问题做出了努力（Taksa，1997，1998）。然而，科学管理作为一种霸权意识形态的运作受到了重视，它超越了工作管理，延伸到从其早期发展到后来的意义管理。

如亚当森（Adamson，1980：174，引自 Lears，1985：571）所论证的那样，“霸权是一个连续创造的过程”，那么创造霸权的文化语境是什么？其文化轨迹是什么？在回答这些问题时，我探讨了科学管理的哲学、原理和方法，如何在工作场所和教育两个领域中作为“普遍的生活观念”和“学术项目”（Boggs，1976：39）运作。这部分地说明泰勒及其追随者如何参与塑造他们所在社会的价值观和态度，部分地被认为为其持续影响的学术主张提供基础。

将科学管理视为霸权意识形态

梅克尔对意识形态的定义是：“一个群体对社会的适当目标以及社会中权力和利益的适当分配的共同信念”，这提供了一个有用的起点（Merkle，1980：3）。她的观点是：“虽然大多数意识形态是用大量的词语和少量的对象来传递的，而科学管理却是用大量的对象和相对较少的词语来传递的”，以便“象征……个人与专业化、与权威、与他人之间的适当关系，以及对工作和工作报酬的正确态度”（Merkle，1980：3－4）。

葛兰西的霸权概念对于探索这种意识形态传播的文化轨迹特别有帮助，从工厂到办公室（Haigh，2012）和教育领域（Brooks and Miles，2008；Cooke，1910；Callahan，1962；Hunter and Sanderson，2001；Taksa，2007），以及由此而来的更广泛的假设、规范和做法到今天仍然影响着我们。根据威廉姆斯（Williams，1960：587）的说法，当葛兰西使用“霸权”一词时，他似乎“意味着……一个社会哲学和实践相融合的时刻……；某种生活方式和思想占主导地位的秩序，在这种秩序中，一种现实概念以其由来已久且私人的表现形式…… 和所有社会关系在整个社会中传播”。这一概念中隐含着“方向和控制
22 的要素”，它“不一定是有意识的”，并作为“一种组织原则的社会化……进入日常生活的每个领域”（Boggs，1976：39）。

葛兰西的理论也为思考由知识分子带来的“发现”的社会化，如何成为“重要行动的基础”提供了极其有用的范式（Hoare and Smith，1971：325）。正如葛兰西所指出的那样，“哲学活动”不应“仅被视为系统连贯概念的‘个体’阐述，而应……被看作是通过这种方式转变流行的‘心理’并传播哲学创新的文化斗争”。他们以此来“证明自己在历史上和社会上都是具有普遍性的”（Hoare and Smith，1971：348）。从这个角度来看，霸权的运作方式是“知识分子与非知识分子……精英分子及其追随者、领导者与被领导者之间的教育关系”，以及国际上“证明自己在历史上和社会上具有普遍性”（Hoare and Smith，1971：350）。此外，霸权意识形态要想成功地转化为实践，就必须以二元的方式运作：作为大众的“一般人生观”，或者作为一部分知识分子提出的“学术纲领”或一套原则（Boggs，1976：39）。这一概念框架提供了一种方法来考虑科学管理的哲学、原理和实践的文化轨迹，它们如何创造控制态度、行为的新模式，以及寻求用“个体集合”取代工人正式和非正式关系的“集体效应”的社会互动（Foucault，1995：201）。

尽管泰勒的全部目标并未完全按照他的愿望实现，但我认为科学管理一直是霸权意识形态，它仍然通过一系列不同的管理策略影响当今的组织文化。正如彼得·格兰（Petter Øgland，2013：45）指出的那样，其中包括切奇曼（Churchman，1968：17－18）、石川（Ishikawa，1985）和辛格（Shingo，1987）的著作，呼应华纳（Warner，1994）和内加等人（Taneja et al.，2011）的著作，

并预示了莫特森等人（Mortenson et al., 2015）：全面质量管理，“运筹学、管理科学和系统分析”。对于博克斯和马歇尔（Box and Marshall, 2006）而言，“泰勒的观点至今仍保存完好，不仅在于他对劳资关系的看法上，还包括管理会计、组织的形式和职能、人工智能应用以及许多其他组织系统的体系形式上”。有些人甚至提到了“数字泰勒主义”——一种新的非技能化，可应用于管理和专业工作中，它通过“将知识工作提取转化为工作知识，将知识认证和数字转化为软件，可由其他人传输和操作，而不受地点的影响”（Brown et al., 2008：139，引自 Grugulis and Lloyd, 2010：105）。正如埃文斯和福尔摩斯（Evans & Holmes, 2013：1）所评论的那样，泰勒的“理念”仍然活跃在“高价值”（高技能）的知识和服务部门组织中，突显了当代知识工作者如何受到科学管理原则的约束，正如泰勒在 20 世纪初所研究的产业工人一样。

这些管理策略依赖于科学管理的霸权扩散，并且它们继续以多种方式影响着文化。正如佩恩、扬古特和瓦特罗斯（Payne, Youngcourt, Watrous, 2006） 23
在分析泰勒及其体系在管理、组织行为学、人力资源管理以及心理学等大学教科书中的表现时指出的那样，他们对高等教育的影响提供了一个显著的例子，正如坎普（Kemp, 2013：350）所指出的，与国际商学院协会所推进的国际认证（AACSB）活动有关。因此，像福克斯（Fox, 1974）和罗斯（Rose, 1975）在许多年前所宣称的，科学管理一直是失败的管理意识形态的观点似乎难以为继。根据黑尔斯（Hales, 2013）的研究，泰勒的原则可以比作“干细胞”，因为泰勒的哲学一直影响着关于管理的一般假设，更重要的是工作文化。

科学管理：哲学

“科学管理”一词是由改革派律师路易斯·D. 布兰代斯和泰勒的追随者于 1910 年创造的，他们被称为“最有可能吸引眼球和耳朵的人”（Copley, 1969b：320, 366；1969a：6－7）。在美国东部运价案中，东北铁路公司要求州际商务委员会增加运费，以抵消不断增长的成本，特别是与工资增长有关的成本。布兰代斯反对货运公司的涨价，他认为通过采用科学管理可以提高效率，从而降低铁路成本。正如记者雷·史丹德·贝克（Ray Stannard Baker）当时指出的那样，泰勒的追随者们在证词中表现出的“非凡的热情”反映了“使徒们的坚定信念：这是一种行之有效的哲学，他们有能力来证明这一点”（Callahan，1962：20）。根据梅克尔（Merkle，1980：58）的说法，此案“一夜之间将泰勒主义从某些中产阶级工程师的默默痴迷，转变成了一种令人惊叹且广为人知的社会弊端”。“科学”一词所隐含的文化价值赋予了这个体系“不可忽视的光环”，从而增加了人们接受该战略的更大可能性（Zerzan，1984：141）。

这种科学语言注入了哲学、原理和方法，泰勒试图通过这些哲学、原理和方法来提高生产过程的协调和控制程度。只有泰勒同时提出了技术问题以及工人与雇主之间日益加剧的社会冲突的综合解决方案（Merkle，1980）。根据泰勒（Taylor，1911：10）的观点，科学管理的基础是“坚定的信念……，即可以为工人提供他最想要的高工资，为雇主提供他想要的制造业低劳动力成本”。科学管理者通过咨询和通俗写作促进了这一“利益和谐”的福音及其实际的“科学”表现，并在这一过程中确保了大众对泰勒思想的接受（Callahan，1962：42）。社会工作者、教育工作者和政府雇员都涌向泰勒的家，听他谈论这个话题。哈佛大学应用科学研究生院院长华莱士·C. 萨宾
24 （Wallace C. Sabine）教授对泰勒说：“我相信你已经走上了唯一能合理解决重大社会学问题的道路。”（Copley，1969b：283－4，288）

然而，科学管理并不是新事物。泰勒关于合理化的思想基本上以统一的方式整理和重述，这些规划、协调和控制实践是自工业革命以来不断发展的（Cadbury，1914；Renold，1914；Urwick，1957：7；Doray，1988：184）。泰勒本人认识到科学管理不涉及“发现新的或令人震惊的事实”（Taylor，1911：139－40）。正如詹姆斯·M. 道奇（James M. Dodge）所评论的那样，“泰勒先生在制定其制度时，从各个方面汲取了管理上的要点，并巧妙地将它们整合为一个统一的整体，这给我们留下了深刻的印象”（Dodge，1905－6：723）。对于他的同时代人，泰勒的意义在于“统一哲学”与“科学方法论”的结合（Urwick，1957：8－9，217），其重点在于他的观点：通过充分的调查，可以为任务绩效找到“一种最佳方法”（Taylor，1911：25，106，122，1912：62，104－5，143，196，199，Taylor，1947a：21，101，177）。

泰勒倡导的“一种最佳方法”变成了流行的口号，已经掩盖了他和他的追随者对通过调查、实验和合理化，来不断改进对需求的重视（Gilbreth，1980：6）。正如泰勒（Taylor，1972：54）在 1911 年的一次科学管理的会议上

所说的，科学的管理者通常会这样说：

> 我们不知道最佳的……，但我们知道这是经过一系列实验的结果……，这些摆在你面前的标准是那些研究的结果……任何人都看到标准得到改进的时刻……已随之而来；您的建议不仅会受到欢迎，而且我们会与您一起进行实验……如果该实验表明您的方法更好……，我们将会采用该方法，直到下一个更好的方法出现。

再加上泰勒坚持对实验及结果的记录，有助于将科学管理的影响扩展到工作文化中。正如霍利斯·戈弗雷（Hollis Godfrey）在1924年所说的那样，在泰勒强调记录工业过程的必要性之前，书面记录并未被用作指导未来的材料（Godfrey，引自Cooke，1924：35）。

根据哈伯（Haber，1964：26－7）的说法，科学管理可以“被同等地应用于所有社会活动”（Taylor，1911：8），包括对房屋、农场、教堂、慈善机构、大学和政府部门的管理。将泰勒的建议范围扩大到大部分系统化者和……工业改善倡导者所无法想象的程度。哈伯的观点认为，这使泰勒的哲学取向能够“触及整个社会”，这一观点在1915年得到悉尼大学学者欧文（R. F. Irvice，1915：15－16）对澳大利亚听众的回应。事实上，泰勒关于社会和国家效率的提议获得了广泛的政治支持，因为中产阶级改革者相信他的主张，即科学管理将导致“劳动人民”能够“过上同样的生活，拥有同样的奢侈品”，以及“这 25
个国家的普通商人所拥有的同样的休闲、文化和教育的机会”（Taylor，1947b/1912：209）。事实上，罗斯福总统表示，科学管理是“保护原则在生产中的应用”。如他所见：

> 当每个细节被正确解决之后，科学管理将其设置为该工作的标准；然后指导和培训工人，直到他能达到这一标准。以此类推，包括所有其他工人和其他工作。从这些高效的部门中建立起一个高效的组织。当我们在所有行业和商业企业中获得效率时，国家效率也将实现（Roosevelt，引自Gilbreth，1973：2－3）。

科学管理：方法与原则

泰勒设计了许多方法来实现他的愿景。最有名的是一种计时和衡量工作的系统，据称该系统将科学应用于“不合理工作日”的定义。其他则包括组织和监督工作绩效的程序，会计、记账、计划、招聘和市场营销的新方法。他的方法包括：职能工长（领班）制；工作活动以及工具和集中式存储系统的标准化；用于工具和产品分类的助记符；路由系统；计划部门的建立；用滑尺推导数学公式；指示卡；以及新的“差别”薪酬方案。然而，泰勒警告他的读者，“不要误以为科学管理的机制是它的本质或内在哲学”，在没有哲学的情况下引入它们，结果将是灾难性的（Taylor，1911：129－30）。

泰勒的哲学和他的方法都基于这样的假设：必须放弃传统的做事方式以及对世界的思考方式（Thompson，1917：244）。厄威克和布雷克（Urwick，Brech，1957：9）强调科学管理的基本意思是“应该科学地思考控制生产和分配中社会群体的协作过程，而不是传统地或习惯性地思考”。他的四项原则通过倡导管理者应承担以下新职责来反映这种现代思维方式：1）管理层汇集了以前手工艺工人所拥有的传统“经验法则”知识，对其进行分类，并将其“简化为规则、法律和公式”；2）科学选择；3）科学教育；4）确保管理人员与劳动者之间的亲密友好合作（Taylor，1911；36，128－30，1947b：40－5）。这些原则与科学管理方法一起促进了比以前更优质的劳动分工。时间和动作研究使任务可以分解并标准化为基本组成部分（Taylor，11：77－80，117，1947a：58－60），
26 而“计划部门”由“专家”协调信息，然后以书面说明的形式向工人传达信息，从而使计划与执行分离。反过来，这扩大了主管人员、工程人员和文职人员的数量、重要性和权力，并改变了招聘员工的方式。通过重新定义权力的关系，计划部门像全景广告一样运作；它是一个实验室，“就像是可以用作实验、改变行为、训练或纠正个性的机器”（Foucault，1995：203）。泰勒坚持认为，这些技术变革将消除浪费、增加利润，从而确保更高的薪水、更短的工时并提高工作条件。泰勒不仅认为这提高了工业效率和国家繁荣的潜力，而且声称工人与管理者之间的私人友好联系必将随之而来（Taylor，1911：34，39，142－3，1947a：95）。

尽管泰勒将他的系统作为一个整体进行推广，但几乎没有任何一家企业完全采用他的方法。当被问及 1912 年有多少机构完全应用了他的系统时，泰勒回答：一个也没有（Taylor，1947b：280）。1914 年，弗兰克·B. 吉尔布雷斯（Gilbreth，1973：37）评论说，该系统永远无法完全应用，因为它没有尽头。次年，罗伯特·富兰克林·霍克斯（Robert Franklin Hoxie）在给美国联邦劳资关系委员会的报告中写道："实践中的科学管理从未被完全应用"，并且"不完全符合领导者提出的理想和原则"。不过，霍克斯并不认为这会使泰勒的思想无效（Hoxie，1915：26，113）。确实，许多采用泰勒体系的追随者都强调，即使他们改变了他的某些方法，他们也没有偏离他的内在哲学（Drury，1922：188）。换句话说，科学管理并不是一个完全实体。它的实施和传播涉及一个创造性的过程，或者更类似于熊彼特（Schumpeter，1994：83 – 4）所称的"创造性破坏"。

为什么后来许多解释都集中在其技术特征上？在某种程度上可以从工业冲突中找到答案，这种工业冲突是在 1909 年至 1910 年期间试图在美国各政府军械库中实施科学管理时发生的。随后在国会法案中加入了一些修正案，禁止在美国政府商店（Aitkin，1960：135 – 85；Copley，1969b：348 – 51）使用时间研究和奖金支付系统，并将其每年更新直至 1949 年（Aitkin，1960：170 – 3；Nadworny，1955：101 – 3），加强了这种狭隘的代表性。正如梅克尔所指出的（1980：48 – 9），禁止泰勒更显著的方式却迫使这种方法的"地下"应用，在那里使科学管理变得更具灵活性，这不仅帮助它保留下来，同时还"获得了普适性"。

此外，工人对泰勒体系的敌意，使很多当代管理者和管理学作者通过重命名的方式，将他们的策略与科学管理区分开来，正如悉尼大学学者伯纳德·马斯西奥（Bernard Muscio，1917）所著的《工业心理学讲座》所证明的那样，这基本上是对科学管理的报告，尽管其标题掩盖了这一事实。到 1920 年，就连泰勒的美国同事也开始用最具争议性的技术特征狭义地解释科学管理。弗兰克和吉尔布雷斯抨击了"秒表倡导者和拥护者那不科学的自命不凡"，同时强 27
调了"人的因素"和"管理心理学"（Nadworny，1955：108 – 11）。到了这个阶段，泰勒的许多早期追随者都参与了适应迅速专业化的工业心理学家更容易接受的发现，尽管如此，他们还是承认自己对泰勒的亏欠（Munsterberg，

1913）。科学管理的“技术军备”的扩展使它能够在“反泰勒式反应出现”时生存下来，但却无济于改变其哲学的核心要素（Merkle，1980：48－9）。同时，狭隘的、政治上的科学管理表现也产生了一种话语，这种话语深深地限制了后来在通俗文本中的叙述（Mukhi，Hampton，and Barnwell，1988：37－9；Pugh，1984：133）。

一部分学者探讨了科学管理对一系列不同领域的广泛影响，包括如对一般职业（Larson，1977），对法律、医疗和工程专业（Callahan，1962：46；Kanigel，1997：489），对家庭和育儿管理（Reiger，1985）以及关于教育（Brooks and Miles，2008）。尽管这项工作在规则上是零散的，但关键的一点是要团结一致，认识到科学管理证明了“通过将其根植于个性化、理性的行为准则中来管理权力”（Khurana，2007：94）。根据威特（2003：3）所述，这种“管理支配的思想”是泰勒体系的关键，并告知了该思想和“企业对工伤的责任原则”。因此，他描述了“科学管理的思想是企业责任革命的原因”（Witt，2003：38）和“20 世纪下半叶美国侵权法的急剧变化”（Witt，2003：40）。尽管库拉纳（Khurana，2007：95）可能是对的，科学管理并没有像他所说的那样，带来一场“思想革命……”，正如他指出的，“它确实帮助实现了……管理的胜利……，为这种控制提供了思想和文化上的理由”。接下来，我概述了霸权主义的一些关键方面，以构筑随后的论述，说明泰勒的哲学、原理和方法的综合如何在工作场所和教育领域中社会化。

解释霸权意识形态的文化轨迹

在泰勒对意大利的奥利维蒂（Olivetti）和菲亚特（Fiat）工业家的影响日益增强的背景下（Clegg and Dunkerley，2013：110，121），葛兰西认为美国的“理性”侧重于“对新工业结构的心理—身体适应”，并寻求“适合新型工作和生产过程的新型人”（Hoare and Nowell Smith，1971：286）。葛兰西不仅意识到泰勒主义“产生了实际的后果，例如脑力劳动和体力劳动的分工，工人作
28 为个体的分离和孤立等等”，而且它也集中了“他们的意识在……个人产出、个人生产率和个人工资方面”（Clegg and Dunkerley，2013：111）。这里暗含的是统治的概念，不是操纵的意思，而是合法和同意。也就是说，在公共话语中

对统治阶层的思想、价值观和经验的验证（Lears，1985：568，574）。虽然“葛兰西的著作没有对文化霸权的精确定义”（Lears，1985：568），但利尔斯指出葛兰西将“价值、规范、观念、信念、情感、偏见”确定为“主导文化的组成部分”，这要求得到下属的同意（1985：569）。对于葛兰西而言，文化是“权力产生和维持的东西”（Dombroski，1989：132，引自 Ives，2004：162）。他不仅强调了“文化的政治重要性”，还设想了“将语言作为政治问题”，并对“日常语言习惯”、语言的标准化（Ives，2004：4－5）以及语言与“霸权形态”之间的联系（Ives，2004：9）表示关注。从这种意义上说，利尔斯（1985：569）认为“葛兰西期望福柯强调‘话语实践’在加强统治中的作用”，其程度是“每一种语言都包含了世界范围的要素”。

一般而言，文化霸权包含科学、效率和理性的语言这些方面，更具体地说，提供了连接科学管理在工作场所和教育领域中传播的主旨。当然，许多学者都承认文化在实践和学术上都是复杂而细微的，而且组织文化领域本身就是一个雷区，正如帕克（Parker，2000）所表明的那样。就当前而言，我借鉴了雷蒙·威廉斯概述的定义，他指出“文化”可以用在两个意义上：它指“整个生活方式”，因为这意味着人们赋予艺术与学习的共同含义（Gable：1989：4）。两种意义都表示交织在一起的过程，这些过程一起塑造着共同的经历、思想习惯、语言、符号、对社会关系的感知、道德、价值、仪式和行为方式（Williams，1979：312－14）。在组织语境中，这些文化变量是形式结构、规则、政策、目标、职位描述和标准化操作程序等人工制品的基础，并使其加强，正如摩根（Morgan，1986：132）所指出的那样，这些人工制品对给定的社会现实起着重要的解释作用。同样，威廉姆斯（1961：145－6）评论说，教育的组织方式“可以被视为有意识和无意识地表达了一种文化和一个社会的更广泛的组织”，以及通过积极塑造文化的方式来达到特定的社会目的。所谓的“教育”实际上是“一种特定的选择，一组特定的强调和遗漏”。从这个角度来看，大多数工业化国家在19世纪末和20世纪初引入工业培训改革的目的，并非简单地旨在提高读写能力和技术能力。更重要的是，他们试图通过传播关于群体忠诚、权威、正义和生活方式的特定价值、道德和纪律来灌输一种“文化模式”和权力关系（Graff，1981：258－9）。现在将结合泰勒所倡导的工作和教育组织改革来探索这种双重文化轨迹。

29 扩散的地方：改革工作场所

当然，科学管理的社会化及其主张的权力关系内部化的第一个关键“地点”是工作场所。在这里，科学管理通过书面说明的正式信息交换制度，来使新的通信形式制度化。此功能旨在消除工人们通过口头表达他们的共同经验和兴趣，并维持蒙哥马利（Montgomery，1979：14－17）所说的“互助道德守则”的非正式口头交流，这使他们能够控制产出并以多种方式相互支持，包括教授“新来者……秘密的集体抵抗形式”。对于泰勒而言，这种精神延续了“经验法则”知识并反对管理（Talor，1911：30－2）。作为他努力使新的交流形式制度化的一部分，泰勒否定了“中世纪”学习手工艺的方式，即不是从书本上而是通过“口口相传”的学习形式。他设计了许多系统的方法来防止工人们互相交谈，包括一系列的文学艺术品、助记符和数学工具，所有这些都被整合到操作指南中（Taksa，1992）。他认为书籍将有助于根除“经验法则”知识，这与中小学和大学所提供的知识有所区别（Talor，1895：875－6，1911：30－2，1947b：35－6），尤其是与科学原理的补充训练结合使用，符合他的第三条原则。这些文献增强了新技术人员或“职能领班”的纪律处分权力和监视能力。同时，这些指示赋予了工人个体以新的权力。他们通过个体化能力提供了另一种统治方式。就像边沁（Bentham）提出的，规划室及其指示构成“在永久性知识主体的注视下，个人是可描述的、可分析的对象……”（Foucault，1995：190），并将其简化为“信息对象”而不是“交流中的主题”（Foucault，1995：200）。

泰勒关于书面指示和培训的思想被 H. L. 甘特、F. B. 吉尔布雷斯、M. L. 库克、C. B. 汤普森（C. B. Thompson）和 F. A. 帕克赫斯特等人广为传播（Drury，1922：153）。泰勒的“福音”就是通过他们在国际上广为传播的。1914 年，库克为费城的公职人员组织了关于科学管理在政府管理中应用的讲座，并且在第一次世界大战期间，他“促进了美国十多个州开设仓库处理课程”（Drury，1922：188）。同时，甘特通过推广“不同的培训”扩展了泰勒关于职业教育的思想，这种培训使用了指示卡方法作为“为学习者提供奖励的教育体系”（Gantt，1919：111－12，256）。在他和泰勒的奖金计划中，奖励是给予按照指示与管理人员合作的工人，他认为与科学管理相关的方法“只有在普通员工接受过操作它们的培训后，才能得到正确的利用”（Gantt，1919： 30
8）。他写道，“在我看来，对工人进行培训……是管理层最重要的职能之一”，也是“唯一能为我们当前的工业问题提供部分解决方案的方法”。他认为，如果广泛采用这些方法，“商店的习惯将会影响社区的习惯，以及效率会普遍提高”，从而实现“千年梦想”（Gantt，1919：148，220－1）。

这种对培训的关注为科学管理的文化传播及市场营销提供了至关重要的渠道。信息技术与激励性薪酬计划之间的明显联系使学者们对泰勒关于经济动机的简单假设提出质疑（Brody，1980：13）。泰勒始终强调，奖金的发放是为了换取持续的努力，作为对单调的补偿，并确保服从“新的工作条件”（Taylor，1911：74；Hobson，1913：200，209）。通过推动技术和专业培训改革，泰勒及其追随者以及教育管理者通过传统的培训模式和社会化科学管理的理念、原则和方法，挑战了工人在传统价值观、规范和礼节上的行为传播。泰勒关于科学管理构成了“职业指导和培训的实践系统”的主张给霍克西留下了深刻的印象，他认为如果科学管理能够“通过实践为职业适应来指明方向”，那么无论其“局限性和缺点”如何，科学管理都应该得到所有阶级的支持（Hoxie，1915：34－7）。

显然，科学管理既涉及“一系列原则”，又涉及“学术计划”，通过直接攻击主流工作文化规范来使“一般性生活观念”合法化。指示卡、数学公式和助记符创建了一种新的语言，该语言增强了新的含义、价值、规范和行为。正如咨询公司已经退休的创始合伙人马修·斯图尔特（Matthew Stewart，2006）指出的那样，“我可以根据个人经验确认，管理咨询继续在泰勒首次提出的命理学殿堂中崇拜”。这种专门的语言帮助维持了使科学管理合法化的交流模式，以及一种专注于生产和产出的理性而标准的新工作文化。规划和中央工具室以及新的系统在创建新的空间边界（限制了社会互动）的过程中，充当了文化变量。但是，“学术计划”在教育领域的传播对现代生活产生了极大的影响，并在 21 世纪继续对后现代生活产生了极大的影响。

扩散的根源：改革教育领域

泰勒作为 1906 年美国机械工程师学会的主席，积极寻求与教育机构的联

31 系。当他被授予宾夕法尼亚大学的荣誉博士时，他的演讲“大学教育与实业界方法的比较”批评了现有的教育方法，他对工业和专业教育改革的建议引起了学术界的广泛关注。1907 年，哈佛大学工程学系的艾拉·N. 霍利斯（Ira N. Hollis）教授写道，他的“关于教育主题的思想很值得推广”，并邀请他在哈佛大学工程委员会任职（Copley，1969b：265－6）。泰勒后来还向麻省理工学院院长理查德·麦克劳林（Richard C. Maclaurin）、普林斯顿大学的受托人之一亨利·汤普森和其他大学管理者推广了他的大学管理改革提案（Copley，1969b：269）。泰勒的批评产生了深远的影响。1909 年，卡内基教育促进基金会主席亨利·普里切特发起了一项“教育工作管理的……经济学研究”，该研究由库克负责，其报告是《学术和工业效率》，并于 1910 年作为基金会的第五号公报出版，这预示着泰勒的思想在大学教育和行政管理中的传播（Copley，1969b：267－9；Cooke，1910）。泰勒通过对教育改革的研究，继续推进自己的思想革命，约翰·普莱斯·杰克逊（John Price Jackson）教授关于《学院与学徒培训》的论文（Jackson，1907：499－500），罗素（Russell，1907）倡导在工作时间内进行正式的指导课程，以确保组织“充满合作与效率”，甘特的论文《培养工人的工业习惯与合作》被肯特教授描述为“符合人道主义理想”（Kent 引自 Gantt，1908：1061）。从这里开始，正如卡拉汉（Callahan，1962）所全面概述的那样，科学管理被迅速传播到美国的学校系统和公共教育管理领域（Brooks and Miles，2008）。这种教学重组为加强与车间里的实践类似的监督和纪律提供了空间。泰勒似乎已经认识到这些“学科机构”同时以一种等级化的方式对个体进行区分，使他们同质化并惩罚或排斥那些不愿或不能服从的人（Foucault，1995：182）。学校和大学的教育管理者采用科学管理的哲理和原则，可以有效地使学生得到“描述、判断、衡量，与他人比较”、被选择、个性化、“训练或纠正、分类”和“规范化”（Foucault，1995：191）。在“他们离开学校”时，这种规范化过程有助于“根据他们的才能和行为，以及他们的用途”分配学生（Foucault，1995：182）。

根据英格利希（English，2002：110，引自 Brooks and Miles，2008）的观点，对围绕泰勒思想的修辞和宣传的迷恋，导致教育学院制定了“科学培养教育领导者的新使命……”，并采用“管理目标和职能”与科学管理的“对提高效率、控制和有效性的手段”相一致。布鲁克斯和迈尔斯（Brookes and

Miles，2008）认为，在 20 世纪 20 年代，校长越来越多地被描述为科学管理者或企业管理者，“负责设计学生会计的标准化方法，并在预算、规划、维护和财务方面引入健全的业务管理实践”。在这种背景下，“商业价值观”和对“专业知识和效率”的重视获得了学校系统的信任。“对员工的监督”也成为 32
“教育领导力”的一个重要方面，“大学教育工作者通过在‘金融、工商管理、组织和行政部门’开设学位课程和特殊课程来准备这样的领导者，促进了教育领导力作为一种专业职业的发展”。

根据布依（Bouie，2012：2）的观点，如今，美国的公共教育“以基于标准的改革和高风险问责制为重点”，而这些改革围绕着“学生表现标准、标准化测试”，奖励学生以“奖金和积极认可”，以及向“表现优异的学生”提供“升入下一等级”。布依（2012：7）同布鲁克斯和迈尔斯一样，强调了 2002 年的《不让任何孩子落后法案》，该法案加强了责任感和强调了“提高学生成绩”。对于一些学者来说，“新的问责制是第二次科学管理浪潮的号角”，它“有利于以企业管理、市场驱动、高收益成果为导向的教育领导力模式”和“企业式效率”，这“与早期弗雷德里克·泰勒启发的传统有着不可思议的相似之处”（Brooks and Miles，2008）。实际上，布依（2012：6）认为“基于标准的改革逻辑牢牢根植于”泰勒原理，该原理是：

> 通过……科学确定的最佳实践，教师和管理人员操作评估系统，这些系统旨在……通过培训有素的监督者遵守……有效的行为标准、教师的绩效报酬以及对教师、管理人员、学校和学生因未能达到预定目标而进行的制裁性标准。（Bouie，2012：7）

类似的发展在普通高等教育和更具体的商业教育中都很明显。根据托马斯、洛朗热和谢恩（2013：29）的说法，商业教育的标准化始于 1916 年国际商学院协会（AACSB）的成立。该组织旨在为“商业研究带来科学严谨”（Thomas，Lorange and Sheth，2013：7），其创始成员包括著名的泰勒雷特·德鲁里（Taylorite Drury，1915：114）攻读博士学位的哥伦比亚大学、哈佛大学以及达特茅斯学院，该校于 1910 年开设了科学管理原理课程（Callahan，1962；Copley，1969b：277）。事实上，1911 年在达特茅斯举行的一次科学管理会议上，哈佛商学院首任院长发表了一篇关于“学术效率”的论文（Gay，1972）。如前所述，泰勒与哈佛的顶尖教授有着亲密的关系，后者是泰勒的热心支持者。因此毫不奇怪的是，国际商学院协会（AACSB）“为……商业教育的机构标准化提供了重要的基础”，并引起了“美国对单一的、有点不寻常的教育模式的关注”（Thomas，Lorange and Sheth，2013：29）。MBA 的出现和“市场接受度”为这种“商业教育走向相似、同质化和大规模生产”的趋势提供了最好的例证（Thomas，Lorange and Sheth，2013：29）。正如坎普（Kemp，2013：350）所指出的那样，“衡量学术成果的公式现在以类似于现代工业时代‘标准操作
33 程序’的方式得出”。现在，一系列的电子软件被用来创建符合国际商学院协会（AACSB）指标要求的标准化简历，以及用于测量“通过作者/期刊影响力发表的出版物”的软件程序。坎普认为，期刊的排名采用的是“科学管理的原理”，并得出结论：“泰勒的精神困扰着高等教育，因为人们试图通过‘操演性’来继续衡量学术绩效的效率”，这对涉及“遵守合法标准的应用和监控”的责任要求越来越高（强调为引用者所加）。

结 论

在这种将科学管理解释为霸权意识形态的处理方式中，我认为泰勒的哲学、原理和方法在 20 世纪初期的几十年中通过一系列文化实践，结合科学和效率的语言，在工作场所和教育中得到了合法化和社会化。“科学”方法论与共识意识形态的结合，这种意识形态促进了社会和谐以及对高生产率和高消费新时代的愿景，使科学管理的价值观远远超过了所有组成部分的总和。

泰勒的改革议程不仅限于生产，还扩展到改变人们的思维、沟通和学习方式。正如葛兰西所指出的那样，霸权不仅是“整个社会以及个人之间的教育关系……”，而且还在国际上“证明自己在历史上和社会上具有普遍性”（Hoare and Nowell Smith，1971：350），正如国际商学院协会（AACSB）的全球影响力令人信服那样。在新自由主义时代，泰勒精神的传播以及他的原则和方法的复兴，特别是在中小学和大学中，通过一系列的监管和纪律机制，显示了科学管理已经并将继续作为“人生观”和“学术计划”（Boggs，1976：39）。毫无疑问，泰勒的影响是巨大的。但“科学管理的精神”并不仅仅是“对工

作组织的设计和运作产生重大影响”。“它的实践和技术”也没有像之前所建议的那样消失（Dunford，1992：56）。相反，它继续发挥合法力量，并以前所未有的方式成功把知识工作和教育领域联合起来。从这个意义上讲，它的文化轨迹在很大程度上实现了泰勒的单一理想和愿景。

参考文献

Aitkin, H. G. J. (1960). *Taylorism at Watertown Arsenal*. Melbourne: Oxford University Press.

Bendix, R. (1974). *Work and Authority in Industry: Ideologies of Management in the Course of Industrialization*. Berkeley, CA: University of California Press.

Boggs, C. (1976). *Gramsci's Marxism*. London: Pluto Press. 34

Bouie, Jr., E. L. (2012). 'The Impact of Bureaucratic Structure, Scientific Management, and Institutionalism on Standards'. *Mercer Journal of Educational Leadership*, 1(1): 1 – 21.

Box, R. C. and Marshall, G. (2006). 'Democracy and Public Administration'. *Faculty Books and Monographs*, Book 249, available at: <http://digitalcommons.unomaha.edu/facultybooks/249> (accessed 10 June 2015).

Braverman, H. (1974). *Labor and Monopoly Capitalism: The Degradation of Work in the Twentieth Century*. New York: Monthly Review Press.

Brody, B. (1980). *Workers in Industrial America: Essays on the Twentieth Century Struggle*. New York: Oxford University Press.

Brooks, J. S. and Miles, M. T. (2008). 'From Scientific Management to Social Justice ... and Back Again? Pedagogical Shifts in the Study and Practice of Educational Leadership', in A. H. Normore (ed.), *Leadership for Social Justice: Promoting Equity and Excellence Through Enquiry and Reflective Practice*. Charlotte, NC: Information Age Publishing Inc., 99 – 114.

Cadbury, E. (1914). 'Some Principles of Industrial Organisation: The Case For and Against Scientific Management'. *Sociological Review*, 7(2): 99 – 117.

Callahan, R. E. (1962). *Education and the Cult of Efficiency*. Chicago, IL: The University of Chicago Press.

Clegg, S. and Dunkerley, D. (2013). *Organisation, Class and Control*. Abingdon: Routledge & Kegan Paul.

Cooke, M. L. (1910). '*Academic and Industrial Efficiency: A Report to the Carnegie Foundation for the Advancement of Teaching*', Bulletin 5 (New York: Carnegie Foundation for the Advancement of Teaching).

Cooke, M. L. (1914). 'Some Factors in Municipal Engineering'. *Transactions, American Society of Mechanical Engineers (ASME)*, 36: 605 – 18.

Cooke, M. L. (1924). 'The Influence of Scientific Management upon Government—Federal, State and Municipal'. *Bulletin of the Taylor Society*, 9(1): 31 – 8.

Copley, F. B. (1969a). *F.W. Taylor: Father of Scientific Management*, vol. 1. New York: Augustus M. Kelley Publishers.

Copley, F. B. (1969b). *F.W. Taylor: Father of Scientific Management*, vol. 2. New York: Augustus M. Kelley Publishers.

Dodge, J. M. (1905 – 1906). 'A History of the Introduction of a System of Shop Management'. *Transactions*, *ASME*, 27(1115): 720 – 9.

Dombroski, R. (1989) *Antonio Gramsci*. Boston, MA: Twayne.

Doray, B. (1988). *From Taylorism to Fordism: A Rational Madness*. London: Free Association Books.

Drucker, P. F. (1974). *Management: Tasks*, *Responsibilities*, *Practices*. New York: Harper & Row.

Drury, H. B. (1922). *Scientific Management: A History and Criticism*. New York: Columbia University Press (revised version; originally published 1915).

Dunford, R. W. (1992). *Organisational Behaviour*. Sydney: Addison-Wesley.

Evans, C. and Holmes, L. (2013). 'Introduction', in C. Evans and L. Holmes (eds.), *Re-Tayloring Management: Scientific Management a Century On*. Farnham: Gower Publishing.

Foucault, M. (1995). *Discipline and Punish: The Birth of the Prison*. New York: Vintage Books.

Fox, A. (1974). *Beyond Contract: Work Power and Trust Relations*. London: Faber and Faber.

Gable, R. (1989). *Raymond Williams*, *Resources of Hope Culture*, *Democracy*, *Socialism*. London: Verso.

35 Gantt, H. L. (1908). 'Training Workmen in Habits of Industry and Cooperation'. *Transáctions*, *ASME*, 30: 1037 – 48.

Gantt, H. L. (1919). *Work*, *Wages and Profits*. New York: The Engineering Magazine Co.

Gay, E. F. (1972). 'Academic Efficiency', in *Dartmouth College Conferences*, *First Tuck School Conference—Addresses and Discussions at the Conference on Scientific Management Held October 12*, *13*, *14*, *Nineteen Hundred and Eleven*. Easton: Hive Publishing Company.

Giannantonio, C. M. and Hurley-Hanson, A. E. (2011). 'Frederick Winslow Taylor: Reflections on the Relevance of the Principles of Scientific Management 100 Years Later'. *Journal of Business and Management*, 17: 7 – 10.

Gilbreth, F. B. (1973). *Primer of Scientific Management*. Easton: Hive Publishing Company (facsimile edition originally published 1914).

Gilbreth, F. B. (1980). 'Introduction', in F. B. Gilbreth and Young Men's Christian Association (Worcester, MA) (eds.), *Scientific Management Course: A Landmark Series of Lectures Given at the Y. M. C. A.*, *Worcester*, *Massachusetts*. Easton: Hive Publishing Co. (facsimile edition originally published 1912).

Graff, H. J. (1981). 'Literacy, Jobs and Industrialization', in H. G. Graff (ed.), *Literacy and Social Development in the West: A Reader*. Cambridge: Cambridge University Press.

Grugulis, I. and Lloyd, C. (2010). 'Skill and the Labour Process: The Conditions and Consequences of Change', in P. Thompson and C. Smith (eds.), *Working Life: Renewing labour Process Analysis*. Basingstoke: Palgrave Macmillan.

Haber, S. (1964). *Efficiency and Uplift: Scientific Management in the Progressive Era 1890 – 1920*. Chicago, IL: University of Chicago Press.

Haigh, G. (2012). *The Office: A Hardworking History*. Carlton: Miegunyah Press.

Hales, C. (2013). 'Stem Cell, Pathogen or Fatal Remedy? The Relationship of Taylor's

Principles of Management to the Wider Management Movement', in C. Evans and L. Holmes (eds.), *Re-Tayloring Management: Scientific Management a Century On*. Farnham: Gower Publishing, 15 – 40.

Hoare, Q. and Nowell Smith, G. (1971). *Selections from the Prison Notebooks of Antonio Gramsci*. London: Lawrence & Wisehart.

Hobson, J. A. (1913). 'Scientific Management'. *Sociological Review*, 6(3): 197 – 212.

Hoxie, R. F. (1915). *Scientific Management and Labor*. New York: D. Appleton and Co.

Hunter, J. and Sanderson, G. (2001). 'Training Packages: The Scientific Management of Education', Australian Vocational Education and Training Research Association Conference Paper, available at: <http://www.avetra.org.au/abstracts_and_papers_2001/Hunter_full.pdf> (accessed 12 June 2015).

Irvine, R. F. (1915). *National Efficiency*. Melbourne: Victorian Railways Printing Branch.

Ives, P. (2004). *Language and Hegemony in Gramsci*. London: Pluto Press.

Jackson, J. P. (1907). 'College and Apprentice Training', *Transactions*, *ASME*, 29: 473 – 90.

Kanigel, R. (1997). *The One Best Way: Frederick Winslow Taylor and the Enigma of Efficiency*. London: Little, Brown and Company.

Kaufman, B. E. (2008). *Managing the Human Factor: The Early Years of Human Resource Management in American Industry*. Ithaca, NY: ILR Press an imprint of Cornell University Press.

Kemp, L. J. (2013). 'Modern to Postmodern Management: Developments in Scientific Management'. *Journal of Management History*, 19(3): 345 – 61.

Khurana, R. (2007). *From Higher Aims to Hired Hands: The Social Transformation of* 36
American Business Schools and the Unfulfilled Promise of Management as a Profession. Princeton, NJ: Princeton University Press.

Larson, S. M. (1977). *The Rise of Professionalism: A Sociological Analysis*. Berkeley, CA: University of California Press.

Lears, T. J. (1985). 'The Concept of Cultural Hegemony: Problems and Possibilities'. *American Historical Review*, 90(3): 567 – 93.

Littler, C. R. (1978). 'Understanding Taylorism'. *British Journal of Sociology*, 29(2): 185 – 202.

Littler, C. R. (1982). *The Development of the Labour Process in Capitalist Societies*. London: Heinemann.

Littler, C. (1990). 'The Labour Process Debate: A Theoretical Review 1974 – 1988', in D. Knights and H. Willmott (eds.), *Labour Process Theory*. London: Macmillan, 46.

Merkle, J. A. (1980). *Management and Ideology: The Legacy of the International Scientific Management Movement*. Berkeley, CA: University of California Press.

Montgomery, D. (1979). *Workers' Control in America: Studies in the History of Work, Technology and Labor Struggles*. Cambridge: Cambridge University Press.

Morgan, G. (1986). *Images of Organizations*. Beverly Hills, CA: SAGE.

Mortenson, M. J., Doherty, N. F., and Robinson, S. (2015). 'Operational Research from Taylorism to Terabytes: A Research Agenda for the Analytics Age'. *European Journal of Operational Research*, 241(3): 583 – 95.

Mukhi, S., Hampton, D., and Barnwell, N. (1988). *Australian Management*. Sydney: McGraw-Hill.

Munsterberg, H. (1913). *Psychology and Industrial Efficiency*. Boston, MA: Houghton Mifflin Co.

Muscio, B. (1917). *Lectures on Industrial Psychology*. Sydney: Angus & Robertson Ltd.

Nadworny, M. (1955). *Scientific Management and the Unions 1900 – 1932: A Historical Analysis*. Cambridge, MA: Harvard University Press.

Noble, D. F. (1977). *America by Design: Science Technology and the Rise of Corporate Capitalism*. New York: Alfred A. Knopf.

Øgland, P. (2013). 'Mechanism Design for Total Quality Management: Using the Bootstrap Algorithm for Changing the Control Game', unpublished PhD thesis, Faculty of Mathematics and Natural Sciences, University of Oslo.

Parker, M. (2000). *Organizational Culture and Identity: Unity and Division at Work*. London: SAGE.

Payne, S. C., Youngcourt, S. S., and Watrous, K. M. (2006). 'Portrayals of F. W. Taylor across Textbooks'. *Journal of Management History*, 12(4): 385 – 407.

Pugh, D. S. (1984). *Organization Theory*. Harmondsworth: Penguin.

Reiger, K. M. (1985). *The Disenchantment of the Home: Modernizing the Australian Family 1880 – 1940*. Melbourne: Oxford University Press.

Renold, C. G. (1914). 'Comment on Cadbury's Paper', *Sociological Review*, 7(2): 122 – 4.

Rose, M. (1975). *Industrial Behaviour*. London: Allen Lane.

Russell, W. B. (1907). 'Industrial Education'. *Transactions*, *ASME*, 29: 121 – 43.

Schumpeter, J. A. (1994). *Capitalism*, *Socialism*, *and Democracy*. London: Routledge.

Stark, D. (1980). 'Class Struggle and the Transformation of the Labor Process'. *Theory and Society*, 9: 89 – 130.

Stewart, M. (2006). 'The Management Myth', *The Atlantic*, available at: <http://www.theatlantic.com/magazine/archive/2006/06/the-management-myth/304883/> (accessed 24 May 2015).

37 Taksa, L. (1992). 'Scientific Management: Technique or Cultural Ideology?' *Journal of Industrial Relations*, 34(3): 365 – 95.

Taksa, L. (1995). 'The Cultural Diffusion of Scientific Management: The United States and New South Wales'. *Journal of Industrial Relations*, 37(3): 427 – 61.

Taksa, L. (1997). 'Scientific Management and the General Strike of 1917: Workplace Restructuring in the New South Wales Railways and Tramways Department'. *Historical Studies in Industrial Relations*, 4: 37 – 64.

Taksa, L. (1998) 'All a Matter of Timing: Managerial Innovation and Workplace Culture in the New South Wales Railways and Tramways prior to 1921'. *Australian Historical Studies*, 110: 1 – 26.

Taksa, L. (2007). 'Uniting Management and Education in Pursuit of Efficiency: F. W. Taylor's Training Reform Legacy'. *Economic and Labour Relations Review*, 17(2): 129 – 56.

Taksa, L. (2009). 'Intended or Unintended Consequences? A Critical Reappraisal of the Safety First Movement and Its Non-Union Safety Committees'. *Economic and Industrial Democracy*, 30(1): 9 – 36.

Taneja, S., Pryor, M. G., and Leslie A. (2011). 'Frederick W. Taylor's Scientific Management Principles: Relevance and Validity'. *Journal of Applied Management and Entrepreneurship*, 16(3): 60 – 87.

Taylor, F. W. (1895). 'A Piece-Rate System Being a Step toward Partial Solution of the Labor Problem'. *Transactions*, *ASME*, 16: 865 – 903.

Taylor, F. W. (1911). *The Principles of Scientific Management*. New York: Harper & Bros.

Taylor, F. W. (1947a). 'Shop Management', in *Scientific Management*. New York: Harper & Brothers Publishers (originally published as F. W. Taylor (1903) 'Shop Management'. *Transactions*, *ASME*, 24: 1337 – 1480).

Taylor, F. W. (1947b). 'Taylor's Testimony Before the Special House Committee', in *Scientific Management*. New York: Harper & Brothers Publishers (originally published as United States Congress House Committee on Labor. Special committee to investigate the Taylor and other systems of shop management (1912). *The Taylor and Other Systems of Shop Management: Hearings before Special Committee of the House of Representatives to Investigate the Taylor and other Systems of Shop Management under Authority of House of Representatives. 90* … [*Oct. 4*, *1911 – Feb. 12*, *1912*]. Washington, DC: Government Printing Office. 62nd Congress, Second Session, House Report 403, 1912.

Taylor, F. W. (1972). 'The Principles of Scientific Management', in Dartmouth College Conferences, First Tuck School Conference—*Address and Discussions at the Conference on Scientific Management Held October 12*, *13*, *14*, *Nineteen Hundred and Eleven*. Easton: Hive Publishing Company (reprint, originally published 1911).

Thomas, H., Lorange, P., and Sheth, J. (2013). *The Business School in the Twenty-First Century: Emergent Challenges and New and New Business Models*. Cambridge: Cambridge University Press.

Thompson, C. B. (1917). *The Theory and Practice of Scientific Management*. Boston, MA: Houghton Mifflin Company.

Tsutsui, W. M. (2001). *Manufacturing Ideology: Scientific Management in Twentieth Century Japan*. Princeton, NJ: Princeton University Press.

Urwick, L. (1957). *The Making of Scientific Management*, vol. 2. London: Sir Isaac Pitman & Sons.

Urwick, L. and Brech, E. F. L. (1957). *The Making of Scientific Management*, vol. 1. London: Sir Isaac Pitman & Sons Ltd.

Warner, M. (1994). 'Japanese Culture, Western Management: Taylorism and Human 38
Resources in Japan'. *Organization Studies*, 15(4): 509 – 33.

Williams, G. A. (1960). 'The Concept of "Egemonia" in the Thought of Antonio Gramsci: Some Notes on Interpretation'. *Journal of the History of Ideas*, 21(4): 586 – 99.

Williams, R. (1961). *The Long Revolution*. London: Penguin.

Williams, R. (1979). *Culture and Society 1780 – 1950*. Harmondsworth: Penguin.

Witt, J. F. (2003). 'Speedy Fred Taylor and the Ironies of Enterprise Liability'. *Columbia Law Review*, 103(1): 1 – 49.

Witt, J. F. (2004). *The Accidental Republic: Crippled Workingmen*, *Destitute Widows*, *and the Remaking of American Law*. Cambridge, MA: Harvard University Press.

Wren, D. A. (2011). 'The Centennial of Frederick W. Taylor's *The Principles of Scientific Management*: A Retrospective Commentary'. *Journal of Business and Management*, 17: 11 – 22.

Zerzan, J. (1984). 'Taylorism and Unionism: The Origins of Partnership', *Telos*, 60: 140 – 5.

第3章
人际关系

凯尔·布鲁斯和克里斯·尼兰

正如在管理和组织研究教科书的“习惯性启示叙事”（Hassard，2012）中所传达的仪式那样，人际关系“学派”或管理模式（以下简称HRS）被理解为是由梅奥及其哈佛商学院同事于1924年至1932年间在西方电气公司的霍桑工厂工作，对工作场所中的人际关系进行调查后得出的。梅奥和人际关系学派成员被认为是人文主义者，他们基于以下假设开发了管理模型：工人是复杂的心理社会人，他们既是具有不同（“高级”)需求的个人，又是大众的社会团体成员，这改变了他们的个人主义冲动，使集体行动成为可能。据说社会人际关系使人们的社会需求备受关注，从而增强了他们在工作中“自发协作”的能力。员工（人际关系模型的倡导者）认为，如果员工的管理方式能够满足这些需求，他们将获得认同、稳定性和满足感，从而使他们更愿意相互合作和进行管理，并为实现组织目标贡献自己的努力（Wren，2005；Duncan，1999；Wren and Greenwood，1998；Kaufman，2004，2008）。

然而，越来越多的学者对这种有利的观点提出了挑战（O’Connor，1999a；Bruce and Nyland，2011；Nyland and Bruce，2012），他们证明了梅奥的模式远比传统智慧所承认的更为险恶，并直面保守的商业担忧。简而言之，人际关系理论被指控为，为雇主提供了一种管理模式，这种模式认为雇员是不理性的、易激动的个体，雇员对增加薪水和改善工作条件的要求是严重的社会心理失调的症状，因此不适合在工作场所“发声”。这种情况排除了雇主与雇员讨价还价的必要；然而，雇主确实有必要利用行为心理学和社会心理学来“科学地”解决员工的不适应，以缓解员工“不必要”的担忧，并鼓励他们以利于自己和组织的方式工作。在这方面，本章的目的是提供有关人际关系理论的有效说明。我们首先为梅奥和霍桑实验的调查提供背景知识，然后继续探讨所获得的 40
智慧。最后，我们评估人际关系理论对当代组织行为和人力资源管理理论与实践的意义。

梅奥、霍桑实验和人际关系理论

乔治·埃尔顿·梅奥（George Elton Mayo）于 1880 年 12 月 26 日出生于澳大利亚的南澳大利亚州的首府阿德莱德，未能完成医学院的学习，就读阿德莱德大学哲学专业的成人教育在 1911 年毕业①。他在昆士兰大学教授哲学，但随后他谋求在澳大利亚获得高级学术职位所必需的英国工作经验。因此，他于 1922 年 7 月启程前往英国，途经美国西海岸，在那里他被引导相信，他将能够筹集到长期留在英国所需的资金。但事实并非如此，尽管他获得了能谎称自己是昆士兰大学心理学和生理学教授的"官方"文件，但他依然无法获得加州大学伯克利分校的访问职位，据他所知，这是安排好的。在与社会科学界的领军人物以及和慈善官员尽力交流之后，梅奥于 1923 年在费城的沃顿商学院获得了为期六个月的研究奖学金（Trahair，1984）。

梅奥在沃顿商学院被任命的原因可能是：许多雇主和知识分子被他的说法吸引了，即许多"不正常的"工业行为是不健康的"幻想"的结果。这种信念使他首次到达美国时就引起了公众的关注，因为他告诉记者，这一因素解释了"挡板"现象。他把自己的信仰隐藏在医学精神分析和应用心理学的语言中，他同样坚持认为，工人的日常生活、家庭生活和就业条件使他们经历悲观或痴迷的遐想，并使他们处于相当于"炮弹休克"士兵的情况，需要严重的心理/精神关注。梅奥假定，工人的心理健康问题并非天生的，而是工业化过程的产物，因此，如果要实现现代生产方法所带来的利益，社会和工人必须承担成本。甚至在离开澳大利亚之前，他就已经驳斥了一些说法，即工人可能因工资低、就业条件差和缺乏发言权而对工作经历感到不满意，这些说法是"社会主义激进主义"的表现，是深层次的社会心理失调的症状。

---

① 读者可查阅 Trahair（1984）的 Mayo 传记，也可参阅 Bruce（2013）。

梅奥在沃顿商学院的职位使他得以在费城的工厂进行研究，以解决劳动力
41 流动率过高的问题（Bulmer and Bulmer，1981）。这些研究包括对工人的深入采访，标志着他为指导员工以解决他们的担忧所需要采取措施的最初工作。他的主要建议不是像科学管理运动的先进成员所敦促的那样改善工资和条件以及工作场所的民主，而是解决由于过度劳累引起的不健康的遐想，解决办法是增加休息时间，据报道这是在减少营业额和增加产量方面的有效建议（Trahair，1984；O'Connor，1999a，1999b）。

"发现"工人的生产率和他们的心理健康之间的相关性，使梅奥赢得了小约翰·D. 洛克菲勒（John D. Rockefeller Jr.，以下简称 JDR）的热情，并与后者在 1914 年卢德洛（Ludlow）惨案（罢工矿工及其家人在洛克菲勒旗下的科罗拉多燃料和钢铁公司被杀害）后改善劳资关系的过程中结合起来（Gitelman，1988；Rees，2010）。洛克菲勒成为梅奥的财务和专业赞助人，最初是在沃顿而后在哈佛大学为梅奥承担薪水保障，为他的研究（包括霍桑）安排实践的机会，并向他保证他的想法能被接受（Bulmer and Bulmer，1981；Fisher，1983；Trahair，1984；Harvey，1982；Gillespie，1991；Magat，1999；O'Connor，1999a）。梅奥于 1926 年到达哈佛，一直待到 1947 年退休。在这段时间里，他利用洛克菲勒的人脉关系聘请了一些年轻的助手，这些人共同成为著名的"哈佛人际关系小组"。

1927 年 10 月，洛克菲勒支持的保守派智囊团、劳资关系顾问组的负责人阿瑟·H. 杨（Arthur H. Young）安排梅奥向一群实业家发表演讲，探讨他对工业心理学的不同看法。梅奥在讲话中直截了当地谈到了听众的担忧，他解释说他的研究揭示了如何平息工人不理性、易激动的思维，以及如何开发课程来培训管理人员所需的技能。他建议在场人员如果希望讨论让哈佛人际关系研究人员为他们的公司提供建议和/或培训的可能性，可以直接与他联系。幸运的是，西方电气公司的人事主管也出席了会议，并邀请梅奥参与了该公司霍桑工厂正在进行的研究，从而促使他的知识主张传播变得更为公开和持久。他参与霍桑研究的方法对许多实业家来说很有吸引力，因为这项研究承诺"一种社会控制技术，可以应对工业动荡和工人个体失调的问题"（Gillespie，1991：112－13）。它对哈佛商学院也很有吸引力，因为它将自己的声誉从最初的"低水平的培训师提升为具有社会责任感的高管教员"（Hoopes，2003：141；

O'Connor，1999a）。

霍桑研究是在 1924 年至 1932 年间进行的，是“组织研究历史上规模最大、知名度最高和最具影响力的研究”，并且是“促进组织研究历史上最显著的‘范式转变’的代名词：从科学管理到人际关系”（Hassard，2012：1432－3）[①]。简而言之，这些研究包括照明测试（从 1924 年开始调查工作场所照明 42
和劳动生产率是否具有相关性）、继电器组装测试（从 1927 年开始，旨在评估休息时间和工作时间的影响），最后是触排布线测试（始于 1931 年，旨在观察和研究工作组内的社会关系和社会结构）。这些调查的结果没有定论，并且使西方电气公司的管理层感到困惑，以至于寻求哈佛商学院研究人员的外部帮助（Gillespie，1991）。梅奥于 1928 年 4 月首次访问霍桑，为期两天，然后在 1929 年访问了四天，又在 1930 年开始更深入地参与正在进行的实验（Trahair，1984）。

梅奥对数据的解释旨在证明，一旦工人的非理性被消除或改善，他们将对非经济激励措施做出积极回应，并有动力提高他们的生产率。尽管有几组独立的“实验”，但这一发现实际上完全是基于对在一个工作台上的六名妇女（其中两名被替换）的研究，继电器组装研究历时约五年。1928 年 11 月，梅奥向另一位洛克菲勒支持的智囊团特别会议委员会成员报告了他对继电器组装研究的初步结果。他们对他的理论印象深刻，尤其是现在他的理论被事实和图表所掩盖，并强调监督的变化可以解决工人的不适应和提高生产率，并有助于实现公司不让工会进入工厂的目标（Trahair，1984；Gillespie，1991）。这项对六名不具代表性的员工进行的研究，足以让大企业接受梅奥的理论，并“加入”他的研究计划：这就是企业希望对员工行为做出的解释，从而使管理层免受员工不满的任何指责，以及这承诺了一种不需要改善工资和就业条件的控制手段（Bruce and Nyland，2011）。

1933 年，梅奥发表了他的《工业文明的人际关系问题》（Mayo，1933），并在 1939 年利用洛克菲勒的资助，由哈佛大学出版社出版了罗特利斯伯格（Rorthlisberger）和迪克森（Dickson）的《管理与工人》。后一项研究认为，在布线室学习的员工“拥有一个错综复杂的社会组织，他们的行为在很大程

① 有关该研究的深入历史和分析，请参见 Landsberger（1958）和 Gillespie（1991）。

度上是由这个组织决定的”。正是这一社会准则而不是个人恶意导致了产出限制，这一准则作为一种“保护机制”，使该群体免受外部工作条件和个人关系变化的影响（Roethlisberger and Dickson，1939：525）。总而言之，在一个被广泛引用的章节中，

> 对线路检修工的研究表明，如果不考虑该群体的**非正式组织**以及该非正式组织与公司的整体社会组织之间的关系，就无法理解他们在工作中的行为。这一群体的工作活动以及他们的满意和不满意，必须被视为复杂的相互关系模式的表现。总而言之，必须将线路检修工的工作情况视为一种
> 43 **社会系统**；此外，这个组织所属的产业组织也必须被视为一种社会系统（Roethlisberger and Dickson，1939：551）。

因此，组织被看作是一种社会系统，在这种社会系统中，我们发现有许多人朝着共同的目标努力，但每一个人都为工作带来了不同的、个人的和社会条件明确的目标或愿望（Roethlisberger and Dickson，1939）。组织的目标，或者更确切地说，是在工业心理学家的帮助下进行组织的管理，目的是调整这些个人目标，使它们与组织的目标一致。这些概念以及对组织文化或企业文化的初步讨论，都可以在《管理与工人》中找到，它们注入了关于组织管理和人力资源管理的有意义的当代讨论，我们将在本章的最后一节中讨论这一点。

关于人际关系理论的传统观念

对人际关系理论的传统理解存在几个问题。首先，梅奥在人际关系理论进化中的确切地位是一个重要的争论话题。人们对他在霍桑（Hawthorne）实验中的角色有各种各样不同的想法，对其作用和科学可信度都产生了很大的争议。例如，有人怀疑梅奥对霍桑实验的解释是否比实际的经验结果更能反映他先入为主的个人观点，以及这是否塑造了罗特利斯伯格和迪克森的 1939 年的“官方”叙述（Carey，1967；Gillespie，1991；Smith，1998；Wren and Greenwood，1998）。在这种情况下，梅奥对霍桑研究的个人贡献仅被解释为西方电气公司的科学推广者，特别是考虑到他在 1928 年到达时主要的一系列实验正在进行

中（Smith，1976，1998）。事实上，特拉黑尔（Trahair，2001）坚持认为，“梅奥从来没有在西方电气公司做过这样的研究，他所做的只是使事件运转，然后由其他人完成工作”。索弗（Sofer，1973）同样认为，梅奥的主要贡献是处理研究团队与公司之间的关系，并协助研究项目的设计，而奥康纳（O’Connor，1999a）则认为，他在调查中的主要作用是使哈佛商学院的学术严谨性和实际的产业关联性合法化。最重要的是，人们认为，梅奥的人际关系理论几乎完全基于他个人对工人动机的政治解读，而这些测试是有意识地设计出来的，以掩盖这样一个事实，即激励被研究的工人增加工作量的主要影响是承诺增加工资。查尔斯·雷奇（Charles Wrege，2014）在他去世前几天在管理学院强调了这一点，他总结了一生对人际关系理论的研究，当时他明确宣称没有“霍桑效应”（Hawthorne Effect），霍桑公司的员工们的动机并不是心理学家或公司的 44
福利制度对他们的社会需求的满足。相反，事实是他们得到了增加收入的机会，简而言之：“这就是钱！”

传统观念的第二个问题是，许多思想家早于梅奥及其同事讨论“工业中的人际关系问题”，并非有科学管理的倡导者或作者都忽视人的因素。尽管在管理或组织行为学教科书中很少提及，但在管理思想史上却很容易理解这些观点。事实上，“人际关系”一词在霍桑研究之前经常被学术界和实务界的人事管理作者使用（Kaufman，1993，2001），据说梅奥及其哈佛商学院的同事并没有真正“发现”任何西方电气官员或美国工业中尚未广为人知的东西（Gilson，1940）。在这种背景下，雷恩（Wren，2005）记录了泰勒协会（Taylor Society）支持进步派的关键人物奥德韦·泰德（Ordway Tead）、亨利·丹尼森、玛丽·帕克·福莱特、玛丽·范·克莱克（Mary van Kleeck）和惠廷·威廉姆斯（Whiting Williams）的贡献，他们为人际关系的发展铺平了道路。同样，布鲁斯（Bruce，2006）证明，梅奥对人力资源的贡献，即对传统的、个人主义的、享乐主义的人性观的批判，以及对非正式工作组的重要性及其对员工绩效的影响，实际上是波士顿商人和科学管理者亨利·S. 丹尼森早在梅奥及其追随者来到哈佛之前就提出的观点。事实上，博迪温（Boddewyn，1961）和洛克（Locke，1982）都认为，在霍桑研究之前几十年，泰勒就已经确定了霍桑关于非正式规范和产量限制的许多结论。同样，邓肯（Duncan，1970）也指出，许多早期的科学管理工程师认可工业中的人和社会因素。这是有道理的，因为正如雷恩和格林伍德（Wren and Greenwood，1998）所论证的那样，泰勒本人不仅提供了经济激励，而且对现代人的激励思想做出了重要贡献，并启发了雨果·芒斯特伯格（Hugo Munsterberg）建立了工业心理学科。

传统观念的第三个问题是，霍桑和西方电气公司被视为“封闭系统”中的“匿名行动者”。换言之，人们对于塑造霍桑及其工人的社会政治环境知之甚少。事实上，霍桑长期以来都是“福利资本主义”的楷模（尽管是强硬的家长主义和强硬的反工会主义的一部分），其“家庭”和“家园”文化以及积极的工作关系早于霍桑研究，并在很大程度上建立在先天种族和性别，以及随之而来的社会联系的基础之上，这种联系是由于1915年1月伊斯特兰（Eastland）号下沉，841名霍桑工厂员工和/或家庭成员溺水身亡后，集体创伤所产生的社会联系（Hassard，2012）。

最后，梅奥理论背后的真正动机可以说是对工人的心理控制。正如我们将在下面说明的那样，虽然泰勒及其追随者支持改善工人的工资和条件，并渴望
45 使他们能够获得“发言权”；在管理决策方面，梅奥和人际关系管理承诺完全消除此类期许。梅奥认为管理者是一个天生的精英，具有管理工作场所（乃至国家）的能力和权利，这一概念尤其成问题。与任何所谓的泰勒主义思想或措施相比，梅奥和人际关系理论赋予了这种精英极大的威权主义潜力。简言之，学校提供了一种新的模式，让工人接受更少的东西，同时声称他们需要只有管理人员和技术人员才能管理的心理咨询（Bruce and Nyland，2011）。我们将在以下两个部分中更深入地探讨这些想法。

突破人际关系理论的流行历史神话：泰勒、梅奥和工作场所民主

梅奥是精英管理体系的倡导者，这一点多年来一直被低估，甚至有学者认识到他对工作场所民主的反感。然而，奥康纳（O’Connor，1999a，1999b）同布鲁斯和尼兰（Bruce and Nyland，2011）都证明了梅奥的信念，即“疗法”可以取代工作场所的民主，也证明了他努力向社会的“统治者”宣传这一信息。对这一论点至关重要的是梅奥的主张，即工人没有参与管理活动的精神能力，因此必须由那些背景和训练使他们具备处理管理过程复杂性所需的情感和

精神能力的人来管理。梅奥将员工描绘成头脑简单、主要受习俗和情感激励、因而需要由精英管理的个人，这对美国企业界非常有吸引力。它很有吸引力，尤其是因为它有力地抵消了工会和科学管理者提出的越来越普遍的要求，这些主张坚持认为工人确实具有理解和运用科学法则参与管理活动的精神和情感能力（Taylor，1914；McKelvey，1952）。

雅各比（Jacoby，1985a：103）很好地说明了两次大战之间的泰勒主义运动否定了人际关系理论关于工人不能也不应参与管理的说法，泰勒协会的莫里斯·库克（Morris Cooke）和矿工工会的菲利普·默里（Phillip Murray）共同倡导的“挖掘劳动者的大脑”，是指让有组织的劳动者积极参与确定生产程序和行政政策，旨在增加商品和服务的产出和分配。同样，尼兰、布鲁斯和伯恩斯（Nyland，Bruce and Burns，2014）也证明了泰勒协会在战争年代与国际劳工组织保持着持续的合作关系，旨在实现工业民主的全球化。后者认为，该协会与其支持雇主霸权，不如与国际劳工组织共同承诺在工作场所和更广泛的社会中的共同决策权。

泰勒主义民主主义者与人际关系学派成员之间由于意见分歧而出现的公开 46
敌意，反映在玛丽·吉尔森（Mary Gilson）在 1940 年对罗特利斯伯格和迪克森的《管理与工人》的评论中。吉尔森是以 27 年的从业者和学者经验，以及对泰勒协会所倡导的原则的坚定承诺来完成这项任务的。她在评论开始时指出，这项工作是洛克菲勒基金会（Rockefeller Foundation）大量资助的产物，并且不遗余力地表明她对这本书的不屑一顾。她的轻蔑源于她的信念，即人际关系学派研究人员声称，他们的决定一开始就对任何了解相关文献或工业现场实践经验的人都是清楚的。例如，她指出早在 1916 年，她就亲自记录了员工在工作中的行为和信仰受到其所处更广阔世界的影响这一概念。至于所谓支持这项工作的“科学”，她注意到所使用的装备和统计工具所产生的东西，还没有任何在工厂工作过的聪明人所能获得的那样复杂。因此，她建议，研究人员与其生成任何处于“工业知识初始阶段”的人已经知道的信息，不如将时间用于培训领班，让他们学习如何引导和处理来自工人的投诉，学者应该接受泰勒的建议，即在寻求改变工人的做法和信仰之前，应首先尽一切可能改进工厂和工作实践。

吉尔森对她的信息充满热情，接着指出，梅奥在序言中曾问过如何恢复人类自发合作的能力。她建议不要在《管理与工人》中找答案，并建议如果梅奥真的想得到这个问题的答案，那么明智的做法是看一本更显著地指出未来方向的书：

> 它是由工业工程师莫里斯·卢埃林·库克和劳工组织者菲利普·默里共同撰写的《有组织的劳工与生产》，它简单而清晰地阐明了工会与管理层合作的效果。它并没有像这本书那样以从管理层到工人、从工人到管理层的“双向交流”而停止，而是展示了管理层可以做什么，让员工对自己充满信心，并在生产和监督的各个层面上，对运营流程和产业政策能熟知地工作。(Gilson，1940：100)

在评论结束时，吉尔森指出，在《管理与工人》中，几乎没有提及有组织的劳动，这种遗漏是合理的，因为被采访的工人没有提及工会。她深思为什么会这样，这可能与以下事实有关：西方电气工人意识到该公司在间谍活动上花费了数万美元，目的是确定工会的支持者，并补充说工业间谍的存在也可能有助
47 于解释为什么在两万次的采访中，报道称工人们“绝不批评公司”。最后，吉尔森暗示她愿意做出让步，因为她完全同意他们的其中一项意见：

> 总有一天，应该对“由大型企业资助的显而易见的研究”进行研究，但也许这也会变成一套表格、图表和数学公式来证明我们已经知道的东西。无论如何，西方电气实验的发起人埃尔顿·梅奥谦虚地说，《管理与工人》的作者并不声称该计划的许多合作者从他们的研究中得到的启示是“非常广泛或非常深刻”。对此，我完全同意。(Gilson，1940：101)

梅奥对吉尔森的评论作出了回应，告诉他的合作者说她疯了。然而，当罗斯福在1940年中期任命美国服装工人联合会领导人西德尼·希尔曼（Sidney Hillman）为美国国防委员会就业专员时，人际关系理论家们以这种傲慢的方式驳斥泰勒主义批评者的能力几乎立即遭到削弱。正如弗雷泽（Fraser，1991）所记录的那样，这是一个关键的发展，希尔曼从第一次世界大战开始就一直与泰勒协会保持着密切的工作关系。罗斯福要求希尔曼负责建立劳动力队伍，以

支持欧洲盟国，并为美国准备加入反法西斯战争做准备。为了进一步实现这一目标，后者试探了实业家、美国劳工联合会和工业组织大会的意见，并随后任命了索康尼·维康（Socony-Vacuum）的人事经理查宁·R. 杜利（Channing R. Dooley）作为工业培训组织（TWI）的主管，并任命西屋电气公司的沃尔特·迪茨（Walter Dietz）为他的助理。这两次任命分别反映了工会和企业负责人的观点。杜利之所以得到工会的支持，很大程度上是因为他是泰勒协会的长期会员而得到了支持，而迪茨则得到了公司负责人的支持，这些公司负责人被梅奥及其哈佛的同事的想法所吸引（Nyland and Bruce，2012）。

在这种情况下，布林（Breen，2002）对杜利和迪茨在工业培训组织任职期间的互动方式进行了详细研究，特别指出泰勒主义者最初是如何主导培训工作的。由于意识到熟练工匠的严重短缺，这些技术员专注于工作的重新设计，增加了技工的数量，但对后者进行了培训以承担需要长期培训的任务，并取消相对不熟练的任务，这些任务可以由受过相对较少培训的工人承担。为了确保不使非技能化（减低工作的技术要求）成为一项摆设任务，科学管理人员坚持认为，工会必须积极参与制定跟政策和实践有关的所有决策。泰勒主义者通过这种方式将工会纳入管理流程，能够极大地提高以前不熟练的行业和工人的培训质量，他们还能够在这项工作中获得工会的支持（只有极少数的工匠抵制了，他们的抵制不是基于害怕非技能化，而是担心增加熟练工人的数量会损 48
害他们的议价能力）。相比之下，雇主则表示泰勒主义的职业培训计划令他们非常反感，这既是因为工会密切参与了流程的管理，也是因为工会的参与使他们必须投入培训的资源大量增加。

如果培训计划反映了泰勒主义者在工业培训组织中的主导影响力，那么随着时间的推移，迪茨对人际关系理论的研究就变得越来越有影响力。如果不是敌意的话，这反映了工会和泰勒主义者的怀疑，那些试图将人际关系理论投入培训议程的人发现进展困难。尽管如此，雇主更支持这样一种观点，即工头应接受顾问培训，而不是提高工人的技能。在克服泰勒主义工会的阻力方面，重要的是大量没有工业生活经验的妇女涌入国家的工作场所。同样重要的是，罗特利斯伯格从1940年开始就与梅奥保持距离（Trahair，1984）。罗特利斯伯格试图与工会和泰勒主义者建立积极的关系，该过程涉及对库克和默里《有组织的劳工和生产》的积极评价就证明了这一点（Roethlisberger，1940）。

随着这些发展，人际关系理论的倡导者们能够说服科学管理者和工会，他们所倡导的技术不一定只是巩固精英对劳动力控制的工具。这使这两个团体能够在5 000多个工作场所合作实施一项人员培训和工业民主的联合方案（Jacoby，1985a）。雅各比（Jacoby，1985b：274）观察到，工业培训组织制定的计划是泰勒主义民主主义者多年来持续不断的竞选活动的最后一次爆发，因为他们努力将管理建设成一门科学，而不是促进精英利益的工具。他补充说，这一努力体现了“科学、中立的人事管理方法以及布兰迪斯和泰勒主义者（Taylorists）所希望的独立职业的最佳特点”。战争年代大规模地显示出“科学和民主生活方式”可以在工业界和更广泛的社会中蓬勃发展。为了体现对他们所取得成就的赞赏，1945年泰勒主义者向杜利和迪茨授予了泰勒钥匙，这是泰勒协会（现在改名为管理促进会）表彰他们在工业培训方案中促进人际关系的工作所授予的最高奖项。然而，一旦美国企业动员起来，重新赢得工党和那些敢于希望管理学能够发展成为一门科学的人所取得的成果，而不仅仅是梅奥成功呼吁支持的统治者所能利用的工具，那么在战后不久的几年里，一座规模不断扩大的顶峰被迫放弃。

泰勒主义者坚持不懈地努力与商业斗争，坚持利润积累必须是工业和社会的主要驱动力，这使他们意识到战争年代是不平凡的时刻，最终美国的企业统治者将寻求恢复他们眼中的“管理权”（Harris，1982；Fones-Wolf，1994；
49 Phillips-Fein，2006，2009）。同样，他们也意识到，当这一时期的反动到来时，工业心理学家和人事主管对科学的承诺将受到严峻的考验。泰勒曾试图让工程界相信，在工业和更广泛的社会中，知识应该胜过利润，这一努力再次证明了这一点，他们为战后的岁月做准备，敦促人事专业人员遵守一套行为守则，即他们的领域必须由知识而不是由雇主的异想天开所统治。正如《泰勒协会公报》的长期编辑奥德韦·泰德在1943年关于员工咨询问题展开的一次广泛讨论中，寻求进一步发展时所观察到的：

> 在民主国家中，特别是那些对其他自尊的个人的劳动和劳动福利负责的人，应该特别乐于遵守反映个人权利的处理标准，并承认他们对其工作组织的责任。（Tead，1943：103）

然而，事实证明，推广这种观点是徒劳的。对于美国企业而言，它只是拒绝让工业心理学家和人事行政人员将知识置于利润积累之上的自由。泰勒主义工会联盟至少能够部分克服雇主对库克·默里计划的敌意，那很大程度上是由于它获得了军方的支持，而军方与私营企业不同，会优先考虑战争的需要，即使这意味着工人在生产流程管理中有发言权（Breen，2002）。然而，随着战争的结束，泰勒主义工会联盟争取军事支持的能力急剧下降。在这种新的背景下，泰勒协会的进步人士和工会被暴露在外，雇主抓住机会发动一场重大攻势，以恢复他们的“管理权”（Harris，1982；Fraser，1991；Fones-Wolf，1994；Phillips-Fein，2006，2009）。这一攻势使雇主可以收回在新政时期所赢得的许多收益，并且只有在工会同意放弃共同决策权并同意就一小部分就业条件进行谈判的权利时，这种攻势才告结束。

在管理和组织研究中，很少有学者意识到在战后几年里发生的更为残酷的知识分子“清洗”事件，作为重新定义“科学商业教育”的过程的一部分。确实，在胜利者及其抄写员手中，泰勒主义的民主主义者被认为是机械主义的、反工会的专制主义者，而梅奥则被神化了，他所提倡的精英主义的人际关系理论模型被成功推销为企业人文主义的体现（Nyland and Bruce，2012）。

在这种反动的环境中，自由主义者未能坚持，而人际关系理论得以蓬勃发展。那些致力于将管理作为一种参与性实践和一门以崇高理想为基础的科学的人退却了。胜利者们收集战利品，开始改写管理历史，首先是称赞梅奥和人际关系理论是“高绩效”人事管理的倡导者。通过这种方式，商界得以接触到一批知识界的“权力的仆人”，他们愿意帮助压制管理活动和理论民主化的观
念，同时将自己奉为人道主义者，应当为他们将泰勒主义的“恶魔”驱逐出 50
工作场所而鼓掌。

人际关系理论、组织行为学和人力资源管理

梅奥死后，罗特利斯伯格在哈佛蓬勃发展的 MBA 计划中担负着人际关系理论的火炬手，以确保 20 世纪 50 年代都以“管理实践”课程为幌子，向所有的一年级 MBA 学生教授人际关系。他还在商学院的博士课程中开设了一门新的学科“组织行为”，因此，“哈佛大学组织管理计划毕业的博士生，后来成

为其他地方的教授，意志坚强的心理现实主义成了商学院的一部分”（Hoopes，2003：159）。这是它的一个重要点，因为它预示着组织心理学或职业心理学的虚拟统治的开始，以及随之而来的社会学在组织行为和人力资源管理学科中的边缘化，这将对工作场所的民主化带来灾难性的后果。也就是说，它标志着“新规范控制”的兴起，在这种规范中，员工将“通过自我形象和生存愿望而非官僚角色受到监管”（Ekman，2013：1161）。这样，人际关系理论的发展反映了迪茨（Deetz，2003：35）所描述的“专注于雇员内部价值观、承诺和动机的管理，而较少关注对其行为的监督”。

通过使工厂的主体间空间更具“可管理性”，并通过重新定义工人的身份，人际关系理论在生产政府与社会政府之间建立了联系。梅奥是一位杰出的公关家，他将生产问题置于关注“社会”规则和关注“自我”政府的结合点上。如上所述，他建立了不良的工作表现与各种社会弊病/病态之间的联系，这些弊病/病态被认为是对良好秩序和社会安宁的威胁，同时系统地低估了工资和工作条件的重要性，这可能会给雇主带来成本。在自由社会所依赖的负责任的自我中，工作被赋予了至关重要的作用：如果一个精通社会技能的管理精英适当地考虑到工人的心理状态以及他们与工作场所中其他人的关系，那么就可以避免失范和社会解体，提高和谐与赢利能力（Rose，1978；Miller and Rose，1995）。

在这种情况下，人际关系理论代表了心理学、政治思想和工作场所治理之间的新联盟，该联盟证明了企业的管理权是事物的自然秩序，并通过宣称个人是所有合法合作组织建立的基本单位来与民主理想相协调。同样的社会契约将
51 公民融入政体中，为个人与企业之间的联系提供了模式。因此，公司及其必需的管理权限，可以看作是复杂个性的民主理想的完美体现，据称这种复杂个性构成了明显的美国生活方式。管理权并没有压制社会；相反，它把它们联系在一起：容易激动的群众不适合当领导，必须由精英领导层来操纵和控制，在工作小组中培养重要的非逻辑暗示的精英领导，以稳定他们的情绪，使他们愿意接受控制者和“向吹笛者付钱”且充当权力的仆人的心理学家的权威（Rose，1978；Miller and O’Leary，1989；Miller and Rose，1995；O’Connor，1999a，1999b）。

关于这一特权地位，应该指出两点。首先，正如迪茨（Deetz，2003）所强

调的那样，资本主义所有制的特权地位和随之而来的管理权并不是“自然”的。相反，它是通过话语实践产生和再现的，从词汇选择产生和以特定方式区分人与事件，到讲故事并给出指示和命令。其次，梅奥和人际关系理论赋予了这些管理精英们更大的威权潜力——“将企业法西斯主义人性化”（Rose，1978：121），这一点比任何泰勒主义的思想或措施都要大，似乎在过去和现在的许多科学管理批评家身上都失去了。尽管泰勒主义（尽管泰勒曾告诫要进行一场伟大的“思想革命”）使管理人员有潜力在空间和时间上对人体施加力量，但梅奥主义（Mayoism）则通过工人的认知和情感，提供了一种更微妙、更有效的方式在精神上行使这种力量。正如汤利（Townley，1993：538）所说：

> 传统上，人事概念被视为强调劳动权利和组织中人性的重要性。但是，关于福利和人际关系学派的论述，掩盖了人力资源管理在提供纪律处分措施的相关方面的作用，这些纪律处分措施旨在使员工的行为和绩效可预测并可计算，即可以管理。

人力资源管理以组织心理学和精神病学的“科学”为基础，在很大程度上限制了工作场所的民主和参与的潜力。迪茨（2003）提出了类似的观点，强调福柯的纪律处分权概念中的话语控制者——精神病学家、医生、监护人、教师等等，他们任意地认为某些生活方式是“正常的”，而其他则是病态的，人际关系理论具有相同的特权知识/权力。正如他所观察到的：

> 在现代企业中，纪律处分权主要存在于新的“社会控制技术”中。人力资源管理专家和专家的工作是致力于创造“规范化”的知识、操作程序和查询方法，并抑制竞争行为。（Deetz，2003：36）

总之，无论是在社会还是在工作场所，自由都是以依赖“灵魂专家”的意见
为代价的；尽管我们可能不受政治权威的任意指令性支配，但我们必然与新的 52
权威建立新的关系，因为它们似乎源于我们个人对自我实现的渴望（Rose，1998）。进而，

> 管理的合法性和中立性不仅取决于其在实践经验中的基础，而且还取决于将这种经验置于技术理性框架内的科学知识。为了进行理性管理，现在需要了解工人的个人和社会心理。人际关系的语言和技术使管理层能够将老板对效率要求的明显对立的现实与工人对效率的抵制调和起来，并声称有能力将工人的主体性从追求生产率和利润的障碍转变为盟友。（Rose，1998：140）

这种自我实现的愿望对于工作场所的纪律处分至关重要，也就是说，对于组织心理学和人力资源管理来说，发挥对“自我”价值的不安全感，因此要实行必要的自我调节（实际上是自我剥削），有系统地限制工作场所的民主和参与。

受人际关系模型的启发，包括亚伯拉罕·马斯洛（Abraham Maslow）、卡尔·罗杰斯（Carl Rogers）、维克多·弗兰克（Victor Frankl）、埃里克·弗洛姆（Eric Fromm）、弗雷德里克·赫茨伯格（Frederick Herzberg）、库尔特·莱温（Kurt Lewin）、维克托·弗鲁姆（Victor Vroom）等在内的几代人际关系研究人员将工人的心理描绘成自我实现的心理图景，这种自我实现通过工作使自己有所成就的个人努力可以被引导向追求组织目标的方向。工作的创立不是延迟满足，而是作为生产、发现和体验“自我”的手段（Rose，1990）。人际关系理论的化身被喻为“行为主义者”的管理理论家，在20世纪50年代和60年代，这种论点认为，人类的动机是通过个人的渴望来实现的，以固定并确保我们对自己的感觉，这一点反映在（重要的）其他人的态度和观点上，例如经理或老板对我们的态度和观点上。我们一直在为这种自我意识而奋斗；它从来没有被“发生”或实现（马斯洛相反），所以我们有着与生俱来的渴望去了解、修复和保护“自我”。我们对“我们是谁”的意识总是容易受到他人反应的影响：这是我们看到自己的一面镜子。这种“自我”的脆弱性意味着我们不断地将自己与他人进行比较，并警惕他们如何看待我们——在“他人的镜子”中，我们既寻求确认/认可，又感到自己可能遭受拒绝或攻击。通过这种方式，管理者能够塑造我们用来判断自己和他人行为的理想（Roberts，2007）。

因此，人际关系理论的中心架构和技术，以及在此基础上建立的注重人类

对归属、爱、地位、认可等需求的行为方法，成为一种强有力的行为杠杆。事
实上，管理者和员工之间的关系与早期（幼稚的）关系相呼应，从而使员工
努力争取老板的认可。等级制度是“自我”价值的一面镜子，在组织中的晋
升被解释为“使自己有所成就”。此外，绩效评估和其他审计技术使员工
“看得见”，因此容易受到称赞和批评，并影响他们的成败。总而言之，期 53
望的认可和/或害怕的责备使员工能够自我管理。作为一名员工，我努力实
现/认识真正的或最好的自我（Roberts，2007）。如罗斯（Rose，1990：117－
18）所述：

> 在人际关系心理学中，工作本身是可以成为满足个人社会需求的特权场所。在自我实现的心理学中，工作不再是对个人自由发挥其潜能的限制……。工作是实现自我的必由之路。经济、心理和社会之间不再存在任何障碍……。现在，工作管理贯穿于我们每个人为自己想要的东西而进行的心理奋斗。

20 世纪 60 年代，人际关系理论以塔维斯托克人际关系研究所（Tavistock Institute of Human Relations）及其主要研究人员弗雷德·埃默里（Fred Emory）和埃里克·特里斯特（Eric Trist）的名义在英国进一步发展起来，人们设想员工通过工作来寻找意义、责任、成就和“生活质量”。员工不应该从工作中解放出来，而应该在工作中得到满足（Rose，1990）。这种管理理论催生了工作充实、工作轮换、自主工作组、参与和自我管理的概念：

> 工人在工作中发现意义和尊严后，便会认同产品，承担生产的责任，并发现自己的自我价值，这些自我价值作为一种产品和一种体验嵌入、反映并提高工作质量。（Rose，1990：105－6）

特里斯特甚至提出，人是需要开发的资源，因为他们有责任感和参与度，而可以自我调节，因此可以说，这些概念与现代人力资源管理战略有着千丝万缕的联系。这就是梅奥、人际关系理论和行为主义方法的遗产，目前这些方法为组织行为和人力资源管理的当代研究提供了信息。

参考文献

Boddewyn, J. (1961). 'Frederick Winslow Taylor Revisited'. *Journal of the Academy of Management*, 4: 100-7.

Breen, W. J. (2002). 'Social Science and State Policy in World War II: Human Relations, Pedagogy, and Industrial Training, 1940-1945'. *Business History Review*, 76: 233-66.

Bruce, K. (2006). 'Henry S. Dennison, Elton Mayo and Human Relations Historiography'. *Management and Organisational History*, 1(2): 177-99.

Bruce, K. (2013). 'G. Elton Mayo', in M. Witzel and M. Warner (eds.), *The Oxford Handbook of Management Theorists*. Oxford: Oxford University Press, 94-112.

Bruce, K. and Nyland, C. (2011). 'Elton Mayo and the Deification of Human Relations'. *Organization Studies*, 32(3): 383-405.

Bulmer, M. and Bulmer, J. (1981). 'Philanthropy and Social Science in the 1920s: Beardsley Ruml and the Laura Spelman Rockefeller Memorial, 1922-1929'. *Minerva*, 19(3): 347-407.

54 Carey, A. (1967), 'The Hawthorne Studies: A Radical Criticism'. *American Sociological Review*, 32: 403-16.

Deetz, S. (2003). 'Disciplinary Power, Conflict Suppression and HRM', in M. Alvesson and H. Willmott (eds.), *Studying Management Critically*. London: SAGE, 23-46.

Duncan, W. J. (1970). 'Engineers and Psychologists of the Scientific Management Period: An Overdue Exercise in the Notion of Similarities'. *Southern Journal of Business*, 5: 30-40.

Duncan, W. J. (1999). *Management: Ideas and Actions*. New York: Oxford University Press.

Ekman, S. (2013). 'Fantasies about Work as Limitless Potential: How Managers and Employees Seduce Each Other through Dynamics of Mutual Recognition'. *Human Relations*, 66(9): 1159-1181.

Fisher, D. (1983). 'The Role of Philanthropic Foundations in the Reproduction of and Production of Hegemony: Rockefeller Foundations and the Social Sciences'. *Sociology*, 17(2): 206-33.

Fones-Wolf, E. (1994). *Selling Free Enterprise: The Business Assault on Labor and Liberalism, 1945-1960*. Champaign, IL: University of Illinois Press.

Fraser, S. (1991). *Labor Will Rule: Sidney Hillman and the Rise of American Labor*. Ithaca, NY: Cornell University Press.

Gillespie, R. (1991). *Manufacturing Knowledge: A History of the Hawthorne Experiments*. Cambridge: Cambridge University Press.

Gilson, M. (1940). 'Review of M. L. Cooke and P. Murray Organized Labor and Production'. *Journal of Political Economy*, 49(1): 142-4.

Gitelman, H. (1988). *Legacy of the Ludlow Massacre: A Chapter in American Industrial Relations*. Philadelphia, PA: University of Pennsylvania Press.

Harris, H. J. (1982). *The Right to Manage: Industrial Relations Policies of American Business in the 1940s*. Madison, WI: University of Wisconsin Press.

Harvey, C. E. (1982). 'John D. Rockefeller, Jr, and the Social Sciences: An Introduction'. *Journal of the History of Sociology*, 4: 1-31.

Hassard, J. (2012). 'Rethinking the Hawthorne Studies: The Western Electric Research in Its Social, Political, and Historical Context'. *Human Relations*, 65 (11): 1431 – 61.

Hoopes, J. (2003). *False Prophets: The Gurus Who Created Modern Management and Why Their Ideas are bad for Business Today*. Cambridge, MA: Perseus.

Jacoby, S. M. (1985a). 'Union-Management Cooperation in the United States During the Second World War', in M. Dubofsky (ed.), *Technological Change and Workers' Movements*. Beverly Hills, CA: SAGE, 100 – 129.

Jacoby, S. (1985b). *Employing Bureaucracy: Managers, Unions, and the Transformation of Work in American Industry, 1900 – 1945*. New York: Columbia University Press.

Kaufman, B. (1993). *The Origins and Evolution of the Field of Industrial Relations in the United States*. Ithaca, NY: ILR Press.

Kaufman, B. (2001). 'The Theory and Practice of Strategic HRM and Participative Management: Antecedents in Early Industrial Relations'. *Human Resource Management Review*, 11: 505 – 33.

Kaufman, B. (2004). *The Global Evolution of Industrial Relations*. Geneva: ILO.

Kaufman, B. (2008). *Managing the Human Factor: The Early Years of HRM in American Industry*. Ithaca, NY: ILR Press.

Landsberger, H. A. (1958). *Hawthorne Revisited*. New York: W.F. Humphrey Press.

Locke, E. (1982). 'The Ideas of Frederick Winslow Taylor: An Evaluation'. *Academy of Management Review*, 7(1): 14 – 24.

McKelvey, J. T. (1952). *AFL Attitudes Toward Production, 1900 – 1932*, Cornell Studies 55
in Industrial and Labor Relations. Ithaca, NY: Cornell University Press.

Magat, R. (1999). *Unlikely Partners: Philanthropic Foundations and the Labor Movement*. Ithaca, NY: ILR Press.

Mayo, E. (1924). 'The Basis of Industrial Psychology'. *Bulletin of the Taylor Society*, 9: 249 – 59.

Mayo, E. (1933). *The Human Problems of an Industrial Civilization*. New York: Macmillan.

Miller, P. and O'Leary, T. (1989). 'Hierarchies and American Ideals, 1900 – 1940'. *Academy of Management Review*, 14(2): 250 – 65.

Miller, P. and Rose, N. (1990). 'Governing Economic Life'. *Economy and Society*, 19(1): 1 – 31.

Miller, P. and Rose, N. (1995). 'Production, Identity, and Democracy'. *Theory and Society*, 24(3): 427 – 67.

Nyland, C. (1998). 'Taylorism and the Mutual Gains Strategy'. *Industrial Relations*, 37 (4): 519 – 42.

Nyland, C. and Bruce, K. (2012). 'Democracy or Seduction? The Demonization of Scientific Management and the Deification of Human Relations', in N. Lichtenstein and E. Shermer (eds.), *The Right and Labor in America: Politics, Ideology, and Imagination*. Philadelphia, PA: University of Pennsylvania Press, 42 – 76.

Nyland, C., Bruce, K., and Burns, P. (2014). 'Taylorism, the International Labour Organization and the Diffusion of Codetermination'. *Organization Studies*, 35 (8): 1149 – 69.

O'Connor, E. S. (1999a). 'The Politics of Management Thought: A Case Study of the Harvard Business School and the Human Relations School'. *Academy of Management Review*, 24(1): 117 – 31.

O'Connor, E. S. (1999b). 'Minding the Workers: the Meaning of "Human" and "Human

Relations" in Elton Mayo'. *Organization*, 6(2): 223 – 46.

Phillips-Fein, K. (2006). 'Top-Down Revolution: Businessmen Intellectuals and Politicians Against the New Deal 1945 – 1964'. *Enterprise and Society*, 74: 686 – 94.

Phillips-Fein, K. (2009). *Invisible Hands: The Making of the Conservative Movement from the New Deal to Reagan*. New York: W. W. Norton.

Rees, J. (2010). *Representation and Rebellion: The Rockefeller Plan at the Colorado Fuel and Iron Company 1914 – 1942*. Boulder, CO: University of Colorado Press.

Roberts, J. (2007). 'Motivation and the Self', in D. Knights and H. Willmott (eds.), *Introducing Organizational Behaviour and Management*. London: Thomson, 42 – 73.

Roethlisberger, F. J. (1940). 'Review of Organized Labor and Production'. *Annals of the American Academy of Political and Social Science*, 211: 230.

Roethlisberger, F. J. and Dickson, W. J. (1939). *Management and the Worker*. Cambridge, MA: HBS Press.

Rose, M. (1978). *Industrial Behaviour: Theoretical Developments since Taylor*. Harmondsworth: Penguin.

Rose, N. (1990). *Governing the Soul: The Shaping of the Private Self*. London: Routledge.

Rose, N. (1998). *Inventing Ourselves: Psychology, Power, and Personhood*. Cambridge: Cambridge University Press.

Smith, J. H. (1976). 'The Significance of Elton Mayo'. Foreword in Elton Mayo, *The Social Problems of an Industrial Civilization*. London: Routledge.

Smith, J. H. (1998). 'The Enduring Legacy of Elton Mayo'. *Human Relations*, 51: 221 – 49.

Sofer, C. (1973). *Organizations in Theory and Practice*. London: Heinemann.

Taylor, F. W. (1914). 'Scientific Management and Labor Unions'. *Bulletin of the Society to Promote the Science of Management*, 1: 3.

56 Tead, O. (1943). 'Employee Counseling: A New Personnel Assignment—Its Status and Its Standards'. *Advanced Management*, 8: 97 – 103.

Townley, B. (1993). 'Foucault Power/Knowledge and its Relevance for Human Resource Management'. *Academy of Management Review*, 183: 518 – 45.

Trahair, R. (1984). *The Humanist Temper: The Life and Work of Elton Mayo*. New Brunswick: Transaction Publishers.

Trahair, R. (2001). Personal Conversation with Authors, 12 October.

Wrege, C. (2014). 'A Conversation with Dr. Charles D. Wrege', Academy of Management annual meeting, Philadelphia', available at: < http://youtu. be /diRTCgFNNBM > (accessed 29 June 2016).

Wren, D. (2005). *The Evolution of Management Thought*. New Jersey: John Wiley, 5th edn.

Wren, D. and Greenwood, R. G. (1998). *Management Innovators: The People Who Have Shaped Modern Business*. New York: Oxford University Press.

第4章 运营管理

马丁·斯普林

介 绍

根据一本广泛使用的教科书所述，运营管理（OM）是“管理生产以及交付产品、服务资源的活动”（Slack, Chambers and Johnston, 2010：2）。本章介绍了OM的产生和演变、其发展的主要阶段和主题、调查和关注领域中的一些争议和重大转变、理论的作用和方法的变化，以及其与更广泛的管理领域和实践的关系。

在此过程中，它遵循了运营管理中其他研究该学科的人的足迹（包括Sprague, 2007；Meredith, 2001, 2002；Meredith et al., 1989；Buffa, 1980；Chase, 1980；Slack, Lewis and Bates, 2004）。在下文中，我将酌情参考这些研究，但也要承认它们对我的研究方法的影响。此外，尽管这些调查是为运营管理读者编写的，但本章是为更基础的读者编写的，我试图解释运营管理概念，同时希望仍能传达对论点很重要的具体观点。

定义领域

在20世纪60年代初，运营管理开始作为一个术语出现，并成为学术研究的一个领域。[①] 图解4.1显示了Google Gram绘制的1900—2008年间“运营管

① Singhal, Singhal and Starr (2007：310) 认为Elwood Buffa第一次使用了该术语。

理”术语以及一些相关术语的发生率图。

梅瑞狄斯（Meredith, 2001）认为运营管理原先被称为“产业管理”，如图解 4.1 所示，在 20 世纪 60 年代之前，“产业管理”一直是主导术语。运营管理最直接的前身是“生产管理”：图解 4.1 表明，它与运营管理共存了几十年，然后才进入相对衰落阶段。

58

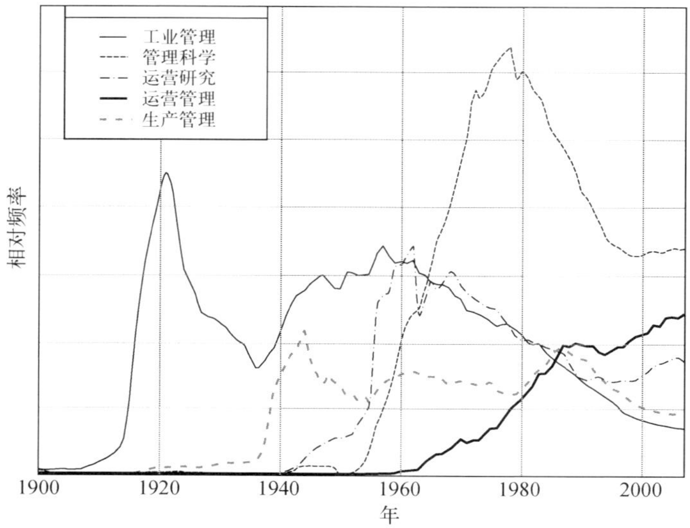

图解 4.1 “运营管理”和相关术语的发生率

在大学院系中，运营管理通常与运营研究（OR）和管理科学相结合。图解 4.1 显示了运营研究在 20 世纪 50 年代[①]随着其在第二次世界大战中的发展和广泛使用而迅速发展。[②] 尽管运营研究是一种方法和一系列数学取向的技术，具有更广泛的适用性，但它在运营管理环境的应用更为广泛（Meredith et al., 1989: 298）。运营研究和运营管理之间的关系是我将要回溯的关系。运营研究和“管理科学”经常互换使用，或者至少像连体双胞胎一样以“运营研究/管理科学”的形式出现。斯塔福德·比尔（Stafford Beer, 1966）等人认为管理科学是运营研究技术的管理应用；在其他地方，“管理科学”是指科学在

---

① 在美国，使用了“运筹学”（operations research）一词；在英国，称为“运营研究”。图中使用了后者，部分原因是它恰好提供了一个类似振幅的图。这两个术语的图谱非常相似，但美国的变体使英国的这一术语（与所有其他术语）相形见绌，这也得益于美国的出版量。

② 运营研究的发展历史超出了本章的范围，但已被广泛地记载，例如 Mccloskey（1987），Kirby（2000）。

管理领域的广泛应用。无论如何，“管理科学”一词的使用轨迹与“运营研究”相似，有大约十年的滞后（图解 4.1）。

运营管理与“管理科学”的出现 59

1953 年至 1963 年是运营管理出现的“原始沼泽”时期。一些值得注意的里程碑包括管理科学研究所的成立（1953）及其《管理科学》杂志的第一期（1954）；美国生产和库存控制协会（APICS）及其英国分会（BPICS）的成立（分别是 1957 年和 1963 年）；《国际生产研究杂志》的第一期（1961）；出版了许多著名书籍，包括布朗的《库存控制的统计预测》（Brown，1959）、霍尔特等人的《计划生产、库存和劳动力》（以其作者的首字母缩写为“HMMS”[Holt et al.，1960]）和弗雷斯特的《工业动力》（Forrester，1961），以及布法的教科书《生产和运营管理模型》（Buffa，1963）。

在这些发展中有许多共同的要素。首先是要发展“管理科学”的意图：例如，《管理科学》第一卷第一期的第一篇文章的标题是《美国管理科学的演变》（Smiddy and Naum，1954）；布法书的第一章题为“管理中的科学”。弗雷斯特的书的导言是“管理与管理科学”。在许多此类资源中，管理科学的前景与管理作为一门艺术的观念背道而驰，在管理艺术中，管理是从直接经验中学到的，不能被编纂为用于“不同行业的不同公司中，由不同的人管理”（Buffa，1963：5）。

管理科学发展过程中的第二个特征是模型的开发和使用，主要是数学模型。这借鉴了第二次世界大战期间和之后在运营研究方面取得的进步（参见上一页脚注②），以及那些现在在管理领域工作的人的技术能力：例如，布法和弗雷斯特最初都是经过培训的工程师，HMMS 四人组包括两名诺贝尔经济学奖获得者（佛朗哥·莫迪利亚尼、赫伯特·西蒙）。辛加尔和辛加尔（Singhal and Singhal，2007：301）引用了 Muth（HMMS 中的“M”之一）对 20 世纪 50 年代运营管理状态的评论：“当时的教科书着重于 EOQ 公式、[1] 甘特图显示、打孔卡片系统、移动平均线预测等等，仅此而已。”布法（Buffa，1980）将管

① 经济订单数量（Economic Order Quantity），最初由哈里斯（Harris，1913）提出。

理科学/运营研究描述为运营管理的救星，因为它提供了“科学方法论，使我们能够发展类似于‘自然科学’或操作系统物理学的东西”：他把救赎的时刻定在1961年。

布法的著作中清楚地表明了从生产管理向运营管理的转变，而且更为重要的是，至少在最初他们主导了运营管理教科书市场（Singhal, Singhal and Starr,
60 2007）。在他1961年的书《现代生产管理》（Buffa, 1961）中有几章涉及分析方法，但这些都是相当初级的，包括一些相当古朴的技术，例如使用机器的纸板切割模型来帮助设计车间布局，以及“SCHED-U-GRAPH”手动机器调度工具。其他章节包括大量的描述性材料，例如关于特定生产（主要是金属加工）过程、作业设计中的人体工程学和安全因素，甚至是厂房屋顶的设计。这些呼应了米切尔（Mitchell, 1931）等早期的描述性文本，其中包括关于如何设计锅炉房设备和为工厂现场服务的铁路轨道的建议。《生产和运营管理模型》（Buffa, 1963）保留了一些关于原理图模型的材料（例如剪裁版面设计工具），但主要包括更为通用的数学模型：部分包括“等待线模型”“规划模型”“投资政策模型”，以及“库存模型”。到第二版（1968）时，标题已更改为《运营管理》，删除了裁剪模型，而第2章（以前的“模型和生产函数”）被简单地命名为“成本”。运营管理已变得更加明确，可以使用分析模型来进行成本优化决策，决策涉及的问题包括：生产批量应该有多大，机器应该多久维护一次，在流程的哪个阶段分配多少容量，接受什么程度的缺陷，以及保持多少库存以达到可接受的产品可用性水平。

例如，我使用过的第一本运营管理书籍，泰瑞·希尔1983年的《生产/运营管理》（Hill, 1983）以及斯普拉格对运营管理领域的评论（Sprague, 2007）的理由是，使用术语“运营管理”而不是“生产管理”使该学科既包括服务也包括制造业。然而，这显然不是布法书中明显的转变。它们都声称与产品和服务有关，但其应用和实例却不涉及制造；“运营”来自运筹学，标志着将运营研究型技术纳入生产管理。正如布法强调的那样，“从学术的角度来看，我们讨论的正式模型代表了一种运营系统理论的发展，而这一理论在几年前还不存在。我们正在见证应用科学的健康发展”（Buffa, 1963: 591）。

第三点，尤其是弗雷斯特提出的系统方法。布法将生产概念化为输入—转换—输出系统；弗雷斯特借鉴工程控制系统的概念，开发了生产过程、公司乃至整个行业的动态系统模型。布法的第三版（1972）在部分借鉴弗雷斯特的基础上，增加了一个关于“大规模系统仿真”的新的、最终实质性的章节，试图解决本文中其他地方未涉及的部分问题的分析方法——也许是库存，或是维护。尽管原则上已经实现了这些子系统之间的相互交互，但是处理整个系统的技术和工具还不存在。下一代人将其作为他们的主题：例如，马丁·斯塔尔 61
1972 年出版的《生产管理：系统与综合》第二版的序言包括以下内容：

> 本书的第一版［1964］采取了一种不确定的立场，试图跨越数学和面向系统的生产管理方法。第二版避免了这种冲突。这是一本**系统书**。（Starr，1972：v，强调为原文所加）

斯塔尔的观点对于强调运营管理中的管理非常重要：他的文章是为管理专业的学生而写的，并且他认为“管理是一种综合功能”（Starr，1972：vi），而不是对运营管理前十年中开发的模型和技术的分析。因此，“数学分析是由管理者使用而不是产生的”（Starr，1972：vi）。

随后的发展

本节确定并讨论了此后三四十年的一些主要发展和主题。

物料需求计划

数字计算机的出现对运营管理实践和研究的后续发展产生了重要影响。这体现在 1969 年美国决策科学研究所（后来的决策科学研究所）的创建上。该研究所及其期刊《决策科学》（*Decision Sciences*）创刊于 1970 年，最初扩展到多个功能领域，包括了“决策科学”的数学和行为学方法。它解决了运营管理和新兴的管理信息系统领域之间的重叠问题。① 在 20 世纪 70 年代和 80 年代，制造实践中的重大事件是物料需求计划（MRP）的传播（Orlicky，1975；Vollmann，Berry，and Whybark，1984），这种生产计划和控制系统利用了大型计

① 在撰写本章时，决策科学的研究方向是“信息系统、运营和供应链管理”。

算机的不断增强的能力。在某种程度上，这满足了早期运营管理文章中的希望，即可以使有关生产计划和材料订购的常规决策实现自动化。物料需求计划在20世纪80年代成为运营管理的主要研究领域（Pilkington and Meredith，2008），在库存建模方面提出了新的挑战，并且从组织的角度提出了变革管理方面的挑战（请参见章节“运营管理中的管理在哪里?”）。

62 日本制造业、制造战略与质量“革命”

1980年出现了第一批更明确地包含运营管理而非生产管理的期刊：美国的《运营管理期刊》（APICS）和英国的《国际运营与生产管理期刊》（*IJOPM*）。虽然物料需求计划是20世纪80年代的一个主要研究主题，但同时也出现了两个新主题：日本制造技术和制造战略，后者是泰瑞·希尔在《国际运营与生产管理期刊》第1卷第1期（第3页）的开篇文章中的主题。日本是正在崛起的制造业大国，美国和欧洲的行业也因此受到威胁。20世纪80年代初，日本出现了第一批关于生产管理的出版物（Schonberger，1982；Wheelwright，1981；Shingo，1981）。然后，在1984年，海耶斯（Hayes）和惠尔赖特（Wheelwright）出版了《恢复我们的竞争优势：通过制造业进行竞争》，该书旨在应对日本（和德国）的威胁，并提出了最初由威克姆·斯金纳（Wickham Skinner，1969）提出的制造战略概念。斯金纳认为，制造业（a）可能是竞争优势的重要来源，因此应进行战略管理，（b）需要设计和管理以支持特定的竞争性任务，例如质量、灵活性或成本，而不是试图在所有方面都做到出色。海耶斯和惠尔赖特（Hayes and Wheelwright，1984）是2007年在运营管理中被引用最多的资料来源，并在20世纪90年代和21世纪初占据了该领域的主导地位（Pilkington and Meredith，2008）。这两个方面的发展在许多方面都与以前的发展大相径庭：日本的生产计划方法试图消除任务的复杂性，而物料需求计划则试图通过设计复杂的、基于计算机的系统来计划和控制生产任务，以反映生产任务的复杂性；尽管许多运营管理技术都是关于在成本方面优化子系统（例如，特定的机器车间），但制造战略是关于（a）考虑整个生产功能，以及（b）使之与制造商的竞争战略保持一致，而竞争战略可能侧重于成本以外的标准，例如超高质量。

质量管理也变得越来越重要，在20世纪80年代和90年代，有两篇文章特别有影响力：克罗斯比（Crosby）的《质量是自由的》和戴明（Deming）的《摆脱危机》（Crosby，1979；Deming，1986；Pilkington and Meredith，2008）。鉴于日本制造业产生的计划和控制创新（例如 JIT）可以在某种程度上被纳入运营管理模型的观点，质量管理尤其是全面质量管理（TQM）（Dale，2003）将组织管理学带入了一个全新的领域，因为它将组织文化和管理角色的基本假设引入了运营管理教学和研究中。这也许是运营管理研究首次考虑运营经理在普遍的组织变革计划中的作用及影响。

日本的方法和全面质量管理颠覆了许多基本的运营管理假设：没有质量的“最佳”水平，零缺陷是目标；没有最佳的“经济订单数量”——以批量生产为目标；流程不仅仅是由“员工专家”设计的，然后毫无疑问地由车间员工来运行，但会在自下而上的车间团队合作和质量小组活动的基础上进行“持 63
续改进”等等。在这之后，权衡论点在宏观尺度上是斯金纳的制造战略方法的核心（Skinner，1974），在微观尺度上是许多模型的基本假设，例如布法（Buffa，1963），遭到抨击（例如，舍恩伯格［Schonberger］，1986，但也参见科林·纽尔［Colin New］，1992）。然而，因为在各种方式下，权衡概念得到了修正，运营管理中的秩序得以恢复。克拉克（Clark，1996）用“绩效边界”来解释这种适应：大多数操作可以通过消除与质量问题、不良的库存管理等有关的不当行为，在一定程度上改善各种参数。最终，他们将达到绩效的“前沿”，他们将流程、员工技能、能力、技术等特定配置的潜力最大化，然后只能在一个参数与另一个参数之间进行权衡，除非他们投资于结构变革，例如增加产能或开发新技术。这一权衡概念的修订与资源基础理论的出现以及将其纳入制造战略的过程相吻合，并为之提供了信息（Hayes and Pisano，1996）。

供应链管理

在 20 世纪 90 年代，制造战略继续主导着研究活动，但另一个主题正在出现。“供应链管理”一词最早出现在 20 世纪 80 年代初，因为物流、采购学者和顾问主张将其领域（如制造业本身）变得更具“战略性”（Houlihan，1984；Kraljic，1983）。最初，供应链管理关注的是公司内部的制造、销售、仓储、生产、分销等各个环节之间的有效联系，但很快就扩展到了公司之外，以涵盖与供应商和客户的关系（Harland，1996）。有几个因素在起作用。物料需求计划的更高级形式允许使用公司计算机系统更有效地协调公司以外的活动（例如，安排供应商的订单）。日本的制造方法通常涉及与供应商的长期密切关系，这与西方盛行的短期贸易形成了鲜明的对比（Lamming，1993）。从概念上讲，弗雷斯特（Forrester，1961）已经证明，看似合理的决策在子系统级别上的决策可能对其整体累积的、突发的影响产生灾难性的后果。所有这些都表明要以战略性的方式管理更大的系统——供应链。

领先的运营管理期刊，《运营管理期刊》和《国际运营与生产管理期刊》的第一篇论文发表于 1996 年，其标题中包括“供应链”（Choi and Hartley，1996；Lamming，1996）：在撰写本章时，供应链管理已成为运营管理中占主导地位的总体概念。事实上，这两者在许多方面是密不可分的——期刊通常将这一学科称为“运营与供应链管理”，2014 年，美国生产和控制库存协会（APICS）宣布与美国供应链理事会（Supply Chain Council）合并。

64 尽管供应链管理具有包容性，但它仍基于一些核心概念。早期定义中进行的整合就是其中之一。正如霍利汉（Houlihan，1984）所提倡的，“整体管理系统”意味着（a）在公司内部进行诸如采购、生产和分销等职能之间的紧密协调活动，然后意味着（b）协调生产企业、供应商和客户之间的企业活动，或许在这之后，进入了链条中的连续“环节”。遵循日本模式，也许基于弗雷斯特的见解，西方公司、顾问和学者认为，与供应链同行协调运营是有益的，例如，分享迄今为止被视为商业机密的销售预测和新产品信息；这种情况发生在长期的“合作关系”中，而不是对抗性的“独立交易”关系中。一个被广泛引用的对这一主张的实证检验（Frohlich and Westbrook，2001）表明，它确实对公司业绩产生了有益的影响。这种见解导致一些人声称“真正的竞争不是公司对公司，而是供应链与供应链的竞争”（Christopher，2011：15 和 1992 年以前的版本）。

虽然更多的整合几乎被视为供应链管理的一个基本组成部分，但这个故事的第二个部分是确定在何种程度上，什么样的整合适合于特定的环境。费雪（Fisher，1997）问，“什么是您产品的正确供应链？”并且把答案简化为理想类型：一种适合于向可预测的终端市场提供相对标准的低利润产品，而另一种与波动性大、不可预测的短期高利润产品市场保持一致。这些被其他人分别称为“精益”和“敏捷”（Christopher，2011），而这一选择对许多关键的运营决策都有影响：位置、采购、容量、产能、信息系统、流程技术等。在许多方面，这是一个与经典制造战略“工艺选择”方法平行的、偶然性的论证，但适用于更广泛的供应链，而不仅仅是工厂或工艺。

为了反映这种供应链管理的兴起以及成为一门学科，《国际采购与材料管理期刊》于 1999 年成为《供应链管理期刊》。然后在 2007 年，它被彻底地重新定位，从一个面向实践者的出版物转向一个更学术性的出版物。同样，基于欧洲的《供应链管理：国际期刊》于 1996 年创刊。

服务运营

布法的经典著作提供了以下定义：“生产是创造商品和服务的过程。”（Buffa，1963：14，强调为引用者所加）因此，至少在理论上，“生产”并非特定于制造业。然而，布法的文字却只与制造业有关。即使在排队论（queuing 65
theory）的章节中，也提到了服务流程，但给出的示例仍是制造工厂内部维护人员提供的维护服务。在同时期的文献中，梅耶（Mayer，1962）也将“生产”定义为包括制造业和服务业。但是，为了简化书中的处理方式，他选择省略服务业，理由如下：

> 我们将考虑的公司是一家制造业公司。该决定不是武断的，您会发现最复杂的生产问题与这类型的组织有关。同样，如果您在这样的环境中熟悉了生产管理职能的性质，那么您在将这种知识应用于其他类型公司的生产管理职能的分析中会遇到很多困难。（Mayer，1962：2－3）

这样的观点将导致当代大多数服务运营研究人员和从业人员的愤怒情绪上升。但是有一段时间，权威的声音认为，为了提高服务生产率，服务应该更像是生产线操作（Levitt，1972，1976）。然而，哈佛商学院于 1972 年开设了第一门关于服务运营管理的课程，“假设服务公司的管理任务与制造业公司的任务有显著差异，足以证明分开的（或至少是特殊的）待遇是合理的”（Sasser，Olsen and Wyckoff，1978：ix）。萨瑟及其同事确定的服务的定义特征是：无形性、异质性、同时性和易逝性，这些特征被认为是“使服务管理人员的管理任务与制造企业中的管理人员不同”（Sasser，Olsen and Wyckoff，1978：15）。

在后续的大多数表述中，“同时性”已成为“不可分离性”，因此这组特性被称为“IHIP”。这作为服务于运营管理教学的基本原则，一直持续到最近几年（Nie and Kellogg，1999）。理查德·蔡斯（Richard Chase）是最具影响力的服务运营管理研究人员之一，他将“客户联系”的概念作为服务运营管理的一个重要组成部分（Chase，1978，1981）。他认为，尽管在某种程度上，客户联系是服务定义的特征，但这也可能是效率低下的根源，因此应设计流程以最大限度地减少这种情况的发生，并最大限度地利用标准化的“后台”流程来提高那些不需要客户联系的要素的生产率。

尽管有人试图将服务描述为某种“不同”，并且越来越多的人意识到服务经济的重要性（例如，Gershuny and Miles，1983），但在运营管理研究中服务的地位仍然是一个有争议的话题。例如，斯莱克、刘易斯和贝茨（Slack，Lewis and Bates，2004）指出，服务业对发达经济体的重要性与服务业经验性运营管理工作的比例之间存在巨大差距。在 1980 年，布法认为服务作为一个研究领域是广泛开放的：“服务系统是处女地，几乎所有的事情都需要做。”（Buffa，1980：6）服务研究在 20 世纪 80 年代和 90 年代有所增加。约翰斯顿
66 （Johnston，1999）提出了三个阶段，直至 1998 年达到了制高点：“服务觉醒”；“摆脱基于产品的根源”；然后是“服务管理”。在他看来，它们分别代表了运营管理、市场营销和人力资源管理这三个功能的融合和集成。实证研究通常集中在经典的“服务部门”（例如，Voss et al.，1985）——例如银行和保险、专业服务、教育、卫生和酒店管理。最近，受到有影响力的市场营销领域的刺激（Grönroos，2008；Vargo and Lusch，2004），以及制造业和服务业之间日益模糊的关系，人们开始转向研究“服务”本身，从而认识到服务流程和关系发生在制造业中，而 IHIP 特征并不是识别制造业和服务业之间“差异”的有用方法（Spring and Araujo，2009）。这种转变也反映在 2009 年将《国际服务业管理杂志》更名为《服务管理杂志》[1]。

运营管理中的理论与方法

如前所述，在 20 世纪 60 年代之前，运营管理的写作主要是描述性的。当

① 有关这些发展的完整讨论，请参见 Spring（2014）。

时由于引进运营研究技术而引起的“革命”为研究某些类型的生产问题（通常是狭义的生产问题）提供了技术基础。系统方法（例如，Starr，1972）将运营管理的范围扩大到对整体操作的考虑，而不仅仅是对操作的每个小部分进行优化。然而，尽管有这些发展，却没有一个关于运营管理的总体理论。同时，在管理研究的其他分支中，诸如权变理论（如 Woodward，1958；Hickson，Pugh and Pheysey，1969）和制度理论（如 Scott，1995）正在发展。

在运营管理中，日本制造和制造战略的双重冲击甚至使人们更加质疑，狭义定义的技术优化技术对于运营经理所面临挑战的价值。在操作实践中采用了一些新技术和新计划，其中一些源自日本模式，包括物料需求计划、计算机集成制造（CIM）、准时制造（JIT）、全面质量管理等。这些刺激了新的研究潮流，通常受到一系列问题的驱动，例如：(a)“什么是全面质量管理/计算机集成制造等?”；(b)“如何实施全面质量管理/计算机集成制造?”；(c)“全面质量管理/计算机集成制造是否起作用?”。与这些计划之一相关的代表性论文有：萨蒙（Salmon，1981），怀特等人（White et al.，1982），比特朗等人（Bitran et al.，1985），施罗德等人（Schroeder et al.，1981）和珊等人（Sum et al.，1995）。与生产计划和控制有关的计划（MRP，JIT）也为有运营研究倾向的运营管理研究人员提供了便利。对于物料需求计划而言，这是改进构成其功能基础的算法的重要组成部分（尽管与此相关的论文数量大大超过了那些考 67
虑管理问题的论文数量）。然而，对于准时制造来说，对不同数量看板的影响进行建模，却忽略了准时制造及基于它的丰田生产系统的要点（New，2007），[1] 因为其基本理念是使用看板等设备推动流程的持续改进，而不是达到某种“最佳”的库存水平。

一些面向管理的运营管理研究具有初步的理论基础。它们指出了实施过程中的“关键成功因素”；它们确定了使用特定计划的程度和行动绩效之间的联系。但是它们没有其他管理学科或社会科学基础学科中发现的理论的普适性。在制造战略方面，安德森、克利夫兰和施罗德（Anderson，Cleveland，and Schroeder，1989）抱怨缺乏一致的定义和理论，认为该领域的大部分工作是概念性的或探索性的。他们自己早期的实证研究（Schroeder，Anderson and

[1] 准时制造（JIT）流程中用于调节要生产的产品数量的视觉方法。

Cleveland，1986）本身就是对39家公司进行的非常基本的调查，并提供了简单的描述性统计数据。然而，随着经验科学的到来，一切都将改变。埃伯特（Ebert，1989）作为《运营管理期刊》（*JOM*）的新任编辑，发表了一份声明，鼓励“基于经验/基于现场的方法论”的投稿。弗林等人（Flynn et al.，1990）和斯威达斯（Swamidass，1991）制定了实证研究宪章，作为运营管理的“新前沿”。[1] 在某种程度上，它起到了作用。同样，使用《运营管理期刊》（*JOM*）作为美国的主要形势的粗略指标，到1998年左右，一连串基于正式调查的论文开始持续出现。[2] 梅雷迪斯等人（Meredith et al.，1989）回顾了1977年和1987年在美国三大领先的运营管理期刊中使用的方法，并结合这两个时期，发现只有7%的论文具有实证性内容；在使用相同方法的后续研究中，克雷格黑德和梅雷迪斯（Craighead and Meredith，2008）表明，到2003年，这三种期刊中超过50%的论文都是基于实证的，绝大多数是基于调查的论文。令人惊讶的是，在1980年至2006年期间，一本关于心理测量方法的书（Nunnally，1978）在运营管理中被引用次数排名第五（Pilkington and Meredith，2008）；此外，这本书仅在1990年首次出现，到2000年才占主导地位。到2008年，运营管理有了第一本调查研究实证测量量表手册（Roth et al.，2008），这已经成为市场营销等其他学科方法论的既定组成部分（例如Bearden and Netemeyer，1999）。[3]

68 伴随着实证研究的发展和对基于调查的数据的日益复杂的分析，越来越多地使用来自运营管理外部的理论。这在一定程度上是由新出现的研究问题推动的：供应商关系研究者（Lamming，1993；Macbeth and Ferguson，1994）转向交易成本经济学（Williamson，1985）；制造战略研究人员（例如，Hayes and Pisano，1996）借鉴了企业资源基础理论（Barney，1991；Wernerfelt，1984）。而方法论的转变也有助于引入理论：研究人员需要理论来从中提出假设以进行正式测试，但是由于他们大多缺乏丰富的实证运营管理案例研究来发展运营管

---

① 弗林等人尽管能够广泛传播于网络，但他们只能列出运营管理中约60篇已发表的实证论文，其中超过三分之二使用了基本的描述性统计数据；其余的使用案例和各种简单的统计方法。

② 在此处简单地搜索了《运营管理期刊》中的“Cronbach”作为指南：在1997年之前（包括1997年）总共发表了15篇论文；随后，直到2013年（可获得数据的最近一整年）为止，每年大约发表15篇论文。

③ 然而，同样是在2008年，至少有一位著名的运营管理作者和编辑与他的同事一起写了关于供应链管理中的另一种方法论革命的“威胁”（也暗示了运营管理），即基于辅助数据的计量经济学方法的兴起（Carter，Sanders and Dong，2008）。他们的担忧是基于与营销领域的比较，而营销领域确实已经转向了这些类型的方法。

理理论，因此他们求助于使用其他领域的理论。作为对此现象的简易说明，我在主流期刊《运营管理期刊》中统计了“威廉姆森”（Williamson，作为使用TCE 的代名词）和“巴尼”（RBV）的引用率：数据结果（表格 4.1）讲述了他们自己的故事（在此期间，每年发表的论文数量大致相同）。从欧洲的角度来看，在《国际运营与生产管理期刊》中，第一批引用威廉姆森和巴尼的论文分别是 1994 年和 1995 年。在 20 世纪 90 年代早期呼吁进行实证研究的基础上，《运营管理期刊》特刊于 1998 年专门针对“理论驱动”的实证研究进行讨论。《国际运营与生产管理期刊》的一期特刊于 2002 年专门讨论研究方法。到 2011 年，巴雷特、崔以和李（Barratt, Choi, and Li, 2011：336）在一篇针对主要运营管理期刊的案例研究的评论论文中，将这种理论的存在作为论文质量的一个指标：“现有的理论（即交易成本经济学、资源基础理论等）增加了从归纳或演绎数据中得出的结论的有效性。”

施麦纳和斯威克（Schmenner and Swink，1998）的观点则截然不同。他们将运营管理领域描述为对其他学科具有“理论嫉妒”的特征，他们认为运营管理已经形成了见解，如果组织和表达得当，可以构成“本土”的运营管理理论的主体。他们提出了“快速、均匀流动的理论”：“通过一个过程的材料流动越迅速、越均匀，这个过程的生产率就越高。”（Schmenner and Swink，1998：102）十年后，施麦纳提出“理论太多，解释不足”，这是由于广泛使用复杂的数据分析方法（如结构方程建模）和从“一门或另一门社会科学”中 69
引用理论而产生的一种状态，最多只能导致弱解释性理论的泛滥，而这些理论“无耻地逃避［测试］直到某一天被引述”（Schmenner et al.，2009：340）。

表格 4.1　运营管理中“理论”兴起的迹象

阶　段	JOM 论文引用威廉姆森（TCE）	JOM 论文引用巴尼（RBV）
1990—1994	3	1
1995—1999	8	7
2000—2004	15	17
2005—2009	48	45
2010—2014	57	44

然而，“一门或另一门社会科学”的理论继续被纳入运营管理中：TCE（Elllam, Tate and Billington，2008）、资源基础理论（Mills, Platts and Bourne,

2003)、利益相关者理论(Tate, Ellram and Brown, 2009)、制度理论(Bhakoo and Choi, 2013)、复杂性理论(Pathak et al., 2007)等等。正如阿蒙森(Amundson, 1998)在这一趋势的早期论证的那样,这些理论可以作为透镜,通过它们以不同的方式观察运营管理现象。但是,毫不奇怪,这些理论的版本是由运营管理专家部署的,他们只有那么多时间用来阅读其他领域的理论,这些理论的专家追随者(和对立者)用他们的整个工作生涯来阐述和探索一系列细致入微和有争议的观点,往往是相当简化的讽刺。为了扭转局面,对于一位运营管理学者来说,阅读一位经济地理学家对运营管理实践的粗略而现成的描述,诸如准时制造(JIT),是一次有益的经验吗?我们不得不假设,没有经验的运营管理研究人员使用"理论"极有可能对理论的细微之处造成损害,正如经济地理学者对运营管理的核心概念造成的损害那样。因此,运营管理人员需要谨慎行事,而不是与自己的根源完全脱离(参见 Johnston [1999] 关于服务运营管理的"根源")。

运营管理理论与实践的关系

学术界的运营管理与工厂、工业、生产、运营以及后来的供应链管理者的实践都有着复杂的关系。人们常说运营管理本质上是一个固有的实用领域。但是,它经常被指责与管理者的实际问题脱节。目前正忙于在顶级学术运营管理期刊上发表、晋升终身教职或研究评估工作的读者,可能会对埃尔伍德·布法(Elwood Buffa)1963 年的评论感到欣慰(或沮丧):

> 这里提出的问题主要是翻译问题。但更常见的是,当一篇论文(通常表现出数学上的优雅)发表在一份学术性的期刊上时,管理科学家会觉得自己的任务已经完成了(实践管理者不了解,也不会阅读,因为这是用一种他不熟悉的语言撰写的)。通常,同样的想法和结果可以借助图表翻译成英语,但是这样做他们显得很犹豫,因为学术界的同僚可能会将此类论文误认为是"低功耗"作品,我们面临着沟通中断的问题。(Buffa, 1963: 5)

梅雷迪斯等人认为，“管理者看了这项研究后发现，他们既不能理解所提出的解决方案，也不能理解研究人员认为自己正在解决的问题”（Meredith et al., 1989：299）。 70

在大量已发表的运营管理研究和被视为与实践相关的问题之间的鸿沟一直持续存在并扩大了。这是 1980 年《运营管理期刊》创刊的主要原因。编辑李・克拉耶夫斯基（Lee Krajewski）在他的介绍性评论中（标题为《回归现实》）指出：

> 我们决不能忽视理论和技术发展的目的，以便能够分析运营管理者在实践中面临的**有意义的**问题。在经营管理的研究中，应重新引入**管理**的概念。（Krajewski，1980：vi，强调为原文所加）

二十年后，一篇关于该学科发展的邀请性回顾评论写道，相同的主题（和相同的关注）仍然存在：

> 在我们发展我们的领域时，请不要忘记我们的根源。当管理者问到“我该怎么办?”时，我们需要提供答案。（Krajewski 引用于 Meredith，2002：5）

1992 年，卡里恩・辛加尔（Kalyan Singhal）在其第一版《生产与运营管理》（*POM*）的社论介绍中写道，“我们出版此期刊的目的是改善实践”（Singhal，1992：1）。

相关性问题至少有两个维度。一个是研究与实践之间明显相关的程度，这可能是基于实证研究的，正如梅雷迪斯等人（Meredith et al., 1989）提出，解决从业者至少可以理解的问题。第二个维度是研究在多大程度上领先于实践而不是落后于实践。《运营管理期刊》的第二位编辑亚瑟・希尔于 2002 年撰文，在这里尤为重要：“当我考虑过去 25 年运营管理领域的开创性发展时，我想不出哪一项来自学术界的发展。”（Hill 引用于 Meredith，2002：6）：假设他指的是物料需求计划和供应链管理（均由顾问开发）、精益制造和全面质量管理（都是在［日本］工业中发展的）等。此外，克拉耶夫斯基将这种追随实践的趋势与所使用的方法联系起来，他认为实证研究注定总是局限于理解当前正在发生的事情，而不是洞察可能发生的事情发展。（这样做他可能会低估了理论的潜力，而理论使我们能够从当前的实践中向前发展。）

研究与实践之间紧张关系的部分根源在于，运营管理首先是一门学术学科，还是一种组织职能。对于布法而言，运营管理是一门“应用科学”，将运营研究技术应用于生产问题。后来，我们看到有人呼吁运营管理的学术研究“关注真正的问题，以及它们的混乱和细微差别”（Krajewski，1980：vi）；而且
71 （尽管在《生产与运营管理》期刊上实际发表的论文中很少能明显看出），在创刊号上至少有一个意图，即从多个学科的角度进行整合：“运营管理涉及多个领域，其中包括行为科学、运筹学、统计分析、决策支持系统、战略规划、经济学和工程学。”（Singhal，1992：2）在某些情况下，操作功能的这种多面性导致经验主义比条例更占上风。例如，在日本制造业对供应商管理的影响下，运营管理研究人员对信任等概念的数据进行了理论化和收集，这与传统的运营研究和工业工程概念领域相去甚远。最近，在运营管理领域中对供应链可持续性的研究似乎已经“占据”了运营管理领域，这可以理解为主要因为供应链的领域中出现了利益现象，而不是因为运营管理的核心概念与可持续性有很大关系（或者，更确切地说，对于研究可持续性的方法的使用少于已导入的概念［如 TCE、制度理论等］）。

显然，自运营管理诞生以来，就一直存在理论与实践的争论。此外，这种现象并不是运营管理学科所独有的（Wensley，2007），并且不会很快消失。但是，也许它确实具有特殊的共鸣和特点，因为在实践与学术环境中，运营管理者通常被视为是知道如何在“现实世界”中完成事情并使事情发生的人。

运营管理中的管理在哪里？

正如我们所见，在《运营管理期刊》的第一期中，编辑李·克拉耶夫斯基表示除其他外，希望新期刊将“管理这个词重新纳入运营管理”（Krajewski，1980：vi，强调为原文所加）。人们意识到的问题是，其他期刊“要么倾向于选择复杂的数学模型构建，要么倾向于对其产生偏见”

（Krajewski，1980：v）。因此，这里的愿景是，根据技术模型对运营管理的贡献，而不是简单地根据技术本身的复杂程度来判断。在上一节中已经谈到了这些问题，但这里我的重点稍有不同。如果存在一套运营管理知识，包括模型、权变理论、概念框架、改进方法等，那么在周一早上上班的时候，那些被称为运营管理者的人还能做些什么呢？

如前所述，运营管理出现的最初几十年被称为“管理科学”。布法和弗雷斯特都代表了这一“科学”，它为管理决策提供了不同程度的支持（图解 4.2 和 4.3），从完全指定的自动化决策规则到根本没有现成的决策指南的全新的问题。这表明，运营管理的理论工作是为管理决策提供更大的支持，根据布法 72
（见图解 4.2）：

> 我们希望逐步扩大管理科学应用领域的相对规模和范围，而牺牲较少应用科学方法论的领域。（Buffa，1963：7）

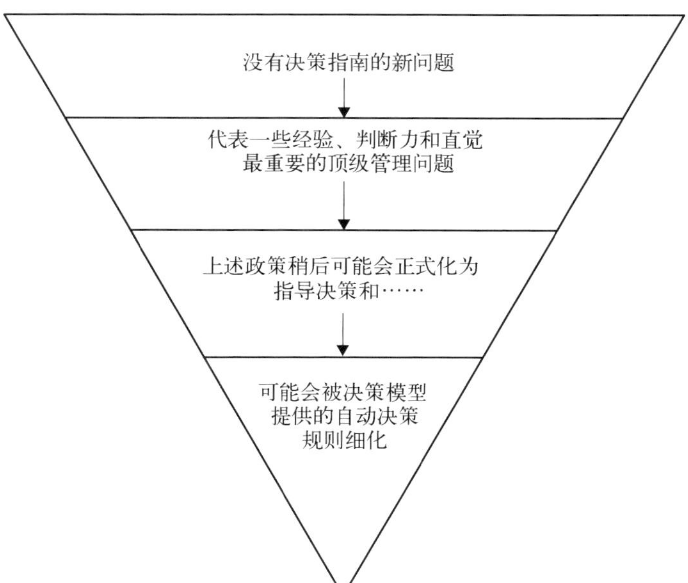

图解 4.2　将新问题细化为策略和自动决策规则

管理者在这里的角色可以从几个不同的方面来看待。当然，在那些尚不易受自动决策规则影响的领域中，直觉决策可以发挥作用。在这种情况下，经理人是管理者，因为他们有经验，可以在新颖性和不确定性的条件下进行判断并运用 73

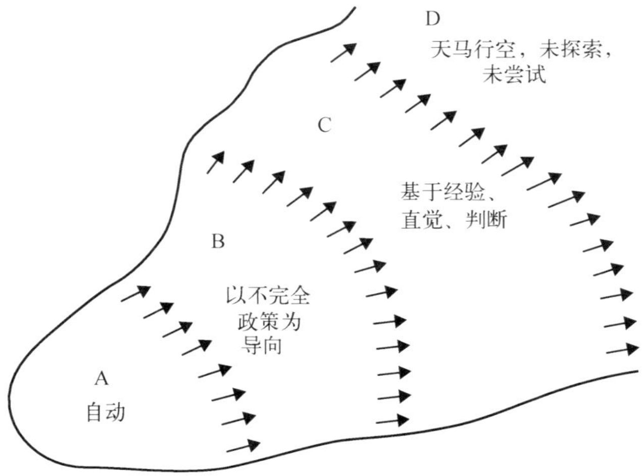

图解 4.3　管理决策的范围

直觉。布法还写道，他的文章的目的（针对管理专业的学生）是“理解这些新方法，以便在运营时，可以根据员工专家的分析结果做出明智的决定”（Buffa，1963：vii）。因此，经理人也是管理者，因为他们对（何时）允许自动决策规则起支配作用，以及何时不这样做进行（“智能”）判断。但基于什么呢？目前尚不清楚，但有一种可能性是，尽管决策规则可以为孤立的运营问题提供解决方案，但只有管理者才承担责任并对整个系统负责，并且必须考虑到关于一个问题的决策结果与第二个、第三个问题的决策结果如何相互影响。这似乎是斯塔尔（Starr，1972）的观点，正如我们所看到的那样，他将管理视为一种综合功能：“管理者应该以逻辑（而非数学）的方式理解可用的分析工具，以及他（原文如此）如何将他们与他必须处理的整个系统的性能联系起来。”（Starr，1972：vi）

在 20 世纪 60 年代末期，斯金纳阐述了其制造战略的概念，并认为运营管理者需要考虑更大的系统——整个生产工厂或流程（Skinner，1969）。二十多年后，斯金纳在反思为什么制造战略概念没有得到应有的把握，他对此做出了评论：

> 我们说，必须做出制造政策的决策，以使设计的系统满足制造任务。但是，经理只能在没有太多具体指导的情况下解决如何从任务到结构……在我自己和他人的辩护中，我们并没有采取规定性的规则，因为

> 这是一门艺术而不是科学，可以这么说，它有 999 个变量和 998 个方程式。（Skinner，1992：22）

这里的含意是模棱两可的：在某种程度上，人们承认“艺术”——判断、直觉、经验至少在战略层面上是运营管理不可避免的一部分；但也有人建议，如果我们能够解决 998 个联立方程组，那么运营战略分析也可以自动化。简化同时考虑系统多个元素的一种方法是采用“综合解决方案”，而且可以说，这是许多不同改进方法的吸引力所在，例如在实践和运营管理文献中出现的全面质量管理、“精益”和六西格玛。管理决策简化为“我们应该采用全面质量管理/精益/企业资源再造/六西格玛吗？（视情况删除）”。斯金纳（Skinner，1996）对这种方法持批评态度，他认为虽然这些方法所带来的改进可能有一定的价值，但它们并不能为制造企业提供持久的差异化服务，当每个人都“完成”全面质量管理时，我们又回到了竞争方阵。同样，斯莱克和刘易斯（Slack and Lewis，2011）将这些方法描述为“战略的替代品”。

管理者的另一个可能的角色也受到了布法提出的概念的启发。他认为管理 74
科学以决策为中心，他认为“在决策过程中，管理层从一系列备选方案中选择被认为是最佳行动方案的方案”（Buffa，1963：7）。然而，没有考虑这些替代方案的来源（这与公司战略过程中的“设计学院”方法相当类似［Andrews，1965］），通常包括一个阶段标签，如“创建战略”，然后是“评估和选择战略”（Mintzberg，1990）。因此，运营管理有一个有趣的、基本上未被探索的方面，它涉及对替代行动方案的“想象”，植根于对行动和相关问题的理解，以及在特定情况下当前和过去的实践。这种“企业家”层面的管理与运营管理之间的重叠只是刚刚被探索（Kickul et al.，2011；Spring and Araujo，2013）。

全面质量管理特别强调了运营管理者在管理变革中的作用。当然，运营管理者必须一直管理变革，但是在运营管理文献中，甚至在实践中，通常以管理技术为中心，而以人为代价。例如，当重新设计工厂布局时，存在各种用于分析替代布局的示意图和数学模型，并且可以使用项目规划技术来计划和控制实施过程。此外，可能与这种变化相关的工作变更也可以简化为时间和动作研究的科学方法（例如，参见 Buffa，1963：第 4 章和第 5 章）。质量管理计划，即全面质量管理的诞生以及最近的“六西格玛”（例如，Nonthaleerak and Hendry，2008）通常需要庞大、普遍的变革计划，这些计划挑战了许多基本的运营管理假设（如前所述）。它们还包括一种持续的，通常是自下而上的改进理念。同样，企业系统的广泛采用也导致了以运营和供应链功能为中心的大规模变革计划（Snider，Silveira and Balakrishnan，2009）。因此，如前所述，如果采用这样的“解决方案”在某种程度上简化了管理决策任务，那么另一方面，它将带来完全不同顺序的变革管理挑战。从这个意义上讲，运营管理在实践中有时主要表现为吸收和实施一系列外部强加的（通常不受欢迎）改进措施（例如，有关物料需求计划的早期示例，请参见萨蒙［Salmon］，1981）。

最后一种考虑运营管理模型和操作管理活动之间关系的可能方法是，经理是管理者，因为他们可以将通用模型和概念转换为特定的背景。曾经上过运营管理课程，读过哈耶斯和惠尔赖特（Hayes and Wheelwright，1984），甚至可能在办公室书架放了该书的人不一定是运营经理。但如果他们能接受哈耶斯和惠尔赖特的大致想法，即运营设计的某些方面应与所服务的客户群的要求保持一致，然后对汇总水平和准确度做出适当的判断，以根据当前和新兴的特定生产过程以及劳动力市场的实际情况，将（不可避免不准确的）销售预测、成本
75 和其他数据转化为可行的活动以及对机器或员工培训、招聘的投资，并处理好使这一切成为现实的内部政治——那么，也许我们就有了运营经理。

在刚刚勾勒出的情景中，管理者正试图在世界范围内采取行动——生产产品、向客户提供服务、安装新机器、影响其员工的工作等等。他们很可能从运营管理之外的管理理论和实践领域中汲取见解，例如人力资源管理、市场营销和管理会计。根据查尼亚斯卡和莫里森（Czarniawska and Mouritsen，2009）的研究，管理人员试图通过使用“管理技术”来制造“可管理的对象”，从而使自己远离“无懈可击”的技术和复杂的人类。例如，给一台物理机器指定一个资产编号，并将其添加到企业系统的资产登记簿中，以使其在某些活动中容易受到管理人员的操作、比较和控制；出于某些目的，将员工框定化为通过培训后可操作某些流程的特定级别的员工，使员工成为可管理的对象。这就是我们的运营管理模型和框架在许多方面所做的事情：机器被视为要纳入生产计划计算中的能力单位；产品被视为在产品生命周期的某个阶段或另一个阶段的存在，因此我们可以将它们放在哈耶斯和惠尔赖特的产品过程矩阵中。当然，我

们总是抽象的，但是查尼亚斯卡和莫里森的主张是总存在“超出现实”（2009：172）；或者，正如卡隆（Callon，1998）所说的那样，每当我们“构建”某个事物时，总会溢出，并且它的某些方面挫败了约束它、使其可计算和（在我们的语境中）可管理的尝试。因此，也许正是在使用管理技术（尤其是运营管理的管理技术）的过程中，一方面是它们与管理者之间的相互作用，另一方面是技术和人员的具体实际情况，才能将运营管理作为管理进行研究。

致　谢

我想感谢路易斯·阿劳霍（Luis Araujo）、汤姆·崔以（Tom Choi）、杰克·梅雷迪斯（Jack Meredith）、克里斯·沃斯（Chris Voss）和芬恩·温斯特拉（Finn Wynstra）对早期草稿的评论。所有其余的错误和缺点均由本人承担。

参考文献

Amundson, S. D. (1998). ‘Relationships between Theory-Driven Empirical Research in Operations Management and Other Disciplines’. *Journal of Operations Management*, 16(4): 341 - 59.

Anderson, J. C., Cleveland, G., and Schroeder, R. G. (1989). ‘Operations Strategy: A Literature Review’. *Journal of Operations Management*, 8(2): 133 - 58.

Andrews, K. R. (1965). *The Concept of Corporate Strategy*. Homewood, IL: Irwin. 76

Barney, J. B. (1991). ‘Firm Resources and Sustained Competitive Advantage’. *Journal of Management*, 17: 99 - 120.

Barratt, M., Choi, T. Y., and Li, M. (2011). ‘Qualitative Case Studies in Operations Management: Trends, Research Outcomes, and Future Research Implications’. *Journal of Operations Management*, 29(4): 329 - 42.

Bearden, W. O. and Netemeyer, R. G. (1999). *Handbook of Marketing Scales: Multi-Item Measures for Marketing and Consumer Behavior Research*. Thousand Oaks, CA: SAGE.

Beer, S. (1966). *Decision and Control: The Meaning of Operational Research and Management Cybernetics*. Chichester: John Wiley.

Bhakoo, V. and Choi, T. (2013). ‘The Iron Cage Exposed: Institutional Pressures and Heterogeneity across the Healthcare Supply Chain’. *Journal of Operations Management*, 31(6): 432 - 49.

Bitran, G. R., Marieni, D. M., Matsuo, H., and Noonan, J. W. (1985). ‘Multiplant MRP’. *Journal of Operations Management*, 5(2): 183 - 203.

Buffa, E. (1961). *Modern Production Management*. New York: John Wiley.

Buffa, E. (1963). *Models for Production and Operations Management*. New York: Wiley.

Buffa, E. (1968). *Operations Management: Problems and Models*. New York: John Wiley.

Buffa, E. S. (1980). 'Research in Operations Management'. *Journal of Operations Management*, 1(1): 1-7.

Callon, M. (1998). 'An Essay on Framing and Overflowing: Economic Externalities Revisited by Sociology'. *The Sociological Review*, 46(S1): 244-69.

Carter, C. R., Sanders, N. R., and Dong, Y. (2008). 'Paradigms, Revolutions, and Tipping Points: The Need for Using Multiple Methodologies within the Field of Supply Chain Management'. *Journal of Operations Management—OSM Forum*.

Chase, R. B. (1978). 'Where Does the Customer Fit in a Service Operation?' *Harvard Business Review*, 56(6): 137-42.

Chase, R. B. (1980). 'A Classification and Evaluation of Research in Operations Management'. *Journal of Operations Management*, 1(1): 9-14.

Chase, R. B. (1981). 'The Customer Contact Approach to Services: Theoretical Bases and Practical Extensions'. *Operations Research*, 29(4): 698-706.

Choi, T. Y. and Hartley, J. L. (1996). 'An Exploration of Supplier Selection Practices across the Supply Chain'. *Journal of Operations Management*, 14(4): 333-43.

Christopher, M. (2011). *Logistics and Supply Chain Management*. Harlow: Pearson Education Ltd.

Clark, K. B. (1996). 'Competing through Manufacturing and the New Manufacturing Paradigm: Is Manufacturing Strategy Passé?' *Production and Operations Management*, 5(1): 42-58.

Craighead, C. W. and Meredith, J. (2008). 'Operations Management Research: Evolution and Alternative Future Paths'. *International Journal of Operations & Production Management*, 28(7/8): 710-26.

Crosby, P. B. (1979). *Quality Is Free: The Art of Making Quality Certain*. New York: McGraw-Hill.

Czarniawska, B. and Mouritsen, J. (2009). 'What Is the Object of Management?: How Management Technologies Help to Create Manageable Objects', in C. S. Chapman, D. J. Cooper, and P. B. Miller (eds.), *Accounting, Organizations, and Institutions: Essays in Honour of Anthony Hopwood*. Oxford: Oxford University Press, 157-74.

77 Dale, B. (2003). 'The Received Wisdom on TQM', in B. G. Dale (ed.), *Managing Quality*. Oxford: Blackwell, 58-73.

Deming, W. E. (1986). *Out of the Crisis*. Cambridge, MA: Massachusetts Institute of Technology.

Ebert, R. J. (1989). 'Empirical/Field-Based Methodologies in JOM'. *Journal of Operations Management*, 8(4): 294-6.

Ellram, L. M., Tate, W. L. and Billington, C. (2008). 'Offshore Outsourcing of Professional Services: A Transaction Cost Economics Perspective'. *Journal of Operations Management*, 26(2): 148-63.

Fisher, M. (1997). 'What Is the Right Supply Chain for Your Product?' *Harvard Business Review*, March/April: 105-16.

Flynn, B. B., Sakakibara, S., Schroeder, R. G., Bates, K. A. and Flynn, E. J. (1990). 'Empirical Research Methods in Operations Management'. *Journal of Operations Management*, 9(2): 250-84.

Forrester, J. (1961). *Industrial Dynamics*. Boston, MA: MIT Press.

Frohlich, M. and Westbrook, R. (2001). 'Arcs of Integration: An International Study of Supply Chain Strategies'. *Journal of Operations Management*, 19: 185 – 200.

Gershuny, J. and Miles, I. (1983). *The New Service Economy: The Transformation of Employment in Industrial Societies*. London: F. Pinter.

Grönroos, C. (2008). 'Service Logic Revisited: Who Creates Value? And Who Co-Creates?' *European Business Review*, 20(4): 298 – 314.

Harland, C. (1996). 'Supply-Chain Management: Relationships, Chains and Networks'. *British Journal of Management*, 7: S63 – S80.

Harris, F. (1913). 'How Much Stock to Keep on Hand'. *Factory, The Magazine of Management*, 10: 240 – 1.

Hayes, R. H. and Pisano, G. P. (1996). 'Manufacturing Strategy: At the Intersection of Two Paradigm Shifts'. *Production and Operations Management*, 5(1): 25 – 41.

Hayes, R. H. and Wheelwright, S. C. (1984). *Restoring Our Competitive Edge: Competing through Manufacturing*. New York: John Wiley.

Hickson, D. J., Pugh, D. S., and Pheysey, D.C. (1969). 'Operations Technology and Organisation Structure: An Empirical Reappraisal'. *Administrative Science Quarterly*, 14: 378 – 97.

Hill, T. (1983). *Production/Operations Management*. London: Prentice-Hall International.

Holt, C., Modigliani, F., Muth, J. and Simon, H. (1960). *Planning Production, Inventories, and Work Force*. Englewood Cliffs, NJ: Prentice-Hall.

Houlihan, J. (1984). 'Supply Chain Management'. *Proceedings of 19th International Technical Conference, BPICS*, 101 – 110.

Johnston, R. (1999). 'Service Operations Management: Return to Roots'. *International Journal of Operations and Production Management*, 19(2): 104 – 24.

Kickul, J. R., Griffiths, M. D., Jayaram, J. and Wagner, S. M. (2011). 'Operations Management, Entrepreneurship, and Value Creation: Emerging Opportunities in a Cross-Disciplinary Context'. *Journal of Operations Management*, 29(1): 78 – 85.

Kirby, M. W. (2000). 'Operations Research Trajectories: The Anglo-American Experience from the 1940s to the 1990s'. *Operations Research*, 48(5): 661 – 70.

Krajewski, L. (1980). 'The Inauguration of a Journal'. *Journal of Operations Management*, 1(1): v – vi.

Kraljic, P. (1983). 'Purchasing Must Become Supply Management'. *Harvard Business Review*, September/October: 109 – 17.

Lamming, R. (1993). *Beyond Partnership: Strategies for Innovation and Lean Supply*. 78
Hemel Hempstead: Prentice-Hall.

Lamming, R. (1996). 'Squaring Lean Supply with Supply Chain Management'. *International Journal of Operations and Production Management*, 16(2): 183 – 96.

Levitt, T. (1972). 'Production-Line Approach to Service'. *Harvard Business Review*, September/October: 41 – 52.

Levitt, T. (1976). 'The Industrialization of Service'. *Harvard Business Review*, 54: 63 – 74.

Macbeth, D. and Ferguson, N. (1994). *Partnership Sourcing: An Integrated Supply-Chain Approach*. London: Financial Times/Pitman.

Mccloskey, J. F. (1987) OR Forum. 'The Beginnings of Operations Research: 1934 – 1941'. *Operations Research*, 35(1): 143 – 52.

Mayer, R. R. (1962). *Production Management*. New York: McGraw-Hill.

Meredith, J. (2002). '20th Anniversary of JOM: An Editorial Retrospective and Prospective'. *Journal of Operations Management*, 20(1): 1 – 18.

Meredith, J. R. (2001). 'Hopes for the Future of Operations Management'. *Journal of Operations Management*, 19: 397 – 402.

Meredith, J. R., Raturi, A., Amoako-Gyampah, K. and Kaplan, B. (1989). 'Alternative Research Paradigms in Operations'. *Journal of Operations Management*, 8 (4): 297 – 326.

Mills, J., Platts, K. and Bourne, M. (2003). 'Applying Resource-Based Theory: Methods, Outcomes and Utility for Managers'. *International Journal of Operations and Production Management*, 23(2): 148 – 66.

Mintzberg, H. (1990). 'The Design School: Reconsidering the Basic Premises of Strategic Management'. *Strategic Management Journal*, 11: 171 – 95.

Mitchell, W. N. (1931). *Production Management*. Chicago, IL: The University of Chicago Press.

New, C. (1992). 'World-Class Manufacturing versus Strategic Trade-Offs'. *International Journal of Operations & Production Management*, 12(4): 19 – 31.

New, S. J. (2007). 'Celebrating the Enigma: The Continuing Puzzle of the Toyota Production System'. *International Journal of Production Research*, 45: 3545 – 54.

Nie, W. and Kellogg, D. (1999). 'How Professors of Operations Management View Service Operations'. *Production and Operations Management*, 8(3): 339 – 55.

Nonthaleerak, P. and Hendry, L. (2008). 'Exploring the Six Sigma Phenomenon Using Multiple Case Study Evidence'. *International Journal of Operations & Production Management*, 28(3): 279 – 303.

Nunnally, J. (1978). *Psychometric Theory*. New York: McGraw-Hill.

Orlicky, J. (1975). *MRP: Material Requirements Planning: The New Way of Life in Production and Inventory Management*. New York: McGraw-Hill.

Pathak, S. D., Day, J. M., Nair, A., Sawaya, W. J. and Kristal, M. M. (2007). 'Complexity and Adaptivity in Supply Networks: Building Supply Network Theory Using a Complex Adaptive Systems Perspective'. *Decision Sciences*, 38(4): 547 – 80.

Pilkington, A. and Meredith, J. R. (2008). 'The Evolution of the Intellectual Structure of Operations Management—1980 – 2006: A Citation/Co-Citation Analysis'. *Journal of Operations Management*, 27(3): 185 – 202.

Roth, A. V., Schroeder, R., Huang, X. and Kristal, M. M. (2008). *Handbook of Metrics for Research in Operations Management: Multi-Item Measurement Scales and Objective Items*. Thousand Oaks, CA: SAGE.

Salmon, M. A. (1981). 'Senior Management Paper Section: What Is the Relevance of MRP to You?' *International Journal of Operations & Production Management*, 1(3): 180 – 3.

79 Sasser, W. E., Olsen, R. and Wyckoff, D. (1978). *Management of Service Operations: Text, Cases and Readings*. Boston, MA: Allyn and Bacon.

Schmenner, R. W. and Swink, M. L. (1998). 'On Theory in Operations Management'. *Journal of Operations Management*, 17(1): 97 – 113.

Schmenner, R. W., Wassenhove, L. V., Ketokivi, M., Heyl, J. and Lusch, R. F. (2009). 'Too Much Theory, Not Enough Understanding'. *Journal of Operations Management*, 27(5): 339 – 43.

Schonberger, R. J. (1982). 'Some Observations on the Advantages and Implementation Issues of Just-in-Time Production Systems'. *Journal of Operations Management*, 3(1): 1 – 11.

Schonberger, R. J. (1986). *World Class Manufacturing*. New York: Free Press.

Schroeder, R. G., Anderson, J. C. and Cleveland, G. (1986). 'The Content of

Manufacturing Strategy: An Empirical Study'. *Journal of Operations Management*, 6(4): 405–15.

Schroeder, R. G., Anderson, J. C., Tupy, S. E. and White, E. M. (1981). 'A Study of MRP Benefits and Costs'. *Journal of Operations Management*, 2(1): 1–9.

Scott, W. R. (1995). *Institutions and Organizations*. Thousand Oaks, CA: SAGE.

Shingo, S. (1981). *Study of Toyota Production System from Industrial Engineering View-Point*. Japan Management Association.

Singhal, J. and Singhal, K. (2007). 'Holt, Modigliani, Muth, and Simon's Work and Its Role in the Renaissance and Evolution of Operations Management'. *Journal of Operations Management*, 25(2): 300–9.

Singhal, K. (1992). 'Introduction: Shaping the Future of Manufacturing and Service Operations'. *Production and Operations Management*, 1(1): 1–4.

Singhal, K., Singhal, J., and Starr, M. K. (2007). 'The Domain of Production and Operations Management and the Role of Elwood Buffa in Its Delineation'. *Journal of Operations Management*, 25(2): 310–27.

Skinner, W. (1969). 'Manufacturing—Missing Link in Corporate Strategy'. *Harvard Business Review*, May/June: 136–145.

Skinner, W. (1974). 'The Focussed Factory'. *Harvard Business Review*, May/June: 113–21.

Skinner, W. (1992). 'Missing the Links in Manufacturing Strategy', in C. A. Voss (ed.), *Manufacturing Strategy: Process and Content*. London: Chapman and Hall, 13–25.

Skinner, W. (1996). 'Three Yards and a Cloud of Dust: Industrial Management at Century End'. *Production and Operations Management*, 5(1): 15–24.

Slack, N., Chambers, S. and Johnston, R. (2010). *Operations Management*. London: FT Prentice-Hall.

Slack, N. and Lewis, M. (2011). *Operations Strategy*. Harlow: FT Prentice-Hall.

Slack, N., Lewis, M. and Bates, H. (2004). 'The Two Worlds of Operations Management Research and Practice: Can They Meet, Should They Meet?' *International Journal of Operations & Production Management*, 24(4): 372–87.

Smiddy, H. F. and Naum, L. (1954). 'Evolution of a "Science of Managing" in America'. *Management Science*, 1(1): 1–31.

Snider, B., Silveira, G. J. C. D. and Balakrishnan, J. (2009). 'ERP Implementation at SMEs: Analysis of Five Canadian Cases'. *International Journal of Operations & Production Management*, 29(1): 4–29.

Sprague, L. G. (2007). 'Evolution of the Field of Operations Management'. *Journal of Operations Management*, 25(2): 219–38.

Spring, M. (2014). 'The Shifting Terrain of Service Operations Management', in K. Haynes and I. Grugulis (eds.), *Managing Services: Challenges and Innovation*. Oxford: Oxford University Press, 21–47.

Spring, M. and Araujo, L. (2009). 'Service, Services and Products: Re-Thinking 80
Operations Strategy'. *International Journal of Operations & Production Management*, 29(5): 444–67.

Spring, M. and Araujo, L. (2013). 'Beyond the Service Factory: Service Innovation in Manufacturing Supply Networks'. *Industrial Marketing Management*, 42(1): 59–70.

Starr, M. K. (1972). *Production Management: Systems and Synthesis*. Englewood Cliffs, NJ: Prentice-Hall.

Sum, C.-C., Yang, K.-K., Ang, J. S. K. and Quek, S.-A. (1995). 'An Analysis of

Material Requirements Planning (MRP) Benefits Using Alternating Conditional Expectation (ACE)'. *Journal of Operations Management*, 13(1): 35–58.

Swamidass, P. M. (1991). 'Empirical Science: New Frontier in Operations Management Research'. *Academy of Management Review*, 16(4): 793–814.

Tate, W. L., Ellram, L. M. and Brown, S. W. (2009). 'Offshore Outsourcing of Services: A Stakeholder Perspective'. *Journal of Service Research*, 12(1): 56–72.

Vargo, S. and Lusch, R. (2004). 'The Four Service Marketing Myths: Remnants of a Goods- Based, Manufacturing Model'. *Journal of Service Research*, 6(4): 324–35.

Vollmann, T., Berry, W., and Whybark, D. (1984). *Manufacturing Planning and Control Systems*. Homewood: Dow Jones-Irwin.

Voss, C. A., Armistead, C., Johnston, R., and Morris, B. (1985). *Operations Management in Service Industries and the Public Sector: Texts and Cases*. Chichester: Wiley.

Wensley, R. (2007). 'Beyond Rigour and Relevance: The Underlying Nature of both Business Schools and Management Research'. AIM Research Working Paper Series. London: The Advanced Institute of Management Research.

Wernerfelt, B. (1984). 'A Resource-Based View of the Firm'. *Strategic Management Journal*, 5: 171–80.

Wheelwright, S. C. (1981). 'Japan—Where Operations Really Are Strategic'. *Harvard Business Review*, July/August: 67–74.

White, E. M., Anderson, J. C., Schroeder, R. G., and Tupy, S. E. (1982). 'A Study of the MRP Implementation Process'. *Journal of Operations Management*, 2(3): 145–53.

Williamson, O. E. (1985). *The Economic Institutions of Capitalism: Firms, Markets, Relational Contracting*. New York: The Free Press.

Woodward, J. (1958). *Management and Technology*. London: HMSO.

—— 第5章 —— 81

彼得·德鲁克的目标管理和自我控制

彼得·斯塔巴克

介　绍

在本章中，我研究了德鲁克的“目标管理（MBO）和自我控制”的影响，因为这是六十多年前在他的《管理实践》（1954）一书中首次提出来的。

德鲁克将目标管理定义为一种包罗万象的管理哲学，它将管理者的所有职能和活动整合为一个整体，并从组织的最高管理团队开始，通过询问一个简单的问题来确定组织目标：我们的业务是什么？尽管这是一个简单的问题，但德鲁克指出，答案并不总是显而易见的。而一旦回答了问题，组织的结构就应该演变，并由组织的要求决定，而不是不确定地强加于人。从这一框架来看，目标管理体现了民主的过程，为成员提供了依法享有的自由，以及自由市场经济地位和功能的所有其他基本要求。

在德鲁克看来，当目标管理得到适当应用时，组织成员就其目的达成一致，并满怀信心地为组织的要求做出贡献，而不需不断提醒人们目标是什么。德鲁克称之为“自我控制”，它是一个公正和可行的工业社会得以实现的重要推进因素。

本章定义了德鲁克的目标管理的基础知识；它的反响、应用和结果。本章还概述了目标管理在美国、英国和日本环境中的应用情况。

目标管理是德鲁克（Drucker，1954）在《管理实践》中提出的核心思想。 82

目标管理被视为强调“自我控制”的所有管理职能的重要集成者，因为他们知道管理者是负责任的工人，能够在无主管提醒下执行计划。

《管理实践》被描述为德鲁克的开创性工作，影响并改变了我们的管理方式。它被认为是有史以来最完整的管理学书籍之一，自首次出版以来就一直在不断印刷。德鲁克形容这本书是根据经验写成的，目的是提高一般管理者的绩效。此外，这本书旨在培养新的管理人员，并告知“公民”企业管理的含义以及对绩效的期望水平。尽管这本书是以实践为基础的，但它并不涉及技术，而是强调理性的决策，德鲁克宣称直觉管理的时代已经结束了（Drucker，1954：9）。这本书之所以重要，是因为它是第一个描述管理者应如何着手制定经营企业所需的决策方式，以产生对生存至关重要的结果。

德鲁克赞扬了另外两名作者，克诺特和迪安（Knauth and Dean）。他们是唯一探索该领域并了解经营企业的作者（参见 Knauth，1948；Dean，1951）。但是，他们的工作是不完整的，就像霍尔顿、菲什和史密斯（Holden，Fish and Smith）的工作一样，他们的《高层管理组织和控制》（1941 年至 1951 年）的 12 个版本（被誉为美国那十年最畅销的管理书籍）仍在描述最高管理者的工作，并没有明确指出必须要做的事情（O’Donnell，1952）。

德鲁克用他的目标管理回答了“必须做什么？”这个问题。正是这一管理实践中的里程碑赋予了《管理实践》很高的评价。

目标管理具有三个基本部分：

1. 目标的设定及其持续监测；

2. 企业的个别成员商定和调整具体目标。通过频繁反馈结果，所有这些都变得有意义；

3. 必须将业务的所有功能和活动整合为一个整体。这种整合正是德鲁克宣称目标管理应该被视为“管理哲学”的基础。

设定目标

谁设定目标？德鲁克指出，目标管理从高层管理人员开始，其职责是定义
83 组织的政策（目标）。他在他的著作《公司的概念》（*Concept of Corporation*，1946）一书中指出了这点。开始的时候，首席执行官（CEO）会问这样一个

问题："我们的业务是什么?"（正如德鲁克在《新社会》［1950］中所提出的，他在随后的《管理实践》一书中又增加了一个问题："应该是什么?"［1954：46］）他指出，这个问题问得不够频繁，当被问到时，回答起来比看起来要困难得多。正是从这个点出发，组织中的高层管理者才能着手组织他们的工作。

德鲁克的观点是，首席执行官不再单独工作，而是作为两三个人组成的小团队的领导者。管理团队必须设定业务目标，并认识到它们的实际局限性，因为它们不应被视为铁路时间表或"船只航行的罗盘"（Drucker，1954：58）。德鲁克还指出，不管企业的类型如何，这些目标基本上都是相同的，但根据企业所关注的内容（例如市场地位、创新、生产率等）而具有不同的侧重点（Drucker，1954：60）。在设定目标时，德鲁克承认这是管理者工作中的艰巨而冒险的部分，而其他许多人则将其视为显而易见的职能（Greenwood，1981）。

在确定了每个业务的目标原则上是相同的之后，用示例表明不同领域和重点之间的差异。其中一个领域是与生产目标相关的"时间跨度"。例如，一台蒸汽轮机的生产时间跨度为六年，而木浆树的成熟需要五十年（Drucker，1954：81）。如果企业内部没有长期的看法，那么当"第一朵云出现"时，生产过程中的突然削减可能会使目标在一天内被摧毁，而这需要花费数年的时间才能建立起来（这是对短期主义的警告［Drucker，1954：82］）。尽管目标的重点必须相互平衡，如《平衡计分卡》（Kaplan and Norton，1996）中所述，这种平衡也可能会不时发生变化，因此重要的是，目标的设定需要考虑到未来。此外，这并不是一项机械性的工作，而是一项需要做出判断的工作，而这种判断只能通过"企业的社会分析"来实现（Drucker，1954：83 -4）。

为了确定目标，德鲁克建议管理者必须在广泛审查事实的基础上，使用为决策制定的适当方法，做出平衡的决策。他提请注意归在"运筹学"标题下的管理"新工具"，包括"系统的、逻辑的和数学的分析综合的工具"。尽管它们是重要的工具，但德鲁克强调说，它们是可供选择的选项，每个选项都可以用来检查正在开发的替代方案和基础模式。但是，他认为仅靠这些工具并不能提出正确的问题、设定目标或做出决定。只有管理者才能做到这一点。目标管理的最大优势在于，它使管理人员能够控制自己的绩效（Drucker，1954：

128）。为此，管理者需要了解自己的目标，然后获得必要的信息来衡量这些目标（Drucker，1954：129）。目标管理取决于管理者能够识别和衡量企业的所有职能，包括那些被认为不可能衡量的职能，例如员工士气，因为目标管理被视为有助于提升绩效。

84 为了说明衡量方法的正确使用，德鲁克提到了通用电气（General Electric）的巡回审计小组，该小组每年至少访问每一个管理部门一次，编写一份报告，然后送交各部门经理。这份报告的作用是帮助自我控制，而不是从上面控制。在德鲁克看来，这一体系产生了信任，并且在通用电气经理们的回应中可见一斑。这与一家身份不明的企业形成了鲜明对比，该企业经营着一个向总裁报告的审计部门（“总裁的盖世太保”），该报告被用作对抗的工具。结果是，管理目标随后被指向“通过”审核，而不是实现最佳绩效。

尽管德鲁克并不反对管理者应对其绩效结果负责的观点，但他认为，通过使用衡量方法来帮助目标管理和自我控制，可以获得更好的结果（Drucker，1954：130）。此外，他还警告不要孤立一个目标，因为如果不考虑一个目标的行动对另一个目标的整体影响，那么就有可能破坏其他目标（后来也得到了卡普兰和诺顿［Kaplan and Norton，1996］的认可）。因此，如果不采取综合措施，结果将受到损害而不是改善。

对于德鲁克来说，目标管理通过提供自由、职能和地位，在法律允许的范围内赋予了真正的自由。这样做给工人和管理者带来了工业社会的社会部分所缺少的东西：一个可行的社会对机械社会的补充。德鲁克还推荐了哈罗德·史密迪在一个案例研究中提出的想法，即下属每年给他们的经理写信两次。在信中，下属定义了他们和他们经理的工作，列出了他们的经理为了实现他们的目标所需的条件。这封信还记录了他们期望组织内其他人提供的支持。一旦达成协议，它就成为他们可以在其中运作的“宪章”（Drucker，1954：126－8）。这提供了下级与上级之间相互承诺的环境，被认为是目标管理的基石之一。

汉贝尔（Humble，1972）也提醒我们，要使目标管理发挥作用，需要“及时提供相关的反馈信息”。德鲁克还补充道，“管理者通过不断的沟通使人们组成一个团队”（Drucker，1954：338）；不仅是在双向的基础上，还要通过多种渠道进行（Drucker，1954：139）。

全面整合

德鲁克的立场是，企业是社会组织，尽管管理具有机械性的组成部分，但它必须与人的绩效相结合才能产生结果。他已经摆脱了泰勒将工作计划和工作 85
分开的想法，转而采用新的工作方法，从传送带轨道向“自动化，新的整合方法”的方向发展。这意味着泰勒的计划和行动可以放在一起执行，而不总是由不同的人来执行，而是由同一个人来执行这两个基本的行动。这使得工作更加完整，员工也会被激励做出自己的贡献，如果没有这些贡献，一切都不会发生，正如德鲁克在其《卓越绩效的人类组织》（“Human Organization for Peak Performance”）中所描述的那样：“但是，当涉及工作本身时，问题不是将其分解成多个部分或动作，而是将其整合为一个整体。这是一项新的任务。”（Drucker，1954：289）

德鲁克对需要整合的内容提供了几种解释。但是，他也指出，尽管我们可以尝试将它们全部列出，但是还有其他一些尚待发现，因为不同行业的企业可能没有其他企业在所有共同目标方面的共同关系。关于这一点，德鲁克在通用电气公司担任顾问期间又有了进一步的发现，这在《控制自己的命运或其他人的意志》一书中做了说明（Tichy and Sherman，1993：37）。1951 年，拉尔夫・科迪纳（通用电气首席执行官）组建了一个由通用电气高层管理人员、顾问和教授组成的智能团队，其中包括哈罗德・斯密迪和后来的彼得・德鲁克，以研究如何改善通用电气的管理。两年后，他们出了蓝皮书，这是一本五卷，3 463 页的管理“圣经”。其中包括诸如按目标进行管理之类的强大概念，以及韦尔奇后来支持的一些最具革命性的思想（Tichy and Sherman，1993：37）。还应该记住的是，《管理实践》这本书是在通用电气进行大规模重组和权力下放期间，德鲁克担任管理顾问时写的。

目标管理的结果

哈珀和奥索夫斯基（Halpern and Osofsky，2005）在他们的文章《目标管理的不同观点》中，驳斥了德鲁克把目标管理作为一种平等参与的管理实践的主张，将其称为“伪参与”，因为它的应用为组织管理层及其人员提供了一种不同的控制机制。我现在来谈谈目标管理在美国、英国和日本环境中的反响、应用和结果。

美国视角

在美国，目标管理作为一种改善“我们如何管理”的方式在其国内市场受到欢迎。德鲁克的两位密切追随者奥迪奥恩（Odiorne，1965，1978）和格林
86 伍德（Greenwood，1981）在评估目标管理的含义、感知和接受度方面，在工作最出色的美国代表之列。

奥迪奥恩的《目标管理：一个管理领导力系统》详细研究了目标管理，并作出了以下描述：“目标管理本质上是将许多人已经在做的事情纳入一个更合理和有效模式的系统。”（Odiorne，1965：56）“目标管理是一种管理系统，而不是额外的管理者工作。”（Odiorne，1965：77）

然后，奥迪奥恩继 1965 年出版的这本书之后，又在《商业视野》（1978 年 10 月）上发表了一篇文章，记录了“学术界流行的休闲活动是揭开目标管理的起源”，他引用了亚伯拉罕和上帝、《古兰经》以及从柏拉图到马克思的哲学家。更客观地讲，亚瑟·莫克瑟姆被记录为目标管理最早的导师，皮埃尔·杜邦是他在 20 世纪初的学生。紧随其后的是在杜邦公司任职的弗兰克·唐纳森·布朗，后来又加入的是通用汽车公司的阿尔弗雷德·普里查德·斯隆（Alfred Pritchard Sloan Jr），他们也受到后来追随者的追随。

奥迪奥恩将德鲁克推到了中心舞台，并写道：

> 毫无疑问，由于听众在讲座和书籍中的反应，德鲁克不得不将目标管理视为权力下放的自然产物。对于德鲁克来说，公司需要进行政治变革，因此需要目标管理。他的信念是，组织内部必须进行结构性改革，以使它们和资本主义制度得以生存。（1978：18）

当奥迪奥恩记录了德鲁克的思想在《公司的概念》和《管理实践》以及在目标管理的理论研究中的影响，他承认存在这个概念的“讨厌者”，他们声势浩大，而不是人数众多。其中一些人是企业的员工，他们将目标管理错误地用作

威胁，除非达到绩效目标，否则“将因故终止雇佣关系”。目标管理的弊端是“反规划者在企业和政府中都很常见”。他深思熟虑的结论是，“目标管理是一种应对科层制的僻远和与公司领导层隔绝的哲学”，这是对高层管理人员的要求以及工作人员如何满足要求的回应。

> 它依赖于人类的承诺、自我发展和责任感来产生结果。它建立在对未来和前瞻性规划的基础上，而不是对问题作出反应。它是关于机会的。目标管理以逻辑为基础，因此很容易被证明与工作有关，而与种姓、阶级或个性无关。（Odiorne，1978：24）

奥迪奥恩进一步得出结论，它有助于解决某些长期存在的管理失败问题。它是一种催化剂，通过帮助确定绩效、效力、培训和奖励，纠正了一些长期以来表现突出的缓凝剂的进步。

格林伍德对目标管理的分析是发表在他的著作《目标管理：由彼得·德鲁 87
克提出，在哈罗德·史密迪协助下完成》（1981）。

对德鲁克来说，设定目标是管理的真正工作，三十年后人们还是不了解这一点。

> 对斯隆和史密迪来说，目标是显而易见的；对德鲁克来说，这些目标一点也不明显。德鲁克发现设定目标是管理者工作中一个困难、高度冒险的方面。德鲁克将管理作为一门学科，把管理作为一种实践，围绕着高风险目标做出决策，这是其他人所不了解的。（Greenwood，1981：229）

早期关于管理的系统性作者侧重于过程，而对于德鲁克来说，设定目标是一种基于概念论和分析的智力活动，“管理过程将从中进行”（William J. Greenwood/Ronald G. Greenwood，个人沟通，1979 年 11 月 22 日）。有人问德鲁克：“在您撰写有关目标管理的文章之前，您知道有谁在实践目标管理吗?”德鲁克回答说：“早期很多人是像斯隆那样靠目标来实现管理的。也许还有皮埃尔·杜邦和唐纳森·布朗。”

对于格林伍德来说，“彼得·德鲁克将目标放在了中心位置，并使它们成为管理学科结构的核心。许多其他管理人员可能在 1954 年之前‘发明’了目标管理概念，但德鲁克把它整合在一起，通过对其基本理念的思考，以其他人可以使用的形式解释和倡导它”（Greenwood，1981：230）。

在后来的反思中，格林伍德对德鲁克的贡献更加肯定。“毫无疑问，德鲁克确实发展了这一概念。”“如今人们所理解的目标管理是由德鲁克提出的，并由通用电气的哈罗德·史密迪及其员工首先付诸实施。”（Wren and Greenwood，1998：230－1）

格林伍德还澄清了一个误解，即斯隆是第一个使用“目标管理”一词的人。塔兰特在他关于德鲁克的书《德鲁克：发明企业社会的人》（1976）中引用德鲁克的话说，“实际上，我没有发明‘目标管理’这个词，阿尔弗雷德·斯隆在 20 世纪 50 年代就用过这个词”（Tarrant，1976）。“塔兰特现在说他误解了德鲁克所说的斯隆将目标作为管理风格的关键，这意味着他使用了这个术语；事实上，斯隆既没有使用这个术语，也没有使用目标管理哲学。”（Greenwood，1981：226）

继奥迪奥恩和格林伍德之后，德鲁克的目标必须取决于长期的预测，这总是很困难的。未来五到十五年的预测永远都是“猜测”——赌博或“预感”。这是斯隆的哲学。但是，业务所需的不是通常意义上的“商业预测”，而是一些更好的工具，这些工具可以使企业继续经营下去，而不必担心不可预测的商业周期会破坏他们的思维。

88 德鲁克提供了三个有用的工具：

1. 根据我们的经验可能导致预期的最严重倒退来检验这些假设；

2. 使用基岩分析，该分析基于已经发生的事件，并试图找出未来事件的“原因”。但是，没有什么是不可避免的，基岩分析不应该单独使用（1954：89－91）。这见证了德鲁克开始使用人口统计学，并将其纳入分析。

以及用于：

3. 趋势分析以限制风险。趋势分析试图分析“可能性有多大”或“速度有多快”。德鲁克还提到了一套新的决策工具，称为“运筹学”，他认为这很重要。对于德鲁克来说，这并不像大多数管理者所想的那样新颖，因为“中世纪符号逻辑学家，例如圣博纳万蒂（St Bonaventure）”就使用了这个工具。

德鲁克接着说，现在这些新工具已经进入了人们的视野，尽管事实上数学信息理论还处于起步阶段，但它们有可能识别偏差和行为模式（Drucker，1954：360－1）。在决策过程中，德鲁克提到了自己对于决策困难的广泛建议。他描述了一个过程，即需要一个综合的方法，而这种方法永远不可能通过一个单一的目标来实现。这是基于他的《管理科学与管理者》（1955b：119）中的“明确假设”和“计算假设”的理性活动。

德鲁克表示，一旦执行团队确定了业务目标，就可以在所有已确定的关键职能中设定这些目标。同样重要的是如何做出这些决定，以使企业在此后的五到十五年中都能获得预期的结果。德鲁克提出了另外三种方法来进行主要决策，即活动分析、决策分析和关系分析。使用这些方法，可以分析业务，并且可以实际地回答“我们的业务是什么”和“应该做什么”的问题。只有这样，才能确定一个组织的结构。这就是德鲁克的想法，即组织结构必须遵循业务，而不是业务必须遵循组织结构，因为后者是一种有缺陷的策略（Drucker，1955a：190－8）；且早于阿尔弗雷德·钱德勒，后者被公认为这一想法的创始人（参见 Chandler，1962）。

虽然其他人在德鲁克之前就已经实践了目标管理，但他将这些思想整合起来，发现了以往目标设定方法的缺陷，并创造了一些新的东西，使目标管理可以作为一门学科得以应用。在这方面，德鲁克在目标管理的起源中扮演了重要角色，不仅仅因为他创造了这个术语，而且正由于德鲁克的“全面整合”才使得它与众不同。

在成功的企业中实行“全面整合”是不言而喻的，否则企业将无法生存。 89
集中制造这一事实可以说明这一点，因为集中制造会产生大量库存而没有销售和付款，这意味着企业将耗尽现金，无力支付账单，结果是资不抵债并导致破产。尽管德鲁克以前曾对此有过论述，而哈里·霍普夫看到了整合的必要性，林德·厄威克也表达了这一点；但是，厄威克从未强调过他最初的重点。正是德鲁克将其作为核心必要点，紧随其后的是史密迪在 1955 年发表的论文《整合和激励以实现有效绩效》。德鲁克在《管理实践》中明确传达的信息是，目标管理是企业的所有职能的全面整合，而这些职能并不是固定不变的，因为顺序和重点会随着时间的推移而改变。

通过目标管理，德鲁克现在拥有了可行的管理体系，即“一种哲学”。在《公司的概念》中，他将权力下放视为企业的结构及方法。在《新社会》中，他对分权思想进行了提炼，并通过实践为大公司或大企业确定了一套完整的管理体系。但是，他也预见到，权力下放并不总是适用于所有企业的结构，因为他意识到更多反应灵敏的混合结构形式尚未出现。即便如此，这些新结构中的目标管理仍将被视为一种合适的管理方法。

美国对目标管理的其他反应是来自各领域的科研人员、管理学作者和实业家的反应。以下四篇博士学位论文就是这样的例子：

A. 法拉玛兹·纳泽扎德（Faramarz Nazerzadeh，1979），克莱蒙特研究生院：《彼得·德鲁克对管理研究的贡献的核心论点》。一个有趣的巧合是，这篇论文是向克莱蒙特（Claremont）提交的，德鲁克是那里的管理学教授。该论文涵盖了他直到1976年的作品、书籍、论文和文章中的思想。对于纳泽扎德而言，德鲁克的方法是整体性的，因为他致力于建立一个基于“Y”理论的统一企业理论，强调企业家精神和目标，所有这些都依赖于市场导向的社会。尽管有人批评目标管理，但总体上还是强调整合，这一结论在大量的文献支持下显而易见。

B. 罗伯特·路易斯·奥尔塞斯（Robert Louis Olcese，1980），洛约拉大学：《目标管理在伊利诺伊州库克县部分学校系统中的应用分析。基于彼得·德鲁克建立的服务机构绩效管理六项原则》。该论文与纳泽扎德的论文不同，因为它旨在确立德鲁克的适用性，以扩展管理知识及其在现实情况中的实践贡献。它没有质疑德鲁克的理论，而是应用了它，使用目标管理的方法来确定伊利诺伊州库克县的十二个学区的管理教学绩效。

90

C. 约瑟夫·加德纳·奥姆斯比（Joseph Gardner Ormsby，1980），阿肯色大学：《目标管理：管理层对组织目标的理解》。该论文是对过去二十五年来目标管理的批评的回应，旨在检验这些批评的有效性。它得出的结论是，目标管理本身并不是一种失败的理念，但它在实践中确实失败了，因为其目标仍然停留在一个组织的高层，没有传达给中层管理人员和工人，尽管德鲁克关于缺乏沟通的抗议没有被注意到。

D. 桑德福德·阿普费罗斯（Sandford Apfelroth，1983），纽约大学教育、健康、护理和艺术专业学院：《德鲁克对管理教育的贡献：对大学管理学入门教材的分析》。该研究分析了74所大学，以检验德鲁克的思想对管理教学的影响。它证实了德鲁克的巨大影响力，并得出正确的结论，他的目标受众是积极的实践者，实际上德鲁克提供的是见解和工具，只有在管理者获得了一些实践经验后才会使用这些工具。

在这四篇论文中，奥尔塞斯和阿普费罗斯对目标管理应用的分析主要集中在公共部门，尤其是教育领域。目标管理在公共部门中的运用是目标管理在自由市场企业之外的延展。

亨利 · 托西和史蒂芬 · J. 卡罗尔（Henry L. Tosi and Stephen J. Carroll，1968）报告说，自 1954 年以来，人们对目标管理的兴趣一直在增长，但结果却不尽如人意。对于他们而言，必须保持与目标进度的沟通，而未能传达这一进度是目标管理无法发挥其潜力的常见原因。托西和卡罗尔继续表示，他们对目标管理持乐观态度，并总结说，“需要进行持续审查以确保该计划满足组织中的合理需求，而运营管理者认为这种需求是存在的。客观方法不能以书籍、会议或理论的形式出售。它只能在实践中出售”（1968：426）。

后来，雷恩和格林伍德也支持了这种乐观态度：

> 目标管理与自我控制。
>
> 大多数时尚在大张旗鼓后迅速死亡。目标管理在 20 世纪 60 年代风靡一时，但也出现了一些问题，主要是因为该概念的使用不当。如今，这一概念变得更加流行，但却很少受到吹嘘，这也许是其当前成功的秘诀。（Wren and Greenwood，1998：230）

詹姆斯 · 霍普斯的后期贡献准确地概括了目标管理的社会目标，这是一种使命宣言的典范：

> 为了将员工从职场新的心理专政中解放出来，德鲁克提出了“目标
> 管理”。通过基于“企业的客观要求”的明确目标，管理者可以使下属能 91
> 够以自主性和“自我控制”的方式工作，而不是像那些被虚假先知操纵的非理性的神经质那样。（Hoopes，2003：253）

在从业者中，美国最成功的两个企业证实了目标管理的适用性。首先，英特尔创始人安德鲁·格鲁夫写道：

> 目标管理背后的想法非常简单。但是目标管理系统无法通过计算机机械地运行。该系统需要判断力和常识来设定目标的层次结构和支持目标的关键结果。当你用目标管理来指导你的工作时，你需要判断力和常识。(Groves，1983：103，106)

在解释德鲁克的目标管理对企业管理的适用性时，格鲁夫以克里斯托弗·哥伦布探索新世界之旅作为案例研究（1983：104）。他反映了他一天的工作与德鲁克对管理者的责任要求有关。在格鲁夫自己的案例中，他说，他处理事情的方式很随意，就像他的妻子是一个家庭主妇，描绘了一天的结束是当她累了的时候。“就像家庭主妇的工作一样，经理的工作永远不会完成。总有更多的事情要做，应该做的更多，总是比能做的更多”(Groves，1983：104)。

通用电气前首席执行官杰克·韦尔奇（通用电气与微软交替成为世界上最有价值的公司）被认为受到了德鲁克的影响：“我在20世纪70年代末期开始阅读彼得的著作。”当时他正在为“向首席执行官过渡”做准备。他继承了通用电气目标管理的方法，该方法已在20世纪50年代初被德鲁克及其团队整合到通用电气的管理方法中。韦尔奇继续说：“如果有一个真正的管理圣人，那就是彼得。他总是在他的许多管理著作中加入一些独特的管理精髓。”(Welch and Byrne，2001：108）该团队把什么留给韦尔奇的证据之前已经被引用过，但格林伍德在《通用电气》第三册的《职业管理》(*Professional Management*) 1952年未出版的草稿中对其进行了最好的总结，因为它们描绘了目标管理和该概念的自我控制方面，这是德鲁克哲学中最容易被忽视的方面。

> 动态管理组织解释：对每个运营组成部分的有效控制取决于建立明确的目标、具体的日期和用以衡量绩效的数字，以刺激实现既定的目标。对于管理者来说，这是一个简单的要求，即设定目标、时间段、成本和衡量标准。

正是在这一时期，德鲁克撰写了《管理实践》，其中包括经典的一章“目标管理和自我控制”。德鲁克评论道：

> 我写了《管理实践》草稿，尤其是涉及目标和经理工作的部分的草稿，写于 1951/1952 年。我于 1953 年夏天在科德角（Cape Cod）完成了那本书的初稿。(Greenwood，1981)

美国用法的结论 92

以上所述说明，目标管理最初在企业界被接受为一种工作理念，后来在公共部门中得到了认可。有证据表明，那些致力于维持和理解目标管理意图的学者们在美国市场上的观点更为明确。目标管理仍然被世界上两个最成功的企业（通电电气和英特尔）所采用，这两个公司的方法都嵌入了美国大部分企业的管理中，这证明了德鲁克的工作的适用性和长期性。

英国视角

目标管理并不是口号或“魔术棒”，当挥舞它时，就能解决管理问题。它被视为一种包罗万象的哲学，涵盖了管理的方方面面。为了使目标管理成功，需要执行两个基本操作。首先是花费大量精力来了解目标管理的含义。最初，这是一个智力挑战，需要学习和思考，而不是随意通过阅读来“挑剔”。其次是持续的沟通、协商和团队关怀，以防止衰退。

最初的证据是，对于大多数英国管理人员来说，尽管他们需要目标管理，但进行必要变革的要求却太高了。大多数高级管理人员无法或不情愿清除的第一个基础障碍是来自首席执行官及其团队做出的承诺和持续的变化。英国人没有做出承诺，而是缺乏详细的应用程序，因为人们普遍认为“它不会起作用，因为它不是在这里发明的”。

即使托西和卡罗尔（于 Appleby，1991）指出，“研究表明，员工的参与将导致‘员工对绩效目标和管理决策的接受度更高’，并改善管理者及其下属之间的沟通和理解”，阿普比强调了目标管理既有缺点也有优点。首先，缺点是将目标管理视为一个目录，如果它要在一个公司内取得成功，就什么都不应该做。因此，英国人普遍不愿变革，特别是管理层的变革。结果是，对于英国人来说，目标管理是问题而不是机会。阿普比总结说："尽管目标管理已经被广泛讨论和写作了，但它尚未被大规模实践。可以预见，大公司比小公司能更大程度地使用它。"（1968：350）他还写道："在最近的一项调查中，不到 10% 的公司认为其有效性和效果是'非常成功'的。不过，有些应用已经成功了。"（1968：92）但是，没有提供调查的更多详细信息，因此无法进行核实。

93 华威大学华威制造集团的坦南和罗伯茨对英国目标管理的解释有了更深入的学术观点，他们撰写了目标管理为什么在日本以其原始的形式失败的文章。他们表示，目标管理基于"短期""自上而下""疑难解答""目标""激励""工作评估""失败"和"专注于利润"，这是不正确的。在后来审议的五篇论文中，他们仅引用了德鲁克两次，并且错误地报道了他的目标管理是在他的《绩效管理》（Drucker，1964）中发布的。尽管卡普兰和诺顿的著作《平衡计分卡》（1996）被正确地纳入目标管理的外推法，但汉贝尔（John Humble）及其同事在厄威克、奥尔和合伙人公司的工作并未被提及。

在题为《厄威克、奥尔和合伙人，目标管理：案例研究。管理咨询在英国的起源、演变和孕育，迈克尔·弗格森于 20 世纪》的论文（1996 年）中研究了厄威克、奥尔和合伙人的档案。从 20 世纪 30 年代中期开始，他担任英国首席管理顾问已有五十年了。他的目标是确定他们在英国基地上做出的承诺和成功的目标管理实践。他证实了自己的努力和应用，并在总结中发现，尽管从 1963 年到 1984 年将其应用到他们的客户组织中，但引入成本太高，因此受到许多高层管理团队的抵制。到 1984 年，目标管理变得过时了。但是，弗格森的论文确实描述了厄威克、奥尔和合伙人的英国版目标管理确实与德鲁克的想法一致，而且目标管理在过去的三十年中是成功的。这与克兰菲尔德学院（Cranfield School）的麦克唐纳和米尔顿·凯恩斯的观点相反，即管理"时尚"从创立到被抹黑的生命周期为十一至十三年（Kennedy，2001：xvi－xvii）；因此，人们认为目标管理比时尚更严峻。

通过对弗格森论文的审查，汉贝尔的工作意义也变得显而易见。按照厄威克、布雷希和德鲁克的传统，我于 2005 年 4 月 28 日和 2009 年 12 月 17 日在约翰·汉贝尔的家中采访了他，以获得第一手信息。在第一次采访中我很快就明白了，汉贝尔的关系是独一无二的，因为他是自 20 世纪 60 年代初以来与德鲁克广泛合作的唯一的英国人。汉贝尔回忆说："我很荣幸有彼得作为我三十多年的朋友和导师。我们在欧洲和美国举办会议和工作坊，并一起拍摄电影。"

在汉贝尔引入德鲁克之后，他写了《目标管理的动态方法》（1965），这是英国作者撰写的第一本有关目标管理的书。这是汉贝尔在 20 世纪 60 年代至 70 年代撰写的一系列书籍中的第一本，此外还包括：

《行动中的目标管理》（*Management by Objectives in Action*, Humble, 1970a）；

《银行目标管理》（*Management by Objectives in Banking*, Humble, 1970b）；

《有效的计算机：目标管理法》（*The Effective Computer: A Management by Objectives Approach*, Grindley and Humble, 1971）；

《改善商业成果》（*Improving Business Results*, Humble, 1967；平装本，1972）；

《如何通过目标进行管理》（*How to Manage by Objectives*, Humble, 94
1972）；

《提高经验管理者的绩效》（*Improving the Performance of the Experienced Manager*, Humble, 1973b）；

《社会责任审计：生存管理工具》（*Social Responsibility Audit: A Management Tool for Survival*, Humble, 1973a），以及

《负责任的跨国企业》（*The Responsible Multinational Enterprise*, Humble, 1975）。

这些成为教科书，使德鲁克的目标管理概念得以详细应用到英国组织的运作中。它们被翻译成十七种语言，并被某些国家非法复制。

对于汉贝尔而言，在《管理实践》中表达的思想是过去四十年中最重要的管理思想。他的工作是使德鲁克的概念发挥作用。汉贝尔强调说，德鲁克是第一个意识到，随着第二次世界大战后供应出现真空，生产赶上了需求，企业

生存的唯一途径是客户选择他们并提供给客户想要的服务。西奥多·莱维特（Theodore Levitt）成为哈佛大学市场营销系的元老，他支持以下观点：

> 当我还是一名实践经济学家时，管理实践者向我介绍了现在所说的市场营销概念，但我对博士级经济学的形式诡辩的言论非常不满。德鲁克对经济的看法（其性质和目的）使我摆脱了古典经济学未能解释的挫败感，熊彼特是最接近我的人，他在《彼得·德鲁克对企业的贡献》一书中严谨建议但没有总结莱维特的《彼得·德鲁克活的遗产》。（Bonaparte and Flaherty，1970）

汉贝尔还表明，德鲁克利用人口统计学来告诉我们明天的客户是谁；事实上，他们已经出生了。[①] 他继续说，德鲁克强调了企业价值观、社会责任和组织内部和外部诚信的必要性；但是，德鲁克强调管理是所有这些活动的整合。

此外，一些人得出的结论是，目标管理只是一种过时的时尚，在英国行不通。这没有证据支持。在汉贝尔的《行动中的目标管理》（1970a）中的案例研究的用户剖析证实了这一点。成功运用目标管理的组织包括公共部门的国防
95 部和运输委员会。在制造业中，包括柯尔特供暖和通风、劳斯莱斯和史密斯工业。在消费行业中，约翰·普莱尔和帝国烟草公司都取得了成功。目标管理对厄威克、奥尔和合伙人公司来说非常成功，以至于在鼎盛时期，它创造了咨询公司三分之一的收入。管理层对目标管理的要求非常高，以至于20世纪60年代末70年代初，汉贝尔推出了他享誉国际的六部关于目标管理的系列电影，这些电影在英国各大城市都有放映，场场爆满。这是英国第一部票房管理电影，并用五种语言重制。由于其压倒性的成功，汉贝尔进一步制作了更多关于同一主题的电影，其中两部是与彼得·德鲁克合作的，另外两部是与西奥多·

---

① 有趣的是，汉贝尔提到了德鲁克使用人口统计学作为预测工具。2002年底，我与牛津大学人口统计学教授戴维·科尔曼（David Coleman，一位长期从事社会住房项目的同事）进行了讨论，他认为德鲁克曾在他的一本现在鲜为人知的著作《美国的未来二十年》（1955）中使用了人口统计学。在德鲁克的书中，科尔曼写道："在养老金和退休方面的措施上，这是非常具有先见之明的，这无疑是二十年来为数不多的几项预测之一，这些预测在任何合理的程度上都经受住了时间的考验。当然，它无法预见的是移民问题，这在一定程度上要归功于1965年的立法，在美国以最出乎意料的方式发展起来，现在占人口和劳动力增长的很大比例。"（David Coleman，2003年1月6日，电子邮件）

莱维特合作，并由汉贝尔在美国和欧洲上映期间进行了介绍。

在我们的采访中，汉贝尔回忆道，厄威克、奥尔和合伙人公司最初称目标管理为“改善管理成果”，所获得的回报不仅来自英国市场。他们的客户遍及大多数南美国家，如委内瑞拉、阿根廷、智利、秘鲁和巴西。地理分布还包括澳大利亚和新西兰、南非、印度和部分欧洲国家。在汉贝尔的一次旅行中，一个俄罗斯人告诉他，他们非正式地抄袭了他的书，这些书被称为“高级工程师培训手册”。波兰也效仿俄罗斯。他回忆说，2005 年 5 月 20 日，英国中央和地方政府以及制造业和服务业企业都采用了目标管理。它也被用于宗教和志愿组织，并做了适当的改动。①

英国应用的总结

我的结论是，目标管理并不是一时的风尚。它是组织要生存和成功所必须的个人和集体贡献的基础。我同意约翰·汉布勒的提要，即学术研究人员所面临的问题是缺乏通过“互联网搜索”对目标管理进行回应。然而，这并不能证明它已经停止。不能从笔记本电脑上证明它并没有停止，而要通过应用最古老的管理课程之一“行之有效”来找出实践管理中正在发生的事情；这是因为人们没有告知他们正在进行目标管理，但这并不意味着他们不是。正如汉贝尔所说：“这成了生活方式。”②

我也同意汉贝尔及其结论，即这可能是本章最重要的方面。西蒙·兰敦（Simon London）在一篇题为《时尚为何渐行渐远》的论文中指出，自 20 世纪 90 年代末以来，管理类书籍的销量下降了 30%。他对既没有新思想也没有流行的时尚产生影响的事实表示遗憾。为了支持这一论点，哥伦比亚商学院（Columbia Business School）的埃维·亚伯拉罕森（Evie Abrahamson）教授说： 96
“当一种时尚消退时，通常会产生一种空洞，里面充满了许多新的想法。现在我不确定接下来会发生什么。”（《金融时报》，2003 年 6 月 12 日）德鲁克解释了为什么下一个大创意难以捉摸——“到目前为止，管理技能已经发展起来”，并且已经有了“重大”发现（访谈：波拉克［Pollack］，《纽约时报》，

① 有趣的是，包括中央和地方政府、宗教和志愿者组织的参与，这表明德鲁克 1954 年视为“商业解决方案”的意图已经扩展到所有组织。

② 与先前引用的运筹学相似，德鲁克主张将运筹学纳入目标管理中。

1999 年 11 月 14 日；弗莱厄蒂［Flaherty］，1999：113）。在德鲁克的“重大”发现中，目标管理在半个多世纪前就出现了，至今仍在运作。这可以说明它是被完全理解和应用而非部分，它是在英国应用的最成功的管理基础。

日本视角

第二次世界大战后，作为美国政府复兴日本政策的一部分，驻日盟军最高司令麦克阿瑟将军邀请质量管理统计分析师威廉·爱德华兹·戴明（William Edwards Derning）于 1947 年访问日本，以协助日本的复苏。到了 1954 年，第二位管理顾问约瑟夫·摩西·朱兰（Joseph Moses Juran）也应邀发表了他对质量管理的看法。这些报道是需要朱兰向日本人解释如何在实践中应用戴明的理论。

在《彼得·德鲁克：商业与管理的批判性评价》（Wood and Wood，2005）一书中，有 27 篇关于德鲁克的论文。其中 7 篇来自波拿巴和弗拉赫蒂（Bonaparte and Flaherty，1970），其中包括《彼得·德鲁克和日本管理》（Takamiya，1970）。德鲁克对日本管理的影响最早记录在 1959 年他对日本的访问中。高宫（Takamiya）的分析认为，德鲁克对第二次世界大战后日本管理变革产生了影响，当时很难将其与日本语境联系起来，因为“传统和创新将因此不可避免地作为一个过程联系在一起”。他总结道：“德鲁克在日本管理的发展链中的各个环节的衔接方面发挥了重要作用。”（1970：263）目标管理已被合并为*方针管理*，这是一个日本进化的过程，将高宫的论文视为即将发生事情的预兆，进一步证实了德鲁克对日本管理的影响。

华威大学华威制造集团（Warwick Manufacturing Group）的坦南和罗伯茨（Tennant and Roberts，2000）称，日本在 20 世纪 60 年代放弃了目标管理，因为目标管理是一种“自上而下”强加的制度。遗憾的是，这是一种误解，不仅是对目标管理向*方针管理*的一般发展，还是对“自上而下”这一特定点的误解。对德鲁克而言，沟通和协议既不是“自上而下”也不是“自下而上”，而是“多方向的”，这在所有成功的管理实践中都是必不可少的，尽管词语可能有所不同。

> 如果仅仅是出于审美的原因，我也不太喜欢由美国闸瓦公司

> （American Brake Shoe Company）的威廉・B. 吉文（William B. Given, Jr.）创造的“自下而上管理”（Bottom-up Management）一词（纽约：哈珀兄弟［Harper & Brothers］，1949）。
>
> 它不是自上而下或自下而上的。它有三个维度：从低层管理者到高层管理者的关系；每个管理者与企业的关系；以及从高层管理者到低层管理者的关系。

在采访了罗杰・哈格里夫斯（Roger Hargreaves）博士（长期担任理光英国产 97
品公司的英国首席总监，位于什罗普郡特尔福德［Telford, Shropshire］，2004 年 8 月 4 日）之后，我更加不同意坦南和罗伯特的第二个论点，即日本的战略决策或目标是自下而上的。哈格里夫斯博士明确表示，日本的最高管理层为企业设定了目标，并决定必须这么做：如果企业要生存下去，那么这就是自由经济中的普遍做法。一旦日本的“最高管理者”确定了目标，实现这些目标的细节从下至上，直至组织各层逐步达成共识。此过程的目的是确保在到达结构顶部时，每个人都达成一致。这与德鲁克的目标管理和自我控制的理念一致，因此是日本文化对目标管理的一种改编。坦南和罗伯特的记录对日本人目标管理的做法很重要。他们根据自己的管理理念“方针管理”（Hoshin Kanri）进行调整，这意味着“指明管理的方向”。对方针管理的描述如下：

> 《使用方针管理进行战略部署》（*Using Hoshin Kanri for Strategy Deployment*, Tennant and Roberts, 2000）；
>
> 《方针管理：战略政策部署的工具》（*Hoshin Kanri: A Tool for Strategic Policy Deployment*, Tennant and Roberts, 2001a）；
>
> 《方针管理：实施接球过程》（*Hoshin Kanri: Implementing the Catchball Process*, Tennant and Roberts, 2001b）；
>
> 《方针管理方法论在英国高等教育机构中的应用》（*Application of the Hoshin Kanri Methodology at the Higher Education Establishment in the UK*, Tennant and Roberts, 2003a），以及
>
> 《通过方针管理管理知识》（*Managing Knowledge through Hoshin Kanri*, Tennant and Roberts, 2003b）。

这是朱兰全面质量管理与德鲁克目标管理日本化的融合。

日本观点的总结

这归功于日本人将 20 世纪后半叶美国最优秀的两种管理理念融为一体，也归功于作者对它们的认同。

有证据表明，日本人对持续改善（Kaizen）的态度相似。彼得·德鲁克和约瑟夫·朱兰都认为，IBM 在 20 世纪 30 年代中期日本人还没有这样做之前就一直在进行持续改善。在《管理实践》中，德鲁克将 IBM 描述为持续改进（Drucker，1954：251－6），而三年前的朱兰在 IBM 的《全面质量管理》的匿名文章（Juran et al.，1951：第 9 节）中详细介绍了 IBM 质量控制表，并展示了实际的持续改善。

据记载，持续改善于 1937 年在日本发展，并由丰田的创始家族应用。背景显示，丰田的织机制造业务是应日本政府的要求而做出的，他们为战争努力生产汽车。丰田的动机是节省稀缺的原材料，而不是节省劳动力。

98 在德鲁克 1986 年出版的《管理的前沿》一书中，我相信他在写信给大托马斯·沃森（Thomas Watson Snr）时反驳了这一点：

> 五十年前或更早的时候，他还发明并实施了现在在这个国家被熟知、学习和模仿的日本管理学，不用说，他这样做的时候对日本一无所知，也没有归因于当时不存在的日本做法。（Drucker，1986：276）

德鲁克继续说：

> 当我谈到日本的管理体现了日本的价值观时，我一次又一次地被嘲笑。我的日本朋友问道："难道你不知道我们只是在适应 IBM 一直以来的做法吗?"（Drucker，1986：284）

美国汽车工业忽视了朱兰和戴明的明确信息，这一事实现在已经成为历史，他们忽视了目标管理作为一种全面的整合哲学，这也导致了他们的问题。

从企业主的角度来看，目标管理的吸引力在于，它要求组织的所有成员必须自我负责，以有效地履行职责。关于雇主对雇员负责任的行为的文章很多。在民主制度中，人们期望受到尊重，以维护其尊严和民主权利。有时，这会成为一种过度强调，使组织内部的参与度黯然失色，在组织中，不仅应该从雇主/所有者到雇员，而且从雇员到雇主/所有者的各个方向上都应该平等。作为发起人/所有者/首席执行官，他们的职责是在每个发薪日支付薪水，这要求所有团队成员的贡献超过他们的净成本。对于那些对组织的经济生存负有责任的人来说，来自内部的危险是表现欠佳的人，他们的表现低于所需产出的80%，抵消了110%以上执行者的努力和贡献。简单地说，客户将不会自愿支付80%的努力。

德鲁克在《管理实践》中清楚地表明，对于个人绩效而言，沟通必须是多方向的，才能使目标管理实现其实际目标，因为“它通过将客观需求转化为个人目标来确保绩效。这就是真正的自由，法律上的自由”（Drucker, 1954：134）。

德鲁克被认为是目标管理最著名的倡导者：“在日本，目标管理确实像德鲁克和其他人所看到的那样发展，是方针管理的重要组成部分。”德鲁克认为，目标管理是一种管理哲学，可以并且必须加以补充和调整，并且已被最成功的实践者所证实（例如韦尔奇、格鲁夫和汉贝尔）。斯隆是德鲁克的第一位管理导师，他在《我与通用汽车的岁月》（1964：443）中说：“在描述通用汽车组织时，我希望我没有给人留下这样的印象：这是一个成品。没有一家公司能够停止改变。”对于德鲁克而言，管理变革的过程是持续的，因为“管理理论”是“一项需要不断修复和复兴的未完成的事业”（访谈：波拉克，《纽约时报》，1999 年 11 月 14 日；Flaherty, 1999：113）。

最近，目标管理通过方针管理（Hutchins, 2008）得以实现，东英吉利亚 99
大学诺维奇商学院的威彻（Witcher）和同事们探索了方针管理在惠普和日本在英国的子公司的应用。威彻和巴特沃斯（Witcher and Butterworth, 2000）认为卡普兰和诺兰的平衡计分卡是目标管理的外推法，并认为方针管理是德鲁克的目标管理和自我控制与戴明的质量管理的融合，尽管他们没有提到朱兰。

但是，戴明列出了十四点建议，以将美国和日本的高级管理人员转变为“目标消除管理，即通过数字消除管理、实现目标最小化，替代领导力”。这引发了两个问题：第一个问题是戴明在 1954 年德鲁克之前使用了“目标管理”一词，更重要的是，它质疑方针管理是不是目标管理和戴明的质量管理的合并。

总 结

从所提供的证据来看，目标管理已经成为我们管理方式的一部分。这与泰勒的科学管理相似，泰勒的科学管理始于一个多世纪前的 1895 年的“计件工资制”。如果我们看看奥迪奥恩，随后亚瑟·莫克瑟姆在杜邦使用的目标管理，我们会发现它们与泰勒的科学管理一样历史悠久。如果按照休·麦克唐纳对 11 至 13 年生命周期的定义来判断，这似乎确实支持了科学管理和目标管理都不是时尚。

有趣的是，卡普兰和诺顿的平衡计分卡是目标管理的辅助功能，同时也是在日本首创的方针管理基础上进一步发展起来的管理实践，该实践整合了德鲁克的目标管理和朱兰的全面质量管理。

致 谢

我想向编辑布莱恩·C. 琼斯（Brian C. Jones）致谢。

参考文献

Anonymous (21 March 2005). Rick Warren, founder of Saddlebach Church and author of *The Purpose-Driven Life Regularly sit at the feet of Peter Drucker*, *Fortune*, USA.

Apfelfroth, S. (1983). ‘Peter F. Drucker's Contribution to Management Education: An Analysis of Selected Introductory College Management Text Books’, PhD Thesis, New York University.

Appleby, R. (1968). *Modern Business Administration*. London: Pitman.

Bonaparte, T. H. and Flaherty, J. E. (1970). *Peter Drucker: Contributions to Business Enterprise*. New York: New York University Press.

100 Chandler Jr, A. D. (1962). *Strategy and Structure: Chapters in the History of the American Industrial Enterprise*. Boston, MA: MIT Press.

Dean, J. (1951). *Managerial Economics*. Englewood Cliffs, NJ: Prentice-Hall Inc.

Drucker, P. F. (1946). *Concept of the Corporation*. New York: The John Day Corporation.

Drucker, P. F. (1950). *The New Society*. London: William Heinemann.

Drucker, P. F. (1954). *The Practice of Management*. London: Heron Books Ltd.

Drucker, P. F. (1955a). *America's Next Twenty Years*. New York: Harper Brothers.

Drucker, P. F. (1955b). 'Management Science and the Manager'. *Management Science*, 1(1) (January).

Drucker, P. F. (1964). *Managing for Results*. London: William Heinemann.

Drucker, P. F. (1986). *The Frontiers of Management*. London: William Heinemann.

Ferguson, M. (21 September 1996). 'Urwick, Orr & Partners: Management by Objectives: A Case Study. The Origin, Evolution and Gestation of Management Consultancy within Britain, in the 20th Century'.

Flaherty (1999). 'Interview: Pollack.' *New York Times*, 14th November 1999.

Givens Jr, W. B. (1949). *Bottom-Up Management*. New York: Harper Brothers.

Greenwood, R. G. (1981). 'Management by Objectives: As Developed by Peter Drucker, Assisted by Harold Smiddy'. *Academy of Management Review*, 6(2): 225 - 30.

Grindley, K. and Humble, J. W. (1971). *The Effective Computer: A Management by Objectives Approach*. London: McGraw-Hill Book Company (UK) Limited.

Groves, A. (1983). *High Output Management*. New York: Random House.

Halpern, D. and Osofsky, S. (1990). 'A Dissenting View of MbO'. *Public Personnel Management*, 19(3): 321 - 30.

Holden, P., Fish, L., and Smith, H. (1941 - 1951). *Top-Management Organisations and Control*. New York: McGraw-Hill.

Hoopes, J. (2003). *False Prophets: The Gurus Who Created Modern Management and Why Their Ideas Are Bad for Business Today*. Cambridge, MA: Perseus.

Humble, J. W. (1965). *A Dynamic Approach to Management by Objectives*. London: Management Publications Ltd, British Institute of Management.

Humble, J. W. (1967, paperback 1972). *Improving Business Results*. London: McGraw-Hill—Pan Books Ltd for Management Centre Europe.

Humble, J. W. (1970a). *Management by Objectives in Action*. London: McGraw-Hill.

Humble, J. W. (ed.) (1970b). *Management by Objectives in Banking*. London: Institute of Banks.

Humble, J. W. (1972). *How to Manage by Objectives*. New York: AMACOM.

Humble, J. W. (1973a). *Social Responsibility Audit: A Management Tool for Survival*. London: McGraw-Hill.

Humble, J. W. (ed.) (1973b). *Improving the Performance of the Experienced Manager*. London: McGraw-Hill.

Humble, J. W. (1974). *The Responsible Multinational Enterprise*. London: Foundation for Business Representatives.

Humble, J. W. (1976). *Social Responsibility: The Heart of Business*. Unilever Magazine.

Humble, J. W. (1992). Service *The New Competitive Edge: What Europe's Managers Really Think of the Service Ethics in their Organisations* (the research being repeated in Japan, America, Canada, Australia and Portugal) the European Headquarters of the American Management Association International Management Counsel in association with John Humble.

Hutchins, D. (2008). *Hoshin Kanri: The Strategic Approach to Continuous Improvement*. Aldershot: Gower Publishing Company.

101 Juran, J. (et al.) (1951 [1962]). *Quality Control Handbook*. McGraw-Hill.

Kaplan, R. S. and Norton, D. P. (1996). *The Balanced Scorecard: Translating Strategy into Action*. Boston, MA: Harvard Business School Press.

Kennedy, C. (2001). *The Next Big Idea*. London: Random House Business Books.

Knauth, O. (1948). *Managerial Enterprise*. New York: W. W. Norton.

Levitt, T. (1970). 'The Living Legacy of Peter Drucker', in T. H. Bonaparte and J. E. Flaherty, *Peter Drucker Contributions to Business Enterprise*. New York: New York University Press, 8.

London, S. (2003). 'Why Are the Fads Fading Away?'. *Financial Times* (12 June).

Micklethwaite, J. and Wooldridge, A. (2009). *God Is Back*. London: Allen Lane Penguin Group.

Nazerzedeh, F. (1970). 'Central Theses in Peter F. Drucker's Contribution to the Study of Administration', Claremont Graduate School, Claremont California.

O'Donnell, C. (1952). 'Review of Top-Management Organization and Control by Paul E. Holden, Lounsbury S. Fish, Hubert L. Smith', *The Journal of Marketing*, 16(4): 487–89. Available at: http://www.jstor.org/stable/1246997.

Odiorne, G. S. (1965). *Management by Objectives: A System of Managerial Leadership* London: Pitman Publishing.

Odiorne, G. S. (1978). 'MBO: A Backward Glance'. *Business Horizons*, 21(5): 14–24.

Olcese, R. (1980). 'An Analysis of the Adoption of Management by Objectives in Selected School Systems of Cork County Illinois. Based upon Six Principles Established by Peter Drucker for the Management of Service Industries for Performance', University of Loyola, University of Chicago.

Ormsby, J. G. (1980). 'Management by Objectives: Management's Perception of Organisation Objectives', University of Arkansas.

Pollock (1999). 'Management Skills Have Advanced so Far', *New York Times* (14 November).

Sloan, A. Jr, J. McDonald, and C. Stevens (1964). *My Years with General Motors*. New York: Doubleday & Company Inc.

Smiddy, H. (1955/1979). 'Integration and Motivating for Effective Performance', in M. Zimet and R. G. Greenwood (eds.), *The Evolving Science of Management*. New York: AMACOM.

Takamiya, S. (1970). 'Peter Drucker and Japanese Management', in T. H. Bonaparte and J. E. Flaherty (eds.), *Peter Drucker Contributions to Business Enterprise*. New York: New York University Press.

Tarrant, J. J. (1976). *Drucker: The Man who Invented the Corporate Society*. New York: Warner Books.

Tennant, C. and Roberts, P. (2000). 'Using Hoshin Kanri For Strategy Deployment'. *International Journal Manufacturing Technology and Management*, 2(1–7): 517–31.

Tennant, C. and Roberts, P. (2001a). *Hoshin Kanri: A Tool for Strategic Policy Deployment*. New York: John Wiley & Sons Ltd.

Tennant, C. and Roberts, P. (2001b). *Hoshin Kanri: Implementing the Catchball Process*. Elsevier Science Ltd.

Tennant, C. and Roberts, P. (2003a). 'Application of the Hoshin Kanri Methodology at a Higher Education Establishment in the UK'. *The TQM Magazine* 15(2), MCB UP Limited.

Tennant, C. and Roberts, P. (2003b). *Managing Knowledge through Hoshin Kanri*

Industry and Higher Education. London: IP Publishing Ltd.

Tichy, N. M. and Sherman, S. (1993). *Control Your Destiny or Someone Else Will*. London: Harper Collins.

Tosi, H. L. and Carroll, S. J. (1968). 'Managerial Reaction to Management by Objectives'. *Academy of Management Journal*, 2 (4 December): 415 – 26.

Warren, R. (2005). 'Founder of Saddleback Church'. *Fortune* (21 March), USA. 102

Welch, J. and Byrne J. (2001). *Jack—What I've Learned Leading a Great Company and Great People*. London: Hendhouse Book Publishing.

Witcher, B. J. and Butterworth, R. (2000). 'Hoshin Kanri at Hewlett-Packard', *Journal of General Management*, 25(4): 70 – 85.

Wood, J. C. and Wood, M. C. (eds.) (2005). *Peter F. Drucker: Critical Evaluations in Business and Management*. London and New York: Routledge.

Wren, D. and Greenwood, R. G. (1998). *Management Innovators: The People and Ideas that Have Shaped Modern Business*. Oxford: Oxford University Press.

Zahra, S. (2003). 'Introduction: Peter F. Drucker's "The Practice of Management"', *Academy of Management Perspectives*, 17 (3): 7 – 8. Available at: <http://www.jstor.org/stable/4165973>.

103

第 6 章

在组织中学习文化

并非理所当然

马茨·阿尔维森、达恩·谢勒曼和西尔克·伊贝马

20 世纪 80 年代初，组织与管理研究领域的几本主要著作和期刊特刊的出版，预示着一个新领域的到来，即今天所谓的“组织文化”。对于学者而言，文化概念具有重新表达他们对组织生活和组织中意义形成过程（processes of meaning-making）的兴趣的象征意义（Yanow and Ybema，2009）。对于从业者，它提供了一个最受欢迎的工具箱，可以在经济衰退时期创造承诺。然而，在成为主导管理方式十多年之后，学术界和管理层对“文化”的兴趣开始慢慢减弱，文化逐渐沦为组织理论（OT）和组织行为（OB）教科书中的标准章节。然而，最近，一些学者声称正在见证组织研究中文化和文化管理的复兴（Fine and Hallett，2014；Weber and Dacin，2011）。有人声称，这种“第二波”文化的特征与第一波的不同之处，归属于个人和组织的能动性，以及对“公共文化”和外部表象的关注度增加（Weber and Dacin，2011：287－8）。尽管我们热烈欢迎它能重新引起人们的兴趣，并且我们认为分析文化是组织行动者在自我展现时能借鉴的战略优点，但有必要通过回顾研究组织文化的来源，批判性地讨论这种重新燃起的兴趣。在第二次浪潮中，我们可能会失去一些文化作为根源隐喻的力量，而不再研究“内化的理所当然的信仰”和“私人文化”。具体而言，文化作为一种概念，曾经能够引起人们对更深层次的意义形成过程、隐性权
104 力过程和后台政治的兴趣，以及致力于为日常组织生活提供描述详尽的分析。

在本章中，我们首先简要回顾一下有关组织文化和文化管理的早期文献。然后，我们讨论对文化的新兴趣，并将其特征与原始兴趣进行比较。怀旧地将

文化的原始野心作为根源隐喻，这为我们提供了一个观点，从中可以批判性地评估当前在组织研究中对文化的兴趣，以及提供替代方法的基础。我们认为，在当代对组织文化生活的叙述和方法探讨中，值得振兴的是提供原始方法典型的分层解释和深度描述。学术界对文化和文化管理的兴趣从物质到形象，从公认的信念到品牌的运动，都值得批判地审视。我们建议，组织研究应该着重于批判性地审视外在现象，通过对其象征性和阶段性特征的解构来破译其神话，并探究尚未被人们轻易察觉到的东西，而不是触及公共文化和行动者的自我展现策略的表面。文化是组织内部寂静无声的后台和台下世界，重新燃起人们对表面之下、幕后以及线下事物的迷恋。

组织文化简史

组织文化的兴起

文化和文化管理的概念是经由日本进入组织研究的。这是一个很好的例子，故事讲述了 20 世纪 70 年代中期美国经济停滞不前，再加上 70 年代和 80 年代日本公司取得前所未有的经济成功，引发了从业者和管理学者对文化的极大兴趣（Barley and Kunda，1992；Handel，2004；Parker，2000）。日本的管理被认为是建立在巧妙利用文化因素的基础上的。在这种叙述中，文化被认为是可以改善产品和服务质量，提高工人的忠诚度和责任感，并刺激经济表现的。该论点认为，“强”文化支持整个组织的共识，即所信奉的价值观与实际行为之间的一致性，以及建立一支管理方式灵活、战略目标清晰并且敬业的员工队伍。

公司突然间不再仅仅是商品和服务的生产场所。它们是一系列神话、仪式和故事的发源地，这些神话、仪式和故事展现并强化了组织的核心价值观。强大的组织文化不仅是组织承诺和组织效率的核心。更重要的是，一些有影响力 105
的学者认为（例如 Deal and Kennedy，1982），强大的文化可以被设计和操纵。有了合适的工具，管理层可以将有益于组织的情感和价值观注入员工队伍。在管理理论和实践中，“文化”不再是指偶尔在公司董事会的墙上绘制蓝图，而是代表组织成员的假定价值和坚持不懈的实践，以及管理层使用“软”武器来改变或控制这些价值观。

在管理主义者对文化的理解激增的同时，组织文化和象征主义也大约在同一时期出现在组织研究的学术领域中，出版了几本主要书籍和期刊特刊（Barley, Meyer and Gash, 1988）。组织学者并没有将文化视为管理的工具，而是将文化作为组织研究的一种新范式。对他们而言，文化的概念不是构成一个可以衡量和管理的“变量”，而是构成一个解释和分析组织的“根源隐喻”（Smircich, 1983）。它充当了一种工具，使他们重新对组织中的意义形成过程和组织生活的主观维度产生兴趣（Alvesson, 2013；Yanow and Ybema, 2011）。尽管早先有一些对符号敏感的研究，例如20世纪50年代和60年代的科层制（例如Gouldner, 1954），但文化仍被认为是一种看待和理解组织的“新”方式。在文化概念的推动下（Martin and Frost, 1996），系统和结构的陈旧对立可以被概念和象征方面的研究所取代。受人类学和符号互动主义的影响（Barley and Kunda, 1992），这些学者寻求一种组织分析的范式，使他们能够研究价值观、意义、象征和情感，这些主题到目前为止在组织研究中一直被忽略。

组织文化的衰落

在20世纪80年代末的一段较短的时间内，文化观点几乎主导了管理研究。今天几乎不是这种情况。发生了什么事？在1987年卡拉斯和斯米里奇（Calas and Smircich）的一篇文章中可以找到一个很有说服力的线索。标题本身就在揭示：《后文化：组织文化文献占主导地位已死了吗?》组织文化并未完全履行其作为组织研究领域中一种新的、范式转换的隐喻的承诺，因为正如卡拉斯和斯米里奇所指出的那样，视文化为变量的观点是这一时期的主流文化观，它排挤了之前隐喻的文化观。尽管进行了一些坚实的新工作，但客观主义和管理主义的思维方式仍然是持久的，并且从批判性意义上来说，组织文化作为一种新概念被证明在思想上已经消亡。

如果不是思想上的消亡，管理层对文化的兴趣也必将消亡。从相对早期就可以明显看出，从管理的角度来看，文化难以控制和设计，这最终削弱了文化视角的管理作为实用工具的主张。日本管理方式的衰落使这一说法更加不可
106 信。虽然在20世纪80年代初，人们认为美国企业正处于危机之中，而日本管理被理解为美国经济停滞与日本成功之间的区别，但到80年代末，两者的角色却颠倒过来了。以硅谷为中心的美国企业正在复兴，而日本企业则开始停滞

不前；这种停滞不前在某种程度上归咎于日本管理方式和“强势”企业文化的刚性。

但是，最重要的解释也许是，很明显大多数组织根本没有发展出强大而独特的文化。相反，大多数组织文化被认为是泛型的和衍生的（Martin et al.，1983）。学者研究表明，组织中的文化并不一定是将事物联系在一起的力量，而是一种动态的、可瓦解的力量，因为组织本身由于各种变化而变得不稳定，这些变化不一定与文化模式保持一致。通过外包和离岸外包的形式，各组织被打乱并缩小规模，以越来越灵活的模式组织起来。

这并不意味着组织缺乏文化。这意味着它们更像是不同文化元素（例如功能文化、职业文化、民族文化和地方新兴文化）交织在一起的场所。文化研究者通过探索文化歧义（Young，1989）和悖论（Ybema，1996），以及亚文化（Van Maanen and Barley，1985）和反主流文化（Martin and Siehl，1983）的出现，形成了解释碎片化和流动性的理解。此类工作有助于提高从业者对文化过程复杂性的认识，对他们而言，这使“文化”的光芒成为组织中潜在的团结力量和有希望的管理工具。关于文化的可变观点，或者说文化可以被设计和工程化的观点，变得更加复杂，这使文化变成了一种不切实际的工具，因为管理层现需要处理多个文化变量，而不仅仅是一个，其中一些是它无法控制的，例如教育、专业、工业和民族文化。

注意事项：适度下降

我们对组织文化失去兴趣的叙述不应被过度解释。组织文化作为一个中心概念，可能已经退到组织研究教科书的标准章节中，无论是学者版还是实践者版，组织文化的传承都没有消失。在管理实践中，文化管理仍然是许多组织议程的中心部分，尽管可能更为含蓄。价值观、理解、信念、想法和意义是企业管理和领导力所要解决的关键要素。与传统的管理和领导力相比，变革型领导力关注的是文化层面的意义管理，而不是注重行为和结果以及交换关系，因此较少关注价值观、情感和其他概念性要素。许多组织积极培养共同意义、共同 107
历史、黄金时代、特殊创立者和戏剧性发展的象征意义，他们声称，这些都构成了一个具有独特或强烈导向性的组织文化的截然不同的组织。通常，这种联合文化的推广是平行的，旨在“补充”或弥合内部变化。

不仅领导力实践充满了文化主题。文化在国际管理和跨文化合作以及组织变革过程中的作用也一直受到关注。一些人关注文化变革本身（Alvesson and Sveningsson，2015），而另一些人则承认变革包括了强大的文化元素，或者文化过滤、阻碍或修正了这一过程（Canato，Ravasi and Phillips，2013）。因此，尽管自 20 世纪 80 年代以来，组织文化已不再是人们关注、鼓舞和希望的对象，并且可能已经以更现实的方式得到解决，但它仍然是组织实践中的一个重要主题。

与此类似，学术界对组织文化的兴趣也开始退居幕后，只是在它激发了各种新的观点之后才出现。组织学者对解释主义方法持开放态度，并且对意义形成过程比较敏感，他们从不同的方向出发，不再研究“组织文化”，而是专注于讲故事和话语、制度和机构工作（institutions and institutional work）、个人和集体身份、控制和抵制、策略制定、文化变革、跨文化合作、组织生活的社会物质层面、领导力或意义构建（sensemaking）。尽管诸如话语、组织认同和制度理论等研究方法的兴起和支配，使人们对组织文化的关注度大大降低，但这些领域还是在某种程度上依赖于（没有明确建基于）20 世纪 80 年代和 90 年代的组织文化研究。这可以通过时尚的变化来解释，或许是因为人们明显地倾向于从更易于观察、更注重表面的现象来进行解释，而这要以解释与组织文化研究相关的含义、象征主义和公认的思想为代价（Alvesson and Kärreman，2011；Alvesson and Robertson，2016）。从这个意义上讲，后文化定位（post-culture orientations）是一个错误的方向。

组织文化转型？

因此，对文化层面的研究将注意力从研究组织文化本身转移到对由文化过程形成的要素的兴趣上。韦伯和达金（Weber and Dacin，2011）提出了一个广泛的网络（例如，对“制度”的研究和作为“文化”研究的机构工作），这是第二波文化分析浪潮。他们坚持认为，这一浪潮的特征是摆脱了对组织活动起制约作用的稳定和共享的文化元素的观念。相反，第二次浪潮强调了这样一种
108 观念，即文化可能是行动的资源或资源库，而不是约束。与此相关的是，文化分析越来越多地将文化元素视为建构物，是建构过程的产物，而不是传统的随着时间的流逝而传承下来的赠品。这样，文化就更像是一种社会现实的视角，而不是研究的对象。根据韦伯和达金（2011）的观点，第二波文化分析浪潮

的关键概念是文化工具箱方法（Swidler，1986；Harrison and Corley，2011；Howard-Grenville et al.，2011；Kellogg，2011；Leonardi，2011；Rindova，Dalpiaz and Ravasi，2011）和组织意义分析（Weick，1993，1995）。在以下各节中，我们将在斯威德勒的思想的基础上，勾勒出当代文化思考的一些核心原则，并解释这些思想与认同研究领域之间的关系。

文化工具箱与认同建构

文化作为工具箱

斯威德勒的框架假设不仅存在不同的文化，而且有不同方式来动员和使用文化。她介绍了一个“工具箱”（或“全部技能”）的隐喻（Swidler，1986）来描述文化。这有助于她反驳文化只是一个“统一的系统，朝着一致的方向行动”的观点（Swidler，1986：277）。假设个人拥有各种各样的文化资源，这些文化资源既可以是态度和风格等隐性文化元素，也可以是仪式和信仰等显性文化材料（Swidler，1986：281）。该工具箱代表了某个人在给定时间内的可用文化能力，可用于构建行动策略。文化是一种提供可以利用的技能和能力的东西。当人们在面对不同类型的情况时，会利用自己可用的文化资源来组合并制定行动策略。简而言之，该工具箱试图将文化理解为一种处理和解决眼前具体问题的方式。

如上所述，斯威德勒建议通过行动策略来实现。行动策略取决于文化，因为文化提供并维持了可能采取的行动策略。随着时间的流逝，人们可能会通过其所处的文化环境来学习新的或改进现有的技能和能力。使用一组特定的文化能力而非其他能力，构成了可供使用的行动策略。

文化工具箱的观点认为，尽管文化影响行动，但它可能不会以静态和可预测的方式进行。斯威德勒着重介绍了两种主要模型来说明文化如何构成行动——安定的生活和动荡的生活。在安定的生活中，文化经验会增强或完善一个
人手头的技能、习惯和态度。在这里，行动和行为不依赖于直接的文化经验。 109
这意味着行动策略不会与其他安排生活经验的模式竞争。“习惯、常态和常识毋庸置疑的权威”（Swidler，1986）是人们行为背后的指导力量。但是，这些力量无法通过施加有文化底蕴的能力，来提供独特的指挥模式或行动策略。它

们通过提供有限的资源来限制行动，个人可以利用这些资源来制定行动策略。结果，当人们过着安定的生活时，他们所主张的权利与行为方式之间可能会存在重大差异和矛盾，这一点可以通过信奉的价值观与组织环境中使用的价值观之间有时存在显著差异来证明（Argyris and Schön，1995）。

在动荡时期，现有文化的缺乏造成寻找合适的行动模板的压力，促使人们为行动策略开发出更加公开和详尽的模板。斯威德勒在这里借用了格尔茨（Geertz，1973）的一本书，并标记了这些明显的模板意识形态，后者建立了新的象征性资源，从而促进了新的行动策略的出现。意识形态是一种无奈的概念选择，因为它包含许多含义。它在社会科学中有许多用途和意义，有两个主要框架：a）它被用来指掩盖主导社会秩序的错误信仰；b）它被更中立地视为一个思想和价值体系（Hartley，1983）。意识形态还提供了解约途径（Freeden，2003），从而使本质上有争议的概念不那么有争议。从这个意义上讲，意识形态可以被看作是一种处理歧义性和含义不确定性的手段。意识形态整理、复写、压制过剩的意义。格尔茨（1973）区分了意识形态的利益论和张力论，其中利益论使用意识形态的概念来解释人们对权力的追求，而张力论则认为意识形态是一种减轻由于缺乏文化资源而产生的压力和焦虑的手段（另见Kunda，1992）。斯威德勒坚持意识形态的张力论。

由于缺乏足够且现成的文化资源所造成的压力，人们被迫将他们的生活经历与文化理解相结合。因此，意识形态的文化资源对行动的影响比在安定的生活中更明显。由于行动者积极地使用并理解他们所遇到的文化体验，因此这种时期的特点是制定了新的行动策略，从而使文化变得更加明显并与使用中的价值观保持一致。行动者所信奉的意识形态对他们有强烈的直接影响。它们为他们提供了新的象征性资源，使新的行动策略可以与现有策略相竞争。那些发现自己处于不稳定状态的人们会积极参与这类行动和行为，以使其与自己的信念保持一致。

身份确认

组织身份和组织中的身份确认也许是组织分析中最常被研究的文化资源和过程。可以说，身份管制是斯威德勒意义上研究意识形态的最深入的方式：提
110 供行动策略模板的方式。因此，对组织文化的研究之所以一直在继续，主要是

因为人们对组织中如何塑造和发挥认同感兴趣，有时还明确提及组织行动者将文化作为一种建立、维持或改变个人或集体的资源而进行的积极部署（例如，Ailon-Souday and Kunda，2003；Ybema and Byun，2011）。认同提供了继续探究文化方面的可能性，而不必假定组织是或拥有文化。

也许当今最常见的理解认同的方式，是将其视为一种结构、一种通过语言行为和实践构成的表现（Broms and Gahmberg，1983；Turner，1984；Butler，1988；Giddens，1991；Shotter，1993；Alvesson，1994；Somers，1994；Dunne，1996；Antaki and Widdicombe，1998；Gioia，Schulz and Corley，2000；Sveningsson and Alvesson，2003；Collinson，2003；Alvesson，Ashcraft and Thomas，2008；Ybema et al.，2009a），或者更具体地说，关注工作社区内社交和交互共建以及共享认同的表现。所有交互作用都可能会产生认同效应，但是更具体的过程会调整实际的影响。从这个意义上讲，认同被认为是通过交互来开发、维护和重新配置的。他们可能会采取叙述的形式——一个或多或少连贯的故事，或对话的形式——一种更具互动性、潜在破坏性的形式，用以描述一个人的自我。有时，叙事在对话中很重要，有时后者不那么像故事。生活事件植根于生活故事，一幕一幕地告诉人们他们是谁。因此，认同源自人们试图建立符合当前情况和以往生活故事的自我。从这个角度来看，社会认同通过人们讲述自己生活中的事件和环境的各种方式编织在一起——告知别人他们是谁，也许同样重要的是，他们想成为谁。

认同作为一种构造的概念具有一个优点，它提供了一种理解人们如何在不丧失根据特定情况采取必要行动的能力的情况下保持自我意识的方式。因此，可以将相同的认同材料加工成不同的生活故事，并可能对人们的社会认同产生不同的影响，这取决于它与其他认同材料的关系。由于认同是一种成就，因此认同的实现本身就是一个重要的问题。从某种意义上讲，这意味着认同所产生的成就不那么重要了。相反，重要的是人们在构建自己的认同时所采用的方式和手段。与作为固定文本的叙述或作为主体性的冻结状态（认同作为一组特征）的叙述相比，这种身份确认的过程不仅更重要，而且更易于研究。

也许组织行动者目前对认同的关注，可以理解为他们如何处理斯威德勒所说的在组织生活中越来越不稳定的特征。当代组织的工作生活经常被描述为不稳定、模棱两可和相互矛盾的（Watson，1994；Sennett，1998）。员工和管理者经常会遇到道德问题、压力、缺乏意义感和不满足的感觉（Jackall，1988；
111 Sennett，1998；Thomas and Linstead，2002），这些经验常常伴随着降低规模风险和感知威胁的影响（Scarbrough and Burrell，1996；Watson，1994）。它们也经常受到模棱两可和相互矛盾的期望和需求的影响，并暴露于不连贯的组织论述中，例如，它们是战略领导力讨论的目标，同时负责执行标准的操作程序，以及行政工作，有时还包括非管理工作（Alvesson and Sveningsson，2003）。

文化管理和身份管制

可以说组织和组织现实变得更加混乱。它们的结构更松散、更难控制、更容易崩溃。因此，出现了执行组织控制的其他方法，包括针对职业认同和组织认同的工作。这些尝试包括企业文化工程、管理研讨会和反馈会议，以及其他影响和规范组织成员的认同和自我意识的尝试（Kunda，1992；Alvesson and Willmott，2002）。

与组织文化领域一样，从组织控制的角度出发，很大一部分关于认同的管理研究都是由该动机引起的。一般而言，在复杂组织中可能更是如此，管理的部分原因是试图控制认同感（Alvesson and Willmott，2002）。认同成为管理控制和监管的基础。这与声称身份管制和文化管理始终具有影响力是不同的。大多数（如果不是全部）实证研究表明，身份管制和其他形式的文化管理是如何复杂的，从而产生了意想不到的复杂社会动态。

昆达（Kunda，1992）的令人振奋的研究为强大的文化或意识形态如何干扰自我意识的发展，提供了一个有启发性的例子。在昆达的研究中，精简组织成员角色的努力，以及识别角色的脚本，增加了已经充满歧义性的工作场所中的歧义性程度。总而言之，昆达的研究强调了通过强制的意识形态进行高强度的身份管制的问题：一方面，这种身份管制具有一定的积极协调作用；另一方面，它也导致愤世嫉俗和机会主义的行为，扭曲和扰乱社会关系。从批评性的立场来看，它可能会削弱组织成员使自己不受组织意识形态殖民或收编的能力。

昆达的叙述生动而有说服力，但重要的是要记住，大多数复杂组织并没有参与创造昆达的研究中所展示的那种特殊而强烈的意识形态。复杂组织更有可能利用现有的集体认同，而不是大规模地创建它们。否则它们可能会根本不参与身份管制。昆达和爱伦-苏迪（Kunda and Ailon-Souday，2005）认为，在 20 世纪 80 年代和 90 年代初的鼎盛时期后的几十年中，文化管理和规范控制已发生转变。他们认为，在新自由主义的“霸权主义”阶段，一种新的管理模式——市场合理性与裁员、外包密切相关，在美国工业界以及其他地方日益兴起分布式工作，这一阶段削弱了 80 年代和 90 年代对文化管理的兴趣。昆达和爱伦-苏迪并不讳言：“市场理性主义者似乎对文化缺乏耐心，无论多么强大。”（2005：203） 112

昆达和爱伦-苏迪的观点都有道理，但是，如上文所述，向市场理性主义的转变也许能被更好地理解为一种动摇组织的力量，而不是全盘否定文化管理、规范控制和身份管制。事实上，市场理性主义本身可以看作是一种身份管制，因为它规定了一个隐性的认同模板，即企业家的认同模板。在组织分析中对认同的持续兴趣，以及最近对文化分析和文化管理形式的兴趣的复兴，支持了这种解释。例如，最近的研究表明，品牌宣传活动可用于稳定和维持特定的组织形象，但它已经变得不稳定了，尽管公司发展和扩张（Kärreman and Rylander，2008），以及精英如何宣称（Alvesson and Robertson，2006；特伦鲍勃［Thornborrow］和布朗，2009），人力资源管理实践（Alvesson and Kärreman，2007）和企业社会责任倡议（Costas and Kärreman，2013）可以动员起来进行身份管制。

回归文化管理？

在更具批判性的研究中，可以找到对（新形式的）文化管理和身份管制的持续管理的更多支持。弗莱明和斯特迪（2009）介绍了新规范控制的概念。这种类型的文化管理借鉴了这样一种观察，即当今的公司更有可能动员个人已经表达的认同方面，而不是像规范控制所建议的那样，为组织成员大规模地塑造它们。从这个意义上讲，新规范控制是指对已经在发挥作用的认同进行选择，并鼓励组织成员将他们的“真实”自我与公司现实保持一致：“新规范控制旨在通过围绕工作绩效的认同和情感表达自由，而不是通过工作绩效来增强工作的乐趣。”（Fleming and Sturdy，2009：572）

兰德和泰勒（Land and Taylor，2010）为新规范控制的运作提供了一个生动的例子。他们以一个与户外运动相关的服装精品品牌为例，展示了如何调动员工的生活方式来表达和明确这一品牌。所有希望拥抱和参与户外运动的员工都可以获得“工作日太好了”的优惠券，该优惠券可用于请假，尽管正如兰德和泰勒所指出的那样，潜台词是期望员工在公司博客和宣传材料中分享这种
113 体验。来自员工自己积极生活方式的叙述和逸事，以及他们对自己冲浪经历的描述，被广泛用于宣传材料中。例如，为了证明品牌的优势，该公司在一个目录功能中记录了一名员工的病假天数并将其与冲浪经历相关联，一方面强调生活比工作更重要，另一方面以生活为例说明公司的工作内容，暗示生活就是工作，反之亦然。尽管公司是作为替代方案来满足员工需求的，但兰德和泰勒表示这是一把双刃剑，在这里，员工的生活方式被挖掘出来，以提供品牌的意义和价值。从这个意义上讲，“品牌作为认同管理的一种形式，延伸到工作场所以外，管理劳动在工作和生活中的表现（被理解为价值生产活动）”（Land and Taylor，2010：408）。

弗莱明（Fleming，2014）以及塞德斯特伦和弗莱明（2012）将新规范控制的理念推向了更为黯淡的方向。塞德斯特伦和弗莱明谈到了老板职能，这说明了分散和灵活的工作计划是如何被管理者的先入之见指导和支配的，这些工作计划具有“扁平化”的层级结构，却没有正式的监督者：“监管层级结构已被水平化。我们大多数人仍然有一个上司在我们之上发号施令。但我们也部分地内化了这种‘老板职能’。而在福特主义统治下，员工们可以在离开工厂时，在精神上告诉老板‘滚蛋’，现在他们将其带回家。关闭将不再是可用的选项。”（Cederström and Fleming，2012：13）

弗莱明（2014）通过借鉴生物种族（biocracy）的概念，充实了组织成员朝着协调生活的方向发展，而不是行为或规范的方向发展。在生物种族统治下，成员的主体性、非工作活动、私人时间和无偿劳动得以发挥作用。通过招募和选择自愿服从公司逻辑的个人来发挥成员的主体性。例如，在管理咨询公司和律师事务所如何明确地告诉招聘对象，他们希望作为初级顾问和合伙人的工作时间将非常长，并且只雇用愿意接受这一条件的个人；以及这些公司如何利用高等教育提供的社会化来促进协调和控制。根据上面的兰德和泰勒（2010）图中描述的逻辑，选择了非工作活动。私人时间是通过系统化模糊工作与生活之间的界限来实现的，通常是通过如远程办公和弹性工作制等用心良

苦的工作计划来推动的，这将模糊工作的责任转移到了个人身上。最终，无偿劳动在众包、开放软件和社交媒体的日益商业化的使用中取得了成功。在这里，工作是通过让用户、消费者和业余爱好者提供“内容”、开发代码以及产生数据点而收获的，这些数据点被诸如脸书、谷歌、亚马逊和苹果之类的商业巨头盈利化。

新规范控制、老板职能和生物种族是组织分析工具箱的有用补充，但它们
显然可以建立和扩展而不是取代对文化管理的既定理解。弗莱明和斯特迪 114
（Fleming and Sturdy，2009）对此明确表示，新规范控制更多是规范控制的延展而不是替代。他们还强调，新规范控制可能在混合安排中运作，这些安排与其他互补的控制形式相衔接并保持一致（见 Gabriel，2005；Kärreman and Alvesson，2004）。

宏大志向与组织文化

文化管理工具箱中的标准工具倾向于提高组织的声誉并完善其外观，以使其在客户、竞争对手、控制者等外部世界中保持良好的形象，并且可以创造一个强大的“品牌”，帮助员工进行定向和识别。同样，我们看到组织文化被用作管理者、沟通者和市场营销者的象征性资源，使他们能够宣称自己具有独特性、卓越性和优越性。现代社会、商业和组织的特征是宏大的自我人格化和大规模的主张（Alvesson，2013）。有人可能会争辩说，我们生活在一种组织式的“巨型文化”中。人们强烈希望被贴上最吸引人、最自命不凡的标签。这适用于个人、职业、组织和各种精英。一个问题是，争夺最令人垂涎的甜李子（职业地位高、炫耀性消费、“世界一流的教育”、“卓越”等），都涉及一场零和竞赛。这意味着一个特定个人或团体的利益是以他人的利益为代价而获得的。并不是每个人都可以成为优秀的人才或负担得起高地位商品，也不是每个人都能从高水平的大学获得学位或成为某个领域的领导者。优胜劣汰，所以要超越别人的竞争都是激烈的。宏大的项目在各种精英团体（例如政客、媒体人、企业高管、工会领袖以及其他组织和专业团体的代表）的时间、承诺和资源中所占的比例越来越大。但同时，平民百姓的生活也越来越多地围绕着宏大志向。为了支持这一点，人们强烈地强调了一些虚幻的手法：简历的改进、头衔和等级的膨胀、通过政策制定和高管发展计划展现出令人印象深刻的粉饰

的组织，以及工作重新以职业的形式出现（Alvesson，2013）。

宏大志向意味着要给自己、职业群体/组织，甚至是所生活的社会一个积极正面、地位提高的形象（即使有些肤浅的），尽可能多地融入正面的标签和意义。许多组织元素的目标是进行象征性的升级。它们变得引人注目和令人印象深刻，提升了地位和自尊。而实质性问题（实践或实际结果）被边缘化。他们认为听起来不错的特权表述比可能更精确和有见地的描述更可取。

换句话说，宏大志向并不一定意味着对宏大或疯狂事物的幻想。它并没有主要说明首席执行官和其他遭受混杂因素困扰的商人的痴迷，他们积极地建造
115 纪念碑，以纪念或表彰自己重大成就的价值，例如诺贝尔奖或奥林匹克锦标赛或令人印象深刻的企业成就。至少在开放的、相对平等的社会和组织中，当代的宏大志向是受到社会控制、半现实的，局限于承载越来越多具有强烈积极、夸张意义的现象，从而产生吸引力或成功，并远离日常生活中的贫乏和平庸，宏大志向正在被民主化。每个人都想要它，并感觉到有资格得到它。它通常被伪装成一种有利的现象，但并不会引起误解。它给各种现象增添了一层金色薄雾，令百合花锦上添花。因为这涉及对一个并不总是美丽的世界进行大量的粉饰，因此还涉及烟幕的应用。宏大志向与越来越普遍的“自恋”和渴望提高自尊的愿景有关。我们希望在公众的视野中得到认可，并与某些享有盛誉的事物联系在一起，而使自己远离琐碎的事情。这种令人着迷的渴望不仅存在于个人，很大程度上还是一种集体现象，这体现了当代组织文化的意义。它适用于各种机构和团体，这些机构和团体获得标签，以获得在意义、复杂性和地位方面的提升。让我们举例说明这种现象。

大多数西方社会（和其他一些国家）已经从被视为以工业和服务为导向的社会迅速转变为信息社会（在20世纪70年代），并且在没有更迅速的升级的情况下，最终被认定为“知识”社会。一个类似的，甚至更宏大的想法是“创意阶层”和“创意经济”的兴起和统治（Florida，2001）。所有这些听起来很棒，并且很受欢迎。汤普森等人（Thompson et al.，2000：122）写道：“政策制定者和学者一样……无休止地重复着这样的口号：知识工作为工作场所的资本发展提供了理论依据，为创建‘世界级’公司提供了蓝图，并且防止发达经济体重组，使其夕阳产业不再成为边缘的低工资、低技能的国民经济。”

在工作生活中，科层制和大规模生产必须让位于所谓的知识密集型公司、

动态网络以及灵活的、以客户为导向的运营方式。人们受雇于“价值创造过程”，而不是从事商品和服务的生产。管理者和监管者越来越多地被称为“领导者”。战略愿景和授权（enpowerment）已经把组织管理的传统性、枯燥性推到了一边。在大学里，学术领导力已经取代了低迷的大学精神。组织应该具有创造力、胜任力和革新力，而不主要是勤奋、可靠和改进。人事管理已被人力资源管理和“人才管理”所取代。越来越多的工作应该是“战略性的”：人力资源管理、沟通、市场营销、品牌推广、采购等。许多关于战略实践的研究似乎都是管理工作的翻版（Blom and Alvesson，2015）。

职位头衔的膨胀是相当大的：越来越多的人成为“经理”和“高管”，如今在名片上印有“副总裁”并不是什么特别的事。

而且这并不是个人头衔所独有的。小组已成为团队，当高级管理人员见面 116
时，他们便成为“执行团队”。合理化现在被称为“业务流程工程”。计划已成为“战略”。管理培训现在采取“高管发展计划”的形式。提供建议被称为“辅导”，这已成为一个蓬勃发展的行业，据推测，这可以帮助世界增加对专家建议的需求。越来越多地使用“世界一流”和“卓越”这样的表达方式，但在所展示的品质或成就方面往往没有多大的事实支持。

尽管如此，制度理论认为，大多数组织至少在正式的结构层面还是采纳了这种想法和方法。他们引入了诸如技术、实践和结构，建立了新部门，启动了项目和计划并使用了某些术语。采取此类行动的原因，并不是因为它们已对行动产生了积极影响，而是为了减少认知不确定性和/或建立合法性。例如，人们可能不确定应该做什么。有预算是必要的吗？质量圈会带来改善吗？聘请顾问是好主意吗？性别平等是否会带来更好的管理人员招聘？分散不确定性并不容易。在缺乏自信、思考时间和批判性思考的情况下，人们往往更倾向于模仿他人。

做别人做过的事情的一个好处就是你可以获得合法性。如果你没有性别平等的政策、针对“领导者”的培训计划、战略计划和愿景，那么你可能会显得过时、不负责任、草率或在其他方面不专业。因此，为了避免这种情况，并给人一种你是理性的、合乎道德的、与时俱进的印象，或者只是像其他人一样，你采用了各种公认的新思路和新方法，尽管很难证明效率或其他实质性优势有何提高。所有这些越来越倾向于不仅仅是为了适应神话/外部期望或与其他所有人一样，而且常常导致人们有强烈的要求，即在令人印象深刻并领先于其他人的方面有很高的得分。然后，合法性在那时得到了补充，并被宏大志向所取代。愿景、价值和品牌的目标旨在彰显优势，文化意义是用来支持这些的。

正如我们所看到的那样，对变革的过分兴趣（或至少是发起经过深思熟虑的项目），与人们对他人所做的事情的高度敏感性密切相关。在一个梦幻般的世界中表现出活力和进步，需要适应和超越事物的压力。由于经常有大众媒体报道强烈的变革需求，并且各组织经常从事各种变革活动，因此，必须与时俱进——既要遵守一般规范，也要跟上他人的步伐。偏离，尤其是落后的风险是一个主要的动力。这里的关键因素是，在组织语境和管理语境的表象中，从远处看似乎是可见的，而且没有更深入的知识。本章重点探讨这些方面之间的联系，这就如模仿和时尚在商店橱窗层面（即幻觉级别）有特别高的影响，而对橱窗因素的日益重视，鼓励了模仿和追随时尚的行为。

117 同构在很大程度上可以发生在表面上，即使它可以深入。吸引管理者注意的计划和模型通常可以用不同的方式进行解释和应用。因此，具有类似形式结构和/或使用某些标签来显示其身份或行为的组织通常会非常不同。例如，当地的动态、传统和工作方式很重要，很少被模仿。因此，局外人很难理解长期参与所获得的更深层次的见解，而这些见解是采取特定的经营方式所必需的。因此，这些操作模式很难被复制。正如媒体所描述的，公司模仿和发展它们认为特别先进的结构，但实际上只是表面上的相似。真正的“深度模仿”是另一回事，而且难度更大（Rövik，2011）。尽管许多组织以政策和某些活动的形式承担着企业社会责任（CSR），因此看起来很相似，但在实践层面上却存在着很大的差异，也就是说，在任何情况下都会发生变化。有时，它们的政策文档中只有通用标签和某些流行用语。

总体而言，涉及“企业美容行业”的业务正在扩大。具有美学和装饰性的表面（架构、场所、信头设计、优雅的小册子、海报、PowerPoint 演示文稿、公司制服、漂亮且有吸引力的员工等等）变得越来越重要（Hancock，2003）。这适用于身体和言语的象征。

由于美是相对的，竞争对手或同事越具有审美吸引力，企业（在他人眼中或在自己的眼中）可能会发现自己就越丑陋。这种美化以多种方式影响着组织文化。一种极端的情况是“文化效应”低，表面被视为表面。在“正常”

的工作中，印象管理和文化取向之间存在脱节。有时候，这就是把文化作为资源的作者所想的，强调文化资源的工具性使用，如上所述。

这种趋向宏大志向的整体文化趋势以不同的方式影响着组织。一些面向制造业或常规服务业的小型企业受到的影响可能较小。从事复杂产品或无形服务的大型组织受到的影响可能更大。但是这里也有很大的差异。一些组织的工作可能会受到宏大的幻想和雄心壮志很大的影响。品牌推广人员试图将其工作与具有高度象征意义的成功品牌保持一致。人力资源管理人员希望能配合公司的战略进行工作，并成为首席执行官的左右手和演讲伙伴。高层人士通常生活在理想的、干净的话语世界中：计划、PowerPoint 演示文稿和有说服力的谈话是他们工作实现的关键要素。尽管企业生活不可避免的不完美之处也给他们留下了深刻的烙印，但所有这些都在相当大的程度上生活在融合的宏大文化中。因此，宏大志向的意义与其他元素相竞争。我们研究过的组织中，许多人会在非常不同的意义之间摇摆。品牌宣传是为了将产品和消费者以更高的目标融合在一起，创造价值，并通过争夺商店空间和提供折扣价而争取品牌知名度，以支持销售和扩大市场份额。人力资源管理就是发展人力资本，提高能力素质和创造卓越的文化，但主要是很多的日常服务工作和行政管理。领导力关乎发展人 118
才和培养敬业、忠诚的员工，让他们通过愿景看到更高的目标，但在会议上听取其他管理者的意见，进行行政管理和操作工作，使组织机构发挥作用是一种更重要的体验。这样，文化以各种各样的方式表现出来，其特征是人们在不同的工作小组和组织单位中发展和交流理想、表现、经验和幻想。积极的意义和提升的身份被创造出来，但同时也造成了困惑、犬儒主义和沮丧。这些因素的混合通常具有很强的歧义性，这在许多当代组织中都是至关重要的特质（Alvesson，2013；Martin，2002；Martin and Meyerson，1988）。

让我们通过讨论一个案例来说明这种投资于有吸引力的表层结构的趋势：这个案例对外部和初级员工都具有明确的信号价值，但与“核心”运营之间存在模棱两可甚至消极的联系。

案例：IT 咨询公司的商业理念

公司的经营理念可以看作一种文化现象，一种象征某些共同意义的符号。商业理念应该可以总体上说明公司的工作，并总结其核心竞争力和市场供应情况（Normann，1977）。由艾尔维森（Alvesson，2000）研究的这家IT咨询公司承诺将战略和IT专业知识（即管理）相结合。IT问题从一个更广泛的、面向业务的角度出发，据称它所涉及的不仅仅是编程。许多管理人员和员工自豪地提到了公司的经营理念，并认为公司的实力恰恰是管理和IT技能的结合。与“仅”参与编程相比，战略和管理为运营提供了更为迷人的印象。这是一种自豪感和集体性的来源。许多管理者和其他员工都强调了公司的进取性和成熟性，他们有能力与客户的高层管理人员建立密切联系，进行沟通并从商业角度“正确”分配任务。人们声称，商业理念指导着他们的工作。

但是，人们在多大程度上遵守这一点是非常值得怀疑的。商业理念中设定的理想与日常工作中的实际操作之间的关系是模棱两可的。在某种程度上，这是通过“战略”“业务”和“管理”（“项目管理也是管理”）的广泛含义来处理的，但同时也要指出未来和发展。商业理念在实现与原则、雄心与希望之间交替。因此，商业理念作为一个关键的符号，具有整合和提升的功能。但是，代表公司及其员工的选择性和地位提升的方式，意味着它展现了上述定义的宏大志向。当我们进行“实时”研究时，这在某种程度上被掩盖和隐藏在意义的模棱
119 两可之下，但当我们后续采访那些对公司进行回顾性评论的人时，结果更为清晰。

一位子公司经理在离开公司几年后接受采访时如是说：

> 在这个行业里，你的个人资料往往与你自己的公司相匹配。

另一位前子公司经理更粗略地说：

> 我们在咨询界靠的是资源和数量。我们依靠的是销售和中层管理人员，而不是那些才华横溢的分析师。系统分析员和程序员才是最重要的。这就是我们赖以生存的东西。我们包装并掩盖了自己在Datakonsultus项目中的工作，但我们几乎不需要承担任何重大项目风险。它是在成本加成的基础上，并包含大量的咨询服务。但他们在英国（即在英国子公司）的工作方式并非如此。他们相信“现在正在兴起新的管理和IT观点”，我们在瑞典谈到了这一点，但并没有做太多的事情，但他们全心全意地相信了

> 这一点，一切都得到了解决。[笑] 音量就是全部！那是大部分！我们擅长的是 IT，这就是整个过程，这也是我们赚钱的基础。

受访者将这一商业理念称为销售技巧和神话，并表示高级管理人员在讨论中很少提及该商业概念。

> 我们没有那种能力素质。我可以说，这是一个构思巧妙、需要维护的神话，相当卑鄙。但我认为这也是事实。
>
> 尽管如此，我不认为这是错误的，因为这个神话一直贯穿了 20 世纪 80 年代。（笑）这根本不是一个不好的评价。如果人们认为我们擅长将管理与 IT 结合，这也挺好。他们对此感到满意，致力于他们的项目并从编程中赚钱，因为这真的就是一切。

根据对公司管理人员和其他人的两轮访谈的印象，在这个神话被如此大力培育的阶段以及之后的几年里，朴素和玩世不恭的结合是至关重要的。怀疑和不确定性常常在充满热情、一厢情愿和合理化压力的氛围中消失。天真的信念有时是一种资产（Alvesson and Spicer，2012）。同时，如果不把宏大志向的方面看得太重，就需要一定程度的商业思维和清醒的眼光。在粉饰后的天真信念与实用的方法之间的矛盾和摇摆似乎是许多参与者的特征。一方面，对未来的期望有点天真，试图用“myth-friendly”的术语来解释和描述实践，另一方面，对 120
所涉及的事物和务实的行为进行战略性甚至愤世嫉俗的思考，再配合销售和鼓舞士气的谈话，让人们高兴。这两者之间存在着混合或平滑的交替。有些复杂的含义表明了在一个宏大志向的时代，组织文化和文化管理的运作方式。据称，管理者也持有真正的信念和价值观——但常常带有一些矛盾和谨慎，这与管理者在创造良好形象方面的兴趣相重叠，成为一家拥有令人印象深刻的商业理念和明确身份的公司，从而给客户留下深刻的印象，并使员工对公司更有责任感。

沉浸化、去熟悉化和问题化

当代对（新）规范控制、组织认同和话语的兴趣，以及转向以文化为工具的观点（强调文化资源构成要素的限制，但主要是促进某些类型的行动）是相当多样化的，但都倾向于把重点放在文化的能动性上。这涵盖了管理和控制的重要方面，因此很有价值。这也意味着避免进行雄心勃勃的民族志研究，这类研究旨在挖掘组织生活世界中理所当然的、隐含的和精细的意义层。考虑到前端展示的重要性，以及许多当代组织的不稳定性和非同质性，这似乎是合理的。然而，在组织学者的研究实践中，避开分层解释和深度描述的趋势，也许是西方社会日益关注外表而忽视实质的另一种表现。如前所述，在理解组织的过程中，文化方法的一些关键优势正面临着丧失的风险：对阐明企业现实和工作生活中被公认的兴趣。话语、身份主张和其他形式的（新）规范控制的“背后”是什么？什么是“更深层次”或非明示的工作方式？在这种情况下，可能的构成影响也许与口头或书面文字有关，而更多的是关于不言而喻的文字和隐性行为，以及在其中发挥作用的文化语境。

一个相关的主题是关注的焦点。管理和组织不仅仅是明确的行动、所用的话语、文化物品和资源的工具性使用以及其他“吸引注意力”的特征。不太明显的领域和方面也是有意义的，值得关注和“深入”探索。这就需要“深度描述”，即认真努力地学习和描述（或描绘）难以用直截了当的方式表达的意义层次，例如性别、年龄、权威、社区、义务、价值观、自我、工作、能力
121 素质、政治等等。在这方面，一些比较好的文化研究得分很高。杰克（Jackall，1988）就是其中的代表人物，他探讨了企业生活中对道德和政治的文化理解，这是一项非常丰富和富有见地的研究。

这种文化研究完全独立于以文化管理为目标的稳定、同质和综合的组织文化。文化理论观点的使用和深度描述也绝不依赖于以组织文化作为固定的对象。组织代表着丰富的文化现象，无论组织话语中正在传播什么内容，这些文化现象都很重要，尤其是要加以细分。我们可能会在没有企业行动者参与管理、设计、改变、抵制或营销这些现象的情况下研究此类现象。事实上，对于从事文化研究的学者来说，最感兴趣的可能是组织行动者的有意识的思考和能动范围之外的事情。正如艾尔维森和斯韦宁松（Alvesson and Sveningsson，2015）在一项深入研究中所指出的：在近距离的“文化变革”计划之后（纵向观察及对组织层面和子公司的行动者进行访谈），文化变革的目标并没有影响或被视为理所当然的理解，这些理解实际上构成了企业行动的解释。这样的

文化分析就可以让人们看到那些被忽视、不加批判地接受或默默假设的事物。

我们建议，文化研究缺乏层次性的解释至少可以通过沉浸式研究、去熟悉化和激进的问题化来弥补。我们将沉浸式研究理解为开放式民族志，它涉及接近主题和情境，并允许更深入地描述所研究主题的各个层次的含义（Ybema et al.，2009b）。沉浸式研究的想法是打破组织、群体或现象必然构成有界而稳定现象的标准观念。确切地说，重点是把这些现象视为切入点，然后按照流程进行操作（Van Hurst，Ybema，Yanow）。如上所述，有充分理由考虑到组织和工作生活安排已经不稳定的观点。然而，意义和理解不太可能被消除。它们可能以不同的方式和不同形式运行。这里的问题是放宽对什么构成“文化”（一种职业、一个组织、一个社区）的先验理解，并寻找新兴的含义和模式。这不仅与“跟随动物”有关，而且还与决定存在哪些动物，以及要跟随的动物有关。这里的关键是要特别敏感地了解（Alvesson and Kärreman，2011）。沉浸式研究与民族方法学相似，因为它注重本地实践。它与民族方法学的不同之处在于，它更强烈地描绘文化概念：意义、仪式和理解。

虽然沉浸式从“内部”获取知识，但它也使研究者看不到来自外部立场的另类观点，而这些观点可能会产生同样有趣的见解（Ybema and Kamsteeg，2009）。因此，除了与现场的“亲密关系”之外，社交、情感和分析的超脱也同样重要。因此，组织文化研究的一个重要理论基础，尤其是那些具有关键优势的组织文化研究，就是有助于去熟悉化，例如将看似众所周知的、自然的、 122
合理的和熟悉的变成显著的现象，并鼓励人们重新思考和反思（Alvesson and Deetz，2000）。问题的一部分是，除了常规的“不去本土化”的建议以外，过度熟悉很少被视为问题。然而，这里的主要方法论问题不仅仅是“让熟悉的事物变得陌生”，而是与之相反，让“陌生的事物变得熟悉”（Van Maanen，1995：20）。当涉及对熟悉的人的质疑时，民族志学的工具箱是相当空白的。去熟悉化的关键要素是突出现实中的奇怪和怪异（Ybema and Kamsteg，2009）。例如，在接受高等教育时，将大学视为管理社会的训练营，或是享乐主义表达的停车场，而不是半神圣的学习场所，可能会有更多的好处。或者，在研究现代工作场所时，将其视为闲置和无意义活动的场所（Paulsen，2014），而不是生产产品、服务和现代人的空间。

最后，激进的问题化强调，尽管揭示隐藏的意义和默契很重要，但真正关键的项目也需要批判性地评估和质疑其含义和理解。对于所使用的意义和理解，需要有一个怀疑的元素——用哈贝马斯（Habermas）的话来说，就是参与怀疑的解释学。构成意义、理解和文化工具包的主要假设和思想是什么？根源隐喻是什么？它如何连接到获取资源和其他形式的权力？谁受益？

通常情况下，激进的问题化会导致对意义的主导模式及其与社会分层、权力动员和行使关系的系统性质疑。然而，这里的重点不是仅仅提供批评。在激进的问题化中，批判本身并不是目的，它是研究者重新假设文化秩序的一种手段。重点不是为激进的社会变革制定蓝图，而是指出讨论和发展社会进步思想的切入点。激进的问题化不是幻想革命，而是探索以霸权主义实践和社会统治为标志的空间中的薄弱环节。这是在寻找系统中的裂缝，以及寻找光线从哪里进来。

结　论

在本章中，我们认为，随着人们对“组织文化”兴趣的减弱，刺穿表面象征意义并批判性地探索组织生活中被认为理所当然的各层研究似乎也不再流行。当研究的重点转向文化的外在表现时，要剔除糟粕，取其精华。这就是为什么本章主张研究的目的是超越表面现象，深入探索不太明显、被忽视或沉默
123 的现实的细节，并对组织生活的“分层”进行详细描述的原因。为了弥补文化研究中分层解释的不足，我们建议采用三种策略来进行文化研究：密切联系和沉浸式；去熟悉化；以及批判性提问和问题化。这些似乎在振兴组织和管理领域的文化研究中具有重要的前景，因为它们使研究人员能够通过对组织环境中的意义形成过程的了解，批判性地分析来进行理解。

参考文献

Ailon-Souday, G. and Kunda, G. (2003). ‘The Local Selves of Global Workers: The Social Construction of National Identity in the Face of Organizational Globalization’. *Organization Studies*, 24(7): 1073－96.

Alvesson, M. (1994). ‘Talking in Organizations: Managing Identity and Image in an Advertising Agency’. *Organization Studies*, 15(4): 535－63.

Alvesson, M. (2000). *Ledning av kunskapsföretag*, 3rd edn. Stockholm: Norstedts.

Alvesson, M. (2013). *Understanding Organizational Culture*, 2nd edn. London: SAGE.

Alvesson, M. and Deetz, S. (2000). *Doing Critical Management Research*. London: SAGE.

Alvesson, M. and Kärreman, D. (2007). 'Unraveling HRM: Identity, Ceremony, and Control in a Management Consultancy Firm'. *Organization Science*, 18: 711 – 23.

Alvesson, M. and Kärreman, D. (2011). 'Decolonializing Discourse: Critical Reflections on Organizational Discourse Analysis'. *Human Relations*, 64(9): 1121 – 46.

Alvesson, M. and Robertson, M. (2006). 'The Best and the Brightest: The Construction, Significance and Effects of Elite Identities in Consultancy Firms'. *Organization*, 13(2): 195 – 224.

Alvesson, M. and Robertson, M. (2016). 'Organizational Identity: A Critique', in M. Pratt, M. Schulz, B. Ashforth, and D. Ravasi. (eds.), *Oxford Handbook of Organizational Identity*. Oxford: Oxford University Press, 160 – 80.

Alvesson, M. and Spicer, A. (2012). 'A Stupidity Based Theory of the Organization'. *Journal of Management Studies*, 49(7): 1194 – 220.

Alvesson, M. and Sveningsson, S. (2003). 'The Good Visions, the Bad Micro-Management and the Ugly Ambiguity: Contradictions of (Non-) Leadership in a Knowledge-Intensive Company'. *Organization Studies*, 24(6): 961 – 88.

Alvesson, M. and Sveningsson, S. (2015). *Changing Organizational Culture*, 2nd edn. London: Routledge.

Alvesson, M. and Willmott, H. (2002). 'Identity Regulation as Organizational Control: Producing the Appropriate Individual'. *Journal of Management Studies*, 39 (5): 619 – 44.

Alvesson, M., Ashcraft, K. and Thomas, R. (2008). 'Identity Matters: Reflections on the Construction of Identity Scholarship in Organization Studies'. *Organization*, 15(1): 5 – 28.

Antaki, C. and Widdicombe, S. (ed.) (1998). *Identities in Talk*. London: SAGE.

Argyris, C. and Schön, D. (1995). *Organizational Learning: A Theory of Action Perspective*, *1978*. Reading, MA: Addison-Wesley Publishing Company.

Barley, S. R. and Kunda, G. (1992). 'Design and Devotion: Surges of Rational and Normative Ideologies of Control in Managerial Discourse'. *Administrative Science Quarterly*, 37: 363 – 99.

Barley, S. R., Meyer, G.W. and Gash, D. C. (1988). 'Cultures of Culture: Academics, Practitioners and the Pragmatics of Normative Control'. *Administrative Science Quarterly*, 33: 24 – 60.

Blom, M. and Alvesson, M. (2015). 'A Critical Perspective on Strategy-as-Practice', in 124
D. Golsorkhi, L. Rouleau, D. Seidl, and E. Vaara (eds.), *Cambridge Handbook of Strategy-as-Practice*. Cambridge: Cambridge University Press.

Broms, H. and Gahmberg, H. (1983). 'Communication to Self in Organizations and Cultures'. *Administrative Science Quarterly*, 28: 482 – 95.

Butler, J. (1988). 'Performative Acts and Gender Constitution: An Essay in Phenomenology and Feminist Theory'. *Theatre Journal*, 519 – 31.

Calas and Smircich (1987). 'Post-Culture: Is the Organizational Culture Literature Dominant but Dead?' Paper, Dept of Management, Univ. of Massachusetts.

Canato, A., Ravasi, D. and Phillips, N. (2013). 'Coerced Practice Implementation in Cases of Low Cultural Fit'. *Academy of Management Journal*, 56: 1724 – 53.

Cederström, C. and Fleming P. (2012). *Dead Man Working*. Winchester: Zero Books.

Collinson, D. L. (2003). 'Identities and Insecurities: Selves at Work'. *Organization*, 10

(3), 527 – 47.
Costas, J. and Kärreman, D. (2013). 'Conscience as Control-Managing Employees through CSR'. *Organization*, 20(3): 394 – 415.
Deal, T. E. and Kennedy, A. A. (1982) *Corporate Cultures: The Rites and Rituals of Corporate Life*. Reading, MA: Addison-Wesley.
Dunne, J. (1996). 'Beyond Sovereignty and Deconstruction: The Storied Self', in R. Kearney (ed.), *Paul Ricoeur: The Hermeneutics of Action*. London: SAGE.
Fine, G. and Hallett, T. (2014). 'Group Cultures and the Everyday Life of Organizations: Interaction Orders and Meso-Analysis'. *Organization Studies*, 35(12): 1773 – 92.
Fleming, P. (2014). 'Review Article: When "Life Itself" Goes to Work: Reviewing Shifts in Organizational Life through the Lens of Biopower'. *Human Relations*, 67(7): 875 – 901.
Fleming, P. and Sturdy, A. (2009). ' "Just Be Yourself!": Towards Neonormative Control in Organizations?'. *Employee Relations*, 31(6): 569 – 83.
Florida, R. (2001). *The Rise of the Creative Class: And How It's Transforming Work, Leisure, Community and Everyday Life*. New York: Basic Books.
Freeden, M. (2003). *Ideology: A Very Short Introduction*. Oxford: Oxford University Press.
Gabriel, Y. (2005). 'Class Cages and Glass Palaces: Images of Organizations in Image-Conscious Times'. *Organization*, 12(1): 9 – 27.
Geertz, C. (1973). *The Interpretation of Culture*. New York: Basic Books.
Giddens, A. (1991). *Modernity and Self Identity: Self and Society in the Late Modern Age*. Stanford, CA: Stanford University Press.
Gioia, D., Schulz, M., and Corley, K. (2000). 'Organizational Identity, Image, and Adaptive Instability'. *Academy of Management Review*, 25(1): 63 – 81.
Gouldner, A. W. (1954). *Patterns of Industrial Bureaucracy*. Glencoe, IL: Free Press.
Hancock, P. (2003). 'Uncovering the Semiotic in Organizational Aestethics'. *Organization*, 12: 29 – 50.
Handel, M. (ed.) (2004). *The Sociology of Organizations: Classic, Contemporary, and Critical Readings*. Thousand Oaks, CA: SAGE.
Harrison, S. H. and Corley, K. G. (2011). 'Clean Climbing, Carabiners, and Cultural Cultivation: Developing an Open-Systems Perspective of Culture'. *Organization Science*, 22(2): 391 – 412.
Hartley, J. F. (1983). 'Ideology and Organizational Behavior'. *International Studies of Management & Organization*, 13(3): 7 – 34.
Howard-Grenville, J., Golden-Biddle, K., Irwin, J., and Mao, J. (2011). 'Liminality as Cultural Process for Cultural Change'. *Organization Science*, 22(2): 522 – 39.
Jackall, R. (1988). *Moral Mazes: The World of Corporate Managers*. New York: Oxford University Press.
125 Kärreman, D. and Alvesson, M. (2004). 'Cages in Tandem: Management Control, Social Identity, and Identification in a Knowledge-Intensive Firm'. *Organization*, 11(1): 149 – 75.
Kärreman, D. and Rylander, A. (2008). 'Managing Meaning through Branding: The Case of a Consulting Firm'. *Organization Studies*, 29(1): 103 – 25.
Kellogg, K. C. (2011). 'Hot Lights and Cold Steel: Cultural and Political Toolkits for Practice Change in Surgery'. *Organization Science*, 22(2), 482 – 502.
Kunda, G. (1992). *Engineering Culture: Control and Commitment in a High-Tech Corporation*. Philadelphia, PA: Temple University Press.

Kunda, G. and Ailon-Souday, G. (2005). 'Managers, Markets, and Ideologies', in S. Ackroyd, R. Batt, P. Thompson, and P. Tolbert (eds.), *The Oxford Handbook of Work and Organization*. Oxford: Oxford University Press, 200 – 19.

Land, C. and Taylor, S. (2010). 'Surf 's Up: Work, Life, Balance and Brand in a New Age Capitalist Organization'. *Sociology*, 44(3): 395 – 413.

Leonardi, P. M. (2011). 'Innovation Blindness: Culture, Frames, and Cross-Boundary Problem Construction in the Development of New Technology Concepts'. *Organization Science*, 22(2): 347 – 69.

Martin, J. (2002). *Organizational Culture: Mapping the Terrain*. Thousand Oaks, CA: SAGE.

Martin, J. and Frost, P. (1996). 'The Organizational Culture War Games: A Struggle for Intellectual Dominance', in S. R. Clegg, C. Hardy, and W. Nord (eds.), *Handbook of Organization Studies*. London: SAGE, 599 – 621.

Martin, J., Feldman, M. S., Hatch, M. J. and Sitkin, S. B. (1983). 'The Uniqueness Paradox in Organizational Stories'. *Administrative Science Quarterly*, 28: 438 – 53.

Martin, J. and Frost, P. (1996). 'The Organizational Culture War Games: A Struggle for Intellectual Dominance', in S. R. Clegg, C. Hardy, and W. Nord (eds.), *Handbook of Organization Studies*. London: SAGE, 599 – 621.

Martin, J. and Meyerson, D. (1988). 'Organizational Cultures and the Denial, Channelling, and Acknowledgment of Ambiguity', in L. Pondy, R. Boland, and H. Thomas (eds.), *Managing Ambiguity and Change*. New York: Wiley, 93 – 125.

Martin, J. and Siehl, C. (1983). 'Organizational Culture and Counterculture: An Uneasy Symbiosis'. *Organizational Dynamics*, 12(2): 52 – 64.

Normann, R. (1977). *Management for Growth*. London: Wiley.

Parker, M. (2000). *Organizational Culture and Identity*. London: SAGE.

Paulsen, R. (2014). *Empty Labour*. Cambridge: Cambridge University Press.

Rindova, V., Dalpiaz, E., and Ravasi, D. (2011). 'A Cultural Quest: A Study of Organizational Use of New Cultural Resources in Strategy Formation'. *Organization Science*, 22: 413 – 31.

Rövik, K. A. (2011). 'From Fashion to Virus: An Alternative Theory of Organizations' Handling of Management Ideas'. *Organization Studies*, 32(5): 631 – 53.

Scarbrough, H. and Burrell G. (1996). 'The Axeman Cometh', in S. Clegg and G. Palmer (eds.), *The Politics of Management Knowledge*. Thousand Oaks, CA: SAGE.

Sennett, R. (1998). *The Corrosion of Character*. New York: Norton.

Shotter, J. (1993). *Conversational Realities: Constructing Life through Language*. London: SAGE.

Smircich, L. (1983). 'Concepts of Culture and Organizational Analysis'. *Administrative Science Quarterly*, 28: 339 – 58.

Somers, M. R. (1994). 'The Narrative Constitution of Identity: A Relational and Network Approach'. *Theory and Society*, 23(5): 605 – 49.

Sveningsson, S. and Alvesson, M. (2003). 'Managing Managerial Identities: Organisational Fragmentation, Discourse and Identity Struggle'. *Human Relations*, 56(10): 1163 – 93.

Swidler, A. (1986). 'Culture in Action: Symbols and Strategies'. *American Sociological Review*, 51: 273 – 86.

Thomas, R. and Linstead, A. (2002). 'Losing the Plot? Middle Managers and 126
Identity'. *Organization*, 9(1): 71 – 93.

Thompson, P. et al. (2000). 'Human Capital or Capitalizing on Humanity? Knowledge, Skills and Competences in Interactive Service Work', in C. Prichard et al. (eds.),

Managing Knowledge. Basingstoke: MacMillan.

Thornborrow, T. and Brown, A. D. (2009). 'Being "Regimented": Aspiration, Discipline and Identity Work in the British Parachute Regiment'. *Organization Studies*, 30(4): 355-76.

Turner, V. (1984). 'Liminality and the Performative Genres', in J. J. MacAloon (ed.), *Rite, Drama, Festival, Spectacle: Rehearsals toward a Theory of Cultural Performance*. Philadelphia, PA: Institute for the Study of Human Issues, 19-41.

Van Hulst, M., Ybema, S., and Yanow, D. (forthcoming). 'Ethnography and Organizational Processes', in A. Langley and H. Tsoukas (eds.), *Handbook of Process Studies of Organizations*. Oxford: Oxford University Press.

Van Maanen, J. (1995). 'An End to Innocence: The Ethnography of Ethnography', in J. Van Maanen (ed.), *Representation in Ethnography*. Thousand Oaks, CA: SAGE, 1-35.

Van Maanen, J. and Barley, S. R. (1985). 'Cultural Organization: Fragments of a Theory', in P. J. Frost et al. (eds.), *Organizational Culture*. Beverly Hills, CA: SAGE, 31-53.

Watson, T. (1994). *In Search of Management*. London: Routledge.

Weber, K. and Dacin, M. T. (2011). 'The Cultural Construction of Organizational Life: Introduction to the Special Issue'. *Organization Science*, 22(2): 287-98.

Weick, K. E. (1993). 'The Collapse of Sensemaking in Organizations: The Mann Gulch Disaster'. *Administrative Science Quarterly*, 38: 628-52.

Weick, K. E. (1995). *Sensemaking in Organizations*. Thousand Oaks, CA: SAGE.

Yanow, D. and Ybema, S. (2009). 'Interpretivism in Organizational Research: On Elephants and Blind Researchers', in D. A. Buchanan and A. Bryman (eds.), *The Sage Handbook of Organizational Research Methods*. London: SAGE, 39-60.

Yanow, D. and Ybema (2011). 'Introduction', in D. Yanow, S. Ybema, and I. Sabelis (eds.), *Organizational Culture*. Cheltenham: Edward Elgar, xi-xxxii.

Ybema, S. (1996). 'A Duckbilled Platypus in the Theory and Analysis of Organisations: Combinations of Consensus and Dissensus', in W. Koot, I. Sabelis, and S. Ybema (eds.), *Contradictions in Context: Puzzling over Paradoxes in Contemporary Organizations*. Amsterdam: VU University Press, 39-61.

Ybema, S. and Byun, H. (2011). 'Unequal Power Relations, Identity Discourse and Cultural Distinction Drawing in MNCs', in C. Dörrenbächer and M. Geppert (eds.), *Politics and Power in the Multinational Corporation: The Role of Interests, Identities, and Institutions*. Cambridge: Cambridge University Press, 315-45.

Ybema, S. and Kamsteeg, F. (2009). 'Making the Familiar Strange: A Case for Disengaged Organizational Ethnography', in S. Ybema, D. Yanow, F. Kamsteeg, and H. Wels (eds.), *Organizational Ethnography: Studying the Complexities of Everyday Life*. London: SAGE, 101-19.

Ybema, S., Keenoy, T., Oswick, C., Beverungen, A., Ellis, N., and Sabelis, I. (2009a). 'Articulating Identities'. *Human Relations*, 62(3): 299-322.

Ybema, S., Yanow, D., Wels, H. and Kamsteeg, F. (2009b). 'Studying Everyday Organizational Life', in S. Ybema, D. Yanow, H. Wels, and F. Kamsteeg (eds.), *Organizational Ethnography: Studying the Complexity of Everyday Life*. London: SAGE,. 1-20.

Young, E. (1989). 'On the Naming of the Rose: Interests and Multiple Meanings as Elements of Organizational Culture'. *Organization Studies*, 10(2): 187-206.

第7章 127

开放的组织理论

开放系统、权变理论和组织设计

鲍勃·汉宁、罗伊斯顿·格林伍德

引　言

本章探讨了开放系统方法在管理和组织研究中的历史，并回顾了其现状。从某种意义上说，开放系统理论已经从一种特定的方法转变为对组织内部和外部的思考，也被视为组织词汇中公认的、制度化的部分。但是，当它在20世纪60年代被引入组织理论时，它在很大程度上推动了我们对组织的理解。在此之前，学者和从业者的关注点都集中在活动的内部管理和组织上。因此，开放系统理论标志着从对组织本身的关注，到关注组织环境的转变。这种向开放系统方法转变的核心是权变理论。因此，在追溯开放系统理论的发展过程中，我们也回顾了权变理论如何在一段时间内成为组织理论的主导方法。

在此过程中，我们研究了开放系统理论的三种变体：特别是*通用系统理论*（Von Bertalanffy，1956），该理论认为存在可应用于所有系统、生物学、生态学、组织等的通用思想；*特定系统思想*，接受各部分相互依赖这种概念，而不一定要接受所有系统都表现出相似的功能和过程，例如，组织是系统，但与生物系统不同；以及将组织理论化为内部环境并与其进行交易的方法，但不使用任何特定的系统概念和隐喻。权变理论适用于后者。 128

在追溯包含这些系统思维方式的思想序列和思想流时，我们认为这种通用方法现在被认为是理所当然的，但没有系统论的特定语言。

20 世纪 60 年代以前

在这段时间里，有三种思路表达了开放系统方法的基础：对组织的整体功能的兴趣，且该组织使用自我意识的系统导向框架；对科层制的研究；以及对组织管理的关注。尽管我们将这些思想视为单独的，但它们之间存在着连接和交叉。

组织的整体运作

第二次世界大战后出现了通用系统理论。它并不特别关注组织。相反，诸如冯·贝塔朗菲（Von Bertalanffy，1956）认为，所有系统，无论是生物系统、生态系统、社会系统、政治系统还是组织系统，都具有相似的特征。也就是说，“所有系统的特征都是部分的组合，它们之间的关系使它们相互依存”（Scott，1992）。系统可以从简单到复杂，这取决于相互依赖的部分的数量和类型。此外，维纳（Wiener，1956）指出，各部分之间的相互依赖关系是一个程度问题。它可以非常紧密，也可以有些松散。

但是，通用系统思维的中心主题是将组织概念化为系统，因为它们之间相互依赖。这些部分可以是“活动”“过程”和“结构”。只关注组织各部分之间的相互依赖关系，就将组织视为一个封闭系统。开放系统的观点强调了组织与其环境之间关系的系统性质。从环境到组织有海量的资源吞吐，反之亦然（Boulding，1956）。阿什比（Ashby，1952）对这种方法的一种特殊表达，阐明了必要多样性的概念，从本质上说，组织系统中的多样性应该与环境中的多样性相同，而不是其他形式。（这里有劳伦斯和洛施 1967 年的后期作品的暗示。）

帕森斯（Parsons，1956，1958）对系统方法进行了社会学上的改变，将组织概念化为由更广泛的社会系统中的各子系统组成（Mouzelis，1967）。组织内的系统本质上是组织的单元或构建块，例如部门、工作组等。嵌入组织的系统
129 包括本地社区、更广泛的社会等。整个方法是嵌套的、嵌入的和互联的系统。帕森斯的理论与当时的大多数社会学观点一致，是高度功能主义的，因为它假设任何系统都必须解决基本的功能需求，才能使系统得以生存。帕森斯提出了四个要求：目标达成（调动资源）、适应（调配资源）、整合（内部系统关系

设计）和潜在要素（张力管理）。这种方法的开放系统性质，本质上可以从两个假设中看出：所有组织都具有相同的系统需求；并且这些需求既涵盖内部系统的相互依赖关系，又涵盖组织与环境之间的外部关系。

不仅仅是学者们在试图理解组织的过程中借鉴了系统理论。法国采矿工程师法约尔（Fayol，1949）在系统语言还没出现之前，就概述了所有组织必须承担的六项一般性活动，即技术、商业、财务、安全、会计和管理，以及五个关键的管理角色，这些角色后来广为人知，并被广泛采用：预测和计划、组织、管理、协调、控制。美国企业高管巴纳德（1938）是另一位主张将组织视为活动系统的早期支持者："合作系统是不断变化的，需要不断调整以适应整个物理、生物和社会环境的过程。"（Barnard，1938：23）这是一个典型的开放系统声明，将组织定义为一个必须与外部环境相关联并进行调整的内部协作系统。其核心思想是组织以集体的方式去开展一系列活动（Scott and Davis，2007）。巴纳德（1938）的核心观点是，组织是合作系统，管理的作用是确保合作以追求组织目标。

无论是学者还是从业者，这些分析的目的都是将管理的作用概念化，即设计和持续协调相互关联的活动和职能，例如规划、目标设定、绩效管理。只有通过协调一致的活动管理和合作，才能取得卓越的业绩。然而，这些分析在形式上是高度抽象和实用的。英国塔维斯托克人际关系研究所（Tavistock Institute of Human Relations）采用了更接地气的做法。特里斯特和巴福思（Trist and Bamforth，1951）在研究英国煤矿的技术变革时，认为组织是由社会和技术要素组成的（即"社会技术系统"）。后来对印度一家纺织厂的研究（Rice，1958）详细阐述了这一观点，表明了监督层面的社会技术系统是如何嵌套在其他组织的控制和沟通系统中的。事实上，对于赖斯而言，任何监督作用的关键要素，就是管理一个组织的技术系统和社会系统之间的"边界条件"，因为它们是相互依赖关系。

上述所有研究的共同点在于，人们对理解出现在所有社会领域的大型组织的兴起正在越来越感兴趣，部分原因是技术变革的步伐不断加快，但在欧洲，由于第二次世界大战后国家的大规模重建，这种现象得到了支持。通常的假设是将组织视为系统，这导致了一个要素的变化或干扰会影响其他要素。当系统 130
从其环境中获取资源并将其用于维护和开发时，系统即处于开放状态。但是，直到 20 世纪 60 年代，这种通用的系统思维才开始对组织研究产生重大影响。

如何管理组织

从 20 世纪 30 年代到 50 年代，所谓的“古典管理理论”得到了发展。最初，通过泰勒（Taylor，1947）的作品，它被称为“科学管理”，并且侧重于如何在车间一级实现工作安排的效率。但那些关心如何更好地管理组织的人走得更远，他们寻求确定管理的职能，并建立如何最好地执行这些职能的原则。人们对组织结构的设计非常感兴趣，这被认为是有困难但意义重大的（Follett，1942；Mooney，1937；Gulick and Urwick，1936；Urwick，1943）。正如范德文、甘可和汉宁（Van de Ven，Ganco and Hinings，2013：399）所说：“一代学者、从业者试图概述管理和行政管理的原则……，其目的是通过一系列通用原则来理解组织的管理，他们始终在寻找更好的管理要素。”

这些“学者、从业者”试图提炼自己和他人的经验，以产生如何设计和管理组织的原则。他们希望改进管理实践。他们的重点是后来被概念化为组织设计要素的事物，例如层级结构、控制范围、专业化基础、人员安排、标准化、集中化、分散化、等级制度、政策和程序。他们的方法通常被称为寻找“最佳方法”。例如，有人坚持要有一条统一的控制线，在这条线内，监管者的控制范围应该是有限的。（例如，Graicunas，1937 在数学上表明，向上级汇报的最佳下属数量是 6 人！）

穆泽利斯（Mouzelis，1967）将他们称为“通用主义者”学派，强调指出他们将组织描绘为一组正式的结构、系统和过程。与韦伯对科层制的分析不同，他们将重点放在责任模式和规定的关系上。因此，良好的管理是一个具有健全的政策、规则的组织设计。组织结构图以及政策和规则手册是重要的组织组成部分。从这个意义上讲，该组织被视为相互依存结构特征的封闭系统。

科层制研究

早期学术界对组织的研究，主要是由韦伯（1947）的科层制概念主导
131 （Gouldner，1954；Gerth and Mills，1958；Mouzelis，1967）。韦伯以其对文明历史发展的智慧见解，在组织社会学领域大步前进。他的理论不可或缺的是权威系统的概念，也就是为什么那些处于从属地位的人接受那些处于上级位置的人

（合法性）来指导和发布命令。韦伯提出了三种权威基础，并确定了与之相关的组织形式。

权威的第一基础是魅力。权威是建立在一个领导者的个人品质之上的，他被视为不同于普通人，或者能与普通人区别开来。牵连的组织形式是领导者和门徒。后者的任务是在领导者和群众之间进行调解。典型的例子是小规模的、革命性的政治和宗教运动，尽管许多组织都有着魅力非凡的创始人，例如苹果公司的史蒂夫·乔布斯。由于个人内在的权威性是不稳定的，韦伯指出，将个人魅力常规化为家庭或特定的角色，就像天主教会的教皇一样。

下属接受权威的第二个原因是传统。先例、惯例、继承地位和习俗是合法性的来源。韦伯写了封建制度和世袭制度及伴随其而来的传统组织。后来的学者将家族企业视为继承了身份权威体系的组织（Miller and Le Breton-Miller, 2005；Miller, Le Breton-Miller and Lester, 2011）。同样，宗教组织是基于习俗和先例的例子，其角色通常代表着魅力的常规化（Hinings and Raynard, 2014）。

有趣的是，在组织理论中，对魅力型和传统型权威系统的分析很少。相反，更多的是基于韦伯的第三种权威基础的组织：法理型权威。韦伯认为，理性来自使手段与组织目标保持一致，进行理性分析以达到组织目的。为此，任职是以专业知识为基础，而办事处具有法律权力，并受政策、规则和程序的约束。与这种权威基础相关的组织形式是科层制。根据韦伯的说法，科层制的主要组成部分是：专业的、技术合格的任职者；明确的权限等级制度；规范职责和权限的政策、规则和程序；书面记录和档案（在“局”）；以及个人和商业事务的分离。

韦伯（1947：217）指出，科层制在技术上是最“高效”的组织形式：“精确性、速度、明确性、文件知识、连续性、自由裁量权、统一性、严格的从属关系、减少摩擦以及物质和个人成本——在严格的科层制管理中，这些都被提升到了最佳点。”此外，他还将这种类型的组织描绘为现代社会的主导机构，博丁和怀特（Boulding, 1953 and Whyte, 1956）对此有所回应。虽然不是用系统理论的术语来表述，当然也不是开放系统，但韦伯对科层机构组成部分的描述，清楚地将它们描绘成一个完整的系统；所有这些都是必要的，且都是相互依存的，系统各要素之间有内在的一致性。

从本质上讲，组织社会学（组织和管理理论最初是从该基础发展起来的） 132

接受了基本的科层制论题，即这种组织形式是现代世界走向大规模生产和社会去人格化的象征（Scott and Davis，2007）。对这种现象的初步分析集中在对科层机构的内部组织和动态的认识上。关键著作（Selznick，1949；Merton et al.，1952；Gouldner，1954；Blau，1955）接受了科层化的中心主题，同时发展了对促成更开放系统的方法至关重要的评论。有关各种评论的详细信息可以在其他地方找到（例如 Mouzelis，1967；Scott，1992）。对我们来说重要的是，对科层制的研究为权变理论的后续发展提供了基础。

20 世纪 60 年代和 70 年代

从本质上讲，这二十年的研究都是对 20 世纪 50 年代思想的阐述，但在更直接的意义上，或通过认识组织与其背景之间的关系，间接地围绕系统思想进行了研究。这几十年也见证了组织对比研究的蓬勃发展（King，Felin and Whetten，2009）。

组织的整体运作

研究的职能或组织分为两个不同的流派。一个是塔维斯托克研究所的持续工作，该研究所试图将组织作为社会技术系统的概念进行系统化和理论化。另一个在北美的（Katz and Kahn，1966；Thompson，1967）则更具理论性，更直接地来自通用系统理论和结构功能主义。

埃默里和特里斯特（Emory and Trist，1965）继续关注组织内部的社会与技术之间的关系，将组织描述为从其环境中获取资源，通过内部社会技术系统将这些资源转化为输出，然后再将其输回到组织中。他们认为内部和外部系统之间的关系是动态的，跨组织和环境边界不断发生互换。他们认为，随着组织中行动者与环境之间日益紧密的联系，环境变得更加动荡。组织将被概念化为系统，组织与环境进行交互也将被概念化为系统。

在北美，卡茨和卡恩（1966）、汤普森（1967）对开放系统理论做出了重要贡献。卡茨和卡恩阐明了组织是由五个相互关联的子系统组成的：生产、外
133 部监视、跨边界、控制和管理。生产涉及创造产品与服务；外部监控涉及环境的扫描和监控；跨边界涉及与外部组织的联系；控制是内部监控；而管理则涉

及这些其他子系统的指导、控制和协调。这种表述具有强烈的功能主义基调，因为与生物系统的研究相呼应，所有组织都必须处理同一组问题，例如与环境的联系，确保高效的性能，等等。对于系统理论家来说，这种对功能的强调源于组织的目标导向性质。但是，对功能主义理论的一般性评论于 20 世纪 70 年代发展起来，至今仍然占主导地位。

卡茨和卡恩（Katz and Kahn，1966）阐明了系统的*开放性*，强调了组织所处环境或环境的重要性。如上所述，科层制理论和古典管理理论很少或仅适度关注组织的外部性。开放系统理论永远改变了这种思维方式。这一变化是如此重要和广泛，以至于今天很难想象在我们的理论中有一段时间没有考虑到组织的背景环境！有人提请注意从系统角度来理解这种环境。

在任何系统理论中，都必须规定一个系统的组成部分以及组成它们的活动是如何相互关联的（Von Bertalanffy，1956）。汤普森（Thompson，1967）采用了开放系统的观点，他比卡茨和卡恩更加关注这些细节。实际上，汤普森的贡献是开创性的，他利用了开放系统理论的思想，但扎根于组织。从本质上讲，他在研究环境的不确定性和异质性条件下组织设计策略的适当性，就像 20 世纪 60 年代的许多作者一样（Perrow，1967；Woodward，1965；Pugh et al.，1969；Hage and Aiken，1969），汤普森认为技术在确定组织设计安排的适当性方面起着核心作用。他特别强调了技术如何与组织子单位之间形成不同形式的相互依赖关系。他的框架由三种类型的技术组成（*调解、长链接和集约化*），并分析了它们与相互依存的独特模式的关联。

调解技术源自*联营式相互依赖关系*。联营式相互依赖关系是指组织子单位之间不直接联系，而是依赖并促成共同的资源池（Lorsch and Allen，1973），企业集团和高度多元化的公司就是一个例子。长链技术发生在*顺序式相互依赖关系*中，例如在装配线中，一项任务或活动直接通向另一项任务或活动（Lorsch and Allen，1973）。在这种安排中，活动是在工作流中直接相连、水平或垂直，或两者兼而有之；来自一个单元的输出是下一个单元的输入。为了使顺序式相互依赖关系起作用，必须有一个计划系统。最后，汤普森将“集约化”技术与*互惠式相互依赖关系*联系在一起。它之所以集约，是因为子单元、任务、活动和系统之间的连接本质上是双向的，输入和输出在单元之间来回移动。典型的例子是基于团队的组织，以及研发部门和生产部门之间的关系。

134 汤普森的重要之处在于他提出了技术核心的概念，并分析了它在系统关系方面的差异。但他又迈出了重要的一步。汤普森在他自己过去十年的工作基础上（Thompson and Bates，1956；Thompson and Tuden，1959），建议组织必须考虑环境的两个方面，即环境的不确定性和复杂性，并且组织必须设计能适当处理这些问题的内部系统。环境不确定性是指变化率和可预测程度。复杂性是指与焦点组织交互的组织或系统的同质性或异质性。它们是否与该组织相似或不同和/或彼此不同？对于汤普森以及所有后来的组织设计学者来说，环境的性质对于组织内部系统的设计至关重要。就像我们将看到的那样，这些思想成为权变理论的核心。

如何管理组织

古典管理学派的制定原则和“最佳方法”的想法很快就被抹煞了（例如，Simon，1947），但组织结构的组成要素是相互关联的这一隐含主题（即内部系统的概念）被保留下来，并导致了结构权变理论，该理论在20世纪60年代和70年代成为组织理论的主导理论，其基础是伍德沃德、伯恩斯和斯托克以及劳伦斯和洛施的著作中都体现的概念，即组织是开放系统。从他们的方法中可以得出，权变理论的三个关键组成部分：“对组织的分析性描述；产生特定组织设计的外部环境；以及外部、内部与绩效之间存在适当联系的想法。”（Van de Ven，Ganco and Hinnings［2013］）

琼·伍德沃德（Joan Woodward）的最初著作发表于20世纪50年代（Woodward，1958），但在60年代被系统化（Woodward，1965）。她的工作无疑是对最佳方法的批评。对她而言，“危险在于，人们倾向于将行政管理原则像科学法则一样进行讲授，而这些行政管理原则实际上只不过是行政权宜之计而已，在某些情况下效果良好，但从未以任何系统的方式加以检验”（引自Pugh and Hickson，2007：13）。显然，她正在“攻击”一种最佳方法的想法。为此，在她的早期工作中，她将组织要素概念化并加以衡量，例如权限链中的级别、控制范围和各种管理比率（Woodward，1958），并在她后来的工作中，将这些要素系统化为“管理控制系统”术语，例如“个人/非个人”和“分散/统一”等。对于伍德沃德而言，所使用的技术是决定不同管理控制系统是否适当的主要“情况”（这是范德文、甘可和汉宁的术语）。她分析了制造业组织中发现的技术，并使用一种复杂的测量程序，对它们进行了从最简单到最复杂的顺序排序。

与汤普森一样，潜在的维度是可预测性或不确定性，伍德沃德的研究表 135
明，在组织所使用的技术与组织的管理控制系统之间实现“契合”对于成功绩效至关重要。但是，尽管伍德沃德专注于这种适应性意味着她的强调主要是内部的，但她明确承认了环境的重要性。在她后来的研究中（Woodward，1970），她强调了市场变化如何导致产品创新，然后产品创新又导致技术变化以及随后的组织结构变化。从这个意义上讲，组织是开放系统。

与伍德沃德不同，伯恩斯和斯塔克（Burns and Stalker，1961）明确关注内部和外部系统，但特别关注与环境适当协调的重要性。他们的论点强调了环境和任务的不确定性的影响。正如唐纳森（Donaldson，2001：37）所言，伯恩斯和斯塔克提供了“一个优雅的理论，已经被许多后来的学者证明是令人信服的”——也许是因为他们提出了一个简化的内部组织系统类型。根据他们的经验工作，组织被分为“机械的”和“有机的”。机械组织与科层机构非常相似，因为它表现出明确的等级制度，使用特定的分工来获得专业化，并以详细和清晰的规则和程序为基础。角色被仔细指定，沟通系统基于正式的职位。相比之下，有机组织几乎没有明确的角色，相对缺乏正式的控制系统，并且强调专业知识而不是职位作为权威的基础。与高度程序化、几乎像机器一样的机械组织不同，有机组织依赖于单位和个人之间持续的高水平互动。有机组织不是通过等级制度，而是根据协商的情况和员工的意愿进行调整。

换句话说，伯恩斯和斯塔克提供了对两组内部系统的分析性描述，这些内部系统以类型而非连续的方式排列。机械系统和有机系统之间的这种区别继续通过组织理论引起共鸣（例如，参见 Sine，Mitsuhashi and Kirsch，2006）。但伯恩斯和斯塔克真正重要的贡献是，阐述了这两种类型的组织能够良好运作的条件，以及成功地生存下来的原因。机械组织在环境和任务确定的条件下表现良好。因为在稳定的条件下，市场和产品要么没有变化，要么以可预测的方式变化，这使得活动和控制系统的规范化成为可能；组织可以像机器一样被编程和运作。而有机组织在高度不确定性和不可预测性的条件下发展得更好，无论是在环境中还是在正在执行的任务的性质上。它可以通过调整系统和相互关系来处理市场和产品中新的和不熟悉的问题。至关重要的是，无论是有机组织还是机械组织，都不能在这两种环境中成功运作。

虽然没有使用这个概念，但本质上，“适合”是伯恩斯和斯塔克论证的核心，他们认识到系统一旦到位就具有内在稳定性。他们抵制变革。正如皮尤和希克森（Pugh & Hickson，2007：33）指出的，伯恩斯和斯塔克不遗余力地证
136 明了组织变革的困难：“传统苏格兰公司几乎没有吸收电子研发工程师进入他们的组织，这导致伯恩斯怀疑一家机械的公司能否有意识地转变为一家有机组织的公司。”为了改变，机械组织经常表现出“病态系统”。也就是说，面对新的问题和如何解决的不确定性，他们通常会增加更多的科层制元素。在这项工作的进一步发展中，与其他早期对系统方法的贡献形成鲜明对比的是，伯恩斯引入了一种组织概念，它包括三个相互作用和自我强化的社会系统：正式权威系统、职业系统和政治系统（Burns，1966，1977）。这些系统导致了一个机械的组织无法走向有机的形式。

劳伦斯和洛施（Lawrence and Lorsch，1967a，1967b）首先使用了权变理论的概念。正如伍德沃德、伯恩斯和斯塔克一样，劳伦斯和洛施（1967a，1967b）直接挑战“一种最佳方法”的想法。他们研究了两个基本的设计过程，即“差异化”和“整合化”，并指出组织管理这些过程的方式会根据他们所面临的环境和任务的不确定性而有所不同。因此，尽管劳伦斯和洛施并没有把自己标榜为系统理论家，但他们清楚地展示了组织的开放系统观点。

对于劳伦斯和洛施来说，组织由三个基本的子系统组成：生产、销售和研发。组织是围绕这些子系统构建的，可以检查各个子系统之间的差异化程度（根据其结构的相对形式化，其时间方向的差异等）及其对组织的影响，实现整合。这种定义一般性组织活动的尝试是系统理论的核心。劳伦斯和洛施分析的中心主题是，差异化程度越大，整合的需求就越大。整合解决的是高度差异化导致冲突的可能性。这种对子单位差异的强调，在当前关注制度逻辑和混合型组织中得到了重视（例如，Battilana and Lee，2014）。

一系列组织设计的存在提出了这样一个问题：为什么子单元之间会出现这些差异？也就是说，为什么子单元的设计和管理是不同的，以及为什么这种差异在不同的组织中出现？在这里，开放系统的概念化至关重要。对于劳伦斯和洛施来说，就像伯恩斯和斯塔克一样，这种联系与组织所在的环境有关。特别是，次级单位（部门）及其相关结构与它们所面临的环境的不确定性程度有

关。与伯恩斯和斯塔克不同，劳伦斯和洛施认识到组织的环境不是一个定性的、不可分割的范畴，相反，每个子单元都面临着自己的环境，这些环境的不确定性程度可能会有所不同。劳伦斯和洛施（1967a：5）对此非常清楚。

> 在此任务划分中，组织还将环境分为三个部门：市场子环境、技术经
> 济子环境和科学子环境。显而易见，这些环境中的每一个都可以从高度动 137
> 态到极其稳定。这种可变性的重要性可以很容易地通过将组织环境视为单
> 个实体的方法加以掩盖。

因此，关键的环境特征是市场、技术和创新中不同程度的不确定性（稳定性/动态性）。如果它们要适当地协调一致，则在这些不同环境中面临不同程度不确定性的组织必须在内部进行更多的区分。而且，如果组织要有效运作，则更大的差异化将需要更多的整合工作（以协调结构的形式）。劳伦斯和洛施将开放系统方法用于组织设计和绩效的重要且确定的应用。

科层制研究

在 20 世纪 60 年代和 70 年代，对韦伯科层制概念的细致分析占据了比较组织研究的主导地位，强调从“作为环境、技术和任务相关变化的函数”的角度解释组织差异（King，Felin and Whetten，2009：7）。与权变理论类似，这种方法的核心思想是适应环境。

科层制学者质疑科层制是一种单一的组织形式（Hall，1963；Hage and Aiken，1967；Pugh et al.，1968；Blau and Schoenherr，1971；Child，1972a）。相反，他们把科层制概念化为一组组织要素（特别是结构），这就提出了结构差异的因果关系问题。一个重要的影响是，人们使用这种方法来推导科层制的类型并作为比较组织分析的基础。诚然，正如金、费林和惠顿（King，Felin and Whetten，2009：7）所言，“20 世纪 60 年代后期的比较分析主要是为了解释组织之间的静态差异，这是环境、技术和任务相关变化的函数”。然而，这种方法确实显示了组织分析的开放系统方法。

如前所述，韦伯的理想科层制是一种系统类型模型，因为理想类型的要素被概念化为系统相关。这是理想类型的本质。由于科层组织是理性主义和工业

化社会趋势的结果，因此也存在开放系统的想法。但是，在20世纪60年代和70年代科层制研究的出发点是，可以以不同的方式组合这些内部系统要素。例如，“阿斯顿”学派是按照专业化、标准化、形式化和集中化的概念而定的（Pugh et al.，1968），科层制的每个要素都被视为“维度”（即组织在其标准化、集中化等程度上可能有所不同）。从经验上讲，模式是以要素聚集的方式观察到的，从而形成了科层机构的类型学。

138 产生科层制类型的研究为权变理论的发展做出了贡献。首先，通过对组织的实证研究进行系统化以获取组织内部的一致性；其次，探索科层制模式、组织各方面（例如规模和/或技术）与环境之间的关系（Donaldson，2001；Van de Ven，Ganco and Hinings，2013）。换句话说，这些研究越来越反映出一种开放系统理论的方法。有一个明确的理论化的组织是由相互关联的要素组成的。科层机构的各个组成部分紧密相连。（在这方面，假设组织的结构方式源自其所包含的目标和相关活动，这是一个明显的“结构功能”。）此外，组织形式与它所处的环境相关，开放系统的想法是理所当然的。

在20世纪60年代和70年代，类型学和分类学是权变性和组织设计理论化的重要组成部分。类型学也是从理论上推导出来的，其基本思想主张组织要素是系统相关的（Meyer，Tsui and Hinnings，1993）。分类学是通过对组织元素进行多元分类而从经验上派生出来的（Pugh，Hickson and Hinings，1969；McKelvey，1982）。事实上，米勒和弗里森（Miller and Friesen，1984）将类型学/分类学的争论进一步扩展到了系统配置的概念上。组织通过内部结构来争取一致性。这种一致性产生了组织元素的系统配置。米勒和弗里森暗示配置的数量有限，配置与组织规模和技术以及环境的不确定性和复杂性有关。

明茨伯格（Mintzberg，1979，1983）提出了五种组织设计的类型学，对他来说，这种探讨综合了组织结构与功能的研究，以及与组织特征和环境相关的关系：简单结构、机械官僚制、专业官僚制、划分形式和分类。这种分类是基于监督和标准化、集中化的类型和程度等协调机制的差异，以及哪个组织群体占主导地位。此外，还包括组织的年龄、规模、环境和技术的复杂性和稳定性的程度，以产生这五种类型。与韦伯有关科层制和其他类型学的观点一样，明茨伯格采用了权变理论的论题，认为它与产生效率的理想类型很接近。

所有这些学者，无论是关注组织的运作、管理，还是对科层制的实证分析，都围绕着权变理论的两个核心思想：组织努力在其结构和系统中实现内部一致性，以及实现外部与环境需求的一致性。内部和外部的一致性产生组织的有效性。换言之，从本质上讲，对于权变理论来说，组织设计是一个受限的优化问题：“在组织层面上，这意味着通过使不同环境需求和内部组织安排之间的不匹配最小化来实现绩效结果最大化，而这反过来又需要使组织性差异的收益最大化和整合的成本最小化。”（Van de Ven，Ganco and Hinings，2013） 139

在资源依赖理论、人口生态学和制度理论出现之前，这种权变性和类型主义观点贯穿了整个 20 世纪 60 年代和 70 年代。这些新理论的产生，在一定程度上是由于权变理论所采用的对组织及其环境的狭义定义，以及其静态性质而产生的。对组织的结构功能主义分析也有了很大的提高。

20 世纪 70 年代以后

金、费林和惠顿（King，Felin and Whetten，2009：7）总结了“后权变理论”对 20 世纪 60 年代和 70 年代问题的兴趣下降，“项目范围有限——解释组织结构与任务或环境要求之间的契合度——导致了 20 世纪 70 年代末组织社会学的彻底变革。人们对组织结构这一现象兴趣下降的同时，也突然转向了更高层次的分析”。从某种意义上说，开放系统理论及其在权变理论中的表达，已经完成了它们设定的目标，处理了具有历史意义的问题。学者们已经证明，并不存在“一种最佳方法”。他们已经显示，科层制是一个比以前提出的概念更复杂的概念。他们认为，组织设计与环境问题有着系统的联系。在做这些事情的过程中，他们建立了一种基于环境的开放系统方法。因此，正如金、费林和惠顿（2009）所指出的，存在一种“下一步要去哪里”的情绪去“理论化”。

从本质上讲，20 世纪 70 年代发展了四条新路径，其中三条成为未来几十年组织研究最重要的理论方向。这三种理论分别说明了金、费林和惠顿关于转向更高层次分析的观点，分别是资源依赖（Pfeffer and Salancik，1978）、人口生态学（Hannan and Freeman，1977）和制度理论（Meyer and Rowan，1977）。这三者都植根于组织与环境的关系。第四种方法源于蔡尔德（Child，1972b）提出的“战略选择”概念，该概念与资源依赖有关，但主要是对权变理论的直接批判，并试图对其加以补充，使其更易于分析组织的内部流程。

此外，还有企业行为理论（BTH）（Cyert and March，1963）。企业行为理论的发展是为了对抗新古典经济学中的企业理论；因此，它非常注重内部。“随着联盟的形成和组织成员之间的转移，西尔特和马奇看到了企业内部目标的出现和变化。”（Barney and Hesterley，2006：121）加韦蒂等人（Gavetti et al.，2012）认为企业行为理论本身就是一个开放的理论体系，因此其理念（如有限理性和注重决策）在战略和组织理论中具有很大的影响力，但它并不直接涉及我们在这里提出的问题。

140 这些发展表明了一些关键点，一方面是由系统和权变理论确定的，另一方面，为了发展这些理论提出的问题，明确指出了新的发展。到 20 世纪 70 年代末，人们理所当然地认为，组织是系统，即使没有使用系统理论的特定语言；这些组织系统也有各种各样的设计；它们是开放系统，这种变化与外部环境有关。但是新理论处理了权变理论面临的两个问题。其中一个问题（Child，1972b；Pfeffer and Salancik，1978）是对适应和变革的内部流程的关注，通过战略选择和权力等概念强调组织应对环境压力的方式。由于内部差异，没有假设组织会统一应对相同的压力。第二个问题是组织改变其所处环境的方式（Pfeffer and Salancik，1978）。因此，组织将对环境产生影响。重点在于理解组织的内部动态和外部环境之间的关系（Greenwood and Hinnings，1996）。

人口生态学和制度理论解决了开放系统理论和权变理论的背景问题，但要么提出了组织人口的生态结构问题，要么提出了社会文化因素而非经济和技术因素的问题。这两种方法都围绕着组织适应和变化的广泛模式而不是组织的停滞状态，并且提出了一系列全新的问题。

结　论

我们概述了开放系统理论和权变理论在 20 世纪 50 年代、60 年代和 70 年代的发展，这些理论的根源在于如何理解组织的运作、组织的多样性和科层制的发展。作为所有这些工作的结果，在组织理论中理所当然地考虑到了环境设定，适应和改变这些环境的组织概念。然而，尽管在种群生态学及其发展中发现了一种进化的、生物学的方法，但是通过系统论的语言以生物学形式提出的特定方法，实际上并不是组织理论的一部分（Aldrich，1979，1999）。

许多学者指出，在当代组织理论中，人们对组织本身的关注逐渐丧失（Gavetti, Levinthal and Ocasio, 2007; King, Felin and Whetten, 2009; Greenwood, Hingings and Whetten, 2014）。对于这些作者来说，对组织集体、环境结构以及决策和选择的内部流程的过度关注（Langley, 2007），反而导致了对组织缺乏关注。范德文、甘可和汉宁（Van de Ven, Ganco and Hinings, 2013）提出，权变理论可以通过以下方式得到有效的应用：将“为组织和制度设计的基本问题提供新的线索”。此外，正如金、费林和惠顿（2009：12）总结的那样，“归根结底，组织需要被理论化为一种独特的背景和社会角色”。重新审视开放系统理论和权变理论，会带给我们这种可能性。 141

参考文献

Aldrich, H. E. (1979). *Organizations and Environments*. Englewood Cliffs, NJ: Prentice Hall.

Aldrich, H. (1999). *Organizations Evolving*. Thousand Oaks, CA: SAGE.

Ashby, W. R. (1952). *Design for a Brain*. New York: Wiley.

Barnard, C. (1938). *Functions of the Executive*. Cambridge, MA: Harvard University Press.

Barney, J. and Hesterley, W. (2006). 'Organizational Economics: Understanding the Relationship between Organizations and Economic Analysis', in S. Clegg, C. Hardy, T. Lawrence, and W. Nord, *The SAGE Handbook of Organization Studies*. London: SAGE.

Battilana, J. and Lee, M. (2014). 'Advancing Research on Hybrid Organizing: Insights from the Study of Social Enterprises'. *Annals of the Academy of Management*, 8.

Blau, P. (1955). *The Dynamics of Bureaucracy*. Chicago, IL: University of Chicago Press.

Blau, P., and Schoenherr, P. (1971). *The Structure of Organizations*. New York: Basic Books.

Boulding, K. (1953). *The Organizational Revolution*. New York: Harper.

Boulding, K. (1956). 'General Systems Theory: The Skeleton of Science'. *Management Science*, 2: 197-208.

Burns, T. (1966). 'On the Plurality of Social Systems', in J. R. Lawrence (ed.), *Operational Research and the Social Sciences*. London: Tavistock.

Burns, T. (1977). *The BBC: Public Institution and Private World*. London: Macmillan.

Burns, T. and Stalker, G. M. (1961). *The Management of Innovation*. London: Tavistock.

Child, J. (1972a). 'Organization Structure and Strategies of Control: A Replication of the Aston Study'. *Administrative Science Quarterly*, 17: 163-77.

Child, J. (1972b). 'Organizational Structure, Environment and Performance: The Role of

Strategic Choice'. *Sociology*, 6: 1 – 22.

Cyert, R. and March, J. (1963). *A Behavioral Theory of the Firm*. Englewood Cliffs, NJ: Prentice-Hall.

Donaldson, L. (2001). *The Contingency Theory of Organizations*. Thousand Oaks, CA: SAGE.

Emery, F. and Trist, E. (1965). 'The Causal Texture of Organizational Environments'. *Human Relations*, 18: 21 – 32.

Fayol, H. (1949). *General and Industrial Management*. London: Pitman.

Follett, M. P. (1942). *Dynamic Administration*. New York: Harper.

Gavetti, G., Greve, H., Levinthal, D., and Ocasio, W. (2012). 'The Behavioral Theory of the Firm: Assessments and Prospects'. *Annals of the Academy of Management*, 6: 1 – 40.

Gavetti, G., Levinthal, D., and Ocasio, W. (2007). 'Neo-Carnegie: The Carnegie School's Past, Present and Reconstructing the Future'. *Organization Science*, 18: 523 – 36.

Gerth, H. H. and Mills, C. W. (ed.) (1958). *From Max Weber: Essays in Sociology*. New York: Galaxy.

142 Gouldner, A. W. (1954). *Patterns of Industrial Bureaucracy*. Glencoe, IL: The Free Press.

Graicunas, V. A. (1937). 'Relationship in Organization', in G. Luther and L. F. Urwick (eds.), *Papers on the Science of Administration*. New York: Institute of Public Administration, Columbia University.

Greenwood, R. and Hinings, C. R. (1996). 'Understanding Radical Organizational Change: Bringing Together the Old and New Institutionalism'. *Academy of Management Review*, 21: 1022 – 55.

Greenwood, R., Hinings, C. R., and Whetten, D. (2014). 'Rethinking Institutions and Organizations'. *Journal of Management Studies*, 51(7): 1206 – 20.

Gulick, L. and Urwick, L. (1936). *Papers on the Science of Administration*. New York: Institute of Public Administration.

Hage, J. and Aiken, M. (1969). 'Routine Technology, Social Structure and Organizational Goals'. *Administrative Science Quarterly*, 14: 366 – 76.

Hall, R. H. (1963). 'The Concept of Bureaucracy: An Empirical Assessment'. *Administrative Science Quarterly*, 8: 32 – 40.

Hannan, M. and Freeman, J. (1977). 'The Population Ecology of Organizations'. *American Journal of Sociology*, 82: 929 – 64.

Hinings, C. R. (2010). 'The Contribution of Joan Woodward: A Personal Reflection'. *Research in the Sociology of Organizations*, 29: 41 – 5.

Hinings, C. R., Pugh, D. S., Hickson, D. J., and Turner, C. (1967). 'An Approach to the Study of Bureaucracy'. *Sociology*, 1: 61 – 72.

Hinings, C. R. and Raynard, M. (2014). 'Organizational Form, Structure and Religious Organizations'. *Religion and Organization Theory*, *Research in the Sociology of Organizations*, 41: 159 – 86.

Katz, D. and Kahn, R. (1966). *The Social Psychology of Organizations*. New York: John Wiley.

King, B., Felin, T., and Whetten, D. (2009). 'Comparative Organizational Analysis: An Introduction', in B. King, T. Felin, and D. Whetten (eds.), *Studying Differences between Organizations: Comparative Approaches to Organizational Research. Research in the Sociology of Organizations*, vol. 26. Bingley: Emerald Publishing Group Ltd,

3 – 20.

Langley, A. (2007). ‘Process Thinking in Strategic Organization’. *Strategic Organization*, 5: 271 – 82.

Lawrence, P. and Lorsch, J. (1967a). *Organization and Environment*. Cambridge, MA: Harvard University Graduate School of Business Administration.

Lawrence, P. R. and Lorsch, J. W. (1967b). ‘Differentiation and Integration in Complex Organizations’. *Administrative Science Quarterly*, 12(1): 1 – 47.

Lorsch, J. and Allen, S. (1973). *Managing Diversity and Inter-Dependence: An Organizational Study of Multidivisional Firms*. Boston, MA: Harvard University Press.

Lorsch, J. and Lawrence, P. (1972). ‘Environmental Factors and Organization Integration’, in J. Lorsch and P. Lawrence (eds.), *Organizational Planning: Cases and Concepts*. Homewood, IL: Irwin Dorsey.

McKelvey, W. (1982). *Organizational Systematics: Taxonomy, Evolution and Classification*. Berkeley, CA: University of California Press.

Merton, R. K., Gray, A., Hockey, B., and Selvin, H. (ed.) (1952). *Reader in Bureaucracy*. Glencoe, IL: Free Press.

Meyer, J. and Rowan, B. (1977). ‘Institutionalized Organizations: Formal Structure as Myth and Ceremony’. *American Journal of Sociology*, 83: 340 – 63.

Meyer, A., Tsui, A., and Hinings, C. R. (1993). ‘Configurational Approaches to Organizational Analysis’. *Academy of Management Journal*, 36: 1175 – 95.

Miller, D. and Friesen, P. (1984). *Organizations: A Quantum View*. Englewood Cliffs, 143
NJ: Prentice Hall.

Miller, D. and Le Breton-Miller, I. (2005). *Managing for the Long Run*. Boston, MA: Harvard Business School Press.

Miller, D., Le Breton-Miller, I., and Lester, R. H. (2011). ‘Family and Lone Founder Ownership and Strategic Behavior: Social Context, Identity and Institutional Logics’. *Journal of Management Studies*, 48: 1 – 25.

Mintzberg H. (1979). *The Structuring of Organizations: A Synthesis of the Research*. Englewood Cliffs, NJ: Prentice Hall.

Mintzberg, H. (1983). *Structure in Fives: Designing Effective Organizations*. Englewood Cliffs, NJ: Prentice-Hall.

Mooney, J. (1937). *The Principles of Organization*. New York: Harper.

Mouzelis, N. P. (1967). *Organization and Bureaucracy*. London: Routledge and Kegan Paul.

Parsons, T. (1956). ‘Suggestions for a Sociological Approach to the Theory of Organizations, I and II’. *Administrative Science Quarterly*, 1: 63 – 85, 224 – 39.

Parsons, T. (1958). ‘Some Ingredients of a General Theory of Formal Organization’, in A. W. Halpin (ed.), *Administrative Theory in Education*. Chicago, IL: University of Chicago Press.

Perrow, C. (1967). ‘A Framework for the Comparative Analysis of Organizations’. *American Sociological Review*, 32: 194 – 208.

Pfeffer, J. and Salancik, G. (1978). *The External Control of Organizations: A Resource Dependence Perspective*. New York: Harper and Row.

Pugh, D. S. and Hickson, D. J. (2007). *Writers on Organizations*, 6th edn. London: SAGE.

Pugh, D. S., Hickson, D. J., and Hinings, C. R. (1969). ‘An Empirical Taxonomy of Structures of Work Organizations’. *Administrative Science Quarterly*, 14: 115 – 26.

Pugh, D. S., Hickson, D. J., Hinings, C. R. and Turner, C. (1968). ‘Dimensions of

Organization Structure'. *Administrative Science Quarterly*, 13: 65 – 105.

Pugh, D. S., Hickson, D. J., Hinings, C. R. and Turner, C. (1969). 'The Context of Organization Structures'. *Administrative Science Quarterly*, 14: 91 – 114.

Rice, A. M. (1958). *Productivity and Social Organization*. London: Tavistock.

Scott, W. R. (1992). *Organizations: Rational, Natural and Open Systems*. Englewood Cliffs, NJ: Prentice Hall.

Scott, W. R. and Davis, G. (2007). *Organizations and Organizing: Rational, Natural and Open System Perspectives*. Englewood Cliffs, NJ: Prentice Hall.

Selznick, P. (1949). *TVA and the Grass Roots*. Berkeley, CA: University of California Press.

Simon, H. (1947). *Administrative Behavior*. New York: Macmillan.

Sine, W., Mitsuhashi, H., and Kirsch, D. (2006). 'Revisiting Burns and Stalker: Formal Structure and New Venture Performance in Emerging Economic Sectors'. *Administrative Science Quarterly*, 49(1): 121 – 32.

Taylor, F. W. (1947). *Scientific Management*. New York: Harper and Row.

Thompson, J. D. (1967). *Organizations in Action*. New York: McGraw-Hill.

Thompson, J. D. and Bates, F. L. (1956). 'Technology, Organization and Administration'. *Administrative Science Quarterly*, 2: 325 – 42.

Thompson, J. D. and Tuden, A. (1959). 'Strategies, Structures, and Processes of Organizational Decision', in J. D. Thompson (ed.), *Comparative Studies in Administration*. Pittsburgh, PA: University of Pittsburgh Press.

Trist, E. and Bamforth, K. (1951). 'Some Social and Psychological Consequences of the Longwall Method of Coal Getting'. *Human Relations*, 4: 3 – 38.

Urwick, L. F. (1943). *The Elements of Business Administration*. London: Pitman.

144 Van de Ven, A., Ganco, M. and Hinings, C. R. (2013). 'Returning to the Frontier of Contingency Theory of Organizational and Institutional Design'. *Annals of the Academy of Management*, 7: 393 – 440.

Von Bertalanffy, L. (1956). 'General Systems Theory', in L. Von Bertalanffy and A. Rapoport (eds.), *General Systems: Yearbook of the Society for the Advancement of General Systems Theory*, vol 1.

Weber, M. (1947). *The Theory of Economic and Social Organization*. Glencoe, IL: The Free Press.

Wiener, N. (1956). *I am a Mathematician*. New York: Doubleday.

Woodward, J. (1958). *Management and Technology. Problems of Progress in Industry*, vol. 3. London: HMSO.

Woodward, J. (1965). *Industrial Organization: Theory and Practice*. New York: Oxford University Press.

Woodward, J. (ed.) (1970). *Industrial Organization: Behaviour and Control*. New York: Oxford University Press.

Whyte, W. H. (1956). *The Organization Man*. New York: Simon and Schuster.

第 8 章 145

基于过去的未来

对管理的未来前景的哲学思考

斯图尔特·克莱格、马可·贝蒂和沃尔特·贾维斯

我们对龙的意义一无所知，就像我们对宇宙的意义一无所知一样；但是龙的形象中有些东西符合人类的想象，这就解释了龙在不同的地方和时期出现的原因。

——豪尔赫·路易斯·博格斯（Jorge Luis Borges），《虚幻之书》（1957）

简介：组织职能是组织的未来吗？

管理和组织的下一件大事是什么？无论是从业者还是理论家，都在倾述自己的观点和想法，试图在工作和商业活动的设计创新中走在前列。在 20 世纪，结构首先是根据科学原理设计的（Taylor，1911），然后对其进行了校正，以适应可能的心理需求（Mayo，1949），随后又根据技术和环境的权变进行了调整（Donaldson，2001）。最近，人们赞扬了一系列不同的结构形式，这些突破性的创新注定要彻底改变商品和服务的生产：精益制造（Jones，Roos and Womack，1990）、层级结构和矩阵结构（Galbraith，2008）、过程驱动型系统（Hammer and Champy，1993）、学习型组织（Senge，1994）、无边界组织（Ashkenas et al.，1998）、虚拟组织（Hedberg，Dahlgren and Olve，1997）只是其中的一部分。一段时间以来，组织学者一直在忙于争论，在 19 世纪至 20 世纪之间统治世界的科层制形式是如何被取代的，或至少辅以“其他”，从而产生了一个更 146

加多样化的组织生态。描述这些替代形式的理想模型包括：文化驱动的部族（Ouchi，1979）、有机发展的非正式组织（Mintzberg，1983）、高度整合的“后现代”组织（Clegg，1990）、基于对话和软管理的后科层机构（Donnellon and Heckscher，1994），以及融合科层制和后科层制元素的混合形式（Josserand，Teo and Clegg，2006）。

组织结构的所有模型和方法都倾向于基于同一个默认假设，即组织可以表示为“实体”的思想，具有离散且客观的评估属性。这些对象可以根据设计者的需求，根据蓝图进行制造、修改和成形。因此，它们可以用静态模型的形式表示，由盒子和连接线组成，它们的活动由规则的流量和可预测的周期表示。使这些机器复活并运行的能力，取决于一小部分具有特殊技能和能力的人，即管理者。因此，管理学者的角色是理解调节这些设备功能的原理，并指导其制造商和策划者设法从其功能中取得最佳性能。

然而，各种评论家都对管理研究“迷失了方向”感到遗憾，要么是因为管理研究无法进行“高影响力的研究”（Lorsch，2009；Alvesson and Sandberg，2013），要么是因为它们未能同时实现现实管理的伦理和实际意义（Mintzberg，2004；Bennis and O'Toole，2005）。该学科恢复失去的相关性，并为从业者提供附加价值的一种可能方式，不在于关注对象（组织、机构、结构），而在于组织的过程，研究个体从各种可能性中建立主体间“秩序”的多种不同方式，以及组织是如何从不同组织模式的特定安排中脱颖而出。从这个意义上说，“组织”不是混乱的对立面，而是一种安排人员、活动和事物的可能的方式，并使它们与特定的目标相关联。从泰勒到阿斯顿学派，从交易成本理论到系统理论的长期研究都假定了这一点，具体的组织并不是“最优”排序模型的表述。相反，它们是不同组织模式之间政治斗争的结果。

这些不同的模式以或多或少的隐性（有时是显性）的组织理论来构建。组织的工具性是一个长期讨论的概念（Selznick，1949）。组织模式的特定组合同时也作为工具，以实现不同的目的：有效地执行特定任务；确保控制结构的连续性；甚至可以生存和自我繁殖。将组织视为主角之间进行理论斗争的结果来关注，要求暂时放弃组织研究特征的“技术”和“科学”取向。哲学观点是必需的，这种观点能够批判性地质疑描述和理论所依据的基本假设和偏见
147（Tsoukas and Chia，2011a）。在这方面，也许对未来（管理研究）的探索，应

该从过去（哲学探究的传统）开始。

维特根斯坦（Wittgenstein, 1958）的哲学视角允许（甚至强加）怀疑和不确定性：不主张特定的“组织”语言游戏的内在“优越性”或真实性，而愿意深入其中进行探索。如今，信息技术的使用已经实现了互动形式，这种互动形式打破了空间和时间，重新调整了某些与“现代”科层机构有关的物理方面的相关性。因此，在管理和组织研究的一个世纪里，语言游戏已经成为另一个受偏见影响的中心因素。当然，不应诋毁偏见，因为这些偏见将我们的历史背景作为理解社会科学的先决条件（Gadamer, 2004：277－89）。

什么赋予了组织实质性的内容？
本质主义观点的含义

“传统的”话语关注组织的本质，假设它们具有“本体论的稳固性”，赋予一个原本不稳定的对象以生命和实质，一种扎根于日常生活语言中的稳固感。它们运用权力/知识效应构建一个社会公认的主体。这是通过大量的象征性和物质性的行为来实现的：法律上的“合并”（一个非常恰当的术语）正式地将社会存在归因于这个主体；一系列文本（法规、使命、愿景、品牌、战略声明等）的产生赋予了实体象征性的存在；边界的归属提供了形式和合法性，最终作为技术合理性的工具（Weber, 1978）。研究组织的学者一直在积极参与组织的物化的改造，他们将组织视为理所当然的经验对象（Czarniawska, 2008），并忽略了他们在（重新）产生这些组织中所起的作用，因为“客体的创造性不存在于解释域内”（Butler, 2004：274，在 Borgerson, 2005：64 中引用）。

毫无疑问，作为管理和组织理论语言游戏的核心元素，这些对象的社会结构可以表现出显著的持久性，并且在用于追求目标的同时，它们的工具性作用会被一种制度性特征所取代，因此，该工具就能拥有“自己的生命”（Selznick, 1949：10）。毫无疑问，没有什么假设生活是一成不变的——接受组织现象的固定性并使组织的制度特权化是两大危险。

第一个问题是，如果把注意力集中在历史上任何时刻的语言游戏之外的理想类型上，就有可能对各种自然出现的组织形式视而不见，从而将一种特殊的
社会建构作为一种普遍现象。韦伯（1978）合理地使用理想类型来描述组织 148

形式，特别是科层制模型。他使用这些抽象表现的意图，既不是为了描述一种理想的工作组织形式的乌托邦式原型，也不是为了对经验观察到的现象进行分类。他的理想类型的目的是“赋予……各种形式的行为一个精确的含义，每种形式都涉及最高程度的逻辑整合……。可能很少能找到与之相对应的真实现象，它正好是这些理想构造的类型之一”（Weber，1978：20）。理想类型是一种有用的基准，可用来理解和识别在理论上被认为是基本现象的特征：这是一种具有令人不安的能力/知识效应的便捷方法论工具。

一方面，正如舒茨（Schütz，1932）所推理的那样，尚不清楚韦伯式的理想类型应被视为社会科学的构想，还是组织成员实际用来解释和分类他们的经验的范畴。显然，这两类人站在两种截然不同的语言游戏的交汇点上，它们是基于企业的非常规概念而构建的，通过韦伯的公式进入了形式分析的技术领域。这两种语言游戏之间的区别，不仅从认识论的角度来看是相关的，而且由于双重解释学效应而具有重要的实际意义（Giddens，1984）。从世俗概念中汲取的社会现象理论被学者吸收到理论实践中，然后再递归地将其转换回实践，这种实践因所有转译的可变性而发生变化。理想的结构被视为理所当然的“事实”，将其作为正确的解释加以教授和推广，导致了对现象的非反射性物化。因此，管理和组织研究中的学术实践促进了一种拜物教形式的传播，在这种拜物教中，非专业人员既是焦虑的主体，担心他们的组织不够“精益”“以流程为中心”或“网络化”，一种可能导致不合理和有害的重组决策的担忧；又是尚未被记录的转译的特权答复者。新制度研究（DiMaggio and Powell，1983；Powell and DiMaggio，1991）已经证明了模拟现象的普遍性及其同质化效应。

另一方面，将注意力集中在社交互动的常见的、易于识别的方面，那些可以用来“适应模型”的日常现象，可以导致以目标为导向的协作行动形式的多样性和重要性被忽视和淡化，到几乎是由于历史的偶然而在学院中被制度化的语言游戏。

主要的意外是将组织视为定义明确的“有机体”（或机器），具有明确的标识、永久且始终一致的结构，并且其成员被视为单元（或齿轮）。注重领导者对设计和重新设计组织的战略决策的叙述是有特权的；必须通过以下方式来
149 控制个人的创造力和主动性：标准化的例行程序和非个人规范成为正常现象；

自下而上的社会创新反而是越轨、抵抗或无组织行为。多种“组织原则”正在组织中发挥作用，各种各样的语言游戏围绕着它们展开竞争。层级结构和形式规范的使用只是赋予这些游戏的众多原则中的两个。相互调整、共同决定、以技术为基础的合作、共同的价值观和信念，可能是同等甚至更有效的参照点。

第二个危险来源于对语言所赋予的超越行动的中心地位的一种批判性接受。这种范式容易被无限制的管理主义形式所取代（Knights and Willmott, 1997；Parker, 2002）。实际上，理论（以合法化的理想类型为代表）与实践（有组织行动的物化和新兴现实）之间的分离，是基于主体与客体分离的假设之上的（Sandberg and Tsoukas, 2011），即观察主体可以了解外部对象（“组织”）。假定产生一种绝对的、无偏差的知识，可以基于该知识来采取行动，这种知识导致思维（管理人员）和工作机构（下属）的分离。管理者被描述为“道德上中立的技术员”（Roberts, 1996：55），其导向不是“实现实际目标，而是解决技术问题”（Habermas, 1987：103）。该信条通常是由商业教育的语言游戏复制，这应与执行语言游戏中流传的故事相称。学生通过日常应用这些讨论技巧，通过案例研究分析，将技术理性凌驾于对目标的批判性反思之上（Roberts, 1996），有效地使管理者“受雇”（Khurana, 2007），尽管有管理咨询业的头脑，且与这些“手”结合在一起，涌现出更多形式推理的语言游戏。因此，组织和机构关注的物化支持了一种基于“操演性（工作到你倒下）、效率（人们被定义为消耗性资源）以及对短期、最低决策标准的承诺”的思想体系（Boje and Al Arkoubi, 2009：104）。有一种观点主张，组织的目的是在财务方面创造“价值”，保证为其运营提供资金的人获得可观的投资回报，另一个“常识性”的概念与之相呼应并进一步支持了这一观点。

这些相辅相成的话语所产生的社会裂痕，不仅在道德和政治上值得怀疑，而且矛盾的是，它甚至没有很好地服务于“提取价值”的目的。在当代发达经济体的领土内，不是制造业和无产阶级劳动剩余价值的领域，而是服务业和知识密集型产业的领域。原油开采被离岸并安置在新的大型工厂中，新的无产者被招募进来，而来自工业社会中心地带的旧无产阶级要么逃离了现在已经被废弃的旧工厂，要么逃离了现在关闭得更多的旧工业城镇，更多的是被关起来从事服务性工作，而其他企图逃跑的人，生活过得更加贫穷。在南欧正在发生

的事情是，制造业的“孤儿”们正在努力寻找任何工作（即使是在不合格的
150 服务业也不例外），除了逃避现实以外，还有组织犯罪的黑社会正在招募人员，这是唯一蓬勃发展的行业。最后，所有这些都推动了休闲化，创建了一个需要新标签的新类。这些人绝对不是“无产阶级”（他们受过足够的教育，他们了解自己负担不起孩子）；因为他们拥有的唯一资产是他们的思想和灵活性，所以他们可以被称为“知识分子”，想法丰富、鉴赏力和审美能力都强，但除了精神上的富饶，口袋里依然非常贫乏。

在服务经济的其他地方，在典型的较长和较不规范的价值链中，创造力和探索能力对于组织绩效至关重要，而主体性、情感和认知则成为控制的对象，而不是过去的劳动时间和劳动强度（Alvesson and Deetz，2006）。员工的认知必须规范，而不是手和身体（Alvesson and Willmott，2002），被要求进行情感工作的员工，不再受科层制的“铁笼”束缚（Hochschild，1979）。因此，询问考虑这种笼子设计的目的是什么，成为讨论和反思的最合法对象。

组织现象的物化产生了对象的静态表达。[①] 如果我们将它们视为“处于……而不是‘存在’的恒定状态的现象，那么，我们所认为的组织就是对一个从未产生实际实体的组织过程的瞬间理解”（Clegg，Kornberger and Rhodes，2005：158）。就像赫拉克利特（Heraclitus）所描述的河流一样，组织并不总是存在的：它们在不断地变化和流动，我们需要了解集体良知中哪些赋予了它们一致性。与其想当然地认为机构和企业是持久性的，不如将它们看成是坚固的岩石，我们应该强调的是，只有依靠其成员不断的情感、智力、创造力和认知工作，才能保持它们的一致性，而它们正在进行“长期重建”（Weick，1979：44）。

我们不应该将组织仅仅视为发生过程的容器，而应将这些过程和这些组织视为新兴的成就（Feldman，2000），“随着时间的推移……规则在当地环境中的反思性应用”（Tsoukas and Chia，2002：570）将我们的注意力重新转移到可

---

① 在英国牛津山坡上雕刻的乌芬顿白马（Uffington White Horse）中可以找到静态组织概念的完美隐喻说明，这是一个大约 100 米长的程式化浮雕。它是由一条充满白垩的深沟形成，可以追溯到青铜时代，距今已有 2 500 年到 3 500 年的历史。由于植被往往过度生长，雨水会冲走白垩，因此，只有不断地擦洗和清理场地，才能使这一雕像持久存在，在过去的三千年中，每一代人至少进行一次（Schwyzer 1999）。这可能使这座雕像成为人类历史上最持久的、有组织努力的例子之一，它清楚地表明，即使是已经成为“自然景观”一部分的建筑，也是不断努力的成果。

以实现的一致性和统一性的方法上。与本体论不同，组织进程视图的实践成就是认识论的另一种重点，它使人们对组织（organizing，过程和实践）和组织（organizations，行为的持久形态和叙事重构）进行研究，从而对本体论有了更丰富的理解。通过考虑组织的各个方面以及这些组织努力的（暂时的但持续 151
的）影响，就有可能研究这种现象的不同和相互构成的方面。这种方法将与考虑权力的偶然性和系统性表达（Clegg，1989）以及考虑能动性与结构的相互作用的尝试保持一致（Giddens，1984）。

因此，组织（organizing，动词）和组织（organization，名词）必须结合起来考虑。前者产生了后者，同时，把组织作为一个事物，作为一个经验对象的期望、关系和交流的系统性配置的认同，而不仅仅是一种描述行为。它是一种生产形式，一种生成行为，把短暂的重复行为网络变成“概念上稳定的抽象：在混乱和变化的海洋中虚构的连贯性的‘岛屿’”（Chia，2002：866）。在这种概念化过程中，组织的象征性和话语性维度（Chia，2000；Grant et al.，2004；Alvesson and Kärreman，2011）必然显得尤为重要。组织化的学生变成了神话中的戈耳工·美杜莎（Gorgon Medusa），她的目光石化了围观者；陷入凝视中的组织只有通过主体间的协议，才能获得稳定性和持久性，主体间协议以一系列连贯的叙述来固定它们，这些叙述既具有表面性（理想的、推测的、概念性）又具有述行性（产生行动、思考和感觉）的品质（Latour，1986）。

现象学的观点，包括社会、技术材料和象征方面，对于理解这些“岗位”，流动性的组织是必要的（Clegg and Baumeler，2014）。现象学观点至少承认形式结构的相关性，这是由于可执行设计的权力/知识效应，现象学观点使分析能够人为地超越界限，从而将注意力集中在更广泛的行动网（Latour，2005）和制度领域（Bourdieu，1990）。因此，这种现象的观点与流动性更强、结构不那么僵化的后现代经济体更加吻合（Husserl，1965）。许多当代组织寻求超越其科层制的烙印，摆脱垂直层级结构以及正式的部门和公司边界所施加的人为限制。同时，这些“后科层机构”正在改变控制制度，以便为创造力提供充足的行动自由，使其能够适当地利用创造力，通过使用道德控制和情感纽带来诱导持续的栖息（Illouz，2007；Baumeler，2010）。几乎自相矛盾的是，旨在克服结构性局限性的相同力量，加强了对核心组织成员的制度控制，同时在国内外都以大量扩张和分包的特遣劳动力包围着他们。

如前所述，勇敢的新世界有着非常古老的起源——组织一直是不断繁殖的对象。甚至韦伯式的科层制，也是基于一种特殊的道德特征而形成，即“官僚个人”，其特征是具有强烈的情感义务感（Clegg，1990）。但是，当代的“网络社会”（Castells，2000）和不断发展的“第三次工业革命”，其特征是横向联系的增加而不是纵向一体化（Dosi and Galambos，2013），这使转移组织研究和商业教育的主要关注点的重要性凸显出来。

152 阿斯顿学派倡导的经典方法（如“权变”“理论”）的经验对象的观点，在很大程度上是无关紧要的。现在有必要考虑实践中发生“组织”（organizing）的多种方式。现代企业正在经历着一场深刻的危机（在词源上意为“转变点”）。传统形式的大型科层式上市公司的崩溃，作为20世纪的经济特征，随着它们演变成集中度降低、持久性下降、整合程度降低和流动性增强的实体，正在产生消极的社会影响，减少了长期就业带来的个人安全机会、医疗保健、退休保障的形式（Davis，2013）。建立一个替代的、更民主的互动模式，所必需的技术和社会“成分”已经可以使用，它能够取代传统企业提供的“垂直整合社区”（Davis，2013）。但是，一种认为制度稳定和巩固结构优先于过程和实践的思维方式，不足以理解或支持这种转变。

帕克尔（Parker，2008）提出了一个大胆的想法，该想法可以使商业教育从保守主义的堡垒转变为社会和经济创新的倡导者：将管理学校的方式由管理转变为组织安排。这意味着将重点转移到探索多种机会来安排活动和追求人类在整个历史中一直自主发展的共同目标，在这种对话中，不仅包括“战略首脑”，还包括赋予企业生命的谦卑双手，以确保更大的复调（Kornberger，Clegg and Carter，2006）。这样做不仅是重新调整研究兴趣或调整学科词汇或教学大纲的问题。相反，它需要采取不同的学术立场，在商业研究方法上进行一场新的革命。

商业教育的“第一次革命”发生在20世纪中叶（Khurana，2007），当时美国商学院否定了它们作为商学院的起源，试图通过更恰当的假设，让致力于科学研究的学术机构来获得尊重和地位（Bailey and Ford，1996：8），以应对来自大型基金会和联邦政府的激励和压力（Ghoshal，2005：77；Khurana，2007：210－22）。这种“社会合理化与科学技术发展的制度化联系在一起”的科学过程（Habermas，1987：81），建立在两个主要思想的基础上：首先，教学必须以实证科学研究为基础；其次，可以以工商管理的职能领域为启发，按照学科方向进行组织（Clegg and Ross-Smith，2003：88）。在这种方法的基础上，普通科学范式（Kuhn，1962）集中在系统理论上，这是一种理论上有见识的抽象知识体系，可以应用于任何地方的所有组织（Parsons，1951）。

第二次革命，能够推翻以系统为中心的观点的扼杀效应，需要放弃模仿自然科学的欲望，因为人类活动的高度关联性和情境性，阻碍了确定支配社会主体行为的绝对定律的可能性（Flyvbjerg，2001）。一个世纪以来人们一直在思考
难以言喻的复杂性，为什么我们不尝试转向一门久负盛名的学科呢？这样的学 153
科是哲学。但是，在研究如何使用哲学观点来扩展我们对组织的思考之前，必须先揭露由于缺乏对“组织存在”本质的反思而产生的负面后果。

物化对创新的限制：案例研究

美国能源部（DOE）试图解决与新墨西哥州核废料场的长期管理有关问题的故事，可以证明“物化”偏见是如何限制组织的述行潜力（the performative potential of organizing）。这个案例可以被解读为一个寓言，该寓言说明作为组织论述一部分的隐性陈述，如何最终“束缚”组织的创新能力，突显出从不同角度看待组织问题的必要性。从“智慧就是看到我们知识的边界”这一理念出发，我们需要揭示和质疑被认为是理所当然的事物，解构秩序并提出疑问（Kaulingfreks，2007：43）。此示例中展示了“极端”案例研究的所有特征（Flyvbjerg，2006a），因为它表明了组织的物化和客观化是如何削弱创新能力，即使在一个具有独特想象力和前瞻性思维的组织中也是如此。

*废物隔离试点厂*位于卡尔斯巴德镇附近的一个盐盆地中，这是一个很深的地质仓库，这里埋藏了生产核武器所产生的废物。该地点最终将在 2030 年封闭，以将放射性物质隔离 10 000 年（Van Wyck，2005）。美国能源部面临的主要挑战之一是在该地点设计一套能够最大限度地降低“人类无意入侵”（Van Wyck，2005：69）风险的标记，而该地点将在数千年内保持危险的放射性。除了难以生产可以持续这么长时间的东西外，符号耐久性的问题似乎也令人生畏。美国能源部的任务是发出至少 300 代人都仍可以理解的警告。语言瞬息万变，我们只要想想当代读者在解读乔叟英语（Chaucerian English）时遇到的困

难，即使我们与乔叟只有 30 代人的差距，更不用说在 14 世纪纳瓦霍语（而非英语）才是新墨西哥州的主要习语。

为了应对这一挑战，该组织召集了专家小组，要求他们设想各种可能的未来方案。他们还委托符号学家、设计师和艺术家进行研究，试图设计出一些“通用”的警告标志，以表示危险。他们甚至制定了一项行动计划，旨在测试跨越一个世纪的标记的耐久性。虽然与普通组织面临的常规战略规划问题相
154 比，这些步骤可能显得大胆和富有创造性，但它们反而揭示了组织如何持续陷入一个隐性假设的网络中。

美国能源部必须解决的问题是时间尺度，它与现代组织的常规计划相比，已减少了几个数量级。在这方面，它标志着着眼于短期行动和成果的工业时景的现代性，与以慢著称的自然环境时景之间的对比（Adam，1998）。由于生产而导致的环境退化发生在数年之内，但环境力量需要数千年才能恢复平衡。

在美国能源部咨询的各种专家中，符号学家托马斯·塞贝克（Thomas Sebeok）提出了一种真正革命性的解决方案。他认为，由于知识是与环境相关的，因此，今天产生的任何信息都可能在不久的将来变得无法理解。那些试图对此类消息进行解码的人将在完全不同且目前无法预测的参考语境框架下对其进行解释（Sebeok，1986）。设置冗余（多个消息、符号和通信方式）只能减轻由热力学第二定律导致的不可避免的熵增加。与任何其他形式的“秩序”形式一样，信息会随着时间的流逝而自发地失去一致性，逐渐演变成一种熵的状态。

为了应对这种不可避免的信息衰落，塞贝克建议开发一种“中继系统”，在该系统中，信息应该“在民俗手段的辅助下进行传输，特别是人工创造和培育的仪式与传说相结合”（Sebeok，1986：460）。他的想法是开始在当地居民中传播一个类似潘多拉魔盒的神话，甚至创建一个“祭司”来支持仪式的传承，以确保避开该遗址。本质上，该建议是要充分利用神话在人类文化中的普遍性，以创造一种新的语言游戏和相关实践。

尽管此策略听起来有些牵强，但上述阿芬顿白马的案例确实证明了这一事实，即明显的短暂仪式“组织行为”比任何建筑物都更持久。这不是一个独特的例子：澳大利亚原住民对岩石艺术进行粉刷或修饰的做法（O’Connor，Barham and Woolagoodja，2008）是通过仪式活动使百年传统得以延续的又一案

例。在这方面，有目的地创建宗教仪式和实践的语言游戏以传递几个世纪以来的信息，这一想法似乎比未经尝试建立一个地标性建筑（其含义可能变得难以理解）是更“有根据”的解决方案。实际上，考虑此解决方案可以看作是“参考类预测”的形式，这是一种基于类似过去情况及其结果的知识的预测技术。与投机或经典项目规划相比，这种方法已被证明是预测未来的更有效方法，因为它避免了乐观主义偏见（Flyvbjerg，2006b）。

尽管如此，依靠过程而不是结构来保证含义的持久性的想法被美国能源部的决策者完全放弃了。这可能是由于他们缺乏想象力或是缺乏实验的欲望，能 155
源部的规划者们设法制定并批准了一项长达一个世纪的计划，这似乎证明了他们有能力做出新颖和大胆的举动。问题（很可能是）与能源部的选择受到话语力量的约束有关。话语是由一系列陈述、实践和规范构成的，它们充当了有意义的手段，代表了现实，并实现了“真理制度”（Foucault，1980：131）。因此，“权力与话语是相互构成的”（Hardy and Phillips，2004：299），因为权力关系强加了特定的世界观，而世界观反过来又促成了具体的权力关系，从而不断地重新构造了权力和统治的循环（Clegg，1989）。

规划者们被期望去构思和探索新的场景，并将他们的行动投射到一个不可预测的未来；与此同时，他们被一系列的话语压力所束缚，这些压力使他们纠缠于过去。制度力量要求他们遵守标准化的规则和期望，以提供可量化的即时结果。这些制约因素体现在美国政府通过其环境保护局（EPA）制定的要求中：

> 1996 年 10 月，美国环保局收到了美国能源部庞大的“合规性认证申请书”（约 84 000 页）……。美国环保局的任务是决定美国能源部是否符合先前规定的标准。
>
> 美国能源部（至少就本文件而言）选择了最低公分母的折中方案。通过为更简单的设计提供更简单的论据，美国能源部试图确保该项目能够获得批准。（van Wyck，2005：93）

当今组织设计对“勾选框”和填写表格的世俗要求，似乎引发了科层制目标转移的一个典型例子（Merton，1940）。美国能源部成员越来越关注当代观众（与美国环保局相对的观众），而不是关注未来观众（必须警告后代乱动核废料的危险）。结果，“对意义问题的讨论已成功地转移到对材料耐久性的关注上”（Van Wyck，2005：98）。在 20 世纪后期的美国科层体制的参照框架中，讨论图标、文字、设计和物质支持等有形的东西，肯定比提出长期的社会文化工程学更通俗易懂（且争议较少）。从这个意义上讲，权力既在系统层面运行（使用合规认证模式），又在关系层面运行（两个政府机构之间的关系），通过划定对规划活动有意义的“生产性”贡献的边界来产生知识。

这个案例说明了目标是如何作为现代科层机构基础的工具合理性（Weber，1978），同时也是一种合理化手段、沉默替代品（尽管基于证据）、行动的解释模型、反常地产生不那么“智能”的解决方案。当代的组织话语，以其结构为中心的偏见最终压制了其他的可能性。

156 为了克服这些局限性，释放组织和创造性的潜力，有必要从第一条原则开始，重新考虑讨论和研究组织的方式。这需要借助哲学的观点。

以哲学为基础，指导拓展和更新组织研究的视角

在过去的十年中，从哲学的角度考虑管理问题的机会一直是许多著作的目标（Jones and ten Bos，2007b；Spoelstra，2007b；Koslowski，2010；Tsoukas and Chia，2011b）。这些贡献中的大多数都集中在一个重要的观点上：使用哲学观点来探讨如何扩大组织研究和商业教育的范围，不应限于使用伟大的哲学家的思想来解释组织现象。这意味着将哲学视为“底层劳动者”，被用来“消除某些障碍、纠正语言混乱或解决逻辑矛盾，以扫清科学进步的道路”（Spoelstra，2007b：58），这是哲学在管理研究领域的一个辅助应用，这是一个既定的传统。伯勒尔和摩根（Burrell and Morgan，1979）经常被引用的著作恰恰做到了这一点，该著作确定了管理替代性话语的基本范式（Spoelstra，2007b）。事实上，哲学的发展已经成为管理和组织研究学术实践的一个规范化部分，通常局限于一个方法论部分，至少在定性研究中，本体论（什么是现实?）、认识论（我们如何认识事物?）和人类行为学（我们如何将知识转化为行动?）问题被简明扼要地解决了。

琼斯和博思（Jones and ten Bos，2007a）使我们对哲学的潜力有了更广泛的理解。他们提到柏拉图、亚里士多德和笛卡儿（Plato，Aristotles and Descartes）的著作时，都肯定了哲学的目的是“好奇”，即提出基本的、天真的问题，质疑通常被认为是毫无疑问的问题、理所当然的问题，包括了阿波里亚症的构成（困惑、疑问、不可决定性）。奇怪的是，尽管事件具有合理性，但当事件与日常活动相混淆时，一种类似的情况常常成为组织生活经验的特征（Deroy and Clegg，2011）。斯波尔斯特拉（Spoelstra，2007a）更明确地指出，哲学探究的目的是挑战常识，常识是支撑我们思考和行动的社会建构假设的共享层。常识的问题在于，它“脱离了它创造的社会现实”（Spoelstra，2007a：17），而这种抽象使它对它所产生的后果无动于衷，无论是限制我们的创新能力，还是对压迫和痛苦变得麻木。在这方面，社会科学（例如组织研究）和哲学必须齐头并进，以便能够考虑用于锚定观察和分析的一组假设的含义，特 157
别是要反思不同方式的思想、机构和技术的安排在道德、实践、政治上的影响。

解构“常识”需要从苏格拉底的角度考虑知识的产生：这是一种不会减少但会增加我们对现实存在无知的事物。这种矛盾的现象意味着，随着我们理解的加深，我们会变得更加意识到我们所不知道的事物的复杂性和扩展性（Kaulingfreks，2007）。因此，作为“发现差距”或“填补空白”活动的知识追求，不仅没有什么意义，而且越来越空洞。最好的方法是由组织研究代替，这可以作为对事物进行问题化的手段（Alvesson and Sandberg，2013），质疑公认的和已确立的信念。问题化意味着制造一种崩溃（Koschmann，Kuutti and Hickman，1998；Sandberg and Tsoukas，2011），这是对实践流程的一种中断，使我们能够意识到自己的想法是什么。“哲学是一个中断的问题，它打破了人们熟悉的理解和实践的世界。”（Jones and ten Bos，2007a：14）

将社会学、技术学和哲学考察结合起来进行研究的一种方法是本特·弗利伯格（Bent Flyvbjerg）所倡导的语言社会科学方法（Flyvbjerg，1998，2001；Flyvbjerg，Landman and Schram，2012；Clegg，Flyvbjerg and Haugaard，2014）。该方法以经验的方式探索了通过权力关系产生真理的路径，它允许挑战主导观点，批评决策者并提出替代的行动模式。这样做不仅仅是一种智力上的练习。对大型项目及其代价高昂的失败背后的决策过程进行的研究（Flyvbjerg，

Rothengatter and Bruzelius，2003；Van Marrewijk et al.，2008），证明了这种哲学灌输的研究模式如何产生非常实用的、基于证据的相关结果。

组织研究人员如果选择在他们的研究中纳入哲学的理解，他们必须接受不完整、不完善和变革是他们作品的积极特征（而非局限性）。习惯于被客户和学生要求提供解决方案和工具的管理学者，需要提高自己的谦卑感，接受他们的知识并不一定比其他行动者更好的现实。

总而言之，哲学反思使我们有可能讨论支配我们的社会现实常识。关于组织的最具“常识性”的观点是：组织是真实而稳定的对象、行动的容器、已完成的事件。另一种观点认为，这些对象是由“材料”构成的，惯例、过程、结构等都是这样的设定。从这个角度来看，组织可以被看作是“不断实践的实践领域”（Gherardi，2006：227），既不是作为经验对象，也不是纯粹的抽象，而是作为虚拟对象或“行动之间联系”的集合，当这些联系稳定下来后，将被用来构建行动者的认同（Czarniawska，2008：18）。因此，限制人们发现普遍规律的一个可能性因素，组织现象的背景性问题，被展现出来。左卡斯和赤
158 尔（Tsoukas and Chia，2011a）提出，只有当我们接受工具性的人类行为学时，对语境的关注才是一个问题，假设理论和实践是分开的，并且前者的作用是为后者提供信息。相反，如果我们使用一种诗意的行为学，理论和实践就会交织在一起，前者为后者提供身份认同和解释价值。因此，管理研究的目的不仅仅是设计一种基于理论的管理技术，而是反身性、递归性和批判性地完善语言游戏的通用词汇，在语言游戏中讨论并检验我们选择的含义。

如果商业研究和教育的重点不只是偶然现象（组织结构和安排），而且也关注组织行为和递归语言游戏，这两种行为学就可以连接起来，而这些行为学又是建立和维持这些学科对象的基础。这样做将使管理和组织研究真正变得至关重要，也就是说，可以反身性地和递归性地调整其研究和他人实践的后果。此外，这种现象学的研究，不仅应以描述当地情况为目标，而且还应以人类行动者采用的组织原则的形式来确定规律性。应该有可能描述各种不同组织模式的具体安排如何在制度认可的规范和实践中变得稳定，假设一个广义的“正常”理想类型（例如“科层组织”）具有话语权，一个制度化组织的构造（例如微软），或不稳定而又有影响的关系网（例如虚拟社区的成员）。我们将考虑这些新兴的“社会行为的构想”的特殊性和语境约束性。在最后一节中，

我们从强调参与过度控制的理论和实践经验中汲取灵感，定义了发展此方法的研究议程。

参与和组织作为企业的构成要素

人类精通组织艺术。我们不断地订购、编目、安排、包装、分隔、分类事物、时间和活动。自法约尔（Fayol，1949）以来，很少有人进行系统性的尝试，来确定以“管理”为组织形式的基本原则。法约尔的十四项管理原则的优势在于它们在实践中的扎根（他根据自己担任矿长的经验制定了这些原则）；但是，这同时也是它们的主要缺陷，因为它们太深植于现代主义、科层制、原工业的现实中，不具备任何普遍性。批评是对法约尔的批评，但它可能是对某种超越和普遍原则的尝试，这些尝试只能是属于他们的时刻。几十年后，西蒙（Simon，1996）反思了等级制度作为一种组织原则的价值，他的反思具有更强的认识力，但它们仅指代许多可能的排序模式中的一种。在所有关 159
于组织流程的当代文献中，作者所假设的现象学立场，似乎都排除了对所观察到的过程进行规律性研究的尝试。然而，那些通过避免实证主义的风险来保护其作品的认识论纯正性的作者，在按照一般类型（例如科层制、后科层制等）来给他们所研究的组织进行标记时，并不觉得有什么不妥。

在研究一般组织模式方面的沉默，与教育界对这些问题的沉默相呼应。明茨伯格（Mintzberg，2004）曾指责专业化程度高的商学院没有对 MBA 学生进行管理实践方面的教育。这种强烈的指责激起了人们的防御性反应（Tyson，2005），但同时也引发了对商业教育中所教授知识性质的必要反思。赤尔和霍尔特（Chia and Holt，2008：484）总结了这个问题的本质：“与其说是表征性知识的产生、传播和应用，不如说是表征如何以增强商学院学生的特定习惯性倾向、敏感性和个人性的方式，与商业经验相联系和唤起他们的商业意识。”理解和讨论个人和团体如何不灵活地安排和组织活动的方式，将构成管理专业学生的基础练习，但这项实践在课程中却明显缺失了。

这种对基本反身性的忽视，反映并支持了法约尔和泰勒时代的主流话语，他们将组织的员工视为组织指令的被动接受者，从而赋予了管理者制定和实施用于创造和维持秩序蓝图的可能性。矛盾的是，传统商业学者和顾问提出的这种模型无处不在，甚至管理者们也成为预设模型的惰性接收者。相反，考虑到行动和资源的多种排序方式，并赋予其连续性、一致性和共同意义，以及每个人如何进行这种持续的组织活动，可以更好地探索和理解丰富的组织模式生态系统，这些模式体现了每个组织的特点，并且可以从其他叙述、其他地方和其他时间富有想象地构建起来。

在这一点上，我们停下来思考一下，作为管理学者和实践者，我们在全球金融危机（GFC）之后学到了什么管理和组织的知识。泰勒、拉金和斯塔勒（Taylor，Ladkin，and Statler，2015），野中等人（Nonaka，2014），肖特尔和左卡斯（Shotter and Tsoukas，2014）认为，大多数管理学者和从业者似乎从全球金融危机中学到的知识很少。那么，我们应该问什么样的问题呢？从哪里开始？我们的论点是，我们需要退后一点，以便提出更广泛、更具哲理性的问题，沿着我们通过组织和管理所寻求的思路是什么以及为什么；我们在努力实现什么目标，为了谁，为了什么目的；这些问题的答案在何种程度上，以及如何塑造了有关管理和组织方面的理论和实践的观念。

通过提出一些哲学问题，我们希望重新发现，第一，玛丽·帕克·福莱特
160 的实用主义答案的一致性和预见性，而不仅仅是作为实体的企业，但作为对更广泛的社区潜力的创意；第二，我们将在北欧的共同决策的经验中找到福莱特的远见卓识的实际应用；第三，我们认为，这些相似的问题和答案对商学院课程和教学法仍有深远的影响。

我们的问题源于关注两个突出的社会经济问题，这两个问题在全球金融危机之前就已出现，而自全球金融危机以来则日益突出：财富的集中，导致权力不平等的加剧，以及股东价值的绝对优势。人们对收入不平等现象日益严重的担忧再次加剧（Stockhammer，2013；Wisman，2013）。放松管制和财富集中都不是不可避免的自然过程的结果，而是有争议的社会过程的结果。一方面，它们可以被看作是自由市场和相对不受监管的资本主义的结果，后者最终倾向于金融和遗产收益，而不是投资于“物质经济”，这似乎将世界带回到一个由基于继承财富的寡头统治的社会时代（Piketty，2014）。从这个角度看，战后在少数欧洲国家短暂存在的社会民主统治是一种不正常现象，而不是政治经济的正常基础。

权力的巨大不对称造成了新的“不稳定”工人阶层，他们不仅面临着工

作和收入的不安全感，而且还遭受着身份不安全的困扰（Standing，2011）。组织可以是公开的邪恶（Jurkiewicz，2012），但它们也可以实行微妙的邪恶形式：在一个以劳动力为商品的社会中，缺乏永久性就业是极其不道德的，甚至在有确保充分就业的方法的情况下也是邪恶的（Clegg，Boreham and Dow，2014）。戴维斯（Davis，2013）提供了充分的证据，说明大型公司在挖空就业、分包和外包时，如何逐渐摆脱作为美国经济和社会支柱的角色。现在，由相对较少的金融机构控制的，新的财务上敏捷且材料整合程度较低的机构雇用的人员更少，而就股东价值而言，他们却是后现代的赢利巨人。贝莱德这家跨国投资管理公司是美国五分之一公司的最大股东，其管理的资产组合（超过 3.5 万亿美元）相当于德国国内生产总值（GDP）（Davis，2013：289）。

股东资本主义的日益上升的统治地位及其在经济和社会方面的负面影响，已经引发了一场对华尔街的批评和揭露的广泛辩论。结果是，随着研究兴趣从当前的历史经济分析（Kelly，2012；Stout，2012；Mayer，2013；Tyler，2013；Block and Somers，2014；Laloux，2014）转向考虑未来企业所有权和治理的替代形式，一些废弃的历史没有纳入商学院的课程中，为想象比最近的历史更好的现实提供了机会。

导致不平等现象加剧以及权力制衡从“行动者”（从事使用价值的物质生产的人们）转移到“放债者”（金融投资者）的转变，这不仅落在贪婪的富豪身上，也落在社会民主主义者的身上，“导致财富和机会日益不平等；阶级和 161
种姓的不公；经济剥削……腐败、金钱和特权堵塞了民主的动脉”（Judt，2011：7）。要解决广大民众更广泛的社会和经济福祉的问题，就需要“重新回到有道德的公众对话中”（Judt，2011：8），特别是讨论关于国家的作用。

尽管美国经济具有相关性，并且对经济和组织话语有霸权影响，特别是通过其商业教育模式（Clegg and Ross-Smith，2003），但不同的国家在平衡资本主义经济和多元社会的挑战上却有所不同。塞伦（Thelen，2014）着重强调了各种资本主义在制度上的差异，描述了三种制度领域（劳资关系、劳动力市场和职业教育与培训［VET］），尽管在一些国家面临着新自由主义的压力，但需要维护社会团结。她精辟的分析突出了雇主、劳工和国家之间的主要紧张关系，并指出如果要纠正新自由主义时代对社会团结的侵蚀，而不是争相落入将一切都归咎于大规模移民削弱民族团结的民粹主义深渊，就必须面对这种紧张关系。这种分析表明，在发达国家的不同地区，已经采取了替代性的、缓和新自由主义的方法，这些方法可能为应对日益加剧的全球经济不安全和权力不平等的管理挑战做出其他贡献。

在研究这些替代方案之前，尤其是从北欧，几乎总是从德国或斯堪的纳维亚国家（如瑞典）那里获得替代方案之前，将其置于理论框架中很有用，这使我们不仅可以将其视为“技术性修复”，而且可以将其视为不同的管理范式的示例。令人遗憾的是，人们对玛丽·帕克·福莱特的著作在组织中的哲学观点认识不足，从而低估了这一框架。

迫切需要能够积极和现实地解决新自由主义所引起的问题。这种新经济自由主义的特点是自利（即非相对于他人而言）的个人主义，它假定了自私的欲望、偏好和效用的最大化是至高无上的（通常被简化为“理性的”自私，这意味着再少一点都是不合理的）。在这种新经济自由主义中，消费者使公民黯然失色，维护个人自由作为社会和政府的最终目标已成为一种虚假的“选择自由”，这种虚假的“选择自由”更多的是体现在消费者被剥削的问题上。市场作为社会的中心制度工具，仅被视为个人之间自愿交流的领域（Cahill，2014）。

总体而言，当代管理学者在抵制这些趋势方面几乎没有做出任何贡献。考虑到本章的未来方向，这种方法可以借鉴克莱格、库尔帕松和菲利普斯（2006）对未来框架的思考。在这方面，这些作者指出了越来越多的反思性结构，政治和道德的权力融合在政治上是柔性的（Clegg，Courpasson and Phillips，2006：383）。一个这样的选择源于对玛丽·帕克·福莱特（Mary Parker Follett，
162 1868－1933）提出的组织哲学的重新思考，特别是安塞尔（Ansell，2011）所描述的福莱特的实用主义哲学。

福莱特一生的工作可以概括为一场为了争取权力合作和民主公司治理合作形式的运动，在此运动中，管理者、所有者和劳动者可以在共同行动的或共同权力（co-power）的理论中共同努力（Boje and Rosile，2001；Melé，2011）。波士顿二十多年的公民工作塑造了对社区生活和学习民主的见解（Tonn，2008），福莱特提出了各种思想并将其应用于多个部门的组织、领导和管理。这些想法以一种独特的哲学方法进行实践，这些方法可以提供一种协调的行动模式，而这种模式不依赖于专横、无责任的领导者，他们可以自由地表现出极端的不负

责任（Child，2013：91）。

福莱特正在考虑的问题涉及关于管理和领导的未来角色的物质和伦理道德的观点，以及一些主要的教学意义。[①] 在阅读福莱特的著作时，蔡尔德（Child，2013）提出了她思考中的四个与组织和管理特别相关的关键主题：

1. **直接联系协调**：无论负责人在组织中的职位如何，都必须保持直接联系。“横向”沟通与“垂直”指挥链在实现协调方面一样重要。这是由于福莱特重视通过群体共同学习，其中“重要的一环”团体的独立性对世界的影响是贯穿始终的（Follett，1918/1998，引自 Child，2013：79）。福莱特的核心是整合，“连锁，相互关联……一个工作单元，而不是由单独的片段组成”（Follett，1949：61）。

2. **建设性冲突**：虽然她认为异议是正常的，但她认为缺乏整合是功能失调。福莱特强调，以妥协结局的冲突是次优的，因此应避免。需要的是整合，在考虑其他人的需求和专家建议的同时，寻求满足职能职责的方法。

3. **管理的核心流程**：福莱特所关注的核心流程范围比当今更为广泛。她的关键概念——协调、建设性冲突、整合和权力——都建立在人际关系上，对她而言，这是民主的基础。权威问题和“企业共享”问题（Follett，1949：73）是中心问题，通过“交织，相互对立的整合修正……”，提高了领导、协调和控制的清晰性。（Follett，1949：75）。

4. **商业与社会**：福莱特将管理视为一种传统职业，在满足公众需求的同时满足企业需求。但是她也看到了企业管理中更直接参与培养核心的潜力以社会过程为主题，以便在团体和社区内进行更有效的整合与协作，从 163
而加强民主与社会。应当指出，儿童的最终主题与在工作组织（以及通过社区团体的更广泛的政治活动）中不断增加的呼声相一致，不仅仅是通过工会，工会的代表作用几乎在所有地方都在减少，但通过其他形式的公民社会参与和非工会员工代表（NER）更为显著（Kaufman and Taras，2010；Wilkinson，Wood and Deeg，2014）。

---

① 参见 Maciariello and Linkletter（2011：324－5），了解福莱特在权力与冲突方面的工作，特别是在组织的社会运作方面，如何塑造组织和管理实践的思想，该书称她为“管理先知”。（另见 Ansell，2011。）

鉴于全球金融危机带来的社会经济挑战，以及更多流动性组织的战略需求，玛丽·帕克·福莱特的想法仍然具有惊人的先见之明。在“第三次工业革命”之后（Jensen，1993），许多组织不能简单地通过层层控制和形式化来缓冲不确定性，而需要通过下放权力和降低组织的结构化来应对不确定性（Child and McGrath，2001）。这就带来了治理和企业社会责任的新问题，但也增加了对组织成员的积极智能合作的信任。当福莱特呼吁将劳动者的经验加到专家的经验中时，她就预见了从事创意产业和数字经济公司的需求（Follett，1924：20）。为了更好地了解她的另类组织范式的实际意义和影响，我们可以考察在两种情况下，她的某些思想和原则似乎已得到具体的应用：德国和瑞典的共同决议管理模式。

以美国自由市场企业为规范基础的商业教育模式模型中，德国共同决议制（*Mitbestimmung*）基于权利的[1]、民主的框架（Addison，2009）被不公正地忽视。德国基于人权的立法利益相关者框架（Schulz and Wasmeier，2012）在当代英美大学管理教育中很大程度上仍然被忽略。[2] 与新自由主义或自由市场经济体相比，德国是一个社会/协调的市场经济体（Nicholls，2000；Spicka，2007；Glossner，2010；Meyer and Rutherford，2011；Zacher，2012）。共同决议制背后有一段生动的历史（Logue et al.，2015）。根据共同决议法，德国企业有两个董事会，分别是监督委员会和管理委员会。但是，共同决议制的独特之处在于，它确保了在监督企业管理的监事会中有大量的员工/工人代表。这些员工代表是由工会选举产生的，根据行业的不同，他们至少占到董事会成员人数的
164 三分之一，最多占董事会成员人数的一半。雇员代表的共同决策权与否决管理决策的权利相关（Budd and Zagelmeyer，2010：495），涉及“员工及其工作条件……对企业活动是至关重要的事项，例如：大量投资、生产、质量、产品开发、扩张、缩减或重组计划的系统和方法的变更”（Budd and Zagelmeyer，2010）。的确，“在做出任何决定之前，此类决定都已提交给工会征求意见”（Carley，Baradel and Wälz，2005；引用自 Budd and Zagelmeyer，2010）。对于西

---

① 德姆伯（Dembour，2006）认为，人权有四个“学派”，即自然的、协商的、抗议的和话语的。她认为，从这些结构来理解人权，挑战了赋予权利的形而上学地位，并使人们能够对人权结果进行更具批判性的评估。

② 两个罕见的例外是 Steers，Nardon and Sanchez-Runde（2013）和 Silvia（2013）。

尔维亚而言，共同决定不仅是“战后德国劳资关系的支柱”（Silvia，2013：43），而且是德国通过独特的“社会伙伴关系”取得经济成功的关键所在。

> 很少采取工业行动……［共同决定］法并不偏向于任何一方，共同决定法则促进了管理者与雇员在工作场所和董事会上进行和平与富有成效的交流。共同决定有其批评者，但它在德国社会中得到了广泛的支持……，在那里，有组织的劳工和管理层将自己理解为“冲突伙伴关系”中的社会伙伴，而不是敌人……社会伙伴关系帮助德国某些公司成为世界上最成功的企业和使德国员工跻身于最富裕的行列……，从而使审议、协调和共同牺牲成为可能，这帮助德国比其他任何高收入国家更好地度过了全球金融危机。（Silvia，2013：221－6）

德国表现出复杂但连贯的理智与历史、文化价值观（Walker，1971；Kocka，1999；Blackbourn，2003），体现在政治哲学和习俗、独特的1947年宪法（Currie，1994；Eberle，2002；Kommers，Miller and Ginsburg，2012），政府政策的多边主义（Fioretos，2011），以及得到广泛支持的劳资关系和工作场所立法（Silvia，2013；Pontusson，2005；Streeck，2009）。值得注意的是，在战后盟军占领和重建时期，美国的商业利益强烈反对共决的框架（Locke and Spender，2011）。同样值得注意的是，洛克和斯宾德（Locke and Spender）在调查全球金融危机的惨剧后，建议采用类似于德国共同决策模式的做法，作为对机构股东拥有有限表决权的非金融公司的治理结构，所有利益相关者都有权就任命首席执行官和董事会薪酬策略发言。他们建议，这些改革应伴随着商学院的发展，使其对所有利益相关者，不仅是企业，还包括工会和非管理层员工，做出更加积极的回应和负责。他们认为，另一种选择是将其关闭，因为它们的影响不利于推广新自由主义的失败模式。

不仅在德国，还存在着反对不受监管的新自由主义理性的另类传统。在斯堪的纳维亚半岛，有着强大的政治经济和社会民主主义传统，塑造着企业和福利国家。与几乎任何其他国家不同，瑞典的工会会员资格主要是通过公共部门
高度集中。用正统的说法这种方法将导致经济停滞、缺乏创新和根深蒂固的反 165
商业利益，然而，自相矛盾的是，瑞典却呈现出一个谜。伴随着高税收、平均

收入分配以及与几乎所有构成新经济自由主义的政策形成鲜明的对比，瑞典从20世纪90年代中期到2008年进行了示范，它有可能提高竞争力，确保宏观经济平衡，降低失业率，并让大多数的妇女、青年和老年人参与经济活动，而国家机构在经济中发挥着重要作用（Kristensen and Lilja，2011：vii）。

是什么使瑞典之谜成为可能？希金斯和道（Higgins and Dow，2013）认为，这是一个连贯而实用的社会民主主义纲领，特别是通过克里斯滕森和利亚（Kristensen and Lilja，2011）所概述的贡献者恩斯特·威格福斯（Ernst Wigforss，1881－1977）所倡导的思想，对瑞典自由资本主义的破坏取得了最大的进展和巩固。希金斯和道认为，在全球金融危机之后，有关将经济效率和社会公平相结合的这些理论和纲领性观点值得重新审视。“经济自由主义将这两种价值观置于一种对立的关系中，因此必须以牺牲另一种为代价来购买……［本质上］维格福斯展示了一种将公平与效率结合起来的政治，从而重新定义了进步。”（Higgins and Dow，2013：16）塞耶斯泰德和亚当斯（2011）对维格福斯的描述将他定位为“行动思想家”，将政治立场与反思性意识形态的参与结合起来（Sejersted and Adams，2011：167），但正如伯曼（Berman，2006：169－72）所言，瑞典独特的社会民主主义是通过长期的政治斗争结合民主而形成的社群主义，它是一种不存在严重紧张关系的结合。[1] 特别是伯曼将瑞典的发展归因于社会民主主义者在两次战争之间的战略决策，他们认为“国家可以而且应该在不破坏市场的情况下控制市场”（Berman，2006：17），反对马克思主义和自由主义。出现的是“长期以来被视为不相容的事物的和解：运作良好的资本主义制度、民主和社会稳定”（Berman，2006：17）。

与这种和解相关的是关于权利和所有权问题，亚伯拉罕森、布罗斯特伦和麦库恩（1980）专门讨论了这些问题。对于这些作者来说，劳工权利的原则是使决策和行政权力对生产统一的原则，这种统一是经济民主的必要组成部分。这就是劳动权被定义为“委托人”的原因（Abrahamsson，Broström and McCune，1980：24－8）；换句话说，处于一种权力关系中，他们共同拥有权力来任命代表生产中所有“有利益关系/利益”的执行官，这使我们回到共有制问题以及恢复生产场所问题上（Chang，2014）。但是，在将这些线索联系在一

---

① 参见伯曼（2006：207－8）。

起之前，我们先暂停一下，简要回顾一下到目前为止的叙述。

我们在本节开始时关注的是，在全球金融危机之后，学者和从业者从管理和组织中学到了什么，新自由主义框架显然不受信任，而替代品似乎又很少受到关注。我们在某种程度上与直觉相反，我们主张的是一种更哲学化的取向，166
尽管有其支持，但我们认为它本质上更实用。我们首先从福莱特概述的不公平的不安全感和不平等现象，从人权到共同权力的观点来看，我们通过广泛的社区支持在德国成功地实现了共同决策，并通过瑞典的社会民主主义实现了资本主义和福利的想象性整合。该观点提供了一定程度的一致性，其基础是一个明确的框架，该框架充满了对共享、联合权力的关注，并针对民主/共同治理的权利和责任等哲学问题进行了阐述，该问题将管理和组织视为联合管理的职能，而不是由组织结构图中的职位所定义的事物；以及对基于这些立场的合法性主张的篡夺，而不是从这些立场而来的行动。这在我们于商学院教授的课程中是显而易见的。

商学院课程

最后，我们将反思上述内容对商学院课程和教学法的建议。我们认为，从哲学的角度出发，是一个自由的机会，可以考虑到关于管理和组织的目的和方向的更广泛的问题，尤其是从高等教育的角度，并隐含地假定教育是公益事业的组成部分（Nixon，2011）。玛丽·帕克·福莱特的实用理想主义为我们提供了一个有价值的框架，可以使人们集中关注教育需要解决的问题。这些可以概括为一系列的核心管理、组织能力和配置，而不是作为典型的标准组织管理教科书主题，而是对福莱特培养软技能、政治和道德能力的独特雄心进行了扩展和专门整合（Clegg，Courpasson and Phillips，2006），这对于企业的共同责任是至关重要的。

新兴结构（“组织”）可以看作是不同模式组合的结果，是组织原则和行为的混合体。从这个意义上讲，所有组织都是混合组织，因为它们包含了不同形式的组织。而且，即使这些动力不是主导模型的一部分，它们也一直在起作用——在这方面，非主流的组织形式可以被视为抵抗或无组织的形式。例如，即使在通常被视为个人“无序行为”形式的经典科层机构中，也可以尝试发展跨职能的横向网络。相反，在当代的“后科层制”背景下，这些行为不仅得到组织的认可，而且得到了组织的积极推动。

仅关注组织的“坚实”和“持久”表现形式的学者，例如组织结构图、正式程序、战略计划、公司总部、工厂、资产负债表等，忽略了个体努力创造
167 秩序和感觉的多种方式，类似于一个想要检查珊瑚的海洋生物学家，但却没有观察产生珊瑚的微小珊瑚虫群，只关注在珊瑚虫群产生石灰岩骨骼来支撑自己时形成的硬珊瑚。在组织理论中，我们把死去的骨架误认为是息肉的活体自组织，而在过程中，我们过多地关注过程的美丽效果，摇摆、流动和运动，就像观察软珊瑚的繁殖一样，而对支撑它们的微小结构（针状物）不加注意。人类与息肉在很大程度上是不同的；人类所做的不只是对周围环境所带来的威胁和机遇做出反应和适应：人类创造性地安排了可用的材料，制定了战略，进行操纵和抵抗压力。这决定了一组复杂的不断演变的条件，这些条件正在塑造环境本身，这些相互依赖关系的网格是基于组织的、可以用*权力关系*的概念来确定的网架。

结论：权力是组织的网络

无论是谁指定组织来修正权力关系，或者至少尝试这样做，大多数组织权力的固定性是习俗、习惯、法律、传统和特权的混合物。我们已经提出了一些方法来解决这些问题，解构权力，想象新的未来。对于未来，组织中的权力可能围绕着克服两个主要问题展开。首先，组织如何维护和增强个人的自由与主动性，并建立新的管理机构，而这些机构又不加强从高层监视组织的狭隘的权贵圈子？他们将如何结合结构性议程和极简主义议程？组织领导力将如何体现日益增长的社会和政治影响？换句话说，领导力从一套管理实践和规则转变为一套机构能力，这意味着将权力视为教育个人、使个人社会化，创造和维持身份的一种手段，并考虑如何对制度进行治理和管理。政治权力的作用是发明和设计强大的制度，这些制度会在组织和社会内部创造必要的服从性、约束性和合法性。基于政治议程的观点提出的最紧迫的问题之一是道德上的分歧：那些因紧缩政策与不必要的失业和就业不足而变成更穷的消费者的公民，越来越不可能同意精英们为他们所安排的命运。

组织世界中民主主义的意识形态意义不仅与一种道德话语有关。这也是权力的工作，因为经济体制中的民主主义与寡头主义和科层主义的做法和价值观是对立的。它不仅是机械意义上的“外部政府为追求自己的目标而施加于人 168
民的力量，也是自由主义者、平均主义者和理性主义者所传递的被认为是源于人民的权力，因此它不是实际上的权力，而是行使人民自己的意志”（Nisbet，1993：40）。这句话引出的问题不仅是组织可以真正实现民主的程度，而且还涉及民主、权力和道德之间的特殊联系。正如尼斯贝特（Nisbet，1993）所说，没有道德的权力是专制主义，而没有权力的道德是无济于事的。

今天的组织的特点是，权力并没有在更广泛的社会中融合。敬重不再给予或期望给长辈和更好的人。组织不能简单地依靠配备高职位男性的员工队伍，而期望下级员工毫无疑问地服从。社会秩序不再由支持男子气概、权威、宗教或族群至上的明确人物和组织机构来调节。它在从一个个体到另一个个体，从内生的行动者和群体到外部的制约，因此，权力并没有产生个人的安全感和对作为权力中心的组织的相对统一的信念。同时，当权力观念错位时，组织无情地产生绩效的替代管理手段和话语，它们发挥着政治控制的作用，调解无形中心的无形力量，重塑政治主体。过去所有看似稳固的社会已经化为乌有，曾经有一种几乎没有人质疑的秩序的幻觉，但现在我们只能看到压制性宽容的效果，只要精英们被模仿、服从，并在大众的行为中复制，他们就会被容忍。接受取决于服从。服从总是偶然的、临时的、不确定的合法性。

权力是道德生活，因为权力是通过“实践道德价值观，我们发展了执政能力”（Durkheim，1961：46）。但是，根据涂尔干的定义，权力也是多元的。它体现在社区、亲属关系网络、专业、学校、工会等社会生活的各个领域。组织通过以下方式努力恢复强大的社会群体的一致性：牢牢抓住个人，不断提出新的理由将他们与公司的未来联系起来，使他们相信他们在为对社会有益和富有成果的实体而行动。正如涂尔干所说的那样，对个人行为具有更大的意义。

权力始终是一个互惠的问题；不仅是权力的关系和行使，而且受其约束的人们对其规范的塑造。今天，它是一种工具性更强的中介关系，而不是一种面对面的强制性协调。随着社会民主、权利和相互作用的权力的重述，尽管组织在发展和实施民主原则中并不容易，但这些以工具为媒介的关系可能会发生变化。组织，特别是商业组织，是现代民主程度最低的机构之一。它们对等级制

度作为组织原则的重视是显著的。这种倾向并不意味着大多数组织都是基于胁
169 迫的政权，而是它们并非旨在成员之间平等分配权力，其权力持有者不是由成员选举产生的，其关键决定是在权力的小圈子内做出的，不必征求成员的意见。即使处于最佳状态，它们有时还是基于某些价值观念的寡头政治。我们会争辩说，永远不可能以一种统治模式，将愿景强加给他人，在基于管理法令或实际所有权的任何借口之上，以超越受管理和非所有权的借口来控制公共利益。有人说组织必须意味着权力，但在如何构建隐含的关系方面存在着巨大的可变性和创造性。关键的问题是，权力如何嵌入统治关系之中。权力不能被剥夺：没有权力，人与人之间的关系是不可想象的，因为所有的社会关系都是统治、诱惑、操纵、强制、权威等关系。即使权力的特定关系、形式、实践、过程、结构、身份和意义发生变化，权力也是不可避免的。权力也许是永恒的，但它的形式不是关键。在本章中，我们试图提出一些哲学上有根据的和实际证明的方法来重塑权力关系，使之变得更好。

参考文献

Abrahamsson, B., Broström, A. and McCune, D. (1980). *The Rights of Labor*. London: SAGE.

Adam, B. (1998). *Timescapes of Modernity: The Environment and Invisible Hazards*. New York: Routledge.

Addison, J. T. (2009). *The Economics of Codetermination: Lessons from the German Experience*. New York: Palgrave Macmillan.

Alvesson, M. and Deetz, S. (2006). 'Critical Theory and Postmodernism Approaches to Organizational Studies', in S. R. Clegg, C. Hardy, T. B. Lawrence, and W. R. Nord (eds.), *The SAGE Handbook of Organization Studies*, 2nd edn. London: SAGE, 255 – 84.

Alvesson, M. and Kärreman, D. (2011). 'Decolonializing Discourse: Critical Reflections on Organizational Discourse Analysis'. *Human Relations*, 64: 1121 – 46.

Alvesson, M. and Sandberg, J. (2013). 'Has Management Studies Lost Its Way? Ideas for More Imaginative and Innovative Research'. *Journal of Management Studies*, 50(1): 128 – 52.

Alvesson, M. and Willmott, H. (2002). 'Identity Regulation as Organizational Control: Producing the Appropriate Individual'. *Journal of Management Studies*, 39: 619 – 44.

Ansell, C. K. (2011). *Pragmatist Democracy: Evolutionary Learning as Public Philosophy*. Oxford: Oxford University Press.

Ashkenas, R. N., Ulrich, D., Jick, T., Kerr, S., Prahalad, C. and Bossidy, L. A.

(1998). *The Boundaryless Organization: Breaking the Chains of Organizational Structure*, 1st edn. San Francisco, CA: Jossey-Bass Publishers.

Bailey, J. and Ford, C. (1996). 'Management as Science versus Management as Practice in Postgraduate Business Education'. *Business Strategy Review*, 7: 7–12.

Baumeler, C. (2010). 'Organizational Regimes of Emotional Conduct', in B. Sieben and A. Wettergren (eds.), *Emotionalizing Organizations and Organizing Emotions*. Basingstoke: Palgrave Macmillan, 272–92.

Bennis, W. G. and O'Toole, J. (2005). 'How Business Schools Lost Their Way'. *Harvard Business Review*, 83: 96–104.

Berman, S. (2006). *The Primacy of Politics: Social Democracy and the Making of Europe's* 170
Twentieth Century. New York: Cambridge University Press.

Blackbourn, D. (2003). *History of Germany 1780–1918: The Long Nineteenth Century*. New York, NY: Avalon Publishing Group.

Block, F. and Somers, M. R. (2014). *The Power of Market Fundamentalism: Karl Polanyi's Critique*. Boston, MA: Harvard University Press.

Boje, D. M. and Al Arkoubi, K. (2009). 'Critical Management Education beyond the Siege', in S. Armstrong and C. Fukami (eds.), *The SAGE Handbook of Management Learning, Education and Development*. London: SAGE, 104–23.

Boje, D. M. and Rosile, G. A. (2001). 'Where's the Power in Empowerment? Answers from Follett and Clegg'. *The Journal of Applied Behavioral Science*, 37(1): 90–117.

Borgerson, J. (2005). 'Judith Butler: On Organizing Subjectivities', in C. Jones and R. Munro (eds.), *Contemporary Organization Theory*. Malden, MA: Blackwell, 63–79.

Bourdieu, P. (1990). *The Logic of Practice*. Cambridge: B. Blackwell.

Budd, J. W. and Zagelmeyer, S. (2010). 'Public Policy and Employee Participation', in A. Wilkinson, P. J. Gollan, M. Marchington, and D. Lewin (eds.), *The Oxford Handbook of Participation in Organizations*. Oxford: Oxford University Press, 476–503.

Burrell, G. and Morgan, G. (1979). *Sociological Paradigms and Organisational Analysis*. London: Heinemann.

Butler, J. (2004). 'Changing the Subject: Judith Butler's Politics of Radical Resignification', in Sara Salih (ed.), *The Judith Butler Reader*. Oxford: Blackwell, 325–56.

Cahill, D. (2014). *The End of Laissez-Faire?: On the Durability of Embedded Neoliberalism*. Cheltenham: Edward Elgar Publishing.

Carley, M., Baradel, A., and Wälz, C. (2005). 'Works Councils: Workplace Representation and Participation Structures'. Dublin: European Foundation for the Improvement of Living and Working Conditions.

Castells, M. (2000). *The Rise of the Network Society*, vol. 1. Malden, MA: Blackwell Publishers.

Chang, Y.-C. (2014). 'An Economic and Comparative Analysis of *Specificatio* (the Accession Doctrine)'. *European Journal of Law and Economics*, 39(2): 225–43.

Chia, R. (2000). 'Discourse Analysis as Organizational Analysis'. *Organization*, 7(3): 513–18.

Chia, R. (2002). 'Essai: Time, Duration and Simultaneity: Rethinking Process and Change in Organizational Analysis'. *Organization Studies*, 23: 863–8.

Chia, R. and Holt, R. (2008). 'The Nature of Knowledge in Business Schools'. *Academy of Management Learning & Education*, 7: 471.

Child, J. (2013). 'Mary Parker Follett', in M. Witzel and M. Warner (eds.), *The Oxford Handbook of Management Theorists*. Oxford: Oxford University Press, 74 – 93.

Child, J. and McGrath, R. G. (2001). 'Organizations Unfettered: Organizational Form in an Information-Intensive Economy'. *Academy of Management Journal*, 44 (6): 1135 – 48.

Clegg, S. R. (1989). *Frameworks of Power*. London: SAGE.

Clegg, S. R. (1990). *Modern Organizations: Organization Studies in the Postmodern World*. San Francisco, CA: SAGE.

Clegg, S. R. and Baumeler, C. (2014). 'Liquid Modernity, the Owl of Minerva, and Technologies of the Emotional Self', in J. Kociatkiewicz and M. Kostera (eds.), *Liquid Organization: Zygmunt Bauman and Organization Theory*. London: Routledge, 35 – 57.

Clegg, S. R., Boreham, P. and Dow, G. (2014 [1986]). *Class, Politics and the Economy*. London: Routledge.

Clegg, S. R., Courpasson, D., and Phillips, N. (2006). *Power and Organizations*. London: SAGE.

171 Clegg, S. R., Flyvbjerg, B., and Haugaard, M. (2014). 'Reflections on Phronetic Social Science: A Dialogue between Stewart Clegg, Bent Flyvbjerg and Mark Haugaard'. *Journal of Political Power*, 7(2): 275 – 306.

Clegg, S. R., Kornberger, M. and Rhodes, C. (2005). 'Learning /Becoming / Organizing'. *Organization*, 12: 147 – 67.

Clegg, S. R. and Ross-Smith, A. (2003). 'Revising the Boundaries: Management Education and Learning in a Postpositivist World'. *Academy of Management Learning & Education*, 2: 85.

Currie, D. P. (1994). *The Constitution of the Federal Republic of Germany*. Chicago, IL: University of Chicago Press.

Czarniawska, B. (2008). 'Organizations as Obstacles to Organizing', paper presented to the 'Nobel Symposium Foundations of Organization, 28 – 30 August 2008 Stockholm', available at: <http://bit.ly/Zo2fcx> (accessed 1 March 2012).

Davis, G. F. (2013). 'After the Corporation'. *Politics & Society*, 2(41): 283 – 308.

Dembour, M.– B. (2006). *Who Believes in Human Rights?: Reflections on the European Convention*. Cambridge: Cambridge University Press.

Deroy, X. and Clegg, S. (2011). 'When Events Interact with Business Ethics'. *Organization*, 18(5): 637 – 53.

DiMaggio, P. J. and Powell, W. W. (1983). 'The Iron Cage Revisited: Institutional Isomorphism and Collective Rationality in Organizational Fields'. *American Sociological Review*, 48: 147 – 60.

Donaldson, L. (2001). *The Contingency Theory of Organizations*. Thousand Oaks, CA: SAGE.

Donnellon, A. and Heckscher, C. C. (1994). *The Post-Bureaucratic Organization: New Perspectives on Organizational Change*. Thousand Oaks, CA: SAGE.

Dosi, G. and Galambos, L. (2013). *The Third Industrial Revolution in Global Business*. Cambridge: Cambridge University Press.

Durkheim, É. (1961). *Moral Education: A Study in the Theory and Application of the Sociology of Education*. New York: Free Press.

Eberle, E. J. (2002). *Dignity and Liberty: Constitutional Visions in Germany and the United States*. Santa Barbara, CA: Praeger.

Fayol, H. (1949[1916]). *General and Industrial Management*. London: Pitman.

Feldman, M. S. (2000). 'Organizational Routines as a Source of Continuous

Change'. *Organization Science*, 11: 611 – 29.

Fioretos, K. O. (2011). *Creative Reconstructions: Multilateralism and European Varieties of Capitalism after 1950*. Ithaca, NY: Cornell University Press.

Flyvbjerg, B. (1998). *Rationality and Power: Democracy in Practice*. Chicago, IL: University of Chicago Press.

Flyvbjerg, B. (2001). *Making Social Science Matter: Why Social Inquiry Fails and How It Can Succeed Again*. Cambridge: Cambridge University Press.

Flyvbjerg, B. (2006a). 'Five Misunderstandings about Case-Study Research'. *Qualitative Inquiry*, 12: 219 – 45.

Flyvbjerg, B. (2006b). 'From Nobel Prize to Project Management: Getting Risks Right'. *Project Management Journal*, 37(3): 5.

Flyvbjerg, B., Landman, T. and Schram, S. (2012). *Real Social Science: Applied Phronesis*. Cambridge: Cambridge University Press.

Flyvbjerg, B., Rothengatter, W. and Bruzelius, N. (2003). *Megaprojects and Risk: An Anatomy of Ambition*. Cambridge: Cambridge University Press.

Follett, M. P. (1924). *Creative Experience*. London: Longmans, Green and Co.

Follett, M. P. (1918/1998). *The New State: Group Organisation, the Solution of Popular* 172
Government. New York: Longmans, Green.

Follett, M. P. (1949). 'Coordination', in M. P. Follett (ed.), *Freedom and Coordination, Lectures in Business Administration by Mary Parker Follett*. London: Management Publications Trust, 61 – 76.

Foucault, M. (1980). *Power/Knowledge: Selected Interviews and Other Writings, 1972 – 1977*. New York: Harvester Wheatsheaf.

Gadamer, H.-G. (2004[1960]). *Truth and Method*, trans. J. Weinsheimer and D. G. Marshall. New York: Continuum.

Galbraith, J. R. (2008). *Designing Matrix Organizations That Actually Work: How IBM, Proctor & Gamble and Others Design for Success*. San Francisco, CA: John Wiley & Sons.

Gherardi, S. (2006). *Organizational Knowledge: The Texture of Workplace Learning*. London: Blackwell.

Ghoshal, S. (2005). 'Bad Management Theories Are Destroying Good Management Practices'. *Academy of Management Learning & Education* 4: 75.

Giddens, A. (1984). *Constitution of Society: Outline of the Theory of Structuration*. Cambridge: Polity Press.

Glossner, C. L. (2010). *Making of the German Post-War Economy: Political Communication and Public Reception of the Social Market Economy after World War Two*. London: IB Tauris.

Grant, D., Hardy, C., Oswick, C., and Putnam, L. L. (eds.) (2004). *The SAGE Handbook of Organizational Discourse*. London: SAGE.

Habermas, J. (1987). *Toward a Rational Society*. Cambridge: Polity Press.

Hammer, M. and Champy, J. (1993). *Reengineering the Corporation: A Manifesto for Business Revolution*. London: Nicholas Brealey Publishing.

Hardy, C. and Phillips, N. (2004). 'Discourse and Power', in D. Grant, C. Hardy, C. Oswick, and L. L. Putnam (eds.), *The SAGE Handbook of Organizational Discourse*. London: SAGE, 299 – 315.

Hedberg, B., Dahlgren, G. and Olve, N.-G. (1997). *Virtual Organizations and beyond: Discover Imaginary Systems*. San Francisco, CA: John Wiley & Sons.

Higgins, W. and Dow, G. (2013). *Politics against Pessimism: Social Democratic*

Possibilities since Ernst Wigforss. Bern: Peter Lang.

Hochschild, A. R. (1979). 'Emotion Work, Feeling Rules, and Social Structure'. *The American Journal of Sociology*, 85: 551–75.

Husserl, E. (1965 [1935]). *The Crisis of European Sciences and Transcendental Phenomenology: An Introduction to Phenomenological Philosophy*, trans. Q. Lauer. New York: Harper & Row.

Illouz, E. (2007). *Cold Intimacies: The Making of Emotional Capitalism*. Malden, MA: Polity Press.

Jensen, M. C. (1993). 'The Modern Industrial Revolution, Exit, and the Failure of Internal Control Systems'. *Journal of Finance*, 48(3): 831–80.

Jones, C. and ten Bos, R. (2007a). 'Introduction', in C. Jones and R. ten Bos (eds.), *Philosophy and Organisation*. New York: Routledge, 1–17.

Jones, C. and ten Bos, R. (eds.) (2007b). *Philosophy and Organisation*. New York: Routledge.

Jones, D. T., Roos, D. and Womack, J. P. (1990). *The Machine That Changed the World*. New York: Simon and Schuster.

Josserand, E., Teo, S. and Clegg, S. (2006). 'From Bureaucratic to Post-Bureaucratic: The Difficulties of Transition'. *Journal of Organizational Change Management*, 19(1): 54–64.

Judt, T. (2011). *Ill Fares the Land: A Treatise on our Present Discontents*. London: Penguin UK.

173 Jurkiewicz, C. L. (ed.) (2012). *The Foundations of Organizational Evil*. London: ME Sharpe.

Kaufman, B. E. and Taras, D. G. (2010). 'Employee Participation through Non-Union Forms of Employee Representation', in A. Wilkinson, P. J. Gollan, M. Marchington, and D. Lewin (eds.), *The Oxford Handbook of Participation in Organizations*. Oxford: Oxford University Press.

Kaulingfreks, R. (2007). 'The Uselessness of Philosophy', in C. Jones and R. ten Bos (eds.), *Philosophy and Organisation*. New York: Routledge, 39–54.

Kelly, M. (2012). *Owning Our Future: The Emerging Ownership Revolution*. San Francisco, CA: Berrett-Koehler Publishers.

Khurana, R. (2007). *From Higher Aims to Hired Hands: The Social Transformation of American Business Schools and the Unfulfilled Promise of Management as a Profession*. Princeton, NJ: Princeton University Press.

Knights, D. and Willmott, H. (1997). 'The Hype and Hope of Interdisciplinary Management Studies'. *British Journal of Management*, 8: 9–22.

Kocka, J. (1999). *Industrial Culture and Bourgeois Society: Business, Labor, and Bureaucracy in Modern Germany*. New York: Berghahn Books.

Kommers, D. P., Miller, R. A., and Ginsburg, R. B. (2012). *The Constitutional Jurisprudence of the Federal Republic of Germany*, 3rd edn, revised and expanded. Durham, NC: Duke University Press.

Kornberger, M., Clegg, S. R., and Carter, C. (2006). 'Rethinking the Polyphonic Organization: Managing as Discursive Practice'. *Scandinavian Journal of Management*, 22(1): 3–30.

Koschmann, T., Kuutti, K., and Hickman, L. (1998). 'The Concept of Breakdown in Heidegger, Leont'ev, and Dewey and Its Implications for Education'. *Mind, Culture, and Activity*, 5: 25–41.

Koslowski, P. (ed.) (2010). *Elements of a Philosophy of Management and*

Organization. Berlin: Springer.

Kristensen, P. H. and Lilja, K. (2011). *Nordic Capitalisms and Globalization: New Forms of Economic Organization and Welfare Institutions*. Oxford: Oxford University Press.

Kuhn, T. S. (1962). *The Structure of Scientific Revolutions*. Chicago, IL: University of Chicago Press.

Laloux, F. (2014). *Reinventing Organizations*. Brussels: Nelson Parker.

Latour, B. (1986). 'The Powers of Association', in J. Law (ed.), *Power, Action and Belief*. London: Routledge and Kegan Paul, 264 – 80.

Latour, B. (2005). *Reassembling the Social: An Introduction to Actor-Network-Theory*. Oxford: Clarendon.

Locke, R. R. and Spender, J. C. (2011). *Confronting Managerialism: How the Business Elite and Their Schools Threw Our Lives Out of Balance*. London: Zed Books.

Logue, D., Jarvis, W. P., Clegg, S. R., and Hermens, A. (2015). 'Translating Models of Organization: Can the Mittelstand Move from Bavaria to Geelong?'. *Journal of Management and Organisation*, 21(1): 17 – 36.

Lorsch, J. W. (2009). 'Regaining Lost Relevance'. *Journal of Management Inquiry*, 18: 108 – 17.

Maciariello, J. A. and Linkletter, K. (2011). *Drucker's Lost Art of Management: Peter Drucker's Timeless Vision for Building Effective Organizations*. New York: McGraw-Hill Education.

Mayer, C. (2013). *Firm Commitment: Why the Corporation Is Failing Us and How to Restore Trust in It*. Oxford: Oxford University Press.

Mayo, E. (1949). *The Social Problems of an Industrial Civilization: With an Appendix on the Political Problem*. London: Routledge & Kegan Paul.

Melé, D. (2011). *Management Ethics: Placing Ethics at the Core of Good Management*, 174
Basingstoke: Palgrave Macmillan.

Merton, R. K. (1940). 'Bureaucratic Structure and Personality'. *Social Forces*, 18: 560 – 8.

Meyer, H. and Rutherford, J. (2011). *The Future of European Social Democracy: Building the Good Society*. Basingstoke: Palgrave Macmillan.

Mintzberg, H. (1983). *Power in and Around Organizations*. Englewood Cliffs, NJ: Prentice-Hall.

Mintzberg, H. (2004). *Managers Not MBAs: A Hard Look at the Soft Practice of Managing and Management Development*. San Francisco, CA: Berrett-Koehler.

Nicholls, A. J. (2000). *Freedom with Responsibility: The Social Market Economy in Germany 1918 – 1963*. Oxford: Oxford University Press.

Nisbet, R. A. (1993). *The Sociological Tradition*. New Brunswick, NJ: Transaction Publishers.

Nixon, J. (2011). *Higher Education and the Public Good: Imagining the University*. London: Bloomsbury Publishing.

Nonaka, I., Chia, R., Holt, R. and Peltokorpi, V. (2014). 'Wisdom, Management and Organization'. *Management Learning*, 45(4): 365 – 76.

O'Connor, S., Barham, A., and Woolagoodja, D. (2008). 'Painting and Repainting in the West Kimberley'. *Australian Aboriginal Studies*, 1: 22 – 38.

Ouchi, W. G. (1979). 'A Conceptual Framework for the Design of Organizational Control Mechanisms'. *Management Science*, 25(9): 833 – 48.

Parker, M. (2002). *Against Management: Organization in the Age of Managerialism*, Cambridge: Polity Press in association with Blackwell.

Parker, M. (2008). 'Schools for Organizing', in D. Barry and H. Hansen (eds.), *The SAGE Handbook of New Approaches in Management and Organization*. Thousand Oaks, CA: SAGE, 213 – 14.

Parsons, T. (1951). *The Social System*. London: Routledge & K. Paul.

Piketty, T. (2014). *Capital in the Twenty-First Century*. Boston, MA: Harvard University Press.

Pontusson, J. (2005). *Inequality and Prosperity: Social Europe vs. Liberal America*. Ithaca, NY: Cornell University Press.

Powell, W. W. and DiMaggio, P. J. (1991). *The New Institutionalism in Organizational Analysis*. Chicago, IL: University of Chicago Press.

Roberts, J. (1996). 'Management Education and the Limits of Technical Rationality: The Conditions and Consequences of Management Practice?', in R. French and C. Grey (eds.), *Rethinking Management Education*. London: SAGE, 54 – 75.

Sandberg, J. and Tsoukas, H. (2011). 'Grasping the Logic of Practice: Theorizing through Practical Rationality'. *Academy of Management Review*, 36: 338.

Schulz, M. and Wasmeier, O. (2012). *The Law of Business Organisations: A Concise Overview of German Corporate Law*. Berlin: Springer.

Schütz, A. (1932). *The Phenomenology of the Social World*. Evanston, IL: Northwestern University Press.

Schwyzer, P. (1999). 'The Scouring of the White Horse: Archaeology, Identity, and "Heritage"'. *Representations*, 65: 42 – 62.

Sebeok, T. A. (1986). 'Pandora's Box: How and Why to Communicate 10,000 Years into the Future', in M. Blonsky (ed.), *I Think I am a Verb: More Contributions to the Doctrine of Signs*. New York: Plenum Press, 448 – 66.

Sejersted, F. and Adams, M. B. (2011). *The Age of Social Democracy: Norway and Sweden in the Twentieth Century*. Princeton, NJ: Princeton University Press.

175 Selznick, P. (1949). *TVA and the Grass Roots: A Study in the Sociology of Formal Organization*. Berkeley, CA: University of California Press.

Senge, P. M. (1994). *The Fifth Discipline: The Art and Practice of the Learning Organization*. New York: Doubleday/Currency.

Shotter, J. and Tsoukas, H. (2014). 'In Search of Phronesis: Leadership and the Art of Coming to Judgement'. *Academy of Management Learning & Education*, 13(2): 224 – 43. Also available at: <http://amle.aom.org/content/13/2/224> (accessed 16 August 2016).

Silvia, S. J. (2013). *Holding the Shop Together: German Industrial Relations in the Postwar Era*. Ithaca, NY: Cornell University Press.

Simon, H. A. (1996[1969]). *The Sciences of the Artificial*. Cambridge, MA: MIT Press.

Spicka, M. E. (2007). *Selling the Economic Miracle: Economic Reconstruction and Politics in West Germany, 1949 – 1957*. New York: Berghahn Books.

Spoelstra, S. (2007a). *What Is Organization*? Lund: Lund Business Press.

Spoelstra, S. (2007b). 'What Is Philosophy of Organization?'. *Philosophy and Organization*, 19 (April): 55 – 67.

Standing, G. (2011). *The Precariat: The New Dangerous Class*. London: Bloomsbury Publishing.

Steers, R. M., Nardon, L. and Sanchez-Runde, C. J. (2013). *Management across Cultures: Developing Global Competencies*. Cambridge: Cambridge University Press.

Stockhammer, E. (2013). 'Rising Inequality as a Cause of the Present Crisis'. *Cambridge Journal of Economics*, 39(3): 935 – 58.

Stout, L. A. (2012). *The Shareholder Value Myth: How Putting Shareholders First Harms Investors, Corporations, and the Public*. San Francisco, CA: Berrett-Koehler Publishers.

Streeck, W. (2009). *Re-Forming Capitalism: Institutional Change in the German Political Economy*. New York: Oxford University Press.

Taylor, F. W. (1911). *The Principles of Scientific Management*. New Haven, CT: Student Computing, Yale ITS Academic Media & Technology.

Taylor, S., Ladkin, D., and Statler, M. (2015). 'Caring Orientations: The Normative Foundations of the Craft of Management'. *Journal of Business Ethics*, 128 (3): 575 – 84.

Thelen, K. (2014). *Varieties of Liberalization and the New Politics of Social Solidarity*. Cambridge: Cambridge University Press.

Tonn, J. C. (2008). *Mary P. Follett: Creating Democracy, Transforming Management*. New Haven, CT: Yale University Press.

Tsoukas, H. and Chia, R. (2002). 'On Organizational Becoming: Rethinking Organizational Change'. *Organization Science*, 13: 567 – 82.

Tsoukas, H. and Chia, R. (2011a). 'Introduction: Why Philosophy Matters to Organization Theory', in H. Tsoukas and R. Chia (eds.), *Philosophy and Organization Theory*. Bradford: Emerald Group Publishing Ltd, 1 – 21.

Tsoukas, H. and Chia, R. (eds.) (2011b), *Philosophy and Organization Theory*. Bradford: Emerald Group Publishing Ltd.

Tyler, G. R. (2013). *What Went Wrong: How the 1% Hijacked the American Middle Class ... and What Other Countries Got Right*. Dallas, TX: BenBella Books, Inc.

Tyson, L. D. A. (2005). 'On Managers Not MBAs', *Academy of Management Learning & Education*. 4(2): 235 – 6.

Van Marrewijk, A., Clegg, S. R., Pitsis, T. S., and Veenswijk, M. (2008). 'Managing Public-Private Megaprojects: Paradoxes, Complexity, and Project Design'. *International Journal of Project Management*, 26(6): 591 – 600.

van Wyck, P. (2005). *Signs of Danger: Waste Trauma, and Nuclear Threat*. Minneapolis, 176
MN: University of Minnesota Press.

Walker, M. (1971). *German Home Towns*. Ithaca, NY: Cornell University Press.

Weber, M. (1978[1922]). *Economy and Society: An Outline of Interpretive Sociology*. Berkeley, CA: University of California Press.

Weick, K. E. (1979[1969]). *The Social Psychology of Organizing*, 2nd edn. Reading, MA: Addison-Wesley.

Wilkinson, A., Wood, G., and Deeg, R. (2014). *The Oxford Handbook of Employment Relations: Comparative Employment Systems*. Oxford: Oxford University Press.

Wisman, J. D. (2013). 'Wage Stagnation, Rising Inequality and the Financial Crisis of 2008'. *Cambridge Journal of Economics*, 37(4): 921 – 45.

Wittgenstein, L. (1958). *Philosophical Investigations*, trans. G. E. M. Anscombe. Oxford: Blackwell.

Zacher, H. F. (2012). *Social Policy in the Federal Republic of Germany: The Constitution of the Social*. Berlin: Springer.

第二部分

管理的实践／职能

第9章 179

管理人员

理解人力资源管理的理论和实践

安迪·查尔伍德、金·霍克

介 绍

人力资源管理（HRM）包括一系列活动，这些活动涉及：吸引和选择合适的员工；确保这些员工有足以胜任工作的能力素质；设计和管理支付系统，以及监测、鼓励努力和绩效的系统；设计和监视系统和流程，以管理不符合绩效标准的员工；处理员工的投诉和申诉；管理与就业有关的法律法规的遵守情况；监督系统和流程，以使员工在超出组织需求时裁员。人们通常认为，由于人是竞争优势的关键来源，因此这类活动应被视为组织成功的关键。尽管如此，作为本章重点的人力资源管理，在发达工业经济体中通常采用的方式仍处于悖论地位。人力资源（HR）职能通常起着维护的作用（Storey，1992），它被描绘成一种需要最小化的开销，本质上是行政性质，缺乏战略影响力。尽管有证据表明，人力资源专业人员的角色正在响应更复杂的需求而发生变化（Caldwell，2003），但人力资源管理职能的特征在很大程度上仍然表现为以行政和服务为导向，具有分散性、临时性，处于业务决策的边缘（Caldwell and Storey，2007）。此外，在大多数组织中，人力资源管理规范性“高承诺”模式（如下所述）并未在实践中得到广泛采用。本章试图解释为什么会这样。本章借鉴人力资源管理与绩效关系的争论以及新制度理论（特别是路径依赖和制
度同构的概念；Di Maggio and Powell，1983），认为规范性之所以没有被广泛采 180

用，是由于五种强大的力量：人们对其在实践中的绩效效果持怀疑态度；人力资源职能的历史以及从该历史中得出的人力资源专业人员的期望、技能和能力素质；竞争性叙述的影响，如“精益”和乌尔里克的人力资源职能模型等；全球化和金融化逻辑的影响；以及社会规则和规范。最后，本章转向人力资源分析的发展领域，认为这有可能提高人力资源职能的战略形象（并因此有能力游说采用人力资源管理的规范模型），但这一过程没有必然性。

人力资源管理的规范模式是什么？以及它们如何被广泛采用？

在 20 世纪 80 年代初期以前，人力资源管理在商学院课程中并没有占据中心位置。当时经常被称为人事管理的课程反映了人事职能的主要行政特征。但是，这种情况从 20 世纪 80 年代中期开始发生了变化，最显著的是随着一系列关于高承诺管理、高参与管理和高绩效工作系统的新理论模型的发展（例如 Beer et al.，1984；Walton，1985；Lawler，1986；Pfeffer，1994；Applebaum and Batt，1994）。[①] 这些新模型的灵感来自（主要是美国的）公司和工厂，这些公司和工厂已经达到了非凡的生产率和绩效水平。从理论上讲，它们从工作生活质量（QWL）运动中得到启示，该运动于 20 世纪 60 年代和 70 年代在美国兴起，其目的是解决跟福特主义和科学管理相关的士气低落、人员流动率高和劳资关系差的问题。这些模型特别提出了人力资源管理的具体方法，以支持工作设计的高度承诺/参与方法。例如，比尔等人（Beer et al.，1984：170）主张：在选拔、晋升和培训中增加员工的影响力；支付与能力和团队参与相关的薪酬；以及促进团队领导力的辅导方法。普菲弗（Pfeffer，1994，1998）提出了一系列具体的人力资源政策，包括就业保障、选择性招聘、自我管理团队、广泛的培训，减少身份差异、广泛的信息共享以及根据绩效而定的高薪酬。坚持应用这些特定的实践组合可以带来卓越的绩效，因为企业将能够吸引到更高质量的员工。通过广泛的培训和发展，这些员工将更好地完成他们的工作。他们
181 也更有动力留在组织中，并在给定的条件下表现出高水平薪酬与绩效管理系统

① 为了保持一致性，除非讨论明确使用另一个术语的研究，否则我们采用一般术语“高承诺人力资源管理”来指代所有这些理论方法。

之间的协同作用，以及提供更多有趣的工作任务，使他们享有更多的自主权和控制权。此外，他们会觉得自己更多地参与到公司中来，因为他们将对公司的运营有更大的发言权，而就业保障将使员工与管理层之间建立信任与合作，鼓励员工提出节省成本的想法而无须担心管理层将利用这些想法损害员工的利益。

在新模式诞生之初，它就被广泛认为是解决先进工业国家组织所面临问题的灵丹妙药，特别是在环太平洋新兴工业化国家和日本面临的竞争威胁问题上（Legge，1995）而言。为了应对这些威胁，先进工业国家的公司将不再能够以成本为基础进行竞争，而需要将活动重心转移到提供高科技、高质量和高附加值的产品和服务上，以确保组织的灵活性，使其能够在创新的前沿上竞争。只有当他们采用上面概述的“高承诺”的人力资源管理方法，以鼓励员工认同组织目标的灵活性和创新，并为公司“加倍努力”时，这才有可能实现（Appelbaum et al.，2000）。因此，人们普遍认为，采用高承诺模式将是竞争和市场压力的必然结果。

然而，尽管如此，人们对高承诺模式的采用却出人意料地受到限制。虽然在特定行业中普遍采用它的不同版本，但劳勒、普菲弗、比尔及其同事等理论家提出的整套措施却很少得到全面实施。例如，在英国（《英国工作场所雇佣关系调查》［WERS］显示，英国在人力资源管理方面拥有非常好的数据），同时也有一些证据表明，个人人力资源实践的采用在不断增加（例如，近年来已被越来越多地广泛采用于绩效评估）（Van Wanrooy et al.，2013），据估计，最多只有 16% 的工作场所采用了全面的高承诺方案。格斯特和康威（Guest and Conway，1999）认为，相反，英国的雇佣关系出现了“黑洞”或“荒屋”的增长。这是指在工会衰落之际，越来越多的非工会工作场所没有采用人力资源管理的做法来代替工会的发言权。格斯特和康威认为，这样的工作场所很可能具有自上而下的独裁管理，低的工作满意度、低薪、有限的培训以及高的辞退率。另外，阿佩尔鲍姆和巴特（Appelbaum and Batt，1994）认为，采用人力资源管理规范模型有两种模式：“精益”和“团队”。与“精益”和“及时”生产方法相关的人力资源实践构成一个系统，而促进员工高度自治和参与决策的实践则构成团队方法。两者很少并存（De Menezes and Wood，2006）。此外，普菲弗（Pfeffer，1998）提倡的长期就业保障在这两种方法下都越来越少。因此，总体而言，有证据表明，比尔等人（1984）、沃尔顿（Walton，1985）、劳 182

勒（Lawler，1986）、普菲弗（1994，1998）以及阿佩尔鲍姆和巴特（1994）提出的高承诺人力资源管理规范模型并未在实践中得到广泛采用。本章的以下各节将对此进行解释，首先探索对该模型性能影响的怀疑。

人力资源管理与绩效之争

在概述人力资源管理新的“高承诺”模式的著作发表之后，学术界进行了一系列研究，试图检验这些模式在实际应用中对组织绩效的积极影响。一系列有影响力的研究证明，在钢铁行业（Arthur，1994；Ichniowski，Shaw and Prennushi，1997）、汽车工业（MacDuffie，1995）、金属加工厂（Youndt et al.，1996），银行业（Deley and Doty，1996），以及整个美国公司（Huselid，1995），与“高承诺”方法相关的人力资源实践的使用与组织绩效之间存在横向相关性（Youndt et al.，1996）。这些早期的研究引发了大量的模仿者，他们试图在其他环境中复制结果。事实上，在 2000 年头十年的中期发表的对 92 项此类研究的综述分析发现，广泛的人力资源实践与更好的组织绩效之间存在着横向关联（Combs et al.，2006）。

然而，所有这些研究都有许多共同的局限性，这使人们质疑它们在多大程度上真正证明了人力资源与绩效之间的因果关系。目前尚不清楚这些研究是否能够准确地衡量人力资源系统和组织绩效。在调查中尚不清楚与人力资源系统相互作用的重要语境变量（如组织战略，尤其是组织文化和管理质量）在多大程度上可以充分衡量。因此，可能是这些遗漏的变量而不是人力资源实践本身才是导致更高绩效的原因（有关这些问题的详细说明，请参见 Purcell and Kinnie，2007；Guest，2011）。纵向研究能够控制遗漏变量，却往往找不到人力资源与绩效之间存在联系的证据（例如，Cappelli and Neumark，2001）。此外，布鲁姆及其同事（Bloom and colleagues）在印度纺织业（2013 年）进行的实验研究发现了强有力的因果关系证据，证明采用一些与高承诺方法相关的人力资源实践可以提高绩效，他们的结果否认了规范模型一定需要整体实施的理论论点，他们阐明，一套相对狭窄的人力资源实践与传统的工作设计方法和管理控制系统相结合，能够在没有高投入人力资源管理的情况下，实现大幅度的绩效改进。从中小型企业（SME）文献中可以看出，人力资源管理与绩效之间是否存在相关关系，这是一个值得探讨的问题。虽然一些研究发现，人力资源与中小企业较高的劳动生产率、较低的自愿离职率和增加的销售额增长有关 183 (Messersmith and Guthrie, 2010; Patel and Conklin, 2012; Sels et al., 2006; Way, 2002)，但其他研究未能确定人力资源与财务绩效之间的关系，相反，他们认为，在中小企业内部，采用和实施这种做法所产生的成本抵消了其提高生产率所带来的好处（Faems et al., 2005; Way, 2002）。

因此，在解释缺乏采用“高承诺”的人力资源管理模型时，一个可能的解释是，这个模型对组织绩效的影响到底有多大仍然要打个问号。如果人力资源专业人士认为人力资源与绩效关系的证据不够令人信服，而且这与他们在自己的组织中担任管理角色的实际经历相吻合，那么他们就不太可能从研究中得到灵感，转而采用高投入的方法。他们也不会充分信任这项研究，无法在其组织内应用研究成果，试图说服其他管理职能部门（尤其是财务经理）有必要投资于成本高昂的人力资源实践。有鉴于此，人力资源行业对支持“高承诺”人力资源管理的主张仍然持怀疑态度，这也就不足为奇。

制度理论与路径依赖：人事/人力资源职能的简史

本节探讨了人力资源管理缺乏高承诺模式的解释是否与人力资源职能的组织地位有关。这本身就是历史的产物，或者从制度理论的角度来看，是路径依赖的结果（DiMaggio and Powell, 1983）。人力资源职能以一种在现代组织常见的人事管理方法中可以明显识别的形式出现，始于 19 世纪后期，在英国、法国、德国和美国几乎同时出现（Kaufman, 2007: 20）。这种出现可能与新的资本密集型行业（如钢铁、工程和化工）的要求有关，这些行业需要找到更有效的方法来管理劳动力，以便在大量资本投资中获得财务回报。在此之前，工人是通过帮派负责人和分包商间接雇佣的（Grey, 2013），因此工厂和工业企业的所有者几乎无法直接控制劳动过程。然而，“科学管理”的引入（Taylor, 1911）终结了这种传统方法。

泰勒思想的核心是对工作任务进行系统和科学的研究，以确定最有效的工作方式。为了支持这一方法，泰勒提倡一套具体的人力资源实践，包括“科

学”的选择方法，以确定每个特定职能的最佳员工，培训员工如何以最有效
184 的方式执行任务。计件工资制度，激励最努力的员工，并通过密切监督，以确保工人遵守规定。但是这些想法经常遭到工人们的抵制，因为他们憎恨失去控制权和自主权，以及被要求付出最大努力。针对这些问题和批评，出现了一些改进，但泰勒的关键思想仍然成为20世纪正统管理的核心。泰勒的思想为美国汽车制造商亨利·福特率先提出的制造业工作组织的进一步根本发展奠定了基础。亨利·福特开发了移动装配线，以使工人之间的物体流动机械化，并把工作的科学设计从单个工作任务延伸到整个制造系统。

从19世纪90年代开始，我们可以看到两种截然不同的发展，它们与科学管理和福特主义同时出现，并最终演变为现代人力资源管理职能：第一，在一批大型工业企业中发展“就业办公室”，集中和规范与就业有关的活动，如雇佣、工资发放和记录保存；第二，引进福利服务，包括职场餐厅、医疗保健、成人教育和社会活动，以及任命员工来管理这些活动。第一次世界大战（1914—1918）为这两种人力资源的发展提供了动力。为了满足对战争物资几乎无限的需求而扩大生产，再加上男子参军后劳动力短缺，需要扩大就业办公室。与此同时，在充分就业的情况下，需要维护工业秩序，这就增加了对福利服务的需求。一些公司，特别是美国的公司，开始把这两个职能合并成一个部门。在20世纪20年代，受“福利资本主义”运动的启发，这些新生的人事部门被赋予了促进劳资双方合作和利益统一的战略任务（Kaufman，2007）。

然而，1929年华尔街崩盘之后的国际经济大萧条导致了许多此类新兴人事部门的消亡，因为它们被视为对于企业生存不必要的奢侈品。尽管如此，大萧条的政治后果之一是美国政治的重大调整，1932年富兰克林·D. 罗斯福当选总统。这种调整的一个结果是，在20世纪30年代，雇主和工会之间普遍采用集体谈判作为规范雇佣关系的关键方法，这使美国人事职能的前景焕然一新，因为需要专业的劳资关系经理来领导并进行集体谈判，同时也需要人事行政人员执行和管理由此产生的合同和程序规则。

在1945年之后的几年里，这种调整雇佣关系的方法在大多数发达工业经济体中蔓延开来。在英国，第二次世界大战的经济需求导致战时联合政府为了维护工业和平，赋予工会和集体谈判更大的作用。战后，1945年当选的工党
185 政府继续通过一系列非法定的方法支持集体谈判，而此后英国历届政府直到

1979 年都奉行的充分就业承诺，赋予了工会前所未有的谈判能力。在其他地方，在 1945 年之后的几年里，美国认为它需要承担起经济和政治领导任务，否则西欧和日本将被共产主义控制。作为回应，美国慷慨地（通过马歇尔计划）提供低成本贷款，为经济重建提供资金。与此同时，非共产主义工会和集体谈判得到了政府支持和鼓励，作为将工业冲突制度化的一种方式，以防止无管制的工业动乱导致政治动乱和共产主义革命活动，并建立强有力的民间社会机构。因此，集体谈判在西欧大多数国家、日本和韩国的重要性日益提高（Western，1999）。

在集体谈判日益成为全球瞩目的焦点的同时，在美国，以及在英国，少数大公司试图避免或遏制集体谈判，通过使用复杂的人力资源战略所产生的限制和成本，进一步推动人事部门的发展。虽然这种方法的根源可以追溯到 20 世纪 20 年代的福利资本主义运动，但它也从人际关系运动中获得了智力上的灵感（Kaufman，2007：29）。人际关系运动的核心是基于两个相关的信念：第一，工会是工人和管理者关系失调的表现，可以通过给予工人更人道的待遇来“治愈”；第二，员工士气与公司生产效率之间存在正相关关系。在试图将这一理念应用起来的组织中（IBM 可能是最早的例子），人事职能享有相当大的地位和战略参与。然而，这样的组织相对较少。

然而，从 20 世纪 70 年代初开始，许多因素结合在一起，造成了变革的压力，对人事职能的组织地位产生了有害影响。这种变化的核心是工会谈判能力的下降，这有许多原因。新技术用自动化流程取代了人，削弱了工会控制技术工人供应的能力。此外，越南战争和中东战争造成的全球经济后果，使得各国政府更难通过凯恩斯主义的经济政策来维持充分就业，因此失业率的上升和相关的失业威胁使得工人在挑选雇主时更加谨慎。此外，雇主和同情他们的人的政治动员导致对一些工会活动的法律限制，特别是在美国和英国。除此之外，持续的繁荣时期和代际更迭破坏了阶级认同，而阶级认同曾是工人支持工会的基石。

因此，集体谈判覆盖率下降，最初是在美国，后来是在许多西欧国家（Schmitt and Mitukiewicz，2012：267）。到 20 世纪 90 年代末，集体谈判覆盖的美国私营部门劳动力比例不到 10%，低于 1973 年的 25%（Farber and Western， 186
2001）。在欧洲，德国、意大利、葡萄牙、英国和爱尔兰的集体谈判覆盖率下降。在其他国家，法律法规保留了集体谈判的地位，但工会成员人数的下降表明工会权力的削弱（Schmitt and Mitukiewicz，2012：267；Western，1999）。虽然工会权力和（或）集体谈判的衰落为雇主提供了机会，使他们能够以更符合他们意愿的方式重塑雇佣关系，但这也削弱了以前集体谈判很重要的公司和行业中人事职能的重要性，因为人事职能主要来源于它在领导集体谈判和促进团结方面的作用。由于不再有必要发挥这一作用，人事部门基本上只剩下行政职能。这也许最有力地证明了这一点，因为有证据表明，与 20 世纪 90 年代相比，这一职能在董事会中的地位明显下降。英国工作场所关系调查（British Workplace Employment Relations survey）的数据显示，董事会中负责人事或人力资源问题的机构比例从 1990 年的 69% 下降为 2004 年的 61%（Kersley et al.，2006）。

因此，尽管人力资源专业人员面临的需求在最近一段时间内不断增加，以应对接下来的挑战（例如，Hope Hailey，Farndale and Truss，2005），但人力资源职能已变得越来越零散，并被从战略决策中移除（Caldwell and Storey，2007）。因此，尽管工会权力和集体谈判的衰落为管理者提供了更大的创新空间，引进管理劳动力的新方法（例如引入高承诺的人力资源管理），但同时也削弱了人力资源职能的战略重要性，因此在随后的几年里，在 20 世纪 80 年代到 90 年代初，高承诺模式开始出现后，人力资源职能部门发现自己越来越难以游说引入这些模式。在这种情况下，工会对人力资源的承诺被削弱了，这也被视为对人力资源的一种强有力的威胁。

制度同构：竞争叙事、全球化、金融化对国家就业体系的影响

本章的这一部分转向有关制度同构的讨论（DiMaggio and Powell，1983）。同构是一个约束过程，它迫使组织采用相似的结构、系统、策略和实践。当国家规则、制度和文化规范迫使组织采用特殊方法来管理人员以遵守这些规则从
187 而实现社会合法性时，就会发生强制同构的现象。模仿同构是一种模拟假定“最佳实践”的管理实践（通常是那些被认为是其领域最成功的组织所遵循的），以应对环境的不确定性和竞争压力。规范同构通过在组织之间发展和传

播专业规范来运作。这种制度上的同构性可能会进一步解释“高承诺”人力资源管理的缺乏。人力资源管理面临的同构压力有许多不同的来源，包括：替代性最佳实践模式的吸引力以及全球化和金融化的逻辑（这两者均受到技术的迅速广泛发展以及政治和意识形态变化的支持）；以及国家就业制度对人力资源实践的影响。下面依次讨论这些压力。

竞争性叙述如何塑造人力资源实践：精益原则和乌尔里克模型

虽然可以预期，人力资源管理的高承诺模式本身会产生相当大的规范和模仿同构效应，但其他强有力的竞争叙述也可以证明同样具有影响力。有两个这样的叙述在这里可能被认为是特别重要的：“精益”原则的影响越来越大；以及对戴夫・乌尔里克（Dave Ulrich）的人力资源职能模型的关注。可以说，这两个发展都对组织采取的人力资源管理方法产生了重要影响。

首先讨论“精益”原则，面对日益激烈的产品市场竞争以及股东和金融市场的更大需求（见下文），自 20 世纪 70 年代末以来管理实践的变化是由降低成本，提高生产率和利润的需求所驱动的。早期推动变革的一个关键因素是日本制造企业的成功。这一挑战激发了其他发达工业经济体的企业尝试效仿日本的制造方法。因此，传统的科学管理和福特主义管理现在已被“精益生产”所取代，精益生产是日本汽车制造商丰田首创并与之密切相关的一种制造方法（Bloom et al.，2014）

精益原则在产品市场竞争程度较高的行业和跨国公司中最为普遍，这类企业通常比规模较小的国内企业更容易受到股东和资本市场更高层次的要求（Bloom et al.，2014）。尽管精益生产起源于制造业，但其原则也被应用于服务业和公共部门的许多领域（McCann et al.，2015）。有关业务流程再造（BPR）的想法已经应用到信息技术驱动的职位和工作组织的重新设计中，以降低成本，包括许多服务型组织中的劳动力成本（Batt，2007）。许多行业都有证据表 188
明，采用精益方法的企业能够获得显著的绩效优势（Bloom et al.，2014；Appleyard and Brown，2001；Appelbaum et al.，2000；Ichinowski，Shaw and Prennushi，1997；MacDuffie，1995；Arthur，1994）。

精益对人力资源管理有许多潜在的影响。精益方法的核心是市场需求、技术和运营管理以及工作组织的系统整合，并辅以适当的人力资源实践（Delbridge，2007；MacDuffie，1995）。它以持续改进的理念为基础，该理念致力于不断提高生产率和质量。它通过让员工参与流程改进，寻求员工建议，然后严格测试这些建议以查看它们是否改进了绩效。改进后的方法和流程被纳入标准的操作程序（根据科学管理思想）。精益原则还要求具体的人力资源实践，如谨慎的招聘和选择，以及对培训的投资，特别是使员工具备持续改进所需的技能和对自己的工作目标负责。识别和培养管理人才也被列为优先事项，定性研究表明，精益计划的成功与否在很大程度上取决于职能经理能否成功地扮演教师、教练和导师的角色（Sparrow，Hird and Cooper，2015）。因此，一套特定的人力资源管理政策和实践跟精益系统密切相关，并且是其有效性的一个组成部分。因此，精益叙述可能被视为鼓励采用与“高承诺”人力资源管理模式同义的实践。

然而，重要的是要谨慎行事，以免轻易得出此结论。例如，对于被认为是精益理念核心的授权概念，是否经常有人认为这方面的限制是严格的，员工只享有有限的自主权、控制权和工作的多样性。事实上，定性案例研究表明，精益的日常现实可能无法达到规范模型（Delbridge，2007）的状态，生产工人的日常工作经验与福特系统下的差别不大（Sparrow，Hird and Cooper，2015：100；Delbridge，Lowe and Oliver，2000；Parker and Slaughter，1988）。因此，精益系统中的员工可能无法享受高承诺人力资源管理规范理论规定的自主性、控制性和多样性。此外，调查研究（Bloom et al.，2014）表明，采用精益原则往往会导致对绩效量化指标的“硬性”关注。因此，采用精益生产方法的公司倾向于通过关键绩效指标和目标（KPI）对员工绩效进行广泛的监控和衡量，同时制定系统，对未能实现目标的员工和经理进行重新部署、纪律处分或解雇（Sewell and Wilkinson，1992）。因此，虽然精益叙述可能会鼓励采用规范的人力资源管理模型的某些要素，但它并不鼓励整体采用。

然而，虽然精益在塑造人力资源管理实践中可能很重要，但它并不能解释
189 人力资源职能在企业生活中的作用。正如上文所讨论的，随着时间的推移，这种情况也发生了根本性的变化。美国学者戴夫·乌尔里克及其合作者开发的人力资源角色规范模型，是最近研究的一个关键驱动力。他们的方法通过研究大

型成功企业人力资源职能的演变，分析它们为什么以这种方式组织人力资源，然后从中推断出如何组织人力资源职能的规范模型。

“乌尔里克”模型在概念和本质上是一元论，这种叙述将人力资源职能描述为一种基于价值观的活动，能够为所有利益相关者（工人、股东和更广泛的社区）提供价值（Ulrich，Younger and Brockbank，2008）。它主要包括以下内容。第一，一个人力资源共享服务中心将在一个地点为整个组织提供大量的人力资源事务性工作。这种集中化有助于流程的标准化和规模经济，这两者都降低了成本。通过广泛使用人力资源信息系统，可以进一步节省成本，促进“员工自助服务”，即员工使用基于网络的菜单和建议来执行曾经需要人力资源顾问的任务。通过将共享服务中心外包给专业公司（可能位于印度等劳动力成本较低的地方），可以节省更多成本（Ulrich，1995）。

第二，位于业务部门、工厂、商店和办公室的“嵌入式”人力资源业务合作伙伴或战略合作伙伴将支持这些工作场所的一般管理和直线管理，并协助战略的制定和实施。假设人员管理的大部分日常业务将由生产线管理人员承担。人力资源业务合作伙伴的职责是提供跟执行与商业战略有关的人力资源管理问题的专业知识和战略建议。

第三，人力资源专业中心将作为内部管理咨询机构，就组织设计和效力问题向人力资源业务合作伙伴和与他们合作的业务部门提供建议，并为人力资源业务合作伙伴提供一系列选项和资源（例如，培训计划、工具箱、其他业务部门的有效实践示例），以应对业务部门遇到的问题。

这种模式的版本被广泛采用，主要是因为人力资源共享服务中心以及相关的外包人力资源流程和活动的重新设计可以实现显著的成本节约。许多大型组织使用管理顾问，根据行业最佳实践来衡量人力资源职能，这就造成了采用这种方法的巨大同构压力。然而，虽然人力资源服务中心的采用和相关的外包活动对人力资源职能的形成和活动产生了深远的影响，但尚不清楚的是，它如何将人力资源职能从业务和事务性任务中解放出来，或提供专注于战略增值的活动。与此相关的一个关键论点是，人力资源经理只有在职能经理和运营经理愿意将其视为真正的战略合作伙伴时，才能以战略合作伙伴的身份行事。但是只有有限的证据表明这种情况已经发生（例如，见 Pritchard，2010）。这在一定程度上可能是因为职能经理和运营经理没有充分重视人力资源专业人员提供的 190

建议和指导，也可能是因为人力资源战略合作伙伴经常被视为缺乏技能和洞察力，无法真正了解企业需求或提供精明的业务建议（Ulrich，Younger and Brockbank，2012）。

此外，作为人力资源战略合作伙伴，主要工作往往不是提供战略建议，或者设法让员工发挥最佳作用或建立强大的文化，而是支持职能经理管理表现不佳的员工，招聘和留住人才。这种性质的事务性和操作性人力资源职责经常在业务中发生，因此不能由人力资源共享服务中心有效地处理。为了解决这一问题，乌尔里克开发了他最初的模型，将“运营执行者”的角色纳入其中，让更多的初级人力资源专员与战略合作伙伴一起工作，以减轻他们日常事务和运营工作的负担。然而，正如普里查德（Pritchard，2010）所说，战略合作伙伴经常发现自己还是重复参与交易活动，部分原因是他们坚信只有他们拥有有效扮演交易角色所必需的专业知识，同时也因为他们在让运营经理们接受工作角色时经常面临困难。这反过来又会在人力资源部门造成紧张关系，人力资源专员将业务合作伙伴视为侵占他们的领地并削弱他们的作用的人。

因此，尽管乌尔里克模型被认为预示人力资源部门将扮演更具战略性和更少行政管理的角色，但该模型的实际实施往往未能达到这一目标。这在一定程度上反映了人力资源部通常扮演的历史性行政角色（如上所述），其结果是人力资源经理往往缺乏成为有效战略合作伙伴的技能和方向，而运营经理和职能经理则根本不把人力资源视为能够履行战略角色。因此，乌尔里克的叙述在多大程度上导致了人力资源部门的出现是令人怀疑的，只有当这些人力资源部门在战略上在其组织内的位置充分到位，才能有效地进行游说以引入高承诺的人力资源管理模型。

全球化、金融化与人力资源管理

组织对人力资源管理的进一步同构压力源于更广泛的市场和制度语境的变化。这里有两个因素特别重要：全球化和金融化。全球化是指最近全球贸易和民族国家间互动的急剧增加；生产和国际贸易的地理重组，以及金融市场的一体化（Sideri，1997：38）。技术变革大大降低了运输和通信成本，使商务旅行、
191 货物运输以及长途生产和服务交付的规划和控制变得更加便宜和容易。这些变

化，再加上开放中国、印度和全球南方先前封闭的经济体的政治决定，大大增加了从事工业工作的工人总数（Freeman，2007）。这意味着，在贸易部门经营的公司面临着来自低工资经济体的日益激烈的竞争，并通过以资本取代劳动力或将劳动力分包到工资较低的地方来应对这种竞争压力。

金融化指的是公司经理对全球金融市场的责任感日益增强（Froud et al.，2000）。当一家公司的股票公开交易时，未能达到金融市场预期回报的公司的高级管理团队将面临通过敌意收购和兼并而被罢免的命运，取而代之的是能够更好地满足股东期望的管理层（Golson and Pendleton，2003；Konzelmann et al.，2006）。这在“市场局外人”系统（如英国和美国）中可能会产生特别的影响，在这种系统中，存在着大型且活跃的股票市场，且股权分布广泛，而不是在“关系内幕”系统中（例如德国），其中资本和工业之间的关系明显更加密切（Gospel and Pendleton，2003）。

资本主义轮廓的这两个戏剧性的转变都可能削弱了高承诺人力资源管理理论中以人为本的一些特征。有人认为，金融化给企业带来了压力，要求它们专注于短期利润最大化，并降低单位劳动力成本。全球化则提供了节省开支的手段。在这种情况下，企业可能不愿意也无法提供无限制的就业保障，或着眼于人力资本的投资，也可能不想冒险给雇员提供更大的自主权，因为这样做可能涉及管理人员放弃对单位劳动力成本的控制。此外，由于决策速度较慢可能被视为不利于实现短期财务绩效目标，要求编制符合资本市场要求的季度财务绩效数据的压力阻碍了管理人员参与员工的工作（参见 Thompson，2003，以进行更深入的讨论）。因此，来自金融化和全球化的同构压力可能会联合起来，阻止组织向工人提供长期就业保障、更大的工作自主权以及在公司运营中的更大发言权。这反过来又会阻碍采用高承诺的人力资源管理模式。

国家人力资源管理体系

对组织人力资源管理施加同构压力的最后一个来源是国家雇佣制度塑造人力资源实践的方式。国家文化以及由这些文化产生的政治和经济体制对于塑造人力资源管理实践至关重要，因为组织必须遵守由此产生的国家法律和规范，以确保社会合法性。尽管克尔及其同事（Keer and colleagues，1960）提出了这 192

样一个假设，即技术变革会导致人力资源管理实践中的国家差异被削弱，由于使用通用的生产和服务交付技术的公司将集中于管理员工的单一最佳实践方法，但这一预测在实践中并未得到证实。例如，有证据表明，在电信（Katz and Darbishire，1999）、化学品（Pot，2000）、汽车制造（Katz and Darbishire，1999；MacDuffie，1995；Woywode，2002）等特定行业，虽然人力资源管理朝着“全球最佳实践”模式发展，但采用这些模式的方式在国家之间各不相同。因此，通过遵守当地法律和规范来实现社会合法性的需求可能会取代最佳实践理论。

关于这一点，劳资关系“体系”的概念（Dunlop，1958）有助于分析和理解由这些规则和规范的差异引起的国家人力资源管理方法的差异。邓洛普认为，就分析目的而言，劳资关系体系包括：行动者（工人、管理层和国家）；环境（劳动力市场，部分由教育、培训和福利提供体系构成，以及产品市场、生产技术和服务提供）；还包括一整套规则体系。不同的国家出现了不同的劳资关系体系，以应对不同的环境（劳动力市场、产品市场和技术的差异）以及政府对那些当选者的压力做出的战略选择。

邓洛普的框架主要被用作分析国家之间工会主义和集体谈判差异的工具，但贝京（Begin，1997）扩展了该方法，考虑了更广泛的人力资源管理的影响。贝京指出，国家间人力资源管理体系的差异是由一系列语境变量和社会规范的显著差异造成的。他具体指出了以下方面的差异：社会认可的晋升基础（例如，基于资历或功绩）；工作组织方式以及工作内部和工作之间的任务分配；劳动力之间的工作分配；管理者和工人之间的控制范围；以及对就业流出（裁员、解雇、退休）的法律管制；工人参与和发言权制度；奖励依据（例如，薪酬是否取决于绩效）；附加福利的类型；以及高技能和低技能工人之间的工资差异。

波特在1998年和2000年对美国和荷兰的化学工业进行的研究就是一个很好的例子（Pot，1998，2000）。在这个行业，全球都在朝着高投入的人力资源管理模式发展。然而，它只是部分被采用，在美国和荷兰采用的不同要素取决于它们对现有人力资源管理系统的补充或矛盾程度。在美国，管理层缺乏在权力和控制权上让步的意愿，阻碍了工人更多地参与决策，而通过多种技能举措扩大工作范围和实现职能灵活性的尝试都失败了，因为多技能操作员没有实现在工种间轮换，所以没有机会培养承担不同任务的技能。与此形成鲜明对比的是，荷兰工会在最初的谈判中提出了与提高工作时间和绩效相关的反对意见。 193

文化和制度的双重效应可以最好地解释这种方法上的差异。在美国，有一种强烈的管理命令和控制的文化，期望工人保持顺从或避免被解雇的风险。这种文化既是对制度框架的一种表达，也是一种促成因素，在这种制度框架中，工人的声音微弱，而管理者的声音很强。这一制度框架的关键方面是，员工没有法律保护免受解雇，工会力量薄弱，自 20 世纪 70 年代以来，通过工会发出集体声音的效力一直在减弱（Farber and Western，2001）。相比之下，在荷兰，通过谈判、协商和劝说形成的管理文化要强烈得多。同样，这种文化既是制度框架的原因，也是制度框架的后果，在这种制度框架中，工人被期望在一个组织中长期受雇，在法律上受到保护，不被解雇，而且在法律上要求管理层与工人代表协商并同意变更（Pauwe，2000：175）。

因此，这些背景因素的差异导致美国和荷兰在解释高承诺人力资源管理模式并将其纳入实践的方式方面存在重大差异。同样，关于在汽车行业引入以团队为基础的工作组织以促进精益生产和全面质量管理的研究发现，国家在职业教育和培训以及工人代表制度方面的差异导致了在工作方式上的重大差异。与德国相比，法国组织和管理了工作团队（Woywode，2002）。

上述讨论还突出了就业保护法规差异在解释国家间差异方面的中心作用，这通常被视为特定社会中文化和规范的法典化（Deakin and Sarkar，2008）。研究表明，更严格的监管鼓励企业更有效地使用劳动力（Rubery and Edwards，2003），促进劳资关系合作氛围（Feldmann，2008），并鼓励企业培训，因为就业保护立法意味着他们不太可能将自己的劳动力视为可支配资源（Gospel and Pendleton，2003）。因此，在某些国家（英国和美国以及大多数发展中国家）缺乏劳动力市场监管可能是对人力资源管理的关键影响，在这种情况下，几乎没有监管压力来鼓励采用人力资源管理方法。

人力资源分析与人力资源的未来

到目前为止，这一章已经对人力资源管理的“高承诺”模式的理解提供了一些解释。然而，未来的前景如何？本章这一节的讨论将转向人力资源分析 194

的问题，以及它在提高人力资源职能部门的战略地位方面可能发挥的作用，从而提高其成功引入高承诺方法的能力。

关于这一点，布德罗和拉姆斯塔（Boudreau and Ramstad，2007）认为，有关人力资源分析潜力的争论核心是当前人力资源指标的不足。尽管其他管理职能部门可以使用业务绩效数据来识别关键业务问题，并计算业务决策如何影响财务绩效，但人力资源职能部门通常无法回答“关键人才”如何为企业做出贡献这类问题。他们继续争辩说，解决方案在于人力资源分析能力的发展，因为这将为人力资源职能部门提供令人信服地证明人们是如何为企业绩效做出贡献的。其基本思想是，每个组织都可以开发一个基于经验的模型，说明人才如何为公司绩效做出贡献，然后根据该模型调整其人力资源政策和实践，以优化绩效（Boudreau and Jesuthasan，2011；Cascio and Boudreau，2014）。这是一个迷人的愿景，但它可以实现吗?

两项相关的开发促进了人力资源分析的发展。第一个是人力资源相关数据的大型数据仓库的增长，这是由于许多人力资源事务性工作的自动化而产生的。大型组织通常会在招聘和甄选过程中积累有关成功和不成功申请者的就业历史、技能和能力素质、正规教育资格和人口统计特征的数据。一旦公司雇用了一名工人，便会按照常规收集和存储有关工作时间和工资的数据。根据工作角色的不同，还可能会有关于员工绩效的信息（销售额、向客户提供的计时服务、个人产出的衡量标准等）。此外，还可以从评估和绩效管理系统中收集“软”绩效数据，以及员工所接受的培训和发展信息。该组织还将获得有关申诉、能力和纪律处分以及争端解决问题的信息，以及来自内部沟通、参与计划和员工态度调查的数据。通常，人力资源数据库是更广泛的企业资源规划软件的一部分，使人力资源数据可以与来自供应链管理和物流、客户关系管理及管理会计领域的数据一起进行分析。

第二个发展是分析学科的发展，它出现在工程学、计算机科学、决策和定量方法的交叉点上，用来组织、分析和理解当代社会产生的越来越多的数据（Mortensen，Robinson and Doherty，2015）。

尽管人力资源分析的前景是明确的，但它的效用将取决于人力资源专业人员能否掌握这种思维和行动方式。令人担忧的是，现有的人力资源职能部门可
195 能缺乏充分掌握分析能力的技能。这很重要，因为开发人力资源分析程序可能

是一项昂贵且耗时的业务（CAHRS，2014a，2014b），有必要调动大量资源，并协商对其他职能部门中保存的数据的访问。如果人力资源职能部门不能清楚地表达想要实现的目标，那么这个过程就不太可能启动。此外，如果人力资源职能部门无法发挥主导作用，人力资源分析很可能最终会发展成为由其他职能部门主导的更广泛分析计划的一部分（Rasmussen and Ulrich，2015）。然而，这可能从两个方面证明是有问题的。第一，其他管理领域可能会误解人们对生产和服务交付过程投入的性质。该模型将劳动力作为最小化的固定成本，而不是一种灵活的投入，如果处理得当，它可以显著提高绩效，那么工作质量和企业绩效很可能都会受到影响（Ton，2009）。第二，如果人力资源职能实质上成为一个分析模型可有可无的部分，那么对于人力资源战略角色的所有希望都将烟消云散（Angrave et al.，2015）。简言之，分析的出现为人力资源职能部门提供了一条在组织层级结构中发挥战略影响力的途径，但如果人力资源职能部门无法应对挑战，那么分析可能会将人力资源锁定在行政服务角色上，而人力资源长期以来一直在努力摆脱这种角色。

结　论

本章分析了为什么人力资源管理的高承诺模型的采用仍然受到限制，以及为什么人力资源职能倾向于在发达工业经济体的组织生活中发挥作用。尽管管理理论的最新发展，试图把人力资源作为一个战略性的学科，提供工具和方法（特别是高承诺的人力资源管理方法），它使人们成为无可比拟的竞争优势的来源，但在大多数组织中，大多数时候，人力资源部主要是负责为生产和运营管理服务的行政活动，其任务是确保员工遵守当地法规和风俗习惯。尽管有些组织可以例证该理论，但它们往往是该规则的例外。这是因为人力资源管理是由人力资源职能运作的环境塑造的。从历史上看，人力资源部往往是一个包罗万象的部门，包括负责与人员配置有关的一系列行政活动。工作设计和组织的问题已经由职能经理和生产经理以及工程师在人力资源投入最少的情况下解决。近年来，企业对技术变革、金融化和全球化所带来的不确定性和竞争压力的反应，促使企业采用其他最佳实践理念，这些理念充其量只能部分符合高承诺的人力资源管理理论。商业分析领域的发展为人力资源管理成为一项更具战略性的职能提供了新的途径，但前提是人力资源领导者能够迎接这种技术带来的挑战。如果他们不能做到这一点，这种分析可能会把人力资源锁定在传统的非战略服务角色上。

196 参考文献

Angrave, D., Charlwood, A., Kirkpatrick, K., Lawrence, I., and Stuart, M. (2015). 'Why HR Is Set to Fail the Big Data Challenge', Working Paper, Leeds University Business School.

Appelbaum, E., Bailey, T., Berg, P., and Kalleberg, A. (2000). *Manufacturing Advantage: Why High Performance Work Systems Pay Off*. Ithaca, NY: ILR Press.

Appelbaum, E. and Batt, R. (1994). *The New American Workplace: Transforming Work Systems in the United States*. Ithaca, NY: Cornell University Press.

Appleyard, M. and Brown, C. (2001). 'Employment Practices and Semi-conductor Manufacturing Performance'. *Industrial Relations*, 40(3): 26-41.

Arthur, J. (1994). 'Effects of Human Resource Systems on Manufacturing Performance and Turnover'. *Academy of Management Journal*, 37(3): 670-87.

Batt, R. (2007). 'Service Strategies: Marketing, Operations and Human Resource Practices', in P. Boxall, J. Purcell, and P. Wright (eds.), *The Oxford Handbook of Human Resource Management*. Oxford: Oxford University Press, 533-51.

Beer, M., Spector, B., Lawrence, P., Quinn, Mills, D., and Walton, R. (1984). *Managing Human Assets*. London: Collier Macmillan.

Begin, J. (1997). *Dynamic Human Resources Systems*. Berlin: Willem de Gruyter.

Bloom N., Eifert, B., Mahajan, A., McKenzie, D., and Roberts, J. (2013). 'Does Management Matter? Evidence from India'. *Quarterly Journal of Economics*, 128(1): 1-51.

Bloom, N., Lemos, R., Sadun, R., Scur, D., and Van Reenen, J. (2014). 'The New Empirical Economics of Management'. Centre for Economic Performance Occasional Paper 41, London: Centre for Economic Performance.

Boudreau, J. and Jesuthasan, R. (2011). *Transformative HR: How Great Companies Use Evidence Based Change for Sustainable Competitive Advantage*. San Francisco, CA: Jossey Bass.

Boudreau, J. and Ramstad, P. (2007). *Beyond HR: The New Science of Human Capital*. Boston, MA: HBR Press.

CAHRS (2014a). 'CAHRS Working Group on HR Analytics Summary Report, Part 1', Cornell University Centre for Advances Human Resources, Ithaca, NY. Available at: <http://cahrs.ilr.cornell.edu/CentersofExcellence/data.aspx? n=HR%20Analytics/Metrics#Research> (accessed 21 October 2014).

CAHRS (2014b). 'CAHRS Working Group on HR Analytics Summary Report, Part 2', Cornell University Centre for Advances Human Resources, Ithaca, NY. Available at: <http://cahrs.ilr.cornell.edu/CentersofExcellence/data.aspx? n=HR%20Analytics/Metrics#Research> (accessed 21 October 2014).

Caldwell, R. (2003). 'The Changing Role of Personnel Managers: Old Ambiguities, New Uncertainties'. *Journal of Management Studies*, 40(4): 983 – 1004.

Caldwell, R. and Storey, J. (2007). 'The HR Function: Integration or Fragmentation?', in J. Storey (ed.), *Human Resource Management: A Critical Text*. London: Cenage, 21 – 38.

Cappelli P. and Neumark, D. (2001). 'Do "High Performance" Work Practices Improve Establishment Level Outcomes?' *Industrial and Labor Relations Review*, 54 (4): 737 – 75.

Cascio, W. and Boudreau, J. (2014). *Investing in People: The Financial Impact of Human Resources Initiatives*, 2nd edn. Upper Saddle River, NJ: Pearson Press.

Combs, J., Liu, Y., Hall, A., and Ketchen, D. (2006). 'How Much Do High-Performance Work Practices Matter? A Meta-Analysis of Their Effects on Organizational Performance.' *Personnel Psychology*, 59(3): 501 – 28.

Deakin, S. and Sarkar, P. (2008). 'Assessing the Long-run Economic Impact of Labour 197
Law Systems: A Theoretical Reappraisal and Analysis of New Time Series Data.' *Industrial Relations Journal*, 39(6): 453 – 87.

Delbridge, R. (2007). 'HRM in Contemporary Manufacturing', in P. Boxall, J. Purcell, and P. Wright (eds.), *The Oxford Handbook of Human Resource Management*. Oxford: Oxford University Press, 405 – 27.

Delbridge, R., Lowe, J., and Oliver, N. (2000). 'Shopfloor Responsibilities under Lean'. *Human Relations*, 53(11): 1459 – 79.

Delery, J. and Doty, D. (1996). 'Modes of Theorizing in Strategic Human Resource Management: Test of Universalistic, Contingency and Configurational Performance Predictions'. *Academy of Management Journal*, 39(4): 802 – 35.

De Menezes, L. and Wood, S. (2006). 'The Reality of Flexible Work Systems in Britain'. *International Journal of Human Resource Management*, 17(1): 106 – 38.

DiMaggio, D. and Powell, W. (1983). 'The Iron Cage Revisited: Institutional Isomorphism and Collective Rationality in Organizational Fields'. *American Sociological Review*, 48(1): 147 – 60.

Dunlop, J. (1958). *Industrial Relations Systems*. Boston, MA: Harvard Business School Press.

Faems, D., Sels, L., De Winnie, S., and Maes, J. (2005). 'The Effects of Individual HR Domains on Financial Performance: Evidence from Belgian Small Businesses.' *International Journal of Human Resource Management*, 16(5): 676 – 700.

Freeman, R. (2007). 'The Great Doubling: The Challenge of the New Global Labor Market', in J. Edwards, M. Crain, and A. L. Kalleberg (eds.), *Ending Poverty in America: How to Restore the American Dream*. New York: The New Press, chapter 4.

Farber, H. and Western, B. (2001). 'Accounting for the Decline of Unions in the Private Sector, 1973 – 1998'. *Journal of Labor Research*, 22(3): 459 – 85.

Feldmann, H. (2008). 'The Quality of Industrial Relations and Unemployment Around the World'. *Economics Letters*, 99(1): 200 – 3.

Froud, J., Haslam, C., Sukhdev, J., and Williams, K. (2000). 'Shareholder Value and Financialisation: Consultancy Promises and Market Moves'. *Economy and Society*, 29 (1): 80 – 110.

Gospel, H. and Pendleton, A. (2003). 'Finance, Corporate Governance and the Management of Labour: A Conceptual and Comparative Analysis'. *British Journal of Industrial Relations*, 41(3): 557 – 82.

Grey, C. (2013). *A Very Short, Fairly Interesting and Reasonably Cheap Book about*

Studying Organizations. London: SAGE.

Guest, D. (2011). 'Human Resource Management and Performance: Still Searching for Some Answers'. *Human Resource Management Journal*, 21(1): 3–13.

Guest, D. and Conway, N. (1999). 'Peering into the Black Hole: The Downside of the New Employment Relations in the UK'. *British Journal of Industrial Relations*, 3(3): 367–89.

Hope Hailey, V., Farndale, E., and Truss, C. (2005). 'The HR Department's Role in Organisational Performance'. *Human Resource Management Journal*, 15(3): 49–66.

Huselid, M. (1995). 'The Impact of Human Resource Management Practices on Turnover, Productivity and Corporate Performance'. *Academy of Management Journal*, 44(3): 13–28.

Ichniowski, C., Shaw, K. and Prennushi, G. (1997). 'The Effects of Human Resource Management Practices on Productivity: A Study of Steel Finishing Lines'. *American Economic Review*, 87(3): 291–313.

Katz, H. and Darbishire, O. (1999). *Converging Divergences: World Wide Changes in Employment Systems*. Ithaca, NY: Cornell University Press.

198 Kaufman, B. (2007). 'The Development of HRM in Historical and International Perspective'. in P. Boxall, J. Purcell and P. Wright (eds.), *The Oxford Handbook of Human Resource Management*. Oxford: Oxford University Press, 19–47.

Kerr, C., Dunlop, J., Harbison, F., and Myers, C. (1960). *Industrialism and Industrial Man: The Problems of Labour and Management in Economic Growth*. Cambridge, MA: Harvard University Press.

Kersley, B., Alpin, C., Forth, J., Bryson, A., Bewley, H., Dix, G., and Oxenbridge, S. (2006). *Inside the Workplace: Findings from the 2004 Workplace Employment Relations Survey*. London: Routledge.

Konzelman, S., Conway, N., Trenberth, L., and Wilkinson, F. (2006). 'Corporate Governance and Human Resource Management'. *British Journal of Industrial Relations*, 43(3): 541–67.

Lawler, E. (1986). *High Involvement Management*. San Francisco, CA: Jossey Bass.

Legge, K. (1995). *Human Resource Management: Rhetoric and Realities*. London: Palgrave Macmillan.

McCann, L., Hassard, J., Granter, E., and Hyde, P. (2015). 'Casting the Lean Spell: The Promotion, Dilution and Erosion of Lean Management in the NHS'. *Human Relations*, 68(9): 1557–77.

MacDuffie, J. (1995). 'Human Resource Bundles and Manufacturing Performance: Organizational Logic and Flexible Production Systems in the World Auto Industry'. *Industrial and Labor Relations Review*, 48(2): 197–221.

Messersmith, J. and Guthrie, J. (2010). 'High Performance Work Systems in Emergent Organisations: Implications for Firm Performance'. *Human Resource Management*, 49(2): 241–64.

Mortensen, M., Robinson, S., and Doherty, N. (2015). 'Operational Research from Taylorism to Terrabytes: A Research Agenda for the Analyticis Age'. *European Journal of Operational Research*, 241(3): 583–95.

Parker, M. and Slaughter, S. (1988). *Choosing Sides: Unions and the Team Concept*. Detroit, MI: Labor Notes.

Patel, P. and Conklin, B. (2012). 'Perceived Labor Productivity in Small Firms: The Effects of High-Performance Work Systems and GROUP CULTURE through Employee Retention'. *Entrepreneurship Theory and Practice*, 36(2): 205–35.

Pauwe, J. (2000). *HRM and Performance: Achieving Long Term Viability*. Oxford: Oxford University Press.

Pfeffer, J. (1994). *Competitive Advantage through People: Unleashing the Power of the Workforce*. Boston, MA: Harvard University Press.

Pfeffer, J. (1998). *The Human Equation*. Boston, MA: Harvard University Press.

Pot, F. (2000). *Employment Relations and National Culture*. Cheltenham: Edward Elgar.

Pritchard, K. (2010). 'Becoming an HR Strategic Partner'. *Human Resource Management Journal*, 20(2): 175 - 88.

Purcell, J. and Kinnie, N. (2007). 'HRM and Business Performance', in P. Boxall, J. Purcell, and P. Wright (eds.), *The Oxford Handbook of Human Resource Management*. Oxford: Oxford University Press, 533 - 51.

Rasmussen, T. and Ulrich, D. (2015). 'Learning from Practice: How HR Analytics Avoids Becoming a Fad.' *Organizational Dynamics*, first online publication, doi: 10.1016/j.orgdyn.2015.05.008.

Rubery, J. and Edwards, P. (2003). 'Low Pay and the National Minimum Wage', in P. Edwards (ed.), *Industrial Relations: Theory and Practice*. Oxford: Blackwell, 447 - 69.

Schmitt, J. and Mitukiewicz, A. (2012). 'Politics Matter: Changes in Unionization Rates 199
in Rich Countries, 1960 - 2010', *Industrial Relations Journal*, 43(3): 260 - 80.

Sels, L., De Winne, S., Maes, J., Delmotte, J., Faems, D., and Forrier, A. (2006). 'Unravelling the HPWS-Performance Link: Value-Creating and Cost-Increasing Effects of Small Business HPWS'. *Journal of Management Studies*, 43(2): 319 - 45.

Sewell, G. and Wilkinson, B. (1992). '"Someone to Watch Over Me": Surveillance, Discipline and the Just-in-Time Labour Process'. *Sociology*, 26(2): 271 - 89.

Sideri, S. (1997). 'Globalisation and Regional Integration'. *European Journal of Development Research*, 9(1): 38 - 82.

Sparrow, P., Hird, M., and Cooper, C. (2015). *Do We Need HR? Repositioning People Management for Success*. Basingstoke: Palgrave Macmillan.

Storey, J. (1992). *Developments in the Management of Human Resources*. Oxford: Blackwell.

Taylor, F. (1911). *Principles of Scientific Management*. New York: Harper.

Thompson, P. (2003). 'Disconnected Capitalism: Or Why Employers Can't Keep Their Side of the Bargain'. *Work, Employment and Society*, 17(2): 359 - 78.

Ton, Z. (2009). 'The Effect of Labor on Profitability: The Role of Quality'. Harvard Business School Working Paper 09 - 040, Harvard Business School, Boston, MA.

Ulrich, D. (1995). 'Shared Services: From Vogue to Value'. *Human Resource Planning*, 18(3): 12 - 23.

Ulrich, D., Younger, J., and Brockbank, W. (2008). 'The Twenty-First Century HR Organization'. *Human Resource Management*, 47(4): 829 - 50.

Ulrich, D., Younger, J., and Brockbank, W. (2012). *HR from the Outside In: Six Competencies for the Future of Human Resources*. Maidenhead: McGraw-Hill.

Van Wanrooy, B., Bewley, H., Bryson, A., Forth, J., Freeth, S., Stokes, L., and Wood, S. (2013). *Employment Relations in the Shadow of Recession*. London: Palgrave Macmillan.

Walton, R. (1985). 'From Control to Commitment in the Workplace'. *Harvard Business Review*, 63(2): 77 - 84.

Way, S. (2002). 'High Performance Work Systems and Intermediate Indicators of Firm Performance within the US Small Business Sector'. *Journal of Management*, 28(6):

765 – 85.

Western, B. (1999). *Between Class and Market: Postwar Unionization in the Capitalist Democracies.* Princeton, NJ: Princeton University Press.

Woywode, M. (2002). 'Global Management Concepts and Local Adaptations: Working Groups in the French and German Car Manufacturing Industry'. *Organization Studies*, 23(4): 497 – 524.

Youndt., M., Snell, S., Dean, J. W., and Lepak, D. (1996). 'Human Resource Management, Manufacturing Strategy, and Firm Performance'. *Academy of Management Journal*, 39(4): 836 – 66.

第 10 章 管理运营

尼古拉·贝特曼、佐薇·拉德纳

介　绍

本章的目的是研究当代的运营管理，特别是如何管理流程，因此本章以第 4 章为基础，第 4 章奠定了运营学科的基础，并将其置于其他管理学科的背景下。因此，就学术研究而言，运营管理的主要转变之一是研究从生产到服务的转变，重点从工业工程领域转向了更多的管理方法。作为一门学科，运营管理面临的挑战之一是如何在理论上与其他管理学科并驾齐驱。在第 4 章中，马丁·斯普林概述了运营管理的概念，以及其在理论和实践上的地位。他还讨论了从制造业到服务业的发展。在本章中，我们旨在通过对主要运营管理期刊的发表情况的进一步分析和实践中的认识，对过去和现在的研究情况进行总结，在更深入地考虑运营管理的未来之前，先讨论运营管理对公共部门的“适合性”，因为它起源于制造业，而后应用于服务业。本章回顾“精益生产”在公共服务中的实施情况，“精益生产”是一种被誉为有效管理操作的哲学和方法论。

在流程的实施和管理方面，运营管理的成效在管理活动中非常明显，质量管理、精益管理和绩效衡量的理念已成为“管理者做什么”的主流。根据国际标准组织调查（2013）显示：精益管理在很多方面的表现（Radnor，2010b）以及质量标准 ISO 9000（International Standards Organisation，2015）在 187 个国家得到了 100 多万份证书。对运营管理的广泛应用就像救护车质量标准（英国国家卫生局［NHS England］，2014）和鱼类保护标准（美国俄勒冈州鱼类和

201 野生动物部［Department of Fish and Wildlife］，2013）得到广泛接受一样。运营管理的民主性质——几乎任何管理者都会认识到运营活动——无论是计划、调度、流程设计、改进、管理能力，都意味着众所周知的挑战和复杂性。斯莱克等人（Slack et al.，2009）指出："运营管理被认为是建立在管理流程的基础之上，因为所有职能部门的经理大部分时间都在管理流程，所以很明显，在某种程度上，所有经理都是运营经理。"

全世界不同的工业部门也已经认识到有必要提高运营管理专业知识，并且已经采取了许多举措来实现这一目标。例如，汽车制造商和贸易商协会（Society of Motor Manufacturers and Traders）于1996年与英国贸易和工业部（Department of Trade and Industry）共同发起的行业论坛（Industry Forum，2015）旨在改善汽车供应链，或者更广泛地说，2014年的里思讲座（Gawande，2014a，2014b）将此确定为系统的核心，运营管理可以提供更多服务给各行业经理。

那么，到目前为止，学术文献中对运营管理的关注点是什么？这是否反映了行业和组织，特别是公共服务，对如何更有效地管理业务的需求和期望？以下各节更详细地概述了在考虑精益方法之前的活动。

研究出版物简介

本章结合运营管理的研究重点，对其进行了分析。本分析基于一个用于调查运营管理理论观点的数据库（Walker et al.，2015），它包括国际重要的运营管理期刊，例如《国际运营与生产管理期刊》（*IJOPM*）、《运营管理期刊》（*JOM*）、《生产经营管理》（*POM*），从1980年到2014年在运营管理领域有3 607篇论文。从分析中可以看出，服务运营作为新的研究领域，自2012年以来，只有128篇（3.5%）专门针对医疗、教育和培训等服务行业的论文，这个数量只占总发表数量的四分之一。精益运营——第4章所述的日本制造业发展——从1980年到2014年的代表论文有172篇（4.7%）。研究精益的论文开始出现在20世纪90年代初，在2004年达到顶峰，然后下降，在2013年再次达到顶峰。文献中承认这些主要运动只占学术产出的很小比例（Walker et al.，2015）。除了沃克（Walker，2015）的研究，斯莱克、刘易斯和贝茨（Slack，

Lewis and Bates，2004）还进行了一项研究，比较了 MBA 学生的优先顺序和运营管理学科的论文数量。他们发现了显著的差异，包括精益研究论文在 MBA 学生中的排名高于文献中的排名，而绩效管理则相反。 202

研究方法的类型也令人惊讶：定量方法最受欢迎，占 52. 23%，定性方法占 27. 67%，混合方法只占不到六分之一（14. 72%）。随着时间的推移，定量论文的数量自 21 世纪初以来显著增加；定性论文的数量大约从同一时间开始下降（图解 10. 1）。

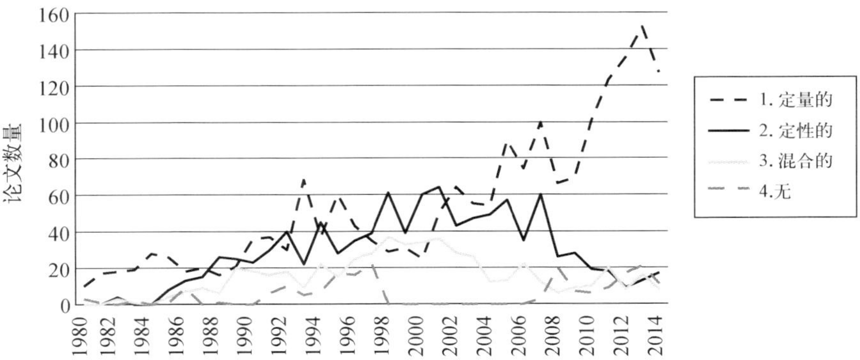

图解 10. 1　按年份分析研究方法

资料来源：*International Journal of Operations Management*，*Journal of Operations Management*，*Production and Operations Management*，1980 年至 2014 年各期

定量论文与其他方法之间的差距很大。在过去的四年中，每年定量论文的平均数量为 127. 75 篇，定性论文的平均数量为 14. 75 篇，混合论文的平均数量为 13. 5 篇，其他论文的平均数量为 13. 25 篇。有人可能会解释该领域定量论文数量的上升是因为：理论已经提出，研究人员能够进行检验假设。另一种观点是定量论文更容易发表，因此研究人员从事定量研究是为了满足机构对发表论文的要求。定量研究的优势体现在研究方法上，近四分之一的论文都是调查。其他流行的方法是案例研究和模拟（图解 10. 2）。概念论文被发表，只有不到 13%的论文，人们会认为这可能会扩大主题的理论基础，但绝大多数的论文中有近 75%没有指明理论基础。在那些引用特定理论基础的论文中，没有一个占主导地位的理论方法。在不到 8%的理论论文中，最常见的是博弈论，紧随其后的是权变理论。似乎运营管理作为一个领域并没有真正地进入管理理论，也没有奠定自己的理论基础（Walker et al.，2015）。

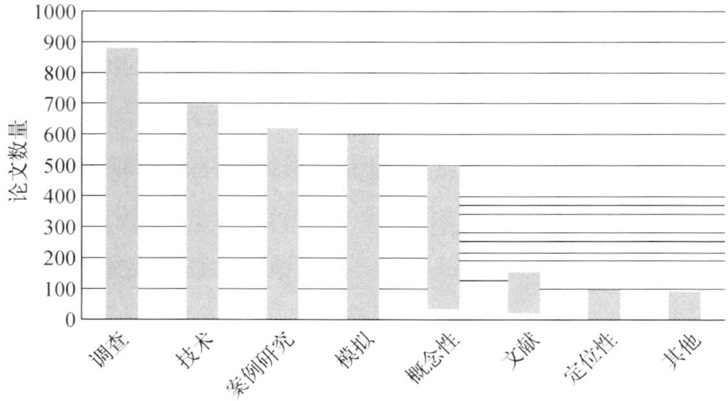

图解 10.2　1980—2014 年研究方法比较

资料来源：*International Journal of Operations Management*, *Journal of Operations Management*, *Production and Operations Management*, 1980 年至 2014 年各期

考虑到运营管理的实际应用，是否应该这样做？双方对此都有争论。赞同者认为运营管理属于更广泛的管理理论的理由是，运营管理可以拓宽管理理论
203 的基础，提供更好的见解，并在工业应用方面以及在更广泛的管理理论方面履行其职责。反对者认为，运营管理不符合管理理论，运营管理研究者只是试图同化他们的商学院环境，而不是实现他们的主要目的——为运营实践服务。

从各国的出版物来看，美国论文数量发表排第一，英国和西班牙分别排在第二和第三位。论文审查的国家范围非常广泛，研究论文集中在 57 个不同的国家。从地区来看，美国的主导地位意味着美国占了 20%的论文发表量，其次是欧洲（10%），再次是亚洲、澳大利亚、非洲和中东（图解 10.3）。

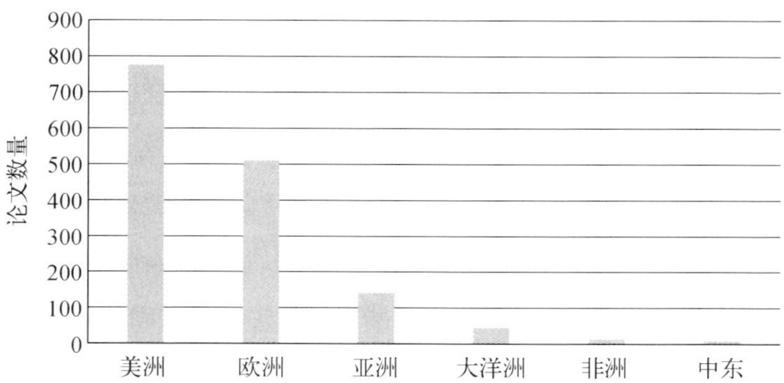

图解 10.3　各地区的出版物数量

资料来源：*International Journal of Operations Management*, *Journal of Operations Management*, *Production and Operations Management*, 1980 年至 2014 年各期

在这一章和第 4 章中，我们概括了运营管理学科的起源、概况和认识。通过对“运营管理”的深入探索，我们揭示了运营管理的重点和发展领域。《华尔街日报》对 3 607 篇发表的运营管理论文进行了分析，其中 114 篇明确关注公共部门，另外 140 篇是研究公私混合的。公共部门（包括混合部门）的出版高峰是 2011 年，而在 1980 年至 1991 年间，只有少数论文发表，在某些年份甚至一篇也没有。在过去的十年里，一直有一份专注于公共服务和公私混合的出版物，然而，可能有 41%的论文（1980—2014）作者选择了没有明确说明公共部门因素。发表论文的主要类型是调查和案例研究，占 254 篇论文的 30%和 31%。这表明，大多数已发表的研究都试图分析公共服务运营管理的现状。而设置议程的论文，定位性和概念性的，仅占公共服务论文的 1.2%和 3.9%。在 254 篇按行业分类的论文中，医疗保健领域的论文最多，占 30%。 204
第二大领域是教育，占 8%，但研究多个部门的论文占 24%。这可能是该领域缺乏研究，难以发表这类论文，或是反映出需要更高层次的实地数据和深入分析，以发展该领域的新概念和理论。

在最近出版的一本书（Radnor et al., 2016）中，“公共服务运营管理”被概念化。本章的其余部分将着重说明这方面。本章将阐述精益在公共服务中的应用，说明到目前为止，人们过分关注技术工具，而不了解精益的原则和假设或实施精益的背景。本章的结论是，运营管理要进一步发展，就需要更多地考虑服务管理的基本逻辑和理论，不仅是精益，而且要使运营管理在整个公共部门产生更大的影响。

适合目的：公共服务运营管理

公共服务改革自 20 世纪 70 年代末以来就被提上了政治议程，其中包括从 3Es（经济、效率和效力）到最佳价值和新公共管理（NPM）的方法（Rashman and Radnor, 2005）。“精益思想”已成为近期公共服务改革的一种突出而普遍的做法。在当前公共开支受到限制和减少的时代，它承诺保持服务生产率，提高资源利用率，并保持服务质量。简言之，它使公共服务提供商能够“用更少的资源获得更高的成效”（Radnor, Holweg and Waring, 2012）。

2005 年，美国和英国公共服务支出总额占国内生产总值的比例分别为 205

35.9%和44.5%（Pettigrew，2005），高于2001年的12.7%和24.0%（Karwan and Markland，2006）。2011年，经济自由指数显示，美国和英国的政府支出占国内生产总值的比例分别为38.9%和47.3%（Index of Economic Freedom，2011）。在同一时期（2005—2011），美英两国以及希腊和葡萄牙等其他国家都经历了严重的衰退，导致整个公共部门的预算和支出削减。例如，在英国，2009年4月的《运营效率报告》（英国财政部［HM Treasury］，2009）规定，公共服务部门应在三年内每年节约100亿英镑。

公共服务在西方国家受到的压力越来越大，这导致人们把提高效率的重点放在衡量效率和公平的成果上。公共服务，包括卫生部门（Fillingham，2008；Guthrie，2006）和地方政府（Krings，Levine and Wall，2006；副总理办公室［Office of the Deputy Prime Minister］，2005），以及中央和联邦政府（Richard，2008；Radnor and Bucci，2010）实施一系列业务流程改进方法，包括精益管理、六西格玛、业务流程重组、改善和全面质量管理。值得注意的是，在本章介绍的文献综述中，这些方法在公共部门使用中51%的出版物集中于精益，其中35%在卫生服务部门（Radnor，2010a）。

对精益的研究表明，精益可以在质量、成本、时间等方面产生显著的影响，甚至可以使员工和服务用户都满意。例如，英国国防部报告说，一架飞机的维修费用从711英镑下降到328英镑，同时这项活动所需的人力减少了21%；美国康涅狄格州劳工部通过重新设计流程，在工作中减少了33.5个工作小时，一年节省了50万美元的工作时间；英国索利哈尔自治市议会通过一项精简审查，为其寄养服务节省了13.5万英镑的邮资（Radnor，2010b）。精益的其他好处还包括减少了公共服务的等待时间，通过提高资源利用率降低了服务成本（Silvester et al.，2004）以及提高无形资产，例如增加了员工的积极性和满意度，提高了客户满意度（Radnor and Boaden，2008）。

这个明显的成功故事标志着一个起点。尽管精益似乎在公共服务领域产生了成功的影响，但事实上，它取得成功容易，但是所取得的效益缺乏可持续性和弹性。可以说，迄今为止，大多数关于公共部门精益思想的研究不具有可比性和严谨性（Lilford et al.，2003）。精心挑选的案例研究被用来促进公共服务的效益，却缺乏对消极方面的平衡看法，也没有考虑到其他因素的影响。拉德纳和波登（Radnor and Boaden，2008）在最近的一篇文章中指出，精益可能是一种灵丹妙药，因为有证据表明，精益可以支持和帮助解决公共服务中围绕流程和实践的一些低效率问题。但这也可能是一个悖论，因为许多公共服务管理 206
者似乎试图在没有完全理解精益基本原则的情况下应用它，仅仅将其视为另一项政策或一套工具。最近，拉德纳和奥斯本（Radnor and Osborne，2013）认为，精益可能是公共服务的失败理论，因为精益已经取得了简单的成功，但所取得的效益缺乏可持续性和弹性。报告认为，精益确实有可能对公共服务改革产生重大影响。然而，要做到这一点，不应将其本身视为一种理论。相反，它需要位于公共服务主导的业务逻辑中（Osborne，Radnor and Nasi，2013），以实现公共服务及其用户的持久利益。

什么是精益？

精益生产（也称为丰田生产系统或 TPS）起源于丰田汽车公司的汽车制造业，是对传统的批量生产方法和分批原则的根本替代，以实现最佳效率、质量、速度和成本（Holweg，2007）。精益试图在运营流程中“去除”超负荷、不一致性和浪费。沃马克和琼斯（Womack and Jones，1996）有效地总结了精益思想的五个核心原则。第一步是指定运营流程创建的“值”。这一步不应该被提供商的利益所支配，而应该反映出客户的价值。第二步是确定“价值流”或最终为产品和服务增值的流程。这可以通过解决问题和改变管理的形式来实现，通常是通过增加有价值的活动，同时消除那些没有价值的活动。第三步是在这些流程中创建“流”，这意味着打破组织和职业群体之间的界限和划分，以确保工作流程不断适应价值创造。第四步强调了需求或“拉动”的重要性，响应客户而不是供应商的需求。最后，沃马克和琼斯（1996）讨论了将“精益思想”作为一种持续活动嵌入组织文化中的必要性。

总结所有的原则，有人认为精益思想的核心是更好地优化运营流程，以及通过注重价值创造来促进组织文化变革。在精益生产中，“价值”的定义是由客户或消费者决定的，而不是组织（Womack and Jones，1996）。

在此基础上，重要的是要反映精益的关键假设。没有这些假设，精益就失去意义。这些假设被定义为（Radnor，Holweg and Waring，2012）：

- 从客户的角度确定“价值”和“浪费”；
- 通过减少浪费从而降低产品或服务的成本，或通过增加增值活动而不增加服务或产品的成本，创造价值。

207 • 赞同组织在减少非增值活动方面有明确和可衡量的标准，这不仅能降低成本，还能提高与同行的竞争力；

• 通过上述流程优化资源以帮助企业，并理解精益的核心是创造“客户价值”。

精益的系谱为其在公共服务中的实施提出了三个重要挑战，即精益不是制造品而是服务，公共服务组织（PSOs）的运营流程和系统的重点往往是内部的而不是外部的，成功的指标与私营企业也不同。例如，当考虑在医疗保健中使用精益时，拉德纳、霍尔韦格和韦林（2012）报告说，这些背景差异为在公共服务中实施精益带来了重大挑战。首先，与私营部门不同，公共服务的顾客（或服务用户）不一样，这就给确定“顾客价值”带来了困难。其次，公共服务目前的设计是以能力为导向的，因此影响需求或利用腾出的资源来发展业务的能力是有限的或没有的。最后，私营部门运用精益的理由在于提高效率和降低成本，而公共服务也必须考虑效率和公平（Radnor，Holweg and Waring，2012）。

精益的实施通常被描述为“一个旅程”——实施的各个阶段是整个流程的里程碑（Bicheno，2004；Hines，Found and Harrison，2008）。一些作者将这段旅程描述为开发精益哲学，建议组织应该致力于创建*精益生活方式*（Hines，Found and Harrison，2008）。海因斯、方德和哈里森（2008）指出，精益框架通常存在于两个层面，一个是战略层面，侧重于原则；另一个是运营层面，侧重于工具和技术。海因斯、方德和哈里森（2008）借助一个冰山模型开发了这一概念，该模型说明了两个主要要素：水下不可见部分包括战略和协调、领导力和行为等参与的各种要素；水上可见部分有技术、工具以及流程管理。

该模型表明，战略应该是基础，在果断的领导力和敬业的员工支持下才能理解流程，然后使用一系列工具和技术来改进流程。在整个模型中使用了许多工具，包括策略部署、可视化管理、[①] 标准化工作、5S 和过程映射（Hines，Found and Harrison，2008）。[②] 该模型说明了技术（水面以上）和支持的文化
208 （水面以下）方面。精益是一个旅程，需要与有相同想法的人们一起花费时间

① 视觉管理是通过绩效委员会使用可见信息来管理工作的概念。
② 5S 表示通过分类，按顺序设置、扫描和发光、标准化和持续进行的家务管理方法。

创造（Radnor and Walley，2008）。

实施公共服务精益

在公共服务中实施精益已经发现了一些重大挑战（Radnor and Bucci，2010；Radnor，2010b，2010a；Radnor and Bucci，2007）。其中许多可以被描述为对大多数管理计划是“通用的”，而不是特定于精益。这些问题包括缺乏高级管理层的承诺、与客户要求不一致的变革目标、缺乏对员工的培训，以及执行项目选择不当（Antony，2007；Lucey，Bateman，and Hines，2005；Oakland and Tanner，2007；Radnor et al.，2006）。然而，在这项研究中，我们发现了四个特别针对精益的挑战。这些是：

- 关注并过度依赖精益工作坊（“快速改进事件”）
- 基于工具包的精益实施方法，但不了解关键原则或假设
- 公共部门文化和结构的影响，特别是在精益执行方面相互竞争的专业和管理角色
- 缺乏对客户（或服务用户）的中心性和对服务流程的理解。

*对精益工作坊的关注和过度依赖。*在公共服务中精益实施有两种主要方法。一种方法是用在零散的工作坊或在一段具体的时间内发生的事件，通常称为快速改进事件（RIEs），另一种在整个公共服务组织中使用全面的程序方法。这两种方法使用相同的工具，但在使用的广度、深度和规律性方面有所不同，其中快速改进事件侧重于中短期，而方案方法至少在原则上致力于不断改进。

快速改进事件（有时称为“改善”事件）是由来自整个组织的员工参与的工作坊，通常具有多个功能，他们聚集在一起进行小而快速的更改。快速改进事件包括三个阶段，从准备阶段开始，随后是五天的活动，以确定潜在的精益变革，以及实施这些变革时的三到四周的后续阶段。这种方法往往受到员工的青睐，因为它提供了明显的快速回报，而且不会挑战现有的管理控制风格（Radnor and Walley，2008）。但是，这种方法可能有问题。与长期发展相比，快速改进事件往往更注重短期成果（Radnor and Walley，2008）。斯皮尔（Spear，2005）指出，一系列这样小规模的成功精益项目可以在长期内产生巨大的影响。不过，他也指出，为了实现这一长期影响，重要的是，这些小规模 209

项目都围绕着明确的长期改进战略展开。目前，在许多公共服务中，快速改进事件似乎并非如此（Radnor，Holweg and Waring，2012）。

全程序方法要求整个公共服务组织参与精益的实施。快速改进事件可用于改变关键领域或部门，但从根本上讲，该计划的重点是发展整个组织内的行为，通过使用一系列精益工具（包括绩效委员会/可视化管理、日常会议、工作场所审核、问题解决和实验［Holweg，2007；Spear and Bowen，1999］）不断提高价值、流程和绩效。关键问题不在于这些工具的应用和使用，而在于建立对精益基本原则的理解。它们是达到目的的手段，而不是目的本身（Shah and Ward，2007）。

*一种基于工具包的精益实现方法。*从现有文献来看，与精益相关的典型工具和技术包括改善事件、过程映射、“5S”、价值流映射和可视化管理（Radnor，2010b）①。评估这些工具时，拉德纳（2010）认为，作为精益实施的一部分，它们可以在公共服务组织中用于三个目的。这些目的是：

- **评估**：评估组织层面的服务交付流程，例如价值流映射、流程映射
- **改进**：支持和改进服务交付流程，例如快速改进事件、5S、结构化问题解决
- **监测**：测量和监测流程及其改进的影响，例如控制图、可视化管理、基准标记、工作场所审计

2006 年 4 月，英国一个大型中央政府部门（英国税务海关总署）开始在多个地点实施精益生产（Radnor and Bucci，2007）。它包括在每个站点的四个面向客户的关键操作中引入修订的流程：反映团队绩效的绩效板、资源规划机制、目标和问题解决。通过每日会议（每天上午 10 分钟），激励员工反思前一天的成就，计划下一天的工作，并解决精益实施过程中的任何突出问题，还引入了其他工具来解决正在进行的问题（Radnor，2010a）。

英国税务海关总署的案例研究展示了一个公共服务精益计划的前期工作，该计划使用精益的工具，而不是方法本身。这些工具往往会导致在提高相关公共服务组织的内部效率方面取得短期成功。然而，他们很少考虑到真正精益实
210 施的核心问题即顾客和顾客价值对组织效力的重要性。

① 价值流映射是对产品或产品系列（或服务）的价值流中发生的所有特定活动的标识。

拉德纳（Radnor，2010b）强调了组织因素对实施精益的重要性。这些因素包括对公共服务交付流程的理解，对公共服务中实际包含的“价值”的理解，对精益流程和公共服务组织的外部定位，员工在流程设计中的积极参与，以及协同生产对精益的作用（Radnor，2010b）。她进一步指出，在公共服务精益实施中缺乏对这些因素的关注，导致这些精益举措的长期发展缺乏可持续性（Radnor and Bucci，2007；Radnor，2010b）。

公共部门文化和结构的影响。麦克纳尔蒂（McNulty，2003）指出，在整个公共服务组织中，政策总是集中在高层，由管理者执行，而实践则发生在操作层，由专业人员（如临床医生、教师或社会工作者）执行。他进一步描述了如何将工作分解为很少跨越部门界限的专业职能，以及专业人员如何控制其工作流程。因此，他们可以抵制管理层试图使其工作更可预测、更透明和更标准化的企图。

特别是在医疗领域，有人认为这一挑战可能导致冲突。服务经理提出的变革倡议很难被临床接受，因为他们不愿意被告知如何做事，因为他们对各部门的流程改进不感兴趣，虽然这些改进是为了提高效率，而且他们认为这些计划与他们的专业价值观相冲突（Cauldwell，Brexler and Gillem，2005；Wysocki，2004）。这在流程重新设计计划中尤其如此（Woodard，2005）。尽管存在这种反对意见，但临床购入对于这些计划的成功至关重要，因为临床医生在医疗服务中始终拥有强大的权力，并且有能力和信誉令同事信服这些计划能够改善患者护理（Cauldwell，Brexler and Gillem，2005；Massey and Williams，2005；Guthrie，2006）。

格利奇和索玛（Gulledge and Sommer，2002）指出，实施这些流程改进方法的任务和结构是基于传统的“指挥和控制”结构，这种结构在私营企业中最为常见，它们在公共服务组织中的实施是基于这种结构的存在。值得注意的是，研究显示，许多精益计划实际上是自上而下的，由政策和公共支出驱动，而不是自下而上的。精益计划的制定和设计是为了排除负责实施该计划的专业人员或从这些改革计划中受益的服务用户。因此，精益计划变成了面向服务最终用户（真正精益的核心要素）的政策或财务。因此，格利奇和索玛（Gulledge and Sommer，2002）以及塞顿和考尔金（Seddon and Caulkin，2007）都认为，正是因为它面向政策和财务，而不是面向最终用户。这意味着精益永 211

远无法实现其在公共服务领域的潜力，一线员工最终会对内部措施和目标做出反应，而不是对外部客户（即他们的最终用户）做出反应，这种做法是违背精益真正的愿景的。

缺乏对客户（或服务用户）的中心性和对服务流程的理解。普罗德洛夫、莫克汉姆和博阿登（Proudlove, Moxham and Boaden）认为，精益医疗的一个关键问题是“在医疗环境中识别客户和流程，并使用清晰恰当的术语”（2008：33）。哈拉希米（Halachmi, 1996）也认为，在公共服务提供中很难规定价值，因为一些组织职能和程序不直接体现价值，至少在客户眼中是这样（Halachmi, 1996）。

在商业组织中，顾客的定义和要求相对简单，直接影响营业额和利润。因此，更容易确定价值和增值活动。不过，在公共服务领域，“客户”的概念并不是那么简单，它可以包括直接的最终用户、不愿意或被迫使用的用户、服务的多个用户、从服务中间受益的用户以及未来用户（Osborne, Radnor and Nasi, 2013）。此外，“客户”或“消费者”这一术语本身也存在问题，其根植于商业和商业公司的话语中。最终用户的概念或许更为恰当。它并不假设存在市场交换或商业关系，尽管它也受到上述多重含义的影响。

接下来讨论“过程”在成功精益实施中的作用，丹尼森（Denison）将“过程组织”的理想类型描述为“其中，组织设计的首要问题是创造价值，组织不是一系列功能单元或业务单元，而是创造价值的相互关联的过程的集合”（1997：31）。相比之下，精益在公共服务组织中的一个关键问题是，它关注的是内部部门效率，而不是外部服务用户驱动的价值（Radnor, Holweg and Waring, 2012）。

三个简单的例子将说明这一点。首先，通过英国税务海关总署，回答“谁是客户”的问题。回应往往是“所有人”！当被问及这些客户的要求是否被理解时，答案总是“是的——高质量的快速信息”，但对于标准和要求的含义却很少有明确的表述。因此，对于他们的最终用户是谁，或者信息的质量和时间安排水平将如何导致更好的服务交付流程和更满意的最终用户，目前还没有明确的了解（Radnor and Johnston, 2013）。

其次，在医疗保健中，病人护理的提供在很大程度上是一个过程，因此，变异的原因往往难以量化，这是一个事实。沃利、西尔维斯特和斯泰恩

（Walley，Silvester and Steyn，2006）以及塞顿（Seddon，2005）都认为，有必要更好地了解医疗保健需求的变化，并消除那些不能为患者增加价值或在系统中造成瓶颈的活动。这种改进的一个例子可能是，通过删除不必要的文书工作，减少参与这一过程的不同工作人员的数量，以尽量减少移交时间，或改善医院 212
的实际布局，将患者从急诊室更快地转移到手术室（Lister，2006；Walley，Silvester and Steyn，2006）。这是一种典型的精益方法，它通过管理过程中的变化来减少排队。然而，当公共服务在需求量巨大的情况下，需要增加提供的公共产品数量。与市场营销一样，精益方法寻求控制对价值的需求水平和用于交付价值的过程。

最后，塞顿和布兰德（Steyn and Brand，2008）概述了两种不同类型的需求：价值需求（“我们在这里提供什么”或任务驱动型需求）和失败需求（“未能为客户做正确的事”）。他们报告说，在英国的地方政府部门，失败需求的水平可能高达 80%，严重限制了这些部门处理价值、使命驱动、需求的能力。理解这种需求类型上的不同对公共服务组织至关重要。然而，英国税务海关总署评估的结果清楚地表明，改革的重点不是如何改变工作模式以更好地满足服务用户的需求，而是如何改变需求以适应本组织现有的工作模式。这些组织不是以需求为主导，而是导致失败需求增加，而非减少（Radnor and Bucci，2010；Radnor and Bucci，2007）。

适合目的？精益公共服务

现有文献清楚地表明，将精益方法引入公共服务交付中具有潜在的好处，并且这些好处可以为这些公共服务的最终用户增加真正的价值（参见 Radnor，2010：370，500，了解公共服务的一些示例）。首先，公共服务组织确实节省了时间和成本，使公众受益。例如，英国税务海关总署已从实施“Pacesetter”计划中节省了 4 亿英镑（英国国家审计署［National Audit Office］，2011）。可以说，节省的费用主要是解决以前这些公共服务不佳的成果，这可以称为“挑选公共管理改革的低端成果（和意外收获！）”。就其本身而言，这是一个重要的目标，但这并不是精益的意图。这样做的目的是为了更好地向公共服务的外部用户有效地提供最终成果，并为此增加他们的生活价值。

其次，了解精益实施的环境至关重要（Radnor，Holweg and Waring，

2012）。它最初来自私营部门，制造业企业（丰田），并且这种环境已经影响并限制了其在公共服务中的早期实施。但是，不能简单地将其转移到公共服务环境并假定它可以提供相同的好处。如果这是目的，那么精益确实将是一种“失败的理论”，除了纠正先前的设计错误之外，几乎没有什么能提供公共服务的（Radnor and Osborne，2013）。如果精益，甚至是其他的运营管理概念，要超越这一点，为提高公共服务效率和增加最终用户价值提供一条真正的途
213 径，那么就需要发展一种适合公共服务环境的修正精益理论。基于此，本章的剩余部分将概括关于精益、运营管理和公共服务运营管理的思考和想法。

关于公共服务运营管理的思考

由于花费在公共服务上的国内生产总值百分比、财务状况以及公共组织在使用运营管理概念的反应（以精益为例），运营管理学者需要花更多的时间精力来研究和发表公共服务运营管理了。在公共部门，这不仅局限于报告案例，提供调查结果或关注医疗保健，还应利用机会发展新的运营管理思想和理论，这些思想和理论可应用于公共部门组织和一般公共服务，定义为“公共服务运营管理”。这一新学科需要由制造业和私人服务组织在传统的框架下，结合数字和信息时代，重新发展研究新领域（Radnor et al.，2016）。

但是，挑战不仅在于运营管理学科应如何适应新的情境，还在于环境/行业如何适应学科。公共部门组织一直在努力承认自己是一个以服务为基础的组织，但却从政策和产品导向的角度考虑自身。

有人认为，公共服务提供的日趋分散和组织间的语境（Haveri，2006）有必要提出有关公共服务提供的新问题。现在不再可能继续只关注行政程序或组织内部管理，即分别集中于公共管理和（新）公共管理。相反，这些焦点必须与更广泛的范式整合在一起，该范式既强调组织间（和跨部门）关系的治理，又强调公共服务提供系统而不是离散的公共服务组织的效力。这个更广泛的框架随后被称为“新公共治理”（Osborne，2010）。该框架不会取代以前的内容，而是将它们嵌入到新的环境中，托马斯（Thomas，2012）提出了类似的论点。

第二种观点认为，许多当代公共管理理论都是从概念上衍生出来的，是从

先前在制造业而不是服务业进行的“一般”管理研究中得出的。这在公共管理理论中产生了一个“致命缺陷”（Osborne，Radnor and Nasi，2013），它将公共服务视为制造而非服务流程，并通过专业设计，然后交付给用户，即使政府的业务不是交付预先制造的产品，而是交付服务。公共服务用户和公共服务组 214
织之间的大多数关系也不像这些产品那样具有事务性或离散性（Osborne，Chew and McLaughlin，2009）。相反，大多数“公共产品”（无论是政府、非营利和第三部门还是私营部门）实际上不是“公共产品”，而是融入人们生活的“公共服务”。例如，社会工作、医疗保健、教育、经济和商业服务、社区发展都是服务，而不是具体的产品。因为它们是无形的、过程驱动的，并且基于对将要交付的内容的承诺。公共服务当然可以包括具体的要素（例如，医疗或通信技术）。但这些本身并不是“公共产品”，而是需要它们来支持和实现无形和过程驱动的公共服务。

尽管服务管理和服务运营管理理论不断发展，但这种以产品为主导的缺陷依然存在，挑战了服务管理的许多基本原则（Gronroos，2007；Johnston and Clark，2008；Norman，1991），这里和书中所论述的正是服务管理理论的发展，应该对公共服务的管理和交付的理论和概念理解提供参考。

那么，公共部门组织是否应该投资运营管理？答案是肯定的，因为有证据表明，精益可能是公共服务的一个良好框架，因为这些原则让管理者能够“抓住”一些简单的工具和技术来使用。然而，它需要被完全理解为一种哲学，而不仅仅是一项政策和一套工具。它需要在服务管理环境和逻辑中设置。

如精益探索所示，我们认为，不加批判地将精益制造理念应用于公共服务是有缺陷的，尽管许多有助于发展这些原始制造理念的方法和思维方式是有用的。这种使运营管理适应公共服务环境的方法，不仅要从现有思想中吸取教训，同时也应将自己视为服务，并具有与众不同的服务运营管理逻辑和管理挑战，从而拒绝当前所包含的潜在缺陷，这是产品主导型公共管理理论。

总之，我们在本章中进行了论述。未来的运营管理应跨部门，借鉴一系列学科、理论和概念。我们希望，十五年后，再分析期刊内容时，文章类型、国际和行业概况的范围将比我们迄今发现的要广泛得多。

参考文献

Antony, J. (2007). 'Is Six Sigma a Management Fad or Fact?' *Assembly Automation*, 27: 17 – 19.

Bicheno, J. (2004). *The New Lean Toolbox*. Buckingham: Picsie books.

215 Cauldwell, C., Brexler, J., and Gillem, T. (2005). 'Engaging Physicians in Lean Six Sigma'. *Quality Progress*, 38: 42 – 6.

Denison, D. R. (1997). 'Towards a Process Based Theory of Organizational Design: Can Organizations Be Designed around Value-Chains and Networks?'. *Advances in Strategic Management*, 14: 1 – 44.

Fillingham, D. (2008). *Lean Healthcare: Improving the Patient's Experience*. Chichester: Kingsham Press.

Gawande, A. (2014a). 'The Century of the System', 2nd BBC Reith Lecture' (available at: <http://downloads.bbc.co.uk/radio4/open-book/2014_reith_lecture2_wellcome.pdf> (accessed 19 January 2015).

Gawande, A. (2014b). 'The Idea of Wellbeing', 4th BBC Reith Lecture <http://downloads.bbc.co.uk/radio4/open-book/2014_reith_lecture_4_delhi.pdf> (accessed 17 December 2014).

Gronroos, C. (2007). *Service Management and Marketing*. Chichester: John Wiley & Sons.

Gulledge Jr, T. R. and Sommer, R. A. (2002). 'Business Process Management: Public Sector Implications'. *Business Process Management Journal*, 8: 364 – 76.

Guthrie, J. (2006). 'The Joys of a Health Service Driven by Toyota'. *Financial Times*.

Halachmi, A. (1996). 'Business Process Reengineering in the Public Sector: Trying to Get Another Frog to Fly'. *National Productivity Review*, 15: 9 – 18.

Haveri, A. (2006). 'Complexity in Local Government Change'. *Public Management Review*, 8: 31 – 46.

Hines, P., Found, P., and Harrison, R. (2008). 'Staying Lean: Thriving, Not Just Surviving', Lean Enterprise Research Centre, Cardiff University, Cardiff.

HM Treasury (2009). 'Operational Efficiency Programme: Final Report', HM Treasury, London.

Holweg, M. (2007). 'The Genealogy of Lean Production'. *Journal of Operations Management*, 25: 420 – 37.

Index of Economic Freedom (2011). Available at: *<http://www.heritage.org/index/> Wall Street Journal*, New York (accessed 22 May 2011).

Industry Forum (2015). Available at: <https://www.industryforum.co.uk/who-we-are/> (accessed 19 January 2015).

International Standard Organisation (2013). 'The ISO Survey of Management System Standard Certifications—2014' (available at: <http://www.iso.org/iso/iso_survey_executive-sum-mary.pdf? v2013> (accessed 9 July 2015).

International Standard Organisation (2015). Available at: <http://www.iso.org/iso/iso_9000> (accessed 12 January 2015).

Johnston, R. and Clark, G. (2008). *Service Operations Management*. Harlow: FT/Prentice Hall.

Karwan, K. R. and Markland, R. E. (2006). 'Integrating Service Design Principles and

Information Technology to Improve Delivery and Productivity in Public Sector Operations: The Case of South Carolina DMV'. *Journal of Operations Management*, 24: 347 – 62.

Kim, J. and Robb, D. (2014). 'New Dimensions: How 3D Printing May Change the Scope of Industry'. *Apics Magazine*, 24: 40 – 2.

Krings, D., Levine, D., and Wall, T. (2006). 'The Use of "Lean" in Local Government'. *Public Management*, 88: 12 – 17.

Lilford, R. J., Dobbie, F., Warren, R., Braunholtz, D., and Boaden, R. (2003). 'Top 216
Rate Business Research: Has the Emperor Got Any Clothes?'. *Health Services Management Research*, 16: 147 – 54.

Lister, S. (2006). 'Bloated NHS Is to Receive the Tesco Treatment'. *The Times*, 6 June 2015.

Lucey, J., Bateman, N., and Hines, P. (2005). 'Why Major Lean Transitions Have Not Been Sustained'. *Management Services*, 49(2): 9 – 13.

McNulty, T. (2003). 'Redesigning Public Services: Challenges of Practice for Policy'. *British Journal of Management*, 14: 31 – 45.

Massey, L. and Williams, S. (2005). 'Cando: Implementing Change in an NHS Trust.' *International Journal of Public Sector Management*, 18: 330 – 49.

National Audit Office (2011). 'Pacesetter: HMRC Programme to Improve Business Operations'. National Audit Office, London.

NHS England 2014 Ambulance Quality Indicators Data 2014 – 15. Available at: <https://www.england.nhs.uk/statistics/statistical-work-areas/ambulance-quality-indicators/ambulance-quality-indicators-data-2014-15/> (last accessed 28 November 2016).

Normann, R. (1991). *Service Management: Strategy and Leadership in Service Business*. New York: Wiley.

Oakland, J. S. and Tanner, S. J. (2007). 'Lean in Government: Tips and Trips'. Oakland Consulting White Paper.

Office of the Deputy Prime Minister (2005). 'A Systematic Approach to Service Improvement', Office of the Deputy Prime Minister, London.

Oregon Department of Fish and Wildlife (2013). Oregon Native Fish Status Report. Available at: <http://www.dfw.state.or.us/fish/ONFSR/report.asp#coho> (last accessed 28 November 2016).

Osborne, S. P. (2010). *The New Public Governance?* London: Routledge.

Osborne, S. P., Radnor, Z., and Nasi, G. (2013). 'A New Theory for Public Service Management? Toward a (Public) Service-Dominant Approach'. *The American Review of Public Administration*, 43(2): 135 – 58.

Osborne, S., Chew, C., and McLaughlin, K. (2009). 'Developing the Marketing Function in UK Public Service Organizations: The Contribution of Theory and Practice'. *Public Money and Management*, 29: 35 – 42.

Pettigrew, A. (2005). 'The Character and Significance of Management Research on the Public Services'. *Academy of Management Journal*, 48: 973 – 77.

Proudlove, N., Moxham, C., and Boaden, R. (2008). 'Lessons for Lean in Healthcare from Using Six Sigma in the NHS'. *Public Money & Management*, 28: 27 – 34.

Radnor, Z. J. (2010a). 'Review of Business Process Improvement Methodologies in Public Services', Advanced Institute of Management, London.

Radnor, Z. J. (2010b). 'Transferring Lean into Government'. *Journal of Manufacturing Technology Management*, 21: 411 – 28.

Radnor, Z. J., Bateman, N., Esain, A., Kumar, M., Williams, S., and Upton, D. (eds.) (2016). *Public Service Operations Management*. Oxon: Routledge.

Radnor, Z. J. and Boaden, R. (2008). 'Lean in Public Services: Panacea or Paradox?'. *Public Money and Management*, 28: 3 – 7.

Radnor, Z. J. and Bucci, G. (2007). 'Evaluation of Pacesetter: Lean Senior Leadership and Operational Management, within HMRC Processing'. HM Revenue and Customs, London.

217 Radnor, Z. J. and Bucci, G. (2010). 'Evaluation of the Lean Programme in HMCS: Final Report'. HM Court Services, London.

Radnor, Z. J., Holweg, M., and Waring, J. (2012). 'Lean in Healthcare: The Unfilled Promise?'. *Social Science and Medicine*, 74: 364 – 71.

Radnor, Z. J. and Johnston, R. (2013). 'Lean in UK Government: Internal Efficiency or Customer Service?'. *Production Planning and Control*, 24: 903 – 15.

Radnor, Z. J. and Osborne, S. P. (2013). 'Lean: A Failed Theory for Public Services?'. *Public Management Review*, 15: 265 – 87.

Radnor, Z. and Walley, P. (2008). 'Learning to Walk Before We Try to Run: Adapting Lean for the Public Sector'. *Public Money and Management*, 28: 13 – 20.

Radnor, Z. J., Walley, P., Stephens, A., and Bucci, G. (2006). 'Evaluation of the Lean Approach to Business Management and Its Use in the Public Sector'. *Government Social Research*.

Rashman, L. and Radnor, Z. (2005). 'Learning to Improve: Approaches to Improving Local Government Services'. *Public Money and Management*, 25: 19 – 26.

Richard, G. (2008). *Performance Is the Best Politics: How to Create High-Performance Government Using Lean Six Sigma*. Fort Wayne, IN: HPG Press.

Seddon, J. (2005). 'Watch Out for the Toolheads!' Available at: <https://vanguard-method. net/library/articles/non-academic-articles/systems-thinking-and-lean/watch-out-for-the-tool-heads/> (last accessed 28 November 2016).

Seddon, J. and Brand, C. (2008). 'Debate: Systems Thinking and Public Sector Performance'. *Public Money and Management*, 28: 7 – 10.

Seddon, J. and Caulkin, S. (2007). 'Systems Thinking, Lean Production and Action Learning'. *Action Learning: Research and Practice*, 4(1): 9 – 24.

Shah, R. and Ward, P. T. (2007). 'Defining and Developing Measures of Lean Production'. *Journal of Operations Management*, 25: 785 – 805.

Silvester, K., Lendon, R., Bevan, H., Steyne, R., and Walley, P. (2004). 'Reducing Waiting Times in the NHS: Is Lack of Capacity the Problem?'. *Clinician in Management* 12: 105 – 11.

Slack, N., Chambers, S., Johnston, R., and Betts, A. (2009). *Operations and Process Management: Principles and Practice for Strategic Impact*. Harlow: FT/Prentice Hall.

Slack, N., Lewis, M., and Bates, H. (2004). 'The Two Worlds of Operations Management Research and Practice: Can They Meet, Should They Meet?'. *International Journal of Operations & Production Management*, 24(4): 372 – 87.

Spear, S. (2005). 'Fixing Health Care from the Inside'. *Harvard Business Review*, 83: 78 – 91.

Spear, S. and Bowen, H. K. (1999). 'Decoding the DNA of the Toyota Production System'. *Harvard Business Review*, 77(5): 97 – 106.

Thomas, J. C. (2012). *Citizen, Customer, Partner: Engaging the Public in Public Management*, Armonk, NY: ME Sharpe.

Walker, H., Chicksand, D., Radnor, Z., and Watson, G. (2015). 'Theoretical Perspectives in Operations Management: An Analysis of the Literature'. *International Journal of Operations and Production Management*, 35: 1182 – 206.

Walley, P., Silvester, K., and Steyn, R. (2006). 'Managing Variation in Demand: Lessons from the UK National Health Service'. *Journal of Healthcare Management*, 51: 309 – 20.

Womack, J. P. and Jones, D. T. (1996). *Lean Thinking*. New York: Simon & Schuster.

Woodard, T. D. (2005). 'Addressing Variation in Hospital Quality: Is Six Sigma the 218
Answer?'. *Journal of Healthcare Management*, 50: 226 – 36.

Wysocki Jr, B. (2004). 'Industrial Strength: To Fix Health Care, Hospitals Take Tips from Factory Floor; Adopting Toyota Techniques Can Cut Costs, Wait Times; Ferreting Out an Infection; What Paul O'Neill's Been Up To'. *Wall Street Journal (Eastern Edition)*, 9 April 2004.

219

第 11 章 管理项目

杰弗里·K. 平托、帕塔纳库尔·皮拉西特

项目无处不在

在世界各地的发达经济体和发展中经济体中，项目和基于项目的工作都在继续增加。当前的估计表明，当今现代组织中完成的所有工作中约有 65%是基于项目的（Morris，2013a），而项目本身包括基础设施、研发（R&D）、信息技术（IT），流程改进每年约占数万亿美元。实际上，在未来二十年内，全球对基础设施项目的需求将近 57 万亿美元，而全球资本投资中有 41%用于项目（Morris，2013a）。项目本身不仅是多个公司的主要价值创造，而且项目组织方法通常被用作解决社会问题（包括耕地开发和接种计划）、应急响应（地震救济、日本海啸灾后恢复）和经济发展（替代燃料汽车的开发、自然资源勘探和城市教育计划）的手段。项目有望为大型和小型组织提供积极影响周围世界的手段，同时也提供使利润率和公司价值最大化的手段。

项目的定义为：为创造独特的产品、服务或结果而进行的临时性努力（PMI，2013）。另外，项目管理协会也提供了类似的定义，表明项目是“为实现计划目标而进行的独特而短暂的努力，可以根据产出、成果或收益来定义”。因此，项目以关键要素为特征（Pinto，2013），包括：

1. *它们是复杂的一次性过程*。开展项目以实现特定目的或既定目标。它
220 们很复杂，因为它们通常需要来自不同部门的多个行动者协调工作。行动者来自组织不同的部门单位，跨地理区域，甚至其他合作组织。

2. **项目受预算、时间和资源的限制。**项目不能无限期地运行。基于项目的工作需要完成一组指定的结果，同时要在规定的预算和时间表的约束下进行。

3. **项目有明确的目标。**项目目标定义了项目的性质及目的。在项目进行时要牢记特定目的，即新产品、服务或其他成果。产生可衡量结果的目标是项目的推动力。一旦实现目标，项目就结束，项目团队就解散。

4. **项目以客户为中心。**除了受到明确定义的约束外，项目主要为客户服务。也就是说，项目是针对内部客户或外部客户的需求而设计的。

5. **项目是组织战略设计和执行的基础。**项目是公司实现目标的主要手段；它们是实现组织目标的工具（Loch and Kavadias，2011）。例如，苹果通过突破性技术获得竞争优势的策略是基于多种技术的新产品开发项目实现的。

6. **项目有明确的生命周期。**与项目是临时性的概念相结合，一个重要的思想是项目要经过公认的生命周期各个阶段。在本章中，我们将确定项目生命周期的四个阶段：概念化、计划、执行和终止。在每个生命周期阶段中都存在多种项目的管理职责和挑战。

通过更好地了解项目的性质，我们可以详细阐述项目管理的挑战，项目管理本身的定义是“将知识、技能、工具和技术应用到项目活动中以满足项目要求”（PMI，2013：5）。因此，项目管理的目标是使一个项目成功实现（满足项目要求）。从这个意义上讲，项目管理的“成功”通常被视为满足“四重约束”：按时、按预算、按要求完成项目、满足客户需求。虽然看似简单，但是当我们真正开始管理项目时，我们将很快就了解到，这四个标准通常涉及项目中的行为：花钱可以使项目更快完成，但却以预算超支和潜在的质量损害为代价，花额外的时间来实现项目的功能（质量）可能会危及项目进度中的关键期限。简言之，尽管四重约束是一个重要的目标，但要成功地满足一个项目的所有要素通常是非常具有挑战性的。

我们在上面指出，项目的一个关键特征是项目的生命周期。进一步探索项 221
目生命周期的特征，我们可以用图解 11.1 表示，其中 x 轴表示项目开发所用的时间，y 轴表示工作量，通常称为工时，即承诺的资源或预算支出。在每个阶段完成时，都会有一些可交付成果，所有这些都有助于项目的最终成功完成。因此，在概念化阶段结束时，已为该项目制定了业务流程，并通过可行性研究验证了该项目的发展情况，还创建了项目章程，委托项目组织和关键部门负责人为该项目提供支持。在计划阶段完成之后，所有关键文档都将完成，包括关键里程碑事件、项目交付的详细计划和时间表。项目生命周期中的执行阶段是指项目的实际“工作”，此时所有重要任务均已完成。如图解 11.1 所示，在项目执行期间，大部分组织资源都投入到了项目中，总支出达到了最高水平。最后，项目终止时涉及许多管理细节，将该项目转移给预订用户，也需要满足所有法律或合同义务，以及存档关键文件（包括经验教训），以备将来参
222 考。生命周期是项目管理经验的重要组成部分，因为它们既说明了每个项目的独特性，也说明了主要限制因素，即项目本身的时间限制因素。

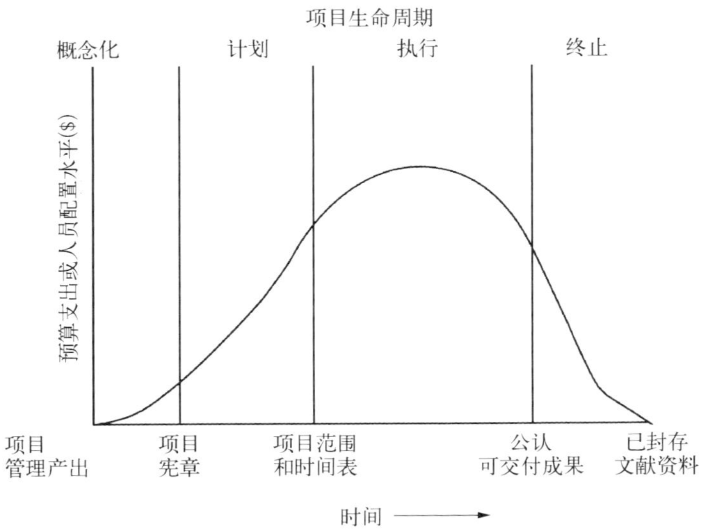

图解 11.1　项目生命周期

改编自：PMI（2013）

基于项目的工作兴起反映了对过去二十年来工业界发生的深刻变化的反应。组织所经历的重要变化包括：

1. *缩短产品生命周期*。在大多数公司中，产品开发是一个连续的过程。也就是说，随着新产品被推向市场，对产品的修改或升级已经在开发中。考虑一下软件包、智能电话或其他消费品的最新介绍。现在，许多此类产品的生命周期是用几个月甚至几周而不是几年来衡量的。由于两次升级之间的时间大大缩短，这导致组织的项目团队总是在考虑“下一个”或“最新”的产品。

2. *产品发布窗口狭窄*。随着全球竞争的加剧，组织必须意识到新产品的

最佳启动期。也就是说，对于许多组织而言，必须认真管理产品投放时间以适应市场机遇（例如，美国圣诞节的购物季是从“黑色星期五”开始）。详细的计划和多个合作伙伴的协调对于成功抢占这些关键的时间窗口至关重要。例如，在全球环境中，有必要与多个业务合作伙伴联系，努力协调并在机遇出现时迅速做出反应。启动时间窗口强调了市场时机对于发挥产品最大作用的重要性，而项目则是实现最佳时机的最佳手段。

3. *越来越复杂的技术产品*。我们大多数人都熟悉这样的场景：当今的普通汽车车载计算机比 1969 年人类登月的计算机系统具有更强大的功能。这一点说明了现代商业经济的深刻特征：产品复杂、技术复杂，而且通常很难快速生产。公众对“下一件大事”的胃口导致对新产品的要求更快、更轻、更好和更复杂。因此，组织出于多种目的聘用了多个项目团队：扫描环境以寻找可能的新技术，确定竞争对手并评估消费者的期望，通过研发开发产品的潜力，并尽快将候选产品推向市场。

正如上面的讨论所表明的，项目曾经被传统地视为在一些众所周知的环境（建筑、新产品开发、石油和天然气勘探等），由专业化的组织运作，现在它已经演变成公共和私营组织能够积极改变工作环境的主要手段。因此，对项目管理技能的需求越来越大，越来越多的组织寻求采用基于项目的积极主动工作方法来吸引他们的客户群。

然而，许多行业中项目绩效仍然不能令人满意。换句话说，迄今为止，项 223
目管理实践的实际情况并未与采用项目管理方法的需求保持同步。IT 等行业的项目成功率令人震惊。例如，根据 2004 年普华永道（Price Waterhouse Coopers）的调查，涉及大小行业的 10 640 个项目的总价值为 72 亿美元，只有 2.5%的企业实现了 100%的项目成功，超过 50%的商业项目失败了。斯坦迪集团（The Standish Group，2013）进行的调查报告了类似的发现：大多数的项目要么受到“挑战”（由于延迟交付，超出预算或交付的功能不满足要求）而“失败”，要么从未使用过开发的产品。研究人员得出的结论是：关键业务应用程序开发项目的平均成功率为 39%。更令人惊讶的是，自 1994 年以来，他们的统计数据一直非常稳定。建筑项目也不例外：伊拉克重建特别监察长（SIGIR）报告说，美国五角大楼在伊拉克重建项目中花费的 530 亿美元中有 80 亿美元是因“欺诈、浪费和滥用而蒙受的损失”。由于管理不善或伪劣建筑，数百个项目最终被取消，取消的项目中有42%被终止了。伊拉克重建特别监察长在其2013年报告中指出："我们发现不完整且不规范的数据库使我们无法确定在项目上花费的数十亿美元的具体用途。"（Kelley，2008；Mulrine，2013；Francis，2014）最终，项目管理研究所指出，每投资10亿美元用于项目，就有2.8亿美元面临风险（*PMI Today*，2013）。

许多行业中大多数项目落后于预期的原因有很多，其中包括未能体会到管理项目所面临的独特挑战。尽管对项目管理的兴趣和获得认证的专业项目经理的人数不断增加，但研究表明，对于许多组织而言，项目经理在新工作中几乎没有接受专门培训，而只是在进行过程中学习。这些"偶然的项目经理"的激增是公共和私人组织的共同特征（Pinto and Kharbanda，1995）。另一个反复出现的问题是缺乏对项目独特特性如何改变管理者规程方法的理解。项目生命周期、跨职能人员配备以及缺乏明确的权限都与项目管理有关，必须像我们目前所做的那样加以考虑。最后，许多项目经理用他们掌握的不充分的知识应对他们的挑战。接下来我们将展示传统的"基于执行"的项目管理模型与更全面的"项目管理"范式之间的区别，该范式提供了对项目管理成功完成的更专业的综合内容。

最后，许多项目失败是因为其组织对最佳地使用项目经理的方式进行了错误的判断。当项目经理被授予决策和采取行动的自主权时，他们的工作效率最
224 高。这是因为他们在履行职责时面临着巨大的责任。成功的项目经理需要履行众多职责，包括制定和管理预算，招募和领导人力资源，制定工作时间表和项目活动网络，管理客户关系（在组织的内部和外部），与高级管理层进行谈判，进行风险评估和缓解风险，等等。但是，在基于项目的很多公司中，行政长官办公室附近都找不到具有这种自主权和责任感的组织人员。许多组织在项目管理方面的失败，是因为它们没有培训其项目经理以面对管理挑战。

项目管理知识体系

专业的项目管理组织，包括项目管理协会（美国）、项目管理协会（英国）、国际项目管理协会和日本项目管理协会，都试图将成功管理项目所需的关键知识加以整理和表达。这些知识体系在一定程度上有所不同，但是对于关

键知识领域达成了普遍共识，有些组织将重点放在某些职能上，而不是其他职能上，这些知识领域可以告知我们管理项目的能力。为了简洁起见，我们简要介绍这些知识领域中的每个知识点，然后研究这些知识体系模型如何（积极和消极地）影响我们成功管理项目的能力。PMI 提出的十个知识领域包括：

1. 集成管理——用于识别、统一和集成项目，其主要客户和其他利益相关者的各个要素以及所有计划、监视和控制功能的一切过程和活动。

2. 范围管理——从收集需求、定义项目范围、创建工作分解结构，到验证和控制范围，确保包括成功完成项目所需的所有工作以及所有过程。

3. 时间管理——管理项目及时完成所需的所有过程，包括定义活动及其顺序，估算每个活动所需的资源和持续时间，以及制定和控制项目时间表。

4. 成本管理——计划、估计、预算、融资、资金管理和控制成本中涉及的所有要素，以便在批准的预算范围内完成项目。 225

5. 质量管理——组织的过程和活动，这些过程和活动确定质量政策、目标和责任，以便项目能够满足其开展的需求。

6. 人力资源管理——组织、管理和领导项目团队的过程。

7. 通信管理——确保及时计划、收集、创建、发放分配、存储、检索、管理、控制、监视和处置项目信息的过程。

8. 风险管理——进行风险管理计划、识别、分析、响应计划以及控制项目风险的过程。

9. 采购管理——从项目团队外部购买和获取产品、服务或结果所需的过程，包括合同管理。

10. 利益相关者管理——识别可能影响项目或受项目影响的人员、团体或组织，分析利益相关者的期望及其对项目的影响，以及制定适当策略以使利益相关者参与关键项目决策所需的过程。

以上十点是对项目管理知识体系中关键要素的总结，有助于巩固先前有关项目管理对经理的要求。掌握成本估算和预算、网络分析和计划、团队发展和领导行为、沟通和利益相关者关系管理以及合同订立和供应链采购等技能，证明了项目经理要成功完成项目，在领导团队时所面临的独特挑战。无论在哪个行业开展项目，关键主题始终是不变的，并且持续具有挑战性。

项目管理范式

从历史上看，项目管理的概念相对简单。图解 11.2 展示了这种简化的“交付”模型，它有十个关键知识领域（时间、成本、范围、风险等），并根据生命周期阶段的时间轴进行布局。交付模型隐含着项目经理的角色，即项目的高级执行者，假定他们在项目进行期间几乎没有任何投入。他们的角色被降级为积极参与的围观者，而围观者在关键（“模糊”）前端中不起任何作用。当战略问题被提出，技术被同意，供应链被开发，供应商被审查时，他们的角色被下放给一个积极的旁观者，在关键的（“模糊的”）前端没有扮演任何角色。
226 学者们批评这种传统的模式可能在某个时期适用于特定的项目类别，例如建筑，但是现代的项目管理和今天对项目经理提出的各种各样的要求表明，这是一种短视的、过于局限的看待项目经理真正角色的方式（Morris，1994，2013b）。

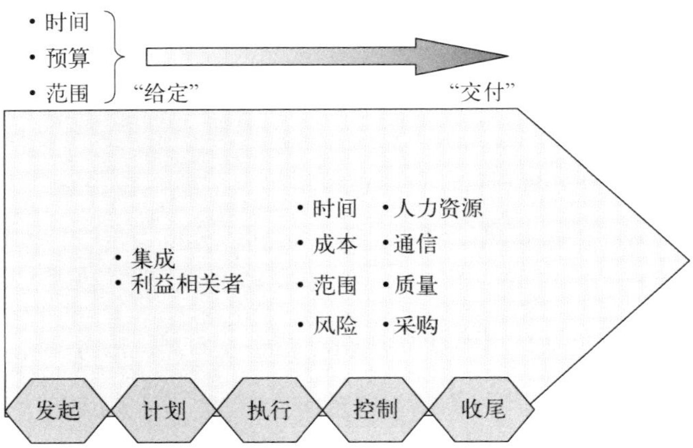

图解 11.2　传统的基于执行的项目交付方法

资料来源：莫里斯（2013b：62）

1994 年，彼得·莫里斯教授提出了另一种模式，称为“项目管理”（MoP），以对现代项目经理的“实际”职责更全面的视角挑战传统观点。在他的概念模型中，项目管理不仅被视为交付系统或技术含量高的工具箱，而且是成功开发项目所需的内部和外部关键界面的平等伙伴。图解 11.3 显示了完整的项目管理模型。区别于传统项目管理的交付模型，项目管理模型还区分了与“定义”相关的活动跟其他与项目“交付”有关的活动。此外，项目管理模型还提出了与外部利益相关者的几种关键互动，包括与业务和总体环境的互动，这种互动会影响定义和交付阶段，以及与大型组织的互动、战略发展源、项目融资、技术、商业和组织系统。莫里斯的论点在实践中得到了有力的证明，即如果没有进行足够的工作来确保项目被完全定义并与组织内部和外部的关键要素相联系，就无法开发（交付）项目。最后，项目管理模型创建了一个“元”生命周期，表明项目开发必须包括一个重新配置的五个阶段的过程，包括概念、可行性、定义、执行和结束。

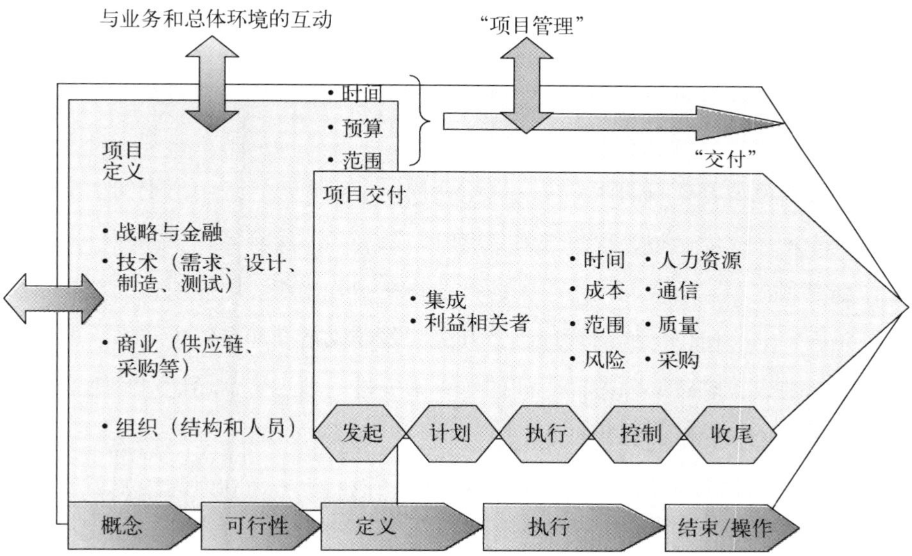

图解 11.3　项目管理

资料来源：莫里斯（Morris，2013b：62）。

项目管理框架的优点之一是，与传统的简单交付模型相比，它更准确地定义了项目经理的“实际”职责，使其职责更加全面。在更新的项目管理模型中，项目经理的角色要广泛得多，并需要使自己沉浸在以前未解决的问题中，例如供应链开发、合同订立或需求管理等任务。现代项目经理不仅要在项目的 227
技术细节上，而且要在项目开发的早期就与高层管理人员和关键利益相关者建立联系，以提高其管理资格。实际上，比过时的执行模型要早得多，责任要大得多。项目管理模型为现代项目经理在复杂和快速变化的商业环境中所面临的挑战提供了一个广阔的视角，它阐明了成功的项目管理所需解决的挑战的更广泛性质。

项目管理中的挑战

前几节试图将项目管理放在背景中，强调它的挑战、限制和成功指导项目完成所需的职责。在这种情况下，项目管理流程的结构内嵌了许多挑战，所有的项目新手都必须熟悉这些挑战。虽然不能完整列出管理项目时遇到的挑战，但以下内容提供了人们可能面临的重大问题的观点。

228 生命周期的含义

我们之前提到过，项目具有明确的生命周期，可以确定项目关键的开发阶段。虽然生命周期可以确定项目活动的阶段，但是生命周期还告知项目管理层其他职责，例如，项目团队的发展。生命周期是对项目管理中出现的主要挑战的直观表示。这就是说，项目开发是有时间限制的。所有旨在发展项目团队的工作都必须在预定的时间内进行。时钟总是在滴答作响。因为项目经理的工作期限是固定的，所以他们的管理决策方法、领导风格、冲突解决技术、谈判策略和团队建设策略都必须按照时间的约束来安排。项目生命周期对管理活动有很多影响，例如团队建设和计划。

由于项目经理负责面对关键的交付日期，他们也努力在时间限制下创建一个强大的、支持性的团队。因为他们在一个“临时组织”中运作（Lundin and Söderholm，1995），所以领导力知识和团队发展动力至关重要。早期关于团队建设的研究，特别是塔奇曼和詹森（Tuchman and Jensen，1977）模型，由于其单序列阶段化、缺乏多个决策路径、忽视外部影响等而受到批评。此外，虽然它反映了不断发展的团队的活力，但它缺乏时间因素。也就是说，由于存在时间限制的目标，这些阶段不能以自己的速度发展（Hirokawa and Poole，1986）。从项目（时间敏感）的角度来看，关于团队发展动态的一些最有用的工作来自康妮·格希克（Connie Gersick）在间断均衡模型下的研究（Gersick，1988，1989）。间断均衡指的是团队通过行为和主题的交替惯性变化而进步的现象（Gersick，1991）。当面临着在项目中产生结果的挑战时，团队不会经历统一的一系列开发阶段，也不会经历线性的、附加的构建块序列。相反，它们必须找到合作的方式，应对外界的期望，并在规定的期限内完成任务。

项目生命周期的挑战不仅使我们加深对开发和领导项目团队的了解，也使我们对项目管理工具和技术的使用有更多的了解。有许多项目管理工具和技术可用于项目经理和项目团队成员。紧迫的问题包括：使用哪些适当的工具和技术来提高项目绩效，以及何时应该使用这些工具和技术？由于项目生命周期的每个阶段都有自己所需的可交付成果，项目经理应该适当地使用工具和技术，以交付每个阶段所需的成果。这意味着项目经理不仅使用其他人通常知道或经常使用的工具和技术，而且还使用那些有助于项目成功的工具和技术。

研究表明，在概念阶段，主要的可交付成果和活动是制定一个初步的项目 229
范围，这一范围尚未详细制定。在其他常用工具和技术中，项目经理将采用可行性研究和沟通计划来提高后续项目成功的可能性（Patanakul，Iewongcharoen and Milosevic，2010）。在计划阶段，项目经理需要制定详细的项目范围，包括成本估算、时间估算、资源分配、采购计划等。类似估算、应急计划、成本基线、关键路径法和分层调度等工具和技术通常也是必要的。在执行阶段，里程碑分析法和净值分析方法是帮助项目经理成功监控项目状态的有效工具。作为联系关键项目相关者的主要渠道，项目经理还应持续评估客户满意度水平。对于终止阶段的项目收尾，使用成本基准、经验教训、归档所有相关材料、合同满意度以及必要时的补救和谈判都是项目经理所需的技能。

项目生命周期是一个持续的提醒，项目正在经历发展的某个阶段，每一个阶段都需要了解所需的具体活动，关键的利益相关者必须得到通知，以及项目经理需要承担和履行的无数职责。显然，从生命周期的角度管理项目的挑战，是成功的项目经理必须拥有的独特和有价值的技能，以及在现代组织中成为一名富有成效的项目经理所需的认真选择和必要的培训。

责任是明确的，权力是模糊的

由于项目团队通常由来自不同职能部门的成员组成，而这些成员不在项目经理的直接权限之内，因此在管理项目团队时存在一些独特的挑战。项目经理对项目的成功完成负有责任，但他们对自己项目团队的实际权力可能很小。在组织结构的文献中，我们将矩阵结构称为项目经理和职能部门主管之间共享权力的结构。在矩阵结构中，项目经理首先评估他们完成项目所需的资源（“我需要多少工程师？多少专业程序员？”），然后与控制这些资源的部门主管合作，在项目生命周期的一段时间内获得临时的人员支持。然而，双方很少不存在权力差。在某些情况下，被称为“强矩阵”的项目经理实际上有足够的权力为团队招聘所需的人员。另一方面，“弱矩阵”表明，职能经理仍然拥有配
230 备人员支持的最终权限。平衡矩阵的权力分配和人员配置是项目经理和职能经理双方协商的结果，以确保为项目指派最优秀的人员。

事实上，在大多数组织中，项目经理占据着一个不稳定的位置；他们要承担项目交付的全部责任，但在与其他关键的组织利益相关者互动时，他们往往没有什么实权。因此，成功的项目经理会很快懂得影响他人技能的重要性，从而有效地完成工作。组织研究人员以不同的方式定义了影响力。最基本的是，我们可以将影响力视为以特定方式影响他人行为的能力（DuBrin，2012）。虽然权力有更强大的基础，并被视为一种影响能力，但影响策略本身的前提是假定管理者没有足够的权力。因此，讨好、说服、讨价还价和交换以及压力都是影响不同组织利益相关者的合法方法。这一点尤其重要，因为这些项目经理往往缺乏正式权力或职位权威来采取行动。除了影响力之外，项目经理最重要的人际交往技能是谈判。项目经理经常要与客户就项目规范进行谈判，与部门主管协商资源，如果需要，与最高管理层协商额外资金，与团队成员一起制定和实施规范要求，等等。在一个他们的正式权力可能为零，而实际权力仍不明确的情况下，项目经理必须认识到影响他人行为的非正式但同样有效的方法。

计划和乐观主义偏见

如图解 11.3 所示的项目管理范式不仅对开发中项目的有效管理提出了一些重要的影响；它还清楚地表明了项目经理在项目定义中所起的作用。正如我们之前所提到的，传统的“交付”项目管理模式将项目经理完全置于操作化的阵营中；他们在这种模式中的角色是计划项目并尽可能高效地执行计划。然而，却忽视了项目管理者在项目交付前扮演的关键角色。

由于最近的研究揭示了项目计划中的许多错误，特别是计划和乐观主义偏见问题，因此成功地管理前端尤为重要。正如我们所指出的，项目的实施有多种原因，但不可否认它们在多个行业中的受欢迎程度。例如，每年进行的基础设施项目数量之多和成本之巨令人震惊。随着这些项目的惨淡表现（成本超支、质量差和/或严重的进度延误）广为人知，当务之急是要考虑经常性的一

些原因，为什么在成本估算、项目交付不良和周期性超期方面反复出现问题。231
例如，为什么奥运会经常超出预算，有时甚至是惊人的数额？为什么建造巨型水坝对第三世界经济体的阻碍往往大于好处？简言之，为什么大量的项目会预算超支？

为了解决这些问题，本特·弗林夫伯格教授（Flyvbjerg，2005，2011；Flyvbjerg，Bruzelius and Rothengatter，2003；Flyvbjerg，Garbuio and Lovallo，2009）及其同事对项目绩效进行了系统、纵向的研究。他们的研究结果表明，在项目定义方面，有几个因素在起作用，其中有个因素与项目发起人没有能力为项目建立一个合理的出发点有关。此外，许多项目是在没有充分信息或基于不现实的乐观假设的情况下启动的。具有讽刺意味的是，尽管有明确的历史证据，还是产生了许多错误的决策。例如，1992 年巴塞罗那奥运会的花费为 80.6 亿英镑，2008 年的北京奥运会最终费用是 98 亿英镑，2012 年伦敦奥运会当初预算花费是 23 亿英镑，但当奥运会的举办成本最终被计算出来时，这个价格远远超过了 110 亿英镑，比最初的预算目标大幅超支。弗林夫伯格指出，计划谬误、乐观主义偏见和战略失实陈述是导致项目绩效不佳的主要原因。

计划谬误源于卡尼曼和特沃斯基（Kahneman and Tversky，1979）提出的前景理论，作为解释人类决策偏见的一种方法。他们的研究表明，在计划过程中，人们倾向于强调积极的信息，忽略竞争和消极的信息，高估收益，并低估成本。布勒、格里芬和罗斯（Buehler，Griffin，and Ross，1994）进行了一项重要的研究，以了解计划谬误的含义，他们研究了人们倾向于对项目做出乐观的时间预测的方式。特别是，他们发现有三种动力在起作用：

1. 人们倾向于低估自己的完成时间，而不是低估他人的完成时间。他们称这种效应为“乐观的预测偏差”。

2. 人们在进行评估时，关注的是基于计划的情景，而不是相关的过去经验。这意味着过度依赖预期而牺牲实际经验。

3. 过去的不良表现通常归因于外部或不稳定的原因，人们的归因削弱了过去经验的参考性。

这项研究对乐观主义偏见问题的影响是显而易见的。当关键利益相关者和其他项目发起人为未来的新项目制定时间和成本估算时，无论过去经验与当前项目有多相关或相似，他们会习惯性地忽略过去的经验。此外，乐观预测偏差

232 表明，人们总是会积极地估计结果。最后，战略失实陈述是关键项目发起人和利益相关者有意识地做出的决定，即有目的地歪曲优势，同时尽量减少项目机会的不利因素。正如弗林夫伯格及其同事所指出的，战略失实陈述的根源（也称为“撒谎”）是政治上的，而不是心理上的，比如乐观主义偏见和计划谬误。在战略失实陈述的情况下，关键行为主体故意隐瞒关键信息，以获得项目批准，因为他们知道，公布真实的情况或实际历史数据会导致许多新项目机会遭到断然拒绝。政治或组织压力，通过管理公司内知名项目来寻求有利机会，以及希望将其名字与著名项目联系起来，这些都是战略失实陈述如此盛行的原因。出于各种原因，主要利益相关者为了获得项目的批准，经常“编造账本”，夸大收益，减少缺点，因为他们知道，对于许多公共和私营组织来说，最初资助该项目意味着承诺可能会继续通过多次预算调整和重新安排逐步升级，以解决不可避免的延误。

这些趋势对项目有着重大的影响，进而对尽责的项目经理产生影响。事实上，项目经理的一个关键但未得到充分重视的角色就是充当看门人，努力防止这些错误嵌入公司的操作程序中。允许（并鼓励）参与前端项目定义的项目经理越多，他们就越能成为项目开发和治理过程中的完全合作伙伴（Pinto，2014）。作为成本和时间估算、范围开发等方面的常驻专家，优秀的项目经理可以成为一个重要的项目代言人，试图阻止这些计划错误和乐观偏见。另一方面，如果公司保持传统的项目交付模式（同时期望项目经理的角色仅仅是其他人梦想的实现者的角色），那么在利益相关者错误的假设指引下，这些系统性错误将继续存在。

多项目经理

由于跨行业实施项目管理，项目的规模和复杂程度各不相同。在某些行业或项目类型（如 IT 或住宅建设）中，项目通常预算较少，工期较短。在这些情况下，项目经理一次领导多个项目任务变得非常普遍。这些项目在目标上不一定相互依赖，而是分配给同一个项目经理，以提高管理和知识转移的效率。这些项目经理被称为*多项目经理*，这种管理条件被称为多项目管理（MGMP）（Patanakul，2013）。

233 传统的单一项目经理和多项目经理在管理任务上有许多根本的区别。单一项目经理的职责是带领一个项目朝着它的总体目标前进。而多项目经理的任务是领导具有不同目标的多个项目。领导多个项目团队所固有的挑战包括：每天被迫多次切换管理场景、在项目生命周期的不同阶段参与不同的项目、处理不同的利益相关者关系以及支持多个组织目标（Fricke and Shenhar，2000；Patanakul，2013）。在这种情况下，多项目经理必须协调项目之间的相互关系，以便每个项目都能实现其目标。研究表明，由多项目经理领导的项目比由单一项目经理领导的项目要小；然而，由于负责的项目类型繁多，关注的项目目标不同，领导多个项目团队（团队成员的多个组合）产生高度的管理复杂性（Patanakul and Milosevic，2008）。

为了应对上述挑战，研究人员建议多项目经理应具备一套不同于单一项目经理的能力素质，而这些能力对单一项目经理来说可能不是必需的（Patanakul and Milosevic，2008）。区别能力之一是相互依赖的管理，这是管理多项目所必需的技能，以便在多项目经理的领导下使所有项目受益。当项目有不同的目标时，相互依赖管理越来越具有挑战性。多项目经理应该精通多任务处理，这样他们就可以在生产率损失最小的情况下，有效地从一个项目切换到另一个项目。此外，多项目经理必须能够同时领导多个团队，也就是说，他们必须具有灵活的领导风格，能够适应不同的团队，能够以不连续的方式实践领导参与，领导一个团队，脱离，再领导另一个团队，等等。多项目管理的动态性和强度是显著的，并可能带来重大挑战。不是每个项目经理都能成功地管理多个项目。

虚拟项目团队

信息和通信技术的可用性使许多组织能够在虚拟环境中实施项目。也就是说，与传统的项目成员在同处地点不同，虚拟项目团队许多团队成员位于不同的地理位置，并依赖交互技术来协同工作。然而，由于时间、地点和文化的差异，无缝协作可能具有挑战性。

为了成功地管理一个虚拟项目团队，项目经理必须具备明确项目目标、分配责任和提供持续反馈的技能（Kayworth and Leidner，2000）。除了领导项目团队，重要的是项目经理要扮演团队协调员的角色，因为他们通常是决定团队稳定的重要力量。让所有团队成员保持良好的循环沟通是很重要的。每个成员都 234

必须了解他们的贡献如何与整个项目的成功相匹配。除了明确的目标、任务和责任外，项目经理还应促进团队成员之间形成项目期望的规范和价值观。这套规范和价值观将塑造团队的行为。这包括团队可接受和不可接受的内容。研究还表明，团队成员之间的信任非常重要。信任通常被视为协作的必要条件（Jarvenpaa，Knoll and Leidner，1998），并有助于缓解团队成员之间的冲突。此外，分散的项目团队可能涉及来自不同国家和文化背景的成员，这可能是误解和冲突的根源。项目经理必须培养团队成员的全球思维。

信息和通信技术是管理虚拟项目团队的核心。新技术不断被引进，但许多项目经理严重依赖电话和电子邮件。在选择支持虚拟工作的技术时，项目经理应该把重点放在塑造团队成员日常行为的标准上。典型的标准包括简单性、可靠性和可访问性。所选择的技术应该允许团队成员更加关注消息，而不是担心媒体本身。除了使用技术，项目经理还应该通过面对面的机会来加强虚拟交流。在项目生命周期的关键点上要与成员面对面交流。可以在项目开始时安排一到两次初始会议，以确定项目的范围和性质，并帮助建立项目团队和建立成员间的信任。

总结性观点

在本章中，我们试图将管理项目的挑战放在现代组织管理的大背景下。我们认为，有必要对项目的数量和多样性进行评价，同时我们也注意到在过去的几十年里，企业的工作已经不可避免地朝着项目的方向发展，这是企业积极变革、流程改进、新产品开发的关键工具。在项目层出不穷的同时，有管理技能的项目经理的数量仍然落后。在无法满足当前的供求关系中，各组织被迫依赖临时解决方案和在职培训，但仍然误解了项目经理为做好工作必须承担的各种角色。

成功地管理项目需要一套独特的技能，这些技能必须得到深入的理解，这样组织才能最有效地建立识别、招聘和培训项目经理的机制。同样，稳定的导师计划将成为向新的项目经理传授重要技能和判断备选方案的一种有用方法。
235 在许多组织中，人口统计学导致高级项目管理人员退休，他们中的许多人拥有宝贵的组织运作技能和知识。由于“知识管理”这一概念在项目管理领域非常重要，因此从事基于项目的工作的组织必须制定战略人力资源计划，以便对新一代经理进行最关键的项目管理技能培训（Reich, Gemino, and Sauer, 2014; Pollack, 2012）。全球经济所面临的挑战，越来越多的技术产品、基础设施要求，公众对提高效率和更新资源利用的需求，都表明组织需要用更少的资源做更多的事情，正是这些特点和限制因素使项目管理成为现代商业经济的一项重要技能。

参考文献

Buehler, R., Griffin, D., and Ross, M. (1994). 'Exploring the 'Planning Fallacy': Why People Underestimate Their Take Completion Times'. *Journal of Personality and Social Psychology*, 67: 366 - 81.

DuBrin, A. J. (2012). *Leadership: Research Findings, Practice, and Skills*, 7th edn. Mason, OH: South-Western.

Flyvbjerg, B. (2005). 'Design by Deception: The Politics of Megaproject Approval'. *Harvard Design Magazine*, 22(Spring): 50 - 9.

Flyvbjerg, B. (2011). 'Over Budget, Over Time, Over and Over Again', in P. W. G. Morris, J. K. Pinto, and J. Söderlund (eds.), *The Oxford Handbook of Project Management*. Oxford: Oxford University Press, 321 - 44.

Flyvbjerg, B., Bruzelius, N., and Rothengatter, W. (2003). *Megaprojects and Risk: An Anatomy of Ambition*. Cambridge: Cambridge University Press.

Flyvbjerg, B., Garbuio, M., and Lovallo, D. (2009). 'Delusion and Deception in Large Infrastructure Projects: Two Models for Explaining and Preventing Executive Disaster'. *California Management Review*, 51(2): 170 - 93.

Francis, D. (2014). 'How Squandered U.S. Money Fuels Iraqi Insurgents'. *Fiscal Times*, 12 June. Available at: <http://www.thefiscaltimes.com/Articles/2014/06/12/How-Squandered-US-Money-Fuels-Iraq-s-Insurgents> (accessed 9 July 2016).

Fricke, S. E. and Shenhar, A. J. (2000). 'Managing Multiple Engineering Projects in a Manufacturing Support Environment'. *IEEE Transactions on Engineering Management*, 47(2): 258 - 68.

Gersick, C. (1988). 'Time and Transition in Work Teams: Toward a New Model of Group Development'. *Academy of Management Journal*, 31: 9 - 41.

Gersick, C. (1989). 'Making Time Predictable Transitions in Task Groups'. *Academy of Management Journal*. 32: 274 - 309.

Gersick, C. (1991). 'Revolutionary Change Theories: A Multilevel Exploration of the Punctuated Equilibrium Paradigm'. *Academy of Management Review*, 16: 10 - 36.

Hirokawa, R. Y. and Poole, M. S. (1986). *Communication and Group Decision-Making*. London: SAGE.

Jarvenpaa, S. L., Knoll, K., and Leidner, D. E. (1998). 'Is Anybody Out There?' Antecedents of Trust in Global Virtual Teams'. *Journal of Management Information Systems*, 14: 29 - 64.

236 Kahneman, D. and Tversky, A. (1979). 'Prospect Theory: An Analysis of Decisions under Risk'. *Econometrica*, 47: 313 – 27.

Kayworth, T. and Leidner, D. (2000). 'The Global Distributed Manager: A Prescription for Success'. *European Management Journal*, 18(2): 183 – 94.

Kelley, M. (2008). ' $600M Spent on Canceled Contracts'. *USA Today*, 18 November: 1

Loch, C. and Kavadias, S. (2011). 'Implementing Strategy through Projects', in P. W. G. Morris, J. K. Pinto, and J. Söderlund (eds.), *The Oxford Handbook of Project Management*. Oxford: Oxford University Press, 224 – 51.

Lundin, R. A. and Söderholm, A. (1995). 'A Theory of the Temporary Organization'. *Scandinavian Journal of Management*, 4: 437 – 55.

Morris, P. W. G. (1994). *The Management of Projects*. London: Thomas Telford.

Morris, P. W. G. (2013a). 'Trends and Strategy', presentation given at 4th International Symposium on Project Management, Monterrey, Mexico, November.

Morris, P. W. G. (2013b). *Reconstructing Project Management*. Chichester: Wiley-Blackwell.

Mulrine, A. (2013). 'Rebuilding Iraq: Final Report Card on US Efforts Highlights Massive Waste'. *Christian Science Monitor*, 12 July. Available at: <http://www.csmonitor.com/USA/Military/2013/0712/Rebuilding-Iraq-Final-report-card-on-US-efforts-highlights-massive-waste> (accessed 9 July 2016).

Patanakul, P. (2013). 'Key Drivers of Effectiveness in Managing a Group of Multiple Projects'. *IEEE Transactions on Engineering Management*, 60(1): 4 – 17.

Patanakul, P., Iewwongcharoen, B., and Milosevic, D. Z. (2010). 'An Empirical Study on the Use of Project Management Tools and Techniques across Project Life-Cycle and Their Impact on Project Success'. *Journal of General Management*, 35(3): 41 – 65.

Patanakul, P. and Milosevic, D. Z. (2008). 'A Competency Model for Effectiveness in Managing Multiple Projects'. *Journal of High Technology Management Research*, 13(2): 118 – 31.

Pinto, J. K. (2013). *Project Management: Achieving Competitive Advantage*, 3rd edn. Upper Saddle River, NJ: Prentice-Hall.

Pinto, J. K. (2014). 'Project Management, Governance, and the Normalization of Deviance'. *International Journal of Project Management*, 32: 376 – 87.

Pinto, J. K. and Kharbanda, O. P. (1995). 'Lessons for an Accidental Profession'. *Business Horizons*, 38(2): 41 – 50.

PMI Today (2013). 'State of the Profession'. 8 – 9 March.

Pollack, J. (2012). 'Transferring Knowledge about Knowledge Management: Implementation of a Complex Organizational Change Program'. *International Journal of Project Management*, 30: 877 – 86.

PMI (Project Management Institute) (2013). *Project Management Body of Knowledge*, 5th edn. Newtown Square, PA: Project Management Institute.

Reich, B. H., Gemino, A., and Sauer, C. (2014). 'How Knowledge Management Impacts Performance in Projects: An Empirical Study'. *International Journal of Project Management*, 32: 590 – 602.

Standish Group (2013). 'Chaos Manifesto 2013'. Boston, MA.

Tuchman, B. W. and Jensen, M. A. (1977). 'Stages in Small Group Development Revisited'. *Group and Organizational Studies*, 2: 419 – 27.

第 12 章 237
管理数据、信息和知识

温迪·柯里

引　言

管理学者将数据、信息和知识划分为三个不同的教学和研究领域。在管理信息系统（MIS）领域，这些标签可追溯到计算机化发展的三个阶段：（1）1964 年至 1974 年的数据处理阶段；（2）1975 年至 1984 年的管理信息系统阶段；（3）1985 年至 1994 年的战略信息系统时代（Hirschheim and Klein，2011；Moschella，1997）。自 20 世纪 90 年代中期以来，互联网和万维网催生了一个计算机的新时代，数字商务、电子商务、电子业务和网络化为管理学科提供了教学和研究机会（Galliers and Currie，2011）。

在这一章中，我们认为数据、信息和知识是管理学中重要的领域。我们观察了这些术语在管理信息系统和财务管理学科中是如何按时间顺序使用的。管理信息系统学科出现于 20 世纪 60 年代，主要集中在数据处理和数据管理上，到了 70 年代，从数据转移到信息管理，并在 80 年代扩展了其学科范围，重点是战略与技术的联系（Kantrow，1980）。许多出版物将管理信息系统的思想与战略相结合，着眼于信息技术如何为组织或行业提供战略利益（Porter and Miller，1985；Willcocks，Feeny and Islei，1997）。

这些不断变化的关注点被视为应反映在商学院课程（尤其是 MBA 和高管
教学）中的优先事项和管理时尚。然而，对技术变革的历史进行更深入的分 238
析，再看看过去四十年来计算机发展的关键事件和演变的时间顺序，我们可以发现工作场所发生了重大的“颠覆性”变化（Christensen，2007）。简而言之，20世纪60年代大型计算机的发展（如IBM的360模式），到70年代的应用软件（如微软、甲骨文和思爱普等新公司的出现），再到80年代个人电脑和文字处理器的推出（如IBM、Apple和Amstrad）以及90年代互联网的商业化，改变了行业、组织和管理的性质和形态。管理信息系统作为一门新的管理学科，几十年来一直在研究这些变化。然而，管理研究很少关注技术变革中每个阶段与时代之间的关系，特别是每个阶段如何给管理带来新的数据和信息挑战，以及所谓的知识工作的增长。对于管理信息系统的研究来说，这是一个错失的机会，因为大多数研究缺乏历史维度，而只关注当前技术或IT人工制品的趋势，包括主机、个人计算机或互联网时代的硬件和软件。

此外，分析单位往往是在组织层级，而不是试图解释从一个阶段转到另一个阶段的意义，例如新的管理挑战和工作实践的变化。因此，尽管管理信息系统领域包含了许多与特定时间点相关的有趣研究，但值得注意的是，管理信息系统的方式已经发生了变化，在20世纪80年代，随着信息管理成为更流行的术语，管理研究中的数据概念几乎被遗忘。但十年后，管理信息系统被知识管理所取代。这引起了批评，尽管学者对知识管理进行了大量的研究，但只有少数人将信息管理和知识管理区分开来，还有一些人将组织学习等不太流行的术语重新贴上了“知识管理”的标签（Wilson，2002）。

计算机化带来的跨学科和跨职能的影响，使数据、信息和知识成为更广泛的管理学界的术语。一般战略文献的影响可以在管理信息系统的开创性研究中找到，研究人员研究了信息技术如何提高企业竞争优势（参见Benjamin et al.，1984；Earl，1989；McFarlan，1984）。20世纪80年代的重点是信息的战略管理如何为企业提供竞争优势，而后来的研究则考察了企业内部的知识流动过程（Gupta and Govindarajan，2000）。

在使用信息技术已有悠久历史的金融领域，数据、信息和知识的概念以多种方式使用。关于技术在金融交易中的应用，已经出现了丰富的文献，通过定量研究进行区分，这些研究建立了模型来模拟交易行为和金融社会学的定性工作，其中考虑了金融市场中技术变革带来的社会和行为方面的影响（MacKenzie，2006；Knorr Cetina and Preda，2004）。

在这一章中，我们将管理信息系统和金融学的学术知识跟更广泛的金融化

概念相结合，即“金融动机、金融市场、金融行动者和金融机构在国内和国 239
际经济运行中的日益重要的作用”（Epstein，2005：3）。我们认为，金融化概念的多元化是理解金融市场中信息技术的一个良好的起点。金融化还涉及其他部门，如非营利组织（政府、慈善机构）以及制造业和零售业等。在本章中，我们只讨论金融部门。

有学者注意到管理学界在理解导致 2008 年金融危机的复杂和动态事件方面没有取得重大进展，尽管这场全球灾难对企业和社会具有重要意义（Starkey，2015）。我们的主要目标是促进管理信息系统和财务管理学科之间的紧密合作。这样并不是说其他管理学科，例如战略和组织行为，不那么重要。相反，我们通过仔细阅读文献和实践现象（金融交易）来确定管理信息系统和金融结合的机会。

我们确定了管理信息系统和金融学科结合的四大文献领域，它们与理解技术在金融市场中的作用有关。我们提供了这些主题的简要概述，并建议未来的研究人员需要从历史（按时间顺序）和跨学科（管理信息系统和财务交叉）的角度对这些文献进行背景分析。通过鼓励管理学科之间更广泛的对话，我们相信未来的研究将从目前单一的学科重点转移到采取折中方法的研究，并与其他管理学科的研究主题进行互动。这种更广泛的理论和经验将有望为决策者提供更好的政策方向和指导。不仅要为管理者和员工提供最佳实践的例子，而且要将研究主题问题化，以便学术界和实践者更好地了解所调查主题的范围和复杂性（Alvesson and Sandberg，2011）。我们首先考虑数据、信息和知识这三个术语是如何在管理信息系统领域中出现的。

数据、信息和知识

数据、信息和知识是通用术语，涉及管理理论 240
和实践的所有领域。我们的兴趣在于观察管理信息系统领域在过去几十年中是如何大量使用这些术语的（Currie and Galliers，1999），每一个术语都代表着商业发展的一个独特时期。图解 12.1 展示了一个常见的例子，其中数据、信息和知识被分割，表明

图解 12.1　数据、信息和知识

它们作为三部分是相互关联的。然而，我们对管理信息系统文献的回顾表明，每一个术语都代表着管理信息系统发展的一个特定时期，关注其相互关系的研究相对较少。

数据管理

在20世纪60年代和管理信息系统领域发展之前，计算机和信息科学领域将数据视为代表无组织和未经处理的事实。数据的这种静态表示将数据视为有关事件的一组离散事实。数据可以是结构化的，也可以是非结构化的。数据是获得信息的先决条件。数据管理领域出现于20世纪60年代，其目的是“制定、执行和监督控制那些保护、交付、增强数据和信息资产价值的计划、政策和实践”（DAMA-DMBOK，2015）。数据技术从顺序处理（首先是卡，然后是磁带）转变为随机访问处理。随着技术的进步，应用程序向实时、交互式转变，对数据的清晰定义且易于跨不同应用程序使用的要求越来越高。

几十年来，数据一词在主流管理教育和研究中并不明显，这与当前流行的“大数据”不同，后者在今天引起了更多的关注（George，Haas and Pentland，2014）。事实上，数据和数据管理在很大程度上被视为属于计算机和信息科学的领域，而不是整个商务功能部门的高级管理人员特别感兴趣的领域。随着技术的进步，对数据处理（Data Process）的需求在组织中变得越来越重要。20世纪60年代至70年代初的这段时期被称为数据处理时代，学校开始开设这方面的新课程。然而，尽管有了新技术，管理人员仍然对数据处理采取不干涉的态度，它仍然是数据处理部门与专业技术经理和员工的工作范围。更重要的是，数据技术经理没有在董事会占据一席之地，因为管理职能优先领域是财务、战略和营销。高级管理人员早期对信息技术缺乏兴趣，这与数据处理时代之后几十年发生的大量计算机故障有关（Sauer，1993）。在此期间，由于计算机上存储的数据不断增加，将数据管理职责委派给某个部门变得越来越不可行，特别是在作为商业计算先驱之一的银行业。

241 信息管理

在20世纪70年代中期之后，数据处理时代被信息管理（Information

Management）时代所取代，在信息管理时代，信息越来越被视为一种数据（例如，经过处理的数据）的集合，以帮助决策过程。与静态数据不同，信息管理赋予数据意义和目的。它包括从一个或多个来源收集和管理信息，并将其发放分配给一个或多个目标受众。信息管理包括组织和控制信息的计划、结构、处理、操纵、评估、控制和报告。在整个 20 世纪 70 年代，这主要涉及管理纸质文件中的信息、文件维护和文件的生命周期管理。在这十年里，随着信息技术的不断发展，微软、甲骨文和思爱普等公司不断涌现，信息管理也扩展到其他活动。信息管理不再是一项日常活动，取而代之的是，随着信息技术在组织中的使用范围的扩大，它变得更加自动化。

与早期的数据管理局限于单个部门的职能领域不同，信息管理时代见证了数据管理职责的分散，因为越来越多的管理人员和员工需要使用计算机来处理各种业务流程、应用程序和任务。数据处理经理的传统角色演变为信息管理经理，英国计算机协会（British Computer Society）等组织要求信息管理经理具备将技术专长和管理业务知识相结合的混合技能（Earl and Skyrme，1992）。由于技术硬件和软件越来越复杂，再加上对理解业务问题的期望越来越高，很难找到满足这些要求的信息管理经理。解决这一问题的方法通常是鼓励具有 IT 技能的人（例如工程师和计算机科学家）获得工商管理资格证书（例如，MBA 或诸如财务、营销、人力资源等管理职能之一的管理硕士）。在管理教育领域，信息时代管理学科的发展有别于主流的管理学科。虽然这提供了将管理信息系统作为一门学科来发展的机会，但信息技术的广泛应用表明信息管理和管理职能之间的耦合更加紧密，而不是将它们分割成独立的领域。信息管理领域也有自己的协会、期刊、会议等。在管理教育中，信息管理学科作为一门独立系统，目的是使信息管理成为管理课程的核心部分。但是，其他学科也开始对信息技术在管理职能领域的作用和影响感兴趣，比如财务、人力资源管理
（HRM）和市场营销。管理信息系统的学者们热衷于证明他们自己学科的重要 242
性超越了硬件和软件，并且包含社会和文化因素，他们希望建立新的技术管理理论（Currie，1995）。然而，由于其他学科继续占据主导地位，管理信息系统在许多管理学院都在努力确保其作为 MBA 课程核心学科的地位。鉴于 20 世纪 70 年代和 80 年代新技术的迅速发展，信息管理在管理教育领域获得了令人惊

讶的快速发展。

知识管理

到了20世纪90年代，随着许多相关书籍和期刊论文的出版，一个新的术语“知识管理”变得流行起来，它将信息技术的普遍使用与个人获得他们在工作场所应用的技能和经验联系起来。知识管理被定义为获取、开发、共享和有效利用组织知识的过程（Davenport，1994）。知识管理强化了这样一种观点：技术是所有管理人员和员工的责任，不应局限于一个部门或职能部门。认知、社会和组织的学习过程被视为知识管理成功的基本要素。结合绩效衡量和基准测试，知识管理得到了促进，以加速学习过程并推动组织中的文化变革（Bray，2013）。

在过去的二十年中，知识管理作为一个描述性和分析性术语，也在不断扩大它的应用范围，知识管理涵盖了广泛的组织、管理和技术问题和活动。随着信息技术的进一步发展，知识管理包括：基于内联网（Intranet）的系统；电子文件管理；组件、基于知识的系统；商业智能；创新支持工具和知识门户。这些概念的起源可以追溯到信息科学、数据库管理和人工智能，这又引发了一个问题，即知识管理是否提供了新的和独特的东西，或者仅仅是一个更时尚的标签，可以涵盖早期数据处理和信息管理？

知识管理的倡导者一直热衷于促进其对组织学习的关注，在组织学习中，知识可以用来实现战略目标（Sanchez，1996；Nonaka and Hirotaka，1995）。学者们认为知识不同于数据和信息。信息源于数据，知识源于信息。自20世纪90年代以来，知识管理的概念在管理学科中广受欢迎，知识管理出现在众多针对学术和从业人员受众的期刊出版物和案例研究中。

知识管理的概念也开始多元化（Nonaka and Peltokorpi，2006），并将早期的关注重点扩展到对文化规范的跨国比较上，这些文化规范影响了管理者和员工的行为，形成了一个更复杂的、没有统一理论基础的理想主义概念
243 （Alvesson and Kärreman，2001）。批评者认为，知识管理涵盖了各种组织活动，其中知识和信息的概念可以互换使用，与知识或信息几乎没有关联（Wilson，2002）。即使是在更广泛的管理学领域，知识管理也是一个具有多重定义和含义的关键主题，而且通常不涉及任何数据或信息。

金融化与管理信息系统

在本节中，我们将上述数据、信息和知识的概念与当代有关金融化的讨论联系起来，以便对管理信息系统和财务之间的联系进行更有重点的讨论。在 2008 年全球金融危机之后，经济学家、社会学家和政治学家用金融化来描述“金融活动（而不是更普遍的金融服务）在世界经济体中日益占主导地位的转变”（Krippner，2011：2）。金融市场已经变得更加复杂，全球经济的相互联系对监管机构提出了新的要求，即制定和实施新的法律和规则，以防止破坏性市场事件的发生。数据、信息和知识在有关金融化的辩论中扮演着重要的角色，因为在全球网络化的经济中，以新产品和服务形式出现的金融创新越来越多地使用信息技术。金融交易现在是一个国际市场，投资者可以在许多国家的交易所买卖股票。

放松金融市场管制

金融化理论的中心主题是金融市场日益分散和复杂（Sthre，2015）。在 20 世纪 70 年代放松金融管制之后，金融服务部门产生的收入对国内和国际经济起着越来越重要的作用（Epstein，2005）。全球互联给旨在应用新的法律、指令和规则以防止破坏性市场事件的金融监管机构带来了持续的挑战。在欧盟，政策制定者试图通过银行指令和监管指令来协调 28 个成员国之间的关系。金融服务已成为增加利润的来源，影响了许多银行和政府的目标和运营标准。

学术界使用“金融化”这一总括性术语的研究因对股东在公司治理中的角色的研究而有所不同（Williams，2000）：租房阶层经济实力的提升，促进金融投资的新型工具和指数的出现（Philips，1994）；为提高经济效率而创造价 244
值的活动（Turbeville，2013）；这类活动在国民经济中的增长和重要性（Krippner，2011）以及其作为一个过程是否长期可持续（Palley，2007）。

几十年来，金融市场发生了很大的变化，特别是金融中介的作用。这是两个主体紧密结合的结果：零售银行业务和金融股票市场。自 17 世纪最早的银行成立以来，这两个机构就一直存在。在接连的金融危机之后，政府控制银行活动的法规以周期性的方式出现。从最简单的形式来看，银行是一个组织，它接受投资者的存款，根据州法律征税，并利用这些收入投资企业或个人贷款，或政府资助的项目（修路或为战争埋单）。利息收入的承诺是鼓励用户存款，并基于杠杆比率，使经济从增加的现金流中受益。这是所有投资的基础，对任何经济体维持经济增长的良性循环至关重要。

资本中介通过与投资银行的股票市场运作而产生。在这里，一家公司提供新的证券，以换取金融投资的增长和收益。投资者不会把钱存入零售银行，而是会购买证券，因为它们具有增加回报和增长的潜力。这些资产的流动性通常比银行贷款（如买房子的订金）的流动性好得多，并有可能带来短期利润。早期投机者通过风险投注获得有吸引力的回报，从新市场中获益的机会对投资者很有诱惑力。1720 年的南海泡沫和 2000 年的互联网泡沫有明显的相似之处，尽管对许多人来说是不现实的，但却承诺给予投资人超额的利润。20 世纪 90 年代互联网泡沫期间，纳斯达克综合指数（Nasdaq Composite）曾触及 5 048.62 点，在 2008 年金融危机期间暴跌至 1 300 点以下。

投资银行参与创建一级市场，同时也是二级市场的重要组成部分，它们确保资产流动性的存在。如果投资银行数量比例下降，那么证券市场将不再提供优于传统零售银行存款的收益。在过去的几十年里，这些做市商提供的金融产品工具数量有了大幅增长，因为这代表着另一种利润。金融衍生产品种类的增长惊人，证券化为投资者分散风险创造了无数的市场机会。交易所交易基金（ETF）和新指数等其他产品刺激了对新型投资机会日益增长的需求，鼓励投资者承担更高的风险以获得更高回报。通过创造更多的新工具，金融冒险变得更加普遍并被接受。总之，金融化议题产生了两个重要问题。第一，几十年
245 来，金融市场经历了重大的放松管制。第二，一个新兴的问题是信息技术在开发新的金融产品和服务中所起的作用，以及金融监管机构如何监控和评估这些变化，保证投资者的利益。

金融科技（FinTech）

伴随金融市场的监管放松，20 世纪 60 年代开始并在 80 年代全球股市“大爆炸”之后持续不断的技术变革，使得电子通信网络（自动交易）取代了公开喊价交易（人工交易）。这种变化从根本上改变了金融交易的动力学、经济学和过程。“金融科技”一词涵盖了金融服务中软件和应用程序的使用。金融科技，被定义为“金融服务创新”（NDRC，2015），它包括新的解决方案，

这些解决方案展示了金融服务行业在应用程序、流程、产品或商业模式等方面的渐进式或颠覆性的创新开发（Puschmann，2012）。

一个关键的技术发展是高频交易和算法交易的增长，必须使用具有专有算法的计算机进行交易。这种交易形式不涉及人类直接干预以执行交易决策（MacKenzie，2015），是金融市场激进/颠覆性创新的现代范例。这一话题引起了国际监管机构的关注，如美国证券交易委员会（SEC）和欧盟委员会（EU）等机构都呼吁加强监管，以解决金融（交易）市场的漏洞。讨论的重点是通过提高透明度和监测交易策略来防止金融市场操纵。为了缓和金融公司之间的技术竞赛，金融监管部门间存在争议，因为是否要为市场参与者创造一个更公平的竞争环境的愿望与自由市场竞争的意识形态相悖（Currie and Seddon，2015）。

揭开金融化、金融和技术的面纱

在后金融危机时期，管理信息系统和金融的交叉点是金融化理论的核心，因为企业、机构、政府和个人投资者都在研究金融技术在最近金融危机中的作用。信息技术在金融创新（例如，新的金融产品和服务）的发展中发挥了重要作用，这些创新是由大型计算机、个人计算机和互联网共同实现的。2000年以后，金融交易从传统的“公开喊价”模式转变，现在大多数股票和期货合约都使用电子交易，因为电子交易更快捷、更便宜、更高效。

虽然技术的进步使金融市场和交易发生了巨大的变化，但我们从学术文献 246
中注意到，围绕金融、市场、交易和技术的讨论，在管理学科中已经分成不同的流派。在这一部分中，我们从金融学和管理信息系统中找出四个文献流派：（1）金融市场模型；（2）金融社会学；（3）IT 人工制品；（4）技术的社会研究。每一种数据流都会产生定量和定性研究，其中研究主题、提出的问题和讨论、学术期刊上的内容以及学术界讨论金融科技的会议和工作坊中存在一些重叠。在选择高频交易（HFT）作为金融市场如何被信息技术显著改变的例子时，我们建议管理信息系统和金融学加强合作，因为每个学科之间都有很多可以借鉴的地方（图解 12.2）。

金融	金融交易模型	金融社会学
信息技术	IT人工制品	技术的社会研究

图解 12.2　揭开金融化、金融和技术的面纱

金融交易模型

在20世纪末，由于自动化程度的提高和金融监管的修订，金融市场经历了显著的变化（Funk and Hirschman，2014）。电子交易始于1971年，当时纳斯达克开设了世界上第一个电子股票市场。此后，金融市场变得支离破碎，新证券和交易量呈指数级增长（Dombret，2013）。1985年，伦敦证券交易所（LSE，世界第三大交易所）每天交易量超过20 000笔。到2015年，这一数字增长了30多倍。金融市场的计算机化一直在无情地改变着交易的形态。在过去的十年中，一个得到关注的现象是高频交易的出现，它是算法交易的一个子集，它有两种方法：（1）通过计算机算法实现大订单，使用一个旨在确保最佳价格的程序，其中，订单可能被分割成更小的部分并在不同的时间执行；（2）在市场上寻找交易机会而不是执行一个设定好的算法（Nasdaq，2015）。高频交易是金融交易的一个阶段性变化，体现了从人工交易到算法交易的转变（MacKenzie，2015）。

247 金融计算机化的变化促成了金融高频交易的发展，这不仅提出了如何在金融市场中使用该技术进行判断的重要问题，而且还涉及数据和信息的使用以及知识管理的过程。目前，有关高频交易的研究主要在金融文献中。许多研究使用定量（数学）模型来模拟高频交易活动。在传统的金融交易形式中，大型投资公司聘请基金经理代表客户处理投资组合，而在高频交易中，由于计算机算法执行交易活动，因此对人工干预的需求大大减少。高频交易是在分散和相互关联的市场中进行的。交易者可能在交易执行透明度不高的暗池中操作，并且交易系统位于同一地点以快速访问交易所（MacKenzie，2015）。

在21世纪初，高频交易占股票订单的比例不到10%（Kumar，Goldstein and Graves，2011）。2008年金融危机之后，2009年第一季度，对冲基金管理的资产总额约为1 410亿美元，较危机最严重之前的峰值下降了约21%（Rogow，2009）。2009年，据估计，高频交易占美国所有股票交易量的60%—73%，2015年降至约50%（Nasdaq，2015）。在美国，2014年，高频交易几乎占股票交易的49%，期货交易量的60%。2015年，据估计，在每天交易的70亿股股票中，三分之二是通过计算机程序生成的（Mayer Schönberger and Cukier，2013）。

尽管高频交易和算法交易对管理领域的影响更广，但大多数研究都是在金融学科中发现的，并使用定量技术来研究高频交易对外汇市场的影响

(Chaboud et al., 2014)，以及对改善流动性和降低延迟的影响（Menkveld and Zoican, 2014）。高频交易系统中的一个重要特征是利用数据匹配算法，通过将交易系统集中在靠近交易所匹配的位置，并利用微波技术，使企业向交易所发出的订单时间加快数毫秒，并提高其相对于竞争对手的竞争优势。昂贵的技术使交易员能够在速度上进行竞争（Pagnotta and Philippon, 2012; Menkveld and Zoican, 2014）。但是，在执行高频交易的技术方面，巨大的固定成本超出了许多小公司的财务承受能力，使它们无法与较大的竞争对手竞争（Biais, Foucault and Moinas, 2011）。

金融交易模式对金融市场计算机化做出了重大贡献。但在金融学科和管理学领域，“关于高频交易的学术研究及其对公众、媒体和监管市场的影响”之间存在差距（Gomber et al., 2011）。我们认为，这为定量金融研究和定性金融研究提供了一个非常好的协作机会，定量金融研究构建了高频交易策略的模型和框架，而金融社会学则对高频交易的社会和文化实践及金融科技进行了更广 248
泛的定性研究。

金融社会学

有关金融市场社会学的文献主要通过治理、监管和合规（GRC）三方面来扩大关于金融技术的争论。作为一种社会和文化现象，技术是金融市场不可或缺的组成部分，因为它构建和塑造了交易和执行市场的规则。金融社会学结合了金融技术的物质和行为两个方面，其理论观点涵盖了国际金融市场更广泛的背景（Knorr-Cetina and Preda, 2004）。金融市场既被视为理性（经济人）模型执行市场的形式化和机械化系统，又被视为经济主体表现出可能有助于市场稳定的惯例和习惯的社会技术系统（Calvo and Mendoza, 2000）。

分析金融市场的关键概念包括：领域、网络和操演性。第一种观点认为，金融市场是对金融服务业有特殊贡献的机构（Fligstein, 1990; Fligstein and McAdam, 2012）。金融市场可以理论化为多个相互关联的机构和代理人在一个高度竞争和动态的环境中协商其头寸或股份的领域和子领域（Bourdieu, 1977）。第二种观点认为经济行为和社会结构是一种关系网络（Knorr-Cetina and Preda, 2004）。对比社会化程度低或社会化程度高的经济主体，我们可以观察到包含技术的社会学现象，从而促进“远距离执行特定文化的社会行为”

（Granovetter，1985：909）。第三部分介绍了操演性的概念，认为经济学不仅描述了经济现象，而且也分析产生现象的原因（Callon，1998）。我们观察到金融社会学是未来的趋势，即将技术视为一个黑匣子，在这种情况下，学者们很少去解释特定技术是如何在特定的行业、组织和管理环境中被设计、应用和评估的。如果只是将技术视为同质实体，就很难解开技术与其对工作实践的影响之间的关系。一个例子是在金融监管和技术方面（Williams，2012）。最近的一篇文章指出，许多研究集中在监管制度如何影响金融创新（例如，产品和服务）上，较少从相反的角度看待这种关系（Funk and Hirschman，2014）。

我们提供了一个有关高频交易的例子，说明技术如何在金融监管的政策制定中发挥越来越大的作用（Currie and Seddon，2015）。尽管金融社会学文献对建立金融交易模型的研究起到补充作用，但高频交易是一种具有更广泛的社
249 会、组织和管理的含义的社会现象，尤其是随着政府机构越来越倾向于监管高频交易，以减少一些高频交易公司使用其他公司无法获得的复杂技术的“不公平”做法。

IT 人工制品

管理信息系统学科关注于人、组织和技术，许多研究将 IT 人工制品视为工作和交流的社会嵌入工具（Orlikowski and Iacono，2001）。大部分工作都使用定量和定性方法来考虑 IT 人工制品的设计、使用和演变。在最近的文献中，管理信息系统的研究人员呼吁更多的研究，在 IT 背景下对物质和社会实践进行理论化研究（Feldman and Orlikowski，2011）。

回顾从 20 世纪 60 年代中期以来金融市场计算机化的历程，令人惊讶的是，在管理信息系统中很少有研究集中在金融市场和交易环境中的 IT 人工制品。在 2008 年金融危机之前发表的研究报告，主要涉及不对称信息和内幕交易、信息技术和金融市场中基于时间的竞争、作为决策工具的金融技术（Zoponidis，Doumpos and Matsatsini，1997），以及人工制品用于电子交易和银行业务（Clemons and Weber，1996；Weber，2006；Barrett and Scott，2004）。

在金融危机之后，研究重点关注了投资者的能力和交易、金融市场的实验以及投资银行的金融对象（Muniesa et al.，2011）。其他研究则着眼于计算机化和监管合规性（Bamberger，2009），包括更好的电子审计记录、贸易透明度的

改善、市场参与者开发和风险控制自动化，并加强对这些控制措施的监控和使用。

作为一种 IT 人工制品，我们观察到，许多金融研究都讨论了高频交易，这些研究建立了高频交易策略的模型，并从金融社会学的角度研究了算法交易中对人类的取代（MacKenzie，2015）。然而，管理信息系统和金融学在高频交易所涉及的争论和问题上存在着脱节，尽管两个领域都有许多值得借鉴的地方。高频交易是一种具有社会属性和物质属性的 IT 人工制品。高频交易也是金融市场计算机化的一个当代例子。包含高频交易的社会属性和物质属性的 IT 人工制品也需要在金融交易更广泛的社会政治和经济背景下进行考虑。例如单个高频交易公司，需要在组织内和组织间的层面运行。这种运作模式，使得高频交易的多司法管辖权变得更加重要，因为不同的国家和地区政府机构的政策对企业和个体行为产生深远的影响。管理信息系统和金融学可以将技术的社会研究作为对金融交易模型、金融社会学和 IT 人工制品的重要补充。

技术的社会研究 250

管理信息系统结合了对 IT 人工制品、技术的社会研究，提供了重要的理论贡献，但是对于在实际环境中如何使用技术常常缺乏经验上的明确性。尽管有人呼吁将 IT 人工制品的概念扩展到包括物质属性和社会属性，但对技术的社会研究（如金融社会学）却倾向于采用黑匣子技术。金融技术被视为一种社会技术手段，其中能动性集合（agencement）概念描述了社会技术在行动能力和赋予行动方面的意义（Callon and Caliskan，2005）。与金融学和经济学中广泛使用的操演性概念不同，在金融学和经济学中，代理人执行市场，而“能动性集合”一词是作为一个包罗万象的社会学概念来使用的。在这里，IT 人工制品包括金融市场中的工具、设备、技术手段和算法。这些都展示了能动性是如何在网络的空间和时间域中起作用的。

市场机制的概念与金融技术的理论相关，因为它包含了“干预市场构建的物质和话语集合”（Muniesa，Millo and Callon，2007）。物质设备以最低限度的工具形式或最高限度的确定性形式构成能动性的客体。但是需要注意将设备视为能动性的分叉，其中人（社会）代理位于一侧，而设备（物质）代理位于另一侧。因此，“与其把分布式能动性看作是（已被代理的）人或设备的相遇，还不如把它看作是这些复合的能动性集合的结果”（Muniesa，Millo and Callon，2007：2）。总而言之，主体性并非被视为设备的外部，而是在设备中发挥作用。

我们以金融交易为例，通过社会学分析，将工具作为对社会行为施加不同影响的能动性的对象，这为观察传统的交易关系提供了一个有趣的起点，传统的交易者坐在交易屏幕的对面，但是在现代的交易环境中，以高频交易为例，交易者不再直接与技术交互。

另一个概念，社会物质性，在技术的社会研究中也得到了广泛的应用。研究表明，“没有不具有物质性的社会，也没有不具有社会性的物质”（Orlikowski，2007）。将社会物质性与能动性集合概念相结合，为理解高频交易的社会属性和物质属性提供了一些理论基础。特别是，高频交易策略如何将技术的物理属性与金融交易员和更广泛的利益相关者群体，包括金融监管机构、市场（行业）参与者、私人投资者和公民等的价值观和意识形态相结合。这些文献的重要性（我们只在本章中提供一个简要介绍）在金融高频交易实践中得到了证明，这些实践越来越与现有新兴的社会物质性结合，因此，物质性不是“组织生活的偶然或间歇的方面，它是不可或缺的”。（Orlikowski，2007：1436）

251

讨论与结论

在本章中，我们研究了与管理信息系统的三个发展阶段相关的数据、信息和知识的概念。从20世纪60年代开始，数据管理几乎集中在信息技术的硬件和软件上，到了70年代转向了信息管理，直到80年代，信息技术开始被视为增强企业竞争优势的战略工具。管理信息系统领域的这些早期发展对于理解技术如何成为工作和组织的重要组成部分，以及管理教育中不同热点的更替如何改变数据、信息和知识在学术研究中的应用，具有重要意义。近年来，管理学科对大数据概念的兴趣日益浓厚。在管理信息系统中，大数据是越来越多研究论文的主题，其中许多论文将重点放在大数据集上，因为这些数据集需要更强的技术能力来捕获、存储、管理和处理数据。在某种程度上，对大数据的关注使知识管理黯然失色。

但是，像知识管理一样，大数据也有可能成为一个总括性术语，它将数据、信息和知识等相关的主题融合在一起。当前学术界流行的大数据有五个 V：数量（Volume）、多样性（Variety）、速度（Velocity）、可变性（Variability）和准确性（Veracity）。数量是指生成的数据量。在金融高频交易的背景下，大数据可以用 TB 或 PB 来度量。数据的多样性通过需要存储、处理和解释的结构化和非结构化数据类型来证明。这些不同的来源和数据类型增加了金融市场信息共享的低效率，因为每个数据来源都会生成不同格式和大小的数据。速度描述了数据传输、存储、处理或结构化所需的时间。高频交易公司为消除技术的性能瓶颈而进行的持续投资导致了一场技术军备竞赛，在技术交易基础设施上花费了数十亿美元。因为所有的活动都是由计算机生成的，所以很难理解一天中每秒发送的数千份订单以及尽快发送订单的必要性。可变性说明了当相同的数据和信息以不同的方式解释时，来自媒体的见解是如何不断变化的。在金融市场，像彭博社这样的大型数据分析公司为高频交易提供重要的商业信息和市场新闻。高频交易策略受到全天候新闻媒体的影响，在这些媒体中，有关世界重要事件的信息可以作为实时数据进行提供。准确性是指被捕获的数据的质量及其变化情况。分析的准确性取决于源数据的准确性。准确性使高频交易成为算法交易的一个子集，在美国和欧洲股市中分别占 49% 和 39%（World Federation Exchange，2013）。

正如上面的高频交易示例所示，数据、信息和知识管理是一个非常复杂的 252
过程，因为金融市场从多个来源输送大量数据。这些数据被链接、连接和关联以生成供交易者使用的信息，这个过程被描述为知识的生成。作为全球贸易金融化的一个例子，高频交易只是一个小部分，在更广泛的范围内，计算机化改变了金融市场的形态。虽然我们在本章中只讨论了金融化、金融科技和高频交易的表面知识，但我们对四种文献流派的概述表明，学术界需要采用跨学科的方法，以更深入地理解这三个主题背后的复杂问题。金融化是融合了多学科的现象，也引发包括经济学、社会学和技术管理学不同领域的广泛讨论。

金融科技可以帮助我们模拟高频交易策略，以了解其机制和技术驱动因素。这项工作结合了金融社会学、技术监管、组织和管理等领域。管理信息系统试图解开 IT 人工制品与技术的社会研究的关系，例如技术的社会物质性。总而言之，虽然我们可能接受社会和物质的属性是相互作用的，但我们对高频交易的关注表明，技术处于多个复杂的数据网络中，这可能使传统的实证调查方法（如调查和访谈）难以观察到这些变化。随着人类在金融交易中的日常活动和角色进一步被取消，这将出现新的问题，使得社会和文化几乎不可能与技术的物质和基础设施区分开来。

参考文献

Alvesson, M. and Kärreman, D. (2001). 'Odd Couple: Making Sense of the Curious Concept of Knowledge Management'. *Journal of Management Studies*, 38 (7): 995 – 1018.

Alvesson, M. and Sandberg, J. (2011). 'Generating Research Questions through Problematization'. *Academy of Management Review*, 36(2): 247 – 71.

Bamberger, K. A. (2009). 'Technologies of Compliance: Risk and Regulation in a Digital Age'. *Texas Law Review*, 669.

Barrett, M. and Scott, S. (2004). 'Electronic Trading and the Process of Globalization in Traditional Futures Exchanges: A Temporal Perspective'. *European Journal of Information Systems*, 13: 65 – 79.

Benjamin, R. I., Rockhart, J. F., Scott-Morton, M. S., and Wyman, J. (1984). 'Information Technology: A Strategic Opportunity'. *Sloan Management Review*, (Spring): 3 – 10.

Biais, B., Foucault, T., and Moinas, S. (2011). 'Equilibrium Fast Trading', Working Paper. Available at: <http://idei.fr/doc/wp/2013/wp_idei_769.pdf> (accessed 10 July 2016).

Bourdieu, P. (1977). *Outline of a Theory of Practice*. Cambridge: Cambridge University Press.

Bray, D. (2013). 'Literature Review—Knowledge Management Research at the Organizational Level', Social Science Research Network. Available at SSRN: <http://ssrn.com/abstract=991169> or <http://dx.doi.org/10.2139/ssrn.991169> (accessed 10 July 2016).

253 Callon, M. (1998). 'Introduction: The Embeddedness of Economic Markets in Economics', in *The Laws of the Market*. Oxford: Blackwell, 1 – 57.

Callon, M. and Caliskan, K. (2005). 'New and Old Directions in the Anthropology of Markets', Paper presented to Wenner-Gren Foundation for Anthropological Research, New York, 9 April.

Calvo, G. and Mendoza, E. (2000). 'Rational Contagion and the Globalization of Securities Markets'. *Journal of Economic Perspectives*, 10: 123 – 39.

Chaboud, A. P., Chiquoine, B., Hjalmarsson, E., and Vega, C. (2014). 'Rise of the Machines: Algorithmic Trading in the Foreign Exchange Market'. *The Journal of Finance*, 69(5): 2045 – 84.

Christensen, C. M. (1997). *The Innovator's Dilemma: When New Technologies Cause Great Firms to Fail*. Boston, MA: Harvard Business School Press.

Clemons, E. K. and Weber, B. W. (1996). 'Alternative Securities Trading Systems: Tests and Regulatory Implications of the Adoption of Technology'. *Information Systems Research*, 7(2): 163 – 88.

Currie, W. L. (1989). 'The Art of Justifying New Technology to Top Management'. *Omega*, 17(5): 409 – 18.

Currie, W. L. (1995). *Management Strategy for IT*. London: Pitman Publishing.

Currie, W. L. and Galliers, R. D. (1999). *Rethinking Management Information Systems: An Interdisciplinary Perspective*. Oxford: Oxford University Press.

Currie, W. L. and Seddon, J. J. M. (2015). 'Computerized High Frequency and Algorithmic Trading: Correlation and Causation', Presented at the Conference on High Frequency and Algorithmic Trading, Stuart School of Business, Chicago, USA, 2 November.

DAMA-DMBOK (2015). 'Guide (Data Management Body of Knowledge) Introduction and Project Status'. Available at <https://www.dama.org>.

Davenport, T. H. (1994). 'Saving IT's Soul: Human Centered Information Management'. *Harvard Business Review*, 72(2): 119 – 31.

Dombret, A. (2013). 'How to Overcome Fragmentation in the European Financial Market. Speech at the 23rd European Banking Congress'. Available at: <http://www.bundesbank.de/Redaktion/EN/Reden/2013/2013_11_22_dombret.html> (accessed 6 March 2015).

Earl, M. J. (1989). *Management Strategies for Information Technology*. New York: Prentice Hall.

Earl, M. J. and Skyrme, D. J. (1992). 'Hybrid Managers—What Do We Know about Them?'. *Information Systems Journal*, 2(3): 169 – 87.

Epstein, G. (2001). 'Financialization, Rentier Interests, and Central Bank Policy', Manuscript, Department of Economics, University of Massachusetts, Amhert, MA, December.

Epstein, G. (ed.) (2005). *Financialization and the World Economy*. Northampton, MA: Edward Elgar.

Feldman, M. S. and Orlikowski W. J. (2011). 'Theorizing Practice and Practicing Theory'. *Organization Science*, 22: 1240 – 53.

Fligstein, N. (1990). *The Transformation of Corporate Control*. Cambridge, MA: Harvard University Press.

Fligstein, N. and McAdam, D. (2012). *A Theory of Fields*. Oxford: Oxford University Press.

Funk, R. J. and Hirschman, D. (2014). 'Derivatives and Deregulation: Financial Innovation and the Demise of Glass-Steagall'. *Administrative Science Quarterly*, 59(4): 669 – 704.

Galliers, R. D. and Currie, W. L. (2011). *The Oxford Handbook of Management Information Systems: Critical Perspectives and New Directions*. Oxford: Oxford University Press.

George, G., Haas, M. R., and Pentland, A. (2014). 'Big Data and Management'. *Academy of Management Journal*, 57(2): 321 – 26.

Gomber, P., Arndt, B., Lutat, M., and Uhle, T. (2011). 'High Frequency Trading. E- 254
Finance Lab', Goethe University, Germany. Available at: <http://ssm.com/abstract+1858626> (accessed 10 July 2016).

Granovetter, M. (1985). 'Economic Action and Social Structure: The Problem of Embeddedness'. *American Journal of Sociology*, 91(3): 481 – 510.

Gupta, A. K. and Govindarajan, V. (2000). 'Knowledge Flows within Multinational

Corporations'. *Strategic Management Journal*, 21(4): 473－96.

Hirschheim, R. and Klein, H. K. (2011). 'Tracing the History of the Information Systems Field', in R. D. Galliers and W. L. Currie (eds.), *The Oxford Handbook of Management Information Systems*. Oxford: Oxford University Press, 16－61.

Kantrow, A. M. (1980). 'The Strategy-Technology Connection'. *Harvard Business Review*, 58(4) (July－August): 6－21.

Knorr Cetina, K. and Preda, A (ed.) (2004). *The Sociology of Financial Markets*. Oxford: Oxford University Press.

Krippner, G. R. (2011). *Capitalizing on Crisis*. Cambridge, MA: Harvard University Press.

Kumar, P., Goldstein, M., and Graves, F. (2011). 'Trading at the Speed of Light: The Impact of High Frequency Trading on Market Performance, Regulatory Oversight, and Securities Litigation', The Brattle Group (2).

Leonardi, P. M. (2013). 'Theoretical Foundations for the Study of Sociomateriality'. *Information & Organization*, 23: 59－76.

McFarlan, F. W. (1984). 'New Electronics Systems Can Add Value to Your Product and Throw Your Competition Off Balance'. *Harvard Business Review* (May/June): 98－103.

MacKenzie, D. (2006). *An Engine, Not a Camera: How Financial Models Shape Markets*. Cambridge, MA: MIT Press.

MacKenzie, D. (2015). 'Dark Markets'. *London Review of Books*, 37(11): 29－32.

Mayer-Schönberger, V. and Cukier, K. (2013). *Big Data: A Revolution That Will Transform How We Live, Work and Think*. Boston, MA: Houghton Mifflin Harcourt.

Menkveld, A. J. and Zoican, M. A. (2014). 'Need for Speed? Exchange Latency and Liquidity', Discussion Paper TI 14－097/IV/DSF78. Available at: <http://papers.tinbergen.nl/14097.pdf> (accessed 10 July 2016).

Millo, Y. and MacKenzie, D. (2009). 'The Usefulness of Inaccurate Models: Towards an Understanding of the Emergence of Financial Risk Management'. *Accounting, Organizations and Society*, 34(5): 638－53.

Moschella, D. C. (1997). *Waves of Power: The Dynamics of Global Technology Leadership, 1964－2010*. New York: Amacom.

Muniesa, F., Chabert, D., Ducrocq-Grondin, M., and Scott, S. V. (2011). 'Back Office Intricacy: The Description of Financial Objects in an Investment Bank'. *Industrial and Corporate Change*, 20(4): 1189－213.

Muniesa, F., Millo, Y., and Callon, M. (2007). An Introduction to Market Devices. *The Sociological Review*, 55: s", 1－12. Available at: <http://onlinelibrary.wiley.com/doi/10.1111/j.1467－954X.2007.00727.x/abstract>.

Nasdaq (2015). Available at: <http://www.nasdaq.com/investing/glossary/h/high-frequency- trading>.

NDRC. Available at: <http://www.ndrc.ie/about-us/>.

Nonaka, I. and Hirotaka, T. (1995). *The Knowledge Creating Company: How Japanese Companies Create the Dynamics of Innovation*. New York: Oxford University Press.

255 Nonaka, I. and Peltokorpi, V. (2006). 'Objectivity and Subjectivity in Knowledge Management: A Review of Top Articles'. *Knowledge Process Management*, 13(2): 73－82.

Orlikowski, W. J. (2007). 'Sociomaterial Practices: Exploring Technology at Work'. *Organization Studies*, 28(9): 1435－48.

Orlikowski, W. J. and Iacono, C. S. (2001). 'Desperately Seeking the IT in IT Research:

A Call to Theorizing the IT Artefact'. *Information Systems Research*, 12(2): 121 – 34.

Pagnotta, E. and Philippon, T. (2012). 'Competing on Speed', April Working Paper. Available at: <http://pages.stern.nyu.edu/~tphilipp/papers/Speed.pdf> (accessed 10 July 2016).

Palley, T. I. (2007). 'Financialization: What It Is and Why It Matters'. Working Paper Series, No. 153, University of Massachusetts, Amherst.

Philips, K. (1994). *Arrogant Capital: Washington, Wall Street and the Frustration of American Politics*. New York: Little Brown and Company.

Porter, M. and Miller, V. (1985). 'How Information Gives You a Competitive Advantage'. *Harvard Business Review* (July/August): 149 – 60.

Puschmann, A. R. (2012). 'The Rise of Customer-Oriented Banking: Electronic Markets Are Paving the Way for Change in the Financial Industry'. *Electronic Markets*, 22(4): 203 – 15.

Rogow, G. (2009). 'Rise of the (Market) Machines', *Wall Street Journal*, 19.

Sanchez, R. (1996). *Strategic Learning and Knowledge Management*. Chichester: Wiley.

Sauer, C. (1993). *Why Information Systems Fail: A Case Study Approach*. Oxfordshire: Alfred Waller.

Starkey, K. (2015). 'The Strange Absence of Management during the Current Financial Crisis'. *Academy of Management Review*, 40(4): 652 – 63.

Styhre, A. (2015). *The Financialization of the Firm*. London: Edward Elgar.

Turbeville, W. (2013). 'Financialization and a New Paradigm for Financial Markets'. Available at: <http://www.demos.org/sites/default/files/publications/Tuberville.pdf> (accessed 10 July 2016).

Weber, B. (2006). 'Adoption of Electronic Trading at the International Securities Exchange'. *Decision Support Systems*, 41(4): 728 – 46.

Willcocks, L. P., Feeny, D., and Islei, G. (1997). *Managing IT as a Strategic Resource*. McGraw-Hill Higher Education.

Williams, J. W. (2012). *Policing the Markets*. New York: Routledge.

Williams, K. (2000). 'From Shareholder Value to Present-day Capitalism'. *Economy and Society*, 29(1): 1 – 12.

World Federation of Exchanges (2013). Report on High Frequency Trading. Available at: <https://www.world-exchanges.org/home/index.php/news/world-exchange-news/world-federation-of-exchanges-reports-on-high-frequency-trading-hft>.

Wilson, T. D. (2002). 'The Nonsense of "Knowledge Management"'. *Information Research*, 8(1).

Zopounidis, C., Doumpos, M., and Matsatsinis, N. F. (1997). 'On the Use of Knowledge-Based Decision Support Systems in Financial Management: A Survey'. *Decision Support Systems*, 20(3): 259 – 77.

256

第 13 章
管理意义——文化

维奥丽娜·P. 林多娃、桑托什·斯利尼瓦斯

引　言

> 我们所处理的世界总是由其中的人构成，因此……它总是可以被重新审视、重新构成，从而通过重新定义理解世界的方式来超越它。(Turner, 1990：3－4)

普菲弗（Pfeffer, 1981）的开创性论文《管理作为象征性行动》明确确立了将意义管理作为一项关键管理任务。在该文中，普菲弗（1981：1）提出了“对组织中的管理或领导力的分析必须从两个层面进行的论点。就实质性行动和结果而言，决策在很大程度上是外部约束和权力依赖关系的结果。在表达和象征层面，使用政治语言和象征性行动有助于使组织的决定和政策合法化与合理化”。他着重指出了实体行为和象征性行为之间的差异，将它们与不同的目标和结果相关联，并将意义管理定位于象征性领域中，以解释和合理化实体行为。普菲弗的文章不仅将研究注意力集中在意义管理这一核心管理任务上，而且还确定了该主题的研究议程，强调意义管理的社会动力是在组织边界内建立社会凝聚力的一种手段，并管理与外部受众的冲突。

他的开创性文章发表以来的三十五年里，意义管理已经成为组织科学研究
257 的一个中心领域。从认知与决策的微观研究，到组织文化、形象与身份的中观层面研究，以及组织战略、竞争与利益相关者互动和制度逻辑等宏观层面的研

究，这一概念已引起学术界的广泛关注。

这项研究表明，组织及其环境是一种信念体系，通过管理者使用语言、叙述、框架、概念、仪式和视觉形象等象征性手段塑造和改变，这些信息、叙述、框架、概念、仪式和视觉形象可用于告知、指导、激励和促进组织的行动（Smircich and Morgan, 1982; Gioia and Chittipeddi, 1991; Rindova and Fombrun, 1999; Lounsbury, 2007; Thornton, Ocasio and Lounsbury, 2012）。领导者和管理者自己的解释过程被发现是他们设想和追求的战略选择和可能性的核心（Pettigrew, 1977; Smircich and Stubbart, 1985; Barr, Stimpert and Huff, 1992; Kaplan, 2008; Martins, Rindova and Greenbaum, 2015）。通过影响外部对组织身份、形象、声誉的看法，意义管理也越来越被认为是企业管理与利益相关者受众关系战略的重要组成部分（例如，Hatch and Schultz, 1997; Gioia, Schultz and Corley, 2000; Ravasi and Schultz, 2006; Rindova, Pollock and Hayward, 2006; Rindova, Petkova and Kotha, 2007）。在创业研究中，意义形成与资源获取和财富创造相关（例如，Aldrich and Fiol, 1994; Lounsbury and Glynn, 2001; Garud and Giuliani, 2013; Petkova, Rindova and Gupta, 2013）。综上所述，这些理论和实证著作突出了意义管理作为调动内部和外部行动的基础，以及在与资源持有者的交换关系中创造有利地位的基础。研究进一步表明，为了追求内部凝聚力和外部支持而进行的意义管理涉及重叠和相互关联的活动，这些活动越来越模糊了意义交换的内部和外部过程之间的界限。

我们对本研究结果的讨论安排如下：第一部分着重讨论围绕意义管理的一些重要观点和争论；第二部分回顾有关组织和战略管理研究中管理意义的实质性后果的研究，强调战略活动"同时具有象征性和实质性，涉及认知和行动的相互过程，并需要理解和影响的循环"（Gioia and Chittipeddi, 1991: 447）；第三部分为将来的研究提供一些方向。

理解意义和意义形成

意义的概念具有悠久而复杂的思想史，涉及心理学、哲学、符号学、语言学、诠释学、社会学、人类学，当然还有营销和管理（例如，Ogden and Richards, 1923; Schiffer, 1972; Bruner, 1990; Baumeister, 1991; Shore, 1996;

258 Zilber, 2008; Park, 2010; Brown, Colville and Pye, 2014; Maitlis and Christianson, 2014; Gee, 2015)。在这些不同的学科中，人们提出了许多关于意义和意义相关过程的不同定义和观点。

因此，组织科学在“意义”的构成和意义形成过程中缺乏共识也就不足为奇了。正如格雷、布贡和多娜伦（Gray, Bougon and Donnellon, 1985）所说，与组织生活相关的意义可以从认知角度（作为概念和图式）、从关系角度（如地图和网络）以及从制度角度（作为逻辑和意识形态）来考虑。因此，在文献中，意义形成以各种方式被引用，其中一些定义强调其认知方面，“侧重于评价和解释，这是根据发展框架、图式或心理模型来描述的”，有些人强调它的社会性，因为它“发生在人与人之间”，是“协商、竞争和共同构建的”(Maitlis and Christianson, 2014: 62, 66)，而其他人则强调它是由制度的理念和象征性方面塑造的（Thornton, Ocasio and Lounsbury, 2012)。不仅组织学者在如何看待意义形成上存在分歧，而且在文献中观察到大量与意义相关的结构。在最近对组织意义构建文献的回顾中，梅特利斯和克里斯蒂安松（Maitlis and Christianson, 2014: 69）记录了“感官断裂”“感官需求”“感官交换”“感官识别”和“感官规范”等术语的引入，除了现在已经建立起来的“感知给予”结构（Gioia and Chittipeddi, 1991)。虽然这一现象显示了学者们对意义形成的兴趣在增强，但也凸显了在多样性中寻找共同线索的必要性。我们强调这方面的三个重要问题：

第一，我们同意鲍迈斯特（Baumeister, 1991）的观点，即意义并不容易定义，因为定义它就是已经在使用意义。他把它定义为“事物、事件和关系之间可能存在的关系的共享精神”。因此，意义将事物*联系*起来（1991: 15，强调为原文所加)。同样地，魏克（Weick, 1995: 111）将意义构建描述为连接线索和框架，并指出“过去的时刻+联系+现在体验时刻的组合为当前状况创造了有意义的现状定义……框架往往是过去的社会化时刻，线索往往是现在的经验时刻。如果一个人能够在这两个时刻之间建立一种关系，那么意义就被创造出来了”。因此，为了理解意义和意义的形成，学者们需要研究连接和联系的是什么以及通过什么过程来连接。

第二，关于这两个问题的答案之间存在很大的分歧：什么是相互联系的，以及如何联系的。从认知心理学或社会心理学的角度工作的研究人员支持信息处理范式，并研究如何通过应用范式给观察到的行为赋予意义（Fiske and Taylor, 1991）。范式是一种认知结构，它代表“关于概念或类型的知识，包括其属性和属性之间的关系”（Fiske and Taylor, 1991：98），并提供解释新信息的框架。研究表明，意义形成作为一种认知方式并不一定是“有意识的、口 259
头的、深思熟虑的或理性的”（Fiske and Taylor, 2013：364），为了减少“情境意义”与“全球意义”之间的差异，个体会被激发参与意义形成，以减少“情境意义”与“全球意义”之间的差异，这些意义是基于他们的信念、目标和主观感受组成的广泛定向系统（Park, 2010）。这种意义形成需要“相对稳定的心理模型或模式，通过这些模式，人们可以对现实的理解保持基本的稳定感”（Shore, 1996：157）。

图式的概念也是卡内基学派研究组织方法的核心（Simon, 1955；March and Simon, 1958；Cyert and March, 1963），它强调了认知参照系对于人们构建意义的重要性（参见 Cornelissen and Werner, 2014）。新卡内基学派（Gavetti, Levinthal and Ocasio, 2007）进一步强调了心理表征如何“在信息环境中强加结构以赋予其形式和意义”（Walsh, 1995：281），将组织行为锚定在示意图、自上而下、理论驱动的信息处理视角中。

在新制度理论中，图式被视为“制度化文化、典型化、习惯化、认知捷径的领域，以牺牲天气预报的准确性为代价”（DiMaggio, 1997：269）。制度主义者认为，稳定的意义结构会在“逻辑”中进一步组织起来，逻辑被定义为社会建构的、连贯的、整合的“假设、价值、信念和规则”（Thornton and Ocasio, 1999：804），规定了合法的目的和手段（Friedland and Alford, 1991）。逻辑可引导注意力，激活身份、目标和模式，并塑造行动者的社会互动（Thornton, Ocasio and Lounsbury, 2012）。它们进一步为意义建构提供了基石，而意义建构则是一种将逻辑带给组织实践和身份的机制（Dalpiaz, Rindova and Ravasi, 2016）。

从社会学和传播学角度出发的学者倾向于支持符号观，即通过符号和概念在特定文化世界中的操作来实现意义形成（Mead, 1934；Blumer, 1969；Goffman, 1974）。这种观点通常由“符号三角”来概括，它由一个刺激物（一个参照物）、一个符号和一个解释（一个参照物）组成（Ogden and Richards, 1923）——强调对同一个刺激物的多种解释。通过不同的符号，意义来自

“三步行动界面：发出象征性提示、回应提示和对回应做出回应”（Allan，2006：22）。因此，与强调信息线索和知识在组织结构（包括主体性的和主体间性的）中如何影响意义形成的社会认知观不同，社会文化视角融合了意义、交流和语境化互动的作用。符号互动论强调，分析意义形成是如何通过在某种
260 形式的交流中使用符号手段而受到影响的，对于理解意义的集体形成过程以及意义作为有目的行为的管理是至关重要的。这一传统的研究将意义形成概念化为一个“自下而上”的过程，在这个过程中，语言和其他符号不仅被视为启动“一个独立的‘内部认知过程’，而且是个体和集体意义建构的潜在形成者”（Cornelissen and Werner，2014：196）。

第三，认识到意义既是一个个体又是一个社会结构（Flower，1994），研究人员强调意义既不是直接可转让的，也不是可控的，而是构建（Crotty，1998）和协商的（Schultz and Wehmeier，2010）。这意味着，行动者所使用的符号及其对他人行为的影响，不仅取决于刺激、符号或接受者的解释，而且取决于它们在特定的社会交往语境中的相互作用。此外，社会和集体产生的意义可以在组织及其环境中扮演多重角色，作为经过验证的结果，也可以作为通过和在其内部发生争取变革的权力斗争的媒介（Hardy and Maguire，2008）。一方面，组织是社会化过程中发展起来的、由领导力和权力支撑的具有共同意义的系统。另一方面，组织是不稳定的，因为矛盾来自多个方面，包括分层、职业和群体差异，以及个人目标和文化经验的差异。因此，集体意义和它们的表现既是行动的动力，也是环境的约束。共同建设“不必反映集体的广泛共识”，以及“一个组织中的意义最好由多个故事来体现”（Maitlis and Christianson，2014：95）

从内部和外部管理意义

普菲弗（Pfeffer，1981：1）认为意义管理是一项关键的管理任务，因为组织是“具有共同意义和信念的系统”，而“信念系统的构建和维护”对于“持续的遵守、承诺，以及对参与者的积极影响，无论他们在资源竞争中的表现如何都是非常重要的”。他认为，通过意义管理，管理者使一个组织的活动变得合理，并得到一致的理解和同意，从而激励组织成员并满足组织外部受众的需求。通过意义管理，管理者完成了两个关键任务：减少反对和冲突，从而动员

组织行动，并减少外部受众的监督。接下来我们将讨论与这些主题相关的组织研究。

组织文化与认同 261

在 20 世纪 80 年代，对组织文化的研究和象征主义成为理解组织意义管理和构建的中心视角（Dandridge，Mitroff and Joyce，1980；Smircich and Morgan，1982；Schein，1985；Smircich and Stubbart，1985；Donnellon，Gray and Bougon，1986；Turner，1986；Martin，1992）。这类研究表明，有效领导力不仅依赖于工具性的影响方式，也依赖于象征性的行动方式。它通过使用象征性资源，如语言、仪式、戏剧、故事和神话来“构建和塑造行动的场景”（Smircich and Morgan，1982：261），展示领导力在组织现实的构建和转变中的关键作用。斯默西奇（Smirich，1983）展示了一个组织中具有共同意义的系统，是如何作为其独特的历史、个人互动和行动环境，以及管理人员使用象征性手段进行有目的设计的产物而出现的。哈茨（Hatch，1993：686）提出文化是“由连续的行动和意义创造的循环构成的”。她指出意义在文化持续生产和再生产中的作用，她认为，象征意味着“通过对物体、词语和行为的预期使用来创造文化语境意义”（1993：673），而解释则唤起一个“更广泛的文化框架，作为构建可接受意义的参照点”（1993：675）。

随后的工作扩展了对组织文化和组织身份之间相互作用的分析。哈茨和舒尔茨（Hatch and Schultz，1997）将组织身份描述为一种“自我反思的产品”（1997：361），“根植于当地意义和组织符号，并因此嵌入到组织文化中”（1997：358）。其他人则认为，身份是一种“专注于自身的文化意义或意义构建”（Fiol，Hatch and Golden-Biddle，1998：58），由“实质性反思和象征性表达”之间的紧张关系构成（Rindova and Schultz，1998：47）。通过纵向案例研究，拉瓦西和舒尔茨（Ravasi and Schultz，2006）说明了组织文化如何为领导者提供资源，使他们能够理解和认同组织身份。

焦亚、舒尔茨和科利（Gioia，Schultz and Corley，2000）偏离了最初的阿尔伯特和惠顿（Albert and Whetten，1985）提出的组织身份表述，“因为它是组织特征的核心，持久而独特的特征”（2000：63），原因是表示价值的属性，即“对这些价值的解释不一定是固定的或稳定的”（2000：65）。由于存在这种差异，他们认为组织身份具有一定程度的流动性，这是由成员的不同解释引起的。在最近关于组织身份的多种观点的综述中，焦亚等人（Gioia et al., 2013）进一步强调了组织成员是“意义创造者”的重要性（2013：170）。

262 组织和战略变革

焦亚和基蒂佩迪（Gioia and Chittipeddi, 1991：444）将战略变革作为理解意义形成的丰富含义的关键时刻的观点引起了人们的注意。他们展示了如何鼓励战略变革，包括首席执行官和最高管理团队首先“找出战略相关事件并赋予其意义，然后构建和传播一种愿景，让利益相关者理解、接受并行动起来开始改变”。研究人员进一步表明，对以歧义性为特征的战略问题（例如，是否将问题归类为威胁或机遇）施加意义，会影响所采取的战略行动，如改变产品—服务供应（Dutton and Jackson, 1987; Thomas, Clark and Gioia, 1993）。

由于战略变化通常涉及对意义的象征性争论，因此，将行动框架等过程视为确保对拟议的战略重新定位的理解和谈判支持的关键（Fiss and Zajac, 2006）。这方面的研究表明，战略变革努力的成功不仅取决于愿景、目标、结构和流程的实质性变化，还取决于使用意义符号来触发“重新认知定位”和利益相关者对变革的接受（Gioia et al., 1994）。梅特利斯和劳伦斯（Maitlis and Lawrence, 2007）在一项关于触发感知给予条件的研究中指出，组织变革为领导者构建共享账户创造了必要条件，因为变革增加了一系列广泛问题的歧义性和不可预测性，以及利益相关者利益分歧的显著性。闰多瓦、达尔皮亚兹和拉瓦西（Rindova, Dalpiaz, and Ravasi, 2011）同样表明，随着组织行动战略的根本转变，组织身份的重新定义也随之发生。最后，索南沙因和多拉基亚（Sonenshein and Dholakia, 2012）提请注意管理沟通如何影响员工必不可少的心理资源，并最终认为员工能够实施变革，将战略变革的解释与变革实施行为的可能性紧密联系起来。

创新

管理的意义也与组织创新有关。例如，巴特尔和加鲁德（Bartel and Garud, 2009）认为，组织的维持性创新需要“具有不同知识、意义系统和行为模式的人之间的实时协调”（2009：109），这种协调可以通过文化机制实现，他们称之为“创新叙述”。他们认为，这种叙述有助于思想认识的统一，从而为创新过程中的互动提供一致性和灵活性。博兰德和滕卡斯（Boland and Tenkasi，1995）同样认为，在知识密集型组织中，创造性的意义形成是成功的 263
核心，因为工作过程具有“歧义性和不确定性”，而工作是“突发性的，经常通过多种途径，随着工作的进行，人们的认识也在不断发展和变化”（Tenkasi and Boland，1993：30）。因此，意义构建被视为支持组织创新能力和活动的中心过程。斯蒂利亚尼和拉瓦西（Stigliani and Ravasi，2012：1253）对社会实践和认知过程之间的相互作用进行了描述，他们在一家领先的设计公司的创新活动中，将个人和集体层面的意义构建联系起来。他们发现，将对话以及对材料和象征性人工制品（例如，缩略图和框架）的使用结合起来，就可以实现协作，让团队成员都能理解，而不是单方面地“讲道理”。马丁斯、闰多瓦和戈林鲍姆（Martins，Rindova，and Greenbaum，2015）对管理意义和创新之间的关系持不同观点，他们建议组织可以通过设计类似于自然发生的意义转移和重组认知过程，将结构化意义管理用于商业模式创新，即类比推理和概念组合。

环境设定

从社会认知角度进行的战略管理研究为组织的意义管理提供了一个新的视角。波拉克、托马斯和巴登·富勒（Porac，Thomas and Baden-Fuller，1989）开创了将产业作为社会认知社区的研究。他们阐明了策略研究中的核心原则，即通过参与者之间的微瞬间互动，将意义形成视为持续不断的构建，解释和行动紧密交织在一起。从这个角度来看，组织的活动是一个持续的输入—输出循环，在这个循环中，外部信息的主观解释通过行为变得客观化（1989：398）。这是一个持续的组织行为的解释。由于这种不断的交流，“物质条件和精神模式变得密不可分”（1989：412）。雷格和哈夫（Reger and Huff，1993）同样表明，对产业集团过去、现在和未来的解释塑造了产业演化，强化了经济现实。

对解释和行动相互交织的认识与将环境视为“已制定”而非客观的观点有关（Weick，1979；Smircich and Stubbart，1985），在这种情况下，战略家的作用不是为了环境扫描、决策和实施而“走出去”收集事实。相反，斯米里奇和斯塔巴特（Smircich and Stubbart，1985：730）提出，战略家的任务是“一种富有想象力的任务，一种有创造性的任务，一种艺术的任务”，它涉及有效地

利用各种“价值/符号系统”来为其他行动者提供解释组织生活如何创造的语
264 境。因此，他们批评战略管理忽视了战略形成的社会性，忽视了促进或制约战略实施的共同意义系统的意义。

闰多瓦和丰布兰（Rindova and Fombrun，1999）以这些思想为基础，并将市场交换描述为通过资源交换，将企业的生产过程与产品和要素市场联系起来，以及将组织系统（知识、文化和身份）与产业宏观文化、竞争分类和声誉秩序联系起来进行解释。他们的研究框架表明，企业之间的竞争不仅在于物质资源，还在于利益相关者对价值创造各个方面的解释。一个企业的竞争优势不仅取决于它拥有和分配的资源，而且还取决于它通过哪些过程来传达其资源配置所创造的价值，并通过这些过程对资源持有者做出回应。因此，管理被视为一个战略过程，既要确保获得较高的竞争地位，又要影响组织环境中的价值观念。

闰多瓦、贝切拉和孔塔尔多（Rindova，Becerra and Contardo，2004）同样将竞争互动重新定义为竞争行为和“语言游戏”的组合（Wittgenstein，1953）。他们认为，围绕竞争互动的语言“巧妙且有说服力地塑造了竞争企业内部和周围的竞争现实”，“通过关注语言的建设性力量，研究人员和管理人员都能更好地应对当前市场环境的复杂性，对意义和竞争优势的追求是紧密联系的”（2004：683－4）。纳德卡尼和纳拉亚南（Nadkarni and Narayanan，2007：689）基于这些思想对飞机和半导体行业的公司进行了实证分析，并表明行业速度并不一定客观地预先确定，而是反映了行业边界、竞争规则的“集体战略框架”，以及“一个行业中的一组相关公司可以使用的战略环境关系”。韦伯和梅耶（Weber and Mayer，2014）研究了交易双方的认知框架如何影响交易成本和交易关系，认为框架错位会导致“解释不确定性”。

综上所述，战略性解释研究的贡献导致了将意义管理作为一项关键战略活动的新视角。从这个角度看，管理者不仅可以通过管理意义来调动内部行动并安抚外部行动者，而且可以将象征性和实质性行动紧密地结合在一起，以提高战略契合度和受众的价值观。在这种观点下，意义形成是跨越边界的关键过程，企业通过这个过程来管理与利益相关者（Rindova and Fombrun，1999）、竞争对手（Porac，Thomas and Baden-Fuller，1989；Porac and Thomas，1990；Reger and Huff，1993）以及交易伙伴（Weber and Mayer，2014）的关系。

与外部利益相关者沟通 265

无论一家企业是否有目的地利用沟通来影响自身的看法，外部受众都会给其行为赋予意义，并塑造其形象。换言之，受众对组织的意义形成过程并不仅仅依赖组织沟通，因为“联盟［在更广泛的意义上，包括对质量、忠诚度和知名度的感知］是由与品牌和整个企业相关联的任何东西创造的”（Aaker，1992：164）。

组织沟通为企业提供了机会，让它们关注它们认为重要的行动和成就，从而减少管理意图和投资的信息不对称，并为利益相关者提供“现成的”解释框架，以用于解释他们的行为（Rindova and Fombrun，1999）。事实上，组织和战略研究都集中在企业如何利用沟通来影响利益相关者受众的意义形成过程。哈茨和舒尔茨（Hatch and Schultz，1997：361）从组织文化和身份的角度出发，认为外部和内部指导的意义管理将文化、身份和形象联系在一个相互依存的循环过程中，因此“我们是谁，反映在我们正在做什么以及其他人如何解释我们是谁和我们在做什么”。他们认为管理者需要同时关注组织内部和外部环境。苏克曼（Suchman，1995）强调了合法化的制度和战略方法之间的争论，后一种观点研究了“组织如何通过工具操纵和部署来获得社会支持”（1995：572），前一种观点认为，试图积极管理其合法性的组织可能被认为是操纵性的（Ashforth and Gibbs，1990）。

合法化战略方法在分析新企业如何获得合法性和改善获得资源的途径方面特别有成效。根据社会建构主义观点，奥尔德里奇和费奥尔（Aldrich and Fiol，1994）认为，对于企业家来说，社会环境“不仅代表既定意义的模式，而且代表意义重新协商的场所”（1994：649）。他们提出，通过战略性地使用象征性资源，新企业可以更快地获得认知上的合法性，并发展出改变既定期望和规范的新含义。劳恩斯伯里和格林（Lounsbury and Glynn，2001）在阐述企业家精神的文化观点时扩展了这些观点，强调使用象征性资源，例如故事来唤起人们对企业的潜力的诉求，从而使其对出资者和其他资源持有者更具吸引力。霍尔特和麦克弗森（Holt and Macpherson，2010）将企业家精神的文化观点与企业家作为孤独的“英雄”行动者的神话进行了对比，指出企业家通过使用“在更广泛的制度框架内铸造自己的行动”的故事来争取利益相关者的支持。

目前对利益相关者受众进行意义管理的研究表明，组织可以被视为技术娴
266 熟的文化工作者，利用文化资源来提供一套情感、行为、社会和经济意义，更容易理解利益相关者，从而获得成功（例如，Wry, Lounsbury and Glynn, 2011；Glynn and Navis, 2013）。然而，哈茨和舒尔茨（Hatch and Schultz, 2009）警告人们不要错误地认为组织拥有其表达的含义，以为利益相关者的看法与组织的意图是一致的。事实上，研究表明，利益相关者对企业行为和身份的解释已经成为现实（一个已制定的环境），这进一步促使企业遵守既定的行动方案（Rindova, Becerra and Contardo, 2004；Rindova, Pollock and Hayward, 2006；另见 Rindova, Reger and Dalpiaz, 2012）。这给组织带来了挑战，要使其从唯一的意义生产者重新定位为与多个利益相关者共同创造的促进者。

未来研究方向

在上一节中，我们回顾了普菲弗（Pfeffer, 1981）的开创性文章在组织意义管理研究方面的一些核心进展。在这篇文章中，他认为，组织活动的象征性和实质性方面很可能只是松散地耦合在一起，因为“管理行为在很大程度上与象征性结果有关，外部约束主要影响正式组织中的实质性行动和结果”（1981：6）。他建议有必要进一步研究象征性行动与实质性成果之间的关系。

正如我们所看到的，自他的文章发表以来的三十五年中，在理解意义形成如何影响组织内外的动员行动方面取得了很大的进展，越来越多的共识认为，实质性和象征性活动具有相辅相成的作用，从而增强了两者的效果。换言之，研究者们已经证明，不仅象征性的行为具有实质性的结果，而且实质性的行为本身就是嵌入在符号系统中的意义形成过程中产生的。这种观点在解释性策略研究中最为明显（Porac, Thomas and Baden-Fuller, 1989；另见 Kaplan, 2011）。

此外，关于意义管理对利益相关者影响的分析重点已经从通过减少审查和冲突来避免潜在的负面影响，转向通过制定和塑造环境来创造附加价值，即提出“内在环境”的概念（Kaplan, 2011：686）——并发展社会认可，例如合法性、地位和声誉（参见 Rindova, Reger and Dalpiaz, 2012）。结果，意义管理在以下研究议程中得到了重点关注：企业家精神（例如，Hill and Levenhagen, 1995；Lounsbury and Glynn, 2001；Dodd, 2002；Nicholson and Anderson, 2005；

Santos and Eisenhardt, 2009；Petkova, Rindova and Gupta, 2013；Garud, Schildt and Lant, 2014）、战略和制度变革（例如 Schultz and Wehmeier, 2010；Zilber, 2011；参见 Greenwood et al., 2008；Cornelissen et al., 2015）和市场价值的社会建构（Westphal and Zajac, 1998；Rindova, Pollock and Hayward, 2006；Rindova and Petkova, 2007；Rindova, Dalpiaz and Ravasi, 2011；Eisenman, 2013）。

总体而言，对意义管理的研究越来越强调符号的实质性后果、培养实质性 267
使用技能的必要性、实质性工具行为与象征性表达的耦合，以确保利益相关者的理解、积极评价和支持。此外，随着创业、组织研究和战略研究的范围和多样性的不断扩大，出现了一些令人兴奋的新研究领域。下面我们将重点介绍两个这样的领域，这两个领域将会大大推进对组织及其环境中意义形成的分析。

意义管理是一种管理能力还是组织能力

人们越来越认识到使用符号来管理组织边界内和跨组织边界的意义形成的实质性后果，一些管理者和组织是否更善于这样做以及为什么这样做这一问题变得越来越重要。我们讨论的关于组织文化和身份的传统研究基本上都是基于一种相对统一的价值观或规范体系，明确地指导和约束认知与行动（Giorgi, Lockwood, and Glynn, 2015）。这项传统研究将组织描述为在其管理的含义内容上不同，但在其执行过程中却相似。因此，它没有考虑组织发展和改变其文化和身份（内部管理）、形象和声誉（外部管理）的过程的变化。

相比之下，文化社会学和组织研究的一些最新研究表明，个人和组织在文化程度以及文化资源的多样性方面存在差异（Swidler, 2001；有关评论见韦伯和达钦［Weber and Dacin］, 2011；Giorgi, Lockwood and Glynn, 2015）。例如，在一项关于法国美食环境的研究中，拉奥、莫宁和杜兰德（Rao, Monin and Durand, 2005）展示了行动者们如何通过借用和重新组合跨界的文化材料来有效地解决市场问题和机遇，从而参与到“文化行动”中。闰多瓦、达尔皮亚兹和拉瓦西（Rindova, Dalpiaz and Ravasi, 2011）展示了意大利制造商 Alessi 如何逐步扩展其用于指导战略制定的文化资源。他们开发了“丰富文化资源”的结构，以突出组织通过在实践中的努力投资来扩大其使用文化资源能力的可能性。佐特和休伊（Zott and Huy, 2007：74）指出，企业家在执行何种象征性行为以及如何执行这些行为方面各不相同。他们的发现表明，那些“熟练的

文化管理者”的企业家，即那些使用各种各样的象征性行动并经常这样做的
268 企业家，会吸引更多的资源。组织甚至可以利用非传统的文化资源，如时间观念，在多元环境中实现解释性转变和解决冲突问题（Reinecke and Ansari，2015）。

学者们进一步指出，我们缺乏足够的理论来说明组织需要什么样的资源和能力来进行战略管理。他们认为，战略的经济价值是文化构建的，一个组织从事文化工作的能力（即在其制度环境中创造、维持和破坏文化元素的有目的的行动）会影响其竞争优势（Maurer，Bansal and Crossan，2011）。达尔皮亚兹、闰多瓦和拉瓦西（Dalpiaz，Rindova and Ravasi，2010）进一步指出，意义的管理涉及一组无形资产的开发，这些无形资产与知识和声誉相似，但又不同。他们以布尔迪厄（Bourdieu，1984）关于文化和象征性资本的思想为基础，这些思想决定了个人如何在社会文化世界中争夺地位的情况下管理自己的职位，他们认为组织也可以开发文化和象征性资本，以便在市场上取得理想的地位。

综上所述，这些研究表明组织管理更深层的、系统的能力对组织绩效、有效性和竞争优势有影响。此外，他们还指出，个人和组织通过多种过程来使用文化资源，并且这些过程发生在不同的级别（个人与组织）中，在具体的个人和集体活动中文化资源的选择和部署的有效性也各不相同。他们指出以下问题的重要性：研究什么过程构成了与意义管理能力的相关性，以及这些能力是否不同于管理研究中其他类型的组织能力，如技术（Helfat and Raubitschek，2000）和知识整合能力（Grant，1996；Verona and Ravasi，2003）。

作为（共享和分散的）信仰系统的组织文化，与作为工具包的社会文化之间的相互作用

与上述一系列问题相关的是组织文化和其他文化过程（如身份和形象管理）如何与更广泛的社会文化相关联。尽管组织研究人员已经不再把组织环境作为客观的、给定的，但他们将组织环境中的行动者分配给具有固定期望的相对被动的评估人员（Hsu，2006；Hsu，Hannan and Koak，2009）。然而，正如瓦瑞、朗斯伯里和格林（Wry，Lounsburg and Glynn，2011）所显示的那样，行动者在构建和塑造象征性边界（即用于分类的概念差异）方面具有相当大的
269 能动性，从而积极地、战略性地塑造他们的环境。此外，在对印度现代艺术的

研究中，凯尔和瓦德瓦尼（Kyaire and Wadhwani，2010）指出，意义建构是一个协作的过程，因此，热衷于参与其中的组织应该关注各自领域的分布式能动性和解释的变化，并积极地参与集体活动，通过集体活动来构建意义。同样，韦伯、海因茨和德索西（Weber，Heinze，and DeSoucey，2008）在研究作为社会运动的美国草食肉类和奶制品市场的兴起时，展示了运动参与者如何调动广泛的文化规范来创造新的细分市场。他们的分析表明，激进主义者通过基于具有对立结构的符号建立共同意义系统来反对农业生产的主导产业逻辑，并且这种新兴的意义系统刺激了生产者活动以及以集体生产者身份的发展。总之，这些研究（另见 Glynn and Navis，2013）提出了一种新的社会文化视角，即组织和其他社会行动者被视为积极参与意义的互动共建。

寻求在这一方向上推进研究的学者可以借鉴当前媒体和传播领域的研究成果，这些研究越来越关注受众以及作为展示和聚合用户生成平台的组织的意义（Bruns，2008；Jenkins，Ford and Green，2013）。鉴于受众在明确意义的生产中变得越来越重要并且活跃，以及传播这些符号和内容的成本降低，我们认为，意义管理分析的下一个重要领域是探索正在进行的和流动的组织日益融入其中的各个社区之间和内部的意义交流。这样的分析可以回应制度学学者最近对发展意义共建的呼吁（见 Cornelissen et al.，2015）。

参考文献

Aaker，D.（1992）. *Managing Brand Equity: Capitalizing on the Value of a Brand Name*. New York：Free Press.

Albert，S. and Whetten，D.（1985）. ‘Organizational Identity’，in L. L. Cummings and B. M. Staw（eds.），*Research in Organizational Behavior*，7：263 – 95. Greenwich，CT：JAI Press.

Aldrich，H. E. and Fiol，C. M.（1994）. ‘Fools Rush In? The Institutional Context of Industry Creation’. *Academy of Management Review*，19(4)：645 – 70.

Allan，K.（2006）. *Contemporary Social and Sociological Theory: Visualizing Social Worlds*. London：SAGE.

Ashforth，B. E. and Gibbs，B. W.（1990）. ‘The Double-Edge of Organizational Legitimation’. *Organization Science*，1(2)：177 – 94.

Barr，P. S.，Stimpert，J. L.，and Huff，A. S.（1992）. ‘Cognitive Change，Strategic Action，and Organizational Renewal’. *Strategic Management Journal*，13（S1）：15 – 36.

Bartel, C. A. and Garud, R. (2009). 'The Role of Narratives in Sustaining Organizational Innovation'. *Organization Science*, 20(1): 107 – 17.

Baumeister, R. F. (1991). *Meanings of Life*. New York: Guilford Press.

270 Blumer, H. (1969). *Symbolic Interactionism: Perspective and Method*. Berkeley, CA: University of California Press.

Boland Jr, R. J. and Tenkasi, R. V. (1995). 'Perspective Making and Perspective Taking in Communities of Knowing'. *Organization Science*, 6(4): 350 – 72.

Bourdieu, P. (1984). *Distinction: A Social Critique of the Judgement of Taste*. London: Routledge & Kegan Paul.

Brown, A. D., Colville, I., and Pye, A. (2014). 'Making Sense of Sensemaking in Organization Studies'. *Organization Studies*, 36(2): 265 – 77.

Bruner, J. S. (1990). *Acts of Meaning*. Cambridge, MA: Harvard University Press.

Bruns, A. (2008). *Blogs, Wikipedia, Second Life, and Beyond: From Production to Produsage*, vol. 45. New York: Peter Lang.

Cornelissen, J. P., Durand, R., Fiss, P. C., Lammers, J. C., and Vaara, E. (2015). 'Putting Communication Front and Center in Institutional Theory and Analysis'. *Academy of Management Review*, 40(1): 10 – 27.

Cornelissen, J. P. and Werner, M. D. (2014). 'Putting Framing in Perspective: A Review of Framing and Frame Analysis across the Management and Organizational Literature'. *The Academy of Management Annals*, 8(1): 181 – 235.

Crotty, M. (1998). *The Foundations of Social Research: Meaning and Perspective in the Research Process*. London: SAGE.

Cyert, R. M. and March, J. G. (1963). *A Behavioral Theory of the Firm*. Englewood Cliffs, NJ: Prentice-Hall.

Dalpiaz, E., Rindova, V., and Ravasi, D. (2010). 'Where Strategy Meets Culture: The Neglected Role of Cultural and Symbolic Resources in Strategy Research', in J. A. C. Baum and J. Lampel (eds.), *Advances in Strategic Management*. Volume 27. Emerald Group Publishing Limited, 175 – 208.

Dalpiaz, E., Rindova, V., and Ravasi, D., (2016), 'Combining Logics to Transform Organizational Agency: Blending Industry and Art at Alessi', *Administrative Science Quarterly*, 61(3): 347 – 92.

Dandridge, T. C., Mitroff, I., and Joyce, W. F. (1980). 'Organizational Symbolism: A Topic to Expand Organizational Analysis'. *Academy of Management Review*, 5(1): 77 – 82.

DiMaggio, P. (1997). 'Culture and Cognition'. *Annual Review of Sociology*, 23: 263 – 87.

Dodd, S. D. (2002). 'Metaphors and Meaning: A Grounded Cultural Model of US Entrepreneurship'. *Journal of Business Venturing*, 17(5): 519 – 35.

Donnellon, A., Gray, B., and Bougon, M. G. (1986). 'Communication, Meaning, and Organized Action'. *Administrative Science Quarterly*, 31(1): 43 – 55.

Dutton, J. E. and Jackson, S. E. (1987). 'Categorizing Strategic Issues: Links to Organizational Action'. *Academy of Management Review*, 12(1): 76 – 90.

Eisenman, M. (2013). 'Understanding Aesthetic Innovation in the Context of Technological Evolution'. *Academy of Management Review*, 38(3): 332 – 51.

Fiol, C. M., Hatch, M. J., and Golden-Biddle, K. (1998). 'Organizational Culture and Identity: What's the Difference Anyway', in D. A. Whetten and P. C. Godfrey (eds.), *Identity in Organizations: Building Theory through Conversations*. London: SAGE, 56 – 9.

Fiske, S. T. and Taylor, S. E. (1991). *Social Cognition*. New York: McGraw-Hill.

Fiske, S. T. and Taylor, S. E. (2013). *Social Cognition: From Brains to Culture*. London: SAGE.

Fiss, P. C. and Zajac, E. J. (2006). 'The Symbolic Management of Strategic Change: Sensegiving via Framing and Decoupling'. *Academy of Management Journal*, 49(6): 1173 - 93.

Flower, L. (1994). *The Construction of Negotiated Meaning: A Social Cognitive Theory of Writing*. Carbondale, IL: Southern Illinois University Press.

Friedland, R. and Alford, R. (1991). 'Bringing Society Back In: Symbols, Practices and 271
Institutional Contradictions', in W. Powell and P. DiMaggio (eds.), *The New Institutionalism in Organizational Analysis*. Chicago, IL: University of Chicago Press, 232 - 63.

Garud, R. and Giuliani, A. P. (2013). 'A Narrative Perspective on Entrepreneurial Opportunities'. *Academy of Management Review*, 38(1): 157 - 60.

Garud, R., Schildt, H. A., and Lant, T. K. (2014). 'Entrepreneurial Storytelling, Future Expectations, and the Paradox of Legitimacy'. *Organization Science*, 25(5): 1479 - 92.

Gavetti, G., Levinthal, D., and Ocasio, W. (2007). 'Perspective-Neo-Carnegie: The Carnegie School's Past, Present, and Reconstructing for the Future'. *Organization Science*, 18(3): 523 - 36.

Gee, J. (2015). *Social Linguistics and Literacies: Ideology in Discourses*. New York: Routledge.

Gioia, D. A. and Chittipeddi, K. (1991). 'Sensemaking and Sensegiving in Strategic Change Initiation'. *Strategic Management Journal*, 12(6): 433 - 48.

Gioia, D. A., Patvardhan, S. D., Hamilton, A. L., and Corley, K. G. (2013). 'Organizational Identity Formation and Change'. *The Academy of Management Annals*, 7(1): 123 - 93.

Gioia, D. A., Schultz, M., and Corley, K. G. (2000). 'Organizational Identity, Image, and Adaptive Instability'. *Academy of Management Review*, 25(1): 63 - 81.

Gioia, D. A., Thomas, J. B., Clark, S. M., and Chittipeddi, K. (1994). 'Symbolism and Strategic Change in Academia: The Dynamics of Sensemaking and Influence'. *Organization Science*, 5(3): 363 - 83.

Giorgi, S., Lockwood, C., and Glynn, M. A. (2015). 'The Many Faces of Culture: Making Sense of 30 Years of Research on Culture in Organization Studies'. *The Academy of Management Annals*, 9(1): 1 - 54.

Glynn, M. A. and Navis, C. (2013). 'Categories, Identities, and Cultural Classification: Moving beyond a Model of Categorical Constraint'. *Journal of Management Studies*, 50(6): 1124 - 37.

Goffman, E. (1974). *Frame Analysis: An Essay on the Organization of Experience*. Boston, MA: North Eastern University Press.

Grant, R. M. (1996). 'Prospering in Dynamically-Competitive Environments: Organizational Capability as Knowledge Integration'. *Organization Science*, 7(4): 375 - 87.

Gray, B., Bougon, M. G., and Donnellon, A. (1985). 'Organizations as Constructions and Destructions of Meaning'. *Journal of Management*, 11(2): 83 - 98.

Greenwood, R., Oliver, C., Sahlin, K., and Suddaby, R. (eds.) (2008). 'Introduction', in R. Greenwood, C. Oliver, K. Sahlin, and R. Suddaby (eds.), *The SAGE Handbook of Organizational Institutionalism*. Thousand Oaks, CA: SAGE, 1 - 46.

Hardy, C. and Maguire, S. (2008). 'Institutional Entrepreneurship', in R. Greenwood,

C. Oliver, K. Sahlin, and R. Suddaby (eds.), *The SAGE Handbook of Organizational Institutionalism*. Thousand Oaks, CA: SAGE, 198 – 217.

Hatch, M. J. (1993). ‘The Dynamics of Organizational Culture’. *Academy of Management Review*, 18(4): 657 – 93.

Hatch, M. J. and Schultz, M. (1997). ‘Relations between Organizational Culture, Identity and Image’. *European Journal of Marketing*, 31(5/6): 356 – 65.

Hatch, M. J. and Schultz, M. (2009). ‘Of Bricks and Brands: From Corporate to Enterprise Branding’. *Organizational Dynamics*, 38(2): 117 – 30.

Helfat, C. E. and Raubitschek, R. S. (2000). ‘Product Sequencing: Co-evolution of Knowledge, Capabilities and Products’. *Strategic Management Journal*, 21(10 – 11): 961 – 79.

Hill, R. C. and Levenhagen, M. (1995). ‘Metaphors and Mental Models: Sensemaking and Sensegiving in Innovative and Entrepreneurial Activities’. *Journal of Management*, 21(6): 1057 – 74.

272 Holt, R. and Macpherson, A. (2010). ‘Sensemaking, Rhetoric and the Socially Competent Entrepreneur’. *International Small Business Journal*, 28(1): 20 – 42.

Hsu, G. (2006). ‘Jacks of all Trades and Masters of None: Audiences’ Reactions to Spanning Genres in Feature Film Production’. *Administrative Science Quarterly*, 51(3): 420 – 50.

Hsu, G., Hannan, M. T., and Koçak, Ö. (2009). ‘Multiple Category Memberships in Markets: An Integrative Theory and Two Empirical Tests’. *American Sociological Review*, 74(1): 150 – 69.

Jenkins, H., Ford, S., and Green, J. (2013). *Spreadable Media: Creating Value and Meaning in a Networked Culture*. New York: New York University Press.

Kaplan, S. (2008). ‘Framing Contests: Strategy Making under Uncertainty’. *Organization Science*, 19(5): 729 – 52.

Kaplan, S. (2011). ‘Research in Cognition and Strategy: Reflections on Two Decades of Progress and a Look to the Future. *Journal of Management Studies*, 48(3): 665 – 95.

Khaire, M. and Wadhwani, R.D. (2010). ‘Changing Landscapes: The Construction of Meaning and Value In a New Market Category—Modern Indian Art’. *Academy of Management Journal*, 53(6): 1281 – 304.

Lounsbury, M. (2007). ‘A Tale of Two Cities: Competing Logics and Practice Variation in the Professionalizing of Mutual Funds’. *Academy of Management Journal*, 50(2): 289 – 307.

Lounsbury, M. and Glynn, M. A. (2001). ‘Cultural Entrepreneurship: Stories, Legitimacy, and the Acquisition of Resources’. *Strategic Management Journal*, 22(6/7): 545 – 64.

Maitlis, S. and Christianson, M. (2014). ‘Sensemaking in Organizations: Taking Stock and Moving Forward’. *The Academy of Management Annals*, 8(1): 57 – 125.

Maitlis, S. and Lawrence, T. B. (2007). ‘Triggers and Enablers of Sensegiving in Organizations’. *Academy of Management Journal*, 50(1): 57 – 84.

March, J. G. and Simon, H. A. (1958). *Organizations*. New York: Wiley.

Martin, J. (1992). *Cultures in Organizations: Three Perspectives*. New York: Oxford University Press.

Martins, L. L., Rindova, V. P., and Greenbaum, B. E. (2015). ‘Unlocking the Hidden Value of Concepts: A Cognitive Approach to Business Model Innovation’. *Strategic Entrepreneurship Journal*, 9(1): 99 – 117.

Maurer, C. C., Bansal, P., and Crossan, M. M. (2011). ‘Creating Economic Value through Social Values: Introducing a Culturally Informed Resource-Based View'. *Organization Science*, 22(2): 432–48.

Mead, G. H. (1934). *Mind, Self and Society: From the Standpoint of a Social Behaviorist*. Chicago, IL: University of Chicago Press.

Nadkarni, S. and Narayanan, V. K. (2007). 'The Evolution of Collective Strategy Frames in High-and Low-Velocity Industries'. *Organization Science*, 18(4): 688–710.

Nicholson, L. and Anderson, A. R. (2005). 'News and Nuances of the Entrepreneurial Myth and Metaphor: Linguistic Games in Entrepreneurial Sense-Making and Sense-Giving'. *Entrepreneurship Theory and Practice*, 29(2): 153–72.

Ogden, C. and Richards, I. (1923). *The Meaning of Meaning*. New York: Harcourt, Brace & World.

Park, C. L. (2010). 'Making Sense of the Meaning Literature: An Integrative Review of Meaning-making and Its Effects on Adjustment to Stressful Life Events'. *Psychological Bulletin*, 136(2): 257.

Petkova, A. P., Rindova, V. P., and Gupta, A. K. (2013). 'No News Is Bad News: Sensegiving Activities, Media Attention, and Venture Capital Funding of New Technology Organizations'. *Organization Science*, 24(3): 865–88.

Pettigrew, A. M. (1977). 'Strategy Formulation as a Political Process'. *International Studies of Management & Organization*, 7(2): 78–87.

Pfeffer, J. (1981). 'Management as Symbolic Action: The Creation and Maintenance of 273
Organizational Paradigms'. *Research in Organizational Behavior*, 3: 1–52.

Porac, J. F. and Thomas, H. (1990). 'Taxonomic Mental Models in Competitor Definition'. *Academy of Management Review*, 15(2): 224–40.

Porac, J. F., Thomas, H., and Baden-Fuller, C. (1989). 'Competitive Groups as Cognitive Communities: The Case of Scottish Knitwear Manufacturers'. *Journal of Management Studies*, 26(4): 397–416.

Rao, H., Monin, P. and Durand, R. (2005). 'Border Crossing: Bricolage and the Erosion of Categorical Boundaries in French Gastronomy'. *American Sociological Review*, 70(6): 968–91.

Ravasi, D. and Schultz, M. (2006). 'Responding to Organizational Identity Threats: Exploring the Role of Organizational Culture'. *Academy of Management Journal*, 49(3): 433–58.

Reger, R. K., and Huff, A. S. (1993). 'Strategic Groups: A Cognitive Perspective'. *Strategic Management Journal*, 14(2): 103–23.

Reinecke, J. and Ansari, S. (2015). 'When Times Collide: Temporal Brokerage at the Intersection of Markets and Developments'. *Academy of Management Journal*, 58(2): 618–48.

Reordon, K. K. (1981). *Persuasion: Theory and Context*. Beverly Hills, CA: SAGE.

Rindova, V. P., Becerra, M., and Contardo, I. (2004). 'Enacting Competitive Wars: Competitive Activity, Language Games, and Market Consequences'. *Academy of Management Review*, 29(4): 670–86.

Rindova, V., Dalpiaz, E., and Ravasi, D. (2011). 'A Cultural Quest: A Study of Organizational Use of New Cultural Resources in Strategy Formation'. *Organization Science*, 22(2): 413–31.

Rindova, V. P. and Fombrun, C. J. (1999). 'Constructing Competitive Advantage: The Role of Firm-Constituent Interactions'. *Strategic Management Journal*, 20(8): 691–710.

Rindova, V. P. and Petkova, A. P. (2007). 'When Is a New Thing a Good Thing?

Technological Change, Product Form Design, and Perceptions of Value for Product Innovations'. *Organization Science*, 18(2): 217 – 32.

Rindova, V. P., Petkova, A. P., and Kotha, S. (2007). 'Standing Out: How New Firms in Emerging Markets Build Reputation'. *Strategic Organization*, 5(1): 31 – 70.

Rindova, V. P., Pollock, T. G., and Hayward, M. L. (2006). 'Celebrity Firms: The Social Construction of Market Popularity'. *Academy of Management Review*, 31(1): 50 – 71.

Rindova, V. P., Reger, R. K., and Dalpiaz, E. (2012). 'The Mind of the Strategist and the Eye of the Beholder: The Socio-Cognitive Perspective in Strategy Research', in G. B. Dagnino (ed.), *Handbook of Research on Competitive Strategy*. Northampton, MA: Edward Elgar Publishing, 147 – 64.

Rindova, V. P. and Schultz, M. (1998). 'Identity within and Identity Without: Lessons from Corporate and Organizational Identity', in D. A. Whetten and P. C. Godfrey (eds.), *Identity in Organizations: Building Theory through Conversations*. New York: SAGE, 46 – 51.

Santos, F. M. and Eisenhardt, K. M. (2009). 'Constructing Markets and Shaping Boundaries: Entrepreneurial Power in Nascent Fields'. *Academy of Management Journal*, 52(4): 643 – 71.

Schein, E. H. (1985). *Organizational Culture and Leadership*. San Francisco, CA: Jossey-Bass.

Schiffer, S. (1972). *Meaning*. Oxford: Clarendon Press.

Schultz, F. and Wehmeier, S. (2010). 'Institutionalization of Corporate Social Responsibility within Corporate Communications: Combining Institutional, Sensemaking and Communication Perspectives'. *Corporate Communications: An International Journal*, 15(1): 9 – 29.

Shore, B. (1996). *Culture in Mind: Cognition, Culture, and the Problem of Meaning*. New York: Oxford University Press.

Simon, H. A. (1955). 'A Behavioral Model of Rational Choice'. *The Quarterly Journal of Economics*, 69: 99 – 118.

274 Smircich, L. (1983). 'Organizations as Shared Meanings', in L. R. Pondy, P. J. Frost, G. Morgan, and T. C. Dandridge (eds.), *Organizational Symbolism*. Greenwich, CT: JAI Press, 55 – 65.

Smircich, L. and Morgan, G. (1982). 'Leadership: The Management of Meaning'. *Journal of Applied Behavioral Science*, 18(3): 257 – 73.

Smircich, L. and Stubbart, C. (1985). 'Strategic Management in an Enacted World'. *Academy of Management Review*, 10(4): 724 – 36.

Sonenshein, S. and Dholakia, U. (2012). 'Explaining Employee Engagement with Strategic Change Implementation: A Meaning-Making Approach'. *Organization Science*, 23(1): 1 – 23.

Stigliani, I. and Ravasi, D. (2012). 'Organizing Thoughts and Connecting Brains: Material Practices and the Transition from Individual to Group-Level Prospective Sensemaking'. *Academy of Management Journal*, 55(5): 1232 – 59.

Suchman, M. C. (1995). 'Managing Legitimacy: Strategic and Institutional Approaches'. *Academy of Management Review*, 20(3): 571 – 610.

Swidler, A. (2001). *Talk of Love: How Culture Matters*. Chicago, IL: University of Chicago Press.

Tenkasi, R. V. and Boland, R. J. (1993). 'Locating Meaning-making in Organizational Learning: The Narrative Basis of Cognition'. *Research in Organizational Change and*

Development, 7: 77 – 103.

Thomas, J. B., Clark, S. M., and Gioia, D. A. (1993). 'Strategic Sensemaking and Organizational Performance: Linkages among Scanning, Interpretation, Action, and Outcomes'. *Academy of Management Journal*, 36(2): 239 – 70.

Thornton, P. H. (2002). 'The Rise of the Corporation in a Craft Industry: Conflict and Conformity in Institutional Logics'. *Academy of Management Journal*, 45 (1): 81 – 101.

Thornton, P. H. and Ocasio, W. (1999). 'Institutional Logics and the Historical Contingency of Power in Organizations: Executive Succession in the Higher Education Publishing Industry, 1958 – 1990'. *American Journal of Sociology*, 105(3): 801 – 43.

Thornton, P. H., Ocasio, W., and Lounsbury, M. (2012). *The Institutional Logics Perspective: A New Approach to Culture, Structure, and Process*. Oxford: Oxford University Press.

Turner, B. A. (1986). 'Sociological Aspects of Organizational Symbolism'. *Organization Studies*, 7(2): 101 – 15.

Turner, B. (ed.) (1990). *Organizational Symbolism*. Berlin: de Gruyter.

Verona, G. and Ravasi, D. (2003). 'Unbundling Dynamic Capabilities: An Exploratory Study of Continuous Product Innovation'. *Industrial and Corporate Change*, 12 (3): 577 – 606.

Walsh, J. P. (1995). 'Managerial and Organizational Cognition: Notes from a Trip Down Memory Lane'. *Organization Science*, 6(3): 280 – 321.

Weber, K. and Dacin, M. T. (2011). 'The Cultural Construction of Organizational Life: Introduction to the Special Issue'. *Organization Science*, 22(2): 287 – 98.

Weber, K., Heinze, K. L., and DeSoucey, M. (2008). 'Forage for Thought: Mobilizing Codes in the Movement for Grass-Fed Meat and Dairy Products'. *Administrative Science Quarterly*, 53(3): 529 – 67.

Weber, L. and Mayer, K. (2014). 'Transaction Cost Economics and the Cognitive Perspective: Investigating the Sources and Governance of Interpretive Uncertainty'. *Academy of Management Review*, 39(3): 344 – 63.

Weick, K. E. (1979). *The Social Psychology of Organizing*, Topics in Social Psychology Series. Reading, MA: Addison-Wesley.

Weick, K. E. (1995). *Sensemaking in Organizations*, vol. 3. Thousand Oaks, CA: SAGE.

Westphal, J. D. and Zajac, E. J. (1998). 'The Symbolic Management of Stockholders: 275
Corporate Governance Reforms and Shareholder Reactions'. *Administrative Science Quarterly*, 43(1): 127 – 53.

Wittgenstein, L. (1953). *Philosophical Investigations*. New York: Macmillan.

Wry, T., Lounsbury, M., and Glynn, M. A. (2011). 'Legitimating Nascent Collective Identities: Coordinating Cultural Entrepreneurship'. *Organization Science*, 22 (2): 449 – 63.

Zilber, T. B. (2008). 'The Work of Meanings in Institutional Processes', in R. Greenwood, C. Oliver, K. Sahlin and R. Suddaby (eds.), *The Sage Handbook of Organizational Institutionalism*. Thousand Oaks, CA: SAGE, 151 – 69.

Zilber, T. B. (2011). 'Institutional Multiplicity in Practice: A Tale of Two High-Tech Conferences in Israel'. *Organization Science*, 22(6): 1539 – 59.

Zott, C. and Huy, Q. N. (2007). 'How Entrepreneurs Use Symbolic Management to Acquire Resources'. *Administrative Science Quarterly*, 52(1): 70 – 105.

276

第 14 章 管理与领导力

罗纳德·E. 里焦

管理与领导力：定义、区别和早期理论

"经理做正确的事，领导者正确地做事。"

这是最常被引用的关于管理和领导力的名言之一。它被归功于"现代管理之父"彼得·德鲁克和领导力大师沃伦·本尼斯。他们俩都否认说过这句话，但它指出了管理和领导力之间区别的核心。管理者被视为处理工作中更为平凡和日常的任务，分配职责，衡量绩效，监督工作行为，而领导者则专注于制定方向，阐明愿景，让集体走上"正确"的道路，激励追随者。然而，现实是，管理和领导力是相互交织的。

为了理解研究人员的"领导者"的含义，通常将领导者确定为担任管理或监督职位的人，或者将工作组织之外的人员确定为具有被任命或当选有权力和权威的职位的人。很多关于管理和领导力的研究都假设"领导者领导"和"追随者跟随"。然而，今天，我们意识到领导者和追随者的角色和关系是相互关联的，而且更加复杂。

自古以来，领导力和管理都是与权力关系有关。拥有地位、权威或宝贵资
277 源的人能够通过武力，或通过社会交换，来促使他人进行竞标。社会学家马克斯·韦伯（1947）概述了不同类型的权威：传统权威（如君主制、父权制）、科层权威（如法律或职位导向型权威）和魅力型权威（即由于对领导者的信

仰而自愿追随)。尽管权力的形式有所不同，但所有这些都涉及一个人对其他人拥有权力。

工业革命初期的管理是基于科层权威和对积极行为（即生产率）的奖励/激励制度，以及对不良行为或无生产能力的惩罚制度。例如，亚当·斯密（1776）在《国富论》中指出，工业管理的目标是使生产率最大化。泰勒（Taylor，1911）在《科学管理》一书中提出要提高生产率，向工人提供额外的货币补偿，以换取他们遵循“最佳方法”完成工作。在当时，这是主导的管理哲学。

正是玛丽·帕克·福莱特（Follett，1949）开创性的著作，尽管常常被人们忽略，将追随者带入了管理者与工人之间的互动。福莱特主张管理者与追随者分享权力，征求他们的意见，并专注于一个共同的目标，以激发他们的积极性和主动性。后来，心理学家埃尔顿·梅奥（Mayo，1933）和人际关系研究学派（Human Relations movement）将重点放在了有效管理上，即培养与员工之间的良好人际关系，以此作为激励和提高工作场所生产率的关键。理解成功管理的复杂性以及管理者和下属的角色的最大影响来自彼得·德鲁克（Drucker，1954)，他从更宽泛的角度看待管理，认为“领导力”一词没有必要。根据德鲁克的说法，一个好的管理者领导一定能领导得很好。

虽然管理学的研究侧重于管理工作组的技术技能和有效的权力运用，但领导力的概念已超出了工作环境，涉及那些在国家、组织或社会运动中处于高层的个人。领导力来源于社会学、政治学，尤其是心理学，它超越了人们的日常管理，可以为集体创造愿景、制定战略、激励并做出关键决策。

在对领导力的早期研究中，心理学的影响导致人们将注意力集中在领导力素质上，尤其是有效领导者的特质。例如，智力、外向性社交能力、自信、支配力和许多其他特征都被作为领导力的相关因素进行了调查（有关综述，参见 Lord，de Vader and Alliger，1986；Mann，1959)。该研究的一个方面将这些特质视为取得成就或脱颖而出成为领导者的预测因素，而另一个方面则考察了拥有这些特质是否可以预测领导者的有效性（通过团队产出或通过对领导者有效性的评价来衡量效果)。领导力特质论受到批评，因为特质与领导力成果之间的关系似乎很小（例如，Stogdill，1948)，因此几十年来，人们对领导力特质的研究实际上被放弃了。

278 第二次世界大战后的心理学时代见证了行为主义的崛起，因此对领导力的研究重点从领导力特质转向了领导者行为。有两个研究计划，一个在美国俄亥俄州立大学，另一个在美国密歇根大学，分别研究了有效领导者的行为（Kahn and Katz，1960；Stogdill and Coons，1957）。通过对领导者行为的分析，研究者将领导者行为分为两大类：一类关注任务和团队生产力，另一类关注如何增强领导者与追随者关系的行为。这两类结果分别被标记为“任务结构”（由俄亥俄州立大学的研究人员标记）或“任务导向的行为”（由密歇根大学学者进行标记）；“表达关怀”（由俄亥俄州立大学的研究人员标记）或“关系导向的行为”（由密歇根大学学者进行标记）。显而易见的是，这些截然不同的领导行为类别（几乎是截然相反的）都与有效领导力有关。这导致学者们寻找在不同情况下领导者行为最有效的情况。

20 世纪 60 年代和 70 年代，出现了“情境”或“互动”的领导力理论。这些理论着眼于领导者行为和情境变量的相互作用，目的是确定能够产生积极结果的最佳可能组合（即领导者效力、团队绩效等）。在几乎所有的案例中，这些理论都是建立在早期关于领导者行为、任务导向或关系导向的行为或风格的研究基础上的。

这种从管理文献中衍生出来的理论的一个例子最初被称为领导生命周期理论，该理论假设领导者需要调整自己的行为，以便更好地适应下属所需要的监督水平（Hersey and Blanchard，1969）。根据这个理论，“情境”是由下属的成熟程度所组成的。一个高度成熟的下属拥有高水平的与工作相关的技能和知识，并具有高度的自我激励能力。经理的任务是调整他或她的行为（以任务为中心或以关系为导向）以适应下属的成熟程度。根据这一理论，一个管理者/领导者应该对低成熟度的下属非常有指导性并专注于任务，而对中等成熟度的下属则应该更加支持和关注关系。这个理论变得相当流行，后来改名为情境领导力理论（SLT），并成为最大的管理/领导力培训和发展计划的基石之一（Hersey and Blanchard，1993）。

20 世纪 70 年代的另一种情境领导力理论关注领导者作为决策者，并假设领导者的首要任务是做出与工作相关的重要决策。然而，领导者应该使用的决策策略取决于情境的关键因素。这个被称为决策模型的理论认为，领导者可以使用不同的策略做出决策，从专制决策到协商决策（通过与下属协商来获得他们的意见的过程），甚至是纯粹的民主决策（领导者允许团体或团队投票和决定的多数统治策略；见 Vroom and Yetton，1973）。

在决策模型中，领导者在做出决策之前通过提出一系列问题对形势进行分析。例如，第一个问题是："是否需要高质量的决策？"一个肯定的答案开始 279
暗示领导者可能会希望得到下属的意见。其他问题集中于下属对于一旦做出的决定是否会接受并执行，以及领导者是否拥有足够的信息来做出正确的决定。其结果是形成了一个相当复杂的"决策树"框架，引导领导者进行专制决策（领导者独自决策）、协商决策或民主决策过程。在研究的基础上，该决策模型指导领导者进行更有效的决策。

另一个流行的情境模型是由心理学家弗雷德·费德勒提出的，被称为领导力权变模型（Fiedler，1967）。根据费德勒的说法，领导者行为风格的固定性比可塑性要强得多。换句话说，费德勒认为，领导者要么更倾向于任务，要么更倾向于关系，这种导向是一种行为和动机导向。因此，领导者需要与能让他们最有效领导的情境相匹配。

费德勒区分了他所说的"任务驱动型"和"关系驱动型"领导者，并用一种心理测量方法来评估领导者的风格。然后他对情况进行详细的分析，重点关注在某个特定情境中受人喜欢和尊敬的领导者（称为"领导者-成员关系"）、团队任务的结构化或非结构化程度，以及组织授予领导者的权力（称为"职位权力"）。基于广泛的实证研究，费德勒认为，任务驱动型领导者，面对高度有利的情境（良好的领导者-成员关系，结构化的工作任务，强大的职位权力）或是非常不利的情境（领导者-成员关系差，工作任务非结构化，职位权力薄弱）时表现得更好。而关系驱动型领导者在"中间地带"的情况下表现得更好。然而，由于领导风格是相对固定的，费德勒并不认为领导者能够像其他领导力情境理论那样调整自己的行为以适应情境。相反，费德勒及其同事主张将领导者与特定情境相匹配，使他们更具领导效力（Fiedler and Chemers，1984）。

所有情境领导力理论都有一个共同点：它们都试图通过将领导者行为与领导情境相关的变量相匹配来"设计"有效领导力（Fiedler，1965；Riggio，2011a）。这是管理/领导力的局限性，将其概念化为领导者以特定方式行事以提升团队和组织成果的过程。我们将看到，当代领导力理论更多地关注领导者和追随者之间的互动，共同努力完成任务。

当代领导力理论

目前，最流行的两种领导力理论都把领导者与追随者的关系作为领导效
280 力的关键。这两种理论中的第一种被称为“领导者-成员交换（LMX）理论”，它认为有效领导力取决于领导者与特定工作组成员之间互动的质量（Dansereau，Graen and Haga，1975；Graen and Uhl-Bien，1995）。这一理论观察到，领导者和追随者之间发展的二元关系往往质量不同。根据领导者-成员交换理论，领导者与特定的追随者之间建立了更牢固的关系，这些追随者被称为“小组内”，而对“小组外”的成员则花费更少的时间和精力。高质量的领导者-成员关系的特点是频繁的沟通和积极的互动。在低质量的领导者-成员交换关系中，领导者-成员交流不那么频繁，语气也不那么积极。正如人们所料，高质量的领导者-成员交换关系会带来更高水平的绩效和更高的追随者满意度和忠诚度（Gerstner and Day，1997；Graen，Novak and Sommerkamp，1982）。

领导者-成员交换理论对理解领导力有两个重要的进步。首先，领导者-成员交换与大多数其他的领导力理论形成了直接的对比，那些理论关注的是领导者与所有追随者行为一致。而领导者-成员交换理论强调了一个常识性的概念，即领导者会以不同的方式重视和对待某些追随者，从而更准确地预测工作场所的结果（Graen，1976）。其次，追随者的角色在领导者-成员交换理论的研究中得到了强调，领导者-成员交换的效果是双向的，受到领导者和追随者在关系中投入的努力程度和动机的影响（Maslyn and Uhl-Bien，2001）。

虽然魅力型领导者的概念可以追溯到韦伯（1947）提出的魅力型权威的概念，但在管理学/领导力文献中对魅力型领导的研究还是比较新的。许多领导力学者关注与魅力型领导力相关的品质、魅力行为以及领导者魅力对追随者的影响。例如，豪斯及其同事（House，1977；Klein and House，1995）指出，魅力型领导者在向追随者传达信心和共同目标方面尤其有效。除了沟通能力之外，学者们还关注魅力型领导者沟通情感和激励追随者的能力（Hogan，Raskin and Fazzini，1990；Riggio，1987）。康格和凯南格（Conger and Kanungo，1987，1988）认为，魅力型领导者的关键特征包括对追随者和环境的敏感，改变现状的愿望，以及激励追随者的能力。魅力型领导力在某种程度上也被视为情境

性的，因为魅力型领导者在高度不确定或不稳定的情况下，或者在需要变革的情况下可能更有效（House and Singh，1987）。最后，在魅力型领导力理论的大多数表述中，追随者扮演着重要的角色。一个有魅力的领导者要想取得成效，就必须获得追随者的尊重和钦佩，并使领导者的目标与追随者的目标保持一致。

当代最突出的领导力理论建立在领导者魅力的概念之上，被称为变革型领导力理论（Bass，1985；Bass and Riggio，2006）。就已发表的研究而言，变革型领导力很容易成为当代最流行的领导力理论，成千上万的出版物都在使用这个
理论。这一理论源于政治历史学家詹姆斯·麦格雷戈·伯恩斯（James 281
MacGregor Burns，1978）的著作，他区分了传统的“交易型”领导力（涉及社会交换，如努力工作以换取报酬）和变革型领导力（领导者和追随者一起工作以获得更高水平的激励和绩效）。心理学家伯纳德·巴斯及其同事（Bass，1985；Bass and Avolio，1994）发展了这一理论，概述了它的各种要素，并创建了一个测量工具，多因素领导力问卷（MLQ；Bass and Avolio，1990），来测量变革型领导力。变革型领导力的各个组成部分如表格 14.1 所示。

表格 14.1　变革型领导力理论的组成部分

理想化的影响力——领导者是追随者的积极（和道德）的榜样。领导者专注于团队或组织的目的和使命，并且行为始终如一。换言之，领导者“言行一致”。这建立了追随者对领导者的钦佩和信任。理想化的影响既体现在领导者的行为上，也体现在追随者给予领导者的“魅力”属性上。

鼓舞人心的动机——这一要素包括领导者通过提供意义和挑战来激励追随者的能力，以及用鼓舞人心的话语和情感来“感动”追随者的能力。再加上理想化的影响力，这就是变革型领导者“魅力”的来源。

智力刺激——通过鼓励追随者质疑假设、重构问题、尝试新方法，变革型领导者能够激发追随者的创新和创造力。领导者激励追随者“跳出框框思考”。

个性化考虑——领导者致力于与每个追随者建立良好的人际关系，特别关注每个追随者的需求。通过指导和授权，变革型领导者帮助每个追随者建立个人的领导能力。

变革型领导者的“魅力”来自两个方面：理想化的影响因素（即领导者是追随者的积极、道德的榜样）以及激励性的影响因素（使领导者能够在情感层面上影响追随者，使他们达到更高的绩效水平）。智力刺激部分有助于激励追随者参与解决问题的行为，并具有创造性，也有助于实现小组或团队的成功。最后，通过个性化考虑，变革型领导者与每个追随者建立一种牢固的关系，评估他或她的优势、能力、需求和愿望，并利用这些知识来激励和发展追

随者的领导能力。

变革型领导力，顾名思义，是指领导者与追随者一起提高集体的动力和努力，以应对变化，或达到非凡的绩效水平。变革型领导者是有魅力的，但这一理论不仅仅局限于领导者的魅力。变革型领导力理论还关注领导者激励和激发追随者创造力的能力，以及以这样一种方式吸引追随者的能力，使他们获得授权、个人激励，并专注于发展自己的领导能力。

282 对变革型领导力研究的分析表明，变革型领导者的追随者比非变革型领导者的追随者更满意（Dumdum，Lowe and Avolio，2002），并且绩效水平更高（Lowe，Kroek and Sivasubramaniam，1996）。此外，变革型领导者领导的追随者报告说压力和倦怠较少，这表明变革型领导者和追随者之间的紧密关系在某种程度上缓冲了追随者对压力的体验（Seltzer，Numerof，and Bass，1989）。

在21世纪以来出现的许多商业和政府道德问题导致人们更加关注领导道德。因此，许多当代和新兴的领导力理论都强调领导力的伦理和道德层面。虽然真诚型领导力理论（ALT）是其中最突出的理论，但也有许多新的理论关注领导伦理。真诚型领导力理论认为，真诚型领导者能够促进追随者的积极心理能力，并培养积极的道德氛围（Walumbwa et al.，2008）。真诚型领导力理论有四个组成部分：（1）领导者的自我意识，他/她知道自己作为领导者的优势和劣势；（2）内在的道德观点；（3）信息的平衡处理能力，允许领导者以客观、公正的方式探讨他人的意见和进行决策；（4）关系透明度，即在与他人打交道时保持开放和诚实——没有任何“隐藏的议程”。

除了真诚型领导力理论之外，还有许多其他理论方法关注领导者的伦理/道德，包括伦理领导力，它更明确地关注道德领导者行为（Brown and Trevino，2006）；精神领导力，它强调精神“召唤”的作用，通过价值观一致引领追随者（Fry，2003）；以及德性领导力，其重点是领导者的性格和拥有美德，以防止领导者做出不道德的行为（Riggio et al.，2010）。仆人式领导力的概念提供了一种截然不同的领导方式。这种观点源于罗伯特·格林利夫（Robert Greenleaf，1972，1977）的著作，仆人式领导力的概念是把追随者放在首位。仆人式领导者培育和授权追随者，并为他们的利益和更大社会的利益而努力。尽管重现了一个旧的结构，但最近通过开发旨在评估它的措施来刺激对仆人式领导力的研究（Barbuto and Wheeler，2006；Liden et al.，2008）。

几乎所有的领导力理论都有一个问题，那就是它们都是“以领导者为中心”，把领导者看作是对追随者和情境施加影响以实现某种结果的力量。梅德尔及其同事（Meindl，1990；Meindl，Ehrlich and Dukerich，1985）称之为“领导力的浪漫”。近年来，追随者的作用受到越来越多的研究关注。与领导力的特质和行为方法类似，有研究考察了模范追随者的特征和行为（Kelley，1988；Chaleff，2003）。这种研究领导力中追随者的方法相当于“逆转镜头”的方法，考察追随者在领导力公式中所起的作用（Uhl-Bien et al.，2014）。事实上，追随者帮助“构建”领导者和领导力的观点是社会认同理论的核心，社会认同 283
理论假设群体成员选择追随最能代表集体理想和目标的个人（Hogg，2001；Hogg，van Knippenberg and Rast，2012）。这种方法与前面讨论过的领导者的魅力存在于追随者对领导者的感知的观点是一致的。

另一种理解追随者在领导力公式的角色的方法被称为“建构主义”视角。这种观点认为，领导者和追随者共同努力，共同创造领导力和追随力两者。例如，德鲁埃和阿什福德（DeRue and Ashford，2010）提出，领导者和追随者要进行某种社会谈判，以主张身份，并给予或承认对方的角色。领导者要求有领导者的身份，追随者必须给予他们这个身份，并声明追随者的角色。换句话说，追随者接受领导者的权威和地位，选择追随领导者。如果申请和授权的过程成功，那么领导力是由领导者和促使其角色完成的追随者共同创造的。但是，如果任何一方不合作（追随者拒绝承认领导者，或者不接受追随者角色；领导者选择不扮演领导角色），那么就无法构建领导力。因此，德鲁埃和阿什福德（2010）认为领导力是通过一个相互影响的过程发生的，领导者影响追随者，反之亦然。

最后，领导者-追随者互动的背景也非常重要（Collinson，2006）。追随者只有在时机或环境合适的情况下才会追随领导者，当环境发生变化时，他们会撤销对领导者的支持。正如尤尔·比恩等人（Uhl-Bien et al.）声明的：追随者研究不是从追随者的角度研究领导力。它是研究追随者如何看待和实施与领导者相关的行为（Uhl-Bien，2014：96）。

评估、选择和培养领导者

我们投入了大量的精力和资源来评估和选拔具有良好领导潜力的管理者，

衡量管理者的领导力，发展他们的领导能力，使他们成长为更好、更有效的团队、部门和组织的领导者。在这一部分，我们回顾了管理者和领导者的评估、选择和发展的研究。

在确定和挑选担任领导职务的个人时，一般有两种方法。第一，关注内部候选人，即有可能晋升到更高级别领导职位的成员（所谓的“高潜力”）。第二，招聘具有一定领导经验或潜在领导能力的外部候选人。较低级别的领导职位通常由内部候选人担任，而较高级别的职位，如部门主管或首席执行官，则更可能关注外部候选人，或同时探索内部和外部候选人（Howard，2007；另见 Thornton，Hollenbeck and Johnson，2011）。

284 理想情况下，使用模型来指导评估和选择领导者。在选拔过程中，最常使用的是能力素质模型，该模型侧重于被认为是领导者在特定领导职位和组织中取得成功所需的核心知识、技能、能力和其他特征（KSAOs）。可以使用各种各样的技术来评估领导能力，从访谈中得出的推论，到针对特定能力素质的各种形式的测试，再到领导力模拟。我们将简要讨论这些评估领导潜力的各种方法的优缺点。

面试、推荐信审查、简历和其他简历信息的使用是相当普遍的。事实上，如果没有先提交简历，经历过一次或多次面试，没有某种背景或参考资料的审查，就不可能被选到任何领导职位上。这些方法有许多不足之处，包括有偏见的回应（即倾向于给出令人满意的回答，只提供正面的信息），只评估对领导者行为的看法/描述，而不是行为本身，以及对选拔面试的可靠性和有效性的担忧（参见 Dipboye and Johnson，2013，关于选拔面试及其使用的概述）。从积极的一面来看，面试和推荐人调查通常可以确定关键的责任或限制，并且相对容易实施。

使用标准化的测试来评估领导潜力有一些好处和缺点。最常用的测试包括认知能力测试、评估与领导潜能相关特质的各种人格测试，以及试图确定领导者在特定情境下如何表现情境判断的测试。虽然测试通常具有已知的信度和效度水平，但它们衡量的是与领导力相关的能力素质，而不是对领导行为本身进行评估（Howard，2007）。

领导力模拟，例如作为管理评估中心的情境练习（见 Thornton and Rupp，2006，概述），允许观察和评估实际的领导行为。其中一些练习用于模拟评估管理、决策和书面沟通技能。一个典型的例子是管理层的“收件箱”，其中包含信件（即备忘录、电子邮件等），要求参与者做出决定、交流回应、计划和安排会议。其他模拟练习，如模拟团队会议、员工“辅导”会议和正式演示，则用于评估领导力和团队技能、绩效管理技能和口头交流。由于评估中心注重管理/领导行为的展示，因此这被认为是评估领导潜力的“最佳实践”（Howard，2007）。不管选拔领导者的方法是什么，成功的关键是确定能力、行为和其他能在实际岗位上实现有效领导力的素质。

另一个重要的问题是对目前在组织中担任领导职务的个人的有效领导力的持续评估。确定领导效力时一般有两种通用策略。第一种方法是由主管、下属或其他有机会看到领导者行动的人对领导者效力进行评估。第二种方法是能让 285
领导者绩效评估方法使用更客观的结果，如团队或部门的绩效，如生产率、财务指标（如利润）或其他具体结果。

评估管理/领导绩效最常见的方法是由直接主管进行评级。对于那些担任更高级别领导职务的人来说，下级评级也很常见。这些方法涉及评价者对领导者效力的感知，具有主观性，容易产生偏差。对领导者的喜爱、因批判性评价而担惊受怕或遭到惩罚，或无法将领导者的行为与绩效结果联系起来，都会使对领导者的评分产生偏差。此外，任何特定的评分者，无论是上级、下级还是同级，都只反映了个人的观点。

使用 360 度反馈已成为一种越来越受欢迎的综合评分方法。这包括从所有与目标领导者有联系的人（包括主管、下属、同事和外部客户）收集领导绩效评级。360 度反馈的优势在于，它提供了对目标领导者的广泛不同观点，并允许确定不同评分者之间的一致性（即可靠性）。360 度反馈的明显缺点包括这样一个全面过程的成本，包括如果不同的评分者意见不一致就会产生混乱，包括事实上它仍然代表着对领导者绩效的看法，而不是实际绩效（参见 Smither，London and Reilly，2005，关于 360 度反馈的评论）。

领导绩效评估的一个重要功能是指导领导者的绩效管理。为此，许多领导力评估技术（包括 360 度反馈），被用来监测和改善领导者的绩效，并确定晋升人选。许多评估方法在领导者的培养中起着重要作用。

企业作为主要的组织机构以及很多类型的管理咨询机构，都是管理者发展及磨炼管理和领导技能的重要场所。凯勒曼（Kellerman，2012）将其描述为

“领导力产业”，每年都投资数十亿美元用于培养管理和领导技能。这些领导力培养方案从持续数小时到几天的工作坊，到可以持续数年的多层面、综合性的领导者开发方案。德艾（Day，2000）对“领导者开发”和“领导力开发”进行了重要区分。领导者开发侧重于个体领导者，并努力发展他们的能力素质，使之成为更有效的领导者。领导力开发更多地关注集体——团队、部门或组织，以提高领导者和追随者的共同领导能力。

历史上，情境领导力理论推动了领导者开发工作。例如，情境领导力理论导致了一个项目，该项目旨在应用领导力的行为理论，前提是最好的领导者都高度重视任务和关系导向。该计划最初被称为“管理网格”，但后来改名为
286 “领导力网格”（Blake and McCanse，1991；Blake and Mouton，1985）。网格培训已经被用于培训成千上万的管理者，尽管有人批评其基础理论的合理性（Vecchio，2007）。同样，费德勒的领导者匹配计划（Leader Match）也很受欢迎，尽管它采取了相反的策略，即确保不同类型的领导者（任务驱动型与关系驱动型）处于最适合其领导风格的情境中（Leister，Borden and Fiedler，1977）。

目前，一些较流行的领导力理论（如变革型领导力理论、领导者-成员交换理论）已被用作领导者开发计划的框架。还有各种各样的技术可以提高领导力。这些技术的应用范围从标准的研讨会或工作坊到正在进行的领导者开发工作。例如，360 度评估已从作为领导者绩效评估方法的使用转变为持续努力，以识别特定领导者的优势和应改进的领域（Atwater，Brett and Waldman，2003）。一项对接受 360 度反馈的管理者进行的纵向研究发现，随着时间的推移，领导者管理能力素质有所提高（Bailey and Fletcher，2002）。另一个培养领导者的长期计划是使用“领导力教练”。该项目通常用于更高级别的管理职位培训，向领导者提供坦率、持续的反馈，以帮助他们发展和提高领导绩效（Kilburg，2000；McKenna and Davis，2009）。

领导力模拟也是提高领导者能力的常用方法。其中包括各种管理“游戏”的发展评估中心（如 Devine et al.，2004），这些评估中心模拟典型工作日的管理活动（Siegfried，2006）。行动学习是另一种完全不同的领导力开发计划，即建立个人的领导能力和共享的领导能力。行动学习是一个计划，在该计划中，员工团队被组织起来以完成实际任务，例如开发新产品或解决组织问题（Conger and Xin，2000）。其理念是管理者通过实践来学习和发展他们的领

导力。

领导力开发工作的成效如何？一项对所有领导团队发展努力的研究分析发现，虽然影响力很小，但在统计学上是显著的（Avolio et al., 2009）。当然，投入的时间、领导力开发计划的类型以及参与者发展的动机都很重要。一个重要的建议是，领导力开发实践者应通过评估项目开发成本和由此带来的团队绩效增长来评估开发项目的投资回报（Avolio, Avey and Quisenberry, 2010）。

管理与领导力研究的未来

领导力是管理研究的一个“热门”话题，也是所有组织关注的重要问题。
在商业、政治、教育、医疗保健和非营利组织中，人们非常关注如何拥有高质 287
量的领导力，并投入大量精力和资源来研究如何吸引和留住高层领导者。尽管 MBA 的教育市场似乎已趋于平稳，但涉及领导力（例如组织领导力、教育领导力、领导力研究等）的研究生课程（硕士和博士课程）的数量正在快速增长（Riggio, 2011b）。此外，组织也正在将更多资源用于领导力开发工作。总而言之，未来领导力的“市场”似乎一片光明。

领导力研究和实践中最重要的趋势是什么？对组织管理有什么启示？

显然，领导力情境的复杂性是最重要的。我们知道，以领导者为中心的偏见导致我们忽视或削弱了追随者在共同构建领导力中的重要性（Carsten and Uhl-Bien, 2012）。换言之，领导者和追随者共同创造领导力。此外，在一个组织中，领导力的级别也很重要（例如，无论是出自组织高层的领导力，还是出自组织底层的领导力）。一种有前途的途径是发展复杂性理论，该理论考虑了大量的变量，以更有效地理解领导力（Uhl-Bien, Marion, McKelvey, 2007）。

研究组织领导力的复杂性需要复杂的方法论和扎实的研究设计。在组织中，领导力发生在多个层面上，领导者和追随者具有等级。此外，追随者既是个人，又与领导者/监管者有直接关系，还是集体（团队或部门）的成员。因此，最新的研究需要用多层次的模型来分析（例如，Yammarino et al., 2005）。德艾和安托纳基斯（Day and Antonakis, 2013）综述了领导力研究中的关键问题。

尽管我们对领导者的特征、领导力的相关因素和领导成果了解得相当多，但对领导过程的了解却相对较少。例如，我们对领导者如何激励追随者的机制知之甚少，对追随者如何影响领导者的过程也了解甚少。事实上，近年来的研究更加关注追随者以及追随者在领导力中的作用，这种趋势将持续到未来（Uhl-Bien et al.，2014）。

另一个受到研究关注但代表着我们加深对领导力理解的领域是领导力开发的过程。无论是从领导力的最早来源方面（例如，Murphy and Johnson，2011；Riggio and Mumford，2011），还是在领导力的整个成长阶段（Day，Harrison and Halpin，2009）。更好地了解领导能力素质如何发展，将有助于选拔领导者，尤其是了解如何更好地培养领导者。

最后，我们对不同文化和不同人群中的领导力知之甚少。鉴于女性在高层领导职位上的稀缺性，在过去的十几年里，关于领导层中的性别问题的研究层
288 出不穷（例如，Chin，2014；Eagley and Carli，2007）。多民族、多文化的全球研究（Chhokar，Brodbeck and House，2007；House et al.，2004）也推动了国际领导力的研究，越来越多的非西方国家的领导力学者认为，未来将有更多对领导力多样性的深入理解。

参考文献

Atwater，L. E.，Brett，J. F.，and Waldman，D.（2003）.‘Understanding the Benefits and Risks of Multi-Source Feedback’，in S. E. Murphy and R. E. Riggio（eds.），*The Future of Leadership Development*. Mahwah，NJ：Lawrence Erlbaum，89－106.

Avolio，B. J.，Avey，J. B.，and Quisenberry，D.（2010）.‘Estimating Return on Leadership Development Investment’. *The Leadership Quarterly*，21(4)：633－44.

Avolio，B. J.，Reichard，R. J.，Hannah，S. T.，Walumbwa，F. O.，and Chan，A.（2009）.‘A Meta-Analytic Review of Leadership Impact Research：Experimental and Quasi-Experimental Studies’. *The Leadership Quarterly*，20(5)：764－84.

Bailey，C. and Fletcher，C.（2002）.‘The Impact of Multiple Source Feedback on Management Development：Findings from a Longitudinal Study’. *Journal of Organizational Behavior*，23：853－67.

Barbuto Jr，J. E. and Wheeler，D. W.（2006）.‘Scale Development and Construct Clarification of Servant Leadership’. *Group and Organization Management*，31：300－26.

Bass，B. M.（1985）. *Leadership and Performance beyond Expectations*. New York：Free Press.

Bass，B. M. and Avolio，B. J.（1990）. *Multifactor Leadership Questionnaire*. Palo Alto，

CA: Consulting Psychologists Press.

Bass, B. M. and Avolio, B. J. (1994). *Improving Organizational Effectiveness through Transformational Leadership*. Thousand Oaks, CA: SAGE.

Bass, B. M. and Riggio, R. E. (2006). *Transformational Leadership*, 2nd edn. New York: Lawrence Erlbaum/Taylor & Francis.

Blake, R. R. and McCanse, A. A. (1991). *Leadership Dilemmas—Grid Solutions*. Houston, TX: Gulf.

Blake, R. R. and Mouton, J. S. (1985). *The Managerial Grid*. Houston, TX: Gulf.

Brown, M. E. and Trevino, L. K. (2006). 'Ethical Leadership: A Review and Future Directions'. *The Leadership Quarterly*, 17: 595 - 616.

Burns, J. M. (1978). *Leadership*. New York: Harper & Row.

Carsten, M. K. and Uhl-Bien, M. (2012). 'Follower Beliefs in the Co-Production of Leadership: Examining Upward Communication and the Moderating Role of Context'. *Zeitschrift fur Psychologie*, 220 (4): 210 - 20. doi: 10.1027/2151 - 2604/a000115.

Chaleff, I. (2003). *The Courageous Follower: Standing Up to and for Our Leaders*, 2nd edn. San Francisco, CA: Berret-Koehler.

Chhokar, J. S., Brodbeck, F. C., and House, R. J. (eds.) (2007). *Culture and Leadership across the World: The GLOBE Book of In-Depth Studies of 25 Societies*. Mahwah, NJ: Lawrence Erlbaum.

Chin, J. L. (2014). 'Women and Leadership', in D. V. Day (ed.), *The Oxford Handbook of Leadership and Organizations*. New York: Oxford University Press, 733 - 53.

Collinson, D. (2006). 'Rethinking Followership: A Post-Structuralist Analysis of Follower Identities'. *The Leadership Quarterly*, 17: 179 - 89.

Conger, J. A. and Kanungo, R. N. (1987). 'Toward a Behavioral Theory of Charismatic Leadership in Organizational Settings'. *Academy of Management Review*, 12: 637 - 47.

Conger, J. A. and Kanungo, R. N. (1988). 'The Empowerment Process: Integrating 289
Theory and Practice'. *Academy of Management Review*, 13: 471 - 82.

Conger, J. A. and Xin, K. (2000). 'Voices from the Field: Executive Education among Global Corporations'. *Journal of Management Education*, 24: 73 - 101.

Dansereau, F., Graen, G., and Haga, B. (1975). 'A Vertical Dyad Linkage Approach to Leadership within Formal Organizations: A Longitudinal Investigation of the Role Making Process'. *Organizational Behavior and Human Performance*, 13: 46 - 78.

Day, D. V. (2000). 'Leadership Development: A Review in Context'. *The Leadership Quarterly*, 11: 581 - 613.

Day, D. V. and Antonakis, J. (2013). 'The Future of Leadership', in H. S. Leonard, R. Lewis, A. M. Freedman and J. Passmore (eds.), *The Wiley-Blackwell Handbook of the Psychology of Leadership, Change and Organizational Development*. Oxford: John Wiley & Sons, 221 - 35.

Day, D. V., Harrison, M. M., and Halpin, S. M. (2009). *An Integrative Approach to Leader Development: Connecting Adult Development, Identity, and Expertise*. New York: Routledge.

DeRue, S. and Ashford, S. (2010). 'Who Will Lead and Who Will Follow? A Social Process of Leadership Identity Construction in Organizations'. *Academy of Management Review*, 35: 627 - 47.

Devine, D. J., Habig, J. K., Martin, K. E., Bott, J. P., and Grayson, A. L. (2004). 'TINSEL TOWN: A Top Management Simulation Involving Distributed

Expertise'. *Simulation & Gaming*, 35: 94 – 134.

Dipboye, R. L. and Johnson, S. K. (2013). 'Understanding and Improving Employee Selection Interviews', in K. F. Geisinger, B. A. Bracken, J. F. Carlson, J. C. Hansen, N. R. Kuncel, S. P. Reise, and M. C. Rodriquez (eds.), *APA Handbook of Testing and Assessment in Psychology*, vol. 1. Washington, D. C.: American Psychological Association, 479 – 99.

Drucker, P. F. (1954). *The Practice of Management*. New York: Harper & Row.

Dumdum, U. R., Lowe, K. B., and Avolio, B. J. (2002). 'A Meta-Analysis of Transformational and Transactional Leadership Correlates of Effectiveness and Satisfaction: An Update and Extension', in B. J. Avolio and F. J. Yammarino (eds.), *Transformational and Charismatic Leadership: The Road Ahead*. Oxford: JAI/Elsevier, 35 – 66.

Eagly, A. H. and Carli, L. L. (2007). *Through the Labyrinth: The Truth about How Women Become Leaders*. Boston, MA: Harvard Business School Press.

Fiedler, F. E. (1965). 'Engineer the Job to Fit the Manager'. *Harvard Business Review*, 43: 115.

Fiedler, F. E. (1967). *A Theory of Leadership Effectiveness*. New York: McGraw-Hill.

Fiedler, F. E. and Chemers, M. M. (1984). *Improving Leadership Effectiveness: The Leader Match Concept*, rev. edn. New York: Wiley.

Follett, M. P. (1949). *Freedom and Co-ordination: Lectures in Business Organization*. London: Management Publications Trust.

Fry, L. W. (2003). 'Toward a Theory of Spiritual Leadership'. *The Leadership Quarterly*, 14: 693 – 727.

Gerstner, C. R. and Day, D. V. (1997). 'Meta-Analytic Review of Leader-Member Exchange Theory: Correlates and Construct Issues'. *Journal of Applied Psychology*, 82: 827 – 44.

Graen, G. B. (1976). 'Role-Making Processes within Complex Organizations', in M. D. Dunnette (ed.), *Handbook of Industrial and Organizational Psychology*. Chicago, IL: Rand McNally, 1201 – 45.

Graen, G. B., Novak, M., and Sommerkamp, P. (1982). 'The Effects of Leader-Member Exchange and Job Design on Productivity and Satisfaction: Testing a Dual Attachment Model'. *Organizational Behavior and Human Performance*, 30: 109 – 31.

290 Graen, G. B. and Uhl-Bien, M. (1995). 'Relationship-Based Approach to Leadership: Development of Leader-Member Exchange (LMX) Theory of Leadership over 25 Years: Applying a Multi-Level, Multi-Domain Perspective'. *The Leadership Quarterly*, 6: 219 – 47.

Greenleaf, R. K. (1972). *The Servant as Leader*. Westfield, IN: The Greenleaf Center for Servant Leadership.

Greenleaf, R. K. (1977). *Servant Leadership: A Journey into the Nature of Legitimate Power and Greatness*. New York: Paulist Press.

Hersey, P. and Blanchard, K. H. (1969). 'Life-Cycle Theory of Leadership'. *Training and Development Journal*, 23: 285 – 91.

Hersey, P. and Blanchard, K. H. (1993). *Management of Organizational Behavior: Utilizing Human Resources*, 6th edn. Englewood Cliffs, NJ: Prentice Hall.

Hogan, R., Raskin, R., and Fazzini, D. (1990). 'The Dark Side of Charisma'. In K. E. Clarek and M. B. Clark (eds.), *Measures of Leadership*. West Orange, NJ: Leadership Library of America, 171 – 84.

Hogg, M. A. (2001). 'A Social Identity Theory of Leadership'. *Personality and Social*

Psychology Review, 5: 184 – 200.

Hogg, M. A., van Knippenberg, D., and Rast, D. E. (2012). 'The Social Identity Theory of Leadership: Theoretical Origins, Research Findings, and Conceptual Developments'. *European Review of Social Psychology*, 23: 258 – 304.

House, R. J. (1977). 'A 1976 Theory of Charismatic Leadership', in J. G. Hunt and L. L. Larsen (eds.), *Leadership: The Cutting Edge*. Carbondale, IL: Southern Illinois University Press, 189 – 207.

House, R. J., Hanges, P. J., Javidan, M., Dorfman, P. W., and Gupta, V. (eds.), (2004). *Culture, Leadership, and Organizations: The GLOBE Study of 62 Societies*. Thousand Oaks, CA: SAGE.

House, R. J. and Singh, J. V. (1987). 'Organizational Behavior: Some New Directions for I/O Psychology'. *Annual Review of Psychology*, 38: 669 – 718.

Howard, A. (2007). 'Best Practices in Leader Selection', in J. A. Conger and R. E. Riggio (eds.), *The Practice of Leadership: Developing the Next Generation of Leaders*. San Francisco, CA: Jossey-Bass, 11 – 40.

Kahn, R. L. and Katz, D. (1960). 'Leadership Practices in Relation to Production and Morale', in D. Cartwright and A. Zander (eds.), *Group Dynamics: Research and Theory*, 2nd edn. Elmsford, NY: Row, Peterson, 554 – 71.

Kellerman, B. (2012). *The End of Leadership*. New York: Harper Business.

Kelley, R. E. (1988). 'In Praise of Followers', *Harvard Business Review*, 66: 141 – 8.

Kilburg, R. R. (2000). *Executive Coaching: Developing Managerial Wisdom in a World of Chaos*. Washington, D.C.: American Psychological Association.

Klein, K. J. and House, R. J. (1995). 'On Fire: Charismatic Leadership and Levels of Analysis'. *The Leadership Quarterly*, 6: 183 – 98.

Leister, A., Borden, D., and Fiedler, F. E. (1977). 'Validation of Contingency Model Leadership Training: Leader Match'. *Academy of Management Journal*, 20: 464 – 70.

Liden, R. C., Wayne, S. J., Zhao, H., and Henderson, D. (2008). 'Servant Leadership: Development of a Multidimensional Measure and Multi-Level Assessment'. *The Leadership Quarterly*, 19: 161 – 77.

Lord, R. G., de Vader, C. L., and Alliger, G. M. (1986). 'A Meta-Analysis of the Relation between Personality Traits and Leadership Perceptions: An Application of Validity Generalization Procedures'. *Journal of Applied Psychology*, 71: 402 – 10.

Lowe, K. B., Kroeck, K. G., and Sivasubramaniam, N. (1996). 'Effectiveness 291
Correlates of Transformational and Transactional Leadership: A Meta-Analytic Review of the MLQ Literature'. *The Leadership Quarterly*, 7: 385 – 425.

McKenna, D. D. and Davis, S. L. (2009). 'Hidden in Plain Sight: The Active Ingredients of Executive Coaching'. *Industrial and Organizational Psychology*, 2(3): 244 – 60.

Mann, R. D. (1959). 'A Review of the Relationships between Personality and Performance in Small Groups'. *Psychological Bulletin*, 56: 241 – 70.

Maslyn, J. M. and Uhl-Bien, M. (2001). 'Leader-Member Exchange and Its Dimensions: Effects of Self-Effort and Other's Effort on Relationship Quality'. *Journal of Applied Psychology*, 86: 697 – 708.

Mayo, E. (1933). *The Human Problems of an Industrial Civilization*. Cambridge, MA: Harvard University Press.

Meindl, J. R. (1990). 'On Leadership: An Alternative to the Conventional Wisdom'. *Research in Organizational Behavior*, 12: 159 – 203.

Meindl, J. R., Ehrlich, S. B., and Dukerich, J. M. (1985). 'The Romance of Leadership'. *Administrative Science Quarterly*, 30: 78 – 102.

Murphy, S. E. and Johnson, S. K. (2011). 'The Benefits of a Long-Lens Approach to Leader Development: Understanding the Seeds of Leadership'. *The Leadership Quarterly*, 22(3): 459 – 70.

Riggio, R. E. (1987). *The Charisma Quotient*. New York: Dodd Mead.

Riggio, R. E. (2011a). 'The Management Perspective: Engineering Effective Leadership in Organizations', in M. Harvey and R. E. Riggio (eds.), *The Dialogue of Disciplines: Research Companion to Leadership Studies*. Cheltenham: Edward Elgar, 119 – 28.

Riggio, R. E. (2011b). 'Is Leadership Studies a Discipline?', in M. Harvey and R. E. Riggio (eds.), *The Dialogue of Disciplines: Research Companion to Leadership Studies*. Cheltenham: Edward Elgar, 9 – 19.

Riggio, R. E. and Mumford, M. D. (2011). 'Introduction to the Special Issue: Longitudinal Studies of Leadership Development'. *The Leadership Quarterly*, 22(3): 453 – 56.

Riggio, R. E., Zhu, W., Reina, C., and Maroosis, J. (2010). 'Virtue-Based Measurement of Ethical Leadership: The Leadership Virtues Questionnaire'. *Consulting Psychology Journal*, 62(4): 235 – 50.

Seltzer, J., Numerof, R. E., and Bass, B. M. (1989). 'Transformational Leadership: Is it a Source of More or Less Burnout or Stress?' *Journal of Health and Human Resources Administration*, 12: 174 – 85.

Siegfried Jr, W. D. (2006). 'Introduction to Special Issue: Developmental Assessment Centers'. *The Psychologist-Manager Journal*, 9(2): 71 – 4.

Smith, A. (1776). *The Wealth of Nations*. London: W. Strahan and T. Cadell.

Smither, J. W., London, M., and Reilly, R. R. (2005). 'Does Performance Improve Following Multisource Feedback? A Theoretical Model, Meta-Analysis, and Review of Empirical Findings'. *Personnel Psychology*, 58(1): 33 – 66.

Stogdill, R. M. (1948). 'Personal Factors Association with Leadership: A Survey of the Literature'. *Journal of Psychology*, 25: 35 – 71.

Stogdill, R. M. and Coons, A. E. (eds.) (1957). *Leader Behavior: Its Description and Measurement*. Columbus, OH: Ohio State University, Bureau of Business Research.

Taylor, F. W. (1911). *The Principles of Scientific Management*. New York: Harper.

Thornton, G. C., Hollenbeck, G. P., and Johnson, S. K. (2011). 'Selecting Leaders: Executives and High Potentials', in J. L. Farr and N. T. Tippins (eds.), *Handbook of Employee Selection*. New York: Routledge, 823 – 41.

292 Thornton, G. C. and Rupp, D. E. (2006). *Assessment Centers in Human Resource Management: Strategies for Prediction, Diagnosis, and Development*. Mahwah, NJ: Erlbaum.

Uhl-Bien, M., Marion, R., and McKelvey, B. (2007). 'Complexity Leadership Theory: Shifting Leadership from the Industrial Age to the Knowledge Area'. *The Leadership Quarterly*, 18(4): 298 – 318.

Uhl-Bien, M., Riggio, R. E., Lowe, K. B., and Carsten, M. K. (2014). 'Followership Theory: A Review and Research Agenda'. *The Leadership Quarterly*, 25: 83 – 104.

Vecchio, R. P. (2007). 'Situational Leadership Theory: An Examination of a Prescriptive Theory', in R. P. Vecchio (ed.), *Leadership: Understanding the Dynamics of Power and Influence in Organizations*, 2nd edn. Notre Dame, IN: University of Notre Dame Press, 318 – 34.

Vroom, V. H. and Yetton, P. W. (1973). *Leadership and Decision-Making*. Pittsburgh, PA: University of Pittsburgh Press.

Walumbwa, F. O., Avolio, B. J., Gardner, W. L., Wernsing, T. S., and Peterson,

S. J. (2008). 'Authentic Leadership: Development and Validation of a Theory-Based Measure'. *Journal of Management*, 34(1): 89 – 126.

Weber, M. (1947). *The Theory of Social and Economic Organizations*, trans. A. M. Henderson and T. Parsons. New York: Free Press.

Yammarino, F. J., Dionne, S. D., Uk Chun, J., and Dansereau, F. (2005). 'Leadership and Levels of Analysis: A State-of-the-Science Review'. *The Leadership Quarterly*, 16: 879 – 919.

第 15 章 战略管理中的碎片化

流程和能动性问题

马克·尚利

引 言

战略是商学院最古老的教学领域之一，今天仍然是商学院课程中最广泛教授的科目之一。它也可以说是商业学术领域中最年轻、最不为人了解的研究领域之一，该专业起源于 20 世纪 70 年代（Khurana，2007）。该领域目前最广为人知的是“战略管理”，包含了从业者持续感兴趣的广泛主题，但通常被视为缺乏作为一个引人注目的独特领域的特征（Jarzabkowski，2005）。它的核心主题与许多社会科学重叠（如经济学、社会学和心理学）（Nag，Hambrick and Chen，2007）。也许正是由于这些因素，该领域还遭受着智力碎片化的感觉，这种感觉在其历史发展的各个时期都存在，并一直延续到现在（Ronda Pupo and Guerras Martin，2012）。

尽管造成这种碎片化的因素很多，但战略研究对象的复杂性无疑是其中之一，因为该领域的大多数研究都涉及如何理解大型组织通过数千名员工的行动，跨多个决策单元和不同地理市场，在一致的基础上做出决策。这种复杂性使得学者们针对该领域提出了数十种定义，这些定义在一般假设上有所不同：1）所涉及的行动者；2）被确定为“战略”而不是“战术”的行动者所做的决定和行动；3）制定和实施战略决策的组织语境；4）战略行动更广泛的商业环境，无论是在产业层面还是在更大的社会聚集层面（Herrmann，2005）。

学术界对战略的观点有不同的见解，因为许多学者都认为需要从实践者的角度来看待战略，无论是顾问、高层管理者还是规划师，他们主要关心的是战略选择如何影响企业绩效。事实上，长期以来，战略领域一直关注战略对绩效的影响，而忽略了对大量可供选择的因变量的研究，这是有争议的。鉴于该领域的课题范围广泛，解决这些课题的学科重叠，以及引起兴趣的因变量范围有限，因此，研究成果未能像其他学术领域一样以综合的方式积累，这一点也不奇怪。自该领域出现以来，这种碎片化一直是战略学者们长期关注的问题（Schendel and Hofer，1979；Rumelt，Schendel and Teece，1994）。 294

受最近一些文献综述研究的启发，本章更详细地回顾了这些问题。导致战略碎片化的主要原因有两类。第一类原因涉及决策和实施过程中理论不足。第二类原因涉及战略理论背后的行动假设不足，特别是高层管理者如何在多个时间框架、复杂的组织环境下、基于先前的经验和相互冲突的环境需求中做出决策。学者们提出了一些建议，以改进关于相互联系、跨期联系和相互关系联系等流程问题的概念化。关于该领域行动假设的建议是根据组织能动性的专业方法来考虑的（Sennett，2008）。

战略管理碎片化的最近研究

最近的一些研究试图通过将该领域发表的研究成果展现给学生们和学者们，来明确战略管理的定义。这类似于学术界对“众包”（crowdsourcing）的定义，前提假设是该领域的维度可以从分析以往学者的研究工作中得到。下面将更详细地介绍这些研究。

纳格、汉布里克和陈（2007）将战略管理领域的碎片化视为一个问题，并试图通过组织成员明示或默许的表达方式来阐明该领域的定义，来解决这一问题。为此，他们调查了 585 名在全国会议上发表论文的作者，以获得他们对 447 篇已发表文章的感受（每个受访者至少 18 篇）。此外，受访者还评估了一组一般认为不属于该领域的文章。这项研究基于他们对这些评级的分析，产生并验证了战略的定义。结果定义可以概括为： 295

> 战略管理领域涉及总经理代表公司所有员工采取的主要举措，涉及资

> 源利用，以提高公司在外部环境中的绩效。（Nag，Hambrick and Chen，2007：242）

纳格、汉布里克和陈（2007）还研究了其他学者的战略定义，以确定战略管理与经济学、社会学、管理学和市场营销等核心学科之间重叠的性质。他们得出的结论是，学者们对该领域的基本要素有着实质性的隐性共识，但对于该领域的非核心方面，以及如何将该领域的各个方面结合起来进行特定研究方面也存在着认识的多样性和零散性。虽然纳格、汉布里克和陈（2007）提供了关于战略管理碎片化及可能解决它的各种方法的信息，但在其他方面却没有那么有用。这项研究的结果支持了战略管理碎片化的说法，但是作者最终淡化了这种碎片化的重要性。战略研究的学者们对该领域的定义有着默契和共同的理解，这使得他们的研究项目得以成功，并使他们能够与其他研究团体的成员进行富有成效的工作。实际上，他们得出的结论是，研究造成战略碎片化的因素有助于核心研究人员达成共识。

这是一个令人费解的结论，因为对该领域进行彻底的实证调查得出的结论似乎与数据没有高度关联。实际上，这一领域的研究发现是不系统的，但这一结果对研究人员来说并不重要。纳格、汉布里克和陈（2007）对如何减轻碎片化和促进碎片化整合提供了指导。他们认为，他们的研究结果将使学者们能够更好地对这一领域的性质进行讨论，尽管这种新的讨论可能还不清晰。本章的观点是，要更好地发展战略管理研究所隐含的理论含义，就需要对更多的概念进行整合，并使当前的研究人员能够更有效地开展研究工作。

隆达·普坡和格拉斯·马丁（2012）基于这一理念，通过研究战略管理领域的核心概念——战略的演变，阐明战略管理的基础。他们通过连续三个阶段的文献计量分析战略的定义是如何发展起来的。他们从这些时期的 91 个不同定义开始，考察每个时期的关键词和关键词之间的簇群关系。通过检验分析结果是如何随着时间的推移而变化，他们发展出一套综合的关键术语，这些术语构成了战略理论方法的基础。他们得出结论，战略包括：

296

> 企业与环境的动态关系，为实现目标或通过合理利用资源而采取的必要行动。（Ronda-Pupo and Guerras-Martin，2012：182）

隆达·普坡和格拉斯·马丁（2012）发现，战略定义在最初的时期只具有低水平的共识。在随后的时期，共识水平稳步提高，但只达到“轻微”或“一般”的水平。他们认为，在战略概念上的共识可能会进一步增加，尽管目前还不清楚会增加到什么程度。作者得出的结论是，尽管人们对战略的核心内容缺乏共识，但战略的研究一直稳步发展，这一结论与纳格、汉布里克和陈（2007）得出的结论是一致的。

隆达·普坡和格拉斯·马丁（2012）关于围绕战略构建达成共识的结论并不十分明确，作者基于他们对新文献计量分析技术的使用，将研究更多地定位于方法论贡献。有意思的是，他们在论文的结尾提出了以下问题：就关键术语达成共识是否对学科的发展很重要，以及对战略缺乏共识的原因可能是什么。事实上，这些结果再次证实了研究战略领域意见的分散，尽管关于为什么发生这种分散性或应该采取何种措施的讨论几乎没有增加。

考虑到纳格、汉布里克和陈（2007）以及隆达·普坡和格拉斯·马丁（2012）的研究结果，既没有提出战略碎片化的理论基础，也没有提出任何阻碍战略整合的假设，这些研究的结果不具代表性也就不足为奇了。这些研究的发现确实提出了一些方法来理解战略碎片化的原因。战略涉及的方面包括：1）企业在经过理性的决策过程后所采取的行动；2）企业为配置资源和能力而采取的行动；3）企业为实现目标和提高绩效而采取的行动；4）为管理企业与环境之间的动态互动而采取的行动。每一种行为都会产生一些重要的问题，在文献中，各种各样的可能性随处可见。通过对研究的梳理，有几点是显而易见的。

第一点，涉及战略管理的理论复杂性。这些研究确定的每个核心领域对战略都有不同的观点，是大量研究的重点。在一般领域中，通常在更具体的子领域中，学术研究得以产生。研究人员的学科重点也因其核心学科（经济学、社会学、心理学）的理论兴趣以及与不同学科相关的研究设计和数据分析方法的不同而以可预测的方式显现出地区差异性。从学术分工来看，这是可以理
解的，也是合理的。在学术分工中，研究人员因系统的研究项目和大量高质量 297
的论文而获得奖励。然而，令人怀疑的是，做出战略决策的企业管理者是否与学者有类似的激励机制，或者能否将他们的注意力集中在学术界所追求的相同的战略驱动因素上。这表明，学者们如何定义与从业者有关的研究问题，将极

大地影响研究者们在多大程度上阐明战略决策是如何在企业内部制定和实施的，以及如何评估这些企业的绩效。

第二点，处于不同核心战略领域的研究人员之间的互动不佳。尽管许多战略研究都参考相关领域，但还缺乏尝试在不同核心领域之间进行有意义的整合。例如，考虑对兼并、收购和战略联盟的研究。这些交易对从业人员很重要，在发达经济体中也持续存在。它们也是战略研究最受欢迎的领域之一（参见 Gomes-Casseres，2015 的评论）。尽管并购（M&A）研究在战略领域广受欢迎，但并没有取得一致的成果，并购研究显示出与纳格、汉布里克和陈（2007）以及隆达·普坡和格拉斯·马丁（2012）提出的战略碎片化相同的现象。对影响并购的决定因素的研究主要集中在行业和金融市场上，而对并购整合和联盟管理的研究则更倾向于采用管理学的观点，关注心理或组织因素。虽然大样本数据分析在行业和金融研究方法中很常见，但案例研究在组织研究中更为常见。在尝试提出这些交易的一般规则时，戈麦斯·卡塞雷斯（Gomes-Casseres）指出，这些规则代表了完全不同的研究领域的发现，这些研究领域之所以相互维系，是由于交易的事实，而不是由于合并计划如何与合并整合相适应，或估值研究如何与创建资源和能力的想法相适应的统一逻辑。研究缺少的是并购和联盟的逻辑，这种逻辑允许采用统一的方法进行研究设计和数据收集。并购过程的各个方面如何组合在一起，这可以说是发展有关这些交易及其结果的知识的关键因素。管理和咨询实践越来越注重合并、整合的整个过程，但是学术研究还没有达到这种专业和融合的水平（Calipha，Tarba and Brock，2010）。

第三点，尽管从战略视角支持战略管理是动态和互动的观点，但实际上包含这种观点的实证研究是不多见的。该领域的一个基本前提是，管理者计划他们的战略决策，根据这些决策采取行动，并通过这些行动获得更高的绩效结果。这假定了对战略理论至关重要的时间顺序，但很少在研究中进行适当的跟进。有大量的研究利用纵向数据集，但很少有研究将纵向分析背后的假设纳入理论和研究设计中。正如莫萨科夫斯基和厄利（Mosakowski and Earley，2000）所指出的，尽管战略研究方面的论文经常采用多种时间假设，但很少有人明确
298 这样做。在实施动态和互动的战略观方面，理论和实践的问题是众所周知的。从动态的角度来看，绩效变量不仅是一个时期活动的结果，而且是后续行动和

决策的信息输入。为了使战略观点有意义，管理者必须从过去的结果中学习，并根据新的期望调整他们的活动。

为了理解纳格、汉布里克和陈（2007）以及隆达・普坡和格拉斯・马丁（2012）的研究结果，有必要考虑这些研究确定的问题是根本性的还是过渡性的。本章的观点是，纳格、汉布里克和陈（2007）与隆达・普坡和格拉斯・马丁（2012）（及其他人）所报告的碎片化是战略管理理论的基础，并且在某些理论问题得到澄清之前是不可能改变的。上述研究所提出的四个问题对战略领域的碎片化有影响：复杂性、过程、时间和绩效。

复杂性

战略管理所关注的领域是非常复杂的。这种复杂性导致了以下问题。虽然人口统计研究表明，大多数商业组织都很小，但那些因其战略而受到关注的企业规模很大，而且往往非常庞大，雇用了数万人，有时甚至数百万人。这些公司在各式各样的产品和地域市场上竞争，跨越多个机构和监管体系。这些公司如何制定和实施战略决策的真实意图涉及成千上万的行动者，跨越复杂且重叠的权力体系的多个组织层面。

解决企业在市场环境中的复杂性，必将通过降低研究设计中企业的可比性来影响未来的研究。即使是中等规模企业的复杂性，也会使企业的整体战略选择组合变成一个越来越多的定制化组合，这样即使是密切相关的竞争对手，在仔细研究时也会显得完全不同。认识到企业的复杂性确实消除了对抽样设计的需求，但给研究人员增加了证明数据驱动设计合理性的负担，这些设计忽略了企业战略在行业和地理环境中的特殊性。然而，整合该领域内的研究，也将降低获得足够大样本以在许多主要期刊上发表论文的可能性。更好地反映战略行动者的复杂性，可能会使研究人员与该领域现有的研究规范（这些规范涉及在主要期刊上发表的研究样本的大小和组成）发生冲突。长期以来，抽样一直是战略研究中的一个问题，无论是考虑反映行动者的复杂性还是试图获得随机样本来研究企业战略（Short，Ketchen and Palmer，2002）。

活动/过程联系 299

纳格、汉布里克和陈（2007）以及隆达・普坡和格拉斯・马丁（2012）

提出的第二个问题是：为了使战略管理中的子领域更好地整合，需要更好地规划企业不同活动之间的联系过程。在一般的层面上，企业部署其资源和能力以满足环境需求，然后根据绩效结果修改和重新调整这些部署。彭罗斯（Penrose，1959）很好地阐述了这个逻辑，这在战略研究文献中很常见。然而，这样一个通用的过程如何在复杂企业中发生，对于那些拥有适度复杂性的公司来说，这一点并不明显。这不仅仅是描述问题，而且是理解彭罗斯针对一般情况强调的活动和职能在大型复杂科层机构中是如何联系在一起的。企业规划过程在感知环境需求的能力上有什么不同？企业如何将战略决策转化为子公司的活动？如何评估高层管理者做出不同类型的决策以及与下属部门如何执行这些决策之间的连续性程度？一个企业的战略决策可以嵌入到多个过程中，这些过程对企业的要求是不是一致的？例如当产品推向市场的过程与公司的会计和财务流程的时间安排不同时。

更好的过程规范不需要求助于深度描述。它确实涉及将过程联系视为战略理论的核心而非外围因素，并将企业流程视为不仅仅发生在“黑匣子”中（Dobbin and Baum，2000）。例如，帕尔米贾尼和霍洛韦（Parmigiani and Holloway，2011）通过调查食品服务特许连锁企业中总部和业务部门之间的关系，研究了母公司执行能力的经历及其绩效影响。这些是上面讨论的问题，作者注意到研究这些过程的方法论。然而，为了获得大研究样本，作者必须将注意力集中在这些单元的特性和能力上，并根据与后续结果的关联性来评估绩效。没有研究实际过程。推断实施和协调，而不是直接确定。实际过程仍然是一个黑匣子。

时间

纳格、汉布里克和陈（2007）与隆达·普坡和格拉斯·马丁（2012）提出的第三个问题是，战略管理理论未能阐明关于时间的假设。上面已经提到了这一点，接下来将更详细地分析。

300 没有人会否认时间是世界的重要维度，它是所有社会行为的基础。然而，战略理论的基本假设往往超出了时间的常识性概念，涉及更为专业的假设。战略理论假定行动者、资源、事件和结果之间存在跨期联系。其中一些观点是明确的，并且是理论观点的核心，比如在赫尔法特和贝特罗夫（Helfat and

Peteraf，2003）或战略和经济学的进化理论（Nelson and Winter，1982）。莫萨科夫斯基和厄利（Mosakowski and Earley，2000）注意到，虽然战略研究中有许多隐含的时间假设，但很少有对专门时间概念的明确认识。例如，苏德和布柔米莉（Souder and Bromiley，2012）报告说，他们在研究企业的资本投资时也缺乏明确的时间取向。更普遍地说，战略研究中基于相关性的设计表明研究人员习惯于横断面思考。在这种情况下，识别时间约束是一个滞后的相关设计问题，例如给定时间的条件与后续时间的绩效衡量，而更细微的时间观则很少受到关注。

战略决策在不同的时间方面还有其他的例子。生产性资产具有不同的生产寿命。企业资产时间取向的差异意味着能力的差异以及企业对环境变化的适应能力的差异。企业的生产经营与其管理制度之间也可能存在不连续性。年度经营业绩可能集中在一个特定的时间段，而公司需要确保全年的定期融资，这种情况在时尚等行业很常见。企业活动时间维度的不连续性可能是导致某些重大战略问题的原因。例如，抵押贷款的长期性质与公司借贷的短期性质之间的脱节，对许多抵押贷款公司在 2008 年金融危机期间面临的问题至关重要。

战略理论往往意味着多重共存的时间维度，澄清这些时间维度之间的相互关系具有重要的理论意义。常规操作可以理解为一个线性序列，而计划和控制过程在定义明确的周期上运行。如果公司的战略涉及长期投资或计划，例如在新领域建立市场份额，则可能需要额外的时间框架。一家公司最重要的资产，包括能力水平和声誉，可能会基于长期的良好业绩而不断积累。为获得这些累积的无形资产而进行投资的公司一旦成熟，便会从中受益匪浅。那些没有进行长期投资的竞争者由于时间上的劣势可能会削弱他们的竞争能力。如果竞争对手需要经历相同的学习过程，那么这种情况就会出现，因此，如果不付出必要的努力，就无法在能力上取得进步。如果是这样的话，那么不仅竞争对手需要花费必要的时间进行模仿，而且试图加快这一过程将导致成本增加和性能下降，这种现象库尔及其同事们称之为“时间压缩不经济”（Cool，Dierickx and 301
Costa，2012）。

时间还通过企业活动和后续结果调整之间假定的相互关系而与策略相关联。这些关系及其维持需要花费时间。企业作为决策者的时间取向不能简化为经理个人活动所隐含的时间范围。组织不仅仅是其各个部分的总和，而且组织行动的时间也比个体行动者的时间更长。绩效需要根据公司制定和实施决策所需的最短时间进行评估，包括公司决策和运营流程所占用的时间。

企业层面的时间框架也需要与利益相关者不同且可能相互冲突的时间期望相匹配。不同类别的企业利益相关者可能对用于评估企业决策和结果的时间要求存在冲突。监管者的决策需要一套临时性的时间需求，而投资者可能会有不同的时间需求。例如，兼并、收购和其他公司控制权交易通常由投资者根据交易公告后的股价变化进行评估，即使与交易相关的监管文件和决定可能会在更长的时间内发生，所涉交易的实际执行情况在数年内（如果有的话）也不为投资者所知。

绩效

企业绩效在所有战略领域的核心作用表明，围绕绩效进行澄清对于改善该领域的整合至关重要。两个问题特别相关。第一个问题是，战略行动者有多个利益相关者，不同的绩效需求是相关的。第二个问题涉及绩效变量的内生性。对于任何总体绩效指标，所获得的衡量指标既是反映企业先前决策活动的结果，也是对后续战略决策的输入，决策者能够根据结果改变活动，并适应预期的环境变化。

多个利益相关者有着不同的绩效期望，与股票价格等单一的指标相比，业绩变得更加复杂和难以理解。债券持有人对公司偿还债务的能力感兴趣。股票投资者对公司增长的潜力感兴趣。员工关心公司的稳定和就业前景。供应商关心公司的持续生存能力。政府监管机构关注企业在不同领域的合规性。当地社
302 区、行业协会和其他私人行动者也有不同的绩效期望。人们常常声称，诸如股票价格之类的单一绩效指标能够满足对管理人员的所有要求，但是这种说法在理论上或经验上都很不明确。不同的利益相关者通过与企业的合作可能会有残余风险，而投资者的残余风险可能比通常声称的更具多样性。此外，绩效的多维视角是否比单维视角更有助于解释企业的行为，这是一个经验性问题（Mueller，2013）。

虽然多个利益相关者的想法在战略思考方面有着悠久的历史，但在目前的研究中，它在影响绩效理念方面却没有取得很大进展。绩效期望的复杂性通常是通过参考整体赢利能力或资本市场指标来解决的，但实际情况却更为复杂。

例如，就市场份额或定价能力而言，企业产品市场的成功将影响其在资本市场筹集资金的能力。资本市场绩效与产品市场绩效之间的联系反过来又会影响企业在劳动力市场的绩效，例如当企业管理层的激励措施以股票期权为主时。在股价不断上涨的同时，有股票期权的经理们将被高度激励去表现。一旦股价增长放缓，企业市场成熟，这种情况就会改变。一些研究在有限的情况下解决了相互冲突的目标。巴尼特和萨洛蒙（Barnett and Salomon，2012）在一个大样本中研究了赢利能力和道德表现之间的关系，发现这种关系复杂而又不一致，在任何情况下，它显然都对企业不那么重要。

战略管理理论通常假设管理者会做出选择，以使绩效最大化或至少满足绩效目标（March and Simon，1958）。他们假设他们的企业如何达到与环境的最佳匹配，并做出相应的选择。这意味着管理者不会随机做出战略选择，而是根据他们对企业在不同选择下的期望进行选择。这就是战略绩效的内生性。高层管理者的这种行为并不表明管理者或他们的企业处于糟糕的状态，事实上，长期以来，这一直是战略管理这一领域的主要规范性重点（Hamilton and Nickerson，2003）。

尽管大多数战略研究者持有与内生性相一致的假设，但很少有战略理论分析内生选择的细节。对于战略管理者如何设定绩效期望或阐明各种比较方案，人们知之甚少。管理者通过反馈机制获得他们选择结果的数据，然后根据数据重新调整他们的选择，这种机制还没有得到很好的理解。如果考虑更广泛的战略成果，那么管理者如何平衡更复杂绩效的情况就更不清楚了。因此，尽管一个企业在特定时期的表现可能是一个动态的行动和系统调整的一部分，管理者试图建立环境适应性，但是关于获得这些关系和管理工作的具体运作情况尚有
待进一步研究。研究通常会提供一种更简单、更线性的系统形式。 303

然而，如果战略选择是内生的，则必须在研究设计中进行统计调整，而不管研究的动机是否充分阐明了相关过程。不考虑内生性可能导致结果的严重失真，这种情况足以改变统计结果。巴斯克（Bascle，2008）将内生性与随机试验的评估效果进行了比较，发现这种情况不是随机试验而是由研究者对一种治疗方案的期望驱动的。汉密尔顿和尼克森（Hamilton and Nickerson，2003）讨论了战略研究中的内生性问题，给出了内生选择的假设，并记录了主要期刊上的大量研究，但这些研究都未能对此做出任何调整。

该怎么办？过程理论和工艺视角

上述问题表明，思考战略的一些替代办法可能有助于解决该领域的碎片化问题。这些都不涉及对现有理论和实证研究进行详细的修正。解决上述问题更多地涉及战略领域的任务和整体的角度，以激发更具体的研究项目。这里的论点是，战略研究的学者们在追求论文发表时，没有强调他们所研究的现象的某些方面，而这些方面对于理解大企业的战略行为可能更为重要。这些问题包括复杂的时间框架、多个目标、企业决策过程和内生决策。忽略这些涉及企业作为战略行动者的整体身份和流程的问题，无论是基于经济还是行业视角，对企业“资源基础”理论，或将企业作为嵌入的制度行动者的观点，都很难用与激励企业行动一致的方式整合研究成果。

重新把焦点放在企业作为一个战略行动者上，而不仅仅是描述企业的活动和流程上。这样做将使研究中产生的战略图景与企业如何实施战略的细节更加一致。这是学者们研究“战略即实践”方法的一部分（Jarzabkowski，2005）。研究人员使用这些方法研究了企业战略变革如何发生的“混乱现实”，以及参与这些过程的人们的“真实经验”。这些研究人员提出的问题与本章的研究动机一致，并支持关于战略领域碎片化的主张（Johnson et al.，2007）。

304 尽管这些归纳方法很有价值，但它们与本章所关注的问题并不密切相关，这一章主要涉及理论和实践，以减少战略碎片化，并提高该领域内的一致性。从根本上讲，有效的解释是通过抽象来减少细节为前提的，然后理解经过抽象后的实际。更详细的细节可能会使研究更符合实际，但不能完全保证更有效的解释。归纳研究方法如果不能解决理论问题，就会面临信息量少、成本高的风险。与更抽象的方法相比，它们也很难对战略有一个全面的理解。

不提供更好的解释而只是提供更多细节，将把战略管理研究变为案例研究的过程。尽管商学院使用的案例数量激增，且案例分布广泛，但它们本身却鲜有研究。然而，很明显，这些研究并没有促进该领域在期刊上的发表。吉贝特、鲁伊格罗克和维基（Gibbert，Ruigrok，and Wicki，2008）分析了发表在战略管理研究期刊上的159个案例，发现虽然案例的外部效度很强，但这是以牺牲内部效度和结构效度为代价的。尽管基于案例的战略研究似乎有市场，但这项工作并没有为该领域的碎片化现象提供好的解决方法。

因此，问题的关键不是对企业进行更现实的描述，而是对与战略有关的假设进行更改。根据弗里德曼（Friedman，1953）的建议，出于对预测结果的关注，在战略研究中通常会采用简化的理论假设。桑（Tsang，2006）注意到战略研究中复杂的现象，并主张区分那些可以促进预测的假设，即使这些假设是不现实的，也需要足够现实的假设以确保研究人员生成预测的理论机制的可行性。更现实的假设可以帮助改进预测，并得以整合研究结果。

战略管理的一个重要特征是，决策和规划过程不仅是研究人员关心的问题，而且也是制定和实施战略的大企业高层管理人员关心的核心问题，因此它们是战略研究者的研究对象。起源于战略规划和控制系统中的战略研究就是这种情况（Lorange and Vancil，1976；Lorange，1984）。企业级流程的建模也是“卡内基学派”研究人员的核心（March and Simon，1958；Cyert and March，1963），对于基于艾莉森和奎因（Allison，1971；Quinn，1980）的有影响力的决策过程研究也是如此。研究人员对规划和决策过程一直很感兴趣，但这项工作通常没有在顶级期刊上发表，而是在一般管理类期刊或贸易类期刊上发表（Mintzberg，1994；Hamel and Prahalad，1994）。

威尔特班克等人（Wiltbank et al.，2006）利用早期的规划和决策文献来考
虑侧重于预测与控制的战略方法的优点。他们为企业提出适应环境需求，追求 305
多个目标并控制选择实施的决策过程。他们主张采用一种非预测性的战略方法，使高层管理者能够有效地适应不断变化的环境并控制实施。他们强调了以下建议，即战略研究的预测方向与高层管理人员和从业者在为企业做出预测和制定战略时的利益不一致。这种缺乏一致性可能是导致战略领域智力碎片化的原因。

对这些问题的相关观点涉及顶级战略期刊编辑的做法，以及学者们如何应对这些问题。《战略管理期刊》（*Strategic Management Journal*）的合编者理查德·贝蒂斯（Richard Bettis）撰写了《寻找星号》（“search for asterisks”）的文章（Bettis，2012）。他指的是研究人员的精力集中在最有可能产生具有统计意义结果的研究上（在文章中用星号表示）。他列出了三种战略研究者常用的做法。第一，寻求并记录显著的统计结果的文章以提交给期刊。第二，如果发现了异常结果，很少会通过复制研究进行后续确认。第三，对企业及其战略的正

常期望（如果经过了测试）很少形成测试中的“零假设”。贝蒂斯认为，尽管这些实践可以理解，但与科学研究规范相矛盾。哈里森等人（Harrison et al., 2016）提出了与这些观察结果一致的实证结果。

科学调查中一旦遇到例外情况，就应继续调查这些例外情况，以确定它们是否最终可以复制。贝蒂斯还谴责了一个普遍的习惯，即要求几乎所有的实证研究都要包括兴趣测试的理论发展的部分。贝蒂斯担忧的总体含义是避免这样一个过程，即系统地发表异常发现，很少致力于验证那些发现，很少验证或更新基础性的理论预期，或者将不足的期刊空间分配给不同于经验检验的理论发展。所有这些问题的影响可能与本章所讨论的知识碎片化是一致的，越来越多的单独的例外事件没有得到后续研究的充分验证，也没有充分地被该领域的整体理论所整合。尽管这里涉及的期刊审阅和出版政策过于烦琐，无法在此处进行详细考虑，但贝蒂斯提出的担忧与本章提出的论点是一致的。

这确实意味着，如果不进一步考虑一般的理论方法，上述研究中提到的该领域的碎片化现象不太可能发生重大变化。在本章的剩余部分中，我们将讨论两种解决方法。第一个建议是过程研究的思想，它旨在更好地整合战略领域的各个方面。第二个建议是从工艺角度重新构建战略管理，这一观点将允许整合过程理论、动态绩效流程和可能跨越多个受众的复杂绩效目标集。

306

战略过程的务实方法

战略的过程方法在这个领域有着不同的历史。过程是管理中经常被引用的概念（Pettigrew, 1992）。尽管如此，什么构成过程一直很难界定，什么叫“过程”有多重含义。例子包括战略规划和控制的文献（Lorange and Vancil, 1976; Lorange, 1984）到“卡内基学派”的决策理论（Cyert and March, 1963），创新和产业进化的经济研究（Nelson and Winter, 1982），以及制度化的社会学研究（Oliver, 1991; Kostova, Roth, and Dacin, 2008）。

尽管过程在战略上有多种用途，但在理论上并没有很好地解释。什么是过程视角？范德文（Van de Ven, 1992）指出了考虑战略过程的三种基本方式。他认为过程被用来识别导致某些结果的因果逻辑。过程还可以详细说明个人为追求某个目标或结果而进行的活动的顺序。然而，总体来说，过程足够广泛，以至于这些相同的特征也可能隐藏在不同的战略观点背后。很难看出这种对过程的分散和普遍的看法如何有助于提高战略的理论整合。范德文认为，为了更好地发展过程理论，它们需要与战略内容和组织理论联系起来。

尚利和贝特罗夫（Shanley and Peteraf，2006）提出了一种建立战略过程观的方法，不是从综合的理论角度，而是从过程思想对给定研究问题的理论贡献的角度。他们从过程的一般概念开始，这有助于理解战略行动者的复杂性。他们提出了过程的三个特征，可以帮助减少特定情况下的复杂性。它们是：1）相互联系；2）跨期联系；3）相互关系。

相互联系

战略通常关注企业如何以及为什么在分散的地理和产品市场上部署资源和能力。从供应商、买方、竞争对手、潜在进入者，甚至是替代性和互补性提供者的角度看待企业的战略行为，假定行业交易发生和行业结构演变的过程（Porter，1998；McGahan，2004）。不只是市场结构，市场子群（如战略集团和行业网络）也不会立即出现，而是以特定的方式发展，这使得所涉及的过程变得非常重要（Peteraf and Shanley，1997）。战略如何受其地理环境的影响仍然是一个悬而未决的问题，尤其是在并购等领域（Yurov et al.，2013）。

这种联系不仅仅是跨越地理和产品市场的联系。大企业的一个显著特征 307
是，它们的行为在不同层次的分析中有着内在的联系。高层管理者向董事会报告下一年的目标和绩效期望。反过来，企业计划取决于部门和其他子部门的活动，这些部门的经理与子部门及其所服务的市场有更好的联系。这并不能解决企业如何与供应商、买家和互补行动者协调活动的问题。虽然近几十年来，信息系统的进步有助于使组织结构更趋于扁平化，但制定目标、提供资金、绩效评估和修订未来活动的过程必须跨组织层级，而且通常必须在给定周期内多次进行。

人们很容易假设存在跨层级的联系，而这确实是寻求获得更多组织样本的研究而经常采用的方法。出于多种原因，做出这样的假设是有风险的。培训或沟通不畅可能导致组织各层级的协调失败。感兴趣的活动可能是通过不同的联系发生的，这些行动损害了与其他单位的协调。联系的失败本身可能不是必然的，但可能与企业战略的一些深层次问题有关。

自从该领域成立以来，涉及企业不同层面的分析一直是战略领域的理论兴趣所在。促使该领域发展的问题与现代经济中大企业的增长有关（Barnard，1938；Chandler，1962，1977）。战略研究是一个以问题为中心的研究领域，主要针对的是随着企业规模的扩大，管理者所面临的问题，而这些问题往往是由大幅度的业务增长造成的。为了实现这一增长，管理者必须解决组织问题，这些问题使企业的管理和绩效评估的方式更加复杂。例如，如钱德勒（Chandler，1977）所示，如果要使增长有利可图，就必须实现内部分工、任务专业化和形成一个管理层，同时还要兼具规模才能实现规模经济和范围经济。这些新成长的企业还在行业层面上合作，将竞争激烈的市场整合为寡头，并允许行业重组后的幸存者通过集体行动制定可持续的战略[①]。

企业开发这些能力的产业领域通常拥有基本的技术和科学系统，这些系统推动企业在研发方面进行大量投资，以支持现有产品，并让管理人员及时了解企业的技术变化。鉴于这些企业的业务范围不断扩大，可以理解的是，它们所开发的能力使它们能够成功地与其他行动者建立联系，无论其行为包括游说、谈判还是遵守政府规定。

企业为了应对这些组织和活动的变化而更改了管理流程。为了长期取得成
308 功，企业必须将其管理和控制系统中的这些创新制度化。这些变化的关键是能够跨越组织层级，让这些复杂企业获得成功。一些企业，如通用电气公司，从成立之初就开始进行这样的管理创新。通用电气成立之初，将发电、配电和消费品三个不同的业务领域联系在一起，这三个领域有助于提高电力的总体需求。对大多数企业来说，随着企业面临新的挑战，组织和管理过程也在不断发展。这些管理过程是建立战略管理领域的核心（Schendel and Hofer，1979）。

跨期联系

特定时间范围的战略观点也需要增强过程视角。当特定的活动必须以适当的顺序发生时，这是必要的，以验证理论观点。有时这些时间是明确的，但它们往往不是明确制定的。但并非所有的时间主张都相同，而且令人惊讶的是，很少有战略观点将它们作为竞争、学习或研发的特征。

---

① 参见 Besanko et al.，2016，第 13 章，了解企业结构的最新研究。

考虑权变观点在战略中的地位。企业寻求商业环境中的机会与可用于竞争的特定能力和资源之间某种程度的"契合"，这一观点一直是战略理论中的常见主题。事实上，它可以说是战略的核心结构之一。它出现在巴纳德和彭罗斯的经典管理著作中，并在结构权变理论（Child，1972）中得到明确阐述。拟合方法的后续研究可以在广泛的战略视角中找到，包括竞争战略、一般战略、企业的资源基础观、资源依赖理论以及产业和市场的制度理论。所有这些方法都有一个共同的观点，即企业要采取行动，与环境中的行动者建立有利的经济关系，这些行动者可以帮助企业实现生存、发展、合规、赢利，或者获得其他一些与环境定位相关的理想结果。

权变方法的最早且最具影响力的先例清楚地表明了企业在成长、应对挑战、发展能力以及提高绩效等方面所遵循的时间过程的重要性。钱德勒（Chandler，1962，1977；Chandler and Hikino，1990）的研究确立了战略的理念，并展示了战略、结构和行业发展如何与企业的经营行为相互作用。其他早期的理论家也把迭代适应过程作为他们研究工作的主要特征。彭罗斯（Penrose，1959）将高层管理人员如何使其公司与环境保持一致的互动过程作为其理论的核心部分。彭罗斯（1960）通过对大力士粉末公司的详细历史案例研究支持了这些观点，以说明其原理。弗里格斯坦（Fligstein，1993）对钱德勒和其他人提出了有影响力的社会学批判，同时假设了类似的时间过程。

随着适应性和权变性的观念成为战略研究的主流，研究的方式也发生了变 309
化，这与对大样本设计的日益增加的偏见相一致。随着这种情况的发生，对明确测试企业进化过程的关注就减弱了，研究设计更注重在大样本范围内显示企业与环境特征之间的关联。如果不注意企业进入和退出环境的过程，那么"适合"的含义就变得越来越难以理解。蔡尔德（Child，1972）很早就提出了这些问题，这些问题是因为没有认识到管理选择在环境匹配中的内生作用而导致的。在更广泛的文献回顾中，文卡特拉曼（Venkatraman，1989）指出了组织与环境之间关系的多种含义，这些含义可能与适合度相关，并指出了不同含义所需的不同统计检验。尽管许多文献都关注适应性，但是适应性在特定时间或特定环境下的发展或分解过程受到的关注较少，并且仍然缺乏理论解释（Drazin and Van de Ven，1985）。虽然拟合方法在战略研究中仍然很常见，但它们越来越多地被用作元理论而不是作为明确的理论动机进行研究。

这些问题的一个例外是关于动态管理能力的研究（Helfat and Martin，2014），该研究考虑企业如何与环境保持一致，但通过强调管理能力的作用，特别是认知技能、人力资本和社会资本，来解决传统研究的问题。拥有更大的动态能力的企业能够更好地满足环境的需求，这些需求是由各种目标定义的。目前尚不清楚的是，这项研究如何揭示了企业变革和进入或退出环境的关系，甚至是特定管理者的能力如何影响企业的变革过程。这些研究将能力、结果与被评估的干预过程联系起来。除非基本过程的性质不清楚（通常是这种情况），否则这一定会带来问题。企业可以通过多种方式来适应环境需求，正如企业有许多竞争方式一样。过程如何导致给定的结果很重要，但这很少被阐明。如果企业设法应对环境需求，这是不是成功适应环境的例子？那家企业有没有开发出新的技能或能力？从结果中推断过程什么时候是合理的，何时构成过程的假定？

跨期联系对于理解战略领域也是至关重要的，上文提出的战略管理领域的问题只是一个缩影。以并购为例，尽管与大型独立企业合并带来的复杂性以及对这些交易的运作方式缺乏共识，但这些交易仍是许多研究关注的重点（Gomes-Casseres，2015；Calipha，Tarba and Brock，2010）。人们对这些交易持续感兴趣是可以理解的，因为它们的货币价值和所影响的人数众多。对并购缺乏
310 共识是很难理解的，很可能是由于并购交易发生的时间结构，以及研究人员对并购过程中的步骤缺乏从明确的时间联系的角度来把握。有一个明确的法律事件称为并购，它发生在特定的时间内，必须遵循一套周密的制度规则。这一事件列出了单独的行动领域，分别从不同的理论角度进行研究。并购前的问题，包括计划、评估、尽职调查和谈判，都是研究人员关注的焦点。合并后的问题，包括沟通和公共关系、整合，甚至资产剥离，通常涉及不同的行动者，并且由不同的研究人员进行研究，通常使用较少的样本和更定性的研究方法。

事实证明，分析战略并购绩效是很困难的，因为在明确绩效期望方面存在问题，即使并购事件已经完成。考虑到决策者的更替以及并购前后流程和管理制度之间缺乏连续性，被收购企业的并购后绩效往往存在很大问题。这些问题使我们更容易理解为什么并购研究的主要绩效指标仍然是基于交易宣布后股价变化的指标，尽管这些指标最多只是对尚未发生的事件的预期（Sirower，1997）。对并购及其绩效的大样本研究，或是对特定交易如何融入更广泛的企

业发展计划的研究，都很少见（Ravenscaft and Scherer，1987；Porter，1987）。对个别合并案例的详细研究也不常见，最近的文献回顾呼吁加强对合并后企业整合的研究（Calipha，Tarba and Brock，2010）

相互关系

大公司高层的员工，他们的决策以及他们采取的行动长期以来一直在战略研究中发挥核心作用。巴纳德（Barnard，1938）关注的是高层管理者，对首席执行官、高层管理团队（TMT）和中层管理者的研究，这一直是研究者关注的焦点。尽管管理者（尤其是“高层管理者”）的研究在战略中起着核心作用，但它本身就是一个独特而复杂的研究领域（Finkelstein，Hambrick and Cannella，2009）。然而，管理者实际在工作中所做的并不明显，试图确定高层管理者的关键任务或整合我们对他们的了解并没有提供明确的结果。对高层管理者来说，重要的是他们的工作大多是相互关联的，尤其是在协调和控制方面。这使得将管理者视为智囊团，总结提炼整个团队的管理经验非常困难。管理者如何与其他管理者和公司其他成员互动也很重要。

更重要的是，高层管理者的选择决定了他们公司的战略地位、他们改变方向和应对环境的方式，以及使他们的职位难以改变的承诺。实际上，高层管理 311
者提供通过公司审核的行政结构和流程执行的内容（Hambrick and Mason，1984）。理解管理者是如何做出决策，在执行决策时如何部署资源，以及根据新的信息和过去的反馈来调整未来的活动是至关重要的。无论是“经理”还是“决策者”，人们都很容易从对个人的了解中类比出大型复杂企业所面临的情况。这样的类比可能没有道理。不仅单个经理可能是被受限的决策者，大公司的实际决策者更可能是集体而不是个人。

公司的高层管理团队（TMT）或 C-Suite 由拥有不同经验和技能的个人组成，他们被组织在一个复杂的高级管理分工中。高层管理团队还包括传统的高级管理人员，以及公司主要子公司的领导者。除了这些高管，还有更专业的高级职位，如总顾问和首席财务官，以及各种各样的高级职员职位，例如负责公司的法务、财务、监管和其他专业部门的职位等。近年来，新的“首席”职能职位激增，如首席信息官和首席营销官。自 20 世纪 80 年代以来，高管团队的规模大幅增加（Guadalupe，Li and Wulf，2013）。

高层管理团队作为集体决策者的运作方式很复杂。在某种程度上，高层管理团队是由首席执行官领导的一群人。这些人的专业知识和职责各不相同，因此带给团队的建议也不相同。他们的薪酬水平也各不相同。团队内有一些正式的小组，如执行委员会或专门小组委员会，也有一些非正式小组。高层管理团队的许多成员代表公司内部的子公司或其他群体。尽管在一定时期内，高层管理团队的行为很可能存在规律性，但由于首席执行官任期等因素，很难将此类团队简单化，认为其类似于单一理性的决策者。研究中如果认识不到大公司决策关系的复杂性就有可能会产生令人困惑和不确定的结果。这种情况可以通过发展企业作为一致的决策者的理论来改善，至少在战略决策方面是这样。与此相关的是，需要澄清高层管理团队是如何融入公司的组织背景中的，即战略决策的背景。

能动性、战略和技巧

有关这方面的论点指出，战略管理被视为一个研究领域，自该领域成立以
312 来，在各个方面都被注意到，并且一直持续到今天。正如纳格、汉布里克和陈（Nag, Hambrick and Chen, 2007）以及隆达·普坡和格拉斯·马丁（Ronda-Pupo and Guerras-Martin, 2012）所指出的。这些研究的结果表明，一些广泛的问题可能促成了该领域研究的碎片化。这些问题涉及战略领域的复杂性，但是却缺乏关于复杂企业活动和流程的令人信服的观点，缺乏关于战略行动的多个时间框架的明确假设，以及未能将内在的管理选择纳入战略行动的理论。针对过程问题，特别是在相互关系、跨时期和相互关联的行动领域，学者们提出了加强研究战略过程理论的建议。仅解决上述流程问题可能不会带来更好的理论整合。除了过程理论外，还需要更好的理论来说明战略行动者如何做出决策，大型组织如何在复杂环境下实施决策，并根据绩效和环境交互作用重新评估和修改决策。社会理论家有时将其称为能动性结构（an agency construct）（Emirbayer and Mische, 1998）[①]。尽管大多数理论中都隐含关于人类行为的假设。情境中理论化的能动性思想如何与实际行动者的行为和选择相一致，也为

① 这一点不能与代理理论（Eisenhardt, 1989）混淆，后者是一种基于经济学的激励和信息理论，经常用于战略研究。

能动性的理论化提供了经验方面的信息。

埃米尔拜尔和米歇尔（Emirbayer and Mische，1998）注意到社会理论家在解释复杂环境时遇到的困难。这些困难导致解释要么过分强调脱离语境约束的理性选择，要么假设一个高度语境化的环境，过度限制了理解个人如何影响他们的环境和有效行动。这是一个长期存在的社会理论问题，可以追溯到关于自由意志与决定论的经典辩论。埃米尔拜尔和米歇尔提出了强化的能动性概念，旨在理解嵌入到持续关系中的行为，以过去为基础，面向未来。他们提出了人的能动性概念有三个要素：迭代、投射性和实践评价。迭代是指行动者选择性地重新激活过去的思维和行为模式。能动性的这个方面促进了行动和决策与过去经验的一致性，并使行动者的身份得以长期保持。投射性涉及行动者们产生未来可能的行动方案。能动性的这个方面涉及行动者如何利用过去为未来创造选择。实践评价是指行动者根据经验的困境、新出现的需求和情境的歧义性，在备选行动方案中做出实际和规范性判断的能力。这些要素包括问题识别、判断、选择和后续选择的过程。

战略与能动性结构 313

尽管可能还有其他候选人，但战略管理背后的一系列能动性假设可以最好地概括为上面讨论的高层管理战略选择的思想。最高管理者是战略行动者，他做出的决策要使公司的技能、能力和资源与环境对公司的需求相匹配。然后实施这些决策，对绩效进行评估，并在后续活动中进行变更，以改进先前的绩效或新信息，并使公司更好地与环境保持一致。彭罗斯（1959，第 3 章）就是一个早期的例子，但是其他人也注意到了类似的假设，例如汉密尔顿和尼克森（Hamilton and Nickerson，2003），他们在战略研究的内生性的背景下提出了这个问题。

埃米尔拜尔和米歇尔提出的能动性框架对理解战略领域的碎片化具有参考价值。这些观点中与前面已经提出的观点很吻合，它们表明需要更清楚地说明问题。在基本层面上，战略决策者的身份尚不明确。是最高经理吗？是部门经理还是其他子单位的经理？选择是否涉及集体决策，如果有，集体决策如何运作？

就决策和行动的嵌入性而言，有关战略决策的假设往往集中在理性的决策模型上，通常是财务上。战略管理的嵌入性很少被强调，尽管在案例研究中它得到了更多的关注。如果说有什么比研究方法更受欢迎的话，那就是避开决策的内在本质，而倾向于更多的“颠覆性”方法（Christensen，1997）。这种分离还可以扩展到更复杂的决策过程。决策和执行之间的共同区别是一种常见形式。如上所述，在兼并和收购中，谈判的个人可能不同于批准兼并的公司决策者，而这些决策者又不同于参与将新收购整合到收购公司的业务部门经理。

在战略研究中，将当前行动和预期的“投射性”行动与过去的行动和决策联系起来也是欠理论化的。除了一些历史悠久的知名公司之外，很少有迹象表明公司有很强的组织记忆，特别是考虑到首席执行官及其团队经常离职的倾向。公司对保存公司记录的时间超过法律规定的时间的抵制，也造成了与过去事件之间缺乏联系。“企业记忆”的概念在当前的战略研究中几乎没有。虽然理论上对路径依赖、进化和相关思想有兴趣（Nelson and Winter，
314 1982；Pettigrew，1985；North，2005），但这些理论在战略上比经济史或技术研究中更强调记忆。

与战略研究相悖的是，虽然人们对特定战略的选择给予了极大的关注，但却没有注意到特定的战略选择如何解决采用这些战略的企业所面临的问题，以及这些选择与这些企业的历史行为是否一致。例如，虽然企业资源基础理论强调企业能力和资源与环境的匹配，但对于这些匹配过程如何发生的理论却很少研究。更常见的情况是援引逻辑来解释已经存在的战略配置。

在基本层面上，埃米尔拜尔和米歇尔框架所暗示的过去行动、当前情况和未来行动的联系不仅仅是信息系统和数据的问题，而是关于公司过去、当前情况和未来前景的集体信念的问题。即使有足够的数据，如果没有及时达成一些最低限度的共识，也会给公司决策带来问题。这种共识的性质可能因问题领域和参与决策的管理人员而异。无论是有意还是无意，高层管理团队的大量更替都可能对其构成威胁。这种权变性使得了解大公司的高层管理团队成为更重要的研究重点。

卡普兰和奥尔利科夫斯基（Kaplan and Orlikowski，2013）将埃米尔拜尔和米歇尔的这些观点应用于他们在互联网泡沫结束后面临行业危机的通信公司战略制定的实地研究中。他们采用详细的研究设计，并专注于战略实践，考察了五个同时参与的产品团队，以确定公司如何通过改变特定产品的管理来应对危

机。当他们观察团队时，他们注意到团队在制定产品战略方面的进展取决于团队成员能够在多大程度上协调他们对过去发生的事情、当前存在的问题以及对未来发展的合理预期。当团队能够在这些问题上保持一致时，项目就朝着解决问题的方向前进。当事件或人员变化使这些协议受到质疑时，项目的进展就会停滞。当这种情况发生时，团队必须参与卡普兰和奥尔利科夫斯基（2013）所称的“临时工作”，以重新形成关于时间理解的共识，以此作为项目回到正轨的基础。他们提供了团队工作的详细特征，并认为确保团队在时间问题上达成一致的过程，对理解团队在危机时期的工作方式至关重要，这与项目团队的任何正式描述或计划一样重要。

卡普兰和奥尔利科夫斯基（2013）的研究对活跃的团队如何协商和管理临时问题很有说服力。他们的研究结果引起了这样的思考：这种暂时性的理解是如何在授权项目评审的高层管理团队或者具有不同历史和技术授权的部门之间达成一致的。他们的研究表明，在实践中，企业的时间取向比埃米尔拜尔和米歇尔（1998）提出的简单方案更为复杂，并且在企业内部的各个层面以及 315
各主要子部门之间发生变化，从而提出了一个问题，即在给定的情况下，哪种时间取向才是正确的。

在下一节中，基于森内特（Sennett，2008）的研究，我们提出了关于能动性问题的替代假设，并运用了“手工”（craft）、“手工艺品”和“手工技艺”（craftmanship）的理念。下面将介绍这一点，以及一些有关的方法。

作为能动性假设的手工技艺

森内特（2008）提出了一套关于个体行动的微观层面的假设，尽管存在一些相似之处，但与前面讨论的战略管理的基本能动性假设相悖。他将手工定义为“一种持久的、基本的人类活动，即为了自己的利益把工作做好的愿望”。当谈到“手工”时，会让人联想到音乐家、厨师、木匠、作家、画家和雕塑家，森内特提出了一套抽象的假设，旨在涵盖大部分甚至全部的“知识工作”。这包括程序设计师和医生等现代职业。手工艺品有质量要求，这意味着有质量标准，可以在某种程度上写下来，也可以在培训中传达给个人，以便学习手工。

森内特认为他的手工观具有潜在的广泛适用性，他将这一观点扩展到诸如养育子女等活动中。事实上，任何不适合自动化和程序化的工作都可以围绕手工原理来组织。作为一个基本假设，手工指的是工作的组织，而不是工人的能力。大多数人都有能力朝着质量标准努力，成为能工巧匠。这包括涉及与他人协调和合作的任务。合作是手工的一部分。管理者也可以是工匠。

工匠如何行动？工匠如何获得技能？森内特假定思想和行动之间的联系，并抨击了工业组织中传统上常见的熟练工作和非熟练工作之间的区别。他假定思想和行动之间有联系，尤其是所有的技能，即使是高度抽象的技能，都源于一个人对自己的体力劳动的反思。在一个工作环境中，一个人试图用一组给定的工具，在一个充满歧义和阻力的环境中完成一些任务。歧义性和抗拒性不仅是自然环境的特征，也是工匠所处的社会环境的特征。当工匠重复他的努力和考虑他的成功和失败时，他用他的想象力确定最有效的方法来进行，从而发展技术知识和技能。随着时间的推移，他学会了改进日常生活，以释放他的注意力，使他能够识别和解决其他更高级或更突出的问题。通过目标、行动和对结果的富有想象力的思考的反复交互作用，工匠得以成长和成功。这不是一个枯
316 燥的迭代，而是一个过程，工匠参与其中并怀有预期。这也不是一个线性的过程，而是一个不规则的过程，这是由于环境阻力的歧义性，以及想象力和个人学习的不可预测性。

工匠根植于社会秩序之中，而不是孤立的工人。社会秩序为工匠提供了任务、需要解决的问题、质量标准和反馈。因此，手工技艺是“社区中的技能结合”。作坊提供了一种社区氛围和社会结构，通过个人接触而不是书面指导来指导技能的发展。严格的技能与其他成功标准（如灵感、天才、个人偏好或家庭关系）的价值是通过作坊及其师傅和学徒的权威来实现的。行会和其他形式的集体组织也集体执行工作标准，促进合作。

为了说明这些动态，森内特讨论了文艺复兴时期艺术家如何摆脱公社和行会制度的约束，从其富有的宫廷赞助人那里获得更多的自主权，并在艺术作品的设计和执行方面获得更多的独立性。这种改变中世纪秩序的尝试的关键是，为他们自己和他们的作品向公众展示一个新的形象。新艺术家们并没有像其他技术高超的工匠那样，处在水星的星座之下，而是将自己投射到土星之下，与之相关的是阴郁和神秘的性质。这种尝试的转变只是部分成功，但这个案例提供了一个例子，说明了在文艺复兴的背景下，社会运动的潜力，甚至是以客户

为中心的战略。维特考尔（Wittkower and Wittkower，1963）提供了这一案例的详细历史。

手工技艺假设虽然是从个人和小团体的角度出发，但也适用于更复杂的组织。森内特清楚地指出了协调与合作在手工艺企业运作中的重要性。这表明，倾向于在大型组织中找到的职位类别，如经理和管理员，属于手工管理领域。在森内特的示例中，这些参数对更大范围组织设置的适用性也很明显，这些示例跨越了各种不同的作坊设置，有些相当大。由于森内特的方法在很大程度上是来自历史的，他的许多例子也来自中世纪或早期现代。尽管除了这些例子之外，主要的例子还来自大型现代企业，如曼哈顿计划（在第二次世界大战期间开发第一颗原子弹）或 Linux 公司在合作开发开源代码方面的软件开发团队。

关于假设目标，上文提到工匠假设内生绩效期望。工匠们对他们想要达到的目标有自己的规划。森内特的观点也导致了多目标的情况，目标之间可能存在冲突。这里的关键是质量驱动的工作理念，以及工匠们出于对高质量工作的承诺，会“为了自己的利益”对工作精益求精。这种对质量的承诺提供了一个潜在的动机。通过参与他们的工作和定义，并致力于提高质量，工匠们将更有动力获得成功。这种动机的增强，森内特将其称为一种“痴迷”，将使工匠 317
比非工匠更有效地完成类似的工作。[①] 为了自己的利益追求手工艺品也会带来目标冲突的可能性，因为项目的委托原因可能与手工驱动的完美性相冲突。例如，客户可能希望在时间压力下获得特定的结果。项目的特殊情况可能会限制其所能使用的原材料。如果一个工匠是一个更大的作坊的一部分，那么这个作坊的多个项目也可能在他们对工匠的要求上发生冲突。在竞争的时间要求上也可能存在冲突。这表明，平衡多个目标及其相关的绩效需求是工匠工作的核心，并且没有一个能够包括工作质量本身和从属于它的总体目标。平衡相互冲突的需求是这项工作的中心。

手工技艺与战略

森内特的工匠视角对先前提出的关于战略碎片化的问题有何启示？这里的

---

① 有关对质量“痴迷”的讨论，参见 Sennett，2008 年，第 3 部分。

意图有两个方面：1）考虑工匠假设表明与当前的方向有所不同；2）考虑工匠假设暗示了战略领域目前存在的隐患。

首先，森内特的研究表明，对于公司中谁是战略决策团队的一部分，还需要更加明确。在假设的层面上，森内特认为工匠通过思考、实践和反思核心任务来学习，并致力于高质量的工作。如果大公司由高层管理团队（TMT）来管理，那么研究高层管理团队作为集体决策者如何开展业务是一个重要的起点。近年来，尽管在实践中发展了新的组织高层管理团队的方法，以及董事会在公司战略决策中作用的新思维（Guadalupe，Li and Wulf，2013），但高层管理团队的研究在战略领域并不突出。

森内特声称几乎每个人都有能力参与质量驱动的工作，这表明公司战略流程的连续性是值得的，也是可能的。森内特的研究工作还表明，制定战略决策的行动者与执行这些决策的行动者之间的联系需要进一步加以理论化。这意味着，潜在影响企业战略决策的个人数量远大于战略研究通常假设的数量。回想一下上面提到的高层管理团队的研究是值得注意的，因为它扩展了公司的决策功能，超越了传统对公司高层管理者的关注。如果战略与实施之间有着紧密的联系，如果强有力的联系对绩效很重要，那么一些关于大公司决策过程的理论
318 就需要再重新考虑。上述几点在讨论公司并购决策时已经提到过，如果不能“让所有人都站在同一条战线上”，可能会导致重大的实施风险。执行不力甚至可能伴随着那些不参与决策但受到其后果威胁的人的抵制（Vallas，2006）。

森内特的研究还表明，有必要研究企业如何从过去的业绩中识别战略，以及如何将企业过去的经验与 IT 预测的挑战联系起来，从而产生新的战略选择。如上所述，企业通常不会根据过去的经验做出战略决策，除非它们是受过去决策的约束或受环境因素的约束。对于那些拥有可恢复记忆和持续性的领导力的小公司来说，这可能不是什么大问题，但对于大公司来说，这就不太可能了。咨询公司在战略决策过程中的作用也值得关注，尤其是当这些顾问根据其经验、能力和高层管理人员对环境需求的预测做出决定时。如果这些咨询公司被证明是管理能力发展的替代品，从经验中学习而不是完成咨询工作，那么对他们的雇佣对绩效的影响可能更大。

如果认真考虑森内特关于平衡潜在冲突目标的需求的假设，还需要对公司目标进行一些重新思考。尽管大公司对此非常了解，但是研究人员在理论上有

些困惑，有时还必须对潜在竞争利益相关者的绩效要求的理解程度发表言论。从理论上讲，尚不清楚一组利益相关者（股东）的需求是否支配其他利益相关者的需求。同样不清楚的是，如果一家公司在某个总体目标（赢利能力，股价）上实现最大化，那么其他利益相关者的绩效期望是否也将得到满足。至少，这表明可以考虑和测试一些研究公司与多个利益相关者关系的替代模型。

明茨伯格、战略与手工

明茨伯格（Mintzberg，1987）在森内特之前将手工的思想应用于战略。他将一个工匠艺术家的活动与战略管理者面临的任务进行了类比。他的观点是，一个工匠所做的工作可以为管理者在为大公司制定战略时应该做些什么提供信息，“面对另一种方式，就像一个陶工必须管理自己的手工一样，所以管理者也必须制定他们的战略”。明茨伯格提出了一些与本章所涉及的问题相关的议题，例如，战略是一种意图、行动和思考的混合体。他还注意到，一个组织很难根据个体工匠的工作方式来做出决策。因为，工匠在工作中不是线性的和“理性的”思考，企业决策者也不应该在他们的工作中严格线性化。工匠既决定又执行，如果把决策和执行联系起来，管理者也许会做出更好的决定。

但是，明茨伯格的类比推理受阻，除了需要避免过分理性的管理决策刻板 319
印象并反映工匠们凌乱而丰富的方法外，他的文章的目的还不是很清楚。他的文章对管理工作本质的直觉很有见地，对从业者很有吸引力。他把工艺和战略联系起来的类比是很好的，他的观点与森内特的许多观察相一致。然而，明茨伯格的文章并不是分析性的。这使得人们不清楚他的观点对那些试图利用他对工匠的描述进行更好的战略研究的人有何启示。

结　论

长期以来，人们一直将战略的理论整合作为学术研究的一个领域。自从该领域最早的关键文本以来，这些都是显而易见的，并且直到今天一直多多少少地周期性重复出现。战略的碎片化不是一个局部性的问题。毕竟，这一领域的重大发展越来越受到经济学、社会学和心理学等社会科学学科的关注，而且核心期刊对战略主题的接受度也越来越高。某种程度上，战略管理仍然希望成为一个在实践中扎根的跨学科领域，但是，战略碎片化的问题将成为一个更大的问题。

最近的研究考虑了碎片化问题，并试图用创新的文献计量方法来验证它们。这些研究发现，该领域存在碎片化，而且在诸如战略定义（该领域的核心结构）等问题上达成共识的水平较低。尽管获得了这些结果，但与这些研究相关的研究人员对于碎片化的原因，碎片化在该领域的重要性或有助于减轻碎片化的步骤仍未得出结论。面对战略碎片化的结果，这些结论令人困惑。

解决战略管理的理论整合问题并不一定要求核心研究人员改变其活动或限制其研究计划。如今，整合程度更高，因法令（fiat）而碎片化程度较低的领域无法替代该领域。需要做出努力来改进和扩展当前的理论方法，以解决碎片化的问题。尽管这肯定是工作的一部分，但这不一定是开发新理论的问题。

某种程度上的碎片化是可以预期的，甚至是受欢迎的。随着经济条件的变化、技术的进步和全球化的持续，人们有理由期待战略的改变，研究人员希望通过研究了解理论与企业的实践状态之间的某种脱节。然而，即使是在小规模
320 的企业中，发展也可能是不平衡的，随着灵活的初创企业发展成为大型科层机构，他们发现在某些行业中运作良好的做法在其他行业却行不通，或者小型企业的创新做法由于与科层制惯例以及对数量增长的激励措施相冲突而无法轻易移植到大企业中。这些在更广阔的世界里的发展实际上有助于激励研究人员，并允许他们更新可能已经过时或与实践脱节的研究议程。

话虽如此，战略管理领域的碎片化是真实存在的，并基于战略研究人员如何开展他们的工作，发展理论和做出研究设计。纳格、汉布里克和陈（2007）与隆达・普坡和格拉斯・马丁（2012）的研究结果很有说服力。这些结果与该领域成立以来偶尔被提出的批评一致。本章讨论了与这种碎片化相关的问题，在这些问题中，学者们付诸出版的动机以及某些期刊上关于选择出版内容的偏见可能会导致碎片化。在结束本章时，讨论解决碎片化问题的主要方向是合理的。

如前所述，减少碎片化的第一步是明确关于分析水平、时间性或多个利益相关者的背景假设，以便能够识别、理解和评估决策背后的流程问题。例如，研究一家公司利用内部竞争进行子公司间的创新，将有助于阐明这种战略下的

组织条件、使这种战略可行的市场和技术条件，以及企业在管理这种创新方面不断发展的经验。正如贾扎布科夫斯基（Jarzabkowski）及其同事最近指出的（2016），实践是嵌入到组织背景中的，孤立地研究它们是有风险的。虽然这样的设计会带来更丰富的结果，但也会降低跨公司比较的可能性，需要更多地关注公司不断发展的业绩。

重新思考研究设计对于决定具体研究的方式将被证明是有价值的。在一个极端情况下，一项涵盖整个企业集团（例如整个行业）的大样本研究将获得通用性，而牺牲其对特定管理人员的有用性。广泛的研究有助于积累战略知识，甚至告诉实践中的管理者一些他们还不知道的东西。另一个极端的 N = 1 战略研究的结果显示，大公司运营的一大风险就是咨询工作，其结果是被管理层授予特权，或者如果没有特权，则几乎没有或根本没有概括性。如果研究人员的目标是在这两个极端之间找到一个中间位置，那么解决碎片化问题就类似于咨询公司几十年前面临的实践开发问题，这给战略领域带来了一些最持久的概念框架（Kiechel, 2010）。为了避免模仿顾问，战略研究人员应该仔细考虑研究要如何进行。

解决碎片化的另一种方法是采用配置方法，即阐明一组组织类型，包括组 321
织、战略和环境变量的模式化集合，这些变量提供了一个分析框架，在这个框架内可以对更大的一组公司进行有成效的研究。这种类型将把企业的战略嵌入到更广泛的组织和环境背景中，从而减轻与碎片化相关的许多问题。配置方法在以权变方法为动机的研究中变得越来越广泛。因此，可以将与环境具有较好“适应性”的公司的概况与适应性较差的公司的概况进行比较。

配置方法在战略领域的早期使用得更加广泛，丹尼·米勒及其同事们的工作也是最明显的。米勒（Miller, 1981）明确地激发了对配置的搜索，他称之为“组织完形”，因为需要解决与上述关于碎片化的问题类似的问题。他认为，采用这种配置将导致对组织的改变，并且对改变的过程进行更丰富、更复杂和更多方面的描述。配置研究仍然很受欢迎，但它们的流行引起了人们对其理论基础的关注，即归纳法还是演绎法更有用，最适合分组算法的数据类型，以及配置在不同组织和行业背景中的适用性。凯琴、托马斯和斯柔（Ketchen, Thomas and Snow, 1993），肖特、佩恩和凯琴（Short, Payne and Ketchen, 2008）对这项研究进行了详细的回顾。最近，组织配置受到了经济学家的关注，他们对组织设计变量之间的互补性和替代效应如何影响所获得的配置数量及其特征感兴趣（Roberts, 2004）。

本章提出了有关过程理论和能动性假设的理论问题，这些问题有助于重新思考战略研究。在激励研究人员以有限的研究预算从事更复杂、更具情境性的研究方面，或者激励期刊编辑和审稿人欣赏这些研究的价值方面，都存在明显的问题。长期实践的改变需要时间。这些问题值得进行更深入的讨论。而如何改进理论以促进整合和减少碎片化是一个很好的研究起点。

参考文献

Allison, G. (1971). *Essence of Decision: Explaining the Cuban Missile Crisis*. Boston, MA: Little, Brown & Co.

Barnard, C. (1938). *The Functions of the Executive*. Cambridge, MA: Harvard University Press.

Barnett, M. L. and Salomon, R. M. (2012). 'Does it Pay to be Really Good? Addressing the Shape of the Relationship between Social and Financial Performance'. *Strategic Management Journal*, 33(11): 1304–20.

Bascle, G. (2008). 'Controlling for Endogeneity with Instrumental Variables in Strategic Management Research'. *Strategic Organization*, 6(3): 285–327.

322 Besanko, D., Dranove, D., Shanley, M., and Schaefer, S. (2016). *Economics of Strategy*, 7th edn. Hoboken, NJ: Wiley.

Bettis, R. A. (2012). 'The Search for Asterisks: Compromised Statistical Tests and Flawed Theories'. *Strategic Management Journal*, 33(1): 108–13.

Calipha, R., Tarba, S., and Brock, D. (2010). 'Mergers and Acquisitions: A Review of Phases, Motives, and Success Factors', in S. Finkelstein and C. L. Cooper, (eds.), *Advances in Mergers and Acquisitions*, vol. 9, Bingley: Emerald Group, 1–24.

Chandler, A. (1962). *Strategy and Structure*. Cambridge, MA: MIT Press.

Chandler, A. (1977). *The Visible Hand*. Cambridge, MA: Belknap.

Chandler, A. and Hikino, T. (1990). *The Dynamics of Industrial Capitalism*. Cambridge, MA: Belknap.

Child, J. (1972). 'Organization Structure, Environment, and Performance: The Role of Strategic Choice'. *Sociology*, 6: 1–22.

Christensen, C. M. (1997), *The Innovator's Dilemma: When New Technologies Cause Great Firms to Fail*. Boston, MA: Harvard Business School Press.

Cool, K., Dierickx, I., and Costa, L. A. (2012). 'Diseconomies of Time Compression', INSEAD Working Paper 2012/78/ST.

Cyert, R. and March, J. (1963). *The Behavioral Theory of the Firm*. Englewood Cliffs, NJ: Prentice-Hall.

Dobbin, F. and Baum, J. A. C. (2000). 'Introduction: Economics Meets Sociology in Strategic Management'. *Advances in Strategic Management*, 17: 1–26.

Drazin, R. and Van de Ven, A (1985). 'Alternative Forms of Fit in Contingency Theory'. *Administrative Science Quarterly*, 30: 514 - 39.

Eisenhardt, K. M. (1989). 'Agency Theory: An Assessment and Review'. *Academy of Management Review*, 14(1): 57 - 74.

Emirbayer, M. and Mische, A. (1998). 'What is Agency?' *American Journal of Sociology*, 103(4): 962 - 1023.

Finkelstein, S., Hambrick, D. C., and Cannella, A. A. (2009). *Strategic Leadership: Theory and Research on Executives, Top Management Teams, and Boards*. New York: Oxford University Press.

Fligstein, N. (1993). *The Transformation of Corporate Control*. Cambridge, MA: Harvard University Press.

Friedman, M. (1953). *Essays in Positive Economics*. Chicago, IL: University of Chicago Press.

Gibbert, M., Ruigrok, W., and Wicki, B. (2008). 'What Passes as a Rigorous Case Study?' *Strategic Management Review*, 29(13): 1465 - 74.

Gomes-Casseres, B. (2015). *Remix Strategy: The Three Laws of Business Combinations*. Boston, MA: Harvard Business School Press.

Guadalupe, M., Li, H., and Wulf, J. (2013). 'Who Lives in the C-suite? Organizational Structure and the Division of Labor in Top Managements'. *Management Science*, 60(4): 824 - 44.

Hambrick, D. C. and Mason, P. A. (1984). 'Upper Echelons: The Organization as a Reflection of its Top Managers'. *Academy of Management Review*, 9(2): 193 - 206.

Hamel, G. and Prahalad, C. K. (1994). *Competing for the Future*. Boston, MA: Harvard Business Review Press.

Hamilton, B. H. and Nickerson, J. A. (2003). 'Correcting for Endogeneity in Strategic Management Research'. *Strategic Organization*, 1(1): 51 - 78.

Harrison, J. S., Banks, G. C., Pollack, J. M., O'Boyle, E. H., and Short, J. C. (2016). 'Publication Bias in Strategic Management Research'. *Journal of Management*, 42: 5 - 20.

Helfat, C. E. and Martin, J. A. (2014), 'Dynamic Managerial Capabilities: Review and Assessment of Managerial Impact on Strategic Change'. *Journal of Management*, 41(5): 1281 - 312.

Helfat, C. E. and Peteraf, M. A. (2003). 'The Dynamic Resource-based View: Capability 323
Lifecycles'. *Strategic Management Journal*, 24(10): 997 - 1010.

Herrmann, P. (2005). 'Evolution of Strategic Management: The Need for New Dominant Designs'. *International Journal of Management Reviews*, 7(2): 111 - 30.

Jarzabkowski, P. (2005). *Strategy as Practice: An Activity based Approach*. London: SAGE.

Jarzabkowski, P., Kaplan, S., Seidl, D., and Whittington, R. (2016). 'On the Risk of Studying Practices in Isolation: Linking What, Who, and How in Strategy Research'. *Strategic Organization*, 14(3): 248 - 59.

Johnson, G., Langley, A., Melin, L., and Whittington, R. (2007). *Strategy as Practice: Research Directions and Resources*. Cambridge: Cambridge University Press.

Kaplan, S. and Orlikowski, W. J. (2013). 'Temporal Work in Strategy Making'. *Organization Science*, 24(4): 965 - 95.

Ketchen, D. J., Thomas, J. B., and Snow, C. C. (1993). 'Organizational Configurations and Performance: A Comparison'. *Academy of Management Journal*, 36(6): 1278 - 313.

Khurana, R. (2007). *From Higher Aims to Hired Hands*. Princeton, NJ: Princeton

University Press.

Kiechel, W. (2010). *The Lords of Strategy*. Boston, MA: Harvard Business School Press.

Kostova, T., Roth, K., and Dacin, M. T. (2008), 'Institutional Theory in the Study of Multinational Corporations: A Critique and New Directions'. *Academy of Management Review*, 33(4): 994 - 1006.

Lorange, P. (1984). 'Strategic Control', in R. Lamb (ed.), *Competitive Strategic Management*. Englewood Cliffs, NJ: Prentice-Hall, 247 - 71.

Lorange, P. and Vancil, R. (1976). 'How to Design a Strategic Planning System'. *Harvard Business Review*, 54(5): 75 - 81.

McGahan, A. M. (2004). *How Industries Evolve: Principles for Achieving and Austaining Superior Performance*. Boston, MA: Harvard Business School Press.

March, J. G. and Simon, H. A. (1958). *Organizations*. Oxford: Wiley.

Miller, D. (1981). 'Toward a New Contingency Approach: The Search for Organizational Gestalts'. *Journal of Management Studies*, 18(1): 1 - 26.

Mintzberg, H. (1987), 'Crafting Strategy'. *Harvard Business Review*, 65(3): 66 - 75.

Mintzberg, H. (1994). *Rise and Fall of Strategic Planning*. New York: Free Press.

Mosakowski, E. and Earley, P. C. (2000). 'A Selective Review of Time Assumptions in Strategy Research'. *Academy of Management Review*, 25(4): 796 - 812.

Mueller, D. C. (2013). *The Corporation: Growth, Diversification, and Mergers*. New York: Routledge.

Nag, R., Hambrick, D., and Chen, M. (2007). 'What is Strategic Management, Really? Inductive Derivation of a Consensus Definition of the Field'. *Strategic Management Journal*, 28: 935 - 55.

Nelson, R. and Winter, S. (1982). *An Evolutionary Theory of Economic Change*. Cambridge, MA: Belknap.

North, D. C. (2005). *Understanding the Process of Economic Change*. Princeton, NJ: Princeton University Press.

Oliver, C. (1991). 'Strategic Responses to Institutional Processes'. *Academy of Management Review*, 16(1): 145 - 79.

Parmigiani, A. and Holloway, S. S. (2011). 'Actions Speak Louder than Modes: Antecedents and Implications of Parent Implementation Capabilities on Business Unit Performance'. *Strategic Management Journal*, 32(5): 457 - 85.

Penrose, E. (1959). *The Theory of the Growth of the Firm*. Oxford: Oxford University Press.

Penrose, E. (1960). 'The Growth of the Firm: A Case Study, the Hercules Powder Company'. *Business History Review*, 34: 1 - 23.

324 Peteraf, M. and Shanley, M. (1997). 'Getting to Know You: A Theory of Strategic Group Identity'. *Strategic Management Journal*, 18 (Summer Special Issue): 165 - 86.

Pettigrew, A. (1992). 'The Character and Significance of Strategy Process Research'. *Strategic Management Journal*, 13: 5 - 16.

Pettigrew, A. (1985), *The Awakening Giant: Continuity and Change at ICI*. Oxford: Basil Blackwell.

Porter, M. E. (1987). 'From Competitive Advantage to Corporate Strategy'. *Harvard Business Review*, 63(3): 43 - 59.

Porter, M. E. (1998). *Competitive Advantage*. New York: Free Press.

Quinn, J. (1980). *Strategies for Change: Logical Incrementalism*. Homewood, IL: Irwin.

Ravenscraft, D. and Scherer, F. (1987). *Mergers, Sell-offs, and Economic Efficiency*.

Washington, D.C.: Brookings.

Roberts, J. (2004). *The Modern Firm: Organizational Design for Performance and Growth*. Oxford: Oxford University Press.

Ronda-Pupo, G. A. and Guerras-Martin, L. A. (2012). 'Dynamics of the Evolution of the Strategy Concept: 1962 – 2008: A Co-word Analysis'. *Strategic Management Journal*, 33(2): 162 – 88.

Rumelt, R. P., Schendel, D. E., and Teece, D. J. (eds.) (1994). *Fundamental Issues in Strategy: A Research Agenda*. Boston, MA: Harvard Business School Press.

Schendel, D. and Hofer, C. (1979). *Strategic Management: A New View of Business Policy and Planning*. Boston, MA: Little, Brown.

Sennett, R. (2008). *The Craftsman*. New Haven, CT: Yale University Press.

Shanley, M. and Peteraf, M. (2006). 'The Centrality of Process'. *International Journal of Strategic Change Management*, 1(1): 4 – 19.

Short, J. C., Ketchen, D. J., and Palmer, T. B. (2002). 'The Role of Sampling in Strategic Management Research on Performance: A Two-Study Analysis'. *Journal of Management*, 28(3): 363 – 85.

Short, J. C., Payne, G. T., and Ketchen, D. J. (2008). 'Research on Organizational Configurations: Past Accomplishments and Future Challenges'. *Journal of Management*, 34(6): 1053 – 79.

Sirower, M. (1997). *The Synergy Trap*. New York: Free Press.

Souder, D. and Bromiley, P. (2012). 'Explaining Temporal Orientation: Evidence from the Durability of Firms' Capital Investments'. *Strategic Management Journal*, 33(5): 550 – 69.

Tsang, E. W. K. (2006). 'Behavioral Assumptions and Theory Development: The Case of Transaction Cost Economics'. *Strategic Management Journal*, 27(11): 999 – 1011.

Van de Ven, A. (1992). 'Suggestions for Studying Strategy Process: A Research Note'. *Strategic Management Journal*, 13: 169 – 88.

Vallas, S. P. (2006), 'Empowerment Redux: Structure, Agency, and the Remaking of Managerial Authority'. *American Journal of Sociology*, 111(6): 1677 – 717.

Venkatraman, N. (1989). 'The Concept of Fit in Strategy research: Toward Verbal and Statistical correspondence'. *Academy of Management Review*, 14(3): 423 – 44.

Wiltbank, R., Dew, N., Read, S., and Sarasvathy, S. D. (2006), 'What to Do Next? The Case for Non-Predictive Strategy'. *Strategic Management Journal*, 27(10): 981 – 98.

Wittkower, M. and Wittkower, R. (1963). *Born under Saturn*. New York: NYRB.

Yurov, K., Greenstein, S. M., Shanley, M. T., and Potter, R. E. (2013). 'The Role of Geographic Location of High-Technology Firms: Evidence from the Computer Networking Industry'. *Thunderbird International Business Review*, 55(4): 371 – 85.

325 # 第16章 管理实践与管理之道

斯蒂芬·滕布拉德

引　言

本章从实践的角度介绍管理。重点是管理者的日常工作。在回顾日常管理的主要概念时，本章探讨了教科书、科研文章和管理教育课程如何呈现管理行为的异同。还论述了有效、可靠和持续的研究成果对管理研究和教育的影响。

管理是指通常在组织或经济背景下对人员、设备和其他资产（尤其是金融资产）的处理。单词 Management 源自拉丁语名词 Manus（手）和通俗拉丁语动词 manidiare。在意大利语中，动词的派生词是 manegggarie（控制一匹马）。在英语中，管理用在日常语言中，意思是“以一种好的方式处理一种情况”（Tengblad，2015）

管理概念化有多种方法。在管理理论中，管理通常被认为是人们处理以目标为导向的相关活动的方式。例如，首字母缩略词 POSDCORB（计划、组织、人员配备、指导、协调、报告和预算编制）经常被用来将行政管理观点概念化，该观点来源于法国实业家亨利·法约尔（1841—1925）。这种管理观具有内在的规范性。例如，如果管理者没有计划好活动，或者他们从事超出批准范围的活动（例如，闲聊、政治活动、亲密关系、情感上或仪式上的行为，或仅仅对刺激作出反应），则可能会受到批评。

326 将管理概念化的第二种方法是，将其视为专业人员的工作实践，或者将某些经理描述为半专业人员。在这种管理的概念化中，其他方面也显得尤为重要，而理解管理的形式化方式也受到管理工作性质的挑战，这比管理教科书更为混乱、忙乱、非正式和言语化。

简而言之，在比较这两种管理概念时，我们看到的是理论与实践之间的差距。由于科学家（即研究人员/理论家）和实践者（即管理者/执行者）有不同的目标和经验，所以理论和实践之间产生了差异。本章概述了管理实践视角下关于管理者工作的重要研究内容。

管理实践研究

20 世纪 40 年代以来的管理实践研究主要分为两大类。第一类是功能主义流派，它强调对管理工作行为的经典概念化和分析。第二类是民族志流派，强调管理文化和知识的研究。在本节中，我们将描述这两个流派。有关更全面的讨论，请参见滕布拉德（Tengblad，2013）和维以（Vie，2012）。

管理实践研究：功能主义思潮

一些管理实践研究者，尤其是早期的管理实践研究者，对研究对象的零散性和被动的工作方式一直相当挑剔。他们在讨论如何改进管理工作实践时，把职能管理理论作为指导。

开拓性研究

瑞典工商管理学教授苏尼·卡尔森被普遍认为是管理工作研究的奠基人（Mintzberg，1973）。卡尔森（Carlson，1951/1991）在他的《高管行为》（*Executive Behavior*，1951/1991）一书中，发表了他对十位公司总经理工作行为的广泛调查结果。他报告了董事们在高效地工作方面遇到的困难（Tengblad，2003）。卡尔森创造了“行政病理学”一词来描述导致董事总经理
效率低下的状况。例如日记情结。在这种病理中，高管们把注意力集中在一天 327
的预定任务上，而不是一天中最重要的任务上。

卡尔森还对工作行为提出了其他一些独到的见解。他报告说，董事工作日的碎片化程度很高，再加上工作压力大，几乎没有时间进行规划和反思。他观察到，董事们认为自己的工作情况特别具有挑战性，他们在决策时多少依赖于

一厢情愿的想法，而不是对证据和现实的明确评估。董事们希望并相信，未来的情况会以某种方式使目前的混乱局面变得稳定可控。

卡尔森将管理工作描述为繁忙、分散、复杂且常常杂乱无章。习惯和事件的逻辑模型控制比深思熟虑的计划更有效。卡尔森得出的结论是，在研究高管行为时，应同时考虑到个人和社会环境。他后来写道，当他开始研究时，他把董事想象成管弦乐队的指挥；在研究结束时，他更多地把他们看作木偶。

监督工作的早期研究

在 20 世纪 50 年代，对工业社会学的研究导致了对个别工头和监管者的研究。一个著名的例子是《装配线上的工头》，沃克、格斯特和特纳（Walker, Guest, and Turner, 1956）报道了对 55 名工头的采访。

这些访谈揭示了工头对其工作的反思，特别是在人员配备、个人工作关系、产品质量问题和紧急/事故措施方面。一个关键的发现是，工头有“减震器”的作用，吸收但不传递工作压力。在一篇关于时间和工头的文章中，格斯特（Guest, 1956）报告了对 56 名工头的全天每分钟的观察的并行研究，他将工头的工作描述为忙碌的一轮活动，每次活动持续平均只有 48 秒。特别是，格斯特强调了工头缺乏空闲时间，工作不断中断，接触多种多样以及同时出现的种种问题。

管理工作的变化

罗斯玛丽·斯图尔特在她的《管理者及其工作》（*Managers and Jobs*, 1967 年，1988 年修订）一书中报告了为期 4 周的工作活动，其中有 160 名经理担任了广泛的管理职务。通过大量样本，斯图尔特能够比较许多经理职位以及相似职位的经理之间的工作实践差异。她的结论是，在不承认这些变化的情况下，笼统地说管理职位是一种误导。例如，她指出，总经理只将 7%的时间花在文书工作上，而总会计师则花 84%的时间从事文书工作。

328 通过计算机因素分析，斯图尔特确定了以下五类管理者：

- 使者：经常出差，大部分时间不在公司工作的管理者。
- 作家：阅读、分析和写作的管理者。
- 讨论者：主要通过员工会议工作的管理者。

• 故障排除者：主要处理干扰（包括操作问题）的管理者。

• 委员会成员：与委员会合作的管理者，委员会由来自不同组织领域的成员组成。

• 委员会管理者：组织内横向联系水平较高的管理人员。

在一项关于管理选择的研究中，斯图尔特（Stewart，1982）发现，尽管存在工作实践差异，但大多数研究参与者并没有主动选择自己的行为。

与卡尔森一样，斯图尔特也对管理工作中的碎片化造成的问题发表了评论。她认为这种碎片化对组织的正常运作极为不利。在她的生动比喻中，管理者就像蚱蜢；他们从一个问题跳到另一个问题，作为"延缓考虑长期问题的借口"（Stewart，1967/1988：111）。

管理工作的性质

亨利·明茨伯格（Mintzberg，1973）在他的《管理工作的本质》（*The Nature of Managerial Work*）一书中介绍了当今最著名的管理角色模型。该模型由十个角色组成，其摘要如下。这里所用的"组织"一词在一般意义上是指实体、单位、部门。

人际角色

• 名义负责人：代表组织的管理者。工作任务通常具有仪式性。

• 领导者：营造积极氛围并激励下属的管理者。工作任务包括员工招聘和薪酬。

• 联络人：作为同事和外部人员之间的联系纽带的管理者。在现代管理文献中，这项工作经常被描述为建立网络。

信息角色

• 监控者：了解与组织相关的各种条件（例如环境问题、技术发展和其他趋势）的管理者。 329

• 传播者：在组织中传播信息（事实数据和基于价值的观点）的管理者。

• 发言人：负责在外部公开发表关乎组织最大利益的信息的管理者，例如，发布旨在说服消费者或建立/重建外部合法性的信息。

决策性角色

• 企业家：发起变革的管理者，利用机遇并改善运营，例如，通过新技术变革提高生产率。

- 干扰处理者：处理组织中负面事件的管理者，例如产品质量问题、工作场所冲突和事故以及员工的工作绩效。
- 资源分配者：做出与财务和人力资源分配以及各种活动相关的授权和安排批准/拒绝决定的管理者。
- 谈判者：在组织中与工会代表、客户和业务合作伙伴之间进行调解的管理者。

明茨伯格的书还包括对早期研究的权威性总结，对 13 个命题中管理工作性质的综合，以及对 5 位首席执行官的研究观察。他在以下四个特征上对管理工作性质的综合与当代工作环境完全一致：

1）很多工作都是以不松懈的速度进行的

2）简洁、多样化和碎片化为特征的活动

3）喜欢真人秀

4）对口头媒体的吸引力。

明茨伯格的书与卡尔森和斯图尔特的书一样，都是根据传统得出的结论，即管理工作实践在很大程度上是功能失调的，应由管理科学家开发的工作实践来代替。明茨伯格将这种功能失调归因于管理人员对即时性、临时性问题的持续关注以及他们不断召开的会议。管理者们承受着巨大的压力，很难真正完成工作。明茨伯格总结说，总体来说，安排管理工作是一项非常复杂且具有挑战性的任务。

工作分解的合理性

1982 年，约翰·P. 科特在成为“管理大师”之前，发表了《总经理》，其中描述了美国 9 家主要公司的 15 位总经理。他在研究中使用了多种研究方
330 法（例如，观察、跟踪和对经理的访谈）。此外，科特还列出了财务指标，以及同行、下属和上级的评价，以评估总经理的绩效。

科特的发现主要涉及“议程”和“网络”的概念。通过这些概念，科特强调了总经理的选择以及他们通过制定议程、建立和利用个人网络实施这些议程来影响工作。议程的概念类似于战略实施的概念，而网络的概念是指与公司内外众多的人进行互动，最好是非正式的接触。科特还认为，管理绩效的差异

源于总经理在执行议程时如何建立和使用网络的差异。

科特（Kotter，1982：89）总结说，混乱的对话可能是非常有效的："议程和网络允许所有的总经理都可以进行简短而脱节的对话，而这些对话通常是非常有效的。"由于总经理工作中不可避免的歧义性和不确定性，管理决策是由社会过程而非数据和计算分析得出的。科特还指出，开玩笑和谈论非工作问题是管理对话中不可或缺的部分。科特认为，这种闲聊对于建立和维护网络很重要。

然而，科特最重要的发现可能是，在解决问题的情况下，分散的互动对于实施长期议程可能是有效的（Tengblad and Vie，2012）。科特的贡献在于它偏离了管理科学范式，因为它严格强调系统地工作（即演绎、审议、逻辑和顺序）。

作为工作实践的管理新综合体

在《管理》（2009）一书中，亨利·明茨伯格用新的材料更新了他以前对管理工作的研究。在这本书中，他观察了来自多个行业的 29 名经理。根据这些观察得出的结论，明茨伯格批评了强调领导力的作用而忽视管理工作其他方面的研究。他得出的结论是，作为一个有远见的人和目标制定者的管理者/领导者形象是一种有缺陷的表述，原因则是管理层和领导层之间流行且广为接受的分离。

明茨伯格承认管理的高度复杂、碎片化、忙乱且混乱。因此，他提出了一个多方面的综合管理模式，以一种相当复杂的方式，避免了管理教科书中典型的非此即彼的推理。根据明茨伯格的说法，一个管理者既需要通才的思考、沟通、领导和执行的能力，也需要专家的精细化组织运作的能力。

明茨伯格认为，管理是有见地的、有吸引力的、有意识的；最坏的情况下，它与现实脱节且无序。他总结说，虽然没有一个管理者能够掌握管理的方 331
方面面，但管理者必须避免单向度和自我膨胀。

管理实践研究：民族志流派

民族志流派，从一个更一般的社会科学的角度来研究管理工作，包括诸如闲聊、身份塑造、政治化和情感揭示等活动，这些活动是管理工作实践中不可或缺的因素。这一流派还探讨了与下属、不平等和支配有关的伦理问题。

中层管理行为初探

汤姆·伯恩斯（Burns，1954，1957）于20世纪50年代中期在英国进行了两次日记研究，在这些研究中，他考察了8家公司的76名高级和中级管理人员在3周、4周或5周的时间内是如何工作的。伯恩斯观察到，管理者在沟通方式上的差异取决于他们的公司经历的变化程度是高还是低。他总结道："一般来说，变化的速度越快，经理们花在彼此交谈上的时间就越多。"（1957：51）伯恩斯和斯塔克（Burns and Stalker，1961）将这一观点发展为创新管理的权变视角。

伯恩斯（1954，1957）也注意到管理人员在他们的活动记录中存在一些差异。例如，经理们高估了他们花在生产上的时间，而低估了他们花在人事上的时间。伯恩斯的结论是，经理们没有意识到他们在"人际关系"中的参与程度。

伯恩斯是第一个对管理工作的社会方面感兴趣的研究者，他提出了一个观点，认为组织是一个关系系统，而不是一个权力系统。在一篇关于小团体的文章中，伯恩斯（1955）详细阐述了这个观点，即个人的行为会导致联盟、集团的形成。这项研究启发了他在组织微观政治方面有影响力的工作。在随后的一篇文章中，伯恩斯（1961）观察到当人们围绕共同的组织目标进行合作的情况下工作时，职位和报酬之间存在激烈的竞争。

管理工作的非正式方面

梅尔维尔·道尔顿（Melville Dalton，1959）在他的著作《管理人员》一
332 书中，对管理工作的正式和非正式方面进行了最广泛的阐述。通过担任正式的员工职位，道尔顿对美国同一城市的4家公司的数据收集采用了一种隐蔽的甚至是非正统的研究方法。他进行正式和非正式的面试，写工作日记，做参与式观察，并参加公司的社交活动。

在他观察到的管理工作的许多非正式方面中，道尔顿强调了管理集团之间的权力斗争，这些集团争夺资源、交易信息和利益。他还描述了部门和员工之间紧张的合作、非正式的奖励制度，以及在地方层面上对公司政策的积极重新

解读。他详细说明了非官方因素对晋升和职业生涯的影响，如经理的种族、宗教、俱乐部会员资格（如游艇俱乐部和泥瓦匠俱乐部）以及政治派别。因此，管理者的私人生活和他们的职业生活融合在这个高度复杂的“承诺网”和“可行的安排”中。道尔顿描绘的是经理们被卷入了一场充满歧义性、复杂性和冲突性的漩涡中；为了理解这种混乱，他们在正式职位规定的界限之外从事非正式的活动。

管理中的性别问题初探

罗莎贝丝·莫斯·坎特（Rosabeth Moss Kanter，1977）撰写的《公司的男人和女人》是性别与管理领域的经典研究。她的书在研究性别如何影响管理实践方面做出了重大贡献。

坎特曾在一家名为 Indsco 的财富 500 强公司担任“工作生活质量”项目的研究员和顾问。这家公司的大多数经理都非常墨守成规，对自己的职位感到非常不安全。顺从的压力是一个自我延续的过程，她称之为“同性繁殖”（1977：48）。因为实际工作表现很难衡量，社会认可度是晋升的决定性因素。因此，Indsco 的管理者经常利用组织政治来促进发展：建立网络、建立关系、操纵地位和权力以及监督幕后行动。

坎特形容 Indsco 管理人员的工作要求非常高，也非常复杂。一条不成文的规则是，尽最大努力工作意味着对公司和管理层的忠诚。然而，坎特总结说，无论管理者工作多少，总有未完成的任务。这就是设计管理职位时的意图。

坎特还分析了在巨大的工作不平等的背景下，管理主义的意识形态和科层式企业产生的原因。她认为，管理者为了使组织角色的重要性合法化，声称他们在寻求合理和有效的问题解决方案时表现得很理性。因此，他们暗示，成功的管理者是能够控制自己情绪的人。因为女性经常被刻板印象认为过于情绪化，她们没有资格成为管理者。女人据说缺乏男性的理性。

建立人际关系网络 333

在《真实经理人》（*Real Managers*）一书中，美国内布拉斯加州立大学（University of Nebraska）的弗雷德·卢瑟斯（Fred Luthans，1988）及其团队发现了比坎特更自私的建立网络的理由。该团队的目标是研究成功职业经理人的工作活动与被认为是最有效的经理人工作活动之间的差异。该团队使用具有 12 种描述性工作类别的四项活动模型以及训练有素的观察员，他们记录了两周内248名管理者的活动，并进行了20 000多次观察。观察到的细分活动如下：

- 传统管理（32%——计划、决策、控制）
- 日常沟通（29%——交换信息、处理文书工作）
- 人力资源管理（20%——激励、约束、管理冲突、人员配备、培训/开发）
- 人际网络（19%——与外界交流、社交/政治活动）

卢瑟斯等人发现，这两种管理者类别的重叠非常小：管理者要么成功且有效，要么不成功且效率低下。此外，他们发现，成功的管理者花在传统管理活动上的时间远远少于不成功的管理者。他们的主要活动是建立网络，特别是社交和政治活动。高效的管理者在传统的管理活动上花费的时间也很少，更多的是在日常的沟通和人力资源管理方面。此外，在12个描述性工作类别中，决策与有效性的关系最弱。

管理道德

罗伯特·杰考尔的《道德迷宫》（Jackall，1988）与道尔顿（Dalton，1959）提出的管理者适应社会环境的主题相一致，都为管理工作的道德性提供了许多例子。杰考尔提供了143次与管理者密集的半结构化访谈的证据，以及来自不同层次管理者的广泛参与式和非参与式观察的证据。这些数据是在四家美国公司收集的。

杰考尔的书强调了管理职位固有的道德歧义。根据阿尔维森（Alvesson，2004），当存在对同一事件或数据的几种合理解释时，就会产生歧义性（在其他事实无法阐明情况时会产生不确定性）。杰考尔描述了在模棱两可的情况下，管理者是如何感受到异常强烈的压力，要求他们遵守“领导者想要你做什么”（Jackall，1988：6）。合规意味着对上级以及公司规则和程序的默认。由于公司是个人和群体竞争的错综复杂的矩阵，每一方都在寻求优势和进步，因此生存取决于能否与这种道德迷宫的模棱两可相抗衡。

杰考尔观察到，管理者们在隐藏焦虑的同时，也不断地表达对工作的兴
334 奋。尽管他们总是担心犯错误和被指责，无论情况如何，他们都感到压力，要表现得开朗和完全控制一切。再加上绩效评估中使用的模糊标准，这种紧张的焦虑加剧了管理者的不安全感。

杰考尔发现管理者们漫长的工作时间和他们在管理团队中的社会关系之间

有一个有趣的联系。一般来说，管理工作（特别是深夜工作）似乎具有相当大的社会性和仪式性因素。管理者们之间经常进行非正式的聊天，在办公室里时不时地播放漫画和笑话。杰考尔认为，那些工作时间不长、不参与这一轮无休止的非正式活动的管理者有可能被“排挤”出去。

变革和转型时期的管理认同

近几十年来，管理工作被引用最多的研究之一是托尼·J. 沃森（Watson，1994/2001）的《寻找管理》（*In Search of Management*）。沃森曾在一家英国公司担任一年的参与式观察员，该公司致力于创建一种新的组织文化，其中包括全面质量管理、绩效相关薪酬、团队合作和个人发展等要素。他的研究是关于公司中层管理者日常思维和态度的研究，在研究中他对这些中层管理者进行了大量的深入采访。

沃森这本书的主要贡献是它描述了混乱、不确定性、歧义性和矛盾，这些都是管理者在努力适应自己作为管理者的角色时所面临的问题。特别是，当最高管理者声称传统的等级式管理方法已被一种授权导向的管理风格所取代时，这本书揭示了管理者的愤世嫉俗。管理者们经历了痛苦、不安全感和怀疑，因为他们为公司的变革计划、使命宣言和与自身价值观相冲突的政策而挣扎。沃森博士在分析中得出结论，高层管理人员增加了中层管理人员工作的复杂性和歧义性。

管理工作/管理实践新的研究

近年来，关于管理工作/管理实践的研究又探索了新的领域和主题。例如，黑尔斯（Hales，2002）、马泰（Matthaei，2010）和滕布拉德（Tengblad，2002，2006）研究了管理者在工作中的变化。弗洛伦（Florén，2006）调查了小公司的管理，特别是小公司的业主经理。阿尔曼等人（Arman et al.，2009）研究了医疗保健经理。维尔（Vie，2010）研究了研发经理。这些和其他一些研究将在本节中介绍。

管理实践的稳定性和变化 335

许多管理问题是永恒的，总是值得分析的。这些问题的时间和内容通常相对不重要。然而，随着新的工作发展和趋势（竞争加剧、全球化、先进技术和新的组织理论）的出现，对管理实践的研究也在扩展。

管理实践的一个转折点发生在20世纪80年代初。在这些年里，出现了新的经济政策，这些政策不太关注充分就业和监管。此外，随着自由贸易政策开放受保护的国家市场，公司在国际上扩张。信息技术的进步简化/改进了某些组织活动。公司对这些变化的反应，包括裁员和整体重组。随着这种变化越来越成为例行事件而非例外事件，管理者的工作保障降低，甚至消失。“后科层制”这一总括性术语被用来描述管理实践的这个新时代。

后科层组织的特点是灵活而非等级结构，是建立在共同的价值观、对话和信任的基础上，而不是僵化与遵守权威和规则（Grey and Garsten，2001；Tengblad，2006）。许多作者（例如，Drucker，1988；Handy，1989；Kanter，1989；Morgan，1993；Peters，1989；Zuboff，1988）声称，后科层制时代的出现已经或将对管理者的工作方式产生深远影响。例如，坎特（1989：85 ff.）认为，管理工作正在经历一场“巨大而迅速的变化”，这是由新技术、不断增加的客户需求和淘汰传统组织的竞争压力所推动的。

科林·黑尔斯（Hales，1999，2002，2005；另见黑尔斯和塔曼加尼［Hales and Tamangani］，1996）调查了英国、马来西亚和津巴布韦权力下放和其他与后科层体制相关的思想的影响。他一直在寻找传统管理权威崩溃的证据，以及中层管理者角色发生变化的证据，这些变化可能是由于后科层体制放松了严格的规则、通过对话和信任实现的权力分享、更具自组织性的单位和更分散的决策。他的研究表明，在这些背景下，人们在迈向后科层制典范方面进展甚微。传统的、专制的管理角色和行为依然存在，其中管理者个人要对下属负责。他几乎没有发现任何证据表明员工已经或将被视为合伙人，也没有证据表明对员工工作的密切监督已经或将被放弃。黑尔斯总结认为（2002：64）新的组织方式不是后科层制，而是“科层机构的精简：官僚控制的所有力量，只有等级的一半能量”。

滕布拉德（2006）调查了后科层思想和信息技术的进步如何影响管理实践。在一个旨在复制明茨伯格1973年研究的研究项目中，滕布拉德在一周内观察了数量相近的瑞典高管。他发现了一些重要的差异。与明茨伯格研究中的
336 高管相比，滕布拉德研究发现高管工作时间更长，工作分解程度普遍较低，出

差次数更多，外出工作的次数更多。此外，明茨伯格研究中的高管与运营决策密切相关，而滕布拉德研究中的高管则更关注财务报告和战略优先事项。滕布拉德研究中的高管们对传播公司文化价值观、提升公司目标、向下属传达期望值也表现出了更大的兴趣。

滕布拉德（2006：1453）总结道：“使用塞尔兹尼克（Selznick，1957）的术语进行的两项研究之间的差异可以解释行为从*行政管理*到*制度领导力*的转变。”（强调为原文所加）

尽管与明茨伯格的研究有这些不同之处，滕布拉德在他对明茨伯格 12 个命题的测试中发现了许多相似之处。滕布拉德的测试（2006：1451－2）支持以下八个命题（数字与明茨伯格的命题相关）：

1. 管理工作是由大量的工作组成的，这些工作都是以不松懈的节奏进行的。

4. 经理喜欢真人秀。

5. 经理更喜欢口头媒体。

6. 经理对邮件作了粗略的处理。

7. 电话会议和非预定的会议主要用于熟人之间的简短联系。

8. 预定好的会议比任何其他媒介都要占用经理更多的时间。

9. 旅游可以提供有价值的信息，但经理很少花时间在旅游上。

12. 经理与上级（董事会）相处的时间相对较少

有两个主张得到部分支持：

10. 与外部环境的交流通常会占用经理三分之一到二分之一的时间。

11. 下属一般会占用经理三分之一至二分之一的接触时间。

有两个主张没有得到支持：

2. 管理工作支离破碎，干扰司空见惯。

3. 经理喜欢简洁。

马泰（Matthaei，2010）在对德国公司 12 名高管的工作行为进行研究时发现，高管工作模式与滕布拉德（2006）的研究结果非常相似。马泰研究中的高管们大部分工作都是在与他人的长时间会议中进行的，而不是在计划外的简短会议中进行的。他们平均每周工作 65.6 小时：64%的时间用于会议，17%的 337
时间用于出差/旅游，9%的时间用于电话交谈，10%用于其他活动。尽管高管们将会议视为讨论复杂问题和建立工作关系的最佳场所，但他们仍在许多其他地方工作。随着电子邮件和其他技术的引入，他们可以轻松地在家里、酒店、火车和其他场所工作。

维尔（2010）研究了后科层制时代工作的变化，包括与明茨伯格（1973）和滕布拉德（2006）的研究进行了比较。他的研究集中在研发部门和中层管理人员身上。他的研究表明，在后科层制环境下，这些管理者仍然背负着巨大的行政负担，尽管他们具有对话导向的领导风格，但他们并不是机构领导者。与明茨伯格研究中的高管相比，维尔研究中的经理们在计划外的会议上比在安排好的会议上花的时间要多。维尔研究中的经理们与下属交谈的时间也比与公司外部人员交谈的时间多。维尔的一项调查结果特别有趣：16%的管理者在工作中的口头交流包括社交闲聊、幽默的交流、社交问候和对他人的关心。

本节总结了近年来管理实践中的连续性的和变化的研究，发现可能存在着比变化更多的连续性。即使引入和推广了新技术、公司政策和领导理念，在传统和权威的支持下，管理实践也很难改变。尤其是工作监督是抵抗变化的。运营级别的管理人员是消防员，他们被迫以很少的时间进行思考和协商，以应对眼前严重的问题。但是，管理人员在使用技术通信设备以及增加差旅、计划会议和与下属的互动中可以看到管理方法的一些变化。在这些方面，执行层的管理工作比中层和一线管理人员的工作变化更大。

小公司和公共医疗的管理实践

弗洛伦（Florén，2006）、弗洛伦和特尔（Florén and Tell，2012）研究了小型和创业型公司的管理实践。在他们的五项研究中，他们发现业主经理的工作相对非正式，并且具有强度高和碎片化的特点。在这些研究中，业主经理每天管理活动的数量从 35 项到 80 项不等，平均每天 56 项活动。这些活动绝大多数不到 9 分钟，只有少数活动超过 1 小时。

奥格曼、伯克和默里（O'Gorman，Bourke and Murray，2005）比较了小公司经理和大公司经理沟通模式的差异。他们发现，小公司的经理们较少使用结构化和仪式性的沟通方式。小公司经理在工作高峰期和其他时间都愿意在运营部门工作，这种非正式性也很明显。

338 许多公共医疗管理的研究已经展开。例如，在他们对一线和二线管理人员的各种研究中，阿尔曼等人（Arman et al.，2009）、德尔夫和维克斯特伦

(Dellve and Wikström，2009)、维克斯特伦和德尔夫（Wikström and Dellve，2009）发现，公共医疗中的大多数管理工作都是在简短的活动中进行的。一线管理人员有许多不定期的会议，而二线管理人员有更多的预定会议。研究人员还发现，护士管理者有时面临着相互矛盾的目标，他们必须调和他们作为管理者和护士的双重身份。这些管理者必须每天都在一个相互竞争的财务、组织、职业、社会和个人结构与需求网络中协商自己的身份。

管理工作十项

滕布拉德（2012：339－47）在回顾过去 60 年管理工作实践研究的基础上，总结了十项论题的研究成果。下面将介绍这十项论题的简略版本。每一项论题都来源于不同时期、不同国家、不同等级和不同部门进行的多项研究的结果。

关于管理工作背景的论题

1）管理工作会受到各种期望和高绩效压力的影响

管理者通常会面临压力和期望，而这些压力和期望往往看起来不堪重负。而且，管理者的工作要求往往是矛盾的，甚至是相互排斥的。例如，管理层中的股东和上级可能希望获得更高的财务回报，客户希望得到更好的服务，员工希望得到更高的工资、更多的个人发展和更好的工作环境，工会代表希望获得更大的影响力。

2）管理工作存在于复杂且常有歧义的环境中

管理者对一个社会系统负有部分责任。就其本质而言，社会系统是复杂的，因为它们由不同的价值观、经济交换模式和依赖关系、文化和制度框架以及权力关系组成。管理者在努力实现组织目标和满足各种（内部和外部）需求时，必须同时遵循指示，即使他们试图通过采取积极进取和足智多谋的工作方式和方法来发挥工作自主性。

3）管理工作涉及很多不确定性和许多不可预见的事件

管理者不可能预测所有外部事件，也不可能总是预见自己和他人行为的后果。偶然性和随机性是不可避免地扰乱周密计划的因素。

关于管理工作特点的论题 339

4）管理工作包括繁忙的工作节奏和漫长的工作时间

管理者通常在混乱和压力大的环境下长时间工作。对许多管理者来说，其结果是工作与生活的不平衡，以及表现为生理和心理压力的症状。明茨伯格（1973）在他的关于管理工作的命题1中总结了这一经常观察到的研究结果："管理工作是由以不松懈的节奏进行的大量工作组成的。"

5）管理工作通常是零碎的

管理者们的工作日通常是零散的，因为他们的工作经常被打断，而且他们的任务也有很大的变化。这种不可避免的工作分解是许多管理者沮丧的根源。具有重大行政职责（包括频繁召开会议）的运营级别的管理者通常与执行级别的管理者相比，他们的工作具有更大的分散性。

6）以适应性的方式进行管理工作

大多数管理者喜欢遵循详细的时间表和周密的计划。然而，他们通常不得不花费大量时间处理突发事件和行政程序的中断。当这种情况出现时，雄心勃勃的计划很少有用。处理模糊工作情境的能力往往比计划技能和战略思维更为重要。

7）管理工作是集体的成就

管理者对团队负责，他们参与了许多团队内部的互动。这意味着管理者既是领导者，也是追随者。他们的工作需要团队成员集体努力。他们管理的人不仅仅是自上而下的愿景、想法、决策和指示的被动接受者，后者也在积极影响管理流程。

8）管理工作在情感上是紧张的

管理者的工作往往具有高度的情感性。管理中普遍存在的非情绪化倾向与管理工作的实际情况不符。管理者和其他人一样，有时会受到复杂且往往是非理性情绪的影响而做出选择。

9）管理工作需要象征性行动

管理者的责任不限于创造积极的财务和经营成果。管理者还必须实现并保持内部和外部的合法性。与管理工作方面的能力素质和努力相比，影响组织绩效的因素很多。只用产出衡量绩效会很困难；管理者需要用输入来显示他们的绩效（例如，工作场所的存在以及对价值体系、规则和要求的遵守情况）。

340 10）管理工作涉及大量参与非正式活动的管理者

从事非正式活动的管理者往往会加强其在组织中的地位，促进其职业发展，并获得更高的工资/奖金和其他额外津贴。除了外部审查之外，真正的决策往往发生在非正式的环境中。形式上的活动，例如有礼节的会议，伪装客观性以及民主决策，往往只是非正式活动的体现。

结　论

管理者的工作千差万别，在忙碌和混乱的情况下进行，管理教科书很少对此进行描述。学生在管理课程中学习的深思熟虑且精确的目标设定和规划，在管理实务中很少是按标准进行的。管理者的工作由零散的、匆忙的活动组成，这些活动通常是被动和临时的。大量的研究证实了这一观察的真实性。目标和计划经常被修改，甚至被拒绝。管理者缺乏时间去做他们想做的或别人可能希望他们做的事。希尔（Hill，1992：192）为说明这种压力产生的原因引述了一位经理的话：

> 很多天来，我在这里早出晚归。然而，我仍然没有完成我被要求完成的事情。我有太多的干扰，不得不不断地改变我的优先次序。到了一天结束的时候，我感到筋疲力尽，我的所有工作都无所作为。

然而，管理者必须做出选择和决定。然后，他们必须向设定期望和施加压力的人解释并使他们的行为合法化。因此，管理可以比作戏剧表演：管理者是观众面前的演员，而管理者所说的一切可能并不完全符合现实。一系列的情绪因素，管理者可能意识不到，也可能没有意识到，正在影响他们的决策。例如，各种形式的愤怒、恐惧、怀疑和利己主义并不是功能主义研究流派所识别的理性的决策因素。当管理理论家、作者和教育工作者承认在管理的复杂性、混乱的现实世界中进行系统、合理的管理实践时，他们会更好地为学生服务。

参考文献

Alvesson, M. (2004). *Knowledge Work and Knowledge-Intensive Firms*. Oxford: Oxford University Press.

Arman, R., Dellve, L., Wikström, E., and Törnström, L. (2009). 'What Health Care Managers Do: Applying Mintzberg's Structured Observation Method'. *Journal of Nursing Management*, 17(6): 718-29.

341 Burns, T. (1954). 'The Directions of Activity and Communication in a Departmental Executive Group: A Quantitative Study in a British Engineering Factory with a Self-Recording Technique'. *Human Relations*, 7(1): 73-97.

Burns, T. (1957). 'Management in Action'. *Operational Research Quarterly*, 8(2): 45-60.

Burns, T. (1955). 'The Reference of Conduct in Small Groups: Cliques and Cabals in Occupational Milieux'. *Human Relations*, 8(4): 467-86.

Burns, T. (1961). 'Micropolitics: Mechanisms of Institutional Change'. *Administrative Science Quarterly*, 6(3): 257-81.

Burns, T. and Stalker, G. M. (1961). *The Management of Innovation*. London: Tavistock Publications.

Carlson, S. (1951/1991). *Executive Behaviour.* Reprinted with contributions by Henry Mintzberg and Rosemary Stewart. Uppsala: Studia Oeconomiae Negotiorum.

Dalton, M. (1959). *Men who Manage: Fusions of Feeling and Theory in Administration*. New York: John Wiley.

Dellve, L. and Wikström, E. (2009). 'Managing Complex Workplace Stress in Health Care Organizations: Leaders' Perceived Legitimacy Conflicts'. *Journal of Nursing Management*, 17(8): 931-41.

Drucker, P. (1988). 'The Coming of the New Organization'. *Harvard Business Review*, 66, January/February: 45-53.

Florén, H. (2006). 'Managerial Work in Small Firms: Summarising what we Know and Sketching a Research Agenda'. *International Journal of Entrepreneurial Behavior & Research*, 12(5): 272-88.

Florén, H. and Tell, J. (2012). 'Managerial Behaviour in Small Firms: Does it Matter what Managers Do?', in S. Tengblad (ed.), *The Work of Managers: Towards a Practice Theory of Management*. Oxford: Oxford University Press, 245-63.

Grey, C. and Garsten, C. (2001). 'Trust, Control and Post-bureaucracy'. *Organization Studies*, 22(2): 229-50.

Guest, R. H. (1956). 'Of Time and the Foreman'. *Personnel*, 32(6): 478-86.

Hales, C. (1999). 'Leading Horses to Water? The Impact of Decentralization of Managerial Behaviour'. *Journal of Management Studies*, 36(6): 831-51.

Hales, C. (2002). '"Bureaucracy-lite" and Continuities in Managerial Work'. *British Journal of Management*, 13(1): 51-66.

Hales, C. (2005). 'Rooted in Supervision, Branching into Management: Continuity and Change in the Role of First-line Manager'. *Journal of Management Studies*, 42(3): 471-506.

Hales, C. and Tamangani, Z. (1996). 'An Investigation of the Relationship between Organizational Structure, Managerial Role Expectations and Managers' Work Activities'. *Journal of Management Studies*, 33(6): 731-56.

Handy, C. (1989). *The Age of Unreason*. London: Business Books.

Hill, L. A. (1992). *Becoming a Manager: Mastery of a New Identity*. Boston, MA: Harvard Business School Press.

Jackall, R. (1988). *Moral Mazes: The World of Corporate Managers*. New York: Oxford University Press.

Kanter, R. M. (1977). *Men and Women of the Corporation*. New York: Basic Books.

Kanter, R. M. (1989). 'The New Managerial Work'. *Harvard Business Review*, 67, November/December: 85 – 92.

Kotter, J. P. (1982). *The General Managers*. New York: The Free Press.

Luthans, F., Hodgetts, R. M., and Rosenkrantz, S. A. (1988). *Real Managers*. Cambridge, MA: Ballinger.

Matthaei, E. (2010). *The Nature of Executive Work*. Wiesbaden: Gabler.

Mintzberg, H. (1973). *The Nature of Managerial Work*. New York: Harper & Row. 342

Mintzberg, H. (2009). *Managing*. San Francisco, CA: Berrett-Koehler Publishers.

Morgan, G. (1993). *Imaginization*. London: SAGE.

O'Gorman, C., Bourke, S., and Murray, J. A. (2005). 'The Nature of Managerial Work in Small Growth-Oriented Small Businesses'. *Small Business Economics*, 25(1): 1 – 16.

Peters, T. (1989). *Thriving on Chaos*. London: Pan.

Selznick, P. (1957). *Leadership in Administration: A Sociological Interpretation*. New York: Harper & Row.

Stewart, R. (1967/1988). *Managers and Their Jobs: A Study of the Similarities and Differences in the Ways Managers Spend Their Time*, 2nd edn. Basingstoke: Macmillan.

Stewart, R. (1982). *Choices for the Manager*. Englewood Cliffs, NJ: Prentice-Hall.

Tengblad, S. (2002). 'Time and Space in Managerial Work'. *Scandinavian Journal of Management*, 18(4): 543 – 66.

Tengblad, S. (2003). 'Classic, but not Seminal: Revisiting the Pioneering Study of Managerial Work'. *Scandinavian Journal of Management*, 19(1): 87 – 103.

Tengblad, S. (2006). 'Is there a "New Managerial Work"? A Comparison with Henry Mintzberg's Classic Study 30 Years Later'. *Journal of Management Studies*, 43(7): 1437 – 61.

Tengblad, S. (2012). 'Conclusions and the Way Forward', in S. Tengblad (ed.), *The Work of Managers: Towards a Practice Theory of Management*. Oxford: Oxford University Press, 337 – 56.

Tengblad, S. (2013). 'Management Roles', in E. H. Kessler (ed.), *Encyclopedia of Management Theory*. Thousand Oaks, CA: SAGE, 462 – 70.

Tengblad, S. (2015). 'Management and Leadership', in S. M. Dahlgaard-Park (ed.), *Encyclopedia of Quality and the Service Economy*. Thousand Oaks, CA: SAGE, 385 – 9.

Tengblad, S. and Vie, O. E. (2012). 'Management in Practice: Overview of Classic Studies on Managerial Work', in S. Tengblad (ed.), *The Work of Managers: Towards a Practice Theory of Management*. Oxford: Oxford University Press, 18 – 44.

Walker, C. R., Guest, R. H., and Turner, A. N. (1956). *The Foreman on the Assembly Line*. Cambridge, MA: Harvard University Press.

Watson, T. J. (1994/2001). *In Search of Management: Culture, Chaos and Control in Managerial Work*, rev. edn. London: Thomson Learning.

Vie, O. E. (2010). 'Have Post-bureaucratic Changes Occurred in Managerial Work?'. *European Management Journal*, 28(3), 182 – 94.

Wikström, E. and Dellve, L. (2009). 'Contemporary Leadership in Health Care Organizations: Fragmented or Concurrent Leadership'. *Journal of Health Organization & Management*, 23(4): 411 – 28.

Zuboff, S. (1988). *In the Age of the Smart Machine*. New York: Basic Books.

第 17 章
管理变革

戴维 · A. 布坎南

有什么问题？

> 这是一个变革的时代，这是今天经常听到的一种表达。人类历史上从未发生过如此频繁的变化。我们所看到的发生在我们身上的这些变化都是在伟大的文化积累中，这是人类的社会遗产。这些文化变革已经被证明在早期是相当罕见的，但在现代，它们发生得越来越快，乃至今天，人类困惑于如何努力适应这些日益增长的社会变革。社会变革的这种快速发展可能是由于发明的增加，而物质文化的累积性又使发明成为可能。(Ogburn, 1922：199)

从管理的角度来看，组织变革被认为是有问题的。我们如何说服人们接受会使他们的技能、知识和工作实践过时的新技术？那些发现自己有了新角色和新关系的人，在一次重大重组后，能多快学会如何有效运作？这个用于捕捉和处理客户信息的新系统怎么样？我们更喜欢旧的系统，因为它运行良好。改变是很困难的。然而，管理不善的变革更会产生挫败感和愤怒。

大多数估计认为有计划的变革的失败率在 60%—70%左右（Rafferty et al., 2013）。主要有三个问题。第一，人们普遍认为，作为“人性”的一个特征，变革是被抵制的。第二，组织努力改变的速度与竞争、经济、社会、立法、技术等触发条件一样快。第三，人们担心变革的规模越来越大。因此，在如何应对阻力、如何加快步伐以及管理“转型”变革方面，不乏建议。

科特和施莱辛格（Kotter and Schlesinger，1979/2008）确定了应对阻力的 344
策略，包括教育、参与、促进并支持、谈判、操纵和强制。前四项需要时间来实施，但可以改善相关人员之间的关系。另外两种策略可以很快实施，但会产生持久的不信任和怨恨。人们通常认为抵制是不可避免的，但拉弗蒂、吉米森和阿姆纳基斯（Rafferty，Jimmieson and Armenakis，2013）认为，通过社会化和沟通过程，个人对变革的准备可以得到加强。从管理的角度来看，抵制也被认为是不受欢迎的，但事实并非如此。抵制可以引发争论，阻止不恰当的想法继续下去。对中层管理者的研究——那些陈规定型的变革阻碍者更经常显示，他们颠覆了高层团队的计划，因为他们认为失败的可能性很高（中层管理者会因此受到指责），转而采取更有效和更有利可图的举措（Boyett and Currie，2004；Rouleau and Balogun，2011）。

变化的步伐也被视为特别具有挑战性。在这方面，我们似乎认为自己的时代与众不同。例如，见证地缘政治事件的瞬息变化，金融危机的迅速蔓延，以及医疗、娱乐、通信、制造、国防等领域新技术不断涌现；智能手机、平板电脑、腕式电脑、3D 打印、社交媒体。咨询公司德勤（Deloitte，2013）为客户提供了一种称为“组织加速”的方法。然而，明茨伯格（2000）观察到，每一代人都倾向于认为自己的处境比前辈更为动荡，正如 1922 年威廉·菲尔丁·奥本所做的那样。所以也许我们不应该反应过度。变化总是伴随着连续性，并且确实是由未变更的事物来定义的，但是宣布变革的组织很少明确说明什么将保持不变，从而不必要地加剧焦虑。

小而局部的变革与大而系统的变革的规模也是有问题的。专门研究战略的管理顾问通常会与客户组织的高层管理团队进行“三个白板”练习。左边的白板上写着“我们现在在哪里?”右边的白板上会是这样写的：“我们想在两到五年后发展到哪里?”中间的白板上是这样写的：“我们怎么才能到那里?”对于大多数组织来说，右边的白板说明董事会将会进行大规模的战略性转型变革。

深度是一种隐喻，可以作为对不同类型的变革进行分类的基础，如图解 17.1 所示。在图解 17.1 的底部是一些“小东西”，这些小东西甚至可能都不被视为“变革”。中等规模包括“维持性创新”，包括改进当前实践。规模最大的是“颠覆性创新”，它涉及全新的商业模式和工作方法（Christensen，2000）。管理小的变革可能比实施突破性的计划更容易。前者可能很少涉及熟悉的事物。深度或“越界”的变革通常是突然的、痛苦的，并且会激发更大的抵抗力。

顾问们的做法意味着“深层次”变革更为普遍和必要。这在某些组织语境中可能是合适的。然而，研究也表明，不应忽视小规模的变革。穆尔和布坎
345 南（Moore and Buchanan，2013），例如，演示一项旨在快速解决急症医院中的小问题的计划是如何在几乎不增加成本的情况下实现大量重大绩效改进的。在这种情况下，通过让人们参与进来（小问题是由员工发现的），建立完成任务的声誉，从而为后续更大规模的计划创造平台，实现更深层次的变革。较小的改进可以促进和补充更深层次的举措，证据表明，不应低估这些举措。尽管大多数评论集中在深层次的变革上，但在大多数组织中，在任何特定的时间，变革都可能在整个规模上发生。认识到这一点，许多组织因此成立了企业项目或项目管理办公室（PMOs），以支持和协调其倡议（Ward and Daniel，2013）。

超出范围	颠覆性创新 框架突破，模式突破 大幅调整组织和行业边界
更深	范式转变，战略变革 新的思维方式和解决问题的方式，改变整个系统 经商的新方式
深刻的变革	改变使命、愿景、价值观、组织理念，以象征思维和行为的根本转变
	改变组织对成功的定义，创建新的目标、对象和指标
维持性创新	改善商业计划，象征着思维方式的转变，加强文件、报告和控制
	重新分配资源 增加一些部门，削减其他部门，创建新部门
浅层变革	精细调整：降低成本，提高效率，不断“蚕食”做出微小的改进
未达到规模	“小事一桩”——迅速解决那些没人费心去解决的烦人的小问题；“给轮子上油”

图解 17.1 评估变革的深度

因此，“管理变革”的标签提供了一个承诺，即这个过程应该以积极、可预测和有效的方式进行计划、协调和控制。关于这个问题的评论，无论在理论上还是在实践上，现在都是庞大而零散的，反映出许多不同的观点和方法。因

此，寻求指导的经理面临众多选择。Google 搜索（2013 年 11 月）产生的结果如表格 17.1 所示。其中一些“热点”来源于学术资源，一些来自政府机构和专业机构，还有许多来自管理咨询机构提供的变革管理观点、技术和工具。然而，从不同的角度来看，实践指南往往会提出类似的建议。既然有这么多的建议，为什么还会有那么多的变革失败呢？

表格 17.1　在 Google 上搜索管理变革 346

搜索词	“点击数”
管理组织变革	1 070 万
组织变革管理	5 950 万
管理变革	2.78 亿
变革管理	10.9 亿

鉴于这一领域的广泛性，本章有选择地关注五个关键问题。第一，评估实用指南或变革管理“方案”。第二，探讨了过程理论对变革的观点。第三，考虑变革速度带来的问题。第四，检查变革领导技能。第五，对今后该领域将来的研究提出了建议。

变革管理方案

美国社会心理学家库尔特·勒温（Kurt Lewin）的工作可以追溯到 20 世纪中叶，但时至今日，他的研究仍然在变革管理领域徘徊。当代人对这门学科的理论和实践的兴趣主要源于他的贡献。勒温认为，首先有必要“解冻”当前的态度，让人们理解变革的必要性。他指出，在实施变革之后，而在相关人员恢复以前的工作方式之前，有必要“重新冻结”态度和行为。这个简单的“解冻—移动—重新冻结”模型具有表面有效性，并且仍在变革管理评论中引用。然而，对于模型的第三阶段，考虑到许多组织似乎都经历过持续不断的变革倡议，“永久解冻”已成为一个更准确的隐喻。

大多数当代的变革模型都遵循了勒温的方法，提供了更多细节，并使用了不同的术语。例如，科特（1995）提出的转型变革实施的八阶段方法，以“创造紧迫感”（解冻）为开始，经过“授权人们行动”（移动），最后以“将新方法制度化”（重新冻结）结束。美国医疗保健改善研究所（IHI）倡导五步变革实施框架（图解 17.2），以“让现状变得不舒服”开始，到第五步“执行变革”，最后以“保持改进的绩效水平”结束（Reinertsen, Bisognano and Pugh, 2008：4）。

347

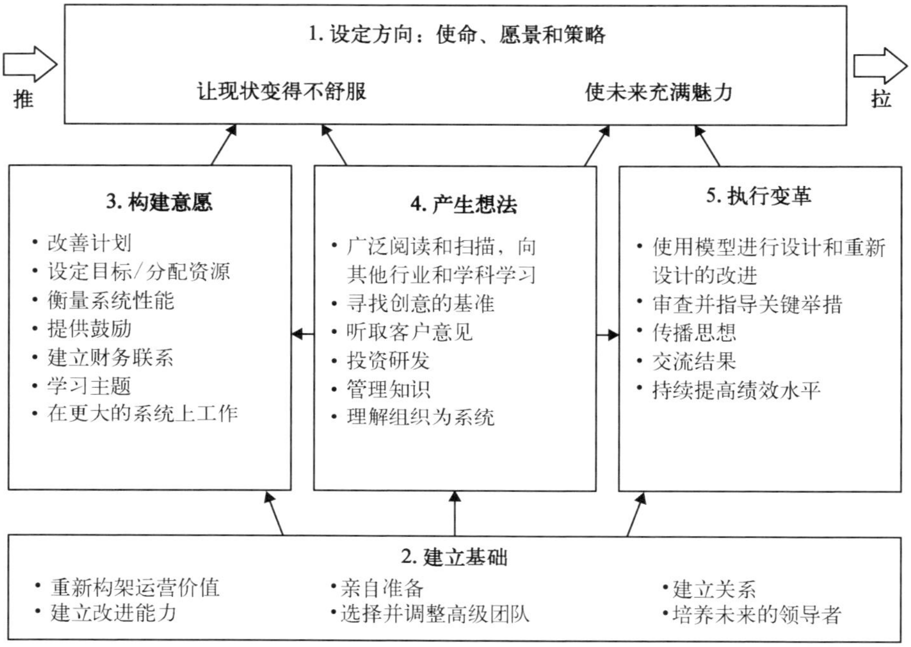

图解 17.2　医疗保健改善研究所变革框架

这些“n 步方案”（“n”可以是大于 2 的任意自然数）主导了变革管理实践。这些方法将通常是一个混乱的、迭代的过程编成文件，并为忙碌的变革领导者提供关于如何做的直接建议，以提高成功的机会。我们观察到，在大多数情况下，如果组织没有广泛遵循科特和美国医疗保健改善研究所的建议，那么变革计划可能会陷入困境。

凯勒、米尼和本（2010）对这一流派进行了例证，他们指出了“转型变革”成功的方法。他们将转型变革定义为“大规模的变革，如何从良好的绩效提升到卓越的绩效、削减成本或扭转危机”（Keller, Meaney and Pung, 2010：1）。他们的模型基于管理咨询公司麦肯锡公司（McKinsey & Co）对 2 500 名高管进行的全球调查。这些高管确定了四套策略，这些策略有助于他们的变革取得成功。这些策略涉及目标、结构、参与和领导力，总结在表格 17.2 中。

目标、结构、参与、领导力这些都是变革管理中的共同主题。然而，凯勒及其同事们也发现，当这些策略结合在一起时，它们更有效。在使用这些策略的组织中，80%达到了它们的目标，而那些没有使用这些方法的组织中只有 10%。即使在防守转型的情况下，使用所有这些战术的成功概率也达到 64%。

表格 17.2　麦肯锡公司成功转型变革的秘诀 348

战术	说　　明
目标	追求增长和渐进的、发展的变革，并具有“扩张”目标
	避免采取被动的防御性转型，并着眼于削减成本
	着重于优势和成就，而不仅仅是问题
	设定成功的明确标准并监控进度
结构	逻辑程序设计
	将流程分解为明确定义的计划
	使相关人员可以共同创建计划
	明确角色、职责和责任
参与	高水平的参与和协作
	事件的前线所有权
	推动变革的主动性还来自前线部门
	在各个阶段的高层沟通和参与
领导力	行政首长的个人承诺和明显参与
	领导者“角色模型”预期的变化和“观念模式”
	发展能力和持续改进的能力文化
	文化变得更容易接受进一步的创新

这些方法带来的一个问题是变革过程混乱且反复。将过程简化为三个、四个或八个步骤，存在过分简化的危险。事情并非总是按计划进行或按时发生，外部事件会干扰，并且可能经常有必要前进并回溯。此外，变革被政治化了，因为那些处境不利的人发现他们对即将发生的事情的观点被忽视，就会试图破坏这一进程。第二个问题与原则背后的细节不足有关。“让现状变得不舒服”和“避免采取被动的防御性转型”可能是恰当的，但这些框架并没有解释如何完成这些步骤。在其他组织中探索实践可能是想法的来源，但是在一个环境中有效的东西很少能在另一个环境中起作用。第三个问题是对文本缺乏关注。并不是所有的变革都是“变革性的”（与更多平凡的举措相比，管理顾问可能会收取更高的转型建议费用）。在某些情况下，放松的节奏可能是理想的，但时间在其他地方可能是至关重要的。同样的建议是否适用于不同的背景？

斯泰斯和邓菲（Stace and Dunphy, 2001）已经解决了这些复杂性，他们通过对澳大利亚金融部门的研究开发了一个权变模型。他们首先定义了变革的规模，从微调到公司转型，然后确定了四种变革风格：协作（广泛参与）、协商（有限参与）、指导（权威决策）和强制（强制变革）。斯泰斯和邓菲认为参与
349 式变革很耗时，因为它们暴露出难以调和相互冲突的问题。如果组织的生存依赖于快速的战略变革，那么独裁的变革是恰当的。图解 17.3 总结了他们的变革模式，主张采用不同的方法来适应不同的背景。

	渐进式变革策略	**变革性变革策略**
	参与式进化	魅力转型
协作—咨询模式	在组织需要进行细微调整以满足环境条件，有时间以及主要利益群体支持变革的情况下使用	在组织需要进行重大调整以适应环境条件，参与时间很少并且需要进行突变式变革时使用
	强迫进化	专制转型
指令—强制模式	在需要进行细微调整，有时间但主要利益群体反对变革的情况下使用	在需要进行重大调整，没有时间参与，没有对战略变革的支持，但是为了生存而需要的情况下使用

图解 17.3　实施变革的斯泰斯-邓菲权变模型

霍普·海利和巴洛贡（Hope Hailey and Balogun, 2002）、巴洛贡（Balogun, 2006）也提倡在设计和实现变革时采用联系上下文的方法。他们的框架在所谓的“变革万花筒”中确定了许多背景特征，包括：必要的变革速度；变革议程的范围；在某些方面保持连续性的必要性；受影响者的态度和价值观的差异；个人变革能力和组织变革能力；做好变革的准备；以及变革推动者的力量。他们认为，这些环境特征应该影响到变革的起点和路径、选择的实施风格、具体的变革杠杆和机制以及变革角色的性质（自上而下、自下而上、分散的）的决策。

这些方法和权变模型是“高水平”的指南，而不是详细的路线图。只要它们以这种方式使用，它们似乎在实践中是有用的，尽管学术评论家抱怨它们的理论性。因此，采用这些模型的变革领导者必须自己“填补空白”，并适当地融合当地知识、拥有明智的判断和创造性的才能。

回到前面提出的问题，为什么有计划的变革尝试的失败率如此之高？大多数方法都提供了同样直接的指导：明确的目标、强大的变革领导者、良好的沟

通、高水平的参与、投资培训、庆祝成功、嵌入。这些建议都不难实施。那么，问题是什么？答案可能在一定程度上类似于马戏团的表演者。变革领导者通常必须长时间保持无数板块旋转，而同事（抵抗力量）则试图将某些板块甩掉，并使变革领导者的注意力从其他板块上转移开来，从而使他们也陷入困境。

过程视角 350

观察到变革是一个过程，而不是一个事件，这是不言而喻的。然而，过程视角在证明非线性的变革特征的性质和含义方面是具有影响力的。就理论而言，这种影响更为显著，而管理流程也因其相对缺乏实际的变革管理建议而受到批评，这可能是不公平的。然而，过程账户建议变革领导者要为变革的混乱和不可预测性提前做好准备，这与前面讨论的变革方案和权变模型所暗示的更有序的事件形成对比。

过程账户解释了组织变革等现象是如何通过不同层次因素的组合和相互作用而随着时间的推移展开的（Pettigrew，Woodman and Cameron，2001）。过程理论也是“联合因果关系”（Goldstone，2003）的例子，也被称为配置或组合解释。时间和事件序列是该理论的核心（Langley et al.，2013）。道森和安德里奥普洛斯（Dawson and Andriopoulos，2014）认为，变革过程受三组因素的相互作用：背景、实质和政治（图解 17.4）。

因此，组织的过去、现在和未来的外部和内部环境都是重要的影响因素。351
过去的事件当然可以影响当前和未来的反应。变革的实质是重要的，无论是规模、时间框架还是“感知的中心性”，或者说变革对组织的生存有多重要。过程账户强调政治策略的作用，包括外部（游说、联盟、利益相关者管理）和内部（冲突和抵抗）。因此，变革推动者要想取得成功，就必须愿意并能够干预组织的政治（Buchanan and Badham，2008）。这方面作用的一个关键涉及象征性行动，这些行动力求在面对相互竞争的想法时使提案合法化，确立对问题和解决办法的可信度，获得同意，并获得其他组织成员的遵守。因此，变革领导者的部分任务涉及“意义管理”（Pettigrew，1985：442）。这包括“你说出的方式”，或者更准确地说是“你卖给别人产品的方式”。

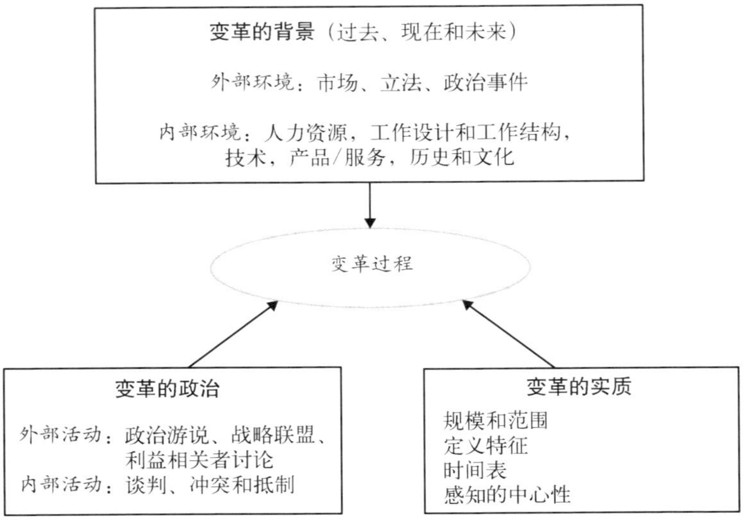

图解 17.4　变革过程框架

到目前为止的讨论涉及有计划的变革。然而，一些变革是突发的。在缺乏管理方向的情况下，大多数组织都在不断变革，这样人们才能找到更好的做事方式。问题的出现也伴随着发现更新颖且永久性的解决办法。大多数管理和专业职位描述都明确或含蓄地包含了削减成本、增加收入、提高质量、业务发展等方面的责任，换句话说，这些内容就是确定和实施变革的倡议。

普洛曼等人（Plowman et al., 2007）给出了一个令人着迷的关于突发情况的描述，它被描述为“偶然的突变式变革”。他们记录了“使命教会”（Mission Church）的转变，这是一个失败的组织，其成员数量不断下降，变革就是要能够扩大成员数量，使社区更广泛地参与进来，对周围地区有利。但是这变革不是一个深思熟虑的计划的结果，而是由一次早餐会引发的，会上成员建议推出一种新的“无家可归者早餐”服务。这一相对不重要的事件却发生在一个衰落的组织背景下，并经历了领导层的变化，再加上内部冲突，以及组织宗旨的不明确等情况。在这种不稳定的环境下，小动作被放大，从而使突变式变革成为可能，尽管这是突然和缓慢的。这是一个很好的例子，说明随着时间的推移，过程账户的成功变革，也阐明了因果关系的现象，即将不同层次的因素进行综合分析并得出结论。

道森和安德里奥普洛斯（Dawson and Andriopoulos, 2014）从他们的过程账户中，确定了与变革管理实践相关的八个“经验教训”。第一，对于如何更好地管理变革，没有通用的方法或简单的方法。第二，变革是一个政治过程，变革领导者需要在政治上有敏感度和敏锐度。第三，时间、计划和灵活性对于改变态度和行为以及获得变革承诺至关重要。第四，他们提倡“批判性反思”，挑战公认的假设，例如在抵抗方面，如果抵抗破坏了一项薄弱的变革倡议，这可能是可取的。第五，重要的是要学习经验和教训，而不是只专注于成功。第
六，教育、培训和发展应与新操作程序相适应。第七，沟通是一个重要的工 352
具，尤其是在期待方向的转向过程中。第八，“矛盾为批判性反思提供了健康的食物”：变革需要不断适应环境。

过程理论是否能为变革领导者提供切实可行的建议？普洛曼等人（2007）鼓励对环境和小规模行动保持敏感，但没有提出进一步的指导方针。道森和安德里奥普洛斯（2014）提出的大部分建议也涉及如何理解变革过程，而不是实施过程。总之，收款账户建议“做这件事”，过程账户建议“请注意此操作”。在理解和管理组织变革的背景下，这两套建议都有价值，特别是当它们结合起来时。

速度问题

先前的研究表明，组织通常会经历相对稳定的时期，但这些时期会不时地被更大规模的变革所打断。这被称为“间断平衡”理论（Tushman and Romanelli，1985；Tushman，Newman and Romanelli，1986），该理论要求组织在需要时平衡“可行的均衡”和急剧的“框架破坏”。换句话说，变革的步伐是由中断间隔的频率决定的。

科特和施莱辛格（1979/2008）提出了一种更为细致的观点，主张根据情况采用应急方法确定变革的“最佳速度”。他们建议，如果业绩迅速下滑，组织的生存受到威胁，就应迅速采取行动。他们主张采取一种更为温和的步调，在这种情况下，预计会有强烈的阻力，需要其他人来帮助实施变革，并且变革领导者的组织权力比阻力小。在前面讨论的斯泰斯-邓菲权变模型中，时间压力也是一个决策标准。

然而，如今的大多数管理者都觉得，在是否以及何时启动下一轮组织变革

方面，他们没有选择的余地。间断均衡是一种陌生的模式。如前所述，“永久解冻”是比“重新冻结”更恰当的隐喻。在内部系统、结构和工作实践方面，大多数组织需要与金融市场、新技术和新材料以及竞争的发展速度相匹配，同时还要不断改变国内外政府的优先事项、政策和监管要求。在这种模式下，几乎没有稳定的平衡点。

因此，科特（2012a：52）通过八个“变革加速器”为如何加快变革提供了建议：

1. 对一个单一的、大的机遇，要有紧迫感；
2. 建立和维持指导联盟；
353 3. 形成战略愿景，积极主动，抓住重大机遇；
4. 传达建立一支“志愿军”的战略和愿景；
5. 确保组织消除了实现愿景的障碍；
6. 庆祝重大的短期胜利；
7. 要持之以恒，不断学习，但不要过早地宣布胜利；
8. 确保变革成为组织文化的一部分。

这些“加速器”是基于科特（1995）的变革模型，但有三个差异。第一，科特认为这些加速器必须同时运行，而不是按顺序运行。第二，变革不能依赖于一个小而强大的核心团队，而要依赖于整个组织的许多变革推动者。第三，传统的等级制度必须辅之以灵活的网络。

在某些情况下，加快变革的步伐可能会造成损害。亚伯拉罕森（Abrahamson，2000，2004）声称持续的快速变革会破坏稳定并导致倦怠，相反，他主张“无痛的改变”。与塔什曼和罗马内利（Tushman and Romanelli，1985）的研究相呼应，亚伯拉罕森认为组织应该追求“动态稳定性”，这意味着将重大举措分布在精心安排的较小的“有机”变化时期内，确定两个有机过程：

- 修补　为当代问题创建启发性的解决方案，而不是试图从零开始创造新的东西。
- 融合　利用内部和外部资源（技能、技术、模型）进行更大规模的修补，也许会创建一个新的部门或业务。

因此，有效的变革需要谨慎的步调，在适当的时间间隔内实施大规模和小规模的变革模式。避免组织可能需要快速变革，而那些快速变革的组织可能必须开始修补和融合。亚伯拉罕森的建议再次暗示组织可以选择何时、以何种规模、以何种速度实施哪些变革。环境压力经常影响这些决定。

布吕克和门吉斯（Bruch and Menges，2010）还认为，快速变革会导致企业倦怠，他们观察到，在许多组织中，巨大的市场压力鼓励管理层增加活动的数量和速度，提高绩效目标，缩短创新周期，并引入新的系统和技术。当首席执行官把这种状态称为“新常态”时，成就感就会变成长期的负荷过重。在时间压力下不断工作，工作重点频繁变化，工作重心分散，员工感到疲惫和缺乏动力，客户也会感到困惑。

布吕克和门吉斯称之为“加速陷阱”。他们发现，在“完全陷入困境”的公司中，60%的员工认为自己缺乏完成工作所需的资源，而在没有“被困”的公司中，只有 2%的员工感到自己缺乏完成工作的资源。他们还发现了三种典型的模式。

- *超负荷* 工作人员有太多的工作要做，但没有足够的时间或资源 354
- *多负荷* 工作人员有太多不同种类的任务，从而降低了工作重心
- *永久性负荷* 组织一直在接近产能满载的情况下运作，员工没有休息或退却的机会，只会问：“何时结束？”（Bruch and Menges，2010：83）

如果员工对以下九个陈述中的五个或更多回答“是”，那么一个组织可能具有“加速文化”（Bruch and Menges，2010：85）：

- 是否因为太多的其他活动分散了注意力，所以很难完成重要的事情？
- 是否有将本组织推向能力极限的趋势？
- 公司是否重视努力而非实际成果？
- 如果员工提前下班，他们是否会感到内疚？
- 员工是否经常谈论他们的工作量有多大？
- 是否期望管理者通过参与多个项目来充当榜样？
- 即使对于已经承担了太多项目的人来说，“不”也是一个禁忌词吗？
- 是否期望人们必须在几分钟内回复电子邮件？
- 下班后，员工是否因为觉得需要联系而保持手机的畅通？

一个组织可以通过组合策略来摆脱加速陷阱。首先，明确战略和目标很重要。其次，停止不那么重要的工作。再次，建立一个确定倡议优先次序的制

度。最后，高级管理层应该“宣布当前高能量阶段的结束”（Bruch and Menges，2010：83）。在布吕克和门吉斯研究过的一家公司，其首席执行官坚持认为，管理者只确定三个“必胜之战”，以集中注意力和精力，而不是他们过去工作的“十大首要目标”。

速度问题是一个紧迫的实际问题，因为一方面，人们认为需要速度来生存，另一方面，个人和公司可能会精疲力竭。这是一个过于简单化的说法；适度调整节奏在某些情况下可能是有效的，但是要在对问题进行仔细的预测和管理的前提下，并且毫无疑问地可以在没有倒退的情况下进行有节奏的改变。本节中的大部分评论都来自从业者的资料。尽管强调了时间因素的重要性，但过程账户对变革的步伐几乎没有什么要求。为了更好地理解不同环境下不同变化率的性质、优点和缺点，需要采用纵向研究方法。可悲的是，研究经费和研究人员绩效管理的趋势仅仅鼓励短期产出，从而阻碍了可能需要数年才能产生令人信服结果的纵向研究。

355 变革领导者

- 研究人员　“我们想与实施整个医院重新设计计划的变革推动者谈谈。”
- 人力资源总监　“什么，总共四万五千人？”

术语已经成为一个问题：变革推动者、变革管理者、变革领导者。这些术语可以互换吗？在20世纪后半叶的大部分时间里，“变革推动者”一词指的是聘请外部协助者或顾问来设计干预措施，以产生管理层期望的变革。现在，该术语的使用趋于宽松，包括组织内部或外部的任何参与设计和实施变革的人员，无论他们是否具有正式的变革角色或职位。

科特（2012b）在变革管理者和变革领导者之间保持了区分。管理者的角色是控制和顺利运行小的变革倡议。变革领导者则为重大变革提供愿景和驱动力。科特认为，变革领导能力在一个不可预测和快速变化的商业环境中处于优势地位。这一讨论呼应了关于管理层和领导层之间区别的更广泛辩论，在这场辩论中，维持秩序和提供愿景之间出现了类似的对比。

明茨伯格（2009）采用了不同的观点，认为虽然可以从概念上区分管理和领导角色，但在行为方面却不可能这样做。他问我们是否要被无法领导的人管理，还是被无法管理的人领导，他得出的结论是：“我们应该将管理者视为领导者，而领导力作为管理实践得很好。”（Mintzberg，2009：9）在本节中，我们将继续讨论明茨伯格。然而，随着时代的发展，“变革领导者”一词将优先于其他术语在这里使用。

因此，变革领导力和一般的领导力一样，已经成为分布广泛的功能（Gronn，2009；Denis，Langley and Sergi，2012）。布坎南等人（Buchanan et al.，2007）描述了一项复杂的改革议程的实施过程，该议程极大地改善了在一家急症医院对前列腺癌患者的治疗。尽管四个人（其中一人受雇于外部机构）是关键，但没有项目负责人，实施过程还涉及另外 23 个人以及 26 个管理、行政和临床小组、患者代表及其他组织。随着工作的进展，个人和团体之间的责任转移，显然不需要任何监督或协调角色。许多参与这一进程的人很少或没有变革领导力背景或培训。

这是否意味着现在每个人都是变革领导者？不，但是参与变革倡议的 356
可能性一直存在，因此对这一领域技能的需求也在增加。在许多组织中，可能需要为除正式变革管理职位以外的人员提供领导力发展机会。如前所述，科特（2012a）主张分散变革领导力的责任，以此作为加快变革步伐的策略。

考虑到变革领导者所需要的能力，表 17.3 总结了全球变革管理研究所制定的能力素质框架（Leys，2012）。能力素质框架因专业知识的分散和过度简化而受到批评（Hollenbeck，McCall and Silzer，2006）。政治技巧是领导者效力的核心（Ferris，Davidson and Perrewé，2005；Buchanan and Badham，2008），但这个观点很少被认可。比森（Beeson，2009）在确定高管职业发展中的“核心选择因素”时，特别强调了“软技能”的重要性，例如“跨越内部界限（横向管理）；展示组织智慧；影响和说服同事；处理冲突”。然而，这些框架在实践中通常被用作评估和开发工具。表格 17.3 中的 12 个技能是否对“超能力”变革领导者进行了描述？不一定。这些技能中的大多数（如果不是全部的话），包括“专长”，即使不是全部，也适用于大多数一般的管理职位。

表格 17.3　变革管理研究所能力素质模型

技能专区	表现出对以下方面的理解/能力
促进变革	变革原则；环境 业务重点；变革准备；文化意识
战略思维	远见；评估准备情况 战略观点；可持续性成果
思考与判断	分析性思维；整体视角；决策
影响其他人	以客户/利益相关者为重点；专业的存在 建立网络；人际关系技巧（销售想法；使用权力）
变革指导	学习原则；变更管理层 需求分析；管理变革角色模式的组织能力；新技能
项目管理	计划制定；监控和管理进度 成本管理；风险与机会管理；评审项目成果
交流	建立关系；共情；口头和书面交流 衡量沟通的有效性
自我管理	个人的责任；优先级和时间管理弹性；灵活性；情商
促进-会议和工作坊	设计；参与式环境 结构（议程、物理环境） 过程（促进工具、包容性、时间安排）
专业发展	更新知识和发展技能 促进变革管理
专长（1）学习与发展	需要识别；培训计划；解决方案交付；评价
专长（2）沟通	需要识别；计划；解决方案设计和开发；解决方案交付；评价

357 对能力素质框架的另一种批评是，它们没有抓住工作的本质，因此没有抓住有助于变革领导效力的态度和性格特征。就时间和精力的投入而言，参与一个大型变革项目可能是一项艰巨的任务。一个寻求传统的朝九晚五工作的人在担任变革领导角色时可能会感到不舒服。以下是本章作者与一名芬兰妇女之间的交流，她加入了一个团队，与南澳大利亚阿德莱德的一个组织一起执行一项要求特别高的变革项目：

“你说这份工作对你的时间和精力要求很高。听起来很累。你为什么决定接受这份工作？”

“我早上想找份工作，晚上不想离开。我认为这是一个很好的学习机会。我要学习更多的东西。我需要工作。我需要把我的手弄脏。这给了我一个展示自己能力的机会。这是一项非常累人和令人沮丧的工作。另一方

> 面，它给你一个很好的机会去超越。我是个冒险者。我工作的时候需要一些刺激和动力。我相信，迎接外部商业环境挑战的唯一方法就是向客户提供他们真正想要的东西。它给了我一个机会，与一些高度积极和忠诚的人合作。我们一起实现目标。我的皮肤很厚。我意识到，在变革的过程中，我会碰到一些敌人，同时也会结交一些非常有影响力的朋友。我能够接受这个挑战是因为我个人生活方式（男朋友在国外，狗在家）。我为公司以及财务和非财务回报牺牲了业余时间。尽管我是一个缺乏经验的变革推动者，但我相信我有能力、知识来实现这一目标。或者我可以找到一个专家（内部或外部）来帮助我实现这一目标。如果我失败了，我仍然可以在[这个组织]或其他地方工作，因为我能容忍不同的观点。”

这个人被挑战、兴奋和个人发展机会所激励，而不在乎长时间的工作，这是由生活方式因素和她在职业生涯中所处的阶段决定的。她还表现出一些重要 358
的性格特征：需要学习和发展，需要冒险和权力，渴望让事情发生，容忍歧义，结实的皮肤等特质。

在如此紧张和压力下工作的回报包括个人发展和更广阔的未来职业机会。变革领导者通常会接触到企业问题和利益相关者，而他们在传统的专业或运营角色中不会遇到这些问题。结果，他们提高了自己的就业能力，并且再返回到原来的岗位上时经常会出现“重新进入”的问题，取而代之的是寻求新的晋升机会（Buchanan，2003）。

因此，似乎具有更大意义的问题包括分布式变革领导力的影响，政治专业知识在塑造变革的性质、方向和速度方面的作用，以及变革领导者的动机。然而，这些领域还缺乏研究证据。

研究议程

变革是组织和管理研究的一个领域，理论和实践似乎不能相互联系或相互补充。没有“核心”的研究传统，也没有一套共享的概念或框架。人们发现过程账户晦涩难懂，这些方案是非理论的。这种差距源于不同的文化在认识论上的差异。美国研究人员仍然坚持实证主义的观点，寻求分离和操作变量并建立协变量。英国和欧洲的研究人员对建构主义认识论、过程视角和理论叙述更为满意。莫尔（Mohr, 1982）抓住了这一区别，他认为，在组织行为领域，差异观点的价值有限，而过程理论是加深理解的更合适的工具。这一论点在大西洋彼岸得到了更多的支持。但是这一观察结果不适用于加拿大的研究人员，因为他们一贯主张过程视角（例如，Langley et al., 2013）。

这一领域的分散意味着我们不完全理解，为什么在广泛一致和无争议的实践准则下，很大比例的变革努力未能实现其目标。观点的多样性可以是一种优势，可以使辩论变得活跃，也可以是一种劣势，造成混乱。然而，人们认为需要持续且主要是大规模的组织变革，以及变革的管理不善所造成的损害，在不同的背景下，更好地了解成功和失败的关键因素将带来一系列的对个人、组织、社会的经济利益影响。

目前，至少需要关注五组研究问题：

第一，很少有研究探讨组织变革在不同经济条件下的性质和前景，比如增
359 长与衰退。大多数关于变革的案例研究似乎涉及渐进的、发展性的变革议程。虽然凯勒、米尼和本（Keller, Meaney and Pung, 2010）认为，防御、反应性和成本削减的详细案例很少见。在经济衰退中，组织变革是否变得更容易管理？在经济衰退中，紧迫感可能普遍存在，如何了解其基本原理（Meaney and Wilson, 2009）？

第二，表格 17.1 中“转型”变革的概念很明确，并被认为是理所当然的，它位于量表的顶部。首先，“转型”的概念化忽略了较浅、规模较小的变革倡议的促进作用和潜在的累积效应。对于许多组织来说，“小事情”可能是一个合适的起点，而启动深度变革则可能是一个错误的估计。其次，这种转型方法将注意力集中在变革的基本内容上：新的组织结构、新的 IT 系统、新的服务交付模式。然而，许多组织正在尝试通过员工参与来开发这种基本内容的新方法。例如，英国一家急症医院的变革管理者解释说：

> 如果有的话，我认为我们所做的最激进的事情就是真正的参与，并向人们询问你认为哪种方式更好，并允许他们这样做。所以这是方法、文化、领导力和思维方式的改变。而且，从高层领导的角度来看，如果不能立即采取行动，就必须勇敢地为人们提供保护，使他们免受任何外部批评或要求。

因此，可以更恰当地将转型变革概念化为一种多维现象，该现象取决于实质、规模、与其他正在进行的举措的关系，还有时间、顺序、速度和预期结果。

第三，一种新的“方案”出现了，它与变革是否实施无关，而与建立和保持持续变革的能力有关。莫尔曼和劳勒（Mohrman and Lawler，2012：42）认为，组织必须关注“下一个实践”和“最佳实践”，因为：

> 当今组织面临的主要挑战是应对高度动荡。它们在动态环境中运作，在各种利益相关者的愿望随着时间而改变的社会中运作。他们要获得不断增长的技术能力和信息。一项关键的组织能力是适应环境、机遇和挑战变革的能力。

在描述金融服务公司 Capital One 的“变革能力建设”（BCC）项目时，沃利和劳勒（Worley and Lawler，2009）以及劳勒和沃利（Lawler and Worley，2006）确定了四个“变革能力”的特征。首先，重点关注未来趋势、可能性 360
和影响。其次，有一个“测试和学习”战略，不断寻求“暂时的优势”和新的收入来源的机会。再次，灵活的组织设计，扁平的结构，频繁的重组，并赋予员工权力。最后，有改变日常事务的能力。对这种结构的研究很少。其中一个关键问题涉及模型中隐含的恒定流量和不确定性可能产生的问题。另一个问题涉及这种方法在公共部门组织中的适用性，在公共部门组织中，不断的变革也是必不可少的，但官僚、立法和监管方面的障碍可能会阻止这种方法。

第四，路径依赖的概念已被政治学家用来研究国家革命，包括（变革型）政府和政权更迭，例如民主和独裁之间的革命（Mahoney and Rueschemeyer，2003；Goldstone，2003）。路径依赖说明了一个社会或组织如何通过过去的决策和事件的影响而倾向于承诺或“锁定”未来的行动方针。这种观点尚未被广泛地用于理解组织变革的本质。西多、施雷约格和科赫（Sydow，Schreyogg，and Koch，2009）提出了一个组织路径依赖模型，这是一个“渐进式的社会过程”，分为三个阶段：（1）预备阶段，行动范围很广，但仍受过去的制约；（2）当主导模式出现时，缩小选择范围，并使过程变得越来越不可逆转；（3）锁定，当主导模式变得固定并获得确定性特征时。通过这一视角进行的研究，与过程视角产生共鸣，追踪事件变化的过程，可以产生新的见解，以便了解为什么有些变革成功了，而有些变革没有成功的原因。

第五，在这一领域有一个悖论，它引起了人们的兴趣，即危机后的变革。事故、故障、严重事件和其他极端事件为相关组织提供了对其结构、系统、程序和管理风格的“残酷审计”（Lagadec，1993）。在此类事件发生后，组织通常会进行调查，查明出了什么问题，并提出防止再次发生的建议。然而，这些建议往往没有得到实施（Elliott，2009）。为什么不实施？研究集中于事件因果关系和危机管理，以及公众调查的作用。这使得危机后的变革管理常常被忽视（Buchanan and Denyer，2013）。这也就容易理解为什么在准备度和接受度都很高的情况下，变革不会发生，这将为“正常”组织环境中变革的性质和成功提供新的思路，并有助于减少这些极端事件。

支持这些建议的假设是：研究人员可以获得产生新证据的方法。研究不同经济条件下的变革，研究不同的转型变革模式，调查持续变革能力的发展，探索变革过程的路径依赖解释，追踪危机后的建议，这些问题都需要用纵向方法研究。不幸的是，研究经费和绩效管理制度阻碍了这种方法论的推广。但是要改变这些制度似乎又很困难。

361 ## 参考文献

Abrahamson, E. (2000). 'Change without Pain'. *Harvard Business Review*, 78(4): 75-9.

Abrahamson, E. (2004). *Change Without Pain: How Managers Can Overcome Initiative Overload, Organizational Chaos, and Employee Burnout*. Boston, MA: Harvard Business School Press.

Balogun, J. (2006). 'Managing Change: Steering a Course between Intended Strategies and Unanticipated Outcomes'. *Long Range Planning*, 39(1): 29-49.

Beeson, J. (2009) 'Why You Didn't Get that Promotion: Decoding the Unwritten Rules of Corporate Advancement'. *Harvard Business Review*, 87(6): 101-5.

Boyett I. and Currie, G. (2004). 'Middle Managers Moulding International Strategy: An Irish Start-Up in Jamaican Telecoms'. *Long Range Planning*, 37(1): 51-66.

Bruch, H. and Menges, J. I. (2010). 'The Acceleration Trap'. *Harvard Business Review*, 88(4): 80-6.

Buchanan, D. A. (2003). 'Demands, Instabilities, Manipulations, Careers: The Lived Experience of Driving Change'. *Human Relations*, 56(6): 663-84.

Buchanan, D. A. and Badham, R. (2008). *Power, Politics, and Organizational Change: Winning the Turf Game*, 2nd edn. London: SAGE.

Buchanan, D. A. and Dawson, P. (2007). 'Discourse and Audience: Organizational Change as Multi-Story Process'. *Journal of Management Studies*, 44(5): 669 - 86.

Buchanan, D. A. and Denyer, D. (2013). 'Researching Tomorrow's Crisis: Methodological Innovations and Wider Implications'. *International Journal of Management Reviews*, 15(2): 205 - 24.

Buchanan, D. A., Addicott, R., Fitzgerald, L., Ferlie, E., and Baeza, J. (2007). 'Nobody in Charge: Distributed Change Agency in Healthcare'. *Human Relations*, 60(7): 1065 - 90.

Christensen, C. M. (2000). *The Innovator's Dilemma: When New Technologies Cause Great Firms to Fail*. New York: Harper Collins.

Dawson, P. M. B. and Andriopoulos, C. (2014). *Managing Change, Creativity and Innovation*, 2nd edn. London: SAGE.

Deloitte (2013). *Organization Acceleration: The New Science of Moving Organizations Forward*. London: Deloitte Touch Tohmatsu Limited.

Denis, J.- L., Langley, A., and Sergi, V. (2012). 'Leadership in the Plural'. *Academy of Management Annals*, 6(1): 1 - 73.

Elliott, D. (2009). 'The Failure of Organizational Learning from Crisis: A Matter of Life and Death?'. *Journal of Contingencies and Crisis Management*, 17(3): 157 - 68.

Ferris, G. R., Davidson, S. L. and Perrewé, P. L. (2005). *Political Skill at Work: Impact on Work Effectiveness*. Mountain View, CA: Davies-Black Publishing.

Goldstone, J. A. (2003). 'Comparative Historical Analysis and Knowledge Accumulation in the Study Of Revolutions', in James Mahoney and Dietrich Rueschemeyer (eds.), *Comparative Historical Analysis in the Social Sciences*. Cambridge: Cambridge University Press, 41 - 90.

Gronn, P. (2009). 'Leadership Configurations'. *Leadership*, 5(3): 381 - 94.

Hollenbeck, G. P., McCall, M. W., and Silzer, R. F. (2006). 'Leadership Competency Models'. *The Leadership Quarterly*, 17(4): 398 - 413.

Hope Hailey, V. and Balogun, J. (2002). 'Devising Context Sensitive Approaches to Change: The Example of Glaxo Wellcome'. *Long Range Planning*, 35(2): 153 - 78.

Keller, S., Meaney, M., and Pung, C. (2010). *What Successful Transformations Share*. Chicago and London: McKinsey & Company.

Kotter, J. P. (1995). 'Leading Change: Why Transformation Efforts Fail'. *Harvard* 362
Business Review, 73(2): 59 - 67.

Kotter, J. P. (2012a). 'Accelerate!', *Harvard Business Review*, 90(11): 44 - 52.

Kotter, J. P. (2012). *Leading Change*, 2nd edn. Boston, MA: Harvard University Press.

Kotter, J. P. and Schlesinger, L. A. (1979, republished 2008). 'Choosing Strategies for Change'. *Harvard Business Review*, 86(7/8): 130 - 9.

Lagadec, P. (1993). *Preventing Chaos in a Crisis*. Maidenhead: McGraw-Hill.

Langley, A., Smallman, C., Tsoukas, H., and Van de Ven, A.H. (2013). 'Process Studies of Change in Organization and Management: Unveiling Temporality, Activity, and Flow'. *Academy of Management Journal*, 56(1): 1 - 13.

Lawler, E. E. and Worley, C. G. (2006). *Built to Change: How to Achieve Organizational Effectiveness*. San Francisco, CA: Jossey Bass.

Lewin, K. (ed.) (1951). *Field Theory in Social Science: Selected Theoretical Papers by Kurt Lewin*. London: Tavistock Publications (UK edition published 1952).

Leys, F. (2012). *Change Management Practitioner Competencies*. Sydney: Change

Management Institute.

Mahoney, J. and Rueschemeyer, D. (2003). 'Comparative Historical Analysis: Achievements and Agendas', in James Mahoney and Dietrich Rueschemeyer (eds.), *Comparative Historical Analysis in the Social Sciences*. Cambridge: Cambridge University Press, 3-38.

Meaney, M. and Wilson, S. (2009). 'Change in Recession'. *People Management*, 15(10): 62.

Mintzberg, H. (2000). *The Rise and Fall of Strategic Planning*. Harlow: FT Prentice Hall.

Mintzberg, H. (2009). *Managing*. Harlow, Essex: Financial Times Prentice Hall.

Mohr, L. B. (1982). *Explaining Organizational Behaviour: The Limits and Possibilities of Theory and Research*. San Francisco, CA: Jossey-Bass Publishers.

Mohrman, S. A. and Lawler, E. E. (2012). 'Generating Knowledge that Drives Change'. *Academy of Management Perspectives*, 26(1): 41-51.

Moore, C. and Buchanan, D. A. (2013). 'Sweat the Small Stuff: Minor Problems, Rapid Fixes, Major Gains'. *Health Services Management Research*, 26(1): 9-17.

Ogburn, W. F. (1922). *Social Change: With Respect to Culture and Original Nature*. New York: B. W. Huebsch.

Pettigrew, A. M. (1985). *The Awakening Giant: Continuity and Change in ICI*. Oxford: Basil Blackwell.

Pettigrew, A. M., Woodman, R. W., and Cameron, K. S. (2001). 'Studying Organizational Change and Development: Challenges for Future Research'. *Academy of Management Journal*, 44(4): 697-713.

Plowman, D. A., Baker, L. T., Beck, T. E., Kulkarni, M., Solansky, S. T., and Travis, D. V. T. (2007). 'Radical Change Accidentally: The Emergence and Amplification of Small Change'. *Academy of Management Journal*, 50(3): 515-43.

Rafferty, A. E., Jimmieson, N. L., and Armenakis, A. A. (2013). 'Change Readiness: A Multilevel Review'. *Journal of Management*, 39(1): 110-35.

Reinersten, J. L., Bisognano, M., and Pugh, M. D. (2008). *Seven Leadership Points for Organization-Level Improvement in Health Care*, 2nd edn. Cambridge, MA: Institute for Healthcare Improvement.

Rouleau, L. and Balogun, J. (2011). 'Middle Managers, Strategic Sensemaking, and Discursive Competence'. *Journal of Management Studies*, 48(5): 953-83.

Stace, D. and Dunphy, D. (2001). *Beyond the Boundaries: Leading and Re-creating the Successful Enterprise*. Sydney: McGraw Hill.

363 Sydow, J., Schreyogg, G., and Koch, J. (2009). 'Organizational Path Dependence: Opening the Black Box'. *Academy of Management Review*, 34(4): 689-709.

Tushman, M. L. and Romanelli, E. (1985). 'Organizational Revolution: A Metamorphosis Model of Convergence and Reorientation'. *Research in Organizational Behaviour*, 7: 171-222.

Tushman, M. L., Newman, W. H., and Romanelli, E. (1986). 'Convergence and Upheaval: Managing the Unsteady Pace of Organizational Evolution'. *California Management Review*, 29(1): 29-44.

Ward, J. and Daniel, E. (2013). 'The Role of Project Management Offices in IS Project Success and Management Satisfaction'. *Journal of Enterprise Information Management*, 26(3): 316-36.

Worley, C. G. and Lawler, E. E. (2009). 'Building a Change Capability at Capital One Financial'. *Organizational Dynamics*, 38(4): 245-51.

第三部分
主　题

366

第 18 章 367

管理作为一种权力实践

戴维·库尔帕松

管理可以定义为一种权力实践；从这个意义上讲，它涉及约束他人和自己行为的能力（Clegg，2009：310）。作为权力的管理是一种治理的形式，即积极地塑造人们可能被“管理”，也就是服从普遍的秩序和原则的相关环境和结构。作为权力的管理是建立命令与服从之间明确关系的过程。韦伯（1978）将权力定义为“社会关系中的一个行动者能够排除阻力，并执行其意愿的可能性”（53）。因此，许多人已经将管理定义为行动者设计的一系列战略和策略，以表述这种权力，抵抗阻力，并在冲突情况下采取行动或应对不确定性（Crozier，1964）。管理也可以等同于“组织政治”和所有相关的负面行为，例如幕后交易，对他人的不良影响等（Clegg，Courpasson and Phillips，2006）。将权力管理与组织政治等同起来，这有可能将权力管理视为个人主义过程（French and Raven，1959），这个过程取决于行动者所拥有的资源。以关系为视角的观点更强调了权力关系的结构性质，认为权力是相互依赖的关系网络的产物（Pfeffer and Salancik，1974）。最近，来自福柯的后结构主义者的观点认为，权力存在于个人、行动者和组织之间（Sewell，1998；Fleming and Spicer，2014）。简而言之，将管理视为一种强权，需要研究人们如何“解决”他们的权力关系，这就是他们在组织内部所面临的具体情况（Courpasson，Golsorkhi，Sallaz，2012：15）。

在本章中，我们将广泛观察到，管理权力包括通过关系和工作与责任的分配结构在人与人之间建立安排的活动。由于组织活动中基本的摩擦和冲突的性 368
质，权力被作为影响其他行动者的能力而运用；权力不能简化为对顺从性、服从性或抵抗性的抽象解释。此外，它还具有构建特定组织形式的能力，在这里我们将其称为*权力基础结构*，在其中，人们无论做什么还是必须做什么都来自于共同的目标，从而保证人们可以完成特定的任务。权力的施加也同时产生了竞争和接受，因此本章也将其视为围绕工作场所的手段、目的和意义进行辩论和审议的实践。

因此，将管理构建为一种权力实践，就需要界定使这种权力关系能够持续下去的服从的性质。例如，卢克斯（Lukes，2005）争辩说，权力表现为三个方面，从最可观察的维度（人们实际上是在行使权力）到最不可见或最隐含的表达，例如操纵和主体化（Fleming and Spicer，2014）。弗莱明和斯派塞（Fleming and Spicer，2014）通过识别权力的四个方面提供了一种互补的视角：强制、操纵、统治和主体化，这些都是权力的情境表达或系统表达（Clegg，1989）。强制和操纵是依托于“塑造他人行为的可识别行动”的情节式影响模式（Fleming and Spicer，2014：240）。统治和主体化是更系统的形式，因为“它们激发了制度的、意识形态的和话语的资源来影响组织活动”（Fleming and Spicer，2014：240）。除了权力的表现形式，本章还将着重强调和说明作为权力的管理与组织自建立以来就一直在不断产生的权力“基础结构”（从组织科层体制到员工主动服从和克服顽固性）之间的相互关系。特别是，我们将揭示组织中心及其外围行动者之间关系的永恒问题，以表明管理权力是旨在调节这些因素之间存在的紧张关系的一种做法。权力是社会秩序的一面镜子，这种社会秩序是由行动者针对应用于特定时期和特定空间的适当的社会规则进行互动和谈判而产生的（Crozier，1964）。

工人的独特之处在于，它被认为是一个为了换取收入而顺从听话的主体。传统组织意味着任务与组织等级特权的结构之间存在连续性：一个人通过“表现出对任务的掌控”（Clegg，2009：311）和服从的行为使其地位等级上移。但是近来的组织形式，如多元统治（Dahl，1971；Courpasson and Clegg，2012）或后科层机构（Heckscher and Donnellon，1994），已经取消了这种传统的法定权力，进而产生了更多不确定性和更加不平衡的临时工作场所。

本章首先快速概述了我们今天所塑造的权力理论以及权力基础结构的发
369 展，其赋予管理基本的政治性质。然后，我们在提出一些进一步研究的途径之前，重点介绍了中心周边争论的紧迫问题。

权力理论快速概览:“面孔”方法

在本章中，我们保留了弗莱明和斯派塞（Fleming and Spicer，2014）所强调的权力的四个维度。在讨论权力问题的众多框架中，这种维度视角很有趣，因为它强调了权力关系的多样性以及权力关系调节个人能动性与制度-组织装置之间通过权力关系进行互动的方式。

权力强制

权力的焦点可以是某些个人或团体直接行使权力以实现自己的政治目的。这一传统建立在达尔的一维权力观之上（Dahl，1957；Lukes，2005）。问题是，个人最终会通过什么过程完成自己不希望或计划做的事情？拥有某些资源（Pfeffer and Salancik，1974），控制不确定性（Crozier，1964），“局”赋予的官方权力（Weber，1978；Merton，1957）是解释第一个维度的最笼统的概念。在那种情况下，作为权力的管理意味着试图利用他们拥有的资源和权力基础来促使人们去做他们本来不愿意做的事情（解释达尔的经典定义，1957）。

权力操纵

这里是一个“隐含地塑造被认为重要或相关的问题”（Fleming and Spicer，2007：17）。持这种观点的研究调查了制定议程的过程。例如，塞尔兹尼克（Selznick，1949）展示了某一明显的客观标准如何阻止某些主题的出现。古尔德纳（Gouldner，1970）也表明了工人对自我的看法是如何由无权力的观念塑造的，从而让更多有影响力的群体有可能通过有偏见的激励来设定议程（Bachrach and Baratz，1970）。在这种情况下，管理作为权力意味着制定议程，这是一种不太直接的影响形式，旨在仔细评估辩论中要提出的内容以及谁参加这场辩论。

权力统治 370

组织权力的许多理论都将其视为统治过程。根据弗莱明和斯派塞

（Fleming and Spicer，2007：19）的说法，“权力的这一维度塑造了我们的偏好、态度和政治观”。这种观点来自卢克斯的激进观点，他在其中解释了人们如何通过对自身情况的特别的构建性的理解而变得服从。卢克斯（Lukes，2005）强调指出，个人不会“通过以他们在现有事物秩序中所接受的角色塑造自己的感知、认知和偏好，进而产生不满而申诉”。

统治权取决于管理层是否有能力清晰地表达出员工认为不可改变、不受质疑的等级关系。这种看法是由一系列技术（如企业文化［Kunda，1992］和社会假设［Alvesson，1987］）广泛调查研究而形成的。使某些假设合法化并最终标准化的方式也被应用于制度分析中热门的研究领域（Lawrence & Suddaby，2006）。在这种情况下，管理作为权力意味着管理者试图从意识形态上确定行动和不作为的领域，从而遏制和应对他人的利益和主张。

权力主体化

主体化能够定义并确定一个行动者的自我意识，包括情感和身份。用弗莱明和斯派塞（Fleming and Spicer，2014：244）的话来说，“重点不是决策或非决策……，而是决策者的构成。……因此，权力产生了我们认为自然而然的那种人”（Fleming and Spicer，2007：23）。

研究在很大程度上调查了当代组织中产生主体化的手段和系统。团队（Barker，1993）、人力资源管理课程（Townley，1993）、组织灌输（Phillips and Oswick，2012）或识别的纪律机制（Thornborrow and Brown，2009），是表明政治实践的微妙之处的例子。政治实践很可能组织和定位了行动者的日常行为，以及他们如何看待和评估什么是适当的行为，哪些是不适当的行为。在那种情况下，管理作为权力意味着控制形式与人的自我意识密不可分。

有趣的是，权力的这四副面孔可能与组织如何随着时间的推移通过创建特定基础结构发展权力的过程有关。我们将权力基础结构定义为一种机制，通过这种机制，管理层可以在人们工作和生活中的具体组织形式和环境，以及其行为和意义的意识形态基础之间，建立合法并且可理解的联系。换句话说，基础结构包括组织形式和实践，以及更深层次的结构和通过权力行事的理由。

管理权力和权力基础结构的简略系谱：从泰勒到谷歌 371

泰勒主义的学科基础结构

泰勒主义是首个由特定的基础结构支撑的权力技术，旨在产生“身体的政治经济学”（Clegg, 2009：312）。严格遵守计划是管理的中心操作目标，它是旨在构建“国家效率”原则的基本功利主义意识形态（Taylor, 1911）。为了将效用和效率的功能与通过度量的产出和价值的个体差异的社会功能相融合，权力的管理要包括创建塑造人、工作和组织的基础结构的约束程序，以最大限度地减少系统性阻力所可能造成的缺陷。因此，泰勒主义基础结构是管理知识的不断生产，旨在基于务实的计算科学，重新安排使车间运转的日常权力实践。正如克莱格（Clegg, 2009）所提醒的那样，泰勒主义基础结构中的管理意味着“通过权力关系构成身份的中心方面；因此，这意味着人们在进行管理时，对某人和事物都施加了权力”（313）。管理意味着权力，也因为一些人天生就是管理者，而另一些人生来就要执行和被领导。因此，为了再现一种最佳的做事方式，权力/知识关系被重新塑造并完全由管理者掌握。因此，权力不仅嵌入管理的日常实践中，而且成为管理，也就是组织基础结构的常态和状况。它通过对人的最佳利用，将效率与权力联系在一起。权力的方向是建立新的机制来管理工作中的人们，克莱格（Clegg, 2009）称之为“身体的政治经济学”，旨在使工人的身体服从于管理者的卓越才智和工厂的机械强度（Canguilhem, 1992：63）。所有这些都是通过生产性经济目的来合法化的。

这种“解剖政治”（Foucault, 1977）与等级基础结构相吻合，有助于使身体顺服和合作。对身体的控制与非人际关系系统齐头并进，清楚地划定了责任和权威的界限。

福特主义的道德基础结构

1913 年，亨利·福特（Henry Ford）引入了装配线，将其作为一种新的汽车生产方式。在这种情况下，权力关系是由越来越多的例行事务日程决定的，但也受到微妙的权力道德机制的影响。

372 福特主义的道德方面主要来自以下事实：常规的流水线产生高水平的流动率，这迫使福特在1912年和1913年雇用数千名工人来维持劳动力（参见Clegg，2009：317）。福特宣布了五美元的纪念日，以便工人可以分享公司的利润，并成为活跃的消费者，对企业拥有所有权也是他们可以实现的。但是五美元的日子也暗示着有关资格的规则的存在：一个人是不是干净清醒，勤奋而又有价值的工人是最终能否获得上司推荐的关键。福特社会学系的研究人员走访了工人的住所，并提出了达到公司“更好道德”标准的方法。浪费个人能量的所有形式的过分行为（例如爵士音乐，参见Porter，2002）都被认为是制造麻烦的行为。保证员工的道德廉正是确保高效而有纪律的员工队伍的道德投资，而这种道德投资应避免涉及冲动和浪费等非理性行为和活动，因为“身体的行为方式可能塑造一个奋斗的时期，在这个时期，争取社会合法性和摆脱控制的斗争被激化了”（Appelrouth，2005：1497），驱使人们不再遵循规则。“福特先生不需要普遍缺乏道德素质的员工。”（Clegg，2009：320）从这种道德关注出发，人们开始实行严格控制和恐吓工人的行为，以防止工人联合。福特的服务部门将成长为当时世界上最大的私人警察队伍。

福特主义工厂的道德基础结构表明，组织中的权力反映了更广泛社会中的权力：经营高效的工厂意味着管理层必须控制其雇用的人员类型，从而使管理对私人生活加以控制和行使权力，并在其中产生特定的文化，即人们必须遵守管理的要求。

人际关系基础结构

福特主义的基础结构强烈建议，在工作场所管理权力不仅需要规范员工的工作，还要求规范员工的生活，在这里文化和身份可以超越工作空间本身。

霍桑的研究通过强调生产动力可能来自某种团体的士气，以某种方式扩展了这种思考：“生产的改善……反映了一个更自由、更愉快的工作环境，主管不被视为‘老板’，员工‘士气更高’。……员工的想法当然是错误的：从某种意义上说，他们比以往任何时候都更加紧密地受到监督，监督实质发生了变化。”（Mayo，1975：75）

通过这种洞察力，权力管理将转向精神状态，意识和无意识，员工的“灵魂”（Clegg，2009：321）。权力的中心主要不在于工作设计、甄选和培训以及正确的奖励政策的复杂工程中。它反映在管理者的形象上，并具有塑造工作场所社会环境的能力，一个基于非正式规则的动机和敏锐交流的空间，这种非 373
正式规则被正式规则和程序所包围。管理权力意味着通过积极的权力进行工作，以触及员工灵魂深处，既然身体已经受到纪律的约束，那么，员工与管理者的关系必须达到各种治疗性忏悔会议的结果。建立权力关系的基本思想是，管理层必须说服员工自愿地成为顺从的主体，并且没有任何外部机制会强迫他们以这种方式思考。像标准操作程序一样，要对自发服从的模式进行详细阐述。管理权力意味着管理的主体性，被认为是一种群体现象，是有效组织的核心资源。

谷歌的政治：企业文化主义的回归？

组织权力并不总是由主导者对另一个权力较弱的人施加直接（残酷）的力量这种设定。权力通常还注入特定的回路中，在这些回路中，思想和身份可以被强烈地引导并影响人们对自身利益的看法。它也可以遏制在组织机构中抵抗或行使关键异议的意愿，在这种组织机构中，权力所采取的多维性和多种形式促使人们真诚或不真诚地分享关于效率的新规范要求。谷歌的政治表达可以帮助我们了解，最新形式的权力管理如何促使员工最终喜欢上他的工作，并为之感到自豪。从这个角度看，权力处于政治生活中不可见的方面。它通过不稳定和零散的关系进行运作，在这种关系中，行动者可能具有很大程度的自主权，但仍然服从于后工业或后资本主义形式的组织日益压迫的文化形态。

关于尝试“情感化”新人际关系中工作精神（Weber，1978）的模型是众所周知的。公司开始对“软”管理模式产生兴趣（Courpasson，2000）；本迪克斯（Bendix，1956/1999）也认为，管理层一直在利用意识形态说服工人接受顺从的命运。谷歌的政治目标是营造一种包罗万象的环境，“在这种环境中，我们的个性将成为忠实于公司的反映”（Fleming，2013：4）。诸如谷歌之类的公司是“贪婪的机构”（Coser，1974），它通过文化和物质手段使控制系统化并塑造了个人的实际“意识”（Willmott，1993：523）。爱德华兹所说的“IBM方法”可能有助于建立工人的忠诚度，从而使工人的“健康”与公司的“健康”之间几乎没有区别（Barley and Kunda，1992）。雷（Ray，1986）甚至预测，只要企业文化计划能够发挥作用，就可以帮助企业征服“控制的最后边界”——工人的无意识政治忠诚（Fleming，2013：5）。这种权力管理是要在工人的情感需求和公司的经济合理性之间产生协同作用，从而将工人和管理层“混合”。马尔库塞（Marcuse，1964）解释了情感和理性一旦联系在一起，将
374 如何成为专制政权中权力的反常形式。谷歌是权力和控制的独裁主义王国吗？至少在现阶段可以注意到的是，在科层体制中，由客观的规则所调节的权力几乎没有行动的余地，而“好员工”却可以自由思考。在像谷歌这样的新管理型企业中，甚至人们的思想似乎也可以自主权、创造力和解放的名义而被监管（Willmott，1993；Fleming，2013）。

关于谷歌类公司的权力的一个有趣的难题是，尽管包括工人、经理，甚至首席执行官在内已不抱幻想，人们仍然比以往任何时候都更长期、更努力地工作（Fleming，2013）。“我的工作就是我的生活”这一表达方式（Michel，2012：344）集中体现了私人社会与公司之间奇特的融合，在这个社会中，工作过度似乎不再陌生。这意味着在当今的新资本主义企业中，管理权力的范围已经扩大。在大型公司中已经出现了一种“新规范”控制，在这种公司中，人们鼓励工人“做自己”（Fleming and Sturdy，2011）。在大部分所谓的后工业工作场所的“放飞自我”的管理环境中，管理有必要在竞争激烈的工作场所中体现差别。一些“时髦的首席执行官穿着 Che-Guevara T 恤……”甚至可以庆祝某些过去的错误和颠覆的态度（Cremin，2011；Fleming，2013：14）。

这种后工业化的权力基础结构取代了泰勒主义的工作与非工作的界限；工作和提高生产率可能会成为生活项目的一部分。泰勒主义边界所界定的封闭的社会系统逐渐瓦解，并被谷歌的生产模型所取代，由此，出于经济目的，人们利用了超反经济性质，甚至质疑了资本主义的必要性。因此，工人不再知道工作何时开始和何时结束，所有时间都变成了工作时间（Fleming，2013：15）。工人被建议忘记一些个人生活和职业身份的旧的区别。

简单地说，管理权力基础结构似乎已经从相对不受外界生活和项目影响的封闭且受控制的组织的建设演变为设计更为包罗万象的、具有浓厚文化底蕴的开放世界，尽管存在某些形式的挑战，但工人在很大程度上能够参与其中。在这些基础结构中，管理权旨在将“自由劳动”的文化视为一种企业视线下工作扩展到非工作领域的形式。在这里，管理权的目标是高度包容的，以便可以出于经济目的调动额外的经济生活技能。

这种转变并非完全基于管理的话语，远非如此。它也是通过结构动力学来制造和具体处理的过程，包括修改工作和合作的组织形式。在本章中，我们将集中讨论以下主要动态之一：组织中，中心与外围之间的关系。确实，如果在强大的管理权力基础结构中，工人被迫将其工作与毫无疑问的集中式权威—— 375
中央化的权威——新形式的管理权力可以解释新组织制度对权力分配造成的影响。

新的组织形式：中央与外围力量

新组织重新塑造了权力问题。更具体地说，在新的科层机构中出现了新的权力不对称和新的权力渠道。权力管理主要是为了调节地方行动者的自主权与尊重中央行动规则的必要性之间的平衡。尽管这听起来像是一个古老的故事，但当代组织不断变化的环境对社会学家和组织理论家提出了不同的重要问题：人们如何在所谓的不稳定和等级层次结构较低的环境中重新构建其合作形式？在相互控制和责任方面，中央和外围行动者之间的界限如何演变？尤其是在权力更加分散，行为规范更加多样化的环境中，中央和外围行动者如何重塑各自的权力范围？在权力下放的工作形式中，管理权是否或多或少地受到干扰？这些问题以略微不同的方式提出了组织社会学的核心问题之一：变革的政治动力中的中心与外围之间的关系。简而言之，希尔斯（Shils，1961）的原创性贡献之一是主张社会成员资格［在组织中］主要由关系和与［组织的］社会中心区的距离构成。中心被定义为一种文化现象（价值观和信念），是一种“行动领域的现象”，也就是说，是一种“活动、角色和人的结构”（Shils，1961）。从这个角度来看，有可能通过分析中心权威与外围行动者之间的互动来了解新科层机构的政治动态和权力关系的转变。这是新组织研究令人感兴趣的地方。更具体地讲，谈论新组织中的“新中心”作为中心和外围行动者之间相互作用和归属的新结构，这将促使人们通过重新分配两者之间的职责来研究组织的转变。

一些学者认为传统科层结构之所以起作用，是因为根深蒂固的行动计划。相反，新科层机构应该更加动荡和虚拟（Child and McGrath，2001；Heckscher and Donnellon，1994），内部边界也更加模棱两可。该组织被称为“连续变型”

过程（Rindova and Kotha，2001），被认为更具开放性和适应性。除了这种众所周知的新企业的信条被描述为“等级制”（Girard and Stark，2002），或“后科
376 层机构”（Kellogg，Orlikowski and Yates，2006），政治变革的确影响了外围角色的实际力量在变化的工作环境中发挥作用，以及他们在这种变化中可能承担的后续责任的程度。我们在这里将外围行动者定义为不属于组织权力“内部圈子”或公司总部中央部门的所有组织成员：他们也不是技术工作团队的一部分（Daday and Burris，2008）。如今，由于这些行动者与组织专业知识中心的关系从根本上说就是前者受控制于后者的关系，这些行动者在专家和控制中心之间不断转化和发展。被赋予责任并持续受到控制是当今外围管理工作的主要困难之一。此外，外围行动者在更具协作性和分散性的工作系统中建立临时区域，他们通过短期任务在不同的项目团队中工作：因此，责任不仅是分散的，而且会根据不同的情况细化到不同的时间范围和地点，从而模糊了谁负责什么事情以及谁有权在什么时候做什么事情的界限。同时，等级制也更加不稳定，他们的工作是将彼此不认识并且需要在日益增长的限制下相互依存的人们聚集在一起（Bechky，2006）。这里的意思是，新的科层机构在中心与外围之间的关系上是矛盾的系统，因此在权力和责任问题上，它们既极端分化又集中化，从而导致外围行动者的文化边缘化，并且政治分布更广。理论家已经唤起了这种矛盾情绪（Courpasson and Reed，2004），但是行动者如何处理这种矛盾情绪仍然不清楚。与后资本主义抵抗理论家所主张的相反（Fleming，2013），我们建议外围行动者通过创造新的抵抗形式来行使权力，以应对这种矛盾情绪，并且这种抵抗重塑了组织工作场所，尤其是中心与外围之间的关系如何变化。这种抵制之所以重要，是因为新科层机构的新形式的工作往往会掩盖管理权力以及控制和责任的源头，而控制和责任的源头则是不显眼的和不稳定的，它们通过不断变化的等级制度的流动渠道来进行运作。

外围行动者权力的变化

在新科层制的背景下，外围行动者的权力问题与传统的科层制设置不同，其原因有以下几个方面：（1）不确定性正越来越成为一种制约因素，而不再是行动者的政治资源的核心，从而影响工作场所和谈判安排（Crozier and Friedberg，1980）；（2）人们越来越将责任视为短期和个体化的问责制，而同

时人们面临着相互依赖关系不断加深的局面，换句话说，责任问题越来越具有
政治性，因为它主要被行动者视为逃避中央权力的判断以及同事不断的横向控
制；(3) 工人之间的团结正在迅速朝着旨在完成任务的短期凝聚力发展而不
是捍卫社区惯例和规则；(4) 与韦伯经典的“诉求渠道”(Weber，1978) 相 377
比，行动者的抵抗更少被引导，因为抵抗也可以通过多样的、临时的和主观的
日常行为来表达 (Mumby，2005)。

当代工作场所的快速转变部分解释了这些政治转变 (Vallas，2008)。例如，库尔曼和舒曼 (Kuhlmann and Schumann，2008) 表明，行业中的新劳动分工为行动者的批评和辩论提供了新的可能性，因为工人获得了更多的推理能力，可以在更横向的结构中与同伴和雇主进行交流。因此，可能会出现一种新型的外围角色，更倾向于逃避强制性的工作关系，从而重新定义工作的含义 (参见 Hernandez，2008)。较不乐观的解释表明，工人在应对新的矛盾形式的组织方面有更大的差异。例如，瓦拉斯 (Vallas，2006) 见证了传统的挑衅性工作文化的萌芽和扎根，以及更具创造力的新文化的潜力，在这种情况下，如果工人诉求非常强烈的话，“游戏规则”的谈判是被允许的。尽管如此，新的工作文化的出现并不意味着外围角色会更强大。新的工作文化可能是中央技术官僚专区加强的直接结果，这迫使外围工人创造本地嵌入的行动方式来“反对”中心控制，以应对自身不断下降的趋势，加强横向控制，同时增加外围责任的程度。

新的科层机构中的同意和抵制

关于科层制的动态的经典研究已经表明，科层制源于围绕内部抵抗权威特定形式的合法性的斗争 (Gouldner，1954)。研究还强调了科层制被设计为工作群体中常见的控制抵抗力问题的方法 (Langton，1984)。因此，在试图理解科层机构权力的转换方面，即工作场所内部阻力的合法性是一个关键问题，也就是说，内部阻力如何影响科层机构的效率及其日常工作。在新科层制语境的政治动荡中，在模棱两可、动荡不定、出现意想不到的战略、策略和行为的情况下，抵抗力量正在不断发展。由于控制和相互联系的环境所需的技术方面的专业知识越来越复杂，抵抗力量的范围虽然正在扩大，而中央力量也在获得根基。

如果新的科层机构仅仅是因为建立在行动者授权的原则上，那么它们可以提供更多的对抗机会。新组织中赋予权力的逻辑很可能会被某些关键员工公开使用和认可，以抵制特定的决定或采取计划外的有时是非常规的举措（Courpasson and Thoenig，2008）。这些举措很可能会在中心与外围之间重新建
378 立一定的力量平衡，因为来自下面的挑战只要没有被指责为“制造麻烦”的活动，就可以获得造反的合法性（Ford，Ford and D'Amelio，2008）：抵制常常被视为对中央政府的非理性反应，而不被认为是足智多谋的积极的“外围”行为。因此，中央权力在这里要求承担责任，以强调反对者的“不负责任”，认为他们不会分享或理解组织政策，并且由于含义上的差异会阻碍变革过程并削弱组织发展。

尽管源于科层制惯习的这种持续的污名化，但在新的科层制语境中的抵制仍然是一个自我授权的过程，因为叛乱者获得并保留了自己的行动自主权，而没有被等级权力授权去这样做（Courpasson，Golsorkhi and Sallaz，2012）。就责任而言，没有权威竞争是很重要的，因为这意味着外围行动者决定绕过通常的“命令链”采取行动，并且可以在多方权力基础结构的那些官方渠道之外做出责任判断（Dahl，1971；Courpasson and Clegg，2012）。因此，在新科层制背景下的抵制行为刻意质疑工作场所中权力的概念：抵制决定需要在工作团队中重新分配角色，因为不一定所有成员都具有抵制主张。同时，抵拒策略和战略通常需要高度的投入和专业知识以及冒险精神。总而言之，这意味着抵制行为与当前被认为是“企业家”的“好员工”的定义能够很好地吻合（Du Gay，2000），尽管抵制意味着超越了特权的通常区域，并且与企业技术专家施加标准化的工作及合作形式的努力背道而驰。因此，部分的权力位于外围抵抗中，但是它假定转移了地点和判断外围抵抗是否合法的场所与行动者。这是外围抵抗是合法和负责任的行动与中央保持对行动者控制的必要性之间的两难选择，这也使我们不得不重新考虑中心和外围的经典观点。

再谈中心与外围问题

如果新的科层机构中的权力和责任关系被外围行动者抵抗中心指令的能力所重塑，那么中心与外围之间关系的本质必须重新考虑。

希尔斯（Shils，1961）提出存在两种中心性。首先，中心由权威的神圣性

构成。这是神圣的源头——对于科层机构而言尤其如此，在这种情况下，成员们对既定权威的肯定态度，部分是基于对中央规则的持续的和符合道德的应用所引起的神圣感悟（Du Gay, 2000）。其次，中心是由精英成员组成的，后者由于他们所拥有的权威，“将他们自己与视为监护人的社会神圣元素赋予了基本的亲和力”（Shils, 1961：118）。换句话说，中心由赋予其成员合法性和责 379
任感的权力圈组成，因此具有米竭尔斯很久以前注意到的组织的寡头倾向（Michels, 1915；Zald and Lounsbury, 2010）。

我们在这里提出的观点是，新组织修改了中心的神圣维度，因为它们修改了成员对中心毫无疑问的权威范围的依恋和奉献精神，以及行动者之间“审批”归因的实际分布。新组织当然不是非授权系统；它们保留了中心的神圣维度，但日常工作条件却增加了人们对中央规则和价值的异议甚至拒绝的程度。在管理机构内部尤其如此。不稳定且分布更分散的组织扩大了中央管理人员和外围管理人员之间的距离，中央管理人员对中心的亲和力与日俱增，外围管理人员（特别是负责生产、制造、销售和研发的管理人员）对于中心的疏离感越来越大，这也是因为工作场所的金融化的结果（Thompson, 2013）。管理精英和次要精英更加零散，而管理机构的局部碎片（例如业务部门经理或工厂经理）则对组织实际中心价值体系的依附性越来越弱。同样，他们对这个系统的自愿参与正在消失，这在组织的中心和外围之间造成了前所未有的紧张。

外围管理者对于中心的疏离感是由于个人变得越来越矛盾和不连贯——外围行动者更远离中心，同时又对中心给予更大的关注，因为中心通过非强制性和非权威性的新工作形式行使更多的权威和控制，对此我们已经快速描绘过了。因此，外围经理们敏锐地感觉自己是“局外人”，有时甚至被排斥或置于组织“重要”的边缘，而希尔斯称其为中心周围的重要区域，承受着中央技术官僚每天检查他们绩效的巨大压力。因此，尽管他们比以往任何时候都疏远，但其出席会议的人数更多。

在这种情况下，遵守组织规则和分享组织权力的道德责任感容易迷失。外围行动者感到有必要自己行事，因为利己主义企业家正在寻找“安全阀”（Fleming 2013）作为个人主动权，或者作为当地的“战略制定者”制定相关的外围规则，并乐于绕过他们不再尊重的中央系统。当外围行动者鄙视中央规则，而感到越来越被限制通过这些规则行事时，组织将无法发展或维持其中心的神圣性，它们就像越来越多的分散的和临时的行动系统一样，其中，责任是不稳定的，对于行动而言是次要标准。当然，确实存在其他政治模式，例如多权力体系（Dahl，1971；Courpasson and Clegg，2012），只要抵抗活动不损害中央政府的合法性，它们就可以被视为忠诚和负责任的行为。但是，新组织离这条路还很远。从某种意义上说，将管理视为一种权力实践，必须考虑组织目标
380 与工人对公司事业的承诺之间日益扩大的分歧和功能失调——个人被要求更多地对自己进行投资（如上所述，我们把生活和工作混为一谈），但雇主似乎从对人力资本的真实投资中撤退了——安全性保险、职业阶梯、退休金等（Thompson，2013：473）。这些越来越大的分歧对于了解当今工作场所的权力实践至关重要。

未来发展

没有任何一种理论上的权力方法能够提供令人满意的和有意义的定义，但是所有人都说出了一些真实而相关的东西：权力是对行为的控制（Dahl，1957），权力是实现意志和意图的能力（Weber，1978；Russel，1978），权力是系统资源（Parsons，1937）。在所有情况下，研究问题都在权力的定位（“谁来统治谁?”）上摇摆不定，重点放在指挥服从关系上（Lukes，1986），还是将政治作为实践，作为产生结果的过程？基于强制或共识（或两者兼有）。卢克斯坚持认为：“仅仅寻求这样一个定义是错误的……，将各种权力观结合在一起的方法太狭隘和形式化，无法提供适用于所有情况的普遍令人满意的定义。”（Lukes，1986：4－5）

组织权力转变中出现的最令人兴奋的关注点并非大部分都是理论上的。我们可能会同意卢克斯的观点，认为权力是“改变世界的能力”（Lukes，1986：5）。更重要的是，实证研究的新领域可以为发展新的理论提供沃土，仅仅是因为当前的理论不足以解释某些新现象。我们提出了经验发展的两个主要领域，它们对以权力为管理的理论和以管理为权力的理论至关重要。

新技术对层级结构的影响

在很长一段时间内，合理的问题是，为什么工作场所的阻力如此之小，为

什么“下属”团体经常同意服从于不利于他们的健康的管理规则。消极情绪的流行仍然是组织中社会生活的一个令人困惑的成分。尽管试图表现出对立的强有力的和结果性抵抗的实例（Courpasson, Golsorkhi and Sallaz, 2012），但同意的形成似乎仍然是管理“意识形态霸权”的核心特征（见 Clegg, 1989），其中“权力关系由文化和规范性假设的综合系统完全合法化” （Hyman and Brough, 1975: 199）。在组织层面，这意味着神圣不可侵犯的原则仍然是大多数组织的标志。而后就出现了一个问题：网络在组织层级结构中的迅速传播将带来什么后果？从某种意义上说，网络是对最广泛最持久的权力模式的直接“攻击”。正如哈梅尔（Hamel, 2007）所说的那样，“思想专制”存在于网络上，而不存在于组织中。换句话说，组织如何根据科层和垂直明确的权力渠道持续运 381
作，而人们则关注并参与实际上是由知识和思想展开的替代性权力形式的部署？

幕后的问题是，回到组织的概念上，即权力制度——权力集中/分配的系统取决于行使权力和影响力特定观点是否存在合法性。这里的问题更多是关于新技术对组织内部新政治主体的塑造的影响（例如，对近期社会运动的研究，参见 Milkman, Luce and Lewis, 2013），而不是设计替代后科层制模式的影响。这些基本遵循目标初始模型的基本原理（Hecksher and Donnellon, 1994）。未来的权力可能取决于“后管理型组织”的出现，在该组织中，管理可能是一项集体任务，这是组织生存和发展的集体行动。

组织中的暴力

管理权力与暴力或暴力威胁之间的关系很少受到组织学者的关注。但是，这是工作场所关系的主要特征。在某些情况下，不仅直接暴力和身体暴力是司空见惯的（人身伤害，工作对健康和安全的影响，如压力和心理痛苦）；据报道，在工作环境中存在极端的侵略行为，以及令人不快的“螺旋体”（Anderson and Pearson, 1999）。更具象征意义的暴力行为也很普遍。象征性暴力是指“对没有选择是否接受它们的接受者施加任何象征性表达（语言、概念化和描写）”（Bourdieu, 1986: 812）。从这个意义上说，权力关系不是因为它们在一个结构中是什么，而是一种使它们在那些授权者眼中必须合法化的形式而被认知的。正如我们上面所建议的那样，这项研究对于发展出软实力基础结构的当代工作场所至关重要。使用权力的威胁甚至比实际行使权力更具有威慑力。这类问题不仅在军事组织中有效（Fleming and Spicer, 2014）；在诸如警察或精英学校等机构学习暴力活动时，使用仪式活动来产生亲密关系和团结感也很重要，在这些机构中，暴力成为“工具包”的一部分，从而在“朋友”之间产生一种荣誉和团结的文化。

结 论

组织和管理理论并不总是从概念上解决权力及其相关问题，例如抵抗。但是组织理论的发展在某种程度上受到了权力的束缚。确实，如果我们将权力定
382 义为组织结构可以促进或阻碍与他人的合作实践，权力应该是组织学者关注的中心。权力/知识联系从根本上决定了当代组织的发展方向，这在很大程度上是基于知识的产生和应用的实践。正如我们在本章中所建议的那样，管理是一种权力实践，管理者可以采用这种态度来鼓励人们采取一致行动，来做其他不会做的事情。从这个意义上说，控制权和行动权会变得难以区分，不仅使管理获得其合法性，而且使人们能够自由地为追求可接受的目标并做出贡献的积极力量。正如研究已经多次表明的那样，如果组织的基础就是权力关系（Clegg, 2009），那么无数次的权力作为抵抗的机会，就源于管理层愿意保护组织作为相对封闭的社会和文化的意愿。权力的实践还存在于创新的裂缝和缝隙中，而这些裂缝和缝隙将永远超出管理手段和特权的控制范围（Hjorth, 2005）。那也可以使统治结构更加透明和易于改变（Clegg, Flyvbjerg and Haugaard, 2014）。管理层数十年来建立的意义和主体化系统，在很大程度上，被组织学者视为“真理”。但是实际上，它们基本上还是传统的，这意味着如果管理权力的构成更加透明，并且不受精英主义抱负的启发，那么它们本来可以是其他方式。从这种角度看，权力可以看作是人们用来伪造所谓的真实的科层制、泰勒主义以及最近解放出来的“自由劳动”的乌托邦计划的手段。

参考文献

Alvesson, M. (1987). *Organization Theory and Technocratic Consciousness: Rationality,*

Ideology and Quality of Work. New York: De Gruyter.

Anderson, L. M. and Pearson, C. M. (1999). 'Tit for Tat? The Spiraling Effect of Incivility in the Workplace'. Academy of Management Review, 24(3): 452 - 71.

Appelrouth, S. (2005). 'Body and Soul: Jazz in the 1920s'. American Behavioral Scientist, 48(11): 1496 - 1509.

Bachrach, P. and Baratz, M. S. (1970). *Power and Poverty: Theory and Practice*. New York: Oxford University Press.

Barker, J. R. (1993). 'Tightening the Iron Cage: Concertive Control in Self-managing Teams'. *Administrative Science Quarterly*, 38: 408 - 37.

Barley, S. R. and Kunda, G. (1992). 'Design and Devotion: Surge of Rational and Normative Ideologies of Control in Managerial Discourse'. *Administrative Science Quarterly*, 37: 363 - 99.

Bechky, B. A. (2006). 'Gaffers, Gofers, and Grips: Role-based Coordination in Temporary Organizations'. *Organization Science*, 17(1): 3 - 21.

Bendix, R. (1956/1999). *Work and Authority in Industry; Managerial Ideologies in the Course of Industrialization*. New Brunswick: Transaction Publishers.

Bourdieu, P. (1986). 'The Force of Law: Toward a Sociology of the Juridical Field' (Intro. by R. Terdiman). *The Hastings Law Journal*, 38: 805 - 53.

Canguilhem, G. (1992). 'Machine and Organism', in J. Crasy and S. Kwinter (eds.), 383
Incorporations. New York: Zone Press, 45 - 69.

Child, J. and McGrath, R. G. (2001). 'Organizations Unfettered: Organizational Form in an Information-intensive Economy'. *Academy of Management Journal*, 44(6): 1135 - 48.

Clegg, S. R. (1989). *Frameworks of Power*. London: SAGE.

Clegg, S. R. (2009). 'The Foundations of Organization Power'. *The Journal of Power*, 2(1): 35 - 64.

Clegg, S. R., Courpasson, D. and Phillips, N. (2006). *Power and Organizations*. London: SAGE.

Clegg, S. R., Flyvbjerg, B., and Haugaard, M. (2014). 'Reflections on Phronetic Social Science: A Dialogue'. *Journal of Political Power*, 7(2): 275 - 306.

Coser, L. (1974). *Greedy Institutions: Patterns in Undivided Commitment*. New York: Free Press.

Courpasson, D. (2000). 'Managerial Strategies of Domination: Power in Soft Bureaucracies'. *Organization Studies*, 21(1): 141 - 61.

Courpasson, D. (2006). *Soft Constraint; Liberal Organizations and Domination*. Copenhagen: CBS Press and Liber.

Courpasson, D. and Clegg, S. (2012). 'The Polyarchic Bureaucracy: Cooperative Resistance in the Workplace and the Construction of a New Political Structure of Organizations'. *Research in the Sociology of Organizations*, 34: 55 - 81.

Courpasson, D., Golsorkhi, D., and Sallaz, J. (2012). 'Rethinking Power in Organizations, Institutions and Markets: Classical Perspectives, Current Research, and the Future Agenda'. *Research in the Sociology of Organizations*, 34: 1 - 21.

Courpasson, D. and Reed, M. (2004). 'Introduction: Bureaucracy in the Age of Enterprise'. *Organization*, 11(1): 5 - 12.

Courpasson, D. and Thoenig, J. C. (2008). *When Managers Rebel*. London: Palgrave.

Cremin, C. (2011). *Capitalism's New Clothes*. London: Polity.

Crozier, M. (1964). *The Bureaucratic Phenomenon*. Chicago, IL: Chicago University Press.

Crozier, M. and Friedberg, E. (1980). *Actors and Systems*. Chicago, IL: Chicago University Press.

Daday, G. and Burris, B. (2008). 'Technocratic Teamwork: Mitigating Polarization and Cultural Marginalisation in an Engineering Firm'. *Research in the Sociology of Work*, 10: 241 – 62.

Dahl, R. (1957). 'The Concept of Power'. *Behavioral Science*, 20: 201 – 15.

Dahl, R. (1971). *Polyarchy: Participation and Opposition*. New Haven, CT: Yale University Press.

Du Gay, P. (2000). *In Praise of Bureaucracy: Weber, Organization, Ethics*. London: SAGE.

Fleming, P. (2013). 'Down with Big Brother! The End of Corporate Culturalism?'. *Journal of Management Studies*, 50(3): 474 – 95.

Fleming, P. and Spicer, A. (2007). *Contesting the Corporation: Struggle, Power and Resistance*. Cambridge: Cambridge University Press.

Fleming, P. and Spicer, A. (2014). 'Power in Management and Organization Science'. *The Academy of Management Annals*, 8(1): 237 – 98.

Fleming, P. and Sturdy, A. (2011). 'Being Yourself in the Electronic Sweatshop: New Forms of Normative Control'. *Human Relations*, 64: 177 – 200.

Ford, J. D., Ford, L. W., and D'Amelio, A. (2008). 'Resistance to Change: The Rest of the Story'. *Academy of Management Review*, 33(2): 362 – 77.

Foucault, M. (1977). *Discipline and Punish: The Birth of the Prison*. London: Allen and Lane.

French, J. R. P. and Raven, B. (1959). 'The Bases of Social Power', in D. Cartwright and A. Zander (eds.) *Group Dynamics*. New York: Harper & Row.

Girard, M. and Stark, D. (2002). 'Distributing Intelligence and Organizing Diversity in New Media Projects'. *Environment and Planning A*, 34: 1927 – 49.

Gouldner, A. (1954). *Patterns of Industrial Bureaucracy*. New York: The Free Press.

384 Gouldner, A. (1970). *The Coming Crisis of Western Sociology*. New York: Basic Books.

Hamel, G. (2007). *The Future of Management*. Boston, MA: Harvard Business School Press.

Heckscher, C. and Donnellon, A. (eds.) (1994). *The Post-Bureaucratic Organization: New Perspectives on Organizational Change*. London: SAGE.

Hernandez, S. (2008). 'Workers Rule: Relations in Production at a Cooperative Workplace in Mexico'. *Research in the Sociology of Work*, 10: 215 – 40.

Hjorth, D. (2005). 'Organizational Entrepreneurship: With de Certeau on Creating Heterotopias (or Spaces for Play)'. *Journal of Management Inquiry*, 14(4): 386 – 98.

Hyman, R. and Brough, I. (1975). *Social Values and Industrial Relations: A Study of Fairness and Equality*. Warwick Studies in Industrial Relations. London: Blackwell.

Kellogg, K. C., Orlikowski, W. J., and Yates, J. (2006). 'Life in the Trading Zone: Structuring Coordination across Boundaries in Postbureaucratic Organizations'. *Organization Science*, 17(1): 22 – 44.

Kuhlmann, M. and Schumann, M. (2008). 'What's Left of Workers' solidarity? Workplace Innovation and Worker's Attitudes Toward the Firm'. *Research in the Sociology of Work*, 10: 189 – 215.

Kunda, G. (1992). *Engineering Culture: Control and Commitment in a High-Tech Corporation*. Philadelphia, PA: Temple University Press.

Langton, J. (1984). 'The Ecological Theory of Bureaucracy: The Case of Josiah Wedgwood and the British Pottery Industry'. *Administrative Science Quarterly*, 29(3):

330 – 54.

Lawrence, T. B. and Suddaby, R. (2006). 'Institutions and Institutional Work', in R. Clegg, C. Hardy, T. B. Lawrence, and W. R. Nord (eds.), *Handbook of Organization Studies*, 2nd edn. London: SAGE, 215 – 54.

Lukes, S. (ed.) (1986). *Power*. New York: New York University Press.

Lukes, S. (2005). *Power: A Radical View*, 2nd edn. London: Palgrave.

Marcuse, H. (1964). *One-Dimensional Man: Studies in the Ideology of Advanced Industrial Society*. New York: Beacon Press.

Mayo, E. (1975). *The Social Problems of Aan Industrial Civilization*. New York: Viking.

Merton, R. K. (1957). *Social Theory and Social Structure*. New York: Free Press.

Michel, A. (2012). 'Transcending Socialization: A Nine-year Ethnography of the Body's Role in Organizational Control and Knowledge Workers' Transformation'. *Administrative Science Quarterly*, 56(3): 325 – 68.

Michels, R. (1915). *Political Parties: A Sociological Study of the Oligarchical Tendencies of Modern Democracy*. New York: Free Press.

Milkman, R., Luce, S., and Lewis, P. (2013). *Changing the Subject: A Bottom-Up Account of Occupy Wall Street in New York City*. New York: The Murphy Institute, CUNY.

Mumby, D. K. (2005). 'Theorizing Resistance in Organization Studies: A Dialectical Approach'. *Management Communication Quarterly*, 19(1): 19 – 44.

Parsons, T. (1937). *The Structure of Social Action: A Study in Social Theory with Special Reference to a Group of Recent European Writers*. New York: Free Press.

Pfeffer, J. and Salancik, G. R. (1974). 'Organizational Decision Making as a Political Process: The Case of a University Budget'. *Administrative Science Quarterly*, 25 (4): 637 – 53.

Phillips, N. and Oswick, C. (2012). 'Organizational Discourse: Domains, Debates, and Directions'. *The Academy of Management Annals*, 6(1): 435 – 81.

Porter, E. (2002). *What is this Thing Called Jazz? African American Musicians as Artists, Critics and Activists*. Berkeley, CA: University of California Press.

Ray, C. A. (1986). 'Corporate Culture: The Last Frontier of Control?'. *Journal of Management Studies*, 23: 287 – 97.

Rindova, V. P. and Kotha, S. (2001). 'Continuous "Morphing": Competing through 385
Dynamic Capabilities, Form, and Function'. *Academy of Management Journal*, 44(6): 1263 – 80.

Russell, B. (1938). *Power: A New Social Analysis*. London: George Allen & Unwin.

Selznick, P. (1949). *TVA and the Grass Roots: A Study in the Sociology of Formal Organization*. Berkeley, CA: University of California Press.

Sewell, G. (1998). 'The Discipline of Teams: The Control of Team-based Industrial Work through Electronic and Peer Surveillance'. *Administrative Science Quarterly*, 43: 397 – 428.

Shils, E. (1961). *The Logic of Personal Knowledge: Essays Presented to Michael Polanyi*. Glencoe, IL: Free Press.

Taylor, F. W. (1911). *Principles of Scientific Management*. New York: Harper.

Thompson, P. (2013). 'Financialization and the Workplace: Extending and Applying the Disconnected Capitalism Thesis'. *Work, Employment and Society*, 27(3): 472 – 88.

Thornborrow, T. and Brown, A. D. (2009). 'Being Regimented: Aspiration, Discipline, and Identity Work in the British Parachute Regiment'. *Organization Studies*, 30(4): 355 – 76.

Townley, B. (1993). 'Foucault, Power/Knowledge, and its Relevance for Human Resource Management'. *Academy of Management Review*, 18(3): 518–45.

Vallas, S. P. (2006). 'Empowerment Redux: Structure, Agency, and the Remaking of Managerial Authority'. *American Journal of Sociology*, 111(6): 1677–1717.

Vallas, S. (ed.) (2008). *The Transformation of Work*. Research in the Sociology of Work, vol. 10. Bradford: Emerald Publishers.

Weber, M. (1978). *Economy and Society*. Berkeley, CA: University of California Press.

Willmott, H. (1993). Strength is Ignorance, Slavery is Freedom: Managing Culture in Modern Organizations'. *Journal of Management Studies*, 30: 515–52.

Zald, M. N. and Lounsbury, M. (2010). 'The Wizards of Oz: Towards an Institutional Approach to Elites, Expertise and Command Posts'. *Organization Studies*, 31(7): 963–96.

第 19 章 386

管理与道德/伦理

——难以捉摸的企业道德

米歇尔·安特比、凯特琳·安德森

道德是实现人类最高愿望和梦想的共识，也是许多（如果不是全部）集体性的人类追求的基础。无论是在日常环境中还是在关键的生活关头，道德都使我们能够区分对与错、善与恶。道德指导和证明社会生活各个领域中的思想和行动。但是，是否有诸如企业道德之类的东西？换句话说，公司成员（尤其是领导成员）是否对他们的世界以及更广泛的世界有共同的理解？如果是这样，这种共有的理解是什么样的？什么是企业道德？

在企业获得今天的显赫地位之前，埃米尔·涂尔干（Émile Durkheim）忽略了企业道德的概念。他当时将自己所谓的商业道德与其他类型的道德（如家庭道德或公民道德）视作一种共同意义，这种含义源于给定的社会结构及其成员的共同生活（Durkheim，1973）。正如他所解释的那样："历史无可辩驳地证明了一个事实，那就是每个民族的道德都与该民族的社会结构直接相关……。这种联系是如此紧密，以至于从给定的社会中观察到的道德的一般特征……可以推断出该社会的性质、结构的要素及其组织方式。"（Durkheim，1961：87）根据这个定义，涂尔干认可某些职业团体，例如政府工作人员或医生，具有职业道德规范：这些团体在日常工作过程中或会产生道德风俗的职业协会中定期聚集。但是在他看来，这种情况并不适合商业职业。金融家、实业家和商人之家聚集在一起竞争或达成协议，但这些都是"机会主义者，只关
心个人"。涂尔干继续说道，"在商业职业中缺乏组织"，"这有一个最重要时 387
刻的结果：也就是说，在整个社会生活领域中，没有职业道德存在"

(Durkheim，1958：9)。换句话说，商业道德被证明是不存在的。

无论涂尔干的主张在19世纪90年代后期发表时是否成立，随之而来的社会变迁使捍卫这种观点变得越来越困难。自从20世纪上半叶的管理革命以来，“缺乏组织”远非商业的特征，商业反而经常被组织过剩所困扰。关于商业仅通过“偶然”的机会进行联合的建议同样存在问题：商业已成为“管理”(Chandler，1977；Dalton，1959；Gouldner，1955；Mintzberg，1973)，并且绝大多数从事追求利润的商人自己参与了丰富的社交活动——不仅立足于企业，而且通过商学院教育越来越多地改变了企业（Abend，2014；Anteby，2013；Jennifer Louise and Gianpiero，2010；Joel，Linda and Raghu，2013；Khurana，2007；Starkey and Tiratsoo，2007)。如果按照社会学家的观点，道德源于集体组织（Hitlin and Vaisey，2010；Lamont，2000；Vaisey，2009；Wuthnow，1987；Zelizer，1979)，那么，商业可能是所有领域中最“道德”的领域。

20世纪中叶以来，从管理的专业化到企业文化形成的最新发展，本章回顾了有关企业道德理论的发展。我们提出了关于这一研究主体的三个主要论点。第一，迄今为止学者进行的经验研究产生了充分的证据，表明大多数企业现在生活在其中的复杂组织，的确是深刻的道德结构。我们从道德的社会学而不是规范的角度出发，将术语定义为给定团体认为合适的词[①]。例如，如果给定权力的一名标准警察认为“保持低调”和坚定不移是在工作中表现出的最佳行为，那么这种行为将在该警官团队中被标记为道德行为（Van Maanen，1973)。尽管局外人有时会反对企业道德的内容，但其仍然是细致的且内部连贯的行为准则。然而，随之而来的是，企业道德在量和质上的增加使其更易于辨别。

我们的第二个论点是，企业道德的定义特征之一是难以捉摸，且通常可意会而不可言传的，再加上相关领域准入的问题，大型私人组织往往都是相当封闭的世界。企业领导者通常认为爱管闲事的外人总是以怀疑的态度研究他们的道德，并且不愿授予这些研究人员访问权：1997年一项关于卡尔文·莫里尔(Calvin Morrill）对美国高级管理人员的研究的回顾仍然毫不讽刺地将他的研究地点描述为“异国情调”（Smith，1997：223)。“研究”或试图记录强权者

---

① 关于道德的类似用法，请参见马塞尔·莫斯（Marcel Mauss），“道德是权利概念的存在所证明的一种共同生活的艺术”（作者的译文）（1967：279）。

（如高层管理人员）的文化对研究人员来说总是充满挑战（Nader，1972）。特别说明，几乎没有公开的实地调查在董事会中进行。由于存在这些问题，而且企业道德常被忽视，因此研究人员将精力集中在记录道德的行为表现上：道德 388
上的“使用规则”，用于管理组织的行为（Jackall，1988：5）；“游戏规则”（Morrill，1995：190－7）；或指导组织成员采取适当行动的“线索”（Anteby，2013：13，83）。最近的学术研究已经成功地记录了许多这种不言而喻的线索，例如，管理者尊重他们的等级制度进行道德指导的方式（Jackall，1988）。他们避免公然的冲突（Morrill，1995）；以及他们如何部分地依赖于自己频繁换工作的经历，以此作为“排挤”他人的理由（Ho，2009）。因此，尽管解释企业道德很难，但学者们仍能够在某些情况下，通过观察其使用中的道德规则和规范暗示，来推断管理人员的道德世界观。然而，这方面的进展似乎仍然很缓慢。我们的第三个争论为这种不可捉摸性提供了不同的视角。

最后，我们的第三个论点是，学者通过实证研究，准确描述企业道德内容的困境，告诉了我们可能比以前意识到的更多有关道德的信息。具体而言，它们的不可捉摸性可能证实了最近的研究，这表明商业道德最有意义的维度不是它们的最根本的规范性的观点，而是它们的背景或元伦理的内容（Abend，2014）。这与规范伦理学不同，规范伦理学由关于什么类型的行为是正确的，或什么样的制度安排是公正的特定观点组成，而元伦理学则包含了道德和道德语言的本质。我们认为管理者对道德的明显低估，表明对道德事务中多元主义，或相对主义的潜在元伦理的恪守承诺。也就是说，在企业环境中达成共识，即容纳多种道德观点是有价值的。因此，研究人员在企业和商学院中都观察到了道德上的“沉默”（Anteby，2013；Jackall，1988：5；Morrill，1995：17），这是一种支持对固定或客观道德进行更深层次的元伦理排斥的机制。因此，企业道德的难以捉摸可能是道德本身的产物（Anteby，2013：142），而不仅仅是有限的实地访问的原因。无论我们是否同意，理想的道德沉默毕竟可能是一种道德形式。

商业道德和管理革命

第一代企业文化调查的关键见解之一是，管理道德的新趋势可以追溯到商业结构的系统性变化。与商业道德体系相比，企业道德体系的鲜明特征更为清晰。19世纪90年代后期，涂尔干描述了一种小业主资本主义，它在亚当·斯密的世界中比在通用汽车公司中更为常见。由此产生的道德是市场的道德，主
389 要是强调交易的透明度，而不是管理资本主义的道德（如C. Wright Mills在他的经典研究《权力精英》中观察到），管理资本主义的道德与新自由主义社会的其他大型机构具有许多相同的基本特征（Mills，1956）。随着大型多部门的制造公司开始主导发达经济体（Perrow，2002），观察者将其独特的结构要素和由此产生的道德含义进行归类。正如1959年对美国商业教育所做的经典研究指出的那样："没有人会争辩说，存在适用于商业的明确而精确的行为准则……，但是员工的经营准则是真实的。"（Pierson，1959：92）

公司的庞大规模是管理生活的一个平淡无奇但承载道德的特征。到1933年，美国500家最大的非金融企业几乎占所有非金融企业资产的60%，这一数字在20世纪90年代几乎没有变化（Mizruchi，2013：10）。1972年的鼎盛时期，美国最大的雇主通用汽车公司的四分之三以上的员工是百万富翁（《财富》杂志，1973年）。随着组织规模的扩大，其管理人员的工作生活变得越来越社会化。与此相应地，大型公司的制造、市场营销、销售和分销活动的规模也大幅扩大，这意味着涌现了一大批员工，他们的工作生活越来越围绕技术专业知识或生产力而发展，而越来越多的员工与其他人工作和相处。正如莱特·米尔斯（C. Wright Mills）指出的那样，"商业成功"不再意味着企业的耐心和勤奋。相反，它起到了"与成功者的标准相一致"的作用（Mills，1951：141）。适者生存意味着那些在社会上和道德上都适应的人更适于生存。对于那些伴随着19世纪的成功信条而成长，强调节俭、勤奋和毅力的观察者，社会交往的技能比技术专长更受重视，这意味着艰苦的工作和报酬不再具有直接的相关性（Jackall，1988：7-10；Mills，1951，1956；Riesman，1950；Whyte，1956）。米尔斯总结说，在高层管理人员和中层管理人员中，成功的构想只不过是"智能球拍网络"（1956：347）。

企业道德的出现还与成员在职期间的任期长短以及组织的认可有关。1870年，只有十分之三的高管开始了他们所领导的组织（或自成立以来一直在公司工作）的职业生涯。到1950年，近十分之七的人在一个组织中度过了整个工作生涯。仅有不到十分之一的人来自不同的专业或政府背景（Mills，1956：

139）。长期企业职业生涯的一个重要的道德含义是程序性，或组织目标高于运营目标：换句话说，组织维护成为其自身的基本原理。此外，越来越多的员工认同组织的身份（通常由经理设计和提拔）的观念，这在学术界对动态工作场所的研究中广受认可（Albert and Whetten，1985；Alvesson，Ashcraft and Thomas，2008；Bartel，Blader and Wrzesniewski，2007；Pratt，2000）。因此，假设员工认同管理者集体设定的身份，这为将激烈的社会化过程纳入企业制度规范奠定了基础（Glynn，2008）。

管理结构的道德意义上的一个重要特征是等级性质的企业权威。正如罗伯特·杰克（Robert Jackall）所观察到的，管理者可以识别并定位他们与最亲密 390
的上级和下级建立了忠诚的关系网络。“忠诚体现在他们与直属上司的私人关系中，以及他们对等级制度中上层和下层其他管理者之间相似联系的感知中”（Jackall，1988：17）。职业发展的结构强化了以组织结构图作为道德的指导。由于上级的（主要是主观的）判断是满足晋升、奖金和其他奖励的标准，因此组织的长期员工逐渐意识到，他们必须指望上级为是非判断提供标准。用一家大公司的前副总裁的话来说，“公司中的权利就是您的上级想要你给予的东西。那就是公司的道德”（Jackall，1988：6）。

特别是在战后的几十年中，许多商业领袖和学者齐聚一堂，针对企业追求公共利益的独特能力提出了一系列论据。用 1957 年西尔斯，罗巴克（Sears，Roebuck）时任首席执行官西奥多·豪勒（Theodore Houser）的话说，资本（股东）与管理层的分离造就了一群无私的领导者，他们能够在不破坏人类价值观的情况下，追求大型组织的成长（引用于 Ho，2009：196）。经济学家卡尔·凯森（Carl Kaysen）向美国经济协会（American Economic Association）表示，“现代公司是一个深情的公司”，其领导层就是“管理层，该机构认为自己对股东、员工、客户、公众负责，甚至最重要的是公司本身作为一个机构”（引用于 Ho，2009：195）。从相对保守的企业公共关系组织的国家制造商协会（NAM），到发展程度更高的经济发展委员会（CED），一系列专业商业组织都争辩说，商业领袖的言论是出于公共利益的考虑（Jackall，1988：162－90；Mills，1956：122；Mizruchi，2013：37－44，55－62）。

观察者对企业道德的公共话语进行了不同的分析。在许多同时代人的眼中，商业领袖声称代表公众利益仅仅是虚伪的。“在过去两代人中兴起的每一种赤裸裸的利益，以及公司、农场集团、工会和政府机构的每一种新的未经批准的权力，都洋溢着道德上的口号。出于公共利益的名义还没有做过什么?”（Mills，1956：344）罗伯特·杰克（Robert Jackall）认为，这仅仅是公司公共关系的“魔灯”（Jackall，1988：162－90）。对企业社会责任的大声抗议只是掩盖了更深层次的道德真空。然而，事后看来，其他人认为，在战后几十年中，明确表达了企业公共利益的声明和协会，可能对公司行为产生了有益的影响。马克·米兹鲁奇（Mark Mizruchi，2013）建议，通过参加公众参与的协会，或者通过发表论证，说企业是社区的支柱，企业领导者会在某种程度上束缚自己的双手，从而公开地致力于企业社会责任的愿景。从某种意义上讲，这是“伪造直到实现”的情况：一种企业道德文化，其中包括对某些最严重过分行为的检查，并促成一些公众精神的举止，例如经济发展委员会于1966年致公开信，以支持约翰逊总统为修复城市贫民窟所做的努力，该信由22位最知名
391 和最受尊敬的企业领导者签署。同时期的其他举措包括增加税收，以支持创新的社会计划等（Mizruchi，2013：67－72）。总体而言，管理革命要求对企业道德的内容进行更深入的学术研究。

企业道德的多元化

第一代对管理职业的调查认为，管理人员及其道德在雇用他们的公司和部门中相对不变——“组织人”是统一的类型，“白领”是单一文化（Mills，1951；Whyte，1956）；与第一代对管理职业的调查相反，第二代研究转而清楚地表明，企业道德具有多种类型。米尔斯、怀特、里斯曼、道尔顿等人的主要见解是，大型多部门公司的兴起标志着商业道德的范式转变，从市场道德过渡到管理主义的组织道德。他们的继任者在20世纪80年代至21世纪头十年获得的教训是，组织语境和其他情境因素的微妙调整，可能与公司规范秩序的重大差异相关。

罗伯特·杰克勒在20世纪80年代对三家公司的研究，揭示了不确定的商业环境可能会影响企业道德。与怀特或米尔斯所描绘的独资企业利维坦相比，20世纪80年代及以后的大型组织是“纸牌屋”（Jackall，2010：204）。公司受到不断的收购威胁，即使没有公司收购，公司也主动进行频繁的重组和裁员，

以期避免敌意收购。因此，出现了巨大的压力和回报，要求管理人员在相对较短的时间内显示出高额利润。在杰克勒所研究的化工公司中，这些压力在公司“挤奶”的普遍做法中很明显：工厂经理推迟了诸如维护或创新投资之类的资本支出，以便在短期内增加利润，然后换工作。或在工厂的经营恶化变得不可忽视之前，就在公司内部进行了转让。因此，昂贵的支出影响了经理继任者的“人数”（Jackall，1988：90－100）。尽管杰克勒提供了足够的证据表明，经理们对此行为有私人忧虑，但在公开场合，他们一致谴责了一位副总统，其斥责下属为奶制品企业服务。“核心就是这个，”一位受访者解释说，“你要为企业提供资金……，并对下属和其他次要管理人员行使权威性的特权……，但是你*不能自以为是*”（Jackall，1988：97，原文强调）。因此，在这种企业背景下，“圣洁”等同于采取几乎任何可增强短期赢利能力的行为。

正如米尔斯之前所认为的，20 世纪末期企业所面对的不确定性也扩大了多元文化的投入，由此产生的“灵活性”成为公司的主要优点（Jackall， 392
1988）。经理们从经验中了解到，商业是不可预测的，并且“发展在很大程度上取决于运气”（Jackall，1988：70）。因此，他们努力保持运作自由，以使自己远离不良结果，并让自己获得成功。用莱特·米尔斯（C. Wright Mills）令人难忘的话来说，公司是“有组织的不负责任的制度”（1951：111，149，160，349），其中“细节和决策被看轻，信誉受重视”（Jackall，1988：95）。因此，推卸责任，拖延脚步，直到重要的决策影响他们，尽可能广泛地分散责任，并注意不要过度承担上司的责任，这些被视为道德行为。米尔斯建议有抱负的权力精英们：“像一个安静而能干的人讲话，不要亲自说不。”“雇用不听话的人与听话的人。做个宽容的总讲也许可能的人，大家就会充满希望地聚集在你身边。”（1956：141）。尽可能少地、谨慎地承诺被视为道德上正确的行动。

组织结构的变化，以及商业环境的变化，可能导致企业道德产生巨大的差异。卡尔文·莫里尔（Calvin Morrill）关于高管之间的冲突管理的研究表明，相对细微的组织形式变化可能会带来巨大的影响。他研究的 13 家以营利为目的的上市公司，其管理团队由 10 至 76 名成员（中位数为 17 名）组成。在他所有的研究地点中，管理人员的特点具有相似性，包括公司下层人员无法获得津贴（豪华轿车、私人飞机、特殊办公家具和其他装备；特殊人员，例如保安人员或礼宾人员）；长时间工作；与同事之间的亲密感相对较小；妇女和其他少数族裔的比例相对较低（Morrill，1995：28－45）。尽管有很多相似之处，但在涉及冲突管理时，这13家公司的高管仍按照完全不同的规范性命令行事。从广义上讲，莫里尔发现至少三种以上根据管理结构类型而变化的规范性命令。

莫里尔的前两种类型的公司结构秉承了“普遍的社会神话”，即公司是共识驱动的组织，在这种组织中要尽可能避免冲突，而在发生冲突时则要尽可能隐藏（Dalton，1959：263；Morrill，1995：45）。第一种也是最著名的公司结构，莫里尔称其为“机械科层制”。在机械科层制中，权力流经指挥系统的等级链，成员表现出规则导向的倾向，这与遵守适当的科层程序有关。冲突管理也是通过这些命令和适当的科层程序的等级链进行的。高管以单方面的惩罚方式对下属提出申诉；也就是说，尽管这些命令通常是私下发出的。例如，一位高管担心初级管理人员对他的员工太严厉了，前者会要求在他的私人俱乐部举行例会，以讨论对后者的管理风格进行“改头换面”（Morrill，1995：109）。级别相似的高管将他们的差异归结于更高的权力。下属也以处罚的形式向上级表达抱怨，不再追随认可管理者。当他们这样做时，它倾向于采取破坏的形式：例如，一家金融公司的三位副总裁合谋在他们的高级副总裁的演讲中，引入错误
393 和遗漏，从而导致他的降职（Morrill，1995：2－4）。谈判或正式申诉程序，在指挥的运作链条之外很少见：在下属仅仅采取正式行动的威胁之后，经理花费了几个月的时间，来试图恢复其作为高级管理人员的声誉……，而高级管理人员无法在自己的控制范围内解决管理问题（Morrill，1995：132）。

在“原子”组织中，例如会计或管理咨询等专业服务公司，冲突甚至会进一步升级。因为在这种情况下，高管们是高度自主的，他们通过自己的支持人员以单独的客户账户运作，所以他们可以而且确实能够避免接触与之产生摩擦的人（Morrill，1995：141－76）。这并不是说，冲突在“原子”组织中不那么普遍。其实，高管们怀有很多不满，尤其是在获取客户资源方面。例如，当一位合伙人辞职，并且他或她的客户在其他同事之间分配时；或当高管利用人际关系获取一个账户，而该账户很可能已经转到在内容领域具有更多专业知识的同事那里。在机械组织和原子组织中，冲突诉诸公开、正式的申诉程序，或第三方裁决都被视为避免丢脸的方式，因为这表明经理人根本无法管理的问题。因此，对不同意见保持沉默是公司的主要美德。

相比之下，在部署更具创新性的“矩阵”系统的组织中，冲突是用根本

不同的方式来表达的。在矩阵组织中，项目团队覆盖在现有职能部门之上。由于存在两种相互冲突的正式权威，因此，每一种都相应地被削弱，这导致了关于行政管辖权和组织战略问题的争执。这种组织结构形式既促进了项目的独立管理，又有利于非正式联盟的形成。莫里尔展示了矩阵组织的高管如何通过个人荣誉的视角，来解释这种司法管辖权的歧义性。那些感觉自己的地盘受到侵犯，而他们的荣誉却微微地与敌人进行了“道德针锋相对”的高管，有时会将之升级为复仇游戏，招募支持者，有时甚至达到极端。在一个矩阵式组织中，企业道德涉及一个人地盘的获取和公开防御，以及由此而来的荣誉。从这个意义上讲，组织结构似乎在一定程度上限制了企业道德。

华尔街的世界在何凯伦的《清算：华尔街的民族志》（2009）中得到探讨，从中揭示了华尔街企业道德的另一种类型。一个典型的例子是金融世界中的聪明文化。与米尔斯甚至杰克勒所描述的更为传统的公司形成鲜明对比的是，“光辉”被视为一种责任（Jackall，1988），而雄心勃勃的管理人员则被建议“永远不要展现自己的大脑里所想的东西”（Mills，1956：141）。“聪明”是金融界的核心美德。因为“聪明”代表了受教育程度、无可挑剔的着装和修饰、精神敏捷和进取心，这是雇佣投资银行家的必要条件[①]。但这也为强行重组美国商业提供了理由。“‘聪明文化’对于理解华尔街的金融机构和投资银 394
行家，如何被赋予个人和机构权力，以制定其世界观，输出其实践，并作为深远的社会经济变革的榜样至关重要。”（Ho，2009：41）在金融世界中，明智之举是对的。

华尔街及其对整个商业世界的影响，也和曾经与大公司相关联的稳定性和生命力强形成鲜明对比，而后者曾因其某些道德上的失败而受到指责。正如何凯伦（Karen Ho）所表明的，投行中就业不安全感的文化为其成员提供了在其重组后的公司中裁员的原因：频繁更换工作似乎是就业的普遍特征。何凯伦的受访者讲到相同的频繁换工作的经历，他们是为了更好的位置而跳槽，也可能是因为被华尔街定期进行“自我裁员”（投资银行平均每年进行两轮裁员）。此外，他们认为，不稳定和破坏使他们成为更好的雇员，使他们的雇主成为更好、更高效、更灵活的企业（Ho，2009：231 – 43）。而且，华尔街人习惯性地

---

① 研究表明，投资银行和咨询公司的招聘人员通常会筛选申请人的课外活动（通常是从事体育活动的类型），以识别候选人与公司之间的良好文化匹配（Rivera，2012）。

使用跳槽作为实现他们的报酬最大化的一种手段，通常在奖金季节结束后就离开，并开始一个新职位（Ho，2009：268－71）。华尔街的道德也是一种企业道德，即价值在于时机和敏捷性。

道德沉默与相对主义

从整体上看待企业道德的努力似乎因此陷入了僵局。一方面，商业价值的说明性陈述往往具有高度的表面一致性：按规则行事；不要说谎、作弊或偷窃；好好对待你的员工，这些劝勉因背景而异，并且几个世纪以来变化不大（Abend，2014）。另一方面，杰克勒、莫里尔、何等人的实证研究表明，管理者使用的道德规则和实践中的规范性秩序的其他表现似乎是高度可变的，并且与环境有关。这样的结论（自相矛盾，同时范围广泛）似乎使做出任何关于企业道德的总体结论的努力都是无效的。因此，我们提醒大家注意企业道德的另一种表现形式——也就是说，我们认为，道德沉默是贯穿于对企业道德的现有研究的共同线索，并且可能比以前更深入地了解这些企业道德的本质。

尽管他们没有详细分析，但一些经验研究人员指出，对企业道德的普遍体现是一定程度的混淆、含蓄或沉默。莫里尔指出，管理者和行政人员的道德世界观包括“隐性知识……的即时获取”（1995：17）。杰克勒持有类似的观点，
395 他指出，“人群通常不会直接讨论彼此的道德［或］伦理……。因此，实际的组织道德是因地制宜、高度特定的，并且通常是可意会不可言传的”（1988：5）。

他们对这种现象的一些理解不及其他人深入。罗伯特·杰克勒认为，沉默是一种策略，管理人员可以诉诸这种策略来管理组织道德与适应其他群体或组织的道德之间的紧张关系：例如，职业守则或更广泛的社区准则。这里有一个举报者的经历很好地说明了这种分歧。一位会计人员发现了其组织中财务信息系统性伪造的证据。经过良知的挣扎之后，这位会计师得出结论，他对职业行为守则的忠诚要求他对不法行为予以打击。然而，他的同事们谴责他的行为破坏了管理职能。他的举动“称呼他人为组织道德，他们接受科层制的道德风气受到质疑，使他们感到不舒服，并使合作的管理工作成为可能的基本的信任和理解遭到侵蚀”（Jackall，2010：116）。相反，他的同事告诉杰克勒，会计师在道德事务上应该保持沉默。正如杰克勒的访谈所表明的那样，他的受访者意

识到他们的组织道德与会计职业道德之间的对比，沉默是他们控制这种紧张情绪的既定策略。

在何凯伦对金融业的民族志研究中，银行家的世界观要求他们采取类似的沉默守则。华尔街的采访对象通常认为，对于商业领袖而言，在道德问题上保持沉默是道义上的当务之急。这种立场源于股东价值的新古典主义逻辑，其认为企业的唯一责任是保证最大化的利润流向股东。承认其他利益相关者（例如员工、客户，或更广泛的公众）的主张既有害又“不道德”。因为公司是通过将经济中的企业价值最大化，来最优地实现社会福利最大化。而且，承认其他利益相关者对利润的分享是对股票所有者的盗窃（Ho，2009：207－12；有关这些论点的另一种说法，参见 Margolis and Walsh，2003）。马克·米兹鲁奇确认，在 20 世纪 80 年代及之后的股东价值理论的兴起与经济发展委员会和其他论坛的衰落同时发生，在这些论坛中，企业领导者曾一度阐明了整个企业以及整个社会的组成部分的商业价值。他写道，如今，致力于政治关系的商业团体并不想为自己的行业或整个行业说话，而只是在努力减少政府的作用和劳动力的力量（Mizruchi，2013：176－9）。当涉及超越股东价值最大化必要性的道德观时，企业领导者和行业协会都倾向于保持沉默。

鉴于企业道德准则中普遍存在沉默和隐秘的动态，值得考虑的是，这种现象可能不止是奇特的；相反，沉默可能是企业道德内容的产物（Anteby，2013：142）。沉默本身是一种道德立场吗？在这里，利用道德哲学的理论基础是很有用的。对于道德哲学家来说，伦理学可以分为三类：应用伦理学（特殊 396
情况下的道德困境，例如众所周知的手推车困境）；规范伦理（关于美好生活的一般陈述，或仅仅是社会安排）；和元伦理学（对伦理学和道德语言性质的研究）。加布里埃尔·阿本德（Gabriel Abend）最近的工作表明，就商业道德而言，应用伦理和规范伦理相对而言是比较平稳的。相比之下，在元伦理层面，事情变得有趣起来，在这里，阿本德也许证实了他人的断言，即商业伦理学的实证研究可能总是面临“元论”问题（Trevio and Weaver，2003：1－64）。其表明了“道德实在论”的较早陈述（道德是固定和客观的观点），被“道德相对论”的相反陈述尤其是与大型公司和商学院等机构相关的陈述所掩盖（Abend，2014：290－305）。

最近的民族志研究更加紧密地探讨了沉默作为一种机制的作用，支持这种超伦理的无神论。哈佛商学院（HBS）对教师社会化的一项研究表明，该学院的 MBA 课程显然不赞成任何给定的道德规范，这可能“毕竟是一种道德规范”（Anteby, 2013：142）。哈佛商学院资深教师最近对该学院的第一年必修道德课程的描述是不认可任何特定观点的课程，似乎支持这种解释（Datar, Garvin and Cullen, 2010：162）。他们指出，“学生必须感到教室是一个安全的、受保护的环境，在其中他们可以公开探索，并质疑彼此的根深蒂固的信念，而无须背弃既定的哲学或观点”。因此，特定企业的道德困境也许不是缺乏道德的结果，而是企业道德内容的产物，即渴望保持多种观点的愿望。

这样的愿望有利于（在一定范围内）容纳多个观点，并在该学院整个历史中显而易见。例如，写了 1940 年的教学笔记“因为无法言传”的教职人员查尔斯·格拉格（Charles Gragg）解释说，“职业教育的主要目的是在一定条件下提高学生以成熟的方式行事的能力”（Gragg, 1940：3－5）。构成成熟时尚的东西都有意留下不具体性。格拉格补充说：“每个学生都可以自由表达并坚持自己的观点。”关于道德决策，参与学校当前正式道德课程提议的教职员工似乎同意格拉格的观点：他们注意到管理者的行动需要“被指导并符合相关的道德标准”或满足“相关的”道德“要求”，但要避免明确说明这些标准或要求是什么（Paine, 2006；Sucher and Hsieh, 2011；Sucher, 2011）。另一本该学院的教学笔记认为，管理者的行为建立在“对个人、家庭和文化的价值，我们的宗教信仰和个人哲学宗旨、过去的经验、先验知识以及对道德意味着什么的一般理解”的基础上，但拒绝阐明这种道德可能意味着什么。换句话说，道德思考本质上被视为是可以（在一定范围内）容纳多种道德观点的过程。为了使所有公司经理能够兼容并包，其规模必须足够大。为了解释和确认涂尔干在本章开头的声明，从事商业和工业活动的人可能会服从多种道德，而不是
397 完全没有道德。因此，在企业界，对认可任何独特的道德观点保持相对沉默可能确实是一种道德形式。

结 论

在抽象的道德与具体的个人之间存在着中介团体，这些中介团体负责确保适当的社会化成为共识。我们成长的家庭、学校和信仰社区就是这种中介的明

显例子。人行道、街角和附近的餐馆也可以充当中介人（Duneier，1999；Whyte，1943）。然而，包括职业团体和工作组织在内的许多其他实体也成了社会化企业（Biggart，1989；Chan，2009；Hitlin and Vaisey，2010；Jackall，2010；Zelizer，1979）。这些实体为会员提供了一种亲密的联系，可以渗透到他们的日常生活的核心，但又与任何给定的个人都不相同，以使成员可以自我追求更广泛的目标。虽然这样的实体并非总是能够成功实现各自的目标，但它们通常会在成员之间培养共同的观点（Vallas，1991；Vaughan，1996）。公司也不例外：它们培训其成员以发展对世界的共识、规范的理解，并且在某些情况下，例如工作歧视和机会均等的定义，在其内部发展道德规范，这些道德规范随后被扩大到社会（Dobbin，2009：221 - 34）。由于道德在当代生活中的重要地位，我们需要更好地把握企业道德所包含的内涵。我们希望本章为读者提供一个更好地理解企业道德的起点。

参考文献

Abend, G. (2014). *The Moral Background: An Inquiry into the History of Business Ethics*. Princeton, NJ: Princeton University Press.

Albert, S., and Whetten, D. A. (1985). 'Organizational Identity'. *Research in Organizational Behavior*, 7: 263 - 95.

Alvesson, M., Ashcraft, K. L., and Thomas, R. (2008). 'Identity Matters: Reflections on the Construction of Identity Scholarship in Organization Studies'. *Organization*, 15(1): 5 - 28.

Anteby, M. (2013). *Manufacturing Morals: The Values of Silence in Business School Education*. Chicago and London: University of Chicago Press.

Bartel, C., Blader, S. L., and Wrzesniewski, A. (eds.) (2007). *Identity and the Modern Organization*. Mahwah, NJ: Lawrence Erlbaum Associates.

Biggart, N. W. (1989). *Charismatic Capitalism: Direct Selling Organizations in America*. Chicago, IL: University of Chicago Press.

Chan, C. S. (2009). 'Invigorating the Content in Social Embeddedness: An Ethnography of Life Insurance Transactions in China'. *American Journal of Sociology*, 115(3): 712 - 54.

Chandler, A. D. (1977). *The Visible Hand: The Managerial Revolution in American Business*. Cambridge, MA: Belknap Press.

Dalton, M. (1959). *Men Who Manage: Fusions of Feeling and Theory in* 398
Administration. New York: Wiley.

Datar, S. M., Garvin, D. A., and Cullen, P. G. (2010). *Rethinking the MBA: Business Education at a Crossroads*. Boston, MA: Harvard Business Press.

Dobbin, F. (2009). Inventing Equal Opportunity. Princeton, NJ: Princeton University Press.

Duneier, M. (1999). *Sidewalks*. New York: Farrar, Straus and Giroux.

Durkheim, É. (1958). *Professional Ethics and Civic Morals*. Glencoe, IL: Free Press.

Durkheim, É. (1961). *Moral Education: A Study in the Theory and Application of the Sociology of Education*. New York: Free Press.

Durkheim, É. (1973). *Émile Durkheim on Morality and Society* (ed. R. N. Bellah). Chicago, IL: University of Chicago Press.

Fortune Magazine. (1973). *Fortune 500 Historical Database*. Available at: <http://money.cnn.com/magazines/fortune/fortune500_archive/snapshots/1972/563.html> (accessed 22 May 2014).

Glynn, M. A. (2008). 'Beyond Constraint: How Institutions Enable Identities', in R. Greenwood (ed.), *The SAGE Handbook of Organizational Institutionalism*. Los Angeles and London: SAGE, 413–30.

Gouldner, A. W. (1955). *Patterns of Industrial Bureaucracy*. London: Routledge and Kegan Paul.

Gragg, C. I. (1940). *Because Wisdom Can't Be Told (HBSP Case 9–451–005)*. Cambridge, MA: President and Fellows of Harvard College.

Hitlin, S., and Vaisey, S. (2010). 'Back to the Future', in S. Hitlin and S. Vaisey (eds.), *Handbook of the Sociology of Morality*. New York: Springer, 3–14.

Ho, K. Z. (2009). *Liquidated: An Ethnography of Wall Street*. Durham, NC: Duke University Press.

Jackall, R. (1988). *Moral Mazes: The World of Corporate Managers*. New York: Oxford University Press.

Jackall, R. (2010). 'Morality in Organizations', in S. Hitlin and S. Vaisey (eds.), *Handbook of the Sociology of Morality*. New York: Springer, 203–10.

Jennifer Louise, P. and Gianpiero, P. (2010). 'Identity Workspaces: The Case of Business Schools'. *Academy of Management Learning and Education*, 9(1): 44–60.

Joel, G., Linda K., T., and Raghu, G. (2013). 'Values Work: A Process Study of the Emergence and Performance of Organizational Values Practices'. *Academy of Management Journal*, 56(1): 84–112.

Khurana, R. (2007). *From Higher Aims to Hired Hands: The Social Transformation of American Business Schools and the Unfulfilled Promise of Management as a Profession*. Princeton, NJ: Princeton University Press.

Lamont, M. (2000). *The Dignity of Working Men: Morality and the Boundaries of Race, Class, and Immigration*. New York and Cambridge, MA: Russell Sage Foundation and Harvard University Press.

Margolis, J. D. and Walsh, J. P. (2003). 'Misery Loves Companies: Rethinking Social Initiatives by Business'. *Administrative Science Quarterly*, 48(2): 268–305.

Mauss, M. (1967). *Manuel d'Éthnographie*. Paris: Éditions Payot.

Mills, C. W. (1951). *White Collar: The American Middle Classes*. New York: Oxford University Press.

Mills, C. W. (1956). *The Power Elite*. New York: Oxford University Press.

Mintzberg, H. (1973). *The Nature of Managerial Work*. New York: Harper and Row.

399 Mizruchi, M. S. (2013). *The Fracturing of the American Corporate Elite*. Cambridge, MA: Harvard University Press.

Morrill, C. (1995). *The Executive Way: Conflict Management in Corporations*. Chicago, IL: University of Chicago Press.

Nader, L. (1972). 'Up the Anthropologist: Perspectives Gained from Studying Up', in D. H. Hymes (ed.), *Reinventing Anthropology*, 1st edn. New York: Pantheon Books, 284 – 311.

Paine, L. S. (2006). *Instructor's Guide to Leadership and Corporate Accountability* (*LCA*) (*HBSP Note 5 – 307 – 032*). Boston, MA: President and Fellows of Harvard College.

Perrow, C. (2002). *Organizing America: Wealth, Power, and the Origins of Corporate Capitalism*. Princeton, NJ: Princeton University Press.

Pierson, F. C. (1959). *The Education of American Businessmen; A Study of University-College Programs in Business Administration*. New York: McGraw-Hill.

Pratt, M. G. (2000). 'The Good, the Bad, and the Ambivalent: Managing Identification among Amway Distributors'. *Administrative Science Quarterly*, 45(3): 456 – 93.

Riesman, D. (1950). *The Lonely Crowd: A Study of the Changing American Character*. New Haven, CT: Yale University Press.

Rivera, L. A. (2012). 'Hiring as Cultural Matching: The Case of Elite Professional Service Firms'. *American Sociological Review*, 77(6): 999 – 1022.

Smith, V. (1997). 'Review of *White-Collar Blues: Management Loyalties in an Age of Corporate Restructuring* by Charles Heckscher; *The Executive Way: Conflict Management in Corporations* by Calvin Morrill'. *Contemporary Sociology*, 26(2): 220 – 3.

Starkey, K. and Tiratsoo, N. (2007). *The Business School and the Bottom Line*. Cambridge and New York: Cambridge University Press.

Sucher, S. J. (2011). *Action Planning: An LCA Perspective. Harvard Business School Module Note 605 – 079.* Boston, MA: President and Fellows of Harvard College.

Sucher, S. J. and Hsieh, N. (2011). *A Framework for Ethical Reasoning. Harvard Business School Background Note 610 – 050.* Boston, MA: President and Fellows of Harvard College.

Treviño, L. K. and Weaver, G. R. (2003). *Managing Ethics in Business Organizations: Social Scientific Perspectives*. Stanford, CA: Stanford Business Books.

Vaisey, S. (2009). 'Motivation and Justification: A Dual-process Model of Culture in Action'. *American Journal of Sociology*, 114(6): 1675 – 715.

Vallas, S. P. (1991). 'Workers, Firms, and the Dominant Ideology: Hegemony and Consciousness in the Monopoly Core'. *The Sociological Quarterly*, 32(1): 61 – 83.

Van Maanen, J. (1973). 'Observations on the Making of Policemen'. *Human Organization*, 32(4): 407 – 18.

Vaughan, D. (1996). *The Challenger Launch Decision: Risky Technology, Culture, and Deviance at NASA*. Chicago, IL: University of Chicago Press.

Whyte, W. F. (1943). *Street Corner Society: The Social Structure of an Italian Slum*. Chicago, IL: University of Chicago Press.

Whyte, W. H. (1956). *The Organization Man*. New York: Simon and Schuster.

Wuthnow, R. (1987). *Meaning and Moral Order: Explorations in Cultural Analysis*. Berkeley, CA: University of California Press.

Zelizer, V. A. R. (1979). *Morals and Markets: The Development of Life Insurance in the United States*. New York: Columbia University Press.

400

第 20 章 管理与现代性

格雷厄姆·休厄尔

什么是现代性以及它为何对管理至关重要？自主、精通和现代性

确定现代性的本质，以及在何时何地提出这种本质的尝试，总是会被某种“原动力”问题所混淆。我们如何才能明确一件事、想法或重要工作预示了我们变得现代化的那一刻，或者我们不再对此事因循守旧？从这个意义上讲，我的定义与任何其他人相比都多少有些武断，但它也带有一种隐含的理解，即为了继续研究，仍然需要某种定义。从瓦格纳（Wagner，2012）的观察开始，两个主题持续主导着我们对生活在现时代的人类意味着怎样的自我理解：我们是自我决定的主体，我们可以行使这种自主权，选择理性作为追求支配自然的基础。但是，这种自我理解还涉及一种矛盾情绪，这种矛盾情绪通过认知到追求精通的核心，使我们的反思性历史意识得到了缓和。这源于我们对当前状况必须改变的宿命论认识与我们对稳定性以及随之而来的确定性和安全性的可理解的渴望之间的张力。这种张力的局部变化使我们朝着不同的方向发展，以至于现代性最好是从多元性和转型的角度来考虑，而不是趋同性和稳定性（Clegg，1990；Wagner，2012）。这个概念必然调和了许多不同的反对派观点。当然，我们对现代性存有矛盾的看法在社会理论中有很长的历史。例如，拉什（Lash，1999）早在康德（Kant）对理性的三种批判所进行的文本间对话中就找到了
401 它。我稍后将返回拉什的工作，但为了立即达到目的，齐格蒙特·鲍曼的矛盾

观念将是开始讨论现代性及其与管理的关系的最佳起点（参见 Bauman，1991）。

他将现代性视为启蒙运动的文化和社会项目，其特征是朝着秩序、设计、命名和隔离的方向前进。然而，对我们而言最重要的是，鲍曼试图将类似于日常管理概念的理论作为研究的核心，因为管理是所有这些特征的共性：通过合理的设计、分类和促进时空分工来创造秩序和稳定性的一种手段。对于鲍曼来说，这种差异化的核心是保持内外配对的对称性，将他人归类为朋友或敌人是区分真相与虚假、善与恶、美与丑的典范。矛盾的情绪以处于这种类别的二元组之外的陌生人的形式进入人们的视野，这引起了“不确定性的恐惧”，其必须通过将不确定性所面临的不稳定的第三类解释学问题最小化来克服（参见 Latour，1993——特别是他关于我们对“杂糅”物体的恐惧的评论）。鲍曼的社会学倾向使他专注于我们使用地域和功能分离的方式，以避免面对这样的恐惧。因此，将社会世界划分为诸如行政区域或专业知识领域，减少了陌生人通过将我们的社会互动限制在“假定具有共识和共同利益的部门”之中，进而破坏相关事务的可能性（Barth，1969，引自 Bauman，1990）。简而言之，我们可以将管理视为一种反思性的行为，涉及对自身和他人进行大胆的施加压力，以便我们可以建立、监管并最终部署理性原则，以消除由于复杂而动态的劳动分工所导致的空间和功能的界限。

因此，在很大程度上，确定谁掌控指挥控制他人的法定职权是围绕管理控制进行辩论的基础。过去，在管理人员和被告知工作的工人之间存在着一条看不见但仍被认可的断层线，但现在看来，各地的每个人都有望成为一个自我管理的企业家。同样，根据谁有权获得技术知识来确定谁的权利，从而确定哪一种行动比另一种行动更可取，这构成了有关管理专业知识辩论的基础。例如，过去通常认为战略之类的事情是高级职业经理人无可推卸的责任，但是如今，哪个组织会冒险在不咨询外部顾问的情况下对战略进行重大改变？

确定了现代性的可行定义后（即作为承担着变革与稳定之间的对立的一种矛盾状态），管理可被看作是一种有意识的举动，它通过不断地试图支撑本质上不稳定的分工来调和现代文化中心的矛盾。这使我们想到了韦伯对现代性的广泛批评，在这种批评中，科层制只是通过合理化进行统治的偶然性特征

(Clegg and Lounsbury, 2009),而科层机构的职员的义务经常与我们的基本人
402 类本能背道而驰(Turner, 1991)。这种紧张的根源常常被作为“铁笼”,摘自帕森斯(Parsons)对钢硬化外壳(Stahlhartes Gehäuse)的精心翻译(Cohen, Hazelrigg and Pope, 1975;Clegg and Lounsbury, 2009)。现在,这种说法虽然已广为人知,并具有自己的生命力,但大家未能捕捉到韦伯德语用语的微妙之处(Baehr, 2001;Clegg and Lounsbury, 2009)。这导致我们忽视了韦伯对科层制的隐喻使用,即官僚作风是权力关系的典型配置,用以传达合理化技术的道德维度,这种技术的主要作用点是人体(Turner, 1992)。我很早就指出这一点,在本章的最后一部分中,我将通过替代性解读钢硬化外壳,以表明重新审视科层制下的管理作为一种合理化模式的作用。这将使我们能够将管理重新考虑为更广泛的“人的科学”(Hennis, 1988)的一部分,这种管理通过分类形式对人进行排序(例如“朋友”或“敌人”、“善”或“不良”、“生产性”或“非生产性”等),以避开鲍曼的“不确定性的恐惧”。但是,我将以一种更可预测的方式开始,着眼于克莱格(Clegg, 1990)所称“行政形式理论”的杰出代表。然后,我将讨论其对现代性的批判借鉴了欧洲社会理论的作者,然后将其与“新的”制度理论,及其处理管理与现代性之间关系的方式进行对比。最后,我转向拉什的“另一种现代性”概念,以发展对韦伯的钢硬化外壳概念的个人理解,他在别处描述的,是正式自由劳动的理性组织扼杀了人类的繁荣,而不是笼罩整个人的铁笼(Weber, 1961)。

追求进步的管理

正式的自由劳动很重要,因为韦伯对现代组织管理的许多理解都转向了,雇主和雇员之间的合同安排取代封建安排的方式(Münch, 1983)。在封建制度下,农奴很难从其耕种的土地上被驱逐出去,这在很大程度上限制了土地的生产效率。将这种刚性与现代组织中委托人和代理之间的合同概念固有的灵活性相比较,委托人可以根据代理对当前任务的适合性和雇用成本的某种评估,选择与谁签约。同样,代理人可以根据任务的性质和所提供的补偿,选择是否为委托人服务。此外,如果任何一方未能履行合同规定的义务,则双方可以寻求补救或赔偿。对韦伯(Weber, 1968)而言,这种向新社会制度的转变,意

味着现代组织的管理者被期望根据竞争激烈的劳动力市场背景对技能的技术评估来选择雇员。这有效地建立了对拥有理性计算技术专业知识的新职业的需求（Münch，1983）。正是这种专业知识的概念及对其掌握，为我们许多正式管理理论的概念奠定了基础。这与 19 世纪末和 20 世纪初的管理思想家观点近似， 403
也就是说，冷漠的管理者之所以对他人施加合法的权威，源于他们具有获取专业技术知识的特权途径。

大多数对早期管理思想家的评论通常认为亨利·法约尔（Henry Fayol）仅次于弗雷德里克·泰勒（Fredrick Tylor），但仔细观察后，法约尔可以说是对组织的管理采取了更为综合的方法，因为法约尔的管理原理不仅适用于为一个共同目标而努力的组织成员，也适用于引起普遍关注的 à la 韦伯（Weber，1961）所讲的“公司法人”。此外，凡是首次接触法约尔（Fayol，1916）十四项管理学基本原理的人，也会看到很多仍然与当今管理顾问的劝告产生共鸣的思想（Peaucelle and Guthrie，2013；Wren，Bedeian and Breeze，2002）。有鉴于此，我将简要考虑一下，法约尔的一种更细微的管理概念，即一种职业，它超越了泰勒的狭义的视野，出乎意料地呼应了韦伯对现代性在道德上模糊的本质的某些众所周知的担忧。

尽管法约尔是科学管理的仰慕者，但法国批评家还是认为，法约尔的十四条管理原理具有歧义性，而泰勒的观点不存在任何歧义（例如 Kanigel，1996）。考虑以下评论：

> 法人团体的健全性和良好的工作秩序取决于一视同仁的原则、法律、规则的某些条件。作为优先选择，我将采用“原则”一词，同时将其与任何僵化的建议区分开来，因为在管理事务中没有僵化或绝对的事情，全都是灵活的问题。我们很少两次在相同的条件下应用相同的原理。必须为不同的变化情况留出余地，因为人和其他可变要素一样变化很多。（Fayol，1949：181）

尽管如此，法约尔还是像泰勒一样坚定地认为，获取专业知识的特权是管理者指导下属权威的源泉，按照这些原则进行分工是基于智力在整个人口中的分布等事物的“自然”秩序（Fayol，1916）。这使法约尔撰写了大量关于管理的五项职能——预测、组织、指挥、协调和控制（因此缩写为 POCCC）——构成系统化管理精英教育体制的基础。尽管没有证据表明法约尔熟悉韦伯的理论，但他赞同德国人对理性在科层制中的体现，以及与现代性项目的关系的矛盾态度，也就是说，虽然它们都是人类的创造，但仍在追求通过科层制作为技术上的一种高级组织形式（Weber，1968）来创造必要条件，这些条件最终损害了人类的繁荣（Clegg，1990）。这样，法约尔对管理的含混不清的理解，以及对规则和普遍标准化程序的惊人影响的恐惧，仍然可以看作是对新兴的技术官僚意识的一种纠正，在这种意识中，训练有素的经理可以某种方式识别和实
404 施人类组织的“一种最佳方法”（参见 Aitken，1960）。在这方面，法约尔意识到，在大多数组织情况下，实行“思想者”与“行动者”之间的分工实际上是不可能的，因为在这种情况下，管理规则总是有例外的，而员工不可避免地要比上级有更多关于他们在做什么的知识。

玛丽·帕克·福莱特（Mary Parker Follett）的工作也清楚地表明了员工可以访问其经理无法获得的知识。如果法约尔的工作为我们提供了更加细微的承担，以承担科学管理的面子价值的危险，那么就人际关系学派而言，福莱特可以起到类似的作用。布鲁斯和尼兰（Bruce and Nyland，2012）指出，人们倾向于称赞埃尔顿·梅奥（Elton Mayo）在将科学管理人性化中的作用，但他渴望回到神话时代，在这个神话时代，“主人”和“男人”之间的关系建立在优势和从属地位的自然秩序之上（参见 Mayo，1919）。在这方面，梅奥从一种前现代性的立场来批评现代性（参见下面我对伯勒尔的评论）。相比之下，福莱特期待着合作时代的到来，这将成为进化过程中不可避免的一部分，从而用现代主义的社会进步信念，替代了梅奥对黄金时代不合时宜的怀旧。然而，福莱特和梅奥关于如何达成和谐理想组织的方法非常相似，因为它们都侧重于如何形成社会群体，即使在最合理的组织中也不可避免地形成社会群体，因此它们应该成为正式组织设计的重点（Miller and Form，1964）。福莱特的主张是将管理责任下放到整个组织中，并指出，即使是“最底层的送货司机”，也最好由他自己来决定他的送货次序（Follett，1941）。她还指出，不同的人具有各种各样但互补的领导才能，很少人兼具所有才能。此外，她认为领导力的最高品质决定了吸收采纳和反馈团队集体意愿的能力。因此，管理是通过人际关系产生的协作与合作的社会成就；如果愿意的话，这是相互规范控制的一种形式。这种

方法的持续说服力源于福莱特对权力与权威之间的重要区别的认识，正如她所说的“权力凌驾”和“权力拥有”。再次，尽管没有证据表明她非常熟悉韦伯的贡献，但这一观点与韦伯的观点异曲同工，我们不应将基于价值的合理性置于工具理性的技术官僚意识中，在这种情况下，诸如有效的命令和控制之类的东西会自我终结。

在后现代世界中重新评估管理

现在看来似乎不可思议，但是不久前的一段时间，很多人开始思考我们是否将现代性抛在身后，结果发现我们自己已经处在后现代状况下。在本节中， 405
我希望集中讨论三位作者，即吉布森·伯勒尔（Gibson Burrell）、斯图尔特·克莱格（Stewart Clegg）和保罗·杜盖伊（Paul du Gay），他们通过利用欧陆理论主要思想家，如马克思、涂尔干和韦伯关于现代主义计划的见解，为这一辩论做出了重要贡献。

在本章中，吉布森·伯勒尔对所要解决的问题的个人贡献，主要是他在 20 世纪 80 年代末与罗伯特·库珀（Robert Cooper）撰写的文章。他们将现代性的批评置于勇气的集体失败中，而这种失败使 20 世纪 60 年代后期开始的社会科学陷入困境（Cooper and Burrell，1988）。对进步的宏大叙事信心下降的一种安慰是，它使组织和管理研究从强迫中解放出来，在工具上变得有意义，从而使我们可以重新认识韦伯在组织多样化合理化的社会生活中的作用（Copper and Burrell，1988）。自从把组织定义为一个离散的、自治的理性客体，我们可以将注意力转移到组织渴望建立对自然和社会世界的表达和主宰（参见 Weick，1974，尤其是他对组织的评论：名词 organization 和动词形式 organizing）。这种立场代表着人们对“去帕森斯化”的韦伯（Cohen，Hazelrigg and Pope，1975）的工作产生了广泛的兴趣，因为随着马克思主义计划（甚至是更温和的社会民主主义版本）的遇阻，为什么不转向一个似乎注定要被马克思的光环盖过的人物（Blau，1963）？在与韦伯重新建立联系时，伯勒尔的广泛贡献对于发展现在熟悉的欧陆思想家如米歇尔·福柯（Burrell，1988）和于尔根·哈贝马斯（Burrell，1994）的批判性评价至关重要。从理智上讲，由伯勒尔（1988）发起的这种对多元化思想家的拥抱是非常自由的，因为它似乎是无限开放地域的一部分。在这个地方，关于新奥尔良狂欢节的组织方面的讨论（Islam，Zyphur and Boje，2008）可以在学术上获得与跨国公司设计和实施商业战略同样程度的合法性。重要的是，这意味着在现代性的范畴内，管理不仅仅是人们所谓的“经理”所做的事情，而是我们根据一种特定的功能合理性模型，来排序社会关系的愿望的名字。公司以“作为主要社会子系统的地位，成为系统现代主义的典范组织”的位置（Cooper and Burrell，1988：96）。

库珀和伯勒尔认为，系统的现代主义是奥古斯特·孔德（Auguste Comte）及其继任者的工具理性的延续。这与后来的法兰克福学派于尔根·哈贝马斯对现代主义的批判形成鲜明对比，后者反对通过诉诸理性的康德式解放观念来呼吁对生活的各个方面进行逐步合理化（Cooper and Burrell，1988）。仿佛只要我们能重新获得日常生活的真实经验，一切都会好起来的。一种理想的生活方式，被系统性现代主义的工具性和计算性语言所扭曲，后者最终以效率的名义
406 将强制合法化。盖斯（Guess，1981）在历史上将其描述为现代性规范基础的逐渐（实际上，几乎不可察觉）转变。因此，曾经本应保证不受传统和迷信非理性限制的自由的社会制度本身成了压制和挫败我们追求许多愿望的手段，但由于被视为形式上或程序上的正确运作，这些制度仍被广泛容忍。这导致了具有讽刺意味的情况，即管理者可能会真正地通过制定合理的组织原则（例如衡量、计算和控制）来实现所有人的利益，而这些目的实际上是出于各种意向和目的而在巩固少数人的利益（Sewell and Barker，2006a）。

伯勒尔对于管理与现代性问题理智的折中立场，在他的著作《潘多尼翁》中最为明显。该著作不祥地宣告了其意图，某一事物旨在“破坏、随机化并依赖于读者的创造力”（Burrell，1997：2）。伯勒尔关于目前我们生活的中心观点是，我们对启蒙运动的信心已经成功地将中世纪抛在了身后，其实这是我们的一厢情愿。然而，这种认识并没有引起人们重新回到依靠迷信，并以牺牲理性和客观性为代价来呼吁人们相信神意。相反，对于我们来说，通过承认“民间”知识的贡献，即除管理者以外的其他群体（以及就此而言，管理学者）可以对组织生活发表重要观点，进而对避免在组织内部和周围的技术专家的知识特权化做出贡献。更重要的是，这也使我们进一步考虑是否允许神话（Blumenberg，1985，2010）和迷信（Gell，1988；Stivers，

2001）之类的事物继续在组织生活中发挥作用，因为我们试图顺从现代主义者的期望，即根据区域化的人们经验的功能合理性的通用模型建立社会关系。

斯图尔特·克莱格对理解现代性和管理做出了重要贡献（Clegg，1990），其核心主题是在希望寻找一种最佳组织方式的愿望与坦率务实并体现地域差别化地回应组织挑战之间的张力。他在这里考察了“不同的理性模式”的出现，这些模式是由“地方文化与制度框架和调节过程的相互作用而产生的，这种过程既来自国家又来自其他合理化研究机构”（Clegg，1990：176）。这样，克莱格就可以被视为令人困惑的人类学、社会学和政治经济学组合的“资本主义变量”方法的先行者（Hall and Soskice，2001）。克莱格借鉴了布朗特（Blunt，1990）的作品，展示了现代组织通常如何通过他所谓的“组织命令”，来应对社会和自然的挑战。尽管我们可能希望这些回应将是永恒而普遍的，但事实证明，它们与当时的环境相关。现代组织这种短暂性的一个体现是亚洲经济力量的崛起，它们通过结合看似矛盾的社会制度而设法在全球市场上蓬勃发展。克莱格以现在陷入困境的日本为例，虽然该国的经济停滞不前，但新的典型例子已经出现，例如韩国的财阀集团（Chaebol）联合企业（实际上是家族经营的企业），或者，最近，更多中国国有企业的管理者是拥有大型国际商学 407
院 MBA 学位的共产党员。

这使得我们赞同保罗·杜盖伊，他和伯勒尔和克莱格一样，通过对韦伯的去帕森化解读来发展他对现代性的理解。在许多方面，杜盖伊对科层制的道德要求一直保持浓厚兴趣，并持续关注韦伯关于个人和道德方面的研究。因此，虽然可以公平地说伯勒尔、（在较小程度上）克莱格使用社会理论来理解组织，但杜盖伊却认为组织是发展社会理论的一种方式。在他对齐格蒙特·鲍曼的有力批评中，呈现得非常明显，这在本章中具有双重意义——杜盖伊对鲍曼的态度本身就很重要，而且我希望我们认真考虑它。接下来再回到鲍曼对现代性的定义。

杜盖伊对鲍曼关于现代性本质的主张的主要反对意见是，合理-合法的科层制是造成组织环境中个人道德行为和责任的评估衰落的主要原因。这是因为现代世界的这两个定义特征相结合，使我们作为社会行动者的（物理和心理上的）距离破坏了彼此之间“亲近他人而产生的对他人的责任”（Du

Gay，2000：36）。细致的职能分工加剧了这种情况，在职能分工中，官僚们专注于部门主义和狭隘的职责，因而忽视了他们所服务的总体目标。换句话说，如果管理人员不知道（或可能不希望知道）对他人造成的伤害，他们可以不受怀疑或道德上的谴责而履行自己的职责。鲍曼从中得出的合乎逻辑（和令人震惊）的结论是，如果以这种方式消除承担个人道德责任的义务，那么在所有现代社会中都可能潜伏大屠杀。为了支持这一点，他援引韦伯的评论，即组织现在“根据可计算的规则而不考虑人员”来运作（Bauman，1989：193）。杜盖伊辩称，从社会学和历史的角度来看，这一立场是没有根据的，这两者都是鲍曼对韦伯的误解。从社会学角度上讲，与鲍曼相反，韦伯没有预料到合理化不可避免地会造成同质化的社会奇异性（Du Gay，2000）。的确，官僚行为与各种政治和社会目的兼容，包括那些与自由多元主义和布尔什维克主义有关的目的（见 Gouldner，1955；参见 Clegg，1990）。这表明我们应该考虑历史和文化条件，这些条件会导致科层制的特殊形态，从而成为分化政治和社会目的的手段（Sewell and Barker，2006a）。有鉴于此，我们可以通过考虑浪漫主义神话的持续影响来部分地解释纳粹主义的崛起，浪漫主义神话被编造来激发民族主义并导致 1871 年德国政治统一（参见上面我对伯勒尔的评论）。重要的是，纳粹巧妙地挪用了这些神话来提倡受共同价值观和信念所束缚的单一民族共同体机械团结的前现代概念，从而利用了在第一次世界大战中失败的耻辱，而不是现代的有机团结概念，通过多样化
408 但相互依存的分工来实现（Durkheim，1984）。就像亨利四世以前所做的那样，这被希特勒形容为真正体现了统一德国国家的命运。因此，纳粹工作人员并没有效忠于无私职业或职务的抽象理想，而是效忠希特勒本人的个人服务（Du Gay，2000）。简而言之，尽管他们后来否认了这些观点，但他们并不是官僚机器中的齿轮，而是元首的忠实的追随者，他们仍然充分意识到纳粹主义的目的（Eatwell，2003）。

总而言之，如果伯勒尔允许我们将管理作为自然和社会掌握的更广泛的现代项目的一部分，那么克莱格会证明这种早期管理思想家提出的组织，是在不适合所有情况的模型中发展而来的。这使得杜盖伊提醒我们，韦伯将科层机构描述为一种职业，可以激励我们重新评估最近岌岌可危的现代机构（如社会民主国家的机构）的道德状况。

现代机构，现代管理者

当欧洲主要关注与组织有关的更广泛社会理论时，北美学者对较为稳定的规则、惯例和行为规范（或替代行为）的方式，进行了更集中的解释。习惯、习俗和守则（取决于您的喜好）决定着组织的社会关系。这是组织制度理论的内容。这主要是北美的知识传统，后现代主义就好比将游艇摇晃到朋克（就像从未有过朋克一样）。然而，这无疑是一个非常古老的传统，至少与涂尔干的禁令一样古老，它研究“事物的社会事实”（DiMaggio and Powell，1991），尽管“制度”一词可以追溯到 17 世纪初（Hodgson，2006）。大多数主流社会科学学科都有自己的制度（例如 Douglas，1986；Lipset，1959；North，1991），但是当我们今天谈论它们对组织的意义时，我们倾向于使用在过去的三十年左右的时间里由“新”制度理论发展起来的术语（Scott，2008）。然而，在最抽象的层面上，这种独特的方法仍然与其他学科共享一个共同的假设，即规则、惯例和行为规范是人为的（与自然现象相反）现象，因此，如果情况或人员不同，他们可能会以其他方式表现。考虑到这一点，任何制度方法都必须充分考虑人的能动性如何使制度产生，以及充分考虑人的能动性如何受到这些制度的约束。这样说来，我们就可以开始看到制度主义核心的潜在逻辑矛盾：如果我们的制度效果理论太有决定性，那么就不会有任何社会变革，因为制度总是会保持现状。但是，如果我们的制度过于随意地创造理论，那么，任 409
何制度都无法扎根，我们将不断处于混乱状态（参见 Holm，1995）。西奥和克雷（Seo and Creed，2002）称其为嵌入能动性悖论（the paradox of embedded agency），并且以这种方式思考，在制度主义的概念核心之处，存在着我们早先归因于现代性的模糊的状态，也就是说，在走向社会变革的趋势与对稳定性和确定性的渴望之间存在一种张力。在对艾森斯塔特（Eisenstadt，1980）的概念进行推广的过程中，大多数组织机构的研究方法都采用吉登斯（Giddens，1984）、布尔迪厄（Bourdieu，1977）和瑟威尔（Sewell，1992）之类的方法，通过结构与能动性之间的某种递归关系，来解决这种紧张关系。“制度企业家”要考虑到“对特定制度安排有兴趣，或者利用资源来创建新制度，或改造现有制度的行动者的活动”（Maguire，Hardy and Lawrence，2004：657）。当然，根据制度企业家精神的定义，这种行动者不一定必须名义上是经理，因为任何人都可以根据想象去改变现有的制度或发明新的制度，只要他们愿意并有足够的正确资源（DiMaggio，1988）。但是，在其他条件相同的情况下，您可能会合理地期望，如果有人具有塑造机构的意愿和资源，即进行机构的“工作”（参见 Lawrence and Suddaby，2006），那么他将是经理。就像传统上一样，根据正式的管理理论，他们一直都是利用其专业技术技能，通过某种风险评估来平衡稳定性和变化的人。换句话说，我们理所当然地期望有一个制度，即管理者可以在组织中发起规则、惯例和规范的变革，这当然是文化变革文献的主要假设之一，即“变革推动者”不断变化（例如 Cameron and Quinn，2011）。

最后的观察结果是，布卢尔（Bloor，2000）指出机构就像涂尔干的社会事实一样，既是客体，也是它自己的主体。例如，从制度的角度思考变革管理，涉及通过使用那些影响变革管理本身的机构提供的语言来识别可识别的人类实践，也就是说，“谈论的话题和谈论本身就是其中的一环”（Bloor，2000：161）。这就提出了一个明显而重要的方法论问题：是否不可能使“外部”机构客观地了解，经理活动的哪些方面涉及有意识地应用专业知识，而哪些仅仅涉及无意识地遵循规则、惯例和规范？除此之外，我们还可以增加方法的复杂性，如果管理者像其他人一样“生活”在多个机构中（Friedland and Alford，1991），那么我们如何过滤掉那些不需要更换管理层的制度呢？

新制度理论对这类挑战的最普遍反应通过所谓的“认知转向”（DiMaggio，1997），恢复了方法论上的个人主义。这将制度化的微观基础定位在假定的理性行动者的脑海中，这些行动者正在通过提供的惯例的实践、脚本和认知模式
410 的实际含义进行工作。它们由在组织内部和周围遇到的有关机构提供（DiMaggio，1997，2002；Hirsch and Lounsbury，1997）。组织文献中这种认知转向的一个突出例子是“制度逻辑方法”（参见 Thornton，Ocasio and Lounsbury，2012）。这很大程度上借鉴了科尔曼（Coleman，1990）著名的因果模型，即个体的理性、自我意识和目的性行为如何结合以引起制度逻辑，即“一套约束组织的规则式结构或一套约束性组织，或一套提供改变现有文化和实践的机会的文化工具包”（Thornton，Ocasio and Lounsbury，2012：81）——将组织机构的注意力引向有限范围的合法行动路线（Thornton and Ocasio，1999；Thornton，

2004）。在这种情况下，并且在有限理性的条件下行动，管理者（作为某种类型的理性组织行动者）将做出与其组织有关的特定决策，并在此过程中进行制度逻辑的复制或转化。虽然这是对结构与能动性之间关系的综合而复杂的思考方式的必要的简要说明，但它的确抓住了认知转向，使我们仅将制度视为离散社会对象的方式。在相似的情况下，它以可识别的相似方式行事的个体的集合表示（Swedberg，1998）。这个一般立场受到了广泛的批判（Udehn，2002；Jepperson and Meyer，2011），但是，就本章而言，我希望停留在其明显的现代主义倾向中，即把假定的理性主体置于现实世界分析的核心。在这里，我们的两个方法逻辑挑战可以归结为一个问题：当经理作为理性人时，我们如何隔离影响经理决策的离散宏观社会现象（无论是意识形态、文化还是制度逻辑）的行为本身就是一个制度（Hacking，2004；Bloor，2000；Willmott，2011）？换句话说，在制度理论的认知转向中，管理者已经被视为自主和掌握现代性的体现。但是，如果我们采用道格拉斯（Douglas，1986）的观点，即机构通过提供社会上嵌入的、连贯的知识体系来“提供我们的思想”，这些知识体系提供了特征分类、逻辑运算和合理的配给形式，那么我们可以看到迈耶（Meyer，2008）的一种新观点认为，许多组织研究都集中在理解有意识和理性的决策上，而很少有人以此方式做出决策。因此，尽管当我们专注于微观基础作为认知转向的一部分时，倾向于分析性地赋予诸如经理或制度企业家之类的有目的的代理活动并不奇怪，但我们也可以在这种情况下寻找方法，现代性的自主和权威的双重焦点（Wagner，2012）通过制度理论自身的假设来发挥作用。这开辟了诱人的前景，使我们确实可以忠实于伯杰和拉克曼（Berger and Luckmann，1966）的初衷，并试图将古典社会学的两个主要方面——韦伯式的方法论个人主义和涂尔干的方法论整体主义（Dobbin，2009）——进行一种反思性的融合，将制度理论置于现代性本身的知识、政治和文化项目之内。毕竟，制度理论及其预设的对象是理性的、自主和原子化的行动者——与管理一 411
样，都是现代性的产物。

管理和反思性现代性

最后的观察为我们提供了重新考虑本章中某些递归主题的机会。首先，现代管理者作为一个自主行动者的形象的持久力量，他在追求对所有人都有益的理性目标时，对自然和社会领域实行公正的控制。这正好跟我们与现代性相关的渐进式变革概念相吻合——事情正在（或至少可能是）变得更好，而我们需要改善的只是变得更加理性，而管理者则处于这一进展的前沿。但是，正如鲍曼和其他人所指出的那样，经理人的大部分精力实际上都花在了支持有利于某些人，而不利于其他人的现有社会和技术安排上。变革与稳定之间的这种紧张关系导致了我们对管理的矛盾心理——管理者仅仅是既定利益的技术官僚或仆人吗？因此，现代管理体制是反思性的，因为它是我们与现代性联系在一起的更广泛的矛盾意识的一部分，而现代管理者本身必须发挥其作为组织参与者的角色的作用，他们发现自己每天必须在公正理性与折中之间取得平衡，只是为了维持协调的管理环境。拉什（Lash，1999）将这种情况描述为“确定性”判断（任何人都可以采取，只要他们有能力遵循普遍的认知规则）和“审美性”判断（这种行为是在面对风险、矛盾和权变性时）。后一种推理形式是“反思性现代性”的核心，“个体必须找到用于认识特定情况的［认知］规则。他们必须以自己的身份创新规则，这一过程既依赖类推理性，又依赖逻辑规则”（Lash，1999：3）。有鉴于此，如果我们的类比推理的基础是刚性“铁笼”的主要制度化隐喻（Tiryakian，1981），那么在组织中冒着风险、矛盾和权变性就变得更加困难。无论这个铁笼是否为我们创造了在规则内行动的空间，还是保护我们免受不符合这些规则预期的其他人的行动的影响（Adler and Borys，1996；Sewell and Barker，2006b），这仍然好像是我们经验之外的事物，使我们的意志（如果不是我们的能力）以某些方式行事不受影响（Baehr，2001）。相比之下，贝尔（另见 Chalcraft，1994）为我们提供了韦伯最初的钢硬化外壳（Stahlhartes Gehäuse）隐喻的另一种翻译方式，该隐喻同时更适合拉什的反身
412 现代性概念，也符合杜盖伊呼吁我们考虑科层机构公职人员行为的道德地位，他们处在与不同的历史和文化道德条件相联系的特定的科层制下。

尽管钢硬化外壳可以用各种方式表现为钢制的盒子、箱子或外套（Tiryakian，1981），但贝尔（Baehr，2001）采用了硬化的钢壳。就其本身而言，它传达的约束形象比外部笼子更为亲密——我们随身携带的东西，塑造了我们非常实际的妆容——但是，当我们考虑到，韦伯设置了这个坚硬的硬壳，帕森斯的翻译似乎更加笨拙（考虑到他曾在海德堡学习了几年，能说流利的

德语，所以这种翻译更有可能是有意的）。的确，韦伯提到钢硬化外壳不是在狭义的背景中描述了对科层化的社会结构的理解，而是在更为广泛的现代经济秩序的背景下，我们成了机器的一部分，在工业规模上，与商品和服务的生产和消费相关的类似劳动分工具有禁欲主义的特征，而我们的理性行为就像是宗教义务或呼吁。韦伯在此引用了英国清教徒神学家理查德·巴克斯特（Richard Baxter）的观点，他认为，对于虔诚的人而言，对物资和其他世俗事物的任何关注都应“像轻薄的斗篷一样随时随地抛在身旁”。但是，在现代的世俗世界中，任何这样的担忧都不能轻易抛开，因为那件可以按我们的身材塑造自身的斗篷现在已经变成了一个坚固的钢壳，我们可以随身携带并塑造我们的身材。换句话说，对于宗教改革的清教徒而言，理性的以目标为导向的行为是遵循精神呼吁的道德决定的一部分，而暂时性生活的物质和社会陷阱则显得微不足道。对于世俗时代的公民而言，理性的以目标为导向的行为已成为一种经济强迫。就像对现代人一样，对时间生活的物质和社会陷阱的追求似乎是我们所拥有的。基于此，贝尔（Baehr，2001）的论点是，在选择钢制外壳作为他的隐喻时，韦伯暗示我们应该考虑现代资本主义创造了一种新的存在方式。他继续道，

> 钢铁结构的居住不仅意味着现代人类的新住所，而且意味着改变的本性：智人已经变得非常不同，已经退化。笼子剥夺了人的自由，但使人保持原样，即使无法完全实现，其力量仍然完好无损。另一方面，壳暗示了所关心的人的有机重组：壳是无法被放弃的生物的一部分。（Baehr，2001：164——强调为原文所加）

用韦伯的另一个最有力的隐喻，这是一个观念如何连贯的好例子——无论是宗教改革集中于个人与上帝的个人关系，还是现代性集中于有组织的社会关系中个体的负责任的道德——行动作为一个“开关人”，通过告知特征性的“行动策略”，在某些方向上推动以结果为导向的行动（Swidler，1986）。因此，与拉什（Lash，1999）的有根据的判断有关的行动策略转化为，在组织情境 413
中，管理人员根据测量、控制和分类的标准化实践的象征性现实，追求基于以结果为导向的行动（参见 Bauman，1991）。根据斯威德勒（Swidler，1986）的

观点，这种行动策略最适合文化稳定的时期，但是，由于我们努力适应许多不同的反对派，例如我在本章开始时在渐进式的标题下所指出的那样，单一的普遍性现代性，我们可以期待一种替代性的、反身的现代性，在这种现代性中，管理者熟练地在新的象征性现实的基础上，在本地化环境中制定正确的行为准则和道德行为规则，这种现实适应传统现代范畴之外的身份以及简单的单一尺度，适合人类动机和组织行为的所有模型（Beck，Bonss and Lau，2003）。简而言之，管理者应该摆脱坚硬的确定性判断的钢铁外壳，并将自己包裹在审美判断力的外衣中。

参考文献

Adler, P. S. and Borys, B. (1996). 'Two Types of Bureaucracy: Enabling and Coercive'. *Administrative Science Quarterly*, 41: 61 - 89.

Aitken, H. (1960). *Taylorism at Watertown Arsenal*. Cambridge, MA: Harvard University Press.

Baehr, P. (2001). 'The "Iron Cage" and the "Shell as Hard as Steel": Parsons, Weber, and the Stahlhartes Gehäuse Metaphor in the Protestant Ethic and the Spirit of Capitalism'. *History & Theory*, 40: 153 - 69.

Barth, F. (1969). *Ethnic Groups and Boundaries: The Social Organization of Culture Difference*. New York: Little, Brown.

Bauman, Z. (1989). *Modernity and the Holocaust*. Oxford: Polity Press.

Bauman, Z. (1990). 'Modernity and Ambivalence'. *Theory Culture & Society*, 7: 143 - 69.

Bauman, Z. (1991). *Modernity and Ambivalence*. Ithaca, NY: Cornell University Press.

Beck, U., Bonss, W., and Lau, C (2003). 'The Theory of Reflexive Modernization: Problematic, Hypotheses and Research Programme'. *Theory Culture & Society*, 20: 1 - 33.

Berger, P. and Luckmann, T. (1966). *The Social Construction of Reality: A Treatise in the Sociology of Knowledge*. Garden City, NY: Doubleday.

Blau, P. (1963). 'Critical Remarks on Weber's Theory of Authority'. *American Political Science Review*, 52: 305 - 16.

Bloor, D. (2000). 'Collective Representations as Social Institutions', in W. S. F. Pickering (ed.), *Durkheim and Representations*. London: Routledge, 157 - 66.

Blumenberg, H. (1985). *Work on Myth*. Cambridge, MA: MIT Press.

Blumenberg, H. (2010). *Paradigms for a Metaphorology*. Ithaca, NY: Cornell University Press.

Blunt, P. (1990). 'Strategies for Human Resource Development in the Third World'. *Public Administration & Development*, 10: 299 - 313.

Bourdieu, P. (1977). *Outline of a Theory of Practice*. Cambridge: Cambridge University Press.

Bruce, K. and Nyland, C. (2012). 'The Demonization of Scientific Management and the

Deification of Human Relations', in N. Lichtenstein (ed.), *The American Right and U. S. Labor Politics, Ideology, and Imagination*. Philadelphia, PA: University of Pennsylvania Press, 42 – 76.

Burrell, G. (1988). 'Modernism, Postmodernism and Organizational Analysis 2: The Contribution of Michel Foucault'. *Organization Studies*, 9: 221 – 35.

Burrell, G. (1994). 'Modernism, Postmodernism and Organizational Analysis 4: The 414
Contribution of Jürgen Habermas'. *Organization Studies*, 15: 1 – 19.

Burrell, G. (1997). *Pandemonium: Towards a Retro-Organization Theory*. London: SAGE.

Cameron, K. S. and Quinn, R. E. (2011). *Changing Organizational Culture*. New York: John Wiley.

Chalcraft, D. (1994). 'Bringing the Text Back in: On Ways of Reading The Iron Cage Metaphor in the Two Editions of the Protestant Ethic', in L. J. Ray and M. Reed (eds.), *Organizing Modernity: New Weberian Perspectives on Work, Organization and Society*. London: Routledge, 16 – 45.

Clegg, S. R. (1990). *Modern Organizations: Organization Studies in the Postmodern World*. London: SAGE.

Clegg, S. R. and Lounsbury, M. (2009). 'Weber: Sintering the Iron Cage – Translation, Domination, and Rationality', in P. Adler (ed.), *Oxford Handbook of Sociology and Organization Studies: Classical Foundations*. Oxford: Oxford University Press, 118 – 45.

Cohen, J., Hazelrigg, L. E., and Pope, W. (1975). 'De-Parsonizing Weber: A Critique of Parsons' Interpretation of Weber's Sociology'. *American Sociological Review*, 40: 229 – 41.

Coleman, J. S. (1990). *Foundations of Social Theory*. Cambridge, MA: Harvard University Press.

Cooper, R. and Burrell, G. (1988). 'Modernism, Postmodernism and Organizational Analysis: An Introduction'. *Organization Studies*, 9: 91 – 112.

DiMaggio, P. (1988). 'Interest and Agency in Institutional Theory', in L. Zucker (ed.), *Institutional Patterns and Culture*. Cambridge, MA: Ballinger Publishing Company, 3 – 22.

DiMaggio, P. (1997). 'Culture and Cognition'. *Annual Review of Sociology*, 23: 263 – 87.

DiMaggio, P. (2002). 'Why Cognitive (and Cultural) Sociology Needs Cognitive Psychology', in K. A. Cerulo (ed.), *Culture in Mind: Toward a Sociology of Culture and Cognition*. London: Routledge, 274 – 82.

DiMaggio, P. J. and Powell, W. W. (1991). 'Introduction', in P. J. DiMaggio and W. W. Powell (eds.), *The New Institutionalism in Organizational Analysis*. Chicago, IL: University of Chicago Press, 1 – 38.

Dobbin, F. (2009). 'How Durkheim's Theory of Meaning-Making Influenced Organizational Sociology', in P. S. Adler (ed.), *The Oxford Handbook of Sociology and Organization Studies: Classical Foundations*. Oxford: Oxford University Press, 200 – 22.

Douglas, M. (1986). *How Institutions Think*. Syracuse, NY: Syracuse University Press.

du Gay, P. (2000). *In Praise of Bureaucracy: Weber – Organization – Ethics*. London: SAGE.

Durkheim, E. (1984). *The Division of Labor in Society*. New York: Free Press.

Eatwell, R. (2003). *Fascism: A History*. London: Random House.

Eisenstadt, S. N. (1980). 'Cultural Orientations, Institutional Entrepreneurs and Social Change: Comparative Analyses of Traditional Civilizations'. *American Journal of Sociology*, 85: 840 – 69.

Fayol, H. (1916). *Administration Industrielle et Générale*. Paris: Dunod.

Fayol, H. (1949). *General and Industrial Management*. London: Pitman.

Follett, M. P. (1941). *Dynamic Administration: The Collected Papers of Mary Parker Follett*. New York: Harper.

Friedland, R. and Alford, R. R. (1991). 'Bringing Society Back in: Symbols, Practices, and Institutional Contradictions', in P. J. DiMaggio and W. W. Powell (eds.), *The New Institutionalism in Organizational Analysis*. Chicago, IL: University of Chicago Press, 232 – 63.

Gell, A. (1988). 'Technology and Magic'. *Anthropology Today*, 4(2): 6 – 9.

Giddens, A. (1984). *The Constitution of Society*. Cambridge: Polity Press.

415 Gouldner, A. W. (1955). 'Metaphysical Pathos and the Theory of Bureaucracy'. *American Political Science Review*, 49: 496 – 507.

Guess, R. (1981). *The Idea of a Critical Theory*. Cambridge: Cambridge University Press.

Hacking, I. (2004). 'Between Michel Foucault and Erving Goffman: Between Discourse in the Abstract and Face-to-Face Interaction'. *Economy & Society*, 33: 277 – 302.

Hall, P. and Soskice, G. (2001). *Varieties of Capitalism: The Institutional Foundations of Comparative Advantage*. Oxford: Oxford University Press.

Hennis, W. (1988). *Max Weber: Essays in Reconstruction* (trans. K. Tribe). London: Allen and Unwin.

Hirsch, P. M. and Lounsbury, M. (1997). 'Ending the Family Quarrel: Toward a Reconciliation of "Old" and "New" Institutionalisms'. *American Behavioral Scientist*, 40: 406 – 18.

Hodgson, G. M. (2006). 'What are Institutions'. *Journal of Economic Issues*, 40: 1 – 25.

Holm, P. (1995). 'The Dynamics of Institutionalization: Transformation Processes in Norwegian Fisheries'. *Administrative Science Quarterly*, 40: 398 – 422.

Islam, G., Zyphur, M. J., and Boje, D. (2008). 'Carnival and Spectacle in Krewe de Vieux and the Mystic Krewe of Spermes: The Mingling of Organization and Celebration'. *Organization Studies*, 29: 1565 – 89.

Jepperson, R. and Meyer, J. W. (2011). 'Multiple Levels of Analysis and the Limitations of Methodological Individualism'. *Sociological Theory*, 29: 55 – 73.

Kanigel, R. (1996). *The One Best Way: Frederick Winslow Taylor and the Enigma of Efficiency*. Cambridge, MA: MIT Press.

Lash, S. (1999). *Another Modernity: A Different Rationality*. London: Wiley-Blackwell.

Latour, B. (1991). 'Technology is Society Made Durable', in J. Law (ed.), *A Sociology of Monsters: Essays on Power, Technology and Domination*. London: Wiley, 103 – 32.

Latour, B. (1993). *We Have Never Been Modern*. Cambridge, MA: Harvard University Press.

Lawrence, T. and Suddaby, R. (2006). 'Institutional Work', in S. Clegg, C. Hardy, and T. Lawrence (eds.), *Handbook of Organization Studies*, 2nd edn. London: SAGE, 215 – 54.

Lipset, S. M. (1959). 'Some Social Requisites of Democracy: Economic Development and Political Legitimacy'. *American Political Science Review*, 53: 69 – 105.

Maguire, S., Hardy, C., and Lawrence, T. B. (2004). 'Institutional Entrepreneurship in Emerging Fields: HIV/AIDS Treatment Advocacy in Canada'. *Academy of Management*

Journal, 47: 657 – 79.

Mayo, E. (1919). *Democracy and Freedom: An Essay in Social Logic*. Melbourne: Macmillan.

Meyer, J. W. (2008). 'Reflections on Institutional Theories of Organization', in R. Greenwood, C. Oliver, K. Sahlin, and R. Suddaby (eds.), *The SAGE Handbook of Organizational Institutionalism*. Thousand Oaks, CA: SAGE, 790 – 812.

Miller, D. C. and Form, W. H. (1964). *Industrial Sociology: The Sociology of Work Organizations*. New York: Harper & Row.

Münch, R. (1983). 'From Pure Methodological Individualism to Poor Sociological Utilitarianism' (trans. R. Kalberg). *Canadian Journal of Sociology*, 8: 45 – 76.

North, D. (1991). 'Institutions'. *Journal of Economic Perspectives*, 5: 97 – 112.

Nyland, C., Bruce, K., and Burns, P. (2014). 'Taylorism, the International Labour Organization, and the Genesis and Diffusion of Codetermination'. *Organization Studies*, 35: 1149 – 69.

Peaucelle, J.-L. and Guthrie, G. (2013). 'Henri Fayol', in M. Witzel and M. Warner (eds.), *Oxford Handbook of Management Theorists*. Oxford: Oxford University Press, 49 – 73.

Scott, W. R. (2008). 'Approaching Adulthood: The Maturing of Institutional Theory'. *Theory & Society*, 37: 427 – 42.

Seo, M.-G. and Creed, W. E. D. (2002). 'Institutional Contradictions, Praxis, and 416
Institutional Change: A Dialectical Perspective'. *Academy of Management Review*, 27: 222 – 47.

Sewell Jr., W. H. (1992). 'A Theory of Structure: Duality, Agency, and Transformation'. *American Journal of Sociology*, 98: 1 – 29.

Sewell, G. and Barker, J. R. (2006a). 'Coercion Versus Care: Using Irony to Make Sense of Organizational Surveillance'. *Academy of Management Review*, 31: 934 – 61.

Sewell, G. and Barker, J. R. (2006b). 'Max Weber and the Irony of Bureaucracy', in M. Korczynski, R. Hodson, and P. K. Edwards (eds.), *Social Theory at Work*. Oxford: Oxford University Press, 56 – 87.

Stivers, R. (2001). *Technology as Magic: The Triumph of the Irrational*. New York: Continuum.

Swedberg, R. (1998). *Max Weber and the Idea of Economic Sociology*. Princeton, NJ: Princeton University Press.

Swidler, A. (1986). 'Culture in Action: Symbols and Strategies'. *American Sociological Review*, 51: 273 – 86.

Thornton, P. M. (2004). *Markets from Culture: Institutional Logics and Organizational Decisions in Higher Education Publishing*. Stanford, CA: Stanford University Press.

Thornton, P. M. and Ocasio, W. (1999). 'Institutional Logics and the Historical Contingency of Power in Organizations: Executive Succession in the Higher Education Publishing Industry, 1958 – 1990'. *American Journal of Sociology*, 1(5): 801 – 43.

Thornton, P. H., Ocasio, W., and Lounsbury, M. (2012). *The Institutional Logics Perspective: A New Approach to Culture, Structure, and Process*. Oxford: Oxford University Press.

Tiryakian, E. A. (1981). 'The Sociological Import of a Metaphor: Tracking the Source of Max Weber's Iron Cage'. *Sociological Inquiry*, 51: 27 – 33.

Turner, B. S. (1991). 'Preface', in H. H. Gerth and C. Wright Mills (eds.), *From Max Weber: Essays in Sociology*. London: Routledge, xii – xxx.

Turner, B. S. (1992). *Max Weber: From History to Modernity*. London: Routledge.

Udehn, L. (2002). 'The Changing Face of Methodological Individualism'. *Annual Review of Sociology*, 28: 479 - 507.

Wagner, P. (2012). *Modernity: Understanding the Present*. Oxford: Polity Press.

Weber, M. (1961). *Basic Concepts in Sociology*. Secaucus, NJ: Carol Publishing Group. 1983.

Weber, M. (1968). *Economy and Society: An Outline of Interpretive Sociology*. New York: Bedminster Press.

Weick, C. (1974). 'Middle Range Theories of Social Systems'. *Behavioral Science*, 19: 357 - 67.

Willmott, H. (2011). 'Institutional Work for What? Problems and Prospects of Institutional Theory'. *Journal of Management Inquiry*, 20: 67 - 72.

Wren, D. A., Bedeian, A. G., and Breeze, J. D. (2002). 'The Foundations of Henri Fayol's Administrative Theory'. *Management Decision*, 40: 906 - 18.

第四部分
社会和管理组织/机构中的管理

第21章
循证管理

凯文·莫雷尔、马克·利尔蒙思

简　介

循证方法已经在多个社会科学学科里被广泛提倡（Cartwright and Hardie，2012；Nutley，Walter and Davies，2007）。它起源于一种临床研究和实践模型：我们称之为循证医学。这样做的目的是通过认真、明确和明智地使用当前最佳的证据，来确保对个体患者的护理做出临床的判断（Sackett et al.，1996：71）。循证医学的核心和重点是情境性专业知识。“个体临床医生通过临床经验和临床实践、已经获得的熟练程度和判断力”以及道德操守，“个体患者的困境、权利和偏好，对其做出富有共情性的医疗决策”（Sackett et al.，1996：71）。

自从循证方法应用在医疗保健后，人们就开始讨论早期采用这种临床实践模型，并将其运用在医疗保健管理中适当与否。沃尔什和兰德尔（Walshe and Rundall，2011：432－3）描述了一种向循证医疗的“范式转变”，即在多个维度上的“从哪里”和“到哪里”。就研究方向而言，范式转变意味着从“由研究者主导，与学术议程紧密结合，而很少有合作的形式”；向“需求导向和卫生服务优先事项挂钩，专注于主要服务范畴/需要”的方向转变。研究方法之间也有类似的变化——从“研究问题和方法之间经常不匹配”到“适当使用研究方法”；研究成果——从“被视为研究人员首要目标的同行评议学术期刊”到“被视为主要目标的临床实践的改变，发表论文是实现这一目标的其中一步”；从业者的理解——从“专注于独立研究的报告”到“专注于相关的、已评估的研究的元分析和系统评价”。

420 在撰写基于证据的方法方面，这个方法出现得比较早，并涉及医疗保健管理。不管怎么样，这都是一个很有用的开始，人们可以从这里考虑后续的论据和当代先进的循证管理（EBMgt）有着什么样的表现和主张。这些后来的主张通常依赖于类似的“从……到”运动。例如，《美国管理学会学习与教育》的一期社论也提出了范式转变，鼓励人们“改变世界”（Rynes，Rousseau and Barends，2014）。正如其他人所做的那样，该文列出了大规模采用循证管理将带来的好处——在研究方法和研究实践、研究质量、实践者参与以及影响力方面的改进和标准化。他们将此（2014：319）与当前的事态进行对比：

> 由于忽视证据，数十亿美元花在了无效的管理实践上，这损害了员工及其家庭、社区和整个社会的利益，作为下一代管理者的教师，我们在道德上有义务改变这种情况。我们可以帮助未来的管理者在扎实和广泛的研究基础上获取内容知识，教会他们如何找到最佳的可用证据，并鼓励就学术（和其他）的文本及其基本假设展开批判性思考和对话。所以，让我们走进教室，通过教授 EBP（循证实践）来改变世界。

为了评估这些主张，并将循证管理与《牛津管理手册》中的核心关注点联系起来，我们首先对这种范式转变进行更详细的检查，然后回顾这种方法的历史。这就为考虑循证管理使用管理作为医学主题（MAMM）的两个方面奠定了背景：（1）作为科学；（2）作为专业。最后，我们以一个案例作为总结，该案例能够说明用医学方法来处理一个阻碍简化的现象，即员工流失，将会出现问题。

范式转变

沃尔什和巴瑞德（Walshe and Rundall，2001）的“从……到”范式转换是简单且有用的。它帮助我们看到根据循证管理倡导者提出的主张和论点的内容（深度研究、对实践的高度参与等）的持续的比较。它还有助于我们看到这些主张和论点的内容是如何组织的。换句话说，在循证管理的案例中，呼吁范式转变是一种重要的修辞手段。莱格（Legge，1995）提出的“从……到”的对比与从“人事管理”（PM）到人力资源管理（HRM）的转变有关。人事管理模型倾向于描述和夸张，人力资源管理模型则被理想化了。（莱格认为，人事管理和人力资源管理的规范性抱负之间几乎没有差别。）

这种方向转变方式经常被用在政治竞选中，当反对党想要挑战现任政府 421
时。任何反对派都能找出现任政府行动纲领中的缺陷（当然，他们不会花时间赞扬任何优势）。这是因为政府时常是混乱不堪的，总是有可以批评的地方，而且总是有一些事件发生在政府掌权的时候，这些事件总是会让政府的形象受到伤害。反对派的意思是，尽管他们被剥夺了权力，但至少可以不用为过去负责，他们总是可以承诺美好的未来。这就是为什么如此多的政治竞选活动都以变革的必要性为框架。很重要的是我们要记住，推动对循证管理进行大规模变革的是一种修辞手段：我们称之为对比的方式。而且，这种对比是不对称的。它依赖于从对过去的选择性的、贬义的批评，转向对未来类似的选择性的、有抱负的描述（因此是很难去对这些描述进行反驳的）。

转变背后的范式

在政策方面和实践方面，基于证据的言论一直很受欢迎，因为它使那些负责决策的人能够纯粹实用主义地、而非意识形态地来提出他们的干预措施。这是为了吸引人们对什么能起到效果感兴趣。然而，一些基于证据的方法的评估对这些方法是否真的起到“作用”提出了质疑（Archibald，2015；Hope，2004；House，2006；Lather，2004 below）。另一种替代的观点是使用基于证据的语言来为无论如何都会做出的决定提供可信度。

发表在《英国管理杂志》上的一篇论文对循证管理（EBMgt）的支持者进行了最全面、最详尽的阐述（Tranfield，Denyer and Smart，2003）。这为在组织研究中采用系统综述，提供了一个极好的论证和有说服力的案例。这一贡献是及时的，因为它符合当代政治对实用主义和“只选择管用的方式”的方法的强调、与英国新工党政府相关联的更广泛的政治时代的时代精神，以及它希望出现的后意识形态的愿望。新工党政府积极采纳循证管理，并愿意将资金投向支持这一方法的机构。然而，对与循证方法有关的特定倡议的评估表明，它们不是后意识形态，只是用一种意识形态取代另一种意识形态。霍普（Hope，

2004）对一个政府在司法系统中的循证实践项目（试图减少入室盗窃）的描述发现，这不是一个看到“管用”的案例，而是“假装它管用”的案例。最近，豪斯（House，2006）和拉瑟（Lather，2004）列出了对美国教育研究的负面影响，在那里出现了一种武断的坚持狭隘形式的“证据”，来解决任何研究问题。阿齐博尔德（Archibald，2015：146）通过对美国和肯尼亚非正规教育项
422 目的国别案例分析得出结论：“使非正规教育更加的循证是一种非常糟糕的缺陷。”

学术思想之所以获胜，并不仅仅因为它们在思想的市场中本质上是最好的。纵观科学的历史，有影响力的学术推动者的作用是关键。我们已经讨论了新工党政府的影响和循证管理作为后意识形态的和务实的呼吁。然而，丹尼斯·卢梭（Rousseau，2006）在2005年美国管理学会年会上的主席演讲可以说是提高循证管理在学术界的知名度的里程碑事件。此后约十年，我们现在有了关于循证管理的专用刊物，一些引用率很高的学术文章，以及几个向管理学者和管理人员推广循证管理的论坛（Morrell and Learmonth，2015）。

在这段时间里，循证管理所涉及的内容有很大的连续性。循证管理最近的解释将其定义为：

> 通过认真、明确和明智地使用来自多种来源的最佳证据来做出决定，以增加产生有利结果的可能性。（Barends，Rousseau and Briner，2014：n. p）

我们稍微删节了这句话，但并未改变其要表达的观点。这与我们之前引用的萨基特（Sackett，1996）等人对循证医学的描述是一样的，尽管没有考虑到伦理或特定的专业知识。对决策和证据的解释是理解问题的一种常见方法。这种渴望与循证医学中使用的方案是相同的。事实上，循证管理得到了那些更倾向于自然科学和实证主义的知识生产模式的学者们的大力支持。医学上优越的诊断形式是随机对照试验的结果，并对这些试验的结果进行系统评价。它们有望提供最大量的研究证据，并且能够对研究进行不同的权衡——不仅是数量，而且是质量。那些挑战聚合和通约性原则的理解管理的方法——比如关键的技术，或者质疑我们是否应该从“管理”的利益开始的批判形式——不能被纳入这种方法中。循证管理的批评者并不是反对证据，而是反对循证管理中证据

的特殊构造。(Morrell and Learmonth, 2015)

以证据为基础的运动在社会科学中继续发展。它们有着自己忠实的支持者。有趣的是，即使在医学领域，人们对方法的共识比管理领域要多，循证方法也因其视野狭隘而受到批评（Holmes et al., 2006)。人们也对管理中的循证运动表达了类似的担忧。以现有的批评为基础（Learmonth and Harding, 2006; Morrell, 2008; Morrell and Learmonth, 2015)，我们提出了一些问题和危险性，这些问题和危险性一直伴随以证据为基础的管理，重点是要动员倡导者的核心主题——我们称之为医学作为管理主题（MAMM)。其核心是相信管理研究和 423
实践可以与医学研究和医学实践相媲美。为了维持这一主题，以证据为基础的方法依赖于管理和医学之间简单化和片面的比较——人们需努力寻找相似之处，而不是清醒地认识到差异。我们从两个主题来组织和批评这些比较：作为科学的循证管理和作为专业的循证管理。

作为科学的循证管理

循证管理中提倡的“证据”是一种优越的知识形式，这一论断的基础是一系列假设：关于社会科学的地位，关于社会世界的本质，以及关于管理研究的假设。我们将简要地解释这些内容，然后在对循证管理的说明中阐述它们是如何相互关联的。关于社会科学的地位，循证管理是一种当代观念的表达，这种观点认为科学有一个等级结构（Cole, 1983)，各种知识主张不同的分类，可以根据它们在等级结构中的位置进行排序。就社会世界的本质而言，循证管理依赖于实在论和对应的真理理论（证据越好，证据越多，我们就越有可能找到正确的答案——就越知道“什么管用”)。在管理研究方面，循证管理贬低不追求实在论的工作，以及与医学高级科学相关的方法。我们可以使用两个相互关联的概念来扩展这些思想：科学的等级结构（Cole, 1983）和实证主义的概念（Cartrell and Garterell, 2002)。

图解 21. 1 显示了科学的等级结构，科学可以被理解为一个试图解释实验现象和构建开放理论的尝试。这些在等级结构底部的学科被假定在它们调查的现象方面掌握着更大的确定性，能够以越来越多的确定性作出预测，并享有更大的共识。科尔（1983）特别反对最后一种假说。

这当然是一种简化的形式。例如，有些学科很难定位（经济学、法学、哲学），而在一个学科内的子学科或学派就其科学化的愿望而言，可能会从根本上背离其父学科的主流——一些学者已经将文学批评视为科学。管理研究在这些方面本身是广泛的。实际上，它确实比建立较久的学科更加多样化。旅行推销员问题（运营管理中的一个挑战）是数学（Laporte，1992），而其他子学科的大量工作则要依靠人文学科。尽管如此，这种等级结构有助于连接循证管理中的三个假设：关于社会科学的地位，关于社会世界的性质，关于管理研究。利用这种启发法，循证管理试图改变这一领域，以便我们从前两级移动到跟医学相同的地位和（假定的）信心与共识。做到这一点的方法是，采用较低的下层学科对世界的假设（实在论、实证主义），以及使用心理学与医学相同的技术（统计、元分析）。

424 人文（不是“科学”，因为理论是不可证伪的）

v

社会学（与管理研究）

v

心理学

v

医药学

v

生物学

v

化学

v

物理学

v

数学（不是“科学”，因为它不是经验，而且部分是可证明的）

图解 21.1　科学的简单等级结构

将循证管理（社会科学的地位、社会世界的性质、管理研究的性质）中的三个假设联系起来的第二个观点，有助于阐明循证管理与实证主义之间的联系。加特雷尔和加特雷尔（Gartrell and Gartrell，2002：640）将实证主义定义为：

> 那些如同律法概念的关于抽象的概念、术语的名义和操作的定义等通常被用来表达法律的概念，如逻辑或数学、推导的假设、变量之间的关系和统计分析。

循证管理的提倡者常常对证据提出广泛而扩展的定义，而不建议依附于实证主义。然而，这些宽泛的定义也会迅速缩小。例如，巴瑞德等人（Barends et al., 2014：n. p）提出了可能被称为总体证据的描述：

> 当我们说“证据”时，我们基本上是指信息。它可能是基于数字，
> 也可能是定性的或描述性的……来自科学研究建议的普遍适用的事实……
> 或者来自当地组织或业务指标，如公司指标或对实践条件的观察。甚至专 425
> 业经验也是证据的重要来源，例如一名企业家过去建立种种企业的经验应
> 该表明其可能是最成功的方法……无论其来源是哪里，所有的证据也完全
> 可能因为其正确的判断而变得值得信赖。

这个宽泛的定义后来被缩小了，而从通过实证主义在权数法、统计分析和概括性陈述中得到了体现。这句话同样来自巴瑞德、卢梭和布里纳（Barends, Rousseau and Briner, 2014：n. p）：

> 基于许多人的综合（平均）专业经验做出的预测或风险评估远比根据一个人的个人经验作出的预测更准确……
>
> 基于硬数据或统计模型的专业判断比基于个人经验的判断更准確……
>
> 来自科学证据的知识比专家的意见更准确……
>
> 基于经验、组织和科学证据的批判性评价的决策比基于单一证据来源的决策产生更好的结果。

我们给循证管理贴上的“实证主义者”标签还有另外一个形式。根据对地位的追求与在科学领域中向上爬之间的联系来看，这挺有趣的。即使当实证主义随着科学的发展而迅速成为一种规范，社会科学家也依然在避免运用到这些东西，因为这种观点把世界看得过于简单（Gartrell and Gartrell, 2002）。上面的引用和我们在其他地方的评论（例如 Morrell and Learmonth, 2015）告诉我们，这样的说法是很合适的。

等级模型的另一个有用的方面是，它说明了如何将循证管理理解为还原论者。还原论者有多种形式，但核心的观念是：它是一种解释的方式，它会涉及

一件事情，并且运用某种具有优越和压倒一切的解释能力来解释它（在科学的上层体系中，其排名较低的会有比较高的优先级）：

> 将 x 化简为 y，表明 x 就是 y。其目的是用“Ys”来解释“Xs”，“Ys”被赋予了特殊地位，基因只不过是 DNA 分子。闪电只不过是放电而已。热是分子运动的平均动能。（Mauntner，2000：474）

循证管理是还原论者，因为它试图使事物聚合并在同一条质量标准上达成一致。例如，尽管循证医学强调道德和专业知识，那些鼓吹以证据为基础的方法，来管理他们所关注的焦点，几乎完全集中在审查和类似论文的技巧，并促进中心认识论假设：最好的循证管理研究类似于证据在医学中的循证
426 （Morrell，2008）。最近，伦理被认为是一个重要的问题。伦理学现在是循证管理的“四大基本活动之一”，而特兰菲尔德、德尼、斯玛特（Tranfield，Denyer，Smart，2003）和卢梭（Rousseau，2006）在这方面都欠缺研究。但倡导者们在道德方面显得相当笨拙（Morrell，Learmonth and Heracleous，2015 有更多关于这方面的报道）。一种解释（关于伦理的缺失和笨拙的引入）是不可能连贯地写出伦理学并追求还原论的。

回溯到我们的科学等级结构启发法中，循证管理中的还原论源于对医学科学技术和价值的渴望。循证管理采用的问题、现象和复杂性可以从几个角度——从人文学科或邻近的社会科学——来解决，并声称这些可以用心理学的技术和方法来加以解释。这是一种还原论，因为循证管理依赖于这样一种主张，即管理研究中的所有问题都可以用这种方式解决。简单地提到“决策”提供了最广泛的可能范围，没有空间去承认这种方法的局限性，也没有空间去考虑循证管理可能不适合的事实。

作为专业的循证管理

作为管理主题的医学（MAMM）的基础，循证管理（EBMgt）呼吁合法性的关键是管理与医学在知识上的相似性；可以说，这只是“物理学嫉妒”的最新表现之一——社会科学家渴望获得与自然科学知识同样的确定性和威望。

提倡者经常认识到管理和医学可能是不同的。但是，他们并没有承认这种差异会严重削弱他们的愿望，相反，他们似乎恼怒的是，这种差异像循证管理诞生时一样，仍然是一种威胁。实际上，甚至在循证管理的主要著作被写出来之前就进行评论，扬等人（Young et al., 2002：219）就抱怨了“关于医学知识和社会知识界限，不同程度的日益令人厌倦的辩论”，这句话忽略的是，辩论之所以令人厌倦，是因为批评者所提出的问题没有得到一个令人满意的回答。医学知识和社会知识是不同的，这一事实仍然存在。对于循证管理的支持者来说，这是一个持续存在的问题。尽管争论可能同样令人厌倦，但质疑这种比较的合法性的各种批评仍未得到回应。

一些人看好这个问题；凯派什、班尼特和麦克丹尼尔（Kepes, Bennett, and McDaniel, 2014：450）认为任何明显差异都不在于两个学科研究着不同的问题，而是由于“我们领域的科学过程存在着若干不同的问题，因此管理中的科学证据是不可相信的”。这是一种还原论者的解释，推断一个领域的共识，意味着共识较少的那个领域是不足的。如果一个问题可以减少另一个问题，我们才能称其为有效的。社会科学家有时会受到对物理学的嫉妒的指责，而对这 427
种崇拜的解读似乎不仅仅是这种嫉妒的例子，更像是一种严重的“医生嫉妒”（Morrell, 2008：621）。

不那么乐观的倡导者往往承认，但随后又忽视了医学与管理之间的差异；或者只是嘴上说说差异，或者在特殊场合做个解释。在最近的《美国管理学会学习与教育》的特刊中，我们在一句话中看到了这三种变化：

> 虽然医学和管理不一样，但以证据为基础的管理教育者可以从他们经验更丰富的医学同事那里学到什么？（Barends and Briner, 2014：476－7）

这是论文的前提，“为了找到答案，我们与两位循证医学的先驱交谈”（Barends and Briner, 2014：477）。但这是一个令人无法理解的论点。它的开头是“医学和管理是不一样的”，然后用“让我们遵循最好的医嘱”来收尾。如果医学和管理不一样，医学的同事怎么可能更有经验呢？如果两者不同，他们不会更有经验，他们会有不同的经验。

如果要我们相信作为管理主题的医学，关于管理和医学关系的不同故事至少同样可信，事实上我们更喜欢用一种简单的方式代替——这也是大家偏好的，就是管理不等同于医学。如果这种令人降低反感的简单情绪的力量得到了认可，那么循证管理的风帆就会随风而去（参见 Grey，2004 更确定地说明了为什么管理和医学有根本的不同）。然而，更普遍的观点是，在任何环境中都存在差异性和多样性——任何社会现象都可以讲述多个故事——循证管理方法忽视或忽略了这种差异性和多样性。在否认差异性和多样性的意义上，循证管理方法似乎不仅是还原主义，而且对产生新知识是不利的。在某些情况下，讲述管理和医学之间的联系可能是明智的或有用的；然而，在许多其他情况下，完全不同的方式可能更合适。

在这期特刊中作为管理主题的医学（MAMM）工作的另外一个例子是史蒂夫·沙利耶对加里·莱瑟姆的采访过程（Charlier，2014：472）：

> 沙利耶：循证管理的一些批评者指出，与医学研究不同，来自管理研究的“证据”在应该被视为“证据”的问题上存在“范式分歧”（Learmonth and Harding，2006）。你如何回应这些批评？
>
> 莱瑟姆：我有一些很亲密的朋友，他们是医生。他们在孕妇是否应该服用阿司匹林的问题上意见不一致。这个问题在我们这个领域是非常常见的。

如果沙利耶提到的论文有说过：管理者通常不同意哪种方法是最好的，而
428 医生通常是同意一个最好的治疗方案的。这和论文上说的不一样。它涉及（沙利耶正确地总结的）范式的分歧：是一种对观察方式的分歧。而且，那篇论文中的论点实际上取决于医生之间的分歧。雷蒙斯和哈丁（Learmonth and Harding，2006：248）认为，对于医生来说，“不同意见是在一定的参数和限制之内的”。然后，他们将这一点与我们在管理研究中的分歧进行了对比：

> 缺乏公认的范式意味着关于基础的争论和分歧（例如，关于什么可以作为证据，很可能关于什么可以作为问题）很可能会出现这样的规律性，诉诸证据作为解决这些争论的手段将变得毫无价值。（Learmonth and Harding，2006：249）

让我们来看看莱瑟姆的类比，并对其进行质疑。在一个重要的意义上，医生们同意并且知道很多关于阿司匹林的事情。他们会同意阿司匹林和乙酰水杨酸一样，是一种镇痛、抗炎、非甾体、抗血小板的药物，且它会与其他药物交互作用，不应该给一些会过敏的人服用，而且只能按照一定的剂量服用。在我们开始对阿司匹林提出“基于证据的”问题之前，所有这些协议就已经花费了相当长的时间。它会降低还是增加患癌症的风险？此外，支撑这一观点的视角是一种从物理、化学、生物学、药剂学和生理学等领域共享的视角。例如，在不一定知道这些值的情况下，医生们会同意在恒定的压力下，它以最纯净的形式，它会保持在一定的温度下融化，它有一个化学式（$C_9H_8O_4$），以及有一个分子量，等等。在此基础上，关于我们的身体是如何工作的，有一些公认的、类似法律条例的结论，例如，血液循环的理论。关于任何药物还有一个更原始的事实：药物是没有意识的，它没有精神状态。尽管有安慰剂效应的说法，但药物的使用与任何管理干预根本不同。在管理中，被管理者和管理者之间存在着一种递归而复杂的关系，一种双重诠释——因为管理理论不仅仅是描述或解释，它还可以创造世界（Ghoshal，2005）。这甚至还没有考虑到群体互动和影响所导致的额外复杂层面，而我们很难理解但又加以命名的东西，比如“文化”和“领导力”。这并不是说研究是不可能的，或者没有价值，或者我们什么都不知道；然而，这也是我们要谨慎做出某种主张以及在进行类比时要小心的一个原因。

在管理的研究方式上，我们可以同意约定俗成的东西，我们可以预估他人说的东西，或者把职位归属于或多或少成功的学派或传统。一些与管理相关的领域有公式、公理甚至证明，但这些都与管理的直接业务无关——人们为人做事。在医学上，没有哪一种干预手段能像阿司匹林那样基础和重要。我们甚至无法达成一致意见，例如，一个组织到底是什么。我们对工作没有一个普遍接 429
受的定义。我们就管理者应该做什么看法不同，或者你必须做什么才能成为一名管理者，或者是否有任何行动被认为是管理。我们在如何定义绩效或创新、学习、满意度、承诺、创业精神等方面意见不一。看待所有这些事物有许多不同的方式，因为社会现象是根据价值观和意识形态来解释和构建的，而这些价值观和意识形态先于经验研究，并且依赖于特定的框架和环境。

医学方法的管理学

我们通过讨论《Cochrane 系统评价数据库》（CDSR）中的一篇系统综述来结束本章。CDSR 通常包含医学评论，但偶尔其他现象也遵循同样的逻辑。在撰写本章时，我们讨论的综述已经发表了 5 次（一个方案、一个综述和三次更新）。但它从未审查过任何证据。我们从设计开始解释这个悖论，然后再通过回顾来进一步解释这些悖论。

设计

系统评价开始于协议——一个关于如何进行审查的计划。该协议由弗林特和韦伯斯特（Flint and Webster [FW], 2007）制定，目的是："一种策略去确定各种离职面谈在降低医疗保健机构工作的护理专业人士的流失率方面的有效性。"为了实现这些目标，它计划了进行以下的比较："与离职面谈相比非离职面谈"。协议还说，审查将只搜索两种研究类型，"随机对照试验（RCT）或设计良好的准实验研究（QES）"。

随机对照实验和准实验研究接近医学证据层级的顶点，但并不总能反映出社会复杂性。它们往往过于简单化。员工流失很难理解和建模（Morrell, Loan-Clarke and Wilkinson, 2001, 2004a, 2004b）。它的关系是复杂的，经常是不可预知地发展着（Lee and Mitchell, 1994; Lee et al., 1999）。随机对照实验和准实验研究都使用了控制组和治疗组的逻辑，但 FW 的设计存在一个基本问题。当然，并不是所有的组织都会进行离职面谈，但在那些进行了离职面谈的组织中，我们并不知道有哪个组织会随机地将声称要离职的员工分配到"离职面谈"（处理）的小组中或"非离职面谈"（控制）的小组中。

原因是当有人移交他们的工作通知的时候，雇主有义务保持谨慎小心。如果有人辞职了，他们有责任找出原因，可能只有在离职面谈时才能知道。对于员工可能只有在离职面谈时才觉得自己有能力提出的问题，公司有责任不对其
430 进行调查（Morrell and Arnold, 2007），比如，性骚扰、种族歧视、欺凌、骚扰、渎职或贪污。如果基于这些理由离职的人被安排不接受离职面谈，那么这样的机构就应该受到谴责，因为它没有做好应该确保歧视、骚扰和渎职行为得

到适当检查。医疗保健组织通常都是工会组织，因此，如果管理层提出建议，在雇佣关系的这一基本方面的实践变化是不太可能被容忍的。换句话说，你可以说，离职面谈不仅仅是一种退出，它还可能是一种声音（Budd，Golan and Wilkinson，2010）。我们认为FW不太可能找到它被设置为“系统审查”的证据。

即便如此，议定书还是给出了一系列令人印象深刻的承诺，即如果发现证据，作者将采取何种行动。他们承诺：

> 基于二分结果测量的分析［或］提取主要测量度量值（由研究作者定义）或中位数度量值……，用于我们将报告的随机对照实验和准实验研究设计的比较（分别用于每个设计）：纳入研究的中位效应；纳入研究的效应量的四分位范围；我们将使用Cochrane协作网的标准统计方法，收集随机和准随机对照试验的数据，报告单独的表格，比较按EPOC分类法分组的干预措施的效果大小。对于分类数据和连续数据，在95%置信区间内分别计算风险比（RR）和加权平均差（WMD）。我们将使用一个随机效应模型来考虑各种研究的异质性。

并进行以下二级分析：

> 探索主要分析与其他类型终点的一致性，通过将每项研究中干预组和对照组之间的平均得分差异除以标准偏差的估计值，来计算连续测量的标准化效应。

并重新分析和呈现：

> 通过使用适当的分析单位重新计算结果，重新分析具有潜在分析误差单位的随机对照实验和准实验研究设计［或］与每个研究的作者联系以进行澄清……使用发现表摘要……解释结果并得出有关不同干预措施的效果（益处、潜在危害和成本）的结论，包括效果的大小和结果证据的质量……我们将准备表格和气泡图，根据潜在影响分组研究的结果，比较大小效果的修饰语（访谈的时间安排，进行访谈的人员和访谈的地点）。

我们已经建议该设计不会留有任何的证据，让我们考虑一下自协议发布以来的四个版本中评审本身是如何进展的。

431 **回顾**

以下是审核中采取的步骤：

> 最初的搜索确定了 1 560 条引文，其中我们认为有 19 条可能是相关的。两位作者分别回顾了这些研究的摘要，并检索了 8 项研究的全文。我们排除了所有 8 个独立的评估；它们要么是面试，要么是关于如何进行离职面谈的评论，要么是关于离职原因的描述性研究。我们没有发现符合我们纳入标准的研究。在第一次更新中，我们筛选了 2 220 篇引文，未发现新的研究。

上述八项研究没有对相关文献进行系统描述，形成了一个极不可能的分布。一般来说，在社会科学领域，当今社会有更多的工作研究发表，而越近的则越值得查看。但在这八项研究中，有两项在 20 世纪 50 年代，三项在 80 年代，一项在 90 年代，然后三项分别在 2003 年、2007 年、2009 年。该议定书还承诺“将包括以所有语言发表的研究”，但这些研究都是英文的。同样不太可能的是，作者说，自他们 2007 年的方案以来，他们只发现了一个可能的相关研究。这是他们自己进行的一项工作：由 13 名护士组成（虽然他们没有在他们自己的研究描述中说明样本量）。然而，根据经验，员工流失是管理和医疗保健管理中最丰富的主题之一（Morrell，2005）。

自 2007 年以来已经进行了几项护理人员流失的大规模研究（仅采取医疗这一类别）。例如，关于欧洲护士早退（NEXT）的工作调查了 623 个医疗机构（医院、养老院等），包括对 14 016 名留职人员和 866 名离职人员的比较数据（Estryn-Behar et al.，2010）。在美国，医疗工作使用了全国样本调查注册护士考试作为参考，1 653 名新合格注册护士在医院工作。其中，30% 的人离开了他们的雇主，另有 13% 的人跳槽后仍留在原来的雇主处（Brewer et al.，2012）。加拿大的研究在 41 家医院和 4 481 名受访者的初始样本框架中调查了人员流动（O'Brien Brien-Pallas et al.，2010）。在英国，五波劳动力调查的面板数据已经被用来追踪 5 413 名护士（Frijters，Shields and Price，2007）的就业和离职情况，他们分别从个人和集体的角度来看这些离职情况。这些研究可以在国家、组织或机构层面对不同的离职面谈方法的效果进行比较分析。

他们在多个地点、多个时间段和不同层次的分析上收集数据。他们没有讨论随机对照实验或准实验研究，即一个组织的负责人被分配去进行离职面谈或其他干预。但是，正如所争论的那样，这种情况不会发生。即便这样，上述的数据集也提供了重新分析的可能性，近似于随机化。系统评价的一个方面，通常被认为是优先获得的独特利益与其他审阅模式，不仅仅是为了确定出版工作，而是彻底改造数据集和（未出版的）灰色文献。这就是所谓“系统审查” 432
的夸夸其谈的危险。在传统的评论中，作者从不建议要考虑所有的工作。但是，通过使用“系统审查”的标签，并保证已经进行了谨慎和认真的搜索，这可以暗示或声称，所有工作相关的问题，和所有相关的数据集，都已经被考虑。

例如，弗兰克-威廉姆斯（FW，2013：6）并没有简单地指出不包括相关工作，他指出被排除的工作的质量欠佳。“我们无法确定任何评估退出价值的实验或者其他高质量研究离职面谈可以减少医疗保健人员的流动率”（强调为引用者所加）。这使得研究设计和研究质量（还原主义）混淆。上述研究由不同领域的国际权威领导的研究团队进行得非常好。其他的设计很可能是“高质量的”。FW 在他们自己（2009）的研究中暗示了这一点——他们将其描述为“深度访谈”。（不过，正如前面提到的，他们没有说有多少受访者：13 人。）

系统的评论包括“灰色文献”——未发表的作品和数据集。这与认真地寻找可用的证据是一致的。以下是 FW（2007：4）对此的说法：

> （f）对于任何进一步发表或未发表的作品，我们将联系相关论文的作者。
>
> （g）在有效的专业实践领域的其他评论的作者将被确认有关的研究，以了解他们可能知道的相关研究。

FW（2013：4）解释道：

> 我们联系了相关论文的作者关于任何进一步发表或未发表的作品。

本章的第一作者对此表示怀疑，因为他的工作是八项研究之一，现在尚未与他取得联系。他在 2013 年 11 月要求通讯作者对此做出解释，当他们没有回复时，他再次询问。他们问他是否可以等到 2014 年 2 月再答复。然后他联系了系统评价数据库，对审查提出了担忧。在此次通信中，系统评价数据库于 2014 年 3 月和 8 月发布了两次更新。更新是“旨在识别新证据并纳入预先完成的系统审查的过程”（Moher et al.，2008：2，写在系统评价数据库里面）。

2014 年的两次“更新”都重新描述了评估的实施方式，并提出了与 2013 年评估不一致的版本。纳入标准改变了，排除作品的标准改变了，已经联系作者的声明被撤销了，取而代之的是，有一个具体的理由说明为什么没有联系作者。与上述相反，这两项更新内容如下：

> 我们计划就任何进一步发表或未发表的作品联系符合我们纳入标准的论文作者。（都是 2014 年）

433 六十年前发布的两项研究和 21 世纪头十年发布的两项研究不联系作者的理由是一样的：“由于不符合纳入标准，所以没有联系作者。”我们无法在网上看到这两篇 20 世纪 50 年代的文章，但估计它们的作者都已经 90 多岁了。2011 年为 13 页，2013 年为 11 页，2014 年 3 月为 27 页，2014 年 8 月为 30 页。作者顺序也发生了变化。但是在所有这些版本中，FW 没有审查任何证据。

结　论

借用作为管理主题的医学（MAMM）自己的话，这些都是循证管理（EBMgt）带来的还原论和医学化的症状。这表明，专注于从医学综述中衍生出来的协议可能导致组织现象的无用和不合逻辑的构架。它还向我们展示了协议和修辞的系统审查不一定能导致产生优越的证据。取而代之的是，他们可以有意无意地掩盖方法和证据上的不准确和不一致。最值得关注的是：当有证据时，一项系统的审查可以告诉我们没有证据。

我们希望通过提供批评和这个例子来做出积极的贡献。对循证管理来说，辩论是如此片面，以至于辩证对立的论点是有益的。我们不是反对证据；我们反对狭隘的证据结构。再借用作为管理主题的医学自己的话，我们认为这个领域需要一剂怀疑论的毒药——可以自由地看待事物。这甚至可能帮助循证管理的支持者重新思考他们的立场——去发现、容忍，甚至赞美完全不同的看世界的方式——尤其是那些在更普遍的系统审查和实证主义的束缚之外工作的学者们。在循证管理发展的早期，其他社会科学的观点，包括，例如，医学伙伴对循证管理造成的困难，都得到了承认和辩论。我们提倡回顾过去，例如，在特兰菲尔德、德尼尔和斯玛特（Tranfield, Denyer and Smart, 2003）或沃尔什和兰德尔（Walshe and Rundall, 2001）。然而，自从卢梭（Rousseau, 2006）在管理学院的主席演讲以来，这种对多样性和分歧的承认几乎从循证管理文献中消失了。那篇特别的演讲的结尾是："请和我一起努力，让基于证据的管理成为现实。"（Rousseau, 2006：268）我们会问相反的问题："请加入我们的行列，让循证管理成为一种虚构。"

那些第一次听说循证管理的人可能会看到作为管理主题的医学固有的问题，并试图将这种狭隘的证据应用于他们的特殊情况。管理者本身，当然是那些足够有思想和批判性来参与这本《牛津管理手册》的想法的人，往往非常热衷于学习最新的和最有洞察力的研究证据。与此同时，他们中的许多人会抵制这样一种观点，即他们面临的一些最重要的问题，仅仅通过"大量证据"就能得到答案。如果以选择性的构造，或者事后组装的证据基础，来证明基于其他理由做出的决定是合理的，那么，他们可能会像我们以空洞的证据为基础提出概念一样令人感到厌倦。

参考文献 434

Archibald, T. (2015). ''They Just Know': The Epistemological Politics of 'Evidence-based' Non-formal Education'. *Evaluation and Program Planning*, 48: 137 – 48.

Barends, E. G. and Briner, R. B. (2014). 'Teaching Evidence-based Practice: Lessons from the Pioneers; An Interview with Amanda Burls and Gordon Guyatt'. *Academy of Management Learning & Education*, 13(3): 476 – 83.

Barends, E., Rousseau, D. M., and Briner, R. B. (2014). *Evidence-Based Management:*

The Basic Principles. Amsterdam: Center for Evidence-based Management.

Brewer, C. S., Kovner, C. T., Greene, W., Tukov-Shuser, M., and Djukic, M. (2012). 'Predictors of Actual Turnover in a National Sample of Newly Licensed Registered Nurses Employed in Hospitals'. *Journal of Advanced Nursing*, 68 (3): 521 - 38.

Budd, J., Golan, P., and Wilkinson, A. (2010). 'New Approaches to Employee Voice and Participation in Organisations'. *Human Relations*, 63(3): 303 - 10.

Cartwright, N. and Hardie, J. (2012). *Evidence-Based Policy: A Practical Guide to Doing it Better*. Oxford: Oxford University Press.

Charlier, S. D. (2014). 'Incorporating Evidence-based Management into Management Curricula: A Conversation with Gary Latham'. *Academy of Management Learning and Education*, 13: 467 - 75.

Cole, S. (1983). 'The Hierarchy of the Sciences?'. *American Journal of Sociology*, 89: 111 - 39.

Estryn-Behar, M., Van der Heijden, B. I., Fry, C., and Hasselhorn, H. M. (2010). 'Longitudinal Analysis of Personal and Work-related Factors Associated with Turnover among Nurses'. *Nursing Research*, 59(3): 166 - 77.

Flint, A. and Webster, J. (no date). 'Exit Interviews to Reduce Turnover amongst Healthcare Professionals'. Available at: < http://onlinelibrary. wiley. com /doi / 10. 1002/14651858. CD006620. pub3 /otherversions>, (this link gives access to five documents—the 2007 protocol, the 2011 review, the 2013 review, and two subsequent versions in 2014—where the title and author order change) (accessed 16 June 2016).

Frijters, P., Shields, M. A., and Price, S. W. (2007). 'Investigating the Quitting Decision of Nurses: Panel Data Evidence from the British National Health Service'. *Health Economics*, 16(1): 57 - 73.

Gartrell, C. D. and Gartrell, A. W. (2002). 'Positivism in Sociological Research: USA and UK (1966 - 1990)'. *British Journal of Sociology*, 53: 639 - 57.

Ghoshal, S. (2005). 'Bad Management Theories are Destroying Good Management Practices'. *Academy of Management Learning and Education*, 4: 75 - 91.

Grey, C. (2004). 'Reinventing Business Schools: The Contribution of Critical Management Education'. *Academy of Management Learning and Education*, 3: 178 - 86.

Holmes, D., Murray, S., Perron, G., and Rail, G. (2006). 'Deconstructing the Evidence-based Discourses in Health Sciences: Truth, Power and Fascism'. *International Journal of Evidence-based Healthcare*, 4: 180 - 6.

Hope, T. (2004). 'Pretend it Works: Evidence and Governance in the Evaluation of the Reducing Burglary Initiative'. *Criminology and Criminal Justice*, 4: 287 - 308.

House, E. R. (2006). 'Methodological Fundamentalism and the Quest for Control', in N. K. Denzin and M. Giardina (eds.), *Qualitative Inquiry and the Conservative Challenge*. Walnut Creek, CA: Left Coast Press, 93 - 108.

Kepes, F., Bennett, A. A., and McDaniel, M. A. (2014). 'Evidence-based Management and the Trustworthiness of our Cumulative Management Knowledge: Implications for Teaching, Research and Practice'. *Academy of Management Learning and Education*, 13: 446 - 66.

435 Laporte, G. (1992). 'The Traveling Salesman Problem: An Overview of Exact and Approximate Algorithms'. *European Journal of Operational Research*, 59 (2): 231 - 47.

Lather, P. (2004). 'This is Your Father's Paradigm: Government Intrusion and the Case of Qualitative Research in Education'. *Qualitative Inquiry*, 10: 15 – 34.

Learmonth, M. and Harding, N. (2006). 'Evidence-based Management: The Very Idea'. *Public Administration*, 84: 245 – 66.

Lee, T. W. and Mitchell, T. R. (1994). 'An Alternative Approach: The Unfolding Model of Voluntary Employee Turnover'. *Academy of Management Review*, 19: 51 – 89.

Lee, T. W., Mitchell, T. R., Holtom, B. C., McDaniel, L. S., and Hill, J. W. (1999). 'The Unfolding Model of Voluntary Turnover: A Replication and Extension'. *Academy of Management Journal*, 42: 450 – 62.

Legge, K. (1995). *Human Resource Management: Rhetorics and Realities*. London: Palgrave.

Mautner, T. (ed.) (2000). *A Dictionary of Philosophy*. London: Penguin.

Moher, D., Tsertsvadze, A., Tricco, A. M., Grimshaw, J., Sampson, M., and Barrowman, N. (2008). 'When and How to Update Systematic Reviews'. *Cochrane Database of Systematic Reviews*. Issue 1.

Morrell, K. (2005). 'Towards a Typology of Nursing Turnover'. *Journal of Advanced Nursing*, 49(3): 315 – 22.

Morrell, K. (2008). 'The Narrative of 'Evidence-based' Management: A Polemic'. *Journal of Management Studies*, 45: 613 – 45.

Morrell, K. and Arnold, J. (2007). 'Look After They Leap'. *International Journal of Human Resource Management*, 18(9): 1683 – 99.

Morrell, K. and Learmonth, M. (2015). 'Against Evidence-based Management, for Management Learning'. *Academy of Management Learning & Education*, 14(4): 520 – 33.

Morrell, K., Learmonth, M., and Heracleous, L. (2015). 'An Archaeological Critique of 'Evidence-based Management': One Digression After Another'. *British Journal of Management*, 26(3): 529 – 43.

Morrell, K., Loan-Clarke, J., and Wilkinson, A. (2001). 'Unweaving Leaving: The Use of Models in the Management of Employee Turnover'. *International Journal of Management Reviews*, 3: 219 – 44.

Morrell, K., Loan-Clarke, J., and Wilkinson, A. (2004a). 'The Role of Shocks in Employee Turnover'. *British Journal of Management*, 15: 335 – 49.

Morrell, K., Loan-Clarke, J., and Wilkinson, A. (2004b). 'Organisational Change and Employee Turnover'. *Personnel Review*, 33: 161 – 73.

Nutley, S. M., Walter, I. C., and Davies, H. T. O. (2007). *Using Evidence: How Research Can Inform Public Services*. London: Policy Press.

O'Brien-Pallas, L., Murphy, G. T., Shamian, J., Li, X., and Hayes, L. J. (2010). 'Impact and Determinants of Nurse Turnover: A Pan-Canadian Study'. *Journal of Nursing Management*, 18(8): 1073 – 86.

Rousseau, D. M. (2006). 'Is There Such a Thing as Evidence-based Management?'. *Academy of Management Review*, 31: 256 – 69.

Rousseau, D. M. (ed.) (2012). *The Oxford Handbook of Evidence-Based Management*. Oxford: Oxford University Press.

Rynes, S. L., Rousseau, D. M., and Barends, E. (2014). From the Guest Editors: Change the World: Teach Evidence-based Practice!'. *Academy of Management Learning and Education*, 13: 305 – 21.

Sackett, D. L., Rosenberg, W. M., Gray, J. A. M., Haynes, R. B., and Richardson, W. S. (1996). 'Evidence Based Medicine: What It Is and What It Isn't'. *British Medical Journal*, 312: 71 – 2.

436 Tranfield, D., Denyer, D., and Smart, P. (2003). 'Towards a Methodology for Developing Evidence-informed Management Knowledge by Means of Systematic Review'. *British Journal of Management*, 14: 207–22.

Walshe, K. and Rundall, T. G. (2001). 'Evidence Based Management: From Theory to Practice in Health Care'. *The Milbank Quarterly*, 79: 429–57.

Young, K., Ashby, D., Boaz, A., and Grayson, L. (2002). 'Social Science and the Evidence-based Policy Movement'. *Social Policy and Society*, 1: 215–24.

第 22 章 商学院的管理教育

肯尼斯·布朗、罗伯特·鲁宾

商学院的运作方式，尤其是对未来管理者的教育，既是长期以来的关注对象，也是当代关注的焦点。对许多人而言，商学院至少部分应将此归咎于安然公司、世界通信公司和泰科公司的企业高管渎职，甚至是 2008 年开始的全球金融危机（Giacolone and Wargo, 2009；Holstein, 2013；O'Connor, 2013；Plumer, 2009；Polodny, 2009）。对商学院角色的担忧可能有助于解释为什么管理教育研究的数量和速度有所提高。卡内基公司和福特基金会于 1959 年就商学院教职员工和课程的开创性报告，以及 1988 年对波特和麦基宾（Porter and McKibbin, 1988）的后续行动，近年来被引用的次数比首次发表时多。例如，自 2011 年以来，在谷歌学术搜索对波特和麦基宾的 1 673 条总引用中，有 392 条（占 23%），而在发布的头五年中有 249 条（占 15%）[①]。在这些报告中提出的关于我们如何教育管理者的担忧，现在引起了比这些报告最初发表时更大的共鸣。

很多学者追随波特和麦基宾（例如，Datar, Garvin and Cullen, 2010；Holtom and Dierdorff, 2013），对商学院及其提供的教育的学术工作的广度和深度进行全面的扩展研究（Rubin and Dierdorff, 2013）。尽管许多后续研究都明确地将重点放在招牌商学院学位（即工商管理硕士）上，但结论涉及商学院的许多方面和课程，包括本科课程，以及教师及其研究的特点。这些后续研究的主题将在本章中进行更详细的描述，该主题延续了最初的批评中提出的主

① 截至 2016 年 7 月 27 日。我们承认，引文数量的增长至少部分归因于引入新期刊，但这些期刊的引入也支持了管理教育学术研究的不断增长。

438 题：如果商学院在理论上进行创新，结合学科研究和技术导向培训与实践研究，以及软、硬技能培训相结合的重点之间取得平衡，就可以为社会做更多的工作。

自从有影响力的波特和麦基宾报告（1988）以来，研究取得了长足的发展，本章的目的是提供有关这些新兴文献的简介，确定关键主题并提出未来的研究方向。因为本章的重点是学术性的，所以我们不直接回答“我们今天应该如何经营商学院?”或“我们应该如何改变以更好地教育未来的经理?”这样的问题，相反，我们回顾与这些问题相关的研究和其他问题，以鼓励进一步的学术工作。此外，本章所包含的综述不是全面的，而是侧重于基础研究，基础研究要么创建了新的研究领域，从根本上改变了以前的工作方向，要么为将来的工作提供了基础。

为此，首先，我们回顾管理教育的概念，以阐明我们的重点，并解释其定义的争议性可能如何导致过于狭窄的观点。其次，我们讨论推动管理教育变革的力量。再次，我们概述了学术管理教育文化，指出了期刊的变化并指出了被高引用的研究。最后，我们回顾了在线学习和 MBA 课程这两个热门研究领域的研究，并为以后的研究提供了建议。

定义管理教育

管理教育（很像管理一词本身）是一个具有争议的概念。在学术界，管理教育一词通常用于描述那些教授一般管理和相关行为准则的人所做的工作。管理教育的这种思维方式，是由在管理系中任教的人推动的，并得到管理学院和组织行为学教育协会（OBTS）、管理教育者教学协会等组织实体的支持。例如，《管理教育期刊》主要发表有关组织行为、人力资源管理和战略教学的研究。

在公众内部（甚至是管理学科之外的一些学者），管理教育一词用于描述商学院认证机构定义的一般商业教育。商学院的主要认证机构在商学院课程的主要描述中使用“管理教育”一词。例如，英国的 MBA 协会指出，如今，该组织的研究“探索管理教育中的全球趋势和思想领导力”，EQUIS 认证体系由位于布鲁塞尔的欧洲管理发展基金会（EFMD）协调，对“主要致力于管理教育”的机构进行了认证（<https://www.efmd.org/index.php/accreditation- main/equis>, accessed 17 June 2015）。欧洲管理发展基金会将自己描述为“在全球范 439
围内促进卓越管理教育和发展的催化剂”。最后，国际商学院协会（AACSB）的任务如下：“通过教育、思想领导和增值服务在全球范围内推进质量管理教育”（<https://www.efmd.org/index.php/accreditation- main/equis>, accessed 17 June 2015）。在所有情况下，这些组织都认可、支持和发布有关研究生（在某些情况下是本科）课程，其中包括会计、经济学、企业家精神、财务、管理、市场营销、运营和业务分析等广泛的课程。

不同的定义不仅仅是语义问题；管理教育的定义方式决定了管理部门的人员，以及在标有“管理教育”的期刊上发表的观点是否符合管理者、组织和社会的通才需求，还是我们根植于组织行为的学术界限的利益，类似的行为学科？也就是说，从狭义上看，管理教育将不包括教授诸如营销、会计、金融和经济学等广泛的商务功能。达塔尔、加尔文和卡伦（Datar, Garvin and Cullen, 2010）在对高级 MBA 课程的研究中描述有关管理教育的一个主要问题是缺乏跨业务学科的整合，通过明确管理教育的内容和非内容的界限而加剧该问题。同时，金泰尔（2010）认为，将严格的定量分析与更丰富的，价值驱动的分析分离开来，有可能形成危害社会的短期思维，从而损害社会。由于这些和类似的问题，我们引用了管理教育的更具包容性的定义，该定义鼓励发展知识和技能的全部范围，从而使学生为管理工作做好准备。该定义与流行和通俗的定义以及管理学科以外的学者更好地保持一致。

推动变革的力量

已经出现了许多主要因素，这些因素给管理教育带来了不断发展的压力，包括财务压力、学生特征、课程需求和技术（Holtom and Porter, 2013）。

财务压力

财务压力并非管理教育所独有，而是渗透到美国和英国的高等教育中。在这些国家中，近年来政府减少了对大学的支持，这些国家的学费增长速度远远高于通货膨胀率，并且学生债务增加了（Sheehy, 2013）。与阿根廷、冰岛、

挪威和瑞典等国家/地区的政府免费提供学费的情况相比，令美国和英国的学
440 生沮丧的是，他们要支付的教育支出所占的份额越来越大（Ratcliffe，2015）。政客们通过批评大学来回应公众的不满，有时还会限制学费的增加。现在有些大学提供学费保证，以便把学生入学后的四五年内学费的增加限定在一个合理的范围内。这些限制给大学带来了进一步的财务压力，大学必须越来越多地依靠私人筹款来增加收入，并通过精简人员来降低成本。大学还必须相互竞争，不仅要吸引最聪明的学生，还要吸引产生最高学费的学生。对于州内和州外学费不同的政府资助院校，州外和国际学生很有吸引力，因为它们带来了额外的收入。特别是在美国，从中国招生的人数急剧增加。在 2013—2014 年度，有超过 25 万名中国留学生在美国学习，这一数字几乎占在该国学习的所有国际学生的三分之一，比上一年增长了 17%（Svoboda，2015）。

学生特征

国际学生人数的增长只是商学院面临的学生特征变化之一。研究生管理教育的申请者也随着年龄的增长而越来越多样化。霍尔顿和波特（Holtom and Porter）利用研究生管理入学考试（GMAT）数据注意到，年龄较小（25 岁以下）和年龄较大（40 岁以上）的考生人数都有所增加。鉴于美国和英国的平均人口年龄增长，老年人对各种形式的研究生教育的需求可能会增加。妇女的趋势表现不太积极，有些令人担忧。尽管女性比男性更有可能完成大学，并就读研究生，但至少在美国（Bidwell，2014），女性在网上 MBA、全日制 MBA 和高级 MBA 课程的申请从 2012 年开始至今仍在下降。2014 年，为了招募更多的女性，商学院正在引入新的计划，其中一些计划甚至在学生上大学之前就可以接触到他们（Gellman，2015）。

课程需求

在更广泛的商业环境中，一种特别强大且有据可查的趋势是向知识的商品化迈进（Trank and Rynes，2003）。就是说，为了满足短期目标，组织寄希望于商学院培养精通狭义工具和技术而非广博知识的学生（Trank and Rynes，2003）。为了满足技术和特定工作领域的迫切需求，组织对商学院施加了压力，要求他们培养和提供能够扎实工作的求职者。

这种环境变化正在导致课程需求的变化。例如，自 2009 年以来，全日制 MBA 课程的 GMAT 考试人数有所下降（参见图解 22.1）。国际商学院协会报告说，其成员学校正在继续增加专业硕士课程（AACSB Business School Data Guide，2015）。 441

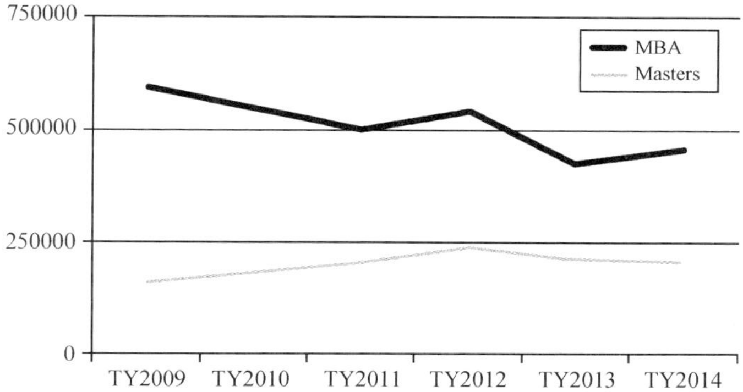

图解 22.1　按课程类型发送给全球课程的 GMAT 测试成绩

资料来源：GMAT Trends Tracker 2014：测试数据

大概是为了继续努力实现收入来源的多样化，同时还要解决具有特定、狭窄技能的新员工的市场需求，因此，金融、市场营销和信息系统等领域的一年制硕士专业课程已获得普及（Damast，2012），这是许多商学院的重要增长策略。但是，从我们的定义来看，这些课程通常不属于管理教育的范畴。相反，它们是职业课程，旨在为学生提供专门针对技术角色的狭窄知识和技能。

技术

技术变革也影响了管理教育，这种趋势再次超出了商学院的范围。在过去的二十年中，寻求在线学位的学生稳步增长，到 2020 年，仅在美国，估计就有 500 万学习者。尽管从 2000 年到 2010 年，营利性在线服务提供商备受青睐，但自 2010 年以来，这些提供商的本科生入学率实际下降了。此外，美国最大的私人提供商之一，科林斯于 2015 年宣布破产，并于当年晚些时候清算其资产。尽管如此，营利性组织仍然是高等教育市场上的重要角色，而在向营利性提供者注册的学生中有 58%的人将所有课程都以线上形式进行了（TES，2015）。这些提供者最常被要求提供本科和研究生商业学位。例如，在 2014—2015 年度，超过 20 万名凤凰城大学的学生中，有 31%在研究工商管理（《美国新闻与世界报道》，2015 年）。

公共机构还开设了在线学位课程。在本科领域商业和 MBA 课程吸引了公众的注意。最新的《美国新闻与世界报道》在线 MBA 课程排名中，印第安纳大学、天普大学、北卡罗来纳大学教堂山分校、亚利桑那州立大学和佛罗里达
442 大学排名前五。对于其他研究生商务课程，排名最高的是印第安纳大学、得克萨斯-达拉斯大学、亚利桑那州立大学、康涅狄格大学和宾夕法尼亚州立大学世界校区。相反，同一年，传统 MBA 课程的“最佳商学院”是斯坦福大学、哈佛大学、宾夕法尼亚大学、芝加哥大学和麻省理工学院（MIT），都是私立院校。

这些列表不应被解释为暗示私立院校已经忽略了在线课程。麻省理工学院和哈佛大学是 edX 的创始合作伙伴，edX 是一个旨在扩大受教育机会的非营利组织。edX 和一个类似的名为 Coursera 的联合会提供的许多课程是免费提供给任何想报名的感兴趣的学生的。包括沃顿商学院在内的一些商学院免费提供课程，但需要核实结业证书的费用。

用于描述许多这些新的在线课程的术语是 MOOC，它是大规模、开放式在线课程的缩写。这些课程并非全部免费，但是最近，亚利桑那州立大学与 edX 合作提供了全球新生学院，世界上任何人都可以付费学习。但是，该费用只是学生参加亚利桑那州立大学学习所需费用的一小部分，并且他们可以从自己的家庭和工作场所的便利位置上学习这些课程。因此，尽管有些班级保持开放的理念，但在这个领域开展业务的组织已经进行了创新，以创造一系列非传统的创收的学习机会。

虽然一些 MOOC 产品的入学率是非常高的，但完成率据估计只有 6.5%（Jordon，2015）。很难看到非营利或营利性公司如何生存，提供很少有人完成的免费课程。一家在此领域起步的公司优达学城（Udacity）停止提供免费的大学教育课程，而是专注于带有“nanodegrees”标签的有偿职业证书（Byrnes，2015）。哈佛商学院在线项目（HBX）致力于在线认证，这是在管理教育领域特别有趣的一项创新。2014 年，哈佛商学院在线项目开始招收 HBX CORe（准备就绪证书的缩写）的学生，这是一套三门课程，旨在通过三门哈佛商学院课程提供核心知识。与 MOOC 相比，HBX CORe 在入学和收费方面具有选择性。许多商学院还开设基于费用的微型 MBA 课程，这些课程是浓缩版

（例如一个星期）的完整 MBA 版本，包括在线和面对面选修课程（Damast，2009）。

优达学城、哈佛商学院在线项目的工作核心是让学校运行在线微型 MBA 课程，成为这些证书的开发者。在劳动力市场上如何看待这些证书还有待观察。需要进行研究以探索对这些证书的看法是否正在以何种方式改变。

小结

管理教育的总体趋势表明，学生和课程的多样性更大，这有增加学费收入
并同时降低成本的压力。在这种情况下，看到诸如哈佛商学院在线项目、亚利
桑那州立大学全球新生学院等行政和技术创新，以及诸如微型 MBA 和纳米学
位等新证书就不足为奇了。这些课程及其相关证书将取代传统的管理教育和管 443
理学位的程度还有待观察。考虑到技术对其他行业的影响（例如音乐和新闻，
例如 Zentner，2008），传统商学院将失去大量非传统课程的学生，这进一步增
加了其财务压力。

对管理教育论的形成性研究

少数具有开创性的研究加强了管理教育作为一门学术学科的地位，这些研究引起了对商学院中教育的目的、实践、危险和承诺的极大关注。学者将学科研究方法应用于自己的直觉的这一时代，很大程度上始于波特和麦基宾（Porter and McKibbin，1988）。由于当时的国际商学院协会（AACSB）[①] 委托的项目，在过去的几年中，作者访问了 60 所商学院，采访了 200 名企业高管，调查了近 9 000 名教职员工、学生和校友。该报告对商学院的状况进行了详尽的、以数据为依据的审查。

该报告的主要发现包括，商学院的一些积极特征，例如高水平的教学研究和有强大专业技能的毕业生。负面因素包括院长和教职员工的自满情绪，缺乏课程创新，以及过分强调教职员工研究的数量而非质量。他们的工作进一步凸显了，学校所教的内容与执业高管所说的他们对商学院毕业生的渴望之间日益

① 现在是高级商学院协会。

脱节的情况。他们的研究建议包括培养方案要有更大的灵活性，对商学院研究的影响的更多关注，以及对跨学科、跨职能和软技能教学的重视。

最近有两个学术卷被定义为波特和麦基宾的后续研究：达塔尔、加尔文和卡伦（Datar，Garvin and Cullen，2010），波特和麦基宾（Holtom and Dierdorff，2013）。

达塔尔及其同事

达塔尔、加尔文和卡伦（Datar，Garvin and Cullen，2010）既提供了关于商
444 学院应教什么的一般性论据，又提供了芝加哥大学、欧洲工商管理学院、哈佛大学、耶鲁大学、斯坦福大学和创意领导力中心如何解决这些问题的深入研究。他们的评论虽然侧重于一小部分院校，但其根源却被他们描述为商学院两种文化之间的根本斗争——严谨（由“研究纯正的牧师”提倡）和相关性（由“组织绩效的士兵”推动）（第 76 页，术语出自 March and Sutton，1997）。严谨的文化占主导地位，导致 MBA 毕业生拥有出色的分析工具，但缺乏实践知识。达塔尔及其同事认为，商学院的招聘更多的是由他们筛选高素质求职者的能力而不是其教育的高附加值（第 82 页）。

达塔尔、加尔文和卡伦（Datar，Garvin and Cullen，2010）还提出，在解决方案上存在共识，但实施起来很困难。达塔尔及其同事确定了三个课程需求，可以达成广泛的共识：（1）全球视野；（2）领导力开发；（3）跨学科和观点的整合。他们详细审查了精英院校的课程，并指出如何满足这些需求。

霍尔顿和迪多夫

霍尔顿和迪多夫（Holtom and Dierdorff，2013）是一本经过编辑的合集，不是一篇研究论文，主要是针对诸如研究生管理教育课程、博士课程、教学、学生参与度和课程排名等主题的具体研究。一个特别创新的章节报告了由研究生管理入学委员会资助的一项研究，以衡量管理教育课程的质量。

鲁宾和莫格逊（Rubin and Morgeson，2013）指出，认证和媒体排名性作为衡量课程质量的指标的局限，并建议采用直接指标。他们的研究过程包括：（1）通过多方法研究来开发质量模型；（2）对质量维度进行 Q-sort 内容分析；（3）对主题专家进行调查，以提供有效性证据和对该模型的反应。在这些努

力的基础上，他们提出了一个课程质量的开放系统模型，该模型区分投入和产出，在这方面院校的控制较少，而中间项则在院校的控制之下，并被利益相关者认为是质量的关键方面。图解 22.2 对该模型进行了少量修改。该模型着重于中间项，包括课程质量、教师、学生学习成果以及毕业后的学习成绩。

445

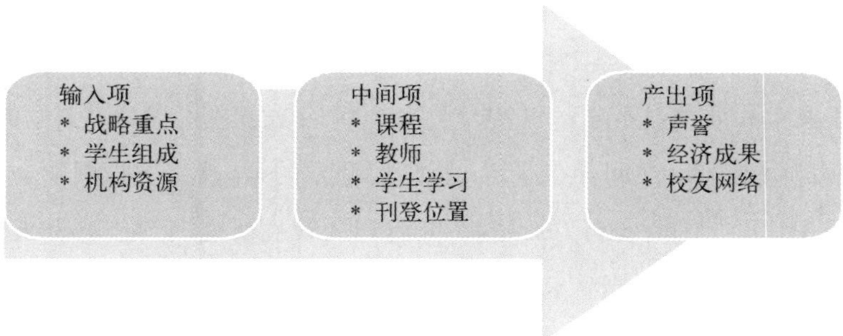

图解 22.2　一个关于课程质量的开放系统模型

改编自 Rubin and Morgeson，2013。

鲁宾和莫格逊（Rubin and Morgeson，2013）提出的建议是要院校提高透明度，并报告上述这些方面，以便将质量概况传达给潜在的学生和其他利益相关者。仍然存在的挑战是如何通过院校、利益相关方以及国际商学院协会（AACSB）、EMBA 和 EQUIS 等认证机构的支持，来开发数据收集协议的附加工作。

学术文献状况

波特和麦基宾（Porter and McKibbon）的工作产生了一个新的启示，可以说是针对管理教育的学术工作（Leigh and Beatty，2008），其中主要包括对课堂教学实践的描述。这些都归功于专门的新期刊，包括《美国管理学会学习与教育》（2001）、《统计教育研究期刊》（2002）、《创新教育决策科学期刊》（2003）、《国际管理教育期刊》（2002）等，新文献大幅增加。包括新期刊，如《经济学教育评论》（2003）、《经济与金融教育杂志》（2002）、《会计技术笔记中的新兴技术杂志》（2003）和《管理教学评论》（2016）。同样，在管理学科领域，已经出版了许多研究系列（例如 Wankel and DeFillipi，2006），以及研究手册（Armstrong and Fukami，2009）。类似的数量也出现在其他业务领域，包括会计（Wilson，2014）和道德（Wankel and Stachowicz-Stanusch，2011）。这里仅举几例。

对学科管理领域的四种期刊的评论显示，在管理教育学术研究方面，至少是传统管理部门的学术研究已成为主流，并取得了有意义的进展。瑞尼斯和布朗（Rynes and Brown，2011）对比了《美国管理学会学习与教育》《创新教育的决策科学期刊》《管理学习》和《管理教育期刊》。对比他们的期刊特征（谁发表文章和谁发表评论）和 2002 年至 2007 年发表的经验研究文章的特征。结果表明，不同期刊之间存在差异，但值得注意的是，《美国管理学会学习与教育》（AMLE）与最受尊敬的经验研究期刊《管理研究期刊》具有某些相似
446 之处。两种期刊均由主要学术团体赞助，由大公司收录和摘录，并由富有成效的学者担任编辑委员会成员。而且，越来越多的机构将《美国管理学会学习与教育》列为世界领先的期刊（ABS Academic Journal Guide，2015）。这样，我们可以说，尽管管理教育并不总是被视为管理的主流子学科，但它作为一个研究领域却变得越来越成熟（另见 Beatty and Leigh，2009）。

一项对 1970 年至 2013 年管理教育中被引用次数最多的文章的研究指出了先前研究中的一系列关键主题。奥尔巴、福尔纳恰里和黄（Arbaugh，Fornaciari and Hwang，2013）使用谷歌（Google）学术搜索搜索了文章（通过 Harzing 的 Publish 或 Perish 软件）。与本章一样，奥尔巴、福尔纳恰里和黄使用了包容性的管理教育定义，并在“商学院和教育研究期刊中的所有学科领域发表了众多关于商学院教育的文章”中搜索了许多术语。他们将被引用最多的前一百篇论文归类为 21 个研究类别。到目前为止，文章最多的两个类别是创业教育（23 篇文章）和在线教学（22 篇文章）。下一个领域是商科学生道德，仅列出了 12 篇文章。商学院批判是排名第四高的主题，共有 9 篇文章，但是如表格 22.1 所示，其中列出了被引用的前 25 名文章，前三篇文章属于该类别。

在接下来的部分中，我们将回顾两个被引用最多的领域的关键研究——在线教育和对商学院的评论。创业教育这一主题很重要，但在其他许多地方也得到了审查（例如 Mwasalwiba，2010；Pittaway and Cope，2007），它是学科性质的，而不是广泛应用于相交的所有领域检查管理教育。

表格 22.1　1970—2013 年商业和管理教育中被引用最多的文章 447

作　者	话题	期刊	引文
1. Ghoshal（2005）	商学院评论	美国管理学会学习与教育	1 878
2. Bennis and O'Toole（2005）	商学院评论	哈佛商业评论	1 219
3. Pfeffer 和 Fong（2002）	商学院评论	美国管理学会学习与教育	1 090
4. Alavi（1994）	网上教学与学习	管理信息系统季刊	1 048
5. Kolb and Kolb（2005）	体验式学习	美国管理学会学习与教育	1 041
6. Leidner and Jarvenpaa（1995）	网上教学与学习	管理信息系统季刊	889
7. Piccoli, Ahmad and Ives（2001）	网上教学与学习	管理信息系统季刊	842
8. Webster and Hackley（1997）	网上教学与学习	管理研究期刊	580
9. Kaze（2003）	创业教育	商业冒险杂志	574
10. Kuratko（2005）	创业教育	创业理论与实践	566
11. Zhao, Seibert, and Hills（2005）	创业教育	应用心理学杂志	544
12. Gorman, Hanlon, and King（1997）	创业教育	国际小型企业杂志	516
13. Alavi and Leidner（2001）	网上教学与学习	信息系统研究	503
14. Alavi, Wheeler and Valacich（1995）	网上教学与学习	管理信息系统季刊	452
15. Gibb（1993）	创业教育	国际小型企业杂志	438
16. Rindova, Williamson, Petkova and Sever（2005）	商学院评论	管理研究期刊	419
17. Vesper and Gartner（1997）	创业教育	商业冒险杂志	371
18. Arbaugh（2000）	网上教学与学习	管理教育期刊	366
19. Baldwin, Bedell, and Johnson（1997）	学生团队	管理研究期刊	360 448
20. Keys and Wolfe（1990）	模拟的使用	管理杂志	337
21. Alavi, Yoo, and Vogel（1997）	在线教学	管理研究期刊	334
22. Fiet（2001b）	创业教育	商业冒险杂志	316
23. Fiet（2001a）	创业教育	商业冒险杂志	311
24. Kayes（2002）	体验式学习	美国管理学会学习与教育	305
25. Solomon, Dutty, and Tarabishy, and Tarabishy（2002）	创业教育	国际创业教育杂志	302

典据：Arbaugh, Fornaciari, and Hwang, 2014。

在线教学

高等教育以及工作场所培训中最明显的趋势之一，就是越来越多地使用技术来支持甚至提供课程作业。考虑到教育广播始于 20 世纪 20 年代的美国，传播技术并不是新事物，艾奥瓦大学是第一家提供广播电视学习机会的美国大学，那是在 1933 年（Novak, 2012）。尽管通过电视进行广泛的教育访问的希望迅速消失，但远程的传统以及最终由计算机辅助的教学仍在继续。如前所述，近年来在线教育取得了巨大的增长，并且这一趋势有望继续。

"计算机硬件、软件和通信技术的最新发展为这些技术的教育使用创造了令人兴奋的新机遇"（Alavi，1994：159）。这句话大概写于 2015 年，已有二十多年的历史了。阿拉维（Alavi，1994）使用小组决策支持系统研究了 127 名 MBA 学生。使用该系统的学生的最终考试成绩高于未使用该系统的学生。莱德纳和贾文帕（Leidner and Jarvenpaa，1995）指出，人们担心使用技术来实现自动交付，这只会加速无效的教学方法。他们总结了五个学习模型，为思考信息技术在教室的运用提供了另一种方法。他们审查了许多可能的技术，这些技术可用于使教师更好地访问有关学生的信息，包括键盘回复平板和电子邮件。

值得注意的是，莱德纳和耶尔文佩（Leidner and Jarvenpaa）在 1995 年的文章中多么有先见之明。键盘回复平板现在通常被称为受众响应技术（Kay and LeSage，2009），包括独立的射频点击器或最近的智能手机应用程序。这项技术一直是同伴教学发展的核心，同伴教学是一种为学生提供具有挑战性的问题的教学方法，这些学生一般是在课堂上学习并找到答案。然后，学生以小组形式进行工作，以复习答案。这种教学方法已经在物理学中得到了广泛的开发和使用，取得了巨大的成功（Crouch and Mazur，2001）。当前的翻转课堂模式是在上课前向学生提供信息，学生利用课堂时间来解决案例和问题（Bishop and Verleger，2013），这也要归功于莱德纳和耶尔文佩（Leidner and Jarvenpaa）的技术检查。

开始在教室中使用技术的研究已经得到把技术研究作为教室的补充。阿尔博（Arbaugh，2000）研究了在线 MBA 课程的学生满意度。值得注意的是，与流失率较高的 MOOC 相比，本研究中攻读学位的学生流失率很小，在四个课程中均不到 3%。阿尔博（2000）发现，学生的总体满意度取决于在线交付技术的实用性，班级所提供的灵活性，与讲师和其他学生互动的便利性，以及讲
449 师对互动的重视程度。尽管这听起来有些过时，但阿尔博得出结论，学生可以通过在线交付形式看到价值。今天更相关的是他的关于参与式互动对满意度的重要性的结论，这一发现已被荟萃分析证实（Sitzmann et al.，2008）。

皮科利、阿哈莫德和艾维斯（Piccoli，Ahmad and Ives，2001）报告了纵向实验设计，比较了传统教室和虚拟学习环境中的学生的 IT 技能。他们没有发

现学习上的差异，只是在自我效能感和满意度之间进行了权衡。虚拟学习环境中的学生具有较高的计算机自我效能感，但对学习过程的满意度较低。这项研究表明，在检查各种教学技术的有效性时，不以满意度、自我效能感和学习作为结果的重要性。研究证实，这些是与其他元素具有不同关系模式的独特元素，因此不应被认为是等同的（Sitzmann et al.，2008，2010）。

未来研究

本研究对于在虚拟环境中工作的学生如何做好准备和提供支持方面将非常有用。关于学习的研究表明了指导和支持的重要性（Kirschner，Sweller and Clark，2006），因此研究可以确定使用技术为不同类型的学生提供更好支持的方法。以技术为中介的学习环境的价值在于可以使用算法自定义学生体验。在这一领域，需要更多的理论驱动的开发和经验测试。相关的理论包括关于技术使用的理论（例如修订过的技术接受模型，该模型的早期版本由 Arbaugh，2000 进行了研究）和学习动机（例如，Brown and Charlier，2013 中提出了有争议的变革理论模型）。

研究还应该探索在满意度、自我效能感、学习以及与管理教育经验相关的长期与职业相关的成果之间的潜在权衡。在设计课程时，讲师应了解某些事件能使人满意，但会干扰学习的方式（例如，参见引人注目的细节效果，Park et al.，2011）。

一个对未来研究无用的领域是两种不同技术的简单比较。这种教育研究的传统是，新的创新引发了这样一个问题：“ X + 1 比 X 做得更好吗?”例如，使用实时视频会比仅使用音频产生更好的学习效果吗？如果将新技术应用得周到，那么这个问题的答案（仅限于技术差异）通常是“一点”。当控制了许多因素时，答案通常是“无显著差异”（Clark，1984）。如果按照学习之类的通用标准来判断，那么一项新技术很难取得显著进步，除非与一个无法为学生提供足够机会和要学习的材料互动的稻草人做比较。

关于这一点的一个例子是对等响应系统的研究。引入同伴响应系统或答题器是否改善了课堂学习？当它们用作增加交互性的简单方法时，其效果可能很小，并且受限制于满足感的提高，但不是学习的结果。但是，当它被用作集成的同伴指导策略的一部分时，它被证明可以有效地提高课程满意度和学习能力 450
（Crouch and Mazur，2001；Yun and Lojo，2010）。这些改进的关键不是技术本

身，而是以指导性的目的，使用技术来鼓励学生解决问题，获得反馈并与同行讨论。检查不同技术的未来研究也应该控制跟比较技术有关的教学及学习活动中的差异，或者与新技术一起阐明正在研究的教学变化，并部署有意义的控制小组。

商学院评论

在最近发表于《美国管理学会学习与教育》的 MBA 相关研究的综述中，鲁宾和迪多夫（Rubin and Dierdorff，2013）发现，在与 MBA 相关的所有研究中，有近三分之二致力于课程的批判。这种关注在戈沙尔（Ghoshal，2005）的广受引用的评论中很明显，他指出，管理课堂中教授的理论以某种方式加强了对经理的消极假设，从而使这些假设变为现实。戈沙尔（Ghoshal，2005）斥责商学院的课程强调了股东对利益相关者的担忧。他认为，对贯穿于管理课程的股东“价值”的强调，促进了经理和公司放弃道德责任。

鉴于课程对各种商学院利益相关者的重要性，对课程的深度关注可能是合理的。例如，来自研究生管理招生委员会的调查，通常将课程表列为，促使学生对 MBA 课程的价值有所了解的最重要因素之一（GMAC，2011，2015a）。但是，要完全理解为什么学者们如此专注于课程设置，就必须了解构成研究生管理教育基础的一些基本假设。

首先，从历史上看，获得 MBA 学位的目的是为管理人员和企业建立个人能力。建立最早的 MBA 课程的意图是，用与法学院、医学院或工科学校培训专业人士相似的方式，培养专业的管理人员，并全面灌输共同的知识体系和职业行为守则（有关完整的历史记录，请参见 Khurana，2007）。但是，随着 20 世纪 80 年代 MBA 课程开始大量普及，这种对职业管理阶层的关注已被对技术专家的关注所取代。库拉纳（Khurana，2007）指出，这种转变主要是由于教师培训的变化，从商业管理人员转向数学、社会学和心理学领域的高度专业化或规范化的博士，因为这是商学院在寻求获得作为学术机构的更高信誉。因此，关于 MBA 课程教育使命的基本假设，随着时间的推移已经发生了很大的变化，并引起了关于管理教育课程的适当重点的众多问题。其次，自商学院诞生以来，人们就学术严谨性与实际“动手”培训之间的适当平衡问题进行了
451 广泛的辩论。这些有关课程内容的辩论持续存在，众多学者认为，当今的

MBA 课程与现实世界缺乏联系（Ghoshal，2005；Pfeffer and Fong，2002），而另一些人则认为，对学术严谨性的首要关注是培养称职的专业人员的关键（Rousseau and McCarthy，2007）。

戈沙尔（Ghosha，2005）的文章催生了无数文章，这些文章将股东运动直接归咎于，作为管理教育基石的经济学教育的普遍性（Ferraro，Pfeffer and Sutton，2005；Khurana，2007；Wang，Malhotra and Murnighan，2011）。学者们像普通公众一样为持续不断的企业伦理问题而感到恐惧，他们高度关注伦理教育的缺失和深度不够。例如，贾亚洛（Giacalone，2007）认为，MBA 课程很少进行深入的道德学习，主要是因为商学院未能教授更高层次的理想。相反，课程通常符合学生对价值观的假设，而不是挑战它们。其他研究人员将注意力集中在改进课程上，采纳更具批判性思维的方法（Atwater，Kannan and Stephens，2008）、多元化取向（Bell，Connerley and Cocchiara，2009）和人际关系技能开发（Ferraro，Pfeffer and Sutton，2005）。最后，随着商学院努力解决如何最好地帮助学生了解业务的相互关联或系统方面的问题，整合课程的呼声一直持久不衰。

与对内容的批判相伴随的是对课程交付方式的根本不适应。在这里，研究人员经常通过区分典型的教学方式（如体验式和反思式学习）来集中精力进行工作。明茨伯格（Mintzberg，2004）等人特别指出，管理是一个需要训导练习的专业，只有通过经验才能习得。他主张在实际组织语境中，支持或提供指导实践的管理教育课程。图什曼（Tushman，2007）和同事发现了支持明茨伯格的主要论点的事实，这些论点表明，通过行动学习获得的直接经验可以增强学生学习成果的相关性。

尽管几十年来的课程研究产生了大量的发现，支持了课程发展和必要修改的不同观点，但只有少数研究进行了足够大规模的样本分析，可以得出规范性的结论。例如，许多发人深省的研究都选择聚焦于出现在媒体出版物精选上的精选商学院（Datar，Garvin and Cullen，2010；DFerraro，Pfeffer and Sutton，2005；Segev，Raveh and Farjoun，1999），样本数量从 11 到 50 不等，这降低了他们研究结果的总体概括性。

鲁宾和迪多夫（Rubin and Dierdorf，2009）是一个主要的例外，他们对 MBA 课程的必修课程进行了全面研究。具体来说，他们的研究涵盖了 373 家国际商学院协会认可的商学院的必修课程。假设 MBA 课程以培训未来管理人员为指导，鲁宾和迪多夫借鉴了美国劳工部职业信息网络（O* NET）得出能力素质模型，该模型包含 52 个来自美国国家代表样本的管理职业，8 633 名现
452 任经理（Dierdorff, Rubin and Morgeson, 2009）。这种能力素质模型将六项主要的行为能力描述为所有管理工作的基础。但是，美国劳工部职业信息网络等级显示，两个能力领域（管理人力资本和决策过程）比其他四个领域重要得多（管理和控制、战略和创新管理、物流和技术管理，以及任务环境管理）。

然后，鲁宾和迪多夫将这六项行为能力与旨在灌输这些能力的 MBA 课程进行了交叉引用，他们发现存在严重的偏差。这种失调主要来自 MBA 课程，该课程过分强调了具有胜任能力的经理对执行管理工作不那么重要（例如，管理行政和控制），没有充分肯定他们在管理中的重要性（例如，管理人力资本和决策流程）。鲁宾和迪多夫（2011），研究了对这种课程错位的看法，发现在不同的 MBA 利益相关者之间，就提高与管理人力资本有关的学生能力素质的需求达成了重大共识。

瑞尼斯和巴图内克（Rynes and Bartunek, 2013）将商学院利益相关者的大规模调查数据整合到他们的计算机中，对课程进行了全面审查，得出的结论是，在所有 MBA 课程中应教授五项关键能力：1）功能和定量技能；2）人力资本管理，包括领导力和人际交往能力；3）决策和解决问题的能力；4）道德与企业社会责任；5）全球化。瑞尼斯和巴图内克（2013：211）总结如下：

> 从雇主的角度来看，有相当强烈的研究共识，即最需要提高课程水平的两个领域是，人力资本的领导和管理，以及决策或解决问题的能力。非美国雇主也期望更加重视全球化和跨文化的能力。从更广泛的社会角度来看，还需要增强道德，与多方利益相关者和企业社会责任相关的决策能力。

这些大规模研究共同表明，目前 MBA 课程，将最少的课程重点放在对实践管理者最不重要的领域上，并且与管理工作角色要求不符的事实，实际上是被商学院的每个主要利益相关者群体所熟知的。鉴于有大量数据可用于适当地指导课程改革，管理学者应该运用其工具，理解和解决复杂的政治和制度障

碍，这些障碍妨碍了使课程与管理工作要求相一致的努力。

最后，尽管提出了长期的批评，但值得一提的是，针对学生和外部利益相关者的广泛研究表明，人们对 MBA 和管理教育总体上感到满意。准学生将管理教育视为增加工作机会、增加薪水以及业务知识和技能的途径（GMAC，2015b）。对教育投资的 MBA 个人财务回报的分析显示出了很好的结果 453
（Holtom and Inderrieden，2007）。雇主报告称，MBA 毕业生通常为在组织中取得成功做好了充分的准备。GMAC 在 2012 年对 1 000 多家公司的调查中，有 79%的受访者表示计划招聘 MBA 毕业生（GMAC，2012）。例如迪多夫等人（Dierdorff et al.，2013）指出，即使社会似乎也从 MBA 课程计划中受益，并指出“要繁荣，社会就需要运作良好的组织”，因此受益于 MBA 毕业生知识和技能的提高。

未来研究

未来的研究应该集中于 MBA、专业硕士和 BBA 课程的各种方法的长期价值，包括即将面市的纳米和微观证书。这里的价值将根据对个人（包括满意度、自我效能感、学习、主观幸福感和职业发展）和雇用他们的公司（包括工作和团队的绩效）的收益来定义。在未来的研究中，重要的是要认识并检验满意度、自我效能感和学习之间的潜在权衡。更广泛地讲，衡量社会资本和智力资本的发展将是有用的。社会资本是指个人、团队或组织的关系中包含的价值。由于在网络环境中，点对点互动可能会受到限制，因此，与面对面交流相比（Brown and Van Buren，2007），社会资本可能更难以在线发展。同样，在某些学习环境中，改变学生的价值观、信念和世界观可能比在其他学习环境中更困难。

目前的研究聚焦在与不同教学方法相关的价值观和信念的变化。瑞尼斯和布朗（Rynes and Brown，2011）指出，尽管很明显讲师们将改变学生的信念作为自己职责的一部分，管理教育的研究很少考察这些结构随时间的变化（Moosmayer，2012）。有一个值得注意的例外（Wang，Malhotra and Murnighan，2011）。在一系列的三项研究中，他们发现，参加经济学课程的学生在分配资金的任务中（与未参加经济学课程的学生相比）保留了更多的钱，而主修经济学的学生（以及参加了三门或以上经济学课程的学生）报告了对贪婪的更积极的感受，并且阅读了有关贪婪的正面陈述的学生对贪婪的道德的评价更高。

他们得出结论，经济学教育与对贪婪的积极态度有关。

管理教育研究的未来

上面涵盖的两个主题，在线教育和 MBA 课程，只是管理教育学术研究（目前正在蓬勃发展）中的一个样本。新的领域正在形成，并显示出加深对管
454 理教育的理解的希望。通过示例，我们重点介绍了两个领域，与上述领域相比，它们是新生的。

参与非正式课程

一个新的但令人兴奋的领域，涉及可以在多种环境下，成功进行管理教育的程度，包括非正式的课堂外经验。随着商学院试图更充分地理解参与和学习之间的联系，对学生参与的兴趣开始增长。弗尔德曼（Feldman，2012）将学生参与度定义为“学生投入新技能和知识，参与专业自我发展和课外活动以及自我指导工作的时间、精力、热情的量”（263）。从这项工作中得出的一个有趣的结论表明，与直觉相反，为学生提供过多的发展选择，实际上可能会降低学生进一步参与的可能性。

为了扩展这些思想，最近的工作借鉴了经济学，尤其是经济学的经验。“非正规经济”除外，这表明存在一种“非正规课程”，其运作没有规定、政策或认可。与课堂学习不同，参与体验在问责制方面完全专注于学生。更正式地说，“非正式课程包括学校提供的活动，这些活动缺乏定义正式课程的一种或两种素质：它们与正式陈述的目标没有关联，或者没有正式的评估”（Caza and Brower，2015：98）。有时，非正式课程实际上可能会促进与机构保持一致的活动，例如学生提倡支持学校价值观或使命的想法。例如，在哈佛商学院，一群学生借鉴医学院学生的经验，开发了“ MBA 誓言”，其中包括一系列声明，这些声明肯定了围绕专业精神和道德行为的集体价值观。教师随后批准了誓言，并试图将其制度化为 MBA 正式课程。非正式或隐性课程也有可能破坏机构影响学生共同经历的尝试，因为缺乏正式性会减少信息共享和关注（Coff，Coff and Eastvold，2006）。

基于问题的教学

基于问题的学习已经存在了很多年，并且已经证明可以促进技能的发展（Dochy et al., 2003）。这样的想法是，应该让学生挑战真实的问题，以鼓励他们学习解决问题所必需的知识，并同时发展解决问题的能力和相关技能，例如在协作项目中的团队合作。这种教学方法提供来解决管理教育商品化和小型化 455
的问题，并得到了扩展。

正如沃多克和洛萨诺（Waddock and Lozano, 2013）所指出的那样，学生的全面发展需要创造性的教学方法。他们提供了一些示例，这些示例使用问题来挑战学生在相互依赖和全球化的世界中使用系统思想、反思和工作。具体来说，他们研究了西班牙 ESADE 商学院的一门课程和波士顿学院的一门课程。ESADE 商学院课程以著名的加泰罗尼亚历史学家的名字命名为比森斯·比韦斯（Vicens Vives），它融合了下午的课程、周末的长时间课程和日记反思。波士顿学院的课程名为“变革的领导力”，将全天课程、学习团队会议和日记反思结合在一起。这两门课程都强调持续的反思、多重底线定位，以及管理和领导的整体概念。他们在学生追求的项目类型上有所不同，因为比森斯·比韦斯强调个人项目，而变革的领导力则鼓励基于工作的项目。

需要进一步研究如何为学生准备这些类型的体验，以及这些经历是否为长期的学生和组织成果增加了价值。此外，正如沃多克和洛萨诺（Waddock and Lazano, 2013）所指出的那样，这些课程对教师而言，时间过于密集，而对以研究为导向的教师而言，则专业性要求太高。研究将有助于提高教师对此类教学的兴趣和技能。

随着研究探索如何通过课堂和技术媒介的环境来融合学习，研究也应该探索，如何通过课堂和与工作相关的活动来融合学习。这种类型的嵌入发生在被标记为行为学习的课程中，它不仅为学生提供了解决实际问题的方法，而且还让他们有时间讨论和思考他们所学的内容。

结 论

描述商学院变化的一种方法是在严谨性和相关性之间摇摆不定。商学院始于商业学校，其院系和课程（设置）反映了雇主的需求。从 1959 年的福特和卡内基报告开始，钟摆从相关性转向严谨性。波特和麦基宾发现，商学院非常致力于课堂中的严谨研究和定量技能开发。尽管该报告呼吁加强与跨学科研究和教学的相关性，但商学院的行动仍然缓慢。然而，今天，劳动成果显而易见。实际上，可能值得一问的是，摆锤的移动速度是否太快，以至于过分远离严谨性。纳米学位和即时学习的存在提供了波特和麦基宾所要求的创新和课程灵活性，但又喜忧参半。其中，积极的方面是增加的准入和效率，消极的方面
456 则是强调较小和更具体的知识和技能的潜在副作用。如果我们将管理教育推广到简短的在线体验中，这是否有助于增加学生的思考能力，并随着时间的推移，保持学生注意力和进行协作方面的能力？

为了摆脱钟摆的局限性（类似机械和二维思考），考虑如何让学生更充分地参与管理工作，并让他们参与解决实际问题将是有帮助的。没有一种提供管理教育的最佳方法，但是考虑到这些想法，需要整合分析基于价值的、科技的和人文主义的观点。这将要求对教育学生如何更好地管理他人，以及他们所在的组织的许多可能方式进行进一步调查。

参考文献

AACSB International (2015). AACSB Business School Data Guide. Available at: <http://www.aacsb.edu/publications/datareports/data-guide> (accessed 29 July 2016).

ABS Academic Journal Guide (2015). Available at: <https://charteredabs.org/academic-journal-guide-2015/> (accessed 30 August 2016).

Alavi, M. (1994). 'Computer-mediated Collaborative Learning: An Empirical Evaluation'. *MIS Quarterly*, 18(2): 159–74.

Arbaugh, J. B. (2000). 'Virtual Classroom Characteristics and Student Satisfaction with Internet-based MBA Courses'. *Journal of Management Education*, 24: 32–54.

Arbaugh, J. B., Fornaciari, C. J., and Hwang, A. (2014). 'Development Patterns in Business and Management Education Research: Knowledge-based or Knower-based?'. *Academy of Management Proceedings*, 12321.

Armstrong, S. J. and Fukami, C. V. (2009). *The SAGE Handbook of Management, Learning, Education, and Development*. Thousand Oaks, CA: SAGE.

Atwater, J. B., Kannan, V. R., and Stephens, A. A. (2008). 'Cultivating Systemic Thinking in the Next Generation of Business Leaders'. *Academy of Management Learning & Education*, 7(1): 9–25.

Beatty, J. and Leigh, J. S. A. (2009). 'Taking Stock of Management Education: A Comparison of Three Management Education Journals'. *Journal of Management Education*, 34: 367–92.

Bell, M., Connerley, M., and Cocchiara, F. (2009). 'The Case for Mandatory Diversity Education'. *Academy of Management Learning & Education*, 8(4): 597 – 609.

Bidwell, A. (2014). 'Women More Likely to Graduate College, but Still Earn Less than Men.' U. S. News and World Report. 31 October. Available at: < http://www.usnews.com /news /blogs /data-mine /2014 /10 /31 /women-more-likely-to-graduate-college-but-still-earn-less-than-men> (accessed 27 July 2016).

Bishop, J. L. and Verleger, M. A. (2013). 'The Flipped Classroom: A Survey of Research.' ASEE Annual Conference & Exposition, Atlanta, GA. Available at: <https:// www.asee.org/public/conferences/20/papers/6219/view>.

Brown, K. G. and Charlier, S. D. (2013). 'An Integrative Model of e-learning Use: Leveraging Theory to Understand and Increase Usage'. *Human Resource Management Review*, 23: 37 – 49.

Brown, K. G. and Van Buren, M. (2007). 'Applying a Social Capital Perspective to Evaluation of Distance Training', in S. M. Fiore and E. Salas (eds.), *Toward a Science of Distributed Learning*. Washington, DC: American Psychological Association, 41 – 63. 457

Byrnes, K. (2015). 'Initial Trends in Enrollment and Completion of Massive Open Online Courses'. *The International Review of Research in Open and Distance Learning*, 15(1): 133 – 59.

Caza, A. and Brower, H. H. (2015). 'Mentioning the Unmentioned: An Interactive Interview about the Informal Management Curriculum'. *Academy of Management Learning & Education*, 14(1): 96 – 110.

Clark, R. E. (1984). 'Media Will Never Influence Learning'. *Educational Technology Research and Development*, 42: 21 – 9.

Coff, R. W., Coff, D., and Eastvold, R. (2006). 'The Knowledge Leveraging Paradox: How to Scale Up Without Making Knowledge Imitable'. *Academy of Management Review*, 31: 452 – 65.

Crouch, C. H. and Mazur, E. (2001). 'Peer Instruction: Ten Years of Experience and Results'. *American Journal of Physics*, 69: 970 – 7.

Damast, A. (2009). 'The Mini MBA's Big Appeal'. *Bloomberg Business*. Available at: <http:// www.bloomberg.com /bschools /content /aug2009 /bs20090817_409187.htm> (accessed 27 July 2016).

Damast, A. (2012). 'The Booming Market for Specialized Master's Degrees'. *Businessweek*. Available at: <http://www.businessweek.com/articles/2012 – 11 – 21/the-booming-market-for- specialized-masters-degrees> (accessed 27 July 2016).

Datar, S. M., Garvin, D. A., and Cullen, P. G. (2010). *Rethinking the MBA: Business Education at a Crossroads*. Boston, MA: Harvard Business Press.

Dierdorff, E. C., Nayden, D. J., Jain, D. C., and Jain, S. C. (2013). 'Ensuring and Enhancing Future Value.' In B. Holtom and E. Dierdorff (eds.), *Disrupt or be Disrupted: A Blueprint for Change in Management Education*. San Francisco, CA: Jossey-Bass, 21 – 56.

Dierdorff, E. C., Rubin, R. S., and Morgeson, F. P. (2009). 'The Milieu of Managerial Work: An Integrative Framework Linking Work Context to Role Requirements'. *Journal of Applied Psychology*, 94: 972 – 88.

Dochy, F., Segers, M., Van den Bossche, P., and Gijbels, D. (2003). 'Effects of Problem-based Learning: A Meta-analysis'. *Learning and Instruction*, 13: 533 – 68.

Feldman, D. C. (2012). 'Student Engagement: Selection, Management, and Outcomes', in B. Holtom and E. Dierdorff (eds.), *Disrupt or Be Disrupted: A Blueprint for Change in Management Education*. San Francisco, CA: Jossey-Bass: 259 – 96.

Ferraro, F., Pfeffer, J., and Sutton, R. I. (2005). 'Economics Language and Assumptions: How Theories Can Become Self-fulfilling.' *Academy of Management Review*, 30(1): 8 – 24.

Gellman, L. (2015). 'Business Schools are Fighting to Recruit Top Women'. *Wall Street Journal*, 6 May. Available at: <http://www.wsj.com/articles/why-business-schools-are-fighting-over-top-women-1430957422> (accessed 8 October, 2016).

Gentile, M. C. (2010). *Giving Voice to Values: How to Speak Your Mind When You Know What's Right.* New Haven, CT: Yale University Press.

Giacalone, R. A. (2007). 'Taking a Red Pill to Disempower Unethical Students: Creating Ethical Sentinels in Business Schools'. *Academy of Management Learning & Education*, 6: 534 – 42.

Giacolone, R. A. and Wargo, D. T. (2009). 'The Roots of the Global Financial Crisis are in our Business Schools'. *Journal of Business Ethics Education*, 6: 147 – 68.

Ghoshal, S. (2005). 'Bad Management Theories are Destroying Good Management Practices'. *Academy of Management Learning & Education*, 4: 75 – 91.

GMAC (2011). *Global Management Education Graduate Survey.* Available at: <http://www. gmac. com / ~ /media /Files /gmac /Research /curriculum-insight /2011GMAC_GMEGS_ SR.pdf> (accessed 29 July 2016).

458 GMAC (2012). *Corporate Recruiters Survey.* Available at: <http://www. gmac. com / market-intelligence-and-research/research- library/employment-outlook/2012- corporate-recruiters-survey-survey-report.aspx> (accessed 29 July 2016).

GMAC (2015a). *Global Management Education Graduate Survey.* Available at: <http:// www. gmac. com / ~ /media /Files /gmac /Research /curriculum-insight /2015-gmegs-survey-report- final-for-web.pdf> (accessed 29 July 2016).

GMAC (2015b). *mba. com Prospective Students Survey Report.* Available at: <http:// www. gmac. com /market-intelligence-and-research /research-library /admissions-and-application- trends/2015-mbacom-prospective-students-survey-report.aspx> (accessed 29 July 2016).

GMAT Trends Tracker (2014). Available at: < http://www. gmac. com /market-intelligence-and- research /research-library /gmat-test-taker-data /gmat-trends-tracker-2014. aspx> (accessed 28 July 2016).

Holstein, W. J. (2013). 'The Multipolar MBA'. *Strategy+Business.* 21 January. Available at: <http://www.strategy-business.com/article/00164? gko=093cf> (accessed 27 July 2016).

Holtom, B. and Dierdorff, E. (eds.) (2013). *Disrupt or Be Disrupted: A Blueprint for Change in Management Education.* San Francisco, CA: Jossey-Bass.

Holtom, B. and Inderrieden, E. (2007). 'Investment Advice: Go for the MBA'. *BizEd*, 6 (1): 36 – 40.

Holtom, B. and Porter, L. W. (2013). 'Introduction: The Change Imperative', in B. Holtom and E. Dierdorff (eds.), *Disrupt or Be Disrupted: A Blueprint for Change in Management Education.* San Francisco, CA: Jossey-Bass, 1 – 20.

IES (Institute for Education Sciences) (2015). Undergraduate Enrollment. Washington, DC: National Center for Education Statistics. Available at: <http://nces. ed. gov / programs/coe/indicator_cha.asp> (accessed 19 September 2015).

Jordan, K. (2015). 'Initial Trends in Enrolment and Completion of Massive Open Online Courses'. *The International Review of Research in Open and Distance Learning*, 15(1): 134 – 60.

Kay, R. H. and LeSage, A. (2009). 'Examining the Benefits and Challenges of Using

Audience Response Systems: A Review of the Literature'. *Computers & Education*, 53: 819 – 27.

Khurana, R. (2007). *From Higher Aims to Hired Hands: The Social Transformation of American Business Schools and the Unfulfilled Promise of Management as a Profession*. Princeton, NJ: Princeton University Press.

Kirschner, P. A., Sweller, J., and Clark, R. E. (2006). 'Why Minimal Guidance During Instruction Does Not Work: An Analysis of the Failure of Constructivist, Discovery, Problem-based, Experiential, and Inquiry-based Teaching'. *Educational Psychologist*, 41: 75 – 86.

Leidner, D. E. and Jarvenpaa, S. L. (1995). 'The Use of Information Technology to Enhance Management School Education: A Theoretical View'. *MIS Quarterly*, 9(1): 265 – 91.

Leigh, J. and Beatty, J. E. (2008). 'But Where Can I Publish That? Understanding the Management Education Scholarship of Teaching and Learning Domain'. Paper presented at the *Annual Meeting of the Academy of Management*, Anaheim, CA, August.

March, J. G. and Sutton, R. I. (1997). 'Organizational Performance as a Dependent Variable.' *Organizational Science*, 8(6): 698 – 706.

Mintzberg, H. (2004). *Managers, not MBAs: A Hard Look at the Soft Practice of Managing and Management Development*. San Francisco, CA: Berrett-Koehler Publishers.

Moosmayer, D. (2012). 'A Model of Management Academics' Intentions to Influence Values'. *Academy of Management Learning & Education*, 12(2): 155 – 73.

Mwasalwiba, E. S. (2010). 'Entrepreneurship Education: A Review of its Objectives, 459
Teaching Methods, and Impact Indicators'. *Education + Training*, 52: 20 – 47.

Navarro, P. (2008). 'The MBA Core Curricula of Top-ranked U.S. Business Schools: A Study in Failure?'. *Academy of Management Learning & Education*, 7(1): 108 – 23.

Novak, M. (2012). Predictions for Educational TV in the 1930s. *Smithsonian. com*. Available at: <http://www.smithsonianmag.com/history/predictions-for-educational-tv-in-the-1930s- 107574983/? no-ist> (accessed 19 September 2015).

O'Connor, S. (2013). 'The Responsibility of Business Schools in Training Ethical Leaders'. *Forbes*, 15 May. Available at: <http://www.forbes.com/sites/shawnoconnor/2013 /05 /15 /the- responsibility-of-business-schools-in-training-ethical-leaders-2 (accessed 27 July 2016).

Park, B., Moreno, R., Seufert, T., and Brunken, R. (2011). 'Does Cognitive Load Moderate the Seductive Details Effect? A Multimedia Study'. *Computers in Human Behavior*, 27: 5 – 10.

Pfeffer, J. and Fong, C. T. (2002). 'The End of Business Schools? Less Success than Meets the Eye'. *Academy of Management Learning & Education*, 1: 78 – 94.

Piccoli, G., Ahmad, R., and Ives, B. (2001). 'Web-based Virtual Learning Environments: A Research Framework and a Preliminary Assessment of Effectiveness in Basic IT Skills Training'. *MIS Quarterly*, 25(4): 401 – 26.

Pittaway, L. and Cope, J. (2007). 'Entrepreneurship Education: A Systematic Review of the Evidence'. *International Small Business Journal*, 25: 479 – 510.

Plumer, B. (2009). 'First, Aill all the MBAs'. *UTNE Reader*, July – August. Available at: <http://www. utne.com/politics/reform-mbas-business-schools-economic-crisis.aspx#axzz3C4oBIvWf> (accessed 27 July 2016).

Polodny, J. M. (2009). 'Are Business Schools to Blame?' *HBR Blog Network*, 30 March. Available at: <http://blogs. hbr. org/2009/03/are-business-schools-to-blame>

(accessed 27 July 2016).

Porter, L. W. and McKibbin, L. E. (1988). *Management education and development: Drift or Thrust into the 21st Century*. New York: McGraw-Hill.

Ratcliffe, R. (2015). 'University Protests Around the World: The Fights Against Commercialization'. *The Guardian*, 25 March. Available at: <http://www.theguardian.com/higher-education-network/2015/mar/25/university-protests-around-the-world-a-fight-against-commercialisation> (accessed 27 July 2016).

Rousseau, D. M. and McCarthy, S. (2007). 'Educating Managers from an Evidence-based Perspective.' *Academy of Management Learning & Education*, 6: 84 – 101.

Rubin, R. S. and Dierdorff, E. C. (2009). 'How Relevant is the MBA? Assessing the Alignment of Required Curricula and Required Management Competencies'. *Academy of Management Learning & Education*, 8: 208 – 24.

Rubin, R. S. and Dierdorff, E. C. (2011). 'On the Road to Abilene: Time to Manage Agreement about MBA Curricular Relevance'. *Academy of Management Learning & Education*, 10: 148 – 61.

Rubin, R. S. and Dierdorff, E. C. (2013). 'Building a Better MBA: From a Decade of Critique Toward a Decennium of Creation'. *Academy of Management Learning & Education*, 12: 125 – 41.

Rubin, R. S. and Morgeson, F. P. (2013). 'Reclaiming Quality in Graduate Management Education', in B. Holtom and E. Dierdorff (eds.), *Disrupt or Be Disrupted: A Blueprint for Change in Management Education*. San Francisco, CA: Jossey-Bass: 297 – 345.

Rynes, S. L. and Bartunek, J. M. (2013). 'Curriculum Matters: Toward a More Holistic Graduate Management Education', in B. Holtom and E. Dierdorff (eds.), *Disrupt or Be Disrupted: A Blueprint for Change in Management Education*. San Francisco, CA: Jossey-Bass: 179 – 218.

Rynes, S. L. and Brown, K. G. (2011). 'Where Are We in the "Long March to Legitimacy?" Assessing the Legitimacy of Scholarship in Management Learning and Education'. *Academy of Management Learning & Education*, 10: 561 – 82.

460 Segev, E., Raveh, A., and Farjoun, M. (1999). 'Conceptual Maps of the Leading MBA Programs in the United States: Core Courses, Concentration Areas, and the Rankings of the School'. *Strategic Management Journal*, 20(6): 549 – 65.

Sheehy, K. (2013). 'Undergrads Around the World Face Student Loan Debt'. *US News & World Report*, 13 November. Available at: <http://www.usnews.com/education/best-global-universities/articles/2013/11/13/undergrads-around-the-world-face-student-loan-debt> (accessed 27 July 2016).

Sitzmann, T., Brown, K. G., Casper, W. J., Zimmerman, R., and Polliard, C. (2008). 'A Meta-analysis of the Nomological Network of Trainee Reactions'. *Journal of Applied Psychology*, 93: 280 – 95.

Sitzmann, T., Ely, K., Brown, K. G., and Bauer, K. N. (2010). 'Self-assessment of Knowledge: a Cognitive Learning or Affective Measure?'. *Academy of Management Learning & Education*, 9: 169 – 91.

Svoboda, S. (2015). 'Why Do So Many Chinese Students Choose US Universities?' *BBC News*, 2 June. Available at: <http://www.bbc.com/news/business-32969291> (accessed 19 September 2015).

Tushman, M. L., O'Reilly, C., Fenollosa, A., Kleinbaum, A. M., and McGrath, D. (2007). 'Relevance and Rigor: Executive Education as a Lever for Shaping Practice and Research'. *Academy of Management Learning & Education*, 6(3): 345 – 62.

Trank, C. Q. and Rynes, S. L. (2003). 'Who Moved Our Cheese? Reclaiming

Professionalism in Business Education'. *Academy of Management Learning & Education*, 2(2): 189–205.

US News & World Reports (2015). 'University of Phoenix'. Available at: <http://www.usnews.com/education/online-education/university-of-phoenix-online-campus-209885/bachelors> (accessed 19 September 2015).

Waddock, S. and Lozano, J. M. (2013). 'Developing More Holistic Management Education: Lessons Learned from Two Programs'. *Academy of Management Learning & Education*, 12(2): 265–84.

Wang, L., Malhotra, D., and Murnighan, J. K. (2011). 'Economics Education and Greed'. *Academy of Management Learning & Education*, 10: 643–60.

Wankel, C. and DeFillipi, R. (eds.) (2006). *New Visions of Graduate Management Education*. Greenwich, CT: Information Age Publishers.

Wankel, C. and Stachowicz-Stanusch, A. (eds.) (2011). *Management Education for Integrity: Ethically Educating Tomorrow's Business Leaders*. Bradford: Emerald Group Publishing.

Wilson, R. M. S. (ed.) (2014). *Accounting Education Research: Prize-Winning Contributions*. New York: Routledge.

Yun, K. A. and Lojo, M. (2010). 'The Effects of Clickers on Student Learning'. *Academic Exchange Quarterly*, 14(1). Available at: <http://rapidintellect.com/AEQweb/cho456310.htm> (accessed 28 July 2016).

Zenter, A. (2008). 'Online Sales, Internet Use, File Sharing, and the Decline of Retail Music Specialty Stores'. *Information Economics and Policy*, 20(3): 288–300.

461

第23章
管理作为一门学科?

达米安·奥多尔蒂、克里斯蒂安·德库克

被中断的开始

关于"管理作为一门学科"还有什么要说的?我们从哪里开始呢?我们可以从惠特利(Whitley,1984)经常引用的管理研究状况摘要开始,该摘要发表在《管理研究期刊》20周年纪念号上。回顾美国管理科学学会,及其主要期刊《管理科学》的成立,惠特利得出结论,与20世纪50年代的"太平盛世"时期相比,现在,要建立一个完整、一致且相关的"管理科学"的目标似乎遥不可及。同时他注意到,在过去的三十年中,期刊、出版物和管理学者的数量呈指数增长。但是,他对已经取得的成就抱有幻灭感,同时质疑了商业和管理研究中占主导地位的推理模式在智力上的体面。简而言之,他看到了一个领域的特点是:以分裂、扩散和互不相关的知识为标准,以及对目标、技术和研究结果的多重解释(Whitley,1984:342)。

接下来的三十年提供了一个有关正向变化的案例研究,这具有一定的讽刺意味,因为人们同时渴望提供管理理论和研究作为一门学科的存在的有效性(De Cock and Jeanes,2006)。关于整合和巩固各自优点的无休止辩论(比如Pfeffer,1993;Van de Ven,1999),与先前的独特研究"范式"(比如Van Maanen,1995;Westwood Clegg,1999),以及长期纠结于克服学术严谨性的要求和与现代管理实践的实际相关性的要求矛盾,管理研究似乎仍停留在寻求其学科的存在性(比如Hambrick,1994;Hodgkinson and Rousseau,2009)。《管理学会评论》最近的一篇社论还对管理理论的发展进行了另一次“总结”，并重申了现在已经经过充分演练的主题：“当前的管理理论未能跟上现代组织的规 462
模、复杂性和影响力。”（Suddaby，Hardy and Huy，2011：237）作者接着提出“作为一门学科，我们未能发展自己的理论”，因为“当代管理研究人员使用的大多数理论是几十年前提出的，主要是在 20 世纪 60 年代和 70 年代”（236）。萨德贝（Suddaby）及其同事在一次集会中总结道，应有效地敦促管理学者发展他们所谓的“本土理论”。霍尔特和邓洪德（Holt and den Hond，2013：1590）在其基于《组织研究》的第一篇欧洲的社论中，将其解释为要求对管理的研究“要么是一门学科，要么变成一门学科，要么最终渴望成为一门学科”。

所有这些都表明，不可能像这样的总结性章节中所说的，从对“学科”的哗众取宠开始。不可避免地，这样的开始会将学科辩论视为站在巨人的肩膀上进步或知识分子接力棒的传承。然而，就像在一些永无止境的田径接力赛中一样，骄傲中建立起来的“管理学科”的终点线永远遥不可及。如果这是我们要质疑的问题，那么我们将需要在本章中尝试一些不同的做法，以瓦尔特·本雅明（Benjamin，1999：257——Thesis VII）的禁令为指导，实行一种“逆向梳理历史”的阅读和写作形式。实际上，这意味着我们旨在渲染“陌生”的东西，其已变得过于熟悉，并通过显示管理学者可能意识到的，他们在构成“管理研究”的相当特殊的理论和实践中忽略了的东西来产生效果。这种“效果的产生”意味着我们采用了与大多数读者不同的风格或语调，因为本章致力于阅读和撰写有关管理作为一门因失语和不一致而困扰的学科的文章。如何抓住和处理这个难题构成了本章的重担。有时，我们会固执地认为学科是管理遗留的问题，但是，我们也想保留这一遗留的重要性，以便我们可以公开其发明的可能性，重新发明、置换或丢弃。当然，大多数管理研究都忘记了这个问题和该问题引入的述行压力（即，从何处以及如何从学科问题进入写作?），但是这种遗忘的含义恰恰定义了虚无的困境——当代管理起源于何处。本章邀请读者参加一个探究运动，该运动有助于避免对学术劳动进行无意识的管理化，这一运动使我们重新回到对我们的学科起源进行系谱关注的必要性——学科思想在记忆和历史、公共和私人的交叉处。这种研究形式的探究和写作创造了一个空间，我们可以从该空间中，摆脱对主导权力/知识体系的影响，并更好地为人类所预言的终结做准备（Derrida，1969）。即将到来的生态灾难通常被概括为“人类世的时间”（Crutzen and Stoermer，2000）。因此，在进行过程中，我们当然会有矛盾的风险，因此，我们尝试以强迫阅读（而不是吸收）
463 的方式写作，在布卢姆的书中甚至是“暴力阅读”（Blum，1973）的术语，并且将吸引那些想要提出新问题的读者，而不是那些要求简单的结论、以使人安心的读者。

我们将本章分为四个部分。在关于“历史”“批判历史和后学科性”的两个主要部分前后，我们另组成了两个部分——“起点”和“结局”，我们在其中非常坚定地对待“学科”这一概念：这是故意企图摆脱传统的“介绍”和“结论”，传统的“介绍”和“结论”往往会给从何处开始或到达何处的坚实基础提供错误的印象。“新起点”中，我们尝试重新介绍本文。在第二部分中，我们转向“管理”的标准历史，并讨论它们的主张以提供该主题的明确基础和界限。然而，通过仔细阅读，我们发现在这些历史中都采用了一种主要是历史主义的方法（通过现在的类别来阅读过去），这意味着该研究趋向于重言式，缺乏连贯性和纪律性。在第三部分中，我们介绍了福柯的系谱学研究模式，它为解决这些难题提供了一种典范，同时也显示了保持警惕和永久性学科审查的重要性。他教导我们，只有创造性的跨学科行为才会产生一种后学科的研究方法，使我们能够采取“管理作为一门学科”的措施。

新起点

因此，如果开始和结尾总是有些武断，为什么不以在《管理研究期刊》创刊号的第一页上找到一个句子开头，该句子本身就指向了人类的基础起点：“自从亚当首次评价夏娃以来，人类之间一直在相互评价”？这句话体现了狂妄自大和雄心勃勃的混合体（如果不是傲慢的话），但也体现了一种有限而狭窄的利己主义的自我反身性。罗（Rowe，1964：1）的论文试图进行鉴定评估，或更严格地说，是对鉴定评估的报告进行叙述，其方式可能类似于与那些最危险的学科学者（法国文学运动）相关的正式实验，被称为 Oulip（大概译为“潜在文学工作室”，Becker，2012）。正式的管理学术研究可能始于自我放大与自我挫败的悖论之间如此复杂的张力，这没有引起应有的关注，毫无疑问，在这里，我们冒着毫无根据的猜测和缺乏纪律的态度，因为直视眼睛去试图找到致盲的困惑。从评估开始，也可能会吸引那些被流离失所的动态和心理分析预测说服的人，以肯定某种焦虑和不安全感。毫不奇怪，到 1990 年《英国管理期刊》发行时，管理学界似乎已经放弃了任何学科性的伪装，该刊发行之初的编辑宣称打算提供“一个出口针对以管理为导向的主题的所有类型的研 464
究和学术，［那］将特别欢迎具有多学科或跨学科性质的贡献”（Otley，1990：1——强调为引用者所加）。并非以管理为导向的事物都是不确定的，并且，即使搁置了该额外定位的确切轮廓和内容，也似乎暗示了评估和判断的超学科定位的可能性。对于管理研究及其学科野心而言，混乱和不一致的开始似乎并不是一个好兆头。

这样的开端可能有助于解释流行的管理学教科书中“学科”的处理显而易见的悖论，尤其是那些介绍给学生和为学生就业做准备而写的书。一方面，对最新文本的调查表明，纪律目前并不流行：节俭、自律和节制对于新教徒的工作道德和资本主义精神至关重要，这种时代已被人们所摒弃。韦伯、厄威克、法约尔和泰勒（webber，Urwick，Fayol and Taylor）的写作——带有科层制、控制范围、员工和部门、报告协议和办公室程序的军事化语言——已被对“繁荣发展”非正式性和职位的迷恋所取代——后科层制的组织形式，管理者应学习如何“首先，打破所有规则”（Buckingham and Coffman，1999）。纪律似乎已被陶醉所取代，陶醉于所有具有创造力的事物，开箱即用的思维、知识领导力、情商以及所谓的“人才管道”。值得注意的是，管理学中最受欢迎的学生教科书几乎以尴尬的沉默掩盖了学科。例如，在马林斯（Mullins，2013）中，没有一章专门论述学科，只有零星地和任意地提及其在管理理论和实践中的使用。胡克塞斯基和布坎南（Huczynski and Buchanan，2013）为该主题提供了更少的空间。然而，另一方面，学科似乎是马林斯、胡克塞斯基和布坎南的无所不知且永远存在的职权范围。学科的提法在各种各样的学科中泛滥成灾，包括前现代形式的管理实践、更现代的人力资源政策和程序、劳资关系学科和申诉程序、劳工学科、产业学科、工作学科、自律，以及构成组织行为混合主体的学科。如果学科不是概念上的滥交和非学科的多重表现，那么纪律就一无是处！

在接下来的内容中，我们还注意到一个事实，即尽管存在这些困难，但纪律可能即将回归，当然是当人们扩大范围以将美英影响力范围之外的商业和管理范围包括进来。如果日本的崛起刺激了20世纪80年代美国商业和管理研究课程的扩大，包括文化、人类学以及对商业中宗教和灵性的关注（Clegg，2014），那么坚定后孤立主义的美国扩张主义可能解释了科维的重新出现是科维广受欢迎的文本中一种更加自觉的关注主题。科维（Covey，2013）致力于使徒形式的基督教，他断言“管理是纪律”，他在全文中都重复了这一公式，
465 并不断提及品格和自律的重要性。不幸的是，这是狭义和限制性的阅读。对于科维而言，学科本质上是“源于门徒——门徒到哲学，从门徒到一套原则，从门徒到一套价值观，从门徒到一个压倒一切的目标，到一个上级目标或代表那个目标的人”（157）。如果最近的管理学教科书无法清晰地告诉我们学科既无处不在也毫不存在，那么也许就需要转向历史学家。

历史：迈向了区域间？

为了寻找管理的起源，我们可能希望历史学家帮助定义管理的实践和学科。但是，这种情况很少发生。波拉德（Pollard）的《现代管理的起源》（*The Genesis of Modern Management*）被广泛认为是具有开创性的出版物，它显示了管理是在英国工业革命之后才出现的新发明。他的指导思想之一是，更好的管理可以避免在1780—1830年间伴随快速工业化而来的一些最坏的社会和心理后果。从许多方面来说，这是一篇撰写致歉词的文章，以期获得更多管理专业知识，但很明显，对于波拉德而言，管理是用最笼统的术语来理解的，涵盖了一系列特殊性和差异性，同时也扩展到了公共政策和政府领域。这样，波拉德扩展了“管理”的范围，超出了任何定义明确的轮廓和内容。除此之外，管理被确定为特定政治机构（政策）的产出或结果，组织管理的阶层，手工业和制造业的工作场所监管形式，管理经济的分散但内在的力量，以及一种我们所谓的“治理术”的形式，即日常政党政治活动的实践。由于这种复杂性，很难识别出在管理中公认的“纪律”。与波拉德相比，钱德勒（Chandler，1977）更专注于他所谓的大型组织的管理和行政“可见之手”，他通过所谓的第二次大型资本密集型工业革命来帮助发展了大型的M型组织结构的资本密集型产业。但是，再一次，管理分散在这种复杂而庞大的组织形式中，它指定

了在企业一级进行的协调和控制工作，并指定了在讲习班和“车间”进行的更为平常的操作和监督做法。在历史研究中的历史编纂和意识形态之间的差异进一步使定义问题变得更加复杂，管理被一些人理解为仅仅是资本的代理人，而对于另一些人，管理学则描述了一种新颖且相对自治的活动领域，被迫进行调解和干预，使资本与劳动之间的矛盾或对立关系得以调和。

约翰·蔡尔德（John Child，1969）的杰出学术成就，标志着 20 世纪英国独特的“管理运动”的出现，如今它已成为英国管理研究的标准参考书： 466
《英国管理思想——批判性分析》（*British Management Thought — A Critical Analysis*）。蔡尔德在管理思想和实践中公认的“纪律”形成后，发现受贵格会启发的企业具有强大的影响力。威廉·马瑟爵士、约瑟夫·西博姆·朗特里爵士、查尔斯·雷诺德和爱德华·卡德伯里被认为是先驱者和早期知识分子，他们基于家长式、福利提供、人际关系、自由多元的工业民主和“公共服务”的伦理。但是，在整个研究过程中，蔡尔德并不能真正认识到贵格会的“启发运动”的内部矛盾。例如，对义务和公共服务的承诺，以及对私人利益和企业家自由的提倡，意味着“基础”远非一致或牢固；也没有过多强调在公开场合，通过贸易杂志和其他商业出版物发表的言论，与在 20 世纪初英国工厂和工业中可能正在发生的事情之间的区别。例如，它已经留给了维多利亚时代和 20 世纪初的历史学家，如以图表显示暴力和堕落、奴役和“童工”的持续存在与许多行业的工人管理相关（Branson and Heinemann，1971）。从码头上的残酷帮派头子到矿工的肺病（Bloor，2000），工作条件常常是暴力和危险的，并且有管理者武断的权威和威吓力量。

威尔逊和汤姆森（Wilson and Thomson，2006）的近期研究也证明了类似的不一致。其融合了威廉姆森的交易成本经济学、钱德勒的美国管理史、弗里格斯坦和“环境控制”史，以及描绘了促进管理的推动力和阻碍管理作为一项专业知识的进步的约束力的示意性“力场图”。威尔逊和汤姆森受到如此折中的影响，产生了与他们研究的主题非常相似的东西：缺乏与知识或实践一致的东西，这不足为奇。实际上，它们迅速陷入循环和重言式。仔细阅读其力场图可以发现，被识别为“驱动力”的因素也同样是“约束力”。他们在论文的各个阶段都诉诸管理位于组织内部，或在更广泛的环境中塑造和影响活动和行为，从而建立了熟悉的社会学二元论，这种社会学二元论认为结构性约束制约了现代管理或者现代管理资本主义的形成。但是，与此同时，作为运转的管理被描述为塑造环境的行为。例如，在解释 1890 年至 1918 年间美国企业的相对成功时，威尔逊和汤姆森得出结论：“庞大而相对富裕的国内市场为这些变化以及 1890 年的竞争法改革提供了动力。”（88）如果不是通过管理设计，这个富裕的市场是从哪里来的？在这个不断发展的国内市场中，不是很大一部分人当然同时是消费者的经理人吗？他们确定的其他推动力包括：教育机构、金融
467 机构、有形基础设施、产业结构、市场结构、产品市场竞争、组织战略和理论、变革方向以及管理技术。这个杂集为博格斯（Borges）的假想百科全书[①]中著名的动物入门提供了名副其实的竞争对手！循环和重言式再清楚不过了。为了解释管理作为一种包含复杂的方法论和现代实践的兴起，威尔逊和汤姆森告诉我们，管理技术可以解释……这就是，管理技术！从本质上讲，优先考虑的是大型的垂直整合的业务形式，这是管理兴起的主要解释，但是业务形式（无论是 S 形、U 形还是 M 形）正是结果，部分是管理活动。当然，这表明我们必须超越“业务和管理”这一非常具有历史意义的术语，以解释管理的兴起。然而，像钱德勒和该学科的其他主流历史学家一样，威尔逊和汤姆森也不愿考虑更广泛的政治经济、帝国、奴隶制、种族灭绝等的作用。

值得注意的是，很少有注意力放在管理实践上，无论是蔡尔德或者威尔逊和汤姆森。他们的项目的核心是学习管理，但即使仔细阅读了这些文章，渴望学习到更多有关管理实践知识的学生也不会变得更聪明。经理干什么呢？波拉德（Pollard，1965）表明，在努力将管理实践编纂或系统化为一套原则或严格的知识体系之前，人们早已进行了管理实践，并使用了“管理者”这个头衔，这些原则或知识体系可能构成自我意识管理“学科”的基础。但是，人们通常认为道尔顿的《管理人员》（1959）和明茨伯格的《管理工作的本质》（1973）是关于管理者日常实践和活动的开创性研究。在明茨伯格令人难忘的摘要中，管理人员“几乎没有能力或不愿意在任何一个会议上花太多时间在

---

① 在《约翰·威尔金斯·博格斯的分析语言》一文中提到名为《天国仁慈的天赋》的百科全书：“在其远程页面中，动物被分为（a）属于皇帝的，（b）香料防腐的，（c）驯化的，（d）哺乳仔猪，（e）蝾螈声，（f）神话传说中的动物，（g）流浪狗，（h）包括在此分类中，（i）像他们一样颤抖疯狂，（j）数不胜数，（k）用非常驼色的画笔绘制，（l）其他，（m）刚打碎了的水壶，（n）远看仿佛像苍蝇的”（Borges，1952/1973：103）。博格斯的摘录虚构的中国百科全书是一种模仿，它质疑了它所具有的非常智能的系统举例说明（参见 De Cock，2000：602）。

任何一个问题上”（33）。取而代之的是，他们的活动是支离破碎的，而且常常是不一致的，其特征是随机性和琐事，并且受到了持续的关注，不停地被打断令人感到不完整和浪费。经理们还在不断评估需要注意的是什么，什么是重要的或无关紧要的，以及为进入下一个中断而采取的或临时采取的行动和决定可能产生的后果和影响。一次，管理层可能在办公室里工作，不断有人进来在寻找入口，电话响起，备忘录到来，空调系统嗡嗡作响，荧光灯令人不快地闪烁，以及松动的车轮无法预测的摆动从未固定在大班椅上。如今，在无办公室 468
的无纸化组织中，我们可能仍然无法希望“经理”遵守时间表，加之明茨伯格所观察到的碎片化，今天的经理越来越多地出差，在出差途中，时刻不停地回复电子邮件，发推特和浏览其他各种社交媒体网站，同时还存在着一种名副其实的“非场所”（Augé，1995）或“区间”形式的迷失方向和时差反应（Burrell，1977）。

批判历史和后学科性

> 目前无法告诉人们，什么可能成为历史的一部分。也许过去基本上还没有被发现！仍然需要许多追溯力量！（Netizsche，1887/1974：104/#34）

认真对待管理学科的最重要的研究机构之一，是与劳资关系和劳动过程研究相关的人员的工作。在注意力集中于管理的政策和实践的情况下，管理被视为是更加延伸的系统和制度秩序的一部分，正如在英国通过集体谈判和所谓的自由多元论共识所体现的那样。克雷格（Clegg，1979）认为，在这里，纪律是管理实践的明确组成部分，就像在申诉和纪律程序的管理中一样：定期对劳动进行约束。然而，这种重点倾向于，将其分析限制在对学科的有限性和局限性的理解上，并且可能会导致一个旨在规范雇佣关系的详细程序。用更激进的术语来说，零散的管理实践被理解为“管理化”逻辑的一部分，这种逻辑是由于对以前受管制或通过工会管理的以手工业为基础的劳动雇佣关系的日益发展而形成的。在马克思主义论点的变体中，对纪律的一种更为慷慨的对待也很明显，在这种变体中，“纪律”被理解为资本与劳动之间的斗争辩证法的一部分（参见 Hyman，1989），但因矛盾和不可预测性而有所缓和，因为在雇佣关系动态中存在着相互抵消的压力，迫使管理层寻求超越纪律遵守的承诺形式（Edwards and Whitston，1989；Edwards，2005）。劳动过程研究也许已经做出了最大的努力，以推动人们声称管理代表着工作组织中的危险意识形态力量，这些组织代表资本来控制和贬低劳动力迫使其服从。如果布雷弗曼（Braverman）的《劳动与垄断资本》（1974）帮助提拔管理的稻草人，那么随之而来的期刊著作和编辑整理行业肯定会纠正任何缺乏理论和经验敏感性的现象（参见 Knights and Willmott，1990；Thompson and Smith，2010）。

469 除马克思主义和批判理论外，将米歇尔·福柯的著作引入管理和劳动过程的研究，对于开辟关于管理学科的新思维方式具有重要意义。福柯的早期拥护者倾向于把重点放在他对现代监狱的兴起的主要研究上，而《规训与惩罚》讨论的现代监狱的兴起，与工业社会学中的典型学科相比，提供了根本不同和更广阔的学科理解（Foucault，1979）。然而，许多人只是通过传统的对管理和劳动过程的理解，应用一系列不同的隐喻和概念，就获得了这项研究的“成果”（Sewell and Wilkinson，1992）。在这里，人们认为管理是由压倒性的控制力驱动的，他们寻求工作形式和组织设计使劳动非技能化，并将工作分解为更标准化和重复的任务，然后使这些任务也更易于检查和“监视”——在新兴的福柯式工作场所研究中的一个关键主题（另见 Knights，1990；McKinlay and Starkey，1998）。许多人当然想知道这对戈夫曼（Goffman，1959）这样的人的著作有什么影响，他们指责福柯转向没有认识到客观物质条件的重要性和工作组织“结构性”特征的政治经济学，限制了在微观或中观层面的管理和组织可能采取的行动（Edwards，1990；Thompson，1990）。在管理和组织的微观或宏观层面上权变是有可能的。这是对福柯的严重误解，是对他的著作进行仔细研究后得出的结论（Knights and Vurdubakis，1994；Knights，2002）。

对《规训与惩罚》的阅读无疑给人的印象是，福柯所感兴趣的是一种新兴的现代纪律习俗的详细系谱，这些习俗以监狱的形式显现出来。对“全景监狱”进行了相当多的分析，“全景监狱”是一望无际，而在被遮挡的中央塔楼，监狱牢房的主要辐条下方有视线。对劳动过程研究的更复杂的版本发现，书中做了更多的工作，并探讨了现代学科实践与福柯从尼采学到的东西之间的联系，即现代人类主体的诞生（Knights and Vurdubakis，1994）。福柯本身对实证研究、记录监狱生活或管理监狱人口的实践并不感兴趣。在许多方面，监狱是福柯命题的隐喻，一种戏剧性的舞台场景，以及围绕其中心主题打开了一个力量汇聚和分散的领域的概念，以更具体地解释现代主体性出现的复杂历史。在边沁（Bentham）对监狱的研究中，福柯发现了类似现代性逻辑的东西在建筑的“蓝图”中得以体现，对他而言，很明显，这从来没有以理想化的形式实现。他没有任何简单的经验要求，而是将监狱部分用作戏剧人物，以解释和说明社会运作方式的更广泛的变化。的确，这是现代民族国家的诞生，与现代社会科学的兴起相关联，而现代社会科学曾是福柯历史研究的主要目标。他的工作与任何特定监狱或工作场所的经验无关。

福柯全神贯注于撰写现在的历史。换句话说，他重建了一个*存在的历史*， 470
但很大程度上是“未知的”，或者在某种程度上是平凡的或被认为是理所当然的，例如性、精神分裂症、教室等。在撰写这段历史时，他鼓励他的读者看到我们所处的类别和安排的偶然性，以及情况有所不同的可能性①。这是福柯在阅读尼采之后，学会实践的关键的、“破坏性的”历史。要查看跨这些领域的“横向”关系，发现组织我们的思想，但位于“中间”的知识的潜在“表象”，我们可以从认识论或本体论的角度，或在他的后续工作中找到这些知识，追溯思想的“系谱”，是为了表明我们珍惜的最崇高的真理，或道德，发现其“起源”分散在更具争议性和不确定性的主体化维度中，不容易被知识或经验所采用。因此，历史实践是一种自由实践，它迫使人们发掘使我们成为我们自己的学科实践，从而“使人们能够摆脱自我”，并“知道如何以及在何种程度上可能”（Foucault，1992：8－9）。为此，福柯邀请我们思考如何迅速而轻松地将任意性变成规则。这意味着所有知识都是危险的，并且如果所有知识都是通过实践（他称之为知识实践）来延续的，那么我们都将共同参与任意“逻辑”的发展，而对此我们几乎不了解可能的“系统性”结果。例如，我们永远不能确定我们不会卷入那些后来被谴责为虐待、性别歧视或厌女症的行为。他以这种方式警告我们要警惕看似无害的事物，从而通过使迄今尚未被理解为政治争议的政治事物成为政治批评的对象。

---

① 福柯（1970）在他的《词与物》（*Les Mots et Les Choses*）的序言中引述了博格斯虚构的中国百科全书的引文，以强调任何分类和安排的偶然性：“这本书首先源于博格斯的一段话，源于我读这段话时的笑声，打破了我思想的所有熟悉地标，即我们的思想，带有我们时代和地理印记的思想，打破所有有序的表面和所有平面，我们习惯于用它们来驯服现有的狂野丰富的事物……”

为了做到这一点，福柯必须走出自己的智力训练的学科界限。当学者试图确定他是例如历史学家还是哲学家时，他的跨学科或后学科地位常常引起相当大的争议。福柯的文本方法也不明确，除非机构和学院的压力迫使他发表澄清。他在《规训与惩罚》中所要做的就是运用一种新的历史形式，这是他通过仔细阅读尼采的系谱学而设计的一种方法（Megill，1987；O'Farrell，1989）。他只是顺其自然，并做了“分析与解释齐头并进”的历史研究（Foucault，1972）。正如德勒兹（Deleuze，1988：24）所写，福柯从不担心或没有时间解释他的方法。这种研究和写作形式使福柯能够有效地发明一种新的组
471 织拓扑，可以在主体和客体分离之前，以尚未组织或巩固为财产或国家权力的既定形式的策略和实践的形式来研究权力。这为历史研究开辟了一个全新的领域，并鼓励学者研究同时进行主体和客体形成的实践。在牢房囚犯的图像中，显然是对无所不知的监视和控制系统的屈服，福柯还铭记了那些以现代科层化为使命的工人的蜂巢，例如在大学中体现的。因此，正是我们受到规训和惩戒，并牵连到现代民族国家的形成中，这种现代社会国家本身就因其内部矛盾的压力而很快被抹去，而这些知识实践已在这种社会组织上得到了消除（Foucault，1970）。在福柯的一些著作之后，雷丁（Readings，1996：169）已经将大学视为一种毁灭的组织，失去了其历史存在的理由，而在其中批判自由的实现与其普遍社会意义的减少成正比。因此，他劝告我们思考“住在这些废墟中，而无法求助于浪漫的怀旧意味着什么”。

这种思维和研究实践的范围和规模超出了商业和管理历史、劳资关系或劳动过程研究的任何常规野心。对于福柯而言，在我们自己眼前，我们被最无辜和平凡的事物“纪律化”了，但它却构成了一系列具有深远影响的实践链的一部分。在这里，我们可以找到一个线索，作为知识工作者，我们如何陷入权力关系，参与权力和不平等的生产和再生产，这也许是我们自己所不知道的。权力不能被适当地研究，因为它存在于主权的极高境界、“宏观”、政治经济学的客观规律，或资产阶级法律实践理论所支持的军事工业联合体的阴谋之中，而这些都可以通过一种“批判现实主义”分析的方法来理解。将权力理解为我们在其下劳动，形成巨大压迫和统治结构的说法并不令人信服。取而代之的是，我们最好将权力看作是一种更永久的运行方式，它通过支持不同的“微观物理”实践集的横向网络在复杂的继电器中循环，甚至包括那些日常中

最细微的，也许是显而易见的或琐碎的元素。这意味着福柯可能会邀请我们考虑自己作为学者的引用实践的系谱，以及如何通过某些仪式和传承仪式来实现学术权威（Czarniawska，1998）。他会问，如何以及为什么我们甚至打算考虑将管理作为一门学科来撰写。我们已经注意到，在商业和管理研究的历史上，研究的对象常常与那些使研究成为可能的资源（即方法）混淆，从而产生了循环性和重言式。这些方法类似于管理技术，并且我们已经通过仔细阅读威尔逊和汤姆森（Wilson and Thomson，2006）的方法，试图阐明这些“管理技术”如何成为历史分析的原因与结果。威尔逊和汤姆森并非不典型。大多数试图解决有关管理思想和实践的“学科”问题的研究，都倾向于只产生非常狭义和有限的描述， 472
并且本质上仍然是学科内或自我参照的。如何逃避这种重言式是研究管理学科等问题或寻求识别管理学科的最严峻挑战之一，这也是我们的任务。

在追踪我们称为“管理”的系谱时，福柯将研究使“管理”成为定界的不言而喻的研究或实践对象的可能性的历史条件。他还将展示主体是如何在创造“客体”的相同条件下同时被创造出来的。在这方面，考虑我们在历史研究中可能认识到的“管理技术”很有趣。在管理的意义上，存在更多随意的类比，即研究和写作必然涉及一定的界限管理，对物质控制的某种渴望，对晋升和职业的某种渴望，在这种意义上学术期刊可以通过多种方式复制管理报告。“原始材料”的收集和利用，记录的保存，分析，然后将这些材料合成为可以“出售”的连贯易消化的形式；所有这些都会迅速导致经典的科层化，在这种科层化中，相当于管理者的专家出现了，他们注册并控制了进入学术领域的大门（O'Doherty，2009）。除此之外，当代大学研究机构组织和支持社会科学、人文学科重大研究发展的资助安排，都牵涉并创建了申请人和基金持有人为管理人。这些安排最“管理化”的后果之一，就是要求告知出资者要弄清楚不断增加的需求是什么。这种平庸之辈的事先知道的愿望等同于消除好奇心，控制和抑制真正知识进步所必需的创造力。为了鼓励这种进步，人们必须对不确定性和“未知”具有更大的容忍度，并承认我们并不完全确定研究将带给我们什么，也不确定“结果”可能是什么。我们可以走得更远，建议管理学科由历史研究同时建构和扩展，而历史研究并不质疑它的目的（“管理”），或者至少在学术界避免处理我们更原始的问题的情况下，仍在对这种学科的扩展和巩固进行素描。当然，这里是马克思主义劳动过程理论家与管理的生命力和威力的拥护者找到共同点的地方。

为了在洞察力方面取得进展，我们需要跟踪“学科”是如何伪造的。这样的追求将把我们带入现有管理课程之前的实践，和对其进行理解的类别，并带入一个介于知识学科与我们很熟悉的当代社会和政治制度之间的处于间隙的领域。这种违背行为使我们能够突破主体与客体之间的循环逻辑和相互的共同暗示，其中的答案已经包含在学科强化的问题中，可以这么说，管理者自问其自身的历史。因此，通过研究一个机构的内部历史来解释商学院的起源是没有
473 用的（Wilson，1992）。英国商学院的兴起源于各种各样的力量和利益，其中很大一部分是国际性的，可以追溯到第二次世界大战后美国主导的欧洲和英国的重建，即马歇尔计划和后来的英美生产力委员会。这种重建符合美国的“利益”，有助于为美国的工业出口创造市场和消费者，并抵御所谓“共产主义的威胁”（Cooke，2004）。反过来，这可以理解为对更基本的和潜在的逻辑（有人可能会说意识形态）的扩展，该逻辑认为，竞争性地追求越来越多的物质财富，可以为与之相关的更基本和长期的哲学问题提供最佳答案。我们如何“过上好日子”，所有这些都被复杂的辅助和补充力量组合在一起，其中包括对“个人”、社区和社会的主导性假设。

管理研究的早期发展不仅是抽象的思想，而且还包括一系列的实践、对象、人工制品和材料。如果由于与大规模工厂生产相关的协调和监督问题而出现管理问题，而这种管理问题是将人们从规模较小的，以国内为基础的原始生产“淘汰”系统中带走的，那么必须指出，工厂不可能建成无须廉价的工业化建筑材料（例如铁和砖）即可建造大型有盖开放空间。在这种情况下，秒表也有重要的历史，这是便于在泰勒及其追随者的工作中对管理进行测量和“科学化”的基本工具（cf. Thompson，1967）。解释管理的出现涉及所有这些异构材料和元素的收集。在这里至关重要的是，我们不应忽略任何看似微不足道、无害乃至无关紧要的项目，而应在形式对等的空间中布置要素，以便我们可以探索不受历史主义倾向影响的可能关系和影响线，从当代的类别和分类中回顾历史，并附带有关因果关系，以及各种可能的解释要素中重要性的大小和优先级的关联前提。在这样的展示中，我们应该同时给我们提取自己的价值观念和偏见的机会，因为它们体现在伴随着发现过程的反身性中。这些价值观和偏见如何刺激“证据”的选择和解释，并导致排除其他可能的解释，这为提

高价值观的选择，以及发现或发明新价值提供了可能性。确实，也许是结构主义的经验，“当面对一个学科项目时，确定该项目的关键方法是考虑什么不是学科，什么应该被排除”（Readings，1996：173）。

在这篇简短的评论中，我们走了很长一段路，以寻求了解管理学科，只有进入这样一个探究空间，我们才能开始揭示对起源和划界问题的可能答案。但是对管理的研究或实践是否等于“学科”？是否可以提供学科的定义？从历史上看，现代大学的建立是制度化的手段，通过这种手段，既有的新兴专业声称 474
拥有能力素养认证的垄断权，包括法律和医学、地理、历史和经济学，以及与生物学、物理学和化学有关的学科和子学科。在此过程中，每个学科都要求对其专业知识的主张具有管辖权的界限（Weber，2001）。然后，每门科目将其学生灌输到具有悠久历史的传统和知识体系中，这些传统和知识体系具有一定的智力技能。例如，要成为一名受过训练的科学家，就要运用与受过法律或历史训练的学生不同的某种智力风格。但是，学科灌输的经验不仅是思想的塑造，也是心灵和思想、身心的塑造之一。在这方面，有必要回顾一下，管理部门可能与射箭的技术相似，甚至最近的一项研究表明，与削铅笔的艺术也具有相似性（Rees，2013）！对学科的这种理解更容易认识到身体的作用及其感官，以及这些常被学科程序所忽视的对象。这为管理被定义为“推纸器”的古老格言提供了新的亮点，当被问及他们的所作所为时，那些老家伙们答复“削尖的铅笔”！当然，还有一些更广为人知的企业管理和领导技巧：握手，训练有素的目光接触纪律，制服和细条纹西装，“说话”管理的特定语气，一种“做”的管理，在定期管理会议上观察到的机构和距离协议的集体安排等。只有凭借它们的普遍性，我们才忘记了它们的“奇妙”品质——随意但具有礼节性，作为长期教育和社会化进程的历史产物，文化特定性和提炼性的根源是礼节和品味（O'doherty，2016）。

结局（在人类世中）

管理层没有提供资源来说明，我们如何将管理作为一门学科来思考和撰写，并且在编辑选集的最后几章中我们似乎都陷入了不可能的境地。最后，像黑格尔的密涅瓦的猫头鹰一样总是来不及，我们的任务是总结和接受管理研究领域，以评估其学科界限，并最终签署协议。但是，与此同时，作为本书的一部分，我们似乎以无法描述其外部边界的方式被卷入了这一领域。然后，我们同时在内部和外部，最后却宣布必须重新开始查询。因此，我们在违法行为的边缘摇摆。我们的困境从许多方面复制（或模仿）了我们在管理部门中发现的解构逻辑，在这种逻辑中，它被迫主张，或寻找自己的起源，从而寻求学科的高尚境界。然而，这样的实践却同时消除了对学科的要求，正如我们所看到的，这些学科性在以述行性例证这些研究的方式上已经得到了典型的体现。在
475 商学院的历史长河中，肯定存在着各种形式的好玩和创造性的违规行为，这样以一种渴望建立其信誉的主流方式推动管理实践的界限，最终会让人感到困难甚至尴尬。从人与狗的心灵感应（Reason，1988：189），到著名的《管理学院学报》报道的最新方法和发现，包括“选择性耦合作为对竞争性制度逻辑的回应”（Pache and Santos，2013）、“顺从的罪人”和“固执的圣徒”（Pitesa and Thau，2013）和“企业风险投资计划中的内在同形”（Souitaris，Zerbinati and Liu，2012），管理研究的方式和方法仍然混乱不堪和非正统。

在本章中，我们已经能够质疑管理作为智力探究的合法对象的地位，甚至对严格或有规律的管理研究的可能性提出了疑问。通过这种方式，我们遵循巴特勒（Butler，2009：787）的批判概念，即“不仅仅或仅仅是一种否定性的表达，一种试图分解和破坏现有结构的努力……［但］试图理解如何定界条件构成合理使用理性的基础，以便确定可以知道的知识，必须做的事情，以及可以期望的事情”。鉴于管理的“学科”地位，包括派生的和经常笨拙地混合在一起的社会科学，在商学院中仍然存在争议，因此，管理甚至可以被视为等同于本雅明（Benjamin，1999）的资本主义妓女概念，她接受所有的请求和询问。学科本身远非管理研究学科，而是涵盖了可谓杂乱无章的学科。此外，历史学家努力说服职业经理人和专家就已经接受并付诸实践的学科知识或专业知识的核心达成共识。因此，蔡尔德（Child，1969）提出的“管理运动”概念缺乏可信度，除非我们得出结论，认为这种运动必须等同于圣维特舞。

根据民族志研究揭示的有关管理人员的日常实际工作情况，用一种尊贵而崇高的职业名称来定义管理似乎是一厢情愿的事情，更不用说授予它学科地位了。但是，作为组织的声誉工作，“管理研究”为商学院教授的独特劳动力市场发展提供了极大帮助，因此，他们可以声称，拥有学历认证技能和学术声誉

是获得越来越高薪工作的关键条件（Whitley，1984）。此外，毫无疑问，近年来商业和管理研究学位的申请数据也得到了惊人的增长。似乎每个人都想当经理。现在，在大学，商业和管理领域最受欢迎的学科正变得无处不在，并且实际上已经成为大学的代名词（O'Doherty and Jones，2005）。不仅每天都有新的本科课程启动，大学商学院也在扩张和扩散；教育中的所有内容都与商业和管理相仿，因此有人说“日常生活的管理化”（Hancock and Tyler，2009）。例如，即使是神学和艺术课程，也必须以能够回答就业问题的方式来编写，因为课程导师发现自己面临着，以巨大的非个人化的技术投入科层机构，其中课程设计 476
之类的规章制度受到侵犯，意味着“内容”越来越多地由管理人员定义，而不是基于学术标准或学术成就原则。“咨询宣传”讲座或将知识简化为简报演示，竞争性的考试和问责个人的文化，以及要求讲座对学生具有激励性的要求，都是高等教育管理化程度加深的例子（Brown and Carasso，2013；Collini，2012）。你可能在常春藤联盟或罗素集团大学学习拉丁语，但是你正在有效地融入管理的方式中。

不过似乎正在发生一些值得“纪律处分”的标题。当我们听到学生谈论有必要增加简历或缩小 facebook 好友列表，利用平均绩点或实现其“成本/收入比”最大化时，有确凿的证据表明，在共享的“管理”话语中存在纪律教育。在理解和实践进步规则（其治理结构由薪酬、上诉和减轻处罚的情节构成）方面已成为专家的学生，都将精通管理和诉讼的逻辑。通常被认为是“玩游戏”，但是，与他们学位的表面主题相比，尤其是如果他们选择正式学习商业，这可能为如何在当代商业和管理中取得成功提供更好的基础（参见 Lewis，2014）。如今，学生既可被管理又可进行管理，同时是主体和客体，这是一种无声的纪律手段，可逐步扩大管理逻辑的渗透范围。

为了追溯这门学科，我们需要跳出大多数管理学者从事研究的狭窄范围，其中探索在促进管理专业化的既定研究和方法，以及学科之间和之外的应用：例如，在文章末尾、附录和批注。因此，我们需要超越将强大的跨国全球组织、咨询公司、商学院和学位课程联系起来的关系（Thrift，2002）。我们可能会因以下事实而感到鼓舞：定期在主要期刊上发表评论，要求更大胆和创新（Holt and den Hond，2013；Suddaby，Hardy and Huy，2011），甚至费耶拉本德（Feyerabend，1975）仍然偶尔收到名字审核。但是，要培养一种后学科的实践形式，使人们可以侧眼看一下塑造我们成为社会行动者的历史力量，然后进一步界定，那些以限制性管理形式笼罩我们的学科特征，需要更多的实践，这也许体现在福柯的作品中。福柯所带来的启示（以及大陆哲学的相关进步，例如德里达、德勒兹和瓜塔里、伊里加雷、克里斯蒂娃、拉康等）迫使人们尝试新的写作方式，伴随着所有随之而来的挑战，从而构成了社会权力关系、不平等、身份和不安全感相互影响、相互作用。但是，我们可能随后开始在一个扩展的对象生态系统中，重新映射管理，并将其重新定位，使其与人类世时代更为相关。假设我们生存下来，这将成为未来管理的主要问题。读者，您可能
477 会对此感到困惑——但是，随着创新工作（一旦进入社会科学的边缘）逐渐进入管理领域，我们可以预见，管理的这种重新定位将采取更大的“战略伙伴”的形式——具有人类、植物、动物、石头、水乃至气象系统的后生态的船。希望超越全人类的思维方式，这一挑战是艰巨的，将需要一定的奉献精神和（我们敢于建议）一定程度的纪律。

参考文献

Augé, M. (1995). *Non-Places: Introduction to an Anthropology of Supermodernity*. London: Verso.

Becker, D. L. (2012). *Many Subtle Channels: In Praise of Potential Literature*. Boston, MA: Harvard University Press.

Benjamin, W. (1999). *Illuminations* (trans. H. Zom). London: Pimlico.

Bloor, M. (2000). 'The South Wales Miners Federation, Miners' Lung and the Instrumental Use of Expertise, 1900 - 1950'. *Social Studies of Science*, 30(1): 125 - 40.

Blum, A. F. (1973). Reading Marx. *Sociological Inquiry*, 43(1): 23 - 34.

Borges, J. L. (1952/1973). 'The Analytical Language of John Wilkins', in J. L. Borges (ed.), *Other Inquisitions*. London: Condor, 101 - 5.

Branson, N. and Heinemann, M. (1971). *Britain in the Nineteen Thirties*. London: Weidenfeld & Nicolson.

Braverman, H. (1974). Labour and Monopoly Capital. New York: Monthly Review Press.

Brown, R. and Carasso, H. (2013). *Everything for Sale? The Marketisation of UK Higher Education*. London: Routledge.

Buckingham, M. and Coffman, C. (1999). *Break All the Rules*. New York. Simon and Schuster.

Burrell, G. (1997). *Pandemonium: Towards a Retro Organization Theory*. London:

SAGE.

Butler, J. (2009). 'Critique, Dissent, Disciplinarity'. *Critical Inquiry*, 35 (summer): 773 - 95.

Chandler, A. (1977). *The Visible Hand*. Cambridge, MA: Harvard University Press.

Child, J. (1969). *British Management Thought*. London: George Allen and Unwin.

Clegg, H. A. (1979). *The Changing System of Industrial Relations in Great Britain*. Oxford: Blackwell.

Clegg, S. (2014). 'Managerialism: Born in the USA'. *Academy of Management Review*, 39(4): 566 - 76.

Dalton, M. (1959). *Men Who Manage*. New York: Wiley.

De Cock, C. (2000). 'Reflections on Fiction, Representation and Organization Studies: An Essay with Special Reference to the Work of Jorge Luis Borges'. *Organization Studies*, 21(3): 589 - 609.

De Cock, C. and Jeanes, E. L. (2006). 'Questioning Consensus, Cultivating Conflict'. *Journal of Management Inquiry*, 15(1): 18 - 30.

Collini, S. (2012). *What Are Universities For?* London: Penguin.

Cooke, B. (2004). 'The Managing of the (Third) World'. *Organization*, 11(5): 603 - 29.

Covey, S. (2013). *The 7 Habits of Highly Effective People*, 25th anniversary edn. New York: Simon and Schuster.

Crutzen, P. J. and Stoermer, E. F. (2000). 'The Anthropocene'. *IGBP Newsletter*, 41: 17 - 18. Royal Swedish Academy of Sciences, Stockholm.

Czarniawska, B. (1998). *A Narrative Approach to Organization Studies*. London: SAGE.

Deleuze, G. (1988). *Foucault*. Minneapolis, MN: Minnesota University Press.

Derrida, J. (1969). 'The Ends of Man'. *Philosophy and Phenomenological Research*, 30 478
(1): 31 - 57.

Edwards, P. (1989). 'The Three Faces of Discipline', in K. Sisson (ed.), *Personnel Management in Britain*. Oxford: Blackwell, 296 - 325.

Edwards, P. K. (1990). 'Understanding Conflict in the Labour Process: The Logic and Autonomy of Struggle', in D. Knights and H. Willmott (eds.), *Labour Process Theory*. Basingstoke: Macmillan, 125 - 52.

Edwards, P. (2005). 'Discipline and Attendance: A Murky Aspect of People Management', in S. Bach (ed.), *Managing Human Resources: Personnel Management in Transition*. Oxford: Blackwell, 375 - 97.

Edwards, P. K. and Whitston, C. (1989). 'Industrial Discipline, the Control of Attendance, and the Subordination of Labour: Towards an Integrated Analysis'. *Work, Employment & Society*, 3(1): 1 - 28.

Feyerabend, P. (1975). *Against Method: Towards an Anarchistic Theory of Knowledge*. Atlantic Highlands, NJ: Humanities Press.

Foucault, M. (1970). *The Order of Things: An Archaeology of the Human Sciences*. London: Tavistock.

Foucault, M. (1972). *The Archaeology of Knowledge*. London: Pantheon Books.

Foucault, M. (1979). *Discipline and Punish*. New York: Vintage.

Foucault, M. (1992). *The Use of Pleasure: The History of Sexuality Volume 2* (trans. Robert Hurley). Harmondsworth: Penguin.

Goffman, E. (1959). *The Presentation Of Self In Everyday Life*. Garden City, NY: Anchor.

Hambrick, D. (1994). What if the Academy Actually Mattered? *Academy of Management*

Review, 19(1): 11–17.

Hancock, P. and Tyler, M. (eds.) (2009). *The Management of Everyday Life*. London: Macmillan.

Hodgkinson, G. P. and Rousseau, D. M. (2009). 'Bridging the Rigour-relevance Gap in Management Research: It's Already Happening!'. *Journal of Management Studies*, 46 (3): 534–46.

Holt, R. and den Hond, F. (2013). 'Sapere Aude'. *Organization Studies*, 34(11): 1587–600.

Huczynski, A. and Buchanan, D. (2013). *Organizational Behaviour*, 8th edn. Harlow: Pearson Education.

Hyman, R. (1989). *The Political Economy of Industrial Relations*. London: Macmillan.

Knights, D. (1990). 'Subjectivity, Power and the Labour Process', in D. Knights and H. Willmott (eds.), *Labour Process Theory*. Basingstoke: Macmillan, 297–335.

Knights, D. (2002). 'Writing Organizational Analysis Into Foucault'. *Organization*, 9 (4): 575–93.

Knights, D. and Vurdubakis, T. (1994). 'Foucault, Power, Resistance and All that', in J. M. Jermier, D. Knights, and W. Nord (eds.), *Resistance and Power in Organizations*. London: Routledge, 167–98.

Knights, D. and Willmott, H. (eds,) (1990). *Labour Process Theory*. Basingstoke: Macmillan.

Lewis, M. (2014). *Flash Boys: A Wall Street Revolt*. New York: W. W. Norton & Company.

Littler, C. R. (1982). *The Development of the Labour Process in Capitalist Societies*. London: Heinemann.

McKinlay, A. and Starkey, K. (eds). (1998). *Foucault, Management and Organization Theory: From Panopticon to Technologies of Self*. London: SAGE.

Marglin, S. (1974). What Do Bosses Do?'. *Review of Radical Political Economy*, 6: 33–60.

Megill, A. (1987). *Prophets of Extremity: Nietzsche, Heidegger, Foucault, Derrida*. University of California Press.

Mintzberg, H. (1973). *The Nature of Managerial Work*. New York: Harper and Row.

479 Morrison, J. (1984). *Stories of the Waterfront*. Ringwood, Victoria: Penguin.

Mullins, L. (2013). *Management and Organizational Behaviour*. Harlow: Pearson Education.

Nietzsche, F. (1887/1974). *The Gay Science* (trans. W. Kaufman). New York: Vintage.

O'Doherty, D. P. (2009). 'Revitalising Labour Process Theory: A Prolegomenon to Fatal Writing'. *Culture and Organization*, 15(1): 1–19.

O'Doherty, D. P. (2016). 'Manners, Taste, and Etiquette: New Practices of 'Politesse' in Business and Management', in T. Beyes, M. Parker, and C. Steyaert (eds.), *The Routledge Companion to the Humanities and Social Sciences in Management Education*. Abingdon: Routledge, 523–37.

O'Doherty, D. and Jones, C. (eds.) (2005). *Organize! Manifestos for the Business School of Tomorrow*. Stockholm: Dvalin Press.

O'Farrell, C. (1989). *Foucault: Philosopher or Historian?* London: Macmillan.

Otley, D. (1990). 'Editorial'. *British Journal of Management*, 1(1): 1–2.

Pache, A. C. and Santos, F. (2013). 'Inside the Hybrid Organization: Selective Coupling as a Response to Competing Institutional Logics'. *Academy of Management Journal*, 56 (4): 972–1001.

Pfeffer, J. (1993). 'Barriers to the Advance of Organizational Science: Paradigm Development as a Dependent Variable'. *Academy of Management Review*, 18(4): 599–620.

Pitesa, M. and Thau, S. (2013). 'Compliant Sinners, Obstinate Saints: How Power and Self-focus Determine the Effectiveness of Social Influences in Ethical Decision Making'. *Academy of Management Journal*, 56(3): 635–58.

Pollard, S. (1965). *The Genesis of Modern Management: A Study of the Industrial Revolution in Great Britain*. Harmondsworth: Penguin Books.

Readings, B. (1996). *The University in Ruins*. Cambridge, MA: Harvard University Press.

Reason, P. (ed.) (1988). *Human Inquiry in Action: Developments in New Paradigm Research*. London: SAGE.

Rees, D. (2013). *How to Sharpen Pencils*. New York: Melville House.

Rowe, K. H. (1964). 'An Appraisal of Appraisals'. *Journal of Management Studies*, 1(1): 1–25.

Sewell, G. and Wilkinson, B. (1992). '"Someone to Watch Over Me": Surveillance, Discipline and the Just-in-time Labour Process'. *Sociology*, 26(2): 271–89.

Souitaris, V., Zerbinati, S., and Liu, G. (2012). 'Which Iron Cage? Endo-and Exoisomorphism in Corporate Venture Capital Programs'. *Academy of Management Journal*, 55(2): 477–505.

Suddaby, R., Hardy, C., and Huy, Q. N. (2011). 'Introduction to Special Topic Forum: Where Are the New Theories of Organization?'. *Academy of Management Review*, 36(2): 236–46.

Thompson, E. P. (1967). 'Time, Work-discipline, and Industrial Capitalism'. *Past and Present*, 38 (December): 56–97.

Thompson, P. (1990). 'Crawling from the Wreckage: The Labour Process and the Politics of Production', in D. Knights and H. Willmott (eds.), *Labour Process Theory*. Basingstoke: Macmillan, 95–124.

Thompson, P. and Smith, C. (eds.) (2010). *Working Life: Renewing Labour Process Analysis*. London: Palgrave.

Thrift, N. (2002). '"Think and Act like Revolutionaries": Episodes from the Global Triumph of Management Discourse'. *Critical Quarterly*, 44(3): 19–26.

Van de Ven, A. H. (1999). 'The Buzzing, Blooming, Confusing World of Organization and Management Theory: A View from Lake Wobegon University'. *Journal of Management Inquiry*, 8: 118–25.

Van Maanen, J. (1995). 'Style as Theory'. *Organization Science*, 6(1): 133–43.

Weber, S. (2001). *Institution and Interpretation*, expanded edn. Stanford, CA: Stanford University Press.

Westwood, R. and Clegg, S. (2003). 'The Discourse of Organization Studies: Dissensus, 480
Politics, and Paradigms', in R. Westwood and S. Clegg (eds.), *Debating Organization: Point-Counterpoint in Organization Studies*. Oxford: Blackwell, 1–42.

Whitley, R. (1984). 'The Fragmented State of Management Studies: Reasons and Consequences'. *Journal of Management Studies*, 21(3): 331–48.

Wilson, J. F. (1992). *The Manchester Experiment: A History of Manchester Business School, 1965–1990*. London: Paul Chapman Publishing.

Wilson, J. F. and Thomson, A. W. J. (2006). *The Making of Modern Management*. Oxford: Oxford University Press.

第 24 章 文化、语境和管理行为

卢西亚拉·纳登

介　绍

在本章中，我们讨论了与跨文化管理相关的理论和研究，并认为跨文化管理文献对多重语境或围绕跨文化情境的环境在塑造行为方面的作用强调不足。我们首先简要地回顾一下文献，然后从情境认知的角度出发去研究不同层次的语境如何影响不同行动者的认知和行为。然后，我们讨论关注语境对跨文化管理理论和实践的意义。

文化和管理行为

长期以来，研究和管理经验都支持这样一种观点，即文化对个人和群体行为具有重大影响。随着霍夫施泰德（Hofstede，1980）在文化价值观方面的开创性工作，以及特隆纳斯（Trompenaars，1993）、施瓦兹（Schwartz，1992）和豪斯等人（House et al.，2004）后来的发展，以及集中在发展文化的相关模型上的广泛的研究，从而代表价值观或信念的文化维度去预测管理成果。研究发现，文化价值观与变革管理、冲突管理、决策、人力资源管理、领导力、组织公民行为，与工作相关的态度、谈判行为、奖励分配，以及与团队过程和个性相关的个体行为有关（Kirkman，Lowe，and Gibson，2006）。显然，文化价值观的差异是研究跨文化管理行为的一个重要变量。

在不否认文化对影响态度和行为的重要性的同时，跨文化管理学者也越来 482
越意识到，对文化价值和假设的完全关注，掩盖了其他的变量（比如个人、组织和情境特征）的相关性行为（Cray and Mallory，1998；Leung et al.，2005；Shenkar，Luo and Yeheskel，2008；Taras，Steel and Kirkman，2011），从而导致了人类行为模型的空洞化（Shenkar，Luo，and Yeheskel，2008），而这并没有充分体现出跨文化互动的混乱和复杂性（Shenkar，Luo and Yeheskel，2008）。在本章中，我们将重点讨论语境，或围绕某一情况的环境，在塑造跨文化的人们的态度和行为方面的重要性，以及管理者在塑造这种语境方面的重要性作用。

文化、语境和行为

尽管大多数人意识到，在定义日常生活中什么是恰当的或不恰当的行为时，语境或者周围的环境在很大程度上决定了其定义。但跨文化管理研究却在塑造跨文化的人们的境遇和行为方面，低估了它的作用（Adler，Graham and Gehrke，1987；Cray and Mallory，1998；Leung et al.，2005；Shenkar，Luo and Yeheskel，2008；Taras，Steel and Kirkman，2011）。取而代之的是，跨文化管理研究含蓄地假定文化是一种相对稳定的力量，且可以在不同语境中塑造个体的行为（比如 Hofstede，1980；Hampden-Turner and Trompenaars，1998；House et al.，2004）。

跨文化管理学者已经开始认识到，文化对行为的影响并不是凭空产生的；相反，文化是一种行为，它发生在一个由组织现实组成的语境中，涉及特定的行动者，他们拥有不同级别的权力、资源和利益（Shenkar，Luo and Yeheskel，2008）。例如，阿德勒及其同事们（Adler，Graham and Gehrke，1987）证明，日本、美国和加拿大商人的跨文化谈判和文化内谈判的行为不同，这表明个体的行为方式对他们在不同的文化语境下的行为提供了有限的指导。同样，威辛格和萨利潘迪（Weisinger and Salipante，2000）发现，不同的日本-美国联合企业成员所面临的跨文化冲突的性质存在很大差异，这表明，组织语境在塑造影响行为的民族文化方面起着重要作用。此外，研究表明，一些文化对内部人士和外部人士有不同的行为指导准则。例如，对外籍女性的研究表明，尽管亚洲当地女性的机会可能不如男性，但这种差异并不适用于外籍女性。首先，她们是外国人（日语中的外国人），因此受到的待遇与当地妇女不同（Adler，1987）。

然而，尽管越来越多的人认识到，语境变量可以调节行为文化上的影响，
483 但是语境很少被表达，这使其成为抽象、模糊的、无形的力量（Sommers，2011）。正如斯威德勒所言："关于文化是否或在多大程度上影响行为的争论掩盖了一个重要的观点：文化的影响因语境而异……［然而］关于文化对行为产生影响的语境分析非常少。"（Swidler，2011：169）

在下一节中，我们将从情境认知的角度出发，认为情境是认知图式和语境相互作用的结果（Lant，2002），并阐述语境在塑造认知和行为中的作用，以及管理者在塑造这些语境中的作用。

全球工作的语境

有人可能会认为，作为一个研究领域，国际管理最重要的区别（与通常集中于一个国家的传统管理研究相比）是它对管理人员必须在多重语境中进行多种工作的认识和关注。人们普遍认为，在纽约有效的方法在北京或者柏林就行不通，国际管理研究一直关心理解是什么让这些语境与众不同，以及管理者需要具备哪些属性才能成功地处理多种文化的语境。

484 然而，我们的观点展示在图解 24.1 中，这里，我们认为，该领域未能充分重视语境的三个重要特征。第一，管理者所处的环境不仅是需要进行认知加工和解释的行为语境，而且对管理者的认知和行为有重要影响。第二，管理者所处的语境由多个层次构成，每个层次都有自己的特点，对认知和行为产生影响。第三，语境不是静态的，而是根据管理者和他人的行为而不断变化的。在图解 24.1 中，线的轻重程度代表语境和个人行为之间关系的强度，反之亦然。换句话说，情境语境比文化和制度语境对个人行为施加更大的压力。同时，与宏观文化语境相比，个人更有能力来改变当下情境语境，这一点将在下面进行更详细的讨论。此外，该模型认识到语境的三个层次不是独立的。情境语境嵌入在组织语境中，组织情境又嵌入在制度语境中。

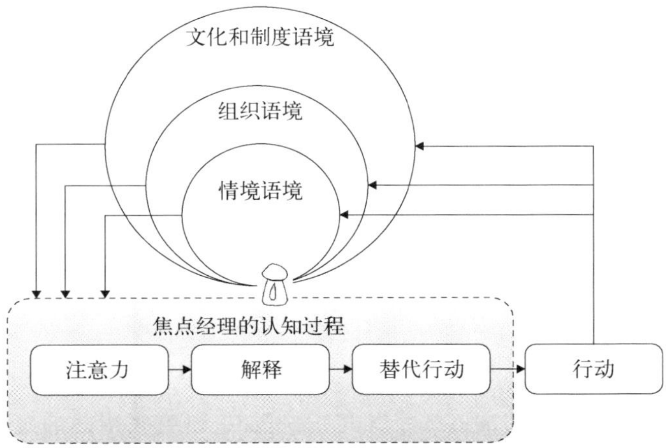

图解 24.1　语境与管理行为

我们基于情境认知的观点（Lant，2002；Elsbach，Barr and Hargadon，2005；Clancey，2009），强调了认知的语境性和动态性，并提出管理者的认知过程和行为是由个体的认知图式和制度、组织、情境三层语境相互作用的结果（见图解 24.2）。个人认知图式是“在不完全信息的条件下，代表物体或事件并提供关于它们的特征、关系和后果的默认假设的知识结构”（DiMaggio，1997：269）。包括文化知识和特殊的个人经验。此外，我们建议，所采取的行动可能会影响或修改语境特征，以及加强或修改现有的模式。我们将在下面详细讨论这个模型。

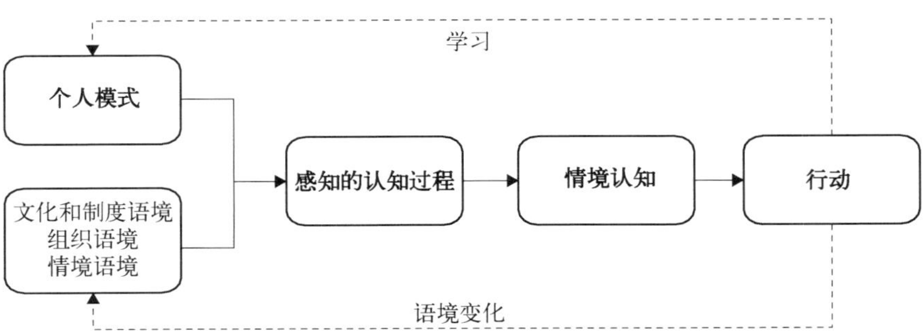

图解 24.2　语境、认知和行为

语境、认知和行动 485

情境认知研究人员虽然同时认识到个人背景和信息处理中的偏见的重要性

(Starbuck and Milliken, 1988; Abrahamson and Hambrick, 1997; Finkelstein, Hambrick and Cannella, 2008)，但质疑“大脑内部图式在认知理解和行为中的首要地位”(Elsbach, Barr, and Hargadon, 2005: 423)，并提出管理者所处的语境在塑造注意力方面同样强大（Ocasio, 1997; Lant, 2002; Elsbach, Barr and Hargadon, 2005)。全球管理者所处的语境不仅是需要进行认知处理和解释的行为语境，而且还对管理者注意什么、如何注意和解释以及他们所采取的行动产生重大影响。研究人员认为，个体关注的焦点是由情境的特征触发的，在影响行为方面可能比个体特征更为重要（DiMaggio, 1997; Ocasio, 1997; Lant, 2002; Elsbach, Barr and Hargadon, 2005)。例如，研究表明，个人决定在公共场所乱扔垃圾更多地取决于语境特征，例如，可见垃圾的数量，而不是个人的乱扔偏好（Cialdini, Reno, and Kallgreen, 1990)。此外，研究表明，个体倾向于无意识地遵从他人的行为（Sommers, 2011)。例如，在纽约大学进行的一项研究中，将经常摇脚或揉头的伴侣进行配对。在没有意识到的情况下，参与者开始模仿这种行为（Chartrand and Bargh, 1999)。

这项研究表明，认知模式与语境相互作用的行动结果（DiMaggio, 1997; Lant, 2002）和认知活动应当被理解为行动者（agents）和物理系统之间的，以及其他人之间的相互作用（Greeno and Moore, 1993: 49)。因此，情境认知被理解为“在特定的时间点，参与特定认知过程的个人或集体的有节奏限制的相互作用，以及特定的组织语境”。因此，情境认知是“短暂的知觉框架，其源于认知和语境的相互作用，进而引导个人的注意力、解释和行动”(Elsbach, Barr and Hargadon, 2005: 424)。正如IBM负责业务发展的副总裁坎农-布鲁克斯（Michael Cannon-Brookes）所建议的，“如果你坐在上海、圣保罗或迪拜，你的思维方式会与坐在纽约截然不同”(《经济学家》, 2008)。

不同层次的语境，通过认知影响管理者的注意力、言行、举止。语境特征，如符号、人工制品和故事叙述会通过构建问题的可用性和显著性，以及可能的回应来影响管理者的注意力（Ocasio, 1997)。语境还为个人提供了一个用来解释信息和行为的有意义的系统。语境也会影响个体对行为选择的识别和选择。例如，语境特征，如嵌入的程度（Hung, 2005)、管理自由裁量权
486 (Finkelstein and Hambrick, 1990）和文化精密性（Triandis, 2004）影响行为选择的可用性和吸引力。

下面描述的每一层语境都会影响管理者的认知过程，并影响他们的注意力、解释和行动。同时，情境认知所产生的行为改变了管理语境。下一节将讨论语境的动态性。

文化和制度语境

工作的文化和制度语境包含了组织运作的许多宏观环境，这些环境对全球管理者和管理者必须关联的其他行动者施加强制、规范和模仿的压力（Elsbach，Barr and Hargadon，2005）。文化和制度环境包括国家、地区、工业和专业法规、标准和规范。

组织语境

组织语境为管理者提供了一套规则、程序和行为规范，以引导注意力、解释和行动的标准操作程序及组织文化规范的形式来指导行动。组织语境受组织所处的制度语境的影响，而又独立于制度语境（Nelson and Gopalan，2003）。组织文化可能复制或排斥民族文化价值观和规范，创造一个强加的或不适用国家规范的微环境。组织通过行为规范的发展和强化，以牺牲他人为代价唤起对某些问题和行为的关注，通过提供解释的输入和机制，以及试图规范行为，来塑造管理者的认知。

情境语境

情境语境嵌入于组织情境和现实情境中，并受其影响，但对管理者的影响又独立于组织语境和制度语境。例如，一位在法国为 IBM 工作的美国经理将不同程度融入美国和法国的制度和文化环境，以及 IBM 的组织环境及其规则、规范和程序。与此同时，这位经理发现他或她自己的情况受到发生特定互动的非常微观的环境的影响。这可以被认为是“联系点”（Shenkar，Luo and Yeheskel，2008）。基于现存的文献对组织影响的关注（Ocasio，1997）和认知（Elsbach，Barr and Hargadon，2005），我们确定了三个主要类别的情境语境可 487
能会影响行动者的信息处理：结构位置、物理设置和社会的动态性。

结构位置

组织结构和过程是行动者发现自己所在的情境语境的关键决定因素，也是他们注意力和解释过程的关键决定因素。在一个组织中，注意力分散在多个职能、程序、沟通和活动中。在这个过程的每一个阶段，管理人员对情况和关注焦点的定义都是不同的。换句话说，通过组织的结构，管理人员参与到公司内部的具体活动、程序和交流中，从而决定了特定情况的哪些方面对他们来说变得重要（Simon，1947；Ocasio，1997），是他们行为的规范性预期（Lieberman，1956；Yaconi，2001），以及可能采取的行动。

物理设置

物理设置，包括地理位置、设备和家具的设置，和可用的文化产物的性质（Elsbach，Barr and Hargadon，2005），互动发生的地方是引导行动者的注意力、互动和行动的关键变量。

不管一个会议是在本国举行，还是在所在国举行；面对面地或虚拟地；在行政办公室、工厂或非现场；设备如何布置；有哪些家具或工具；以及哪些人工制品是最重要的，所有这些工作都可以引导行动者的注意力转向情境的某些方面，从而触发行为期望和解释模式（Ocasio，1997；Elsbach，Barr and Hargadon，2005）。例如，由一名在职员工立即清理午餐餐桌的行为，与由公司总裁做出同样的行为具有完全不同的含义。

社会动态性

社会动态性指的是行动者之间互动的本质，包括个体特征和互动的具体过程（Ocasio，1997；Elsbach，Barr and Hargadon，2005）。行动者指的是直接或间接参与互动的个人，包括特定互动的参与者（会议上的人），也包括参与其中的个人要对其负责的人（例如上司或同事）。这些人可能会影响其他人关注什么，信息如何呈现和解释，以及哪些行为被接受。

语境的动态本质

大部分的国际管理文献假设外部语境是客观的、物质的和独立的实体，独
488 立于全球管理或组织，并易于发现和理解。为此，人们提出了几种模式和框架来理解外部环境的一般性质（例如，Ghemawat，2001），和文化的特殊性质（例如，Hofstede，1980；Hampden-Turner and Trompenaars，1998；House et al.，2004）。然而，一些组织学者质疑外部环境的客观性，并提出组织和环境是通

过关键因素的相互作用而创造和制定的（Weick，1979；Smircich and Stubbart，1985）。这种观点认为全球工作的语境不是客观的和静态的，而是一个动态的、变化的和不确定的经验领域，同时由全球管理者和其他关键行动者的行动塑造和创造。

换言之，随着全球管理者进入一个外部语境，这个“语境”不再相同，随着他或她在外部语境中与个人和组织的关系塑造和重建那个“语境”。全球管理者可以通过与其他行动者的互动，从而影响解释和意义创造，使他们在周围的语境中发挥积极的作用（Lant，2002）。

表格 24.1　管理者对语境的影响

认知活动	管理者对感知语境的影响	认知活动管理者对客观语境的影响
注意	操纵符号的凸显特征或情境要素，以引起对于问题或解决方案的关注。 示例：在工厂车间开会以突出操作问题和战略问题。	提醒其他行动者注意到整体各方面的因素。 示例：在沟通中，以牺牲某些因素为代价，突出特定方面（如呼吁关注团队的多元文化性质）。
解释	解读操纵的环境，以提供一个系统的意义。 示例：使用象征主义来唤起期望的解释（例如，公众对卓越客户服务的认可）。	提供对符号和体验的解释或重新解释。 示例：显性证明一个解释的模棱两可的刺激（例如，表明其不存在的标题是基于绩效的组织的一个符号）。
行动方案的选择	制定规则和程序是制约替代的作用。 示例：有一个明确的程序处理客户投诉。	明确建议采取首选行动替代方案。 示例：用名字请求被调用的人。

因此，我们将全局管理者概念化为“意义创造者”，即积极参与为不明确的行动和事件分配意义的人。全球管理者处于意义创造的中心，在这个网络 489
中，多个行动者正在参加、解释并响应全球管理者的行为，而全球管理者必须参与并回应多个行动者。我们的立场是，一个全球管理者成功的关键是他或她管理多个行动者的信息处理能力，通过提高对如何参与和解释行动的意识，以及行动者塑造语境的能力。全球管理人员面临的挑战是，行动者的语境并不统一，因为一些行动者可能位于不同的语境。同样的行动可能会被关注或忽略，并且根据对他们来说最突出的语境特征，不同的行动者会有不同的解释。例如，对于总部的全球经理的上级来说，战略考虑可能比当地的文化现实更为重要。另一方面，所在国雇佣的企业雇员更有可能以牺牲企业战略为代价来遵守当地文化规范。当这些支持者对经理的行为做出反应时，他们就等于为经理创

建了一个特定的情境语境。

我们建议管理者有可能影响他人的认知，并且以两种方式采取行动：通过改变客观语境的相互作用或影响他人的认知语境。

理论意义与未来的研究议程

我们认为，尽管围绕全球管理者的多重文化语境所带来的复杂性引起了广泛关注，但在很大程度上，全球管理语境已被简化为，对不同国家文化及其态度和行为的影响的认知。为了呼吁进一步认识语境在调解文化对行为的影响中所起的作用，我们认为，行为是由认知图式和三层语境（宏观文化和制度语境、组织语境和情境语境）之间的相互作用而产生的。此外，我们认为，全球管理的语境不是静态的、独立于管理者的，而是由管理者及其与其他行动者的互动所塑造的。除了文化和认知图式外，关注全球管理的语境对于跨文化管理的理论、研究和实践也有着巨大的意义。下面我们将讨论这种方法的一些关键理论含义。

重新思考全球经理适应所在国环境的方法

国际管理界的传统观点认为，成功完成国际任务的关键是管理者的能力是
490 否适应外国文化（e. g.，Tung，1982；Black，Mendenhall and Oddou，1991；Hendry，1994；Storey，1996；Earley and Ang，2003；Thomas and Inkson，2004；Earley，Murnieks and Mosakowski，2007；Javidan，Teagarden and Bowen，2010）。着重于塑造任务现实的多层次语境表明，著名格言“在罗马时，就应当像罗马人一样”掩盖了巨大的复杂性和歧义性。

考虑一个为一家与韩国有业务联系的美国公司工作的英美外派人员的例子，这位外派人员拥有东亚研究学位，朝鲜语流利，对韩国文化充满热情（改编自 Steers and Nardon，2006）。当他的雇主需要一名驻首尔的行政助理，帮助管理合资企业的日常事务时，他似乎是最佳选择。他很容易融入当地人群，并很快体现出了典型韩国高管的许多特点，包括倾听下属的个人问题，并与组织中的许多人保持密切联系。他甚至娶了一名韩国女子，并搬到当地的一个社区。然而，他的美国上司并不欣赏他对当地文化的适应和吸收，很快就把

他当成了对手。这名外派人员的任务被认为是失败的，他被要求回到总部。最终，他决定在一家韩国本土公司任职。

这名外派人员的行为符合人们给国际管理者的典型建议——他学习当地语言，融入当地环境，并调整自己的行为，以适应当地的期望。他显然具有很强的文化适应能力。然而，他的任务失败了。整个外派项目的多重语境分析，包括所涉及的组织、他占据的结构位置，主要的行动者，他们互动的社会动力语境，以及作业的目标和任务，都揭示出，更为复杂的内容和情况表明了，仅仅适应能力不足以保证在国外取得成功。

上述例子强调了，任务的特定语境影响哪些行为更可能在成功方面发挥作用，并揭示了多重需求和多重行动者的解释所带来的挑战。未来的研究需要进一步弄清楚，管理这些关系的动态本质所涉及的过程，包括理解管理者如何理解外部环境，以及帮助他们制定情境语境和组织语境的机制。

重新思考该角色的文化差异在全球管理中的意义

研究人员已经认识到，一些外部语境可能会对全球管理者带来特殊的挑战
和障碍（Johnson，Lenartowicz and Apud，2006），一种普遍的观念是，本国与所 491
在国之间的距离，尤其是文化距离，是他们之间工作分配困难的重要决定因素。这里主要的假设就是，本国文化与个人所在国的文化越不同，他们就越难适应新的环境（Church，1982；Mendenhall and Oddou，1985）。对语境更广泛的概念化，包括语境的多重层次及其对信息处理的影响，为对文化差异的不同理解提供了可能性。

例如，考虑一个移居英国的中国外派人员和一个在中国的英国外派人员的不同情况（改编自《经济学家》，2010）。这个英国人可能更满意他在中国的生活，因为他可以享受到西方的舒适，而且他的外派人员的薪水付得起各项开支，加上他在中国的商业机会，他的职业前景也很好。而在英国的这个中国高管可能对自己的任命持更消极的态度。他通常无法享受到与英国人同样的薪酬和福利，因此需要放弃一些家里的舒适条件，比如保姆。此外，在中国，考虑到人际关系对事业发展的重要性，离开几年可能会阻碍一个人的事业发展。

如上例所示，虽然所在国文化和本国文化的差异很重要，但这些差异并不是天生的好与坏，而是根据任务的具体语境而有不同的解释。制度、组织和情

境变量，影响外派人员如何解读经验。不是关注“文化距离”或国家之间的差异的程度，更富有成效的概念可能是“文化摩擦”（Shenkar，Luo and Yeheskel，2008）。这个概念关注的是，相遇的文化系统和承认权力差异的相关性，以及跨国公司和本地因素之间可能的冲突。对“摩擦”的关注意味着“将重点从抽象的差异，转移到具体实体之间的联系上，转移到它们各自的关注点上”（911）。

紧随的是独自的文化适应力不足以预测一个经理在国外的成功，因为其他几个因素除了文化差异发挥作用，包括组织与制度环境的关系，涉及的行动者和他们的关系，和经理的结构位置，进而会影响本国与所在国之间的差异。未来的研究需要进一步研究语境因素如何与外籍人士相互作用，以更好地理解国外那些成功的因素。

重新思考文化和行为之间的关系

除了文化图式之外，语境也是塑造行动的重要力量，这一观察突出了文化宣言碎片化的可能性，并对当前基于价值的模型预测的有效性提出了挑战。最近的研究表明，尽管文化价值观和态度紧密相关，但它们在预测行为上并不很
492 有效，行为被影响更大程度上来自语境因素（Taras，Steel and Kirkman，2011）。将语境置于行为的中心表明，文化通过嵌入在物理和社会环境中的文化图式和线索之间的相互作用来影响行为（Swidler，1986；DiMaggio，1997；Nardon，2011）。当面对一种语境“人们会浏览他们文化剧目的不同部分，选择那些与当前的情境，或典型问题相对应的部分”（Swidler，2001：25）。换句话说，“情境并不仅仅是有目的的活动的中立领域，目的是在情境之外构想出来的，而且似乎是在唤起某些行动”（Joas，1996：160）。因此，与最近对“价值导致行为”范式的批评一致（Swidler，1986；Earley，2006；Peterson and Smith，2008；Nardon，2011），理解现实和行为之间的联系必须考虑到行为发生时的情境语境。例如，研究人员注意到，大多数人会自然地和无意识地调整他们的行为以适应新的外部环境，即使这种调整不一定会提高个体和他们的新语境之间的适应（Berry，2005）。这种认识表明，有必要进一步探索文化、语境和行为之间的联系，而不是仅仅基于文化价值观的预测模型。

重新思考全球经理的角色和成功所需的技能

将全球经理人放置在感官网络的中心，在这个网络中，多个行动者都参与其中，他们在编译，行动，并通过此过程来塑造自己的行动语境，这暗示了全球经理人的角色不同，因此作为结果，要求管理人员必须具备不同的技能。当我们认识到，语境是塑造行为的重要力量，以及个人在塑造语境中具有一定的影响力时，我们可能会认识到，全球经理人在塑造其行为的解释语境方面的潜在作用，而不是将全球经理人视为“超级解释者”。这个人被赋予了超强的认知能力，能够吸收、解释和整合多源信息；全球经理人成为“意义的创造者”，他的职责是管理和影响多个部门的信息处理成为“意义的创造者”，需要重新思考对于全球的、多元文化的、充满活力的环境中成功所需要的管理技能。与其把重点放在获取对其他文化的知识或文化适应上，不如研究管理者如何提高对所有行动者如何参与和解释行为的认识，而不仅仅是所在国文化中的行为者，同时确定一些更实际的技能，例如构建沟通，识别和影响环境的各个方面，以及快速了解个体行为者和有助于管理者在动态的全球语境中的认知过程。

结　论 493

几位国际管理领域的作者已经认识到外部语境带来的挑战。然而，语境的不同方面如何影响一般行动和特别是全球管理方面的行动，尚未得到充分的考查。在本章中，我们从情境认知的角度出发，提出行动是由认知图式（包括文化价值观、假设和语境变量）相互作用的结果。我们将语境概念化为一个多层结构，包括制度层面、组织层面和情境层面，这些层面会影响个人注意的内容以及他们如何解释信息。此外，我们认为，全球管理的语境是可塑的，并会随着多个行动者有意或无意的行动而变化。关注语境在全球人力管理中的作用，挑战了该领域一些重要的想当然的假设，并为跨国界工作提出了替代战略。

从理论角度看，跨文化管理的语境视角的挑战，提出了这样的一种概念，即适应所在国文化是成功的关键因素，并建议在各种情况下应对行动者的多种需求和期望更为重要。它还挑战了更高水平的文化差异等同于更多的挑战的观念，并指出，基于管理者的具体语境，这些差异会得到不同的解释。语境相关的观点对基于价值的文化预测模型的有效性提出了质疑，并强调了进一步探讨文化与语境关系的必要性。最后，这一观点提出了有关全球经理人的角色和成功所需的技能的有趣问题。与其把重点放在培训管理者，以获得关于更多文化的知识上，不如把重点放在提高对行动的参与和解释的意识上，以及管理者如何影响这些解释。

致　谢

感谢理查德·斯蒂尔斯（Richard M. Steers）在这项工作的发展过程中提供的支持、意见和有用的建议。

参考文献

Abrahamson, E. and Hambrick, D. C. (1997). 'Attentional Homogeneity in Industries: The Effect of Discretion'. *Journal of Organizational Behaviour*, 18(S1): 513 – 32.

Adler, N. J. (1987). 'Pacific Basin Managers: A Gaijin, not a Woman'. *Human Resource Management*, 26(2): 169 – 91.

494 Adler, N. J., Graham, J. L., and Gehrke, T. S. (1987). 'Business Negotiations in Canada, Mexico, and the United States'. *Journal of Business Research*, 15 (5): 411 – 29.

Berry, J. W. (2005). 'Acculturation: Living Successfully in Two Cultures'. *International Journal of Intercultural Relations*, 29(6): 697 – 712.

Black, J. S., Mendenhall, M., and Oddou, G. (1991). 'Toward a Comprehensive Model of International Adjustment: An Integration of Multiple Theoretical Perspectives'. *Academy of Management Review*, 16(2): 291 – 317.

Church, A. T. (1982). 'Sojourner Adjustment'. *Psychological Bulletin*, 91(3): 540.

Chartrand, T. L. and Bargh, J. A. (1999). 'The Chameleon Effect: The Perception-Behaviour Link and Social Interaction'. *Journal of Personality and Social Psychology*, 76: 893 – 910.

Cialdini, R. B., Reno, R. R., and Kallgreen, C. A. (1990). 'A Focus Theory of Normative Conduct: Recycling the Concept of Norms to Reduce Littering in Public Places'. *Journal of Personality & Social Psychology*, 58(6): 1015 – 26.

Clancey, W. J. (2009). 'Scientific Antecedents of Situated Cognition', in Philip Robbins and Murat Aydede (eds.), *The Cambridge Handbook of Situated Cognition*. New York: Cambridge University Press, 11 – 34.

Cray, D. and Mallory, G. (1998). *Making Sense of Managing Culture*. London:

International Thomson Business Press.

DiMaggio, P. (1997). 'Culture and Cognition'. *Annual Review of Sociology*, 23(1): 263–87.

Earley, P. C. (2006). 'Leading Cultural Research in the Future: A Matter of Paradigms and Taste'. *Journal of International Business Studies*, 37(6): 922–31.

Earley, P. C. and Ang, S. (2003). *Cultural Intelligence: Individual Interactions across Cultures*. Stanford, CA: Stanford Business Books.

Earley, P. C., Murnieks, C., and Mosakowski, E. (2007). 'Cultural Intelligence and the Global Mindset', in M. Javidan, R. M. Steers, and M. A. Hitt (eds.), *Advances in International Management: The Global Mindset*. Oxford: JAI Press, 75–103.

Elsbach, K. D., Barr, P. S., and Hargadon, A. B. (2005). 'Identifying Situated Cognition in Organizations'. *Organization Science*, 16(4): 422–33.

Finkelstein, S. and Hambrick, D. C. (1990). 'Top-management-team Tenure and Organizational Outcomes: The Moderating Role of Managerial Discretion'. *Administrative Science Quarterly*, 35: 484–503.

Finkelstein, S., Hambrick, D. C., and Cannella, A. A. (2008). *Strategic Leadership: Theory and Research on Executives, Top Management Teams, and Boards*. New York: Oxford University Press.

Ghemawat, P. (2001). 'Distance Still Matters'. *Harvard Business Review*, 79(8): 137–47.

Greeno, J. G. and Moore, J. L. (1993). 'Situativity and Symbols: Response to Vera and Simon'. *Cognitive Science*, 17(1): 49–59.

Hampden-Turner, C. and Trompenaars, F. (1998). *Riding the Waves of Culture: Understanding Diversity in Global Business*. New York: McGraw-Hill.

Hendry, C. (1994). *Human Resources Strategies for International Growth*. London: Routledge.

Hofstede, G. (1980). *Culture's Consequences: International Differences in Work-Related Values*. Beverly Hills, CA: SAGE.

House, R. J., Hanges, P. J., Javidan, M., Dorfman, P. W., and Gupta, V. (2004). *Culture, Leadership and Organizations: The GLOBE Study of 62 Societies*. Thousand Oaks, CA: SAGE.

Hung, S. C. (2005). 'The Plurality of Institutional Embeddedness as a Source of Organizational Attention Differences'. *Journal of Business Research*, 58(11): 1543–51.

Javidan, M., Teagarden, M., and Bowen, D. (2010). 'Managing Yourself: Making it 495
Overseas'. *Harvard Business Review*, April: 109–13.

Joas, H. (1996). *The Creativy of Action* (trans. J. Gaines and P. Keast). Chicago, IL: University of Chicago Press.

Johnson, J. P., Lenartowicz, T., and Apud, S. (2006). 'Cross-cultural Competence in International Business: Toward a Definition and a Model'. *Journal of International Business Studies*, 37(4): 525–43.

Kirkman, B. L., Lowe, K. B., and Gibson, C. B. (2006). 'A Quarter Century of Culture's Consequences: A Review of Empirical Research Incorporating Hofstede's Cultural Values Framework'. *Journal of International Business Studies*, 37: 285–320.

Lant, T. K. (2002). 'Organizational Cognition and Interpretation', in J. Baum (ed.), *The Blackwell Companion to Organizations*. Oxford: Blackwell, 344–62.

Leung, K., Bhagat, R., Buchan, N. R., Erez, M., and Gibson, C. B. (2005). 'Culture and International Business: Recent Advanced and Future Directions'. *Journal of*

International Business Studies, 36(4): 357 – 78.

Lieberman, S. (1956). 'The Effects of Changes in Roles on the Attitudes of Role Occupants'. *Human Relations*, 9(4): 385 – 402.

Mendenhall, M. and Oddou, G. (1985). 'The Dimensions of Expatriate Acculturation: A Review'. *Academy of Management Review*, 10(1): 39 – 47.

Nardon, L. (2011). 'Culture, Attention, and Managerial Action: An Application of Quantitative Content Analysis to Textual Data in Brazil and the U.S.'. *Multidisciplinary Business Review*, 4(1): 35 – 47.

Nelson, R. E. and Gopalan, S. (2003). 'Do Organizational Cultures Replicate National Cultures? Isomorphism, Rejection and Reciprocal Opposition in the Corporate Values of Three Countries'. *Organization Studies*, 24(7): 1115 – 51.

Ocasio, W. (1997). 'Towards and Attention-based View of the Firm'. *Strategic Management Journal*, 18: 187 – 206.

Peterson, M. and Smith, P. (2008). 'Social Structures and Processes in Cross-Cultural Management', in P. Smith, M. Peterson, and D. Thomas (eds.), *Handbook of Cross-Cultural Management Research*. Los Angeles, CA: SAGE, 15 – 33.

Schwartz, S. (1992). 'Universals in the Content and Structure of Values: Theoretical Advances and Empirical Tests in 20 Countries', in Mark Zanna (ed.), *Advances in Experimental Social Psychology*. New York: Academic Press, 25: 1 – 65.

Shenkar, O., Luo, Y., and Yeheskel, O. (2008). 'From "Distance" to "Friction": Substituting Metaphors and Redirecting Intercultural Research'. *Academy of Management Review*, 33(4): 905 – 23.

Simon, H. A. (1947). *Administrative Behaviour: A Study of Decision-Making Processes in Administrative Organizations*. Chicago, IL: Macmillan.

Smircich, L. and Stubbart, C. (1985). 'Strategic Management in an Enacted World'. *Academy of Management Review*, 10(4): 724 – 36.

Sommers, S. (2011). *Situations Matter: Understanding How Context Transforms your World*. New York: Riverhead Books.

Starbuck, W. H. and Milliken, F. J. (1988). 'Executive's Perceptual Filters: What They Notice and How They Make Sense', in D. C. Hambrick (ed.), *The Executive Effect: Concepts and Methods for Studying Top Managers*. Greenwich, CT: JAI Press, 35 – 65.

Steers, R. M. and Nardon, L. (2006). *Managing in the Global Economy*. New York: M. E. Sharpe Inc.

496 Storey, J. (1996). *Human Resource Management: A Critical Text*. London: International Thomson Business Press.

Swidler, A. (1986). Culture in Action: Symbols and Strategies. *American Sociological Review*, 51(2): 273 – 86.

Swidler, A. (2001). *Talk of Love: How Americans Use Their Culture*. Chicago, IL: University of Chicago Press.

Taras, V., Steel, P., and Kirkman, B. L. (2011). 'Three Decades of Research on National Culture in the Workplace: Do the Differences Still Make a Difference?' *Organizational Dynamics*, 40: 189 – 98.

The Economist (2008). 'The Empire Strikes Back'. 20 September, p. 12.

The Economist (2010). 'A Tale of Two Expats'. 29 December. Available at: <http://www.economist.com/node/17797134> (accessed 16 August 2016).

Thomas, D. C. and Inkson, K. (2004). *Cultural Intelligence: People Skills for Global Business*. San Francisco, CA: Berrett-Koehler.

Triandis, H. C. (2004). 'The Many Dimensions of Culture'. *Academy of Management*

Executive, 18(1): 88 – 93.

Trompenaars, F. (1993). *Riding the Waves of Culture: Understanding Cultural Diversity in Business*. London: Economist Books.

Tung, R. L. (1982). 'Selection and Training Procedures of US, European, and Japanese Multinationals'. *California Management Review*, 25(1): 57 – 71.

Weick, K. E. (1979). *The Social Psychology of Organizing*. New York: Random House.

Weisinger, J. Y. and Salipante, P. F. (2000). 'Cultural Knowing as Practicing'. *Journal of Management Inquiry*, 9(4): 376 – 90.

Yaconi, L. L. (2001). 'Cross-cultural Role Expectations in Nine European Country-Units of a Multinational Enterprise'. *Journal of Management Studies*, 38(8): 1187 – 1215.

497

第 25 章

国际管理

迈克·格佩特、格雷厄姆·霍林斯黑德

介　绍

国际管理（IM）这门学科现在各大商学院广泛地作为课程被教授，并且经常被当作商业战略和经济学这些耳熟能详学科的辅助和扩展。仔细阅读这些流行的“国际管理”教科书，就会发现其通常是由英美作者为西方读者出版的，以下标题似乎是国际管理出现但仍处于实验性领域的指示性参考点：政治和法律环境，跨文化管理，战略制定和实施，跨文化激励和领导，管理国际任务。然而，有争议的是，在这种基本的管理术语中构建的主题提出的许多问题都潜在解决了。更具批判性的观察者可能会特别考虑，在跨越不同的机构和文化领域的现代国际企业中，通常居住在“西方”环境中的从业者和理论家以“干净”和务实的方式构思的，“最佳做法”的战略表述是否能够轻易地从一个地点转移到另一个地点。在跨越不同制度和文化领域的现代国际企业中，他们可以从一个站点跨越另一个站点。更普遍地说，人们感觉到跨国公司（MNC）通常被视为理所当然地存在于现代经济和社会中，具有诱人的形象或品牌，其项目主要是分散于不同的地理位置，以及其组织由差异化的管理团队组成，而那些工人，作为经常位于遥远的发展中地区的劳动力创造了它的产品或服务。在本章中，我们试图通过暗示跨国公司的超越性是全球经济史上特定时代的表现，并且将构成跨国公司整体的附属单位“嵌入”不同的领域中来
498 突显跨国公司的“真实性”。多样的社会经济背景，容易表现出组织上的差异

和团结。我们还认为，构成跨国公司社会结构的人际关系几乎不是“清晰”或有序的，其特征可能是竞争以及权力的博弈。在继续的过程中，我们将利用与国际组织相关的新兴批判文献，这些文献更多地基于社会学、组织行为学和社会政治分析等学科，而不是基于战略管理和主流经济学。

国际管理的核心是对跨国公司的研究，在现代化和全球化的时代，跨国公司是一股不可忽视的力量，但在现存的文献中，跨国公司的理论研究却存在着不足。自从国际管理学科在 20 世纪 50 年代初出现以来，早期对国际企业的理性和单一的观点，主要是从交易成本经济学或政治经济学的角度衍生出来的，它们更倾向让位于更精细的社会信息叙述，这些叙述设想跨国公司的文化和结构从根本上受到影响国际组织的各种区域性制度安排的制约。在对跨国公司的研究中，最近的叙述也偏离了早期的理性主义观点，即认识到在跨国公司事务中主要社会代理人的不可预测性和效力。事实上，人们越来越认识到总部和子公司之间的“曲折”关系，这种关系的特点可能是权力和政治的相互作用以及和谐参与的可能性。在本章中，我们通过解决以下主题问题来探讨即时信息的主题：第一，为什么跨国公司是世界经济舞台上的主导角色，是什么力量迫使公司国际化？第二，为什么跨国公司的生产或服务交付过程的特定环节会分布在特定的全球区域中？第三，在这种生产全球化的背景下，跨国公司内部的“母公司”和“子公司”要素之间的关键动态关系是什么？第四，随着越来越多的人认识到跨国公司组织的制度框架“问题”，社会和地区对分散的跨国公司组织的影响如何有助于理解跨国公司作为冲突的“社会空间”或微观政治互动的场所。

全球语境

跨国公司的发展，以及相应的学术界和公众对国际组织问题的认识，是在过去几十年日益自由化的全球经济环境中发生的。尽管那些对全球化的实际程度持怀疑态度的人之间的争论仍在继续（例如，参见 Edwards and Rees，2006；Rugman，2001），还有那些热衷于新“地球村”出现的“超级全球主义者”（例如 Ohmae，1994；Friedman，2007）。毫无疑问，在国际和地区层面上的重大政治和监管转变这些因素，促进了跨国公司的崛起，使其达到了似乎前所未有

499 的全球地位。特别值得注意的是：首先，GATT（关税和贸易总协定）条约自20世纪90年代初以来已废除保护关税和配额；其次，俄罗斯和中国、印度、巴西同时发生的巨大变化，在这些国家催生了市场自由，并解除了国际贸易和贸易壁垒。最后，在诸如北美地区（北美自由贸易协定——NAFTA）和欧盟（EU）等贸易集团内取消对资本和劳动力自由流动的限制。最近，三个“超级区域”集团，即TPP（跨太平洋伙伴关系协定）、TTIP（跨大西洋贸易与投资伙伴关系协定）和RCEP（区域全面经济伙伴关系协定——包括印度、中国和日本）（联合国贸发会议，2014）作为国际贸易实体获得了突出地位。

此外，在寻求理解众多现代跨国公司的结构解剖中，这些国家越来越多地以惯用的区域投资策略为特征，应该注意的是，强大的国际机构，特别是世界银行、国际货币基金组织（IMF）和世界贸易组织（WTO）铺平了道路用来让主要西方企业侵入“南方国家”。作为通过世界银行和国际货币基金组织主导向发展中国家提供贷款以促进这些地区经济增长和减轻贫困的附加条件。这通常要求债务国将国有公共事业私有化，更普遍的是，实行经济放松管制。因此，发展中世界经济的物质和社会基础设施已被迫向外国投资开放，面对发达经济体的公司扩大或搬迁，暴露出相对廉价的劳动力储备或其他形式的资本。因此，在反思全球化的本质时，全球化的一个主要的元素是跨国公司在全球社会经济舞台上作为主导角色的地位的崛起。且具有启发意义的是，“新世界秩序”在很大程度上是由政府和跨政府的行为以及跨国公司自身的自主战略来构建的。因此，在理解“国际管理”的地缘政治背景时，必须承认自由市场原则在新的全球经济秩序中的应用，以及伴随而来的发达国家和不发达国家之间经济和政治不对称。在发达经济体之间，这种日益增长的不平衡也变得尤为突出。例如，2008年金融危机之后，北欧和南欧国家的社会经济发展不尽相同。

理解跨国公司

跨国公司可能被广泛定义为在多个国家活跃的公司，因此它具有诸如工
500 厂、技术，以及原产国以外的其他国家和地区管理人员和工人的专业知识（Hollinshead，2009）。尽管此定义包含了许多家喻户晓的跨国公司，包括微软、福特或三菱，但它也包括许多规模不一的跨国公司，这些公司表现出较低的知

名度，例如跨国慈善或志愿组织、房地产代理或金融公司。斯蒂格指出，跨国公司的数量从 1970 年的 7 000 家左右急剧增长到 2012 年的 80 000 家。前 2 000 名的跨国公司占全球工业产出的近一半，这些企业的总部仅设在北美、墨西哥、欧洲、中国、日本和韩国（Steger，2013）。

跨国公司组织在全球范围内的扩张和波动模式，可以参照已公布的外国直接投资（FDI）从一个地区流向另一个地区的数据来理解。外国直接投资可被定义为“为获得在投资者经济之外经营的企业的永久权益而进行的投资”（IMF，1993）。联合国贸易和发展会议最近的统计数据（2014）表明，虽然美国仍然是最大的外国直接投资流出提供者（紧随其后的是日本和中国），以及最大的外国直接投资接收者（其次是中国和俄罗斯），发达国家实际上是输给了新兴国家（特别是中国），后者成为外国直接投资的主要提供者和接收者。然而，在外国直接投资流出方面，2013 年，北美和欧洲的发达经济体对外投资为 8 570 亿美元，而发展中国家为 454 亿美元。值得注意的是，到目前为止，以营收计算，只有两家中国跨国公司进入了“十大”跨国公司榜单。大多数上市的跨国公司仍然来自西方资本主义国家，公司总部设在美国的公司和石油工业的公司显然是最突出的（见表格 25.1）。

表格 25.1　跨国公司品牌、行业和总部所在国

公　司	行业、总部
荷兰皇家壳牌	石油，荷兰
埃克森美孚	石油，美国
沃尔玛	零售，美国
中石化股份有限公司	石油，中国
BP	石油，英国
Vitol	石油，瑞士
中国石油天然气集团公司	石油，中国
雪佛龙公司	石油，美国
康菲石油公司	石油，美国
丰田汽车	汽车，日本

改编自 Steger，2013

在过去的三十年里，两种“理性”的方法——跨国公司的折中范式和演 501
化模式——不仅主导了国际管理领域，而且还压制了更多的批判性反思和对替代性概念的开放性。折中范式是由英国经济学家邓宁（Dunning，1977）发展起来的，随后又得到了进一步的阐述（Hennart，1991）。它的重点在于我们如何解释与其他形式的国际化（如出口或“承包”项目）相比的跨国公司的存在。跨国公司整合和（完全）拥有其国际企业的决定主要是从交易成本经济学的角度进行描述，作为对市场型组织形式失败的最有效反应，因为这种组织整合会带来区位和所有权优势（Dunning，1993）。另一方面，学者们提出的进化模型，基于进化和权变理论，强调有效的跨国公司管理的重要性。有效的管理决策被描述为组织结构与或多或少的国际化市场/行业的经济和技术环境压力之间的最佳战略契合（Bartlett and Ghoshal，1989；参见 Prahalad and Doz，1999）。鉴于跨国公司需要同时具备全球效率和本地适应性的困境，这导致了跨国公司如何管理跨国公司这一问题在国际管理领域更广泛的讨论。

国际化的动机

跨国公司已有数百年的历史，最早的跨国公司是殖民主义的产物，特别是起源于英国和荷兰殖民帝国的两家东印度公司（参见 Cairns and As-Saber，2017；Clegg，2017）。但是，在第二次世界大战之后，福特主义的生产思想传遍了世界，现代主义的国际格局越来越受到重视（参见 Djelic，2001）。在试图揭示国际管理理论和实践基础的逻辑时，首先要反思以下根本问题：公司为什么要国际化？巴特利特、戈沙尔和伯金肖（Bartlett，Ghoshal and Birkinshaw，2004）在开创性的回应中指出，在影响公司国际化战略的关键驱动因素中，进化效应已经很明显。因此，对于早期的大型现代跨国公司来说，在获取原材料（例如石油和铝）以及寻求新市场和实现低成本生产（特别是与劳动力投入有关的成本）方面，溢价很大。后者是占主导地位的福特主义生产系统的主要目标之一。但是，近年来，这些作者（Bartlett，Ghoshal and Birkinshaw，2004）认为，推动国际化的企业优先事项已被修改。最为明显的是，在竞争激烈的“后福特主义”全球市场环境下，有人认为，通过对研发活动的大量投资，注意力空前地集中在获取创新能力上。同样在竞争激烈的市场环境中，公司将大
502 量精力用于实现规模经济和缩短产品生命周期，并通过全球扫描和学习以及基于知识的资本形式的积累获得重要的信息优势（Burton-Jones，2001；Bartlett，Ghoshal and Birkinshaw，2004）。总而言之，有人认为，在跨国公司管理者的全球

思维方式日益明显的背景下，已观察到一种范式转变，据描述，这种转变已从主要由机会主义的管理导向转向了国际化，转向了包含。在更跨国的意义上讲更为综合的战略的导向（Bartlett，Ghoshal and Birkinshaw，2004）（参见表格 25.2）。

表格 25.2　公司国际化的原因

公司国际化的原因（Bartlett，Ghoshal and Birkinshaw，2004）

传统

- 获取原材料
- 寻求市场
- 低成本生产/劳动力成本套利

最新

- 技术研发/经济规模/缩短产品生命周期
- 全球扫描和学习
- 竞争定位

在补充分析中，邓宁（Dunning，1977，1993，2001）假设跨国公司的投资决策受到资源寻求、市场寻求、战略资产寻求和效率寻求行为的影响（见表格 25.3）。这样的论述隐含着，尽管市场寻求目标驱动跨国公司扩张仍然至关重要，特别是在全球市场自由化的时代，在全球范围内收购包括知识在内的资产，以及在地理上扩大生产以获取有竞争力的可变劳动回报和其他成本的竞争回报方面，一套均衡的逻辑仍然具有吸引力。

表格 25.3　邓宁的资源、市场、战略资源和效率的寻求行为

资源寻求行为涉及对所在国可用的物质资源、财务资源或人力资源的搜索，这导致在国外创造的价值高于在国内进行的投资的可能性。

市场寻求行为与在国外市场建立生产和销售活动有关，以便获得比在国内更高的价值。

战略资源寻求行为涉及外国投资者利用海外独特知识、行政或声誉资源的目的。此类无形资产只能通过合资企业、国际收购等方式获得。

效率寻求行为关系到国际公司利用环境因素或海外地区的变化。例子包括技术或创新突破，规模经济，缩短产品生命周期，或贸易集团中贸易或关税壁垒的消除/减少。

改编自 Verbeke，2009

巴雷尔和佩因（Barrell and Pain，1997）在总结推动企业国际化的各种解释因素时指出，以下因素是重要的。首先，国内市场容量有限，所有市场的竞争日益激烈，以及中国、俄罗斯和印度等转型地区的市场自由带来的海外机会日益增多，这些因素推动了对新市场寻找的需求。其次，跨国公司可能会被诱使把生产设施实际地安置在靠近新兴市场的地方，以便在所在国获取大量的知识和技能，并将此作为主要的目的。最后，正如霍利斯黑德和哈德（Hollinshead and Hard，2012）所指出的，跨国公司拥有战略能力，可以在国际基础上对可用的物质和人力资源进行“成本效益”分析，并相应地分配生产
503 过程。突出的因素可能包括与技能和专业知识水平有关的人力成本、原材料的可用性、本地供应商、质量和技术进步水平。更广泛地说，外来投资者可能受到所在国环境中普遍存在的经济、政治、社会和环境法律条件的影响。当然，这些因素可能会发生快速的变化，外来投资者通常会受到物质和其他方面的限制，如果其他地方出现更有利的一系列情境现象，则保留将资金从一个地区转移到另一地区的特权。在发达地区和发展中地区，所在国政府和其他当地人利益攸关方经常努力通过提供财政和其他优惠措施吸引外国直接投资流入。

例如，许多新兴和发展中国家的政府建立了“经济加工区”，通常靠近港口，允许跨国公司将生产或制造设施安置在受益于优惠税收制度的集群中。所在国承认跨国公司投资可以“启动”经济增长，并对基础设施发展发挥“乘数”作用。跨国公司不仅可以注入急需的资金，还可以充当新技术和新思想流动的传播渠道（Hollinshead，2009）。

国际分工和生产的新分散

为继续遵循国际化逻辑，特别是与资源或效率寻求行为有关的国际化逻辑，考虑为什么将生产性服务提供分散在各个空间和区域可能会为跨国公司带来成本或者竞争优势是很有启发性的。爱德华兹和库鲁维纳（Edwards and Kuruvilla，2005）提出一个潜在富有成果的，但是有些时候被忽视的，在国际
504 管理和相关学科上有理论依据的学术概念，那就是国际分工。这一概念涉及跨国公司在制造和服务提供方面将生产活动分成不同的职能领域，并将每个领域重新分配到适当的地理区域的能力。如上所述，自从跨国公司在第二次世界大战之后的几年里出现在全球舞台上以来，它们已认识到通过将其生产或服务交付过程的要素分解和在空间上重新定位而产生的竞争优势。能展示这一现象的一个典型例子是汽车制造业，自 20 世纪 60 年代以来，它就以“全球生产线”

的形式组织制造。因此，“典型的美国人”的汽车，已经看出至少八个国家参与生产的多个方面，包括韩国的组装，日本的元器件和先进技术，德国的设计，中国台湾和新加坡的次要部件，英国的市场营销和广告推广，爱尔兰和巴巴多斯的数据处理（Carlton Television，2001）。

近年来它已经被观察到，不同处境的变化揭示着一个强化的国际订单正在加剧全球生产和服务交付过程的分割。迪肯（Dicken，2011）以国际生产的万花筒为例，强调了以下三个重要因素：

第一，与重工业相关的大规模生产体系，以其固定和不大变化的质量，已经让位于基于计算机的灵活技术，这种技术可以在全球各地复制。

第二，向知识社会或信息化社会的转变是建立在电子和数字技术的基础上的，这些技术建立了一种跨越国界的即时生产和组织形式。

第三，全球金融体系发生了深刻变化，使资本能够在金融中心之间实现瞬间流动。投资从一个地区立即转移到另一个地区的能力，不仅有助于国际经济互联，而且使其中的管理者和工人容易受到全球金融市场的影响。

正是在这种新的全球背景下，“分割”国际“价值链”的过程变得更加强化，并已成为产品或服务交付的日常方面。全球商品链（Gereffi，1999）或全球价值链（Kaplinsky，2013）的概念提供了有价值的见解，可以解释为什么某些公司在某些地方“向下试探”，以及更普遍地说，国际组织是如何分解和协调其内部职能的。

根据吉登斯（Giddens，2006：55）的说法，全球商品链，或用它的术语来称呼紧急相关的现象，即全球生产网络（GPN），代表了“全球范围内生产成品的劳动力和生产过程网络”。这些网络支撑着所有关键的生产活动，形成了一个紧密连锁的“链条”，从制造产品所需的原材料延伸到最终客户（Gereffi，1999；Hopkins and Wallerstein，1996）。

继承了泰勒（Tylor，2008）的观点，全球商品链的分析重点首先是商品或服务创造所必需的各种劳动过程的模块化，其次是企业网络之间相关任务的后
续分配。全球商品链这种方法指出了构成行动者在国际生产关系链条中的社会 505
环境的生命力。这表明，权力和控制在分散的经济活动的组织和协调中起到了比较大的作用。全球商品链中的领头企业总是位于全球先进地区，它们通常处于有利地位，以维护市场领导地位或控制地位，配置国际网络的生产技术，并

影响生产各阶段的成本分配（Tylor，2008）。全球商品链的特点就是，在这样一种治理系统中，领先企业拥有比供应商优越得多的财务和技术资源，前者能够控制整个供应链的价值分配（Tylor，2008）。在这样的全球商品链配置中，一种“核心”和“外围”的模式可能会挺明显的，主要职能如重要的研发和品牌保留在总部，而低成本和劳动密集型活动则下放给发展中国家的供应商。因此，建设全球商品链的一个令人信服的基本理性是，通过建设具有内部配置的、独特的资产和能力，使跨国企业能够追求顽强的市场力量。

基于企业资源基础理论（Barney，1991；Grant，1991；Amit and Shoemaker，1993），并在全球语境中具有相当可观的解释价值。在这种背景下，跨文化和机构区域的国际联盟和企业变得越来越普遍。动态能力观点（Kogut and Zander，1992；Teece，Pisano，Shuen，1997）指的是企业为了应对环境变化而快速灵活地组装和利用知识资产的过程。动态能力框架的核心是这样一种概念，即基本的竞争优势可能来自于对各种地理上分散的组织的知识和技能资源的结合和综合（Kogut and Zander，1992）。

这场新的辩论反映了跨国公司资源寻求行为的新含义。与将低劳动力成本视作选址决策的重要条件的福特主义跨国公司相比，与动态能力框架相关的研究表明，后福特主义“高科技”跨国公司寻求资源的行为现在需要更加偏向搜索具有专业知识和较低劳动力成本的地点，比如在印度或乌克兰。我们的案例研究（下文）基于新的研究，涉及外包到乌克兰的软件开发的动机和实践。

案例研究小插曲——乌克兰软件开发的离岸外包

506 过去十年左右的时间，英国和北欧的软件“资本家”已经意识到与外包相关的战略和竞争优势，他们把软件开发外包给苏联 IT 产业中心乌克兰的高级工程师。作为在印度或中国进行此类采购的替代选择，乌克兰具有地理上邻近、文化上相对协调以及劳动力成本较低的优势。虽然“皇冠上的宝石”，也就是主要的设计和研发功能始终保留在公司总部，但更多常规的开发平台已经移交给基辅或乌克兰其他主要城市，产品被回收到利润丰厚的西方市场。尽管西方软件公司一直在寻求通过将此类生产活动从国际上外包给低成本但高技能的供应商来获得竞争优势，但某些风险也得到了证实。首先，乌克兰的政治和体制环境是出了名的不稳定，因此，在做出最初的投资决定时，需要进行适当的“尽职调查”，并征求具有精准可靠的当地知识的第三方的意见。其次，尽管当地工程师对这些企业有着明显的热情依恋，但人们一直担心知识产权外流，特别是流入非正规经济。最后，尽管乌克兰相对接近西方的神经中枢，但是文化差异有时使工作关系变得困难。这尤其与乌克兰工程师的职业道德有关，他们倾向于“承包工作”，或抽出时间来参加家庭活动。作为一种缓解风险的策略，许多软件公司正在采用“软资本主义”技术来激发员工的承诺，例如向员工分发公司的“杯子”或 T 恤，或者重新设计建筑内部，使其像“硅谷”设施一样具有社交效果。然而，最终应该认识到，这种离岸投资发生在一个短暂的“窗口”，如果更有利的条件出现在另一个全球区域，软件公司倾向于转移全球采购地点。或许并不令人意外的是，乌克兰工程师的工作方向，往往与西方软件资本家所表现出的工具式方法如出一辙，即在他们认为的就业优势消失时，保留退出的权利（Hollinshead and Hardy，2012）。

组织跨国公司

考虑了生产性功能在国际范围内扩散的基本原理后，我们现在来看跨国公司内部，尤其是考虑母子公司之间的关键关系。国际关注的关键问题是结合高度差异化，以便有足够的灵活性来应对当地情况。重点是市场需求，以及一定程度的全球整合，这将促进公司的连贯性和规模经济。关于这个主题做出重大贡献的是巴特利特和戈沙尔（Bartlett and Ghoshal，1989，1993）在广泛研究跨国公司跨越美国、欧洲和日本基础上提出的理想的类型学，作为跨国公司组织未来发展的参考点。这些学者对跨国公司的主流形象持怀疑态度，这些形象往往 507
过分强调了总部管理控制的效力，将跨国公司设想为一个整体的组织实体，或者几乎完全通过子公司的“镜头”并从所在国的角度来解释跨国公司的结构和文化（Bélanger，Giles and Grenier，2003）。在回顾跨国公司组织的“传统”结构时，巴特利特和戈沙尔（Bartlett and Ghosha，1989，1993）揭示了以下类型：（1）跨国公司，通过对当地差异的敏感性和响应能力，努力建立强大的本地存在；（2）全球公司，维持集中的全球运营，以获得成本优势；（3）国际关注，利用母公司的知识和能力，在全球传播和适应（Leong and Tan，1993）。

然而，在渴望达到一种新的“公司管理理论”（Leong and Tan，1993：25），巴特利特和戈沙尔（Bartlett and Ghoshal，1993）指出，受钱德勒（Chandler，1962），西尔特和马奇（Cyert and March，1963）等作者的启发，由于国际商务变得越来越复杂和动态化，跨国公司组织的传统类型学正在失去说服力。因此，他们建议跨国公司有必要追求一种“跨国解决方案”，这需要同时适应当地和全球的效率。以一家总部位于瑞士和瑞典的领先电气设备制造商为例，它提出了灵活、多国内和跨国关注的核心是三个主要过程。从本质上讲，三个层次的管理人员承担这些过程的责任，高层管理人员定义组织的使命和目的，中层管理人员整合战略和能力，一线管理人员作为“组织企业家”。从巴特利特和戈沙尔（Bartlett and Ghoshal，1989）的观点来看，这种非常独特的国际配置的生产性特征是将全球关注点分散在 1 300 个运营公司，进一步说是分为 3 500 个利润中心，使公司成为“利润多元化联盟”（Bartlett and Ghoshal，1993：36），从中产生了企业家精神。因此，跨国公司（见表格 25.4）具有以下的特征，应该有助于提高跨国公司的灵活性以及在全球范围内的学习能力：

表格 25.4　巴特利特和戈沙尔的跨国类型分析框架

跨国公司的跨国类型学在 20 世纪 70 年代后期成为主流模型，此时跨国公司寻求跨国界开拓利基市场，同时寻求在竞争日益激烈的经济环境中维持经济规模。它们需要回应同时满足全球效率和本地响应能力的这种相冲突的战略需求。在这种情况下，子公司被赋予了企业责任（例如研究和开发），通过子公司的社交活动保持高度的父母控制权经理（和工人）融入公司精神，并通过建立互动网络包括母公司和子公司。跨国公司的这种形式开始体现出灵活性的概念，使用计算机辅助设计和制造，并以逐步的和适应性的时尚制定策略。制药和食品跨国公司近似于跨国模式，它在美国、荷兰和瑞士的一些领先公司中也很典型。

508 （1）组成单位相互依存、专门化且比较分散；（2）贡献要因不同国家单位而不同，但是对全球综合业务都需要有所贡献；以及（3）跨组织单位共同开发知识，实现全球共享（Leong and Tan，1993）。

在最近的一项研究再次聚焦于 ABB 的案例，贝朗格、贾尔斯和格雷尼尔（Belanger，Giles and Grenier，2003）对巴特利特和戈沙尔的工作提出了批评，它本质上是对有影响力的作者将瑞士和瑞典拥有的跨国公司视为理想化的跨国公司的看法提出了质疑。贝朗格、贾尔斯和格雷尼尔（Belanger，Giles and Grenier，2003：483）对 ABB 公司结构进行了另外一种竞争性的研究，他们认为，在实践层面而不是在管理支持层面上，本地子公司并没有建立“独立子公司”，而是在许多方面受到总部的“监控和约束”。特别是，地方层面的管理人员参与跟总部高层管理人员的双向政治斗争，能够很好地解释影响企业的市场约束和机会。一方面，总部作为抵御市场波动力量的“壁垒”，保护下属企业免受环境因素的过度影响。另一方面，“母公司”允许公司内部分散的子公司之间进行竞争，总是进行标杆管理或强制比较。因此，跨国公司内的子公司必须提供可接受的财务结果，并以“有效的”方式解释当地环境（Ferner，2000）。根据贝朗格、贾尔斯和格雷尼尔（Belanger，Giles and Grenier，2003）的观点，通过政治活动和权力的运用，全球公司疏通和调解外部市场力量对子公司的潜在不利影响。

现在简要介绍全球/本地困境的替代概念，霍华德·珀尔马特（Howard Perlmutter，1969）在最初发表于 1969 年的极具影响力的著作中提出了一种进化类型，以阐明影响“母公司”和“子公司”之间战略关系的进化过程中的“曲折”阶段。珀尔马特认为，在发展的第一阶段，跨国公司倾向于坚持民族中心主义的“心理状态”或范式。在这种情况下，企业倾向于保留“权力的缰绳”，包括在原产国的研发和其他专有知识或职能。然而，正如珀尔马特所指出的，尽管民族中心主义可能伴随着某些战略优势（参见 Mayrhofer and Brewster，1996），尤其是总部保持对子公司控制和协调的能力，但可能存在相关的功能障碍。从子公司的立场来看，民族中心主义的姿态可能代表了来自跨国公司原籍国的“外国人”政策和惯例的强加，这些政策和做法将受到地方层面的解释，甚至抵制。本国公民占据公司高层也会构成一个“玻璃天花板”，限制子公司经理和员工的晋升前景。从总部的角度来看，民族中心主义的“心理状态”有忽视或忽略嵌入所在国环境中的资源、人力等财富的风险，这构成了跨国公司无法利用这些宝贵的无形资产的机会成本。

根据珀尔马特（Perlmutter，1969）的观点，跨国公司的下一个发展阶段涉 509
及向多中心性转变，或者将管理权下放给子公司。发展的这一阶段被定义为“曲折”，因为母子公司之间明显的信任度经常有助于权力下放的过程。因此，经过筛选后，那些享有母公司最大信任的区域子公司将比其他子公司优先获得授权。还应注意的是，将决策权移交给地方管理团队的过程始终是部分的。尽管母公司可能准备委托人力资源管理或市场营销职能的各个方面，但通常财务管理和研发这些关键领域仍保留在总部。

在进化的最后阶段，反映巴特利特和戈沙尔的“跨国”从类型上来说，跨国公司通常都努力在本地的响应能力（差异化）和国际的组织一致性（整合）之间寻找到最佳的平衡点。因此，珀尔马特的全球中心类型学抓住了先进的全球关注的焦点，同时成功地结合了本地和国际战略资源。全球中心的跨国公司的突出特点包括灵活而不那么等级分明的组织结构、根据任务跨越国家和组织边界将责任下放给员工团队，以及在整个组织内共享知识和学习。在后来的研究中，希南和珀尔马特（Heenan and Perlmutter，1979）确定了跨国公司的第四个进化特征，称为区域中心性。这种取向可以被认为是民族中心主义和全球主义之间的一个中间点。区域中心性意味着在区域级别将公司责任下放到地区一级总部，例如在欧洲、东亚或北美。

阿德勒和加达尔（Adler and Ghadar，1990）也认识到了跨国公司的发展趋势，从理论意义上来说，其与巴特利特和戈沙尔的影响力有些类似。他提出跨国公司战略和结构与产品生命周期的各个阶段有关。阿德勒和加达尔借鉴弗农的产品生命周期理论（1966），确定了跨国公司连续的发展阶段如下：（1）国内：从民族中心主义的角度来看，强调国内市场和出口、管理操作，很少关注外国文化。（2）国际化：包括向本地响应和学习的转移。（3）跨国公司：关注低成本和价格竞争。在生产要素、差异化和规模经济的基础上，以国外为基础的业务是一种获得产品差异化的成本优势和规模经济的重要手段。（4）全球性：特别强调全球化时代的国际竞争和组织中的挑战。这种类型侧重于本地响应和全球一体化，力求将成本优势、低价格与高质量的产品或服务结合起来，并适应当地口味。

虽然上述理论为全球/本地趋势提供了宝贵的见解，且影响着跨国公司组织、母子公司之间固有的紧张关系以及影响其发展的进化特征，应该认识到，这些理论基于理想类型并不总是适合让组织实现。以珀尔马特的理论为例，很
510 可能跨国公司将跨越一种以上的类型，而在其生命周期的各个阶段逐步发展。

赫德伦（Hedlund）强调，子公司在跨国公司结构中的重要性和企业家般的角色给跨国公司提供进一步的洞察力和理论上的支撑。后者认为，子公司经

理实际上可能会主动影响与总部和其他子公司的关系，而不是受总部的控制或仅仅对总部的要求作出回应。赫德伦（Hedlund，1986）强调，在跨国公司的多层级结构中，子公司的重要作用和创业作用为进一步的见解和理论支撑提供了依据。后者的观点放弃了跨国公司自上而下的层级观点，后者在即时消息的较早辩论中占主导地位，并主张子公司经理实际上可能会积极影响与总部和与其他子公司的关系，而不是受总部要求的控制或只是响应（例如 Birkinshaw，1996，2000）。在后续辩论中，还强调了子公司管理的角色和自治权，这表明子公司在跨国公司内部的创新，企业家精神和授权变更方面具有并发展了不同的角色，从而为子公司成功地与总部讨价还价提供了或多或少的关键资源。新研究强调了子公司"发行—销售"能力的重要性（例如，参见 Dörrenbächer et al.，2014；Dörrenbächer and Geppert，2014），当它们要就总部强加的授权变更讨价还价，或就支持子公司层面的创业计划进行谈判时。

制度主义的方法：本国和所在国的根植性

越来越多的批评性文献认识到，跨国公司跨越国家和地区边界的扩张，并不像理性模型或经济模型所设想的那样，以一种中立或无实体的方式出现。相反，根据制度理论和比较制度理论的贡献，人们越来越认识到，构成跨国公司组织整体的分散的组织子单位分别受到其直接环境中普遍存在的规范框架和认知框架的影响（Powell and DiMaggio，1991；Scott，2001，Meyer and Rowan，1977）。因此，组织制度主义认为，虽然跨国公司总部"根植"于其本国普遍存在的独特的制度和文化语境中，但子公司倾向于将其所处地明显的社会政治及相关规则和规范内化（Geppert，Matten and Walgenbach，2006；Morgan and Kristensen，2006；Harzing and Sorge，2003；Powell and DiMaggio，1991；Meyer and Rowan，1977）。韦斯特尼（Westney，1993）相应地认为，跨国公司的管理必须应对两种主要的制度（或制度二元性），其中一种是由母公司根植，另一种由公司的所在国根植。

有人已经从这样的分析断言，跨国公司原籍国的制度体系（Whitley，1999），包括所有权、工商业问题之间的竞争或者合作程度以及管理层与工人或工会之间的关系的质量将严格决定国际上日益扩大的关注的结构特征。因 511

此，来自本国的“政策、做法、国家的范本和控制程序往往会在子公司之间传播和复制”（Morgan and Kristensen，2006：1471）。从子公司的角度来看，可能会出现制度二元性的问题。这意味着，一方面，当地的管理受到来自公司总部的法规、规范和认知的影响，另一方面，又必须采用与所在国法规相关的做法（Kostova and Roth，2002；Kostova and Zaheer，1999；Morgan，Kostova and Roth，2002；Morgan and Kristensen，2006）。在这些制度主义的辩论中，缺少的是考虑社会能动性的关键作用，例如，与总部和子公司经理的不同利益和身份有关的问题，并提出关于实际上是谁在拉动这些事务，以及如何拉动和为什么拉动的问题（比如参见 Geppert and Williams，2006）。这些问题是关于跨国公司内部权力和政治的争论中心，我们将在下一节中回到这个问题。

在并行流的文献当中，尤其是工业领域的关系，“原产地”或“主导”效应的重要性已经得到越来越多公司的承认。费尔纳（Ferner，1997）根据爱德华和里斯（Edwards and Rees，2006）的说法，主张“最佳实践”的概念最有可能来自公司的所在地，在那里它们与高水平的生产率和商业成功相关联。例如，源自美国的跨国公司已经成为将管理原则和实践传播到全球范围的重要渠道。包括 20 世纪 40—60 年代“福特主义的”大规模生产系统，20 世纪 90 年代后冷战时期“泰勒主义的”工作设计和薪酬支付系统，以及与人力资源管理相关的创新。同样，在 20 世纪 80 年代，日本跨国公司参与了“精益生产”、“准时制”制造和“全面质量”管理等技术的全球转移（Hollinshead，2009；Edwards and Rees，2006）。然而，与比较制度分析以及不同的国家或者地区仍然存在不同的商业体系（Whitley，1999）以及资本主义的多样性（Hall and Soskice，2001）的观点相一致，可以预见的是，管理或者组织实践很明显地扎根于同一个空间领域则可能不容易转移到体制上形成完全对立的环境中去。例如，在欧洲大陆的很多地方“社会伙伴关系”的原则被作为一种行业规范加以遵守。在这里，组织利益相关者之间的共识安排，如董事会层面的共同决定安排或车间的工作委员会，或更大的国家干预因素，如工资或工作保障是常见的。因此，对于一家美国跨国公司来说，寻求以“自由市场”为导向的原则和做法（例如，非工会主义，“雇佣和解雇”，以及把薪酬与绩效挂钩），即“协调”市场制度原则，总是必然会造成相当大的结构性障碍，并可能导致总部和当地的负责人之间发生严重的冲突（Hollinshead，2009；Edwards and Rees，

2006）。后一个问题将我们带入一个相对新的关于即时通信的争论中，我们现在转向这个话题。

跨国公司内部的政治问题和权力关系 512

伴随跨国公司的子公司被“嵌入”在特定的社会经济环境，批判国际管理的学者日益认识到，国际组织的社会结构存在一定范围，容许内部派系或既得利益者多元表达和社会空间的竞争。国际管理中的主流的理性主义和制度主义研究方法缺乏对跨国公司内部政治过程和权力关系的动态理解，因为大多数研究系统地忽视了强大的关键行动者对社会能动性和政治战略过程的影响。事实表明，即使在权力关系是不对称的情况下，总部或高级经理有某些权力对跨国公司的其他子单位和管理人员行使权力，子公司、较低层级的经理和员工从来都不是真正“无权无势”的，如果他们积极参与公司的政治进程和微观政治游戏，就能在决策过程中“获得”影响力（Bouquet and Birkinshaw，2008）。这些游戏基于正式和非正式的规则（Crozier and Friedberg，1980），行动者可以利用不同的资源和技能来影响这些规则的设置。这是因为“游戏规则”是在总部或其他相关地方发展起来的，而这些地方总是需要语境化和解释，这就为能动性和政治主张提供了空间（例如参见 Hardy and Clegg，1996：634）。因此，有人认为，跨越国界获得地方合法性必须被视为一种有时会导致政治冲突的政治进程。权力可以被理解为一种“关系”的媒介，在这种“关系”中，主体性作为一种复杂的、矛盾的、不断变化的经验，通过行使权力的社会实践而产生、转化或复制（Knights and McCabe，1999：203）。因此，跨国公司中的权力应该被视为一种特定的环境（在制度上和文化上形成，但不是确定性的）、互动和话语构成的社会关系。

此外，重要的国际商务/国际管理方法强调不同的制度、身份和利益在跨国公司的权力关系和政治过程中发挥的作用（例如参见 Geppert and Dörrenbächer，2014；Geppert，Becker-Ritterspach and Mudambi，2016）。与主流国际商务/国际管理和制度主义研究主要集中在宏观层面（环境经济和社会）和中观（组织和结构）不同，新兴的批判观点通过一种更“自下而上”和以行动者为中心的方法提供了对跨国公司的政治过程和权力关系一种更为深入的理

解。“自下而上”的轨迹容易使跨国公司暴露在一个“有争议的地区”，或以
政治交易和谈判为特征的政治体系中（Morgan，2001：9－10）。因此，跨国公
司可以理解为通过政治联盟建设而形成的社会政治体系（Whitford and Zirpoli，
513 2016）。这些联盟可能或多或少地处在稳定和分散之间、“不仅是相互竞争的
社会力量，还包括跨越国家机构领域，并沿着各个‘水平’的跨国组织维度，
导致它们独特的微观政治无处不在，这些特征都反映了跨国公司的国际维度”
（Ferner and Tempel，2006：9）。

总　结

本章建议研究跨国公司作为跨国社会空间和组织实体的现实，这一方法与将跨国公司视为无实体或超越性的全球现象的应用经济学观点截然不同。我们关注那些驱使生产活动在国际上分散到全球区域的因素，最近以全球商品链的形式出现，这些因素在动荡的国际市场环境中始终追求着卓越的竞争优势。在把跨国公司组织的存在发扬光大的时候，我们发现，知识和权力关系方面的不对称经常是“母公司”和“子公司”之间社会关系的特征，而侦查全球/本地组织紧张关系仍然是一个重要的战略关注领域。因此，基于现代跨国公司理论的偏离，我们对跨国公司可以被视为“理性主义”企业的概念提出了质疑，并假设跨国公司可以被视为分散的组织行动者之间微观政治谈判和争论的分散场所。在总结中，我们强调未来研究的一些可取的途径，特别是当我们将跨国公司视为一个政治体系时。

首先，仔细检查整个国家制度和文化语境是不可少的步骤，特别是为了获得增强了解本地根植性约束和如何使关键行动者建立权力资源并动员政治支持。

其次，需要研究如何解决总部和子公司之间的权力关系和政治过程如何揭示行动者的各种身份和利益。总部和子公司关系的传统问题可能会转变为关于利益形成和政治竞争以及当地子公司管理者对于总部和当地的公司是否能确定更多问题的讨论。

最后，我们有必要去研究“身份确认”和地方附属机构内部的身份政治问题，这可能导致政治冲突、刻板印象及有时的误解、利益冲突和政治斗争。

在这里，不仅体现了当地管理者和外派人员的权力和政治手段，也体现了员工的身份和利益在微观政治博弈和权力斗争中的作用。

我们认为，未来的研究应更多地关注微观的、有深度的以及基于案例研究的分析。这种社会政治方法强调组织中的“生活充满活力”（Ortmann，1988：7），这意味着权力不仅在跨国公司中发挥作用，而且还阐明了权力关系实际 514
上是如何在社会上构建的问题。这种社会政治轨迹研究了在跨国公司中具有不同利益和身份的行动者如何跨越文化和功能边界的相互作用，导致微观政治博弈或当利益及身份冲突时的政治斗争。解决这些冲突需要有技巧的行动者，他们必须能够谈判和发展共同意义。

参考文献

Adler, N. J. and Ghadar, F. (1990). 'Strategic Human Resource Management: A Global Perspective', in R. Pieper (ed.), *Human Resource Management: An International Comparison*. Berlin: De Gruyter, 235 - 54.

Amit, R. and Shoemaker, P. (1993). 'Strategic Assets and Organizational Rent'. *Strategic Management Journal*, 14: 33 - 46.

Barney, J. (1991). 'Firm Resources and Sustained Competitive Advantage'. *Journal of Management*, 17: 31 - 46.

Barrell, R. and Pain, N. (1997). 'Foreign Direct Investment, Technological Change and Economic Growth within Europe'. *Economic Journal*, 107(445): 1770 - 86.

Bartlett, C. A. and Ghoshal, S. (1989). *Managing across Borders: The Transnational Solution*. Boston, MA: Harvard Business School Press.

Bartlett, C. A. and Ghoshal, S. (1993). 'Beyond the m-form: Toward a Managerial Theory of the Form'. *Strategic Management Journal*, 14(52): 23 - 46.

Bartlett, C. A., Ghoshal, S., and Birkinshaw, J. (2004). *Transnational Management: Text, Cases and Readings in Cross-Border Management*. New York: McGraw-Hill.

Bélanger, J., Giles, A., and Grenier, J. N. (2003). 'Patterns of Corporate Influence in the Host Country: A Study of ABB in China'. *International Journal of Human Resource Management*, 14(3): 469 - 85.

Birkinshaw, J. (1996). 'How Multinational Subsidiary Mandates are Gained and Lost'. *Journal of International Business Studies*, 27(3): 467 - 96.

Birkinshaw, J. M. (2000). *Entrepreneurship in the Global Firm*. London: SAGE.

Bouquet, C. and Birkinshaw, J. (2008). 'Managing Power in the Multinational Corporation: How Low-Power Actors Gain Influence'. *Journal of Management*, 34(3): 477 - 506.

Burton-Jones, A. (2001). *Knowledge Capitalism: Business, Work and Learning in the New Economy*. Oxford: Oxford University Press.

Cairns, G. and As-Saber, S. (2017). 'The Dark Side of MNCs', in C. Dörrenbächer and

M. Geppert (eds.), *Multinational Corporations and Organization Theory: Post Millennium Perspectives*, *Research in the Sociology of Organizations*, *Vol. 49*. Bingley: Emerald, 425 – 43.

Carlton Television (2001). *The New Rulers of the World.*

Chandler, A. (1962). *Strategy and Structure: Chapters in the History of the Industrial Enterprise*. Eastford, CT: Martino.

Clegg, S. (2017). 'The East India Company: The First Modern Multinational?', in C. Dörrenbächer and M. Geppert (eds.), *Multinational Corporations and Organization Theory: Post Millennium Perspectives*, *Research in the Sociology of Organizations*, *Vol. 49*. Bingley: Emerald, 43 – 68.

Crozier, M. and Friedberg, E. (1980). *Actors and Systems: The Politics of Collective Action*. Chicago, IL: University of Chicago Press.

515 Cyert, R. and March, J. (1963). *A Behavioral Theory of the Firm*. Englewood Cliffs, NJ: Prentice Hall.

Dicken, P. (2011). *Global Shift: Mapping the Changing Contours of the World Economy*. London: SAGE.

Djelic, M.– L. (2001). *Exporting the American Model: The Postwar Transformation of European Business*. Oxford: Oxford University Press.

Dörrenbächer, C., Becker-Ritterspach, F., Gammelgaard, J., and Geppert, M. (2014). 'Subsidiary-initiative-taking in Multinational Corporations: The Role of Issue-Selling Tactics', in G. S. Drori, M. Höllerer, and P. Walgenbach (eds.), *Global Themes and Local Variations in Organization and Management*. New York and London: Routledge, 383 – 95.

Dörrenbächer, C. and Geppert, M. (2014). 'Power and Politics in Multinational Corporations: Towards more Effective Workers' Involvement'. *Transfer: European Review of Labour and Research*, 20(2): 295 – 303.

Dunning, J. H. (1977). 'Trade, Location of Economic Activity and the MNE: A Search for an Eclectic Approach', in B. Ohlin, P. O. Hesselbom, and P. M. Wijkmon (eds.), *The International Location of Economic Activity*. London: Macmillan, 395 – 418.

Dunning, J. H. (1993). *Multinational Enterprises and the Global Economy*, Wokingham: Addison-Wesley.

Dunning, J. H. (2001). 'The Eclectic (OLI) Paradigm of international Production: Past, Present and Future'. *International Journal of the Economics of Business*, 8 (2): 173 – 90.

Dunning, J. H. and Lundan, S. M. (2008). *Multinational Enterprises and the Global Economy*, 2nd edn. Cheltenham: Edward Elgar.

Edwards, T. and Kuruvilla, S. (2005). 'International Human Resource Management, National Business Systems, Organizational Politics and the International Division of Labour in MNCs'. *International Journal of Human Resource Management*, 16 (1): 1 – 21.

Edwards, T. and Rees, C. (eds.) (2006). *International Human Resource Management: Globalization*, *National Systems and MNCs*. Harlow: Pearson.

Ferner, A. (1997). 'Country of Origin Effects and HRM in Multinational Corporations'. *Human Resource Management Journal*, 7(1): 19 – 37.

Ferner, A. (2000). 'The Underpinnings of "Bureaucratic" Control Systems: HRM in European Multinationals'. *Journal of Management Studies*, 37(4): 521 – 39.

Ferner, A. and Tempel, A. (2006). 'Multinationals and National Business Systems: A Power and Institutions Perspective', in P. Almond and A. Ferner (eds.), *American*

Multinationals in Europe: Managing Employment Relations across National Borders. Oxford: Oxford University Press, 10 – 33.

Friedman, T. L. (2007). *The World is Flat: The Globalized World in the Twenty-First Century*. London: Penguin.

Geppert, G. and Dörrenbächer, C. (2014). 'Politics and Power within the Multinational Corporation: Mainstream Studies, Emerging Critical Perspectives and Suggestions for Future Research'. *International Journal of Management Reviews*, 16(2): 226 – 44.

Geppert, M., Becker-Ritterspach, F., and Mudambi, R. (2016). 'Politics and Power in Multinational Companies: Integrating the International Business and Organization Studies Perspectives'. *Organization Studies*, 37(9): 1209 – 25.

Geppert, M., Matten, D., and Walgenbach, P. (2006). 'Transnational Institutional Building and the Multinational Corporation: An Emerging Field of Research'. *Human Relations*, 59(11): 807 – 38.

Geppert, M. and Williams, K. (2006). 'Global, National and Local Practices in 516
Multinational Corporations: Towards a Socio-Political Framework'. *International Journal of Human Resource Management*, 17(1): 49 – 69.

Gereffi, G. (1999). 'International Trade and Industrial Upgrading in the Apparel Commodity Chain'. *Journal of International Economics*, 48(1): 37 – 70.

Giddens, A. (2006). *Sociology*, 5th edn. Cambridge: Polity Press.

Grant, R. (1991). 'The Resource-based Theory of Competitive Advantage: Implications for Strategy Formulation'. *California Management Review*, 33(3): 114 – 35.

Hall, P. and Soskice, D. (eds.) (2001). *Varieties of Capitalism. The Institutional Foundations of Comparative Advantages*. Oxford: Oxford University Press.

Hardy, C. and Clegg, S. R. (1996). 'Some Dare Call it Power', in S. R. Clegg, C. Hardy, and W. R. Nord (eds.), *Handbook of Organization Studies*. London: SAGE, 622 – 41.

Harzing, A.– W. and Sorge, A. (2003). 'The Relative Impact of Country of Origin And Universal Contingencies on Internationalization Strategies and Corporate Control in Multinational Enterprises: Worldwide and European Perspectives'. *Organization Studies*, 24(2): 187 – 214.

Hedlund, G. (1986). 'The Hypermodern MNC—a Heterarchy?'. *Human Resource Management*, 25(1): 9 – 35.

Heenan, D. A. and Perlmutter, H. V. (1979). *Multinational Organization Development*. Reading, MA: Addison-Wesley.

Hennart, J. F. (1991). 'The Transaction Costs Theory of Joint Ventures: An Empirical Study of Japanese Subsidiaries in the United States'. *Management Science INFORMS*, 37(4): 625 – 97.

Hollinshead, G. (2009). *International and Comparative Human Resource Management*. Basingstoke: McGraw-Hill.

Hollinshead, G. and Hardy, J. (2012). 'International Sourcing and Asymmetry: The Tapping and Decanting of Ukrainian Engineering Skills by Western Software Engineers'. *Work, Organization, Labour and Globalization*, 6(2): 58 – 76.

Hopkins, T. K. and Wallerstein, I. (1996). 'Commodity Chains in the World Economy prior to 1800'. *Review*, 10(1): 157 – 70.

IMF (International Monetary Fund) (1993). *Balance of Payments Manual*, 5th edn. Washington, DC: IMF.

Kaplinsky, R. (2013). 'Global Value Chains: Where They Came From, Where They Are Going and Why This Is Important'. *Innovation, Knowledge, Development Working Paper*

68, Milton Keynes: Open University.

Knights, D. and McCabe, D. (1999). ' "Are There no Limits to Authority?": TQM and Organizational Power'. *Organization Studies*, 20(2): 197 – 224.

Kogut, B. and Zander, I. (1992). 'Knowledge of a Firm, Combinative Capabilities, and the Replication of Technology'. *Organization Science*, 3(3): 383 – 97.

Kostova, T. (1999). 'Transnational Transfer of Strategic Organizational Practices: A Contextual Perspective'. *Academy of Management Review*, 24(2): 308 – 24.

Kostova, T. and Roth, K. (2002). 'Adoption of Organizational Practice by Subsidiaries of Multinational Corporations: Institutions and Relational Effects'. *Academy of Management Journal*, 45(1): 215 – 33.

Kostova, T. and Zaheer, S. (1999). 'Organizational Legitimacy under Conditions of Complexity: The Case of the Multinational Enterprise'. *Academy of Management Journal*, 24(1): 64 – 81.

Leong, S. M. and Tan, C. T. (1993). 'Managing across Borders: An Empirical Test of the Bartlett and Ghoshal (1989) Organizational Typology'. *Journal of International Business Studies*, 24(3): 449 – 64.

517 Mayrhofer, W. and Brewster, C. (1996). 'In Praise of Ethnocentricity: Expatriate Policies in European Multinationals'. *Thunderbird International Business Review*, 38 (6): 749 – 78.

Meyer, J. W. and Rowan, B. (1977). 'Institutionalized Organizations: Formal Structure as Myth and Ceremony'. *American Journal of Sociology*, 83(2): 340 – 63.

Morgan, G. (2001). 'The Multinational Firm: Organising across Institutional and National Divides', in G. Morgan, P. H. Kristensen, and R. Whitley (eds.), *The Multinational Firm: Organizing across Institutional and National Divides*. Oxford: Oxford University Press, 1 – 24.

Morgan, G. and Kristensen, P. H. (2006). 'The Contested Space of Multinationals: Varieties of Institutionalism, Varieties of Capitalism'. *Human Relations*, 59 (11): 1467 – 90.

Ohmae, K. (1994). *The Borderless World: Power and Strategy in the Interlinked Economy*. London: Harper Collins.

Ortmann, G. (1988). 'Macht, Spiel, Konsens', in W. Küpper and G. Ortmann (eds.), *Mikropolitik*. Opladen: Westdeutscher Verlag, 13 – 26.

Perlmutter, H. (1969). 'The Tortuous Evolution of the Multi-National Corporation'. *Columbia Journal of World Business*, 4(1): 9 – 18.

Powell, W. W. and DiMaggio, P. J. (eds.) (1991). *The New Institutionalism in Organizational Analysis*. Chicago, IL: University of Chicago Press.

Prahalad, C. K. and Doz, Y. (1999). *The Multinational Mission: Balancing Local Demands and Global Vision*. New York: Free Press.

Rugman, A. (2001). *The End of Globalization: Why Global Strategy Is a Myth and How to Profit From the Realities of Regional Markets*. New York: Amacom.

Scott, W. R. (2001). *Institutions and Organizations*, 2nd edn. Thousand Oaks, CA: SAGE.

Steger, M. B. (2013). *Globalization: A Very Short Introduction*. Oxford: Oxford University Press.

Taylor, M. (ed.) (2008). *Global Economy Contested: Power and Conflict across the International Division of Labour*. London and New York: Routledge.

Teece, D., Pisano, G., and Shuen, A. (1997). 'Dynamic Capabilities and Strategic Management'. *Strategic Management Journal*, 18(7): 509 – 33.

UNCTAD (United Nations Conference on Trade and Investment) (2014). *World Investment Report*. Geneva: UNCTAD.

Verbeke, A. (2009). *International Business Strategy*. Cambridge: Cambridge University Press.

Vernon, R. (1966). 'International Investment and International Trade in the Product Cycle'. *Quarterly Journal of Economics*, 80(2): 190 - 207.

Westney, E. D. (1993). 'Institutionalization Theory and the Multinational Corporation', in S. Ghoshal and E. D. Westney (eds.), *Organization Theory and the Multinational Corporation*. London: Macmillan, 53 - 76.

Whitford, J. and Zirpoli, F. (2016). 'The Network Firm as a Political Coalition', *Organization Studies*, 37(9), 1227 - 48.

Whitley, R. (1999). *Divergent Capitalisms. The Social Structuring and Change of Business Systems*. Oxford: Oxford University Press.

第 26 章

管理和咨询

矛盾、复杂性和变化

安德鲁·斯特迪、克里斯托弗·怀特和尼克·怀利

介　绍

> 取代了公司层级结构的“组织人”，出现了一种新的刻板化印象，那就是一种自以为是的……野心勃勃之徒，他们精通各种 MBA 课程以及大型联盟顾问的语言，一次又一次跳槽……对于那些等级不高的管理人员，他们有可能成为的新角色包括：教练、团队建设者、协助者和变革推动者。（Grey，1999：570 and 574）

在 20 世纪初，现代或“后科层式的”管理者的刻板印象，与管理顾问的更为成熟的形象有着惊人的相似之处。那么，管理者是否变得更像管理顾问，更重视变革管理、正式工具、项目工作和便利化工作，而不是明确的等级控制了？在本章中，我们考虑这个问题，但作为更具体的关注的一部分，它以历史角度关注管理和咨询之间的更广泛的关系，就如同是一项关于经理如何与顾问互动的活动。我们将看到，这是一项艰巨的任务，因为如果管理很难用定义来界定，那么咨询也同样如此，甚至更甚。两者都是多样化的，有争议的，并且会发生变化的。正如芬彻姆和克拉克（Fincham and Clark，2002：2）在谈到咨询时所指出的，“行业的局限性或咨询技能的构成一经发现，这些因素（独特的任务、技能和公司）就会变得多余”。

然而，大多数人承认，管理和咨询是密切相关的，一方塑造着另一方。首先，正如基平（Kipping，2002）认为的，基于科学管理、战略、信息技术 519
（IT）的咨询浪潮的出现在很大程度上回应了大型公司管理人员的关注点。从另一个角度来看，咨询对管理实践产生了重大影响，这一点似乎也很清楚。例如，斯特迪（Sturdy，2011）的一篇评论概述了一系列与顾问在项目中提供的经典功能相关的成果——包括提供专业知识、便利、额外资源和/或合法化。这些因素与项目之外的咨询活动（如“思想领导力”）、培训未来的管理者以及作为管理创新的榜样（如文化和知识管理）相结合。这些结果对管理并不总是积极的，因为咨询可以替代管理，它的成功和合法性可能会削弱其他管理人员的权威。

本章将通过参考有关该主题的一系列文献来探讨管理和管理顾问之间的关系。我们在里面尝试了很多新的方式，我们的一些研究是关于经理作为咨询客户，作为内部顾问，或者一种全新的种类，“顾问经理”（比如 Sturdy，Wright，and Wylie，2015；Sturdy and Wright，2011；Wylie，Sturdy and Wright，2014）。它的组织方式如下，在下一节中，我们将探讨理解管理和咨询之间关系的不同方法，然后分析到目前为止管理和咨询之间的关系是如何变化的。接着，我们从客户经理在实践中如何与顾问互动的角度，直接考察这一关系，最后简要讨论我们的分析的更广泛的影响，并提出需要进一步研究的问题。

一种疑惑和自相矛盾的关系

我们已经注意到，管理和咨询具有不同且互相竞争的含义。其中一些原因是关于管理或咨询的定义，特别是它们在成员资格中的包容性或排他性（Grey，1999）。这种紧张关系在其他领域也很明显，比如人力资源管理（Guest，1987）和项目管理上（Hodgson，2002），在这些领域，排他性通常与不同职业群体的专业化项目相关。混淆和冲突也产生于职业内的形式的多样性，以及这些如何能够为不同的个人身份识别对象提供基础，也可能引起混乱和冲突。内部多样性在职业中相当普遍（Fine，1996），但考虑到管理和咨询的开放性和歧义性，可能尤其适用于管理和咨询（Harding，Lee and Ford，2014；Kitay and Wright，2007）。例如，在管理咨询领域，人们可以将提供小众或深奥建议的经验丰富的从业者与实施标准模型的年轻“蓝筹股”员工进行对比。但是还有很多其他的变化。例如，基特和莱特（Kitay and Wright，2007）的一项研究发现，咨询这一标签下有大量的活动和行动者。这些提供的
520 基础职业身份分为“专业”的顾问（最常见）、“先知”（精英）、“商人”和“服务人员”。此外，它们是由个人根据特定咨询部门或者等级级别的情况有选择性地使用的。其他的识别也很明显，包括替代职业或学科，例如人力资源管理或组织发展（OD），尤其是考虑到咨询（和管理）有时会遭到污名化。考虑到这些困难，从分析上来说，我们将把重点放在咨询和管理的主导形象上，这些形象主要与中层有关。即使在这里，我们也可以看到管理和咨询之间的关系有三种不同的立场——仅在某些方面等同的、不同的和相同的。

管理和咨询等同

对很多人来说，管理和咨询没有什么区别。两者通常以非常相似的形式进行活动，有时直接代表组织所有者，或者，如果不是，顾问可能只是使管理正当化或充当替罪羊（Sturdy，2011）。但是，咨询和管理在两种更具体的意义上被视为等同，一种比另一种更具有抱负。首先，对于那些认同或追求专业管理地位的人来说，管理和咨询扮演的角色是非常接近的。例如，英国早期的管理先驱林德尔·厄威克（Lyndall Urwick）认为管理应该是一种第三方活动，独立于资本和劳动力之外（Brech，Thomson and Wilson，2010；另见 Shenhav，1999）。尽管取得的成功有限（Khurana，2007；Poole，Mansfield and Mendes，2001），但这种观点的变化依然存在，并且反映以下这一事实：英国的咨询专业机构（咨询学会）是更广泛的英国特许管理学会的重要的一部分。

第二点也是更重要的一点是，管理和咨询在咨询的两个定义里有着明确的一致性。这强调了为改进组织提供援助的做法。在这里，不管我们的主要职业是什么，我们都可以在特定情况下担当顾问：“因此经理也可以充当顾问，如果他或她决定给一位经理建议和帮助，甚至也可以对下属提供建议和帮助而不是指示他们或下达命令。”（Kubr，1996：3）这是一种高度包容的咨询观点，很大程度上源于人本主义和过程咨询传统（Schein，2009），强调的是促进或更亲切的帮助（Schein，2009）。然而，尽管一些活动（例如，表面上非强制性的变革干预和指导）没有发生变化，但是，咨询的传统在它曾经很重要的背景下正在衰落。

咨询和管理的不同

咨询的第二种主要观点是一种排他性的观点，通常受到专业咨询协会的青睐（并被许多咨询研究人员所共享）。它将咨询作为一种向管理者提供特殊的 521
服务，包括特定的资格或技能和培训，用于帮助识别和分析问题并“以一种客观、独立的方式”推荐解决方案（Kubr，1996：3）。正如我们将看到的，这种“专业”和“专家”的咨询模式在 20 世纪 30 年代以一种特殊的方式在美国出现（David，Sine and Haveman，2013）。它不是唯一的模式，也不是没有内部矛盾（例如，在通往专业素质的道路上），但它与管理相比是一种独特的职业或者专业（Kitay and Wright，2007：1615）。这种独特性在许多方面都很明显，尤其是在知识、人际关系、工作和职业模式以及个人特征方面。

首先，无论咨询顾问相对于管理客户的实际“客观性”和“独立性”如何，他们都被视为不受组织日常管理的约束，对决策没有直接责任，也没有给予指导的层级权力。这与组织内外管理人员和专家之间长期存在的更广泛的区别相呼应（Brint，1996）。考虑到在大多数情况下，没有人受到强迫使用这些专家，后者不得不强烈地依靠说服和建立关系。在组织内部也一样，这些人曾经被称为“专业人员”（Dalton 1950；Daudigeos，2013），也被认为与管理者不同，他们的组织忠诚度较低，对专业知识和组织外参考群体的承诺更大。他们在取向或潜在身份上更具有“世界主义”（Gouldner，1957：287）。

考虑到外部专家，例如顾问，这种区别由于任务的短期性或基于项目的性质而得到进一步加强。这样的咨询观点符合当代在英国公共部门使用的定义，例如，它将咨询与“稳定状态”活动（以及那些临时经理和外包）区分开来（OGC，2006）。同样地，顾问专业知识的核心领域——变革管理——长期以来被视为管理者的周期性关注，即便如此，他们的重点也将集中在实施上，而不是规划和整合职能（Armbrüster and Kipping，2002）。更广泛地说，自从专业咨询开始以来，相对抽象的方法和模型已经被使用，这对管理者来说是相当陌生的，至少直到工商管理硕士（MBA）兴起之前（David，Sine and Haveman 2013；McDonald，2013）。使用这些方法的原因有很多，比如确保一致性和质量（Werr，Stjernberg and Docherty，1997）。随着咨询公司的规模和地理覆盖范围不断扩大，并采用麦肯锡等战略公司开创的方法，即从精英大学和商学院招聘大量年轻、相对缺乏经验的工商管理硕士毕业生，而这一点变得尤为重要（McKenna，2006）。

选择标准的这种转变，加上许多大型咨询公司的“不升即走”政策，使顾问在形象和部分现实上与它们的那些管理客户在教育背景、年龄、职业活力及工作保障各方面也有截然不同的差别（Kipping，2011）。例如，在英国这样的国家，管理职业传统上几乎不会涉及雇主或职能的改变，正式的管理教育只是
522 最近才起步（Poole，Mansfield and Mendes，2001）。事实上，对一些人来说，将管理纳入专家组仍然会有“争议”（Fincham，2012：209）。相反，例如，按照英国的标准职业分类，管理更多的是与层次级别和控制功能联系在一起，而不是一个特定的职业群体。然而，其他的则将管理及其子学科纳入专业知识分类。例如，里德（Reed，1996）在一项有影响力的专家劳动研究中，将咨询与管理分开。咨询（与 IT 和财务顾问一起）被归入“创业专业”或知识工作者的类别，知识工作者可能代表资本对管理者进行控制。相比之下，芬彻姆（Fincham，2012）仅专注于特定的管理职业，顾问再次与 IT 结合在一起作为“业务服务”，而人力资源管理和项目助理则被归入“准专业”群体（另见 Muzio et al.，2011）。

专家组这样的对比分类强调职业的竞争本质边界，但是它们用于特定分析目的——作为理想类型——会很有用。事实上，上述的区别是有效的，因为它们对语境或变化不是特别敏感，而且可以强调我们分析的中心主题，即传统的、专家的或专业视角的管理顾问，与后现代的或更具体说是混合型或新科层式的管理者的当代形象进行对比（Sturdy，Wright and Wylie，2015）。如表格 26.1 所述，这与科层机构中管理者在工作活动、职业动态以及身份方面的形象形成对比（另见 Donnelly，2009，对比知识工作，比如咨询业与科层制下的雇佣关系）。

表格 26.1　管理者和顾问之间的传统区别

	科层管理者	“专业”顾问
活动	日复一日；基于经验和特定门类的知识；变化很少，并且具有实施重点。基于层级结构和功能的关系；内部关注；责任心强（男性）。	短期，基于变革/项目的综合性的；使用基于资格的抽象方法进行建议。形式上独立于（客户）层级结构；依靠说服力（女性）；外部联网。
职业	很少的管理教育；按资历的单一公司职业；相对的工作保障。	专业培训/教育（例如 MBA）；高工作/雇主流动性/不安全感（“非升即走”）。
身份	科层制/等级制的和基于组织的（当地人）。	专业，基于资格/职业；外部且变革导向的，与（中层）经理（世界主义者）不同。

改编自 Sturdy，Wright and Wylie，2015

管理与咨询：相同点与不同点 523

因此，根据个人对内部/排他性和经验关注的看法，咨询和管理可以被视为非常相似或截然不同。这表明一个更现实的立场可能是把它们视作相同的和不同的。事实上，其他人确实暗中采取了这种立场。例如，在规范性文献中，威克姆（Wickham，1993：3）将咨询视为一种“特殊的管理形式”。更具体地说，芬彻姆（Fincham，2012：215）将其视为“管理的专家部门”，或者，通过关注其为管理客户扮演的代理角色，将其视为“受到挤压的管理”，即“代理人的代理人”（另见 Fincham，2003），或者将其视为与管理集团直接竞争的部门。这些从结构的角度来看是有益的，在探索身份的研究中也有所体现。例如，斯特迪等人（Sturdy et al.，2009）展示了顾问如何根据特定的背景，比如项目的阶段，寻求与其管理客户站一起（作为“内部人员”）以及与他们分离的身份（另见 Kitay and Wright，2003）。事实上，重要的是要强调，除了个体经营者以外，所有的外部顾问都同时是雇员本身，他们通常是在科层组织中，有的时候是作为管理者（参见 Donnelly，2009，为研究这种紧张关系）。例如，与咨询业通常精英化甚至光鲜亮丽的形象形成鲜明对比的是，那些因管理职位被裁员而成为顾问的人可以将咨询业视为失败的管理。即便是那些处在看似精英的咨询职位的人，也会将其视为通往（高级）管理层的垫脚石（另见 McGinn，2013）。这些意见有助于对咨询和管理提出更复杂的“两者”观点（参见表格 26.2），但也重申必须更明确地说明具体的语境。所以，举例来说，上面所提到的理想化的对比最好是从 20 世纪 80 年代以前公司科层组织的中层管理员来看，与同一时期在大型战略咨询公司或一般咨询公司中的中高级顾问相比。然而，规范也强调了咨询和管理的形式以及它们之间的关系是如何变化的，这种变化正是我们要朝向的方向。

表格 26.2　管理与咨询之间的关系

相同点	咨询作为管理工作——所有者的代理或管理的替罪羊（Sturdy，2011）。 过程咨询（便利化）作为整体来管理（Schein，1987，2009）。 管理作为一个独立的、专业的角色（Khurana，2007）。
不同点	咨询作为顾问（世界主义者），而管理作为一个分层级与日常运营责任（当地人）。 咨询作为知识工作或一个创业专业；管理是由组织专业组成的（Reed，1996）。
两者都	特殊的、专家的外部化管理——代理人的代理人或竞争对手（Fincham，1999，2012；Ruef，2002）。 对管理人员和咨询人员进行不同的识别（Sturdy et al.，2009）。 他们都是专家劳动力的不同种类（Fincham，2012；Reed，1996）。

改编自 Sturdy，Wright and Wylie，2015

524 变革和融合的浪潮？管理与咨询之间有史以来的矛盾关系

咨询和管理之间密切但矛盾的关系在历史上也很明显，双方都一直在推动彼此的变革。基平对这一过程进行了有益的概述，他将咨询的长期历史发展描述为出现在一系列不同的咨询服务、专业知识和模式的浪潮中，这些浪潮很大程度上是基于管理需求的变化，也就是说，咨询是由管理主导的。正如他所说，“咨询可以被理解为对当前管理问题和定义的一种反映”。因此，当管理者的角色和他们关注的焦点发生重大转变时，他们使用的咨询方式也发生了变化”（Kipping，2002：29）。

管理咨询的第一波浪潮是在20世纪初发展起来的，当时大型制造商的老板们正为车间效率、生产控制和成本核算等复杂问题而苦苦挣扎。作为回应，一种新型的效率专家出现并形成了第一批管理咨询公司（Wright and Kipping，2012），与科学管理方法相联系。在20世纪20年代和30年代，第一个国际管理咨询公司——贝多公司，建立了一个业务范围从美国的工业中心，到加拿大、欧洲、澳大利亚，服务于伊士曼柯达、通用电气、杜邦以及B. F. 古德里奇等主要的跨国公司（Kipping，2002）。重要的是，这些早期的效率专家不仅提供建议，而且积极参与工作重新设计、工作评估（时间和动作研究）和工资激励方案的实施（Wright，2000）。20世纪40年代至60年代，随着战后经济繁荣，制造业在全球范围内扩张，科学管理继续成为管理咨询服务的核心领域。其中，外部顾问通常不仅传播了起核心作用的新技术和新方法，从而提高了生产工程和运营效率，而且也参与了经理在生产技术、人际关系、市场、营销和成本核算方面的培训，还参与了早期推动管理作为一个职业类别的专业化（Wright，1995，2000）。

然而，管理与咨询的相互关系不仅体现在科学管理中。第二波完全不同的
525 管理咨询浪潮开始于20世纪30年代的美国，并在60年代达到了国际知名的程度（McKenna，2006）。这些结构和战略顾问专注于与最大公司的高管合作，这是在美国最大的公司发展成为由公司总部控制多个部门结构的时候出现的，比如通用汽车、美国钢铁公司和杜邦公司（Chandler，1962；Drucker，1946）。

最著名的新精英咨询公司是麦肯锡公司（Kipping，1999；Mckenna，2006），但其竞争对手也在 20 世纪 60 和 70 年代出现，如波士顿咨询集团（BCG）和贝恩咨询公司，或许我们可以看到最接近传统的专业咨询公司而完全不同于管理的概念，因为这些公司强调它们作为外部新的公司结构和战略顾问的角色（David，Sine and Haveman，2013；Kitay and Wright，2007）。然而，重要的是，它们在塑造管理教育人才方面也有强大的影响力，特别是在专业商学院和工商管理硕士课程里，而这些课程现在已经成为全球管理学教育的主导了（Engwall，2012；McKenna，2006）。

市场、技术和业务需求的变化进一步推动了咨询的第三波发展。在这里，首先是由大型会计专业的学生驾驭的，商业的计算机化不仅推动了金融活动，而且也推动了企业在供应链上运作和互动的方式（Kipping，2002）。在这方面起步较早的是安达信会计事务所，它建立了自己的咨询部门安达信咨询，为客户提供建议并帮助它们实施新的信息技术（Wright，2002）。安达信很快被其他大型会计事务所效仿，随着这些咨询部门在规模和收入方面的增长，它们越来越多地剥离出来，成为独立的咨询公司（比如 Deloittes，Coopers & Lybrand，Price Waterhouse，Ernst & Young）（O'Shea and Madigan，1997）。新的信息技术也促进了对组织重组、精简和缩小规模的关注，在 20 世纪 90 年代和 21 世纪初，管理咨询公司在企业对这些服务需求不断增长的支持下急剧增长（Galal，Richter，and Wendlandt，2012）。这种趋势最著名的例子之一是业务流程再造（BPR）的流行（Fincham and Evans，1999；Hammer and Champy，1993）。事实上，咨询日益成为一种"外部化管理"的形式（Ruef，2002），作为外包供应商，它提供了许多重要的内部管理功能（Galal，Richter and Wendlandt，2012）。

管理顾问和经理不是简单的竞争对手，两者之间存在一种共生关系，即顾问依赖于不断变化的管理需求，而经理们利用顾问不仅提供建议，同时也协助组织变革的实施并对经理进行新技术和管理模式的培训。正如我们将看到的，这种共生关系将会继续存在，因为咨询已经成为管理职业公认的一部分 526
（Lemann，1999；Sturdy and Wright，2008）。

咨询变成了管理，管理变成了咨询？

我们已经看到了外部咨询的形式及其与管理的关系是如何改变的，特别是随着战略或“专业”模式的兴起，以及会计和 IT 公司的崛起。这种变化还在持续地发生，比如咨询专业知识的外包和自动化（Christensen，Wang and Van Bever，2013），但也更加普遍。在本节中，我们指出两个特殊的发展，即咨询和管理似乎正在一起发展或者说变得更加去差异化了。首先，一段时间以来，咨询业已经转向执行曾经被认为是管理活动的一种活动。这一点在使咨询机构参与变革实施而不是局限于咨询或协助方面最为明显（Morris，2000）。正如我们前面提到的，落实是早期咨询形式的一部分，但它的再次出现是为了回应客户经理对以建议为基础的咨询的批评，同时也是迎合了咨询公司自身扩大收入来源的努力（Sturdy，1997）。这种转变还反映在咨询公司的服务范围的扩大上，例如上文讨论的外包 IT 的相关活动，但也提供了额外的资源作为“修理厂”，即使这些服务并不总是在咨询本身的标签下。因此，正如奥马奥尼和马卡姆所说，如果我们将咨询的定义限定为提供专业的管理建议，约 50% 自称为顾问的人将被排除在外（O'Mahoney and Markham，2013：11），这甚至还没有考虑到其他各种各样的群体，如内部顾问或“顾问经理”。其次，咨询正变得越来越像管理，这在一定程度上也是对客户经理担忧的回应。在这里，一些大公司已经不再任用商业经验有限的年轻工商管理硕士毕业生，而是寻找更有经验的经理人（Sturdy，2011）。

尽管外部咨询可能转向活动和人事，但一旦与生产线管理密切相关，最大的变化可能是走向另外一个方向，这正如我们在本章开始所引用的内容那样。在这里，作为向新科层制的广泛转变的一部分，管理者已经改变了他们的形式，并变得：更加关注变革、整合项目工作，以及抽象工具和知识；他们的职业生涯更灵活/不稳定；他们的互动方式更少层级化，更注重市场导向（Farrell and Morris，2013；Reed，2011）。这些发展既不是大规模的，也不一定是普遍的（Bolin and Härenstam，2008；Johnson et al.，2009），但就算是持有怀疑态度的人也同意在这些方面进行某种形式的管理改革（Clegg，2012；Hales，2002）。这里面有很多因素，包括管理教育的作用和金融化（参见
527 Sturdy，Wright and Wylie，2015）。然而，对我们来说最相关的是，管理转向咨询部分是由于咨询公司本身的原因。咨询既是一种媒介，也是新科层制的一个例子。

传统上，咨询公司一直大力参与向组织传播管理思想，包括那些基于对科

层制的批评（Boltanski and Chiapello, 2005）。这可以通过客户项目或诸如“思想领导力”之类的促销活动直接发生，也可以作为基于整个行业成功的组织创新的榜样间接发生（McKenna, 2006）。但是随着管理明确地采用咨询的实践或将之内部化，新科层制也以咨询的方式被引用。正如我们下面所讨论的，这主要有三个方面：（1）职业身份的改变；（2）聘用前顾问；（3）设立咨询单位。

第一种，管理职业的转变，如人力资源管理或内部审计已经涉及采用咨询作为其工作活动的内在和明确的一部分（Selim, Woodward and Allegrini, 2009; Wright, 2008），这既涉及更普遍的变革管理，也涉及追求更“战略性”、更少等级划分、咨询或合作伙伴的角色（Caldwell, 2001）。人力资源管理就是这种转变的一个典型例子。从历史上看，人力资源管理的职能一直经历着信任差距，其无论是作为专家活动还是通才活动，贡献都不明确（Legge, 1978）。为了解决这个问题，一个常见的主张是，人力资源管理专业应该关注战略而不是行政工作，需要人力资源管理从业者作为顾问或“变革推动者”（Caldwell, 2001; Ulrich, 1997）来运作。因此，以这种方式工作直接关系到提高人力资源管理的专业地位，但实现这些优势可能更加困难。例如，变革推动者通常与其他专业团体相关联，如组织发展专家或那些在变革方法论（如精益/六西格玛）（Worren, Ruddle and Moore, 1999）方面具有专长的人。因此，人力资源管理正在进入一个已经拥挤的领域，其中许多集团可能正在争夺管辖权（Wright, 2008）。成功的主张依赖于人力资源经理展示他们作为变革推动者/顾问的角色与其他更成熟的团体有何不同。这需要人力资源从业人员克服他们现有的（通常是消极的）职业背景假设，要确保他们有足够的个人信誉来支持顾问角色（Sturdy, Wright and Wylie, 2015），和解决多年来人力资源面临的问题（Wylie, Sturdy, Wright, 2014）。

这再次证明了复杂的管理和咨询之间的关系，以及上面列出的不同定位。例如，如果人力资源管理等“服务”职能将提供咨询支持和指导视为其角色所固有的职责，那么管理和咨询就可能等同起来。另外，明确地将咨询作为人力资源管理工作的一个附加的愿望，表明了管理和咨询是相互排斥的活动的观点。因此，上文所述的管理和咨询既是相同的，又是不同的。在这里，管理职业寻求一种双重身份，即它们寻求保留各自的专业协会，但利用与咨询相关的

528 声望和独立性。尽管这似乎结合了管理和咨询两者的优势，但是这样的双重身份会导致不安全感（Sturdy，Wright and Wylie，2015）。

第二种使管理变得更像咨询的机制是通过招聘前顾问。咨询业务是在默认情况下聘入管理部门的，而经咨询公司培训的人员也会被聘入管理部门。这种咨询移民（Sturdy and Wright，2008）包含那些以高度变革、市场导向为主，并熟练掌握关系和项目管理的人。一位从业专家描述了这种现象，创造了“顾问经理”一词，并将他们的任命视为对外部顾问业务的威胁（Czerniawska，2011）。同样，2013 年《哈佛商业评论》一篇关于咨询业的文章称，“虽然无法公开获得精确的数据，但我们知道很多公司都雇用了一小批前咨询师”（Christensen，Wang and van Bever，2013：110）。这个团队不仅带来咨询实践，而且特别有可能在特定咨询项目之外与外部顾问（包括以前的同事）保持和发展非正式的关系。的确正如我们所见，以这种方式与顾问密切合作或顾问合作型是许多外向型管理者的一种自然的做法，有助于（双方）跟上管理发展（Kitay and Wright，2004）。同样，通过这种方式，咨询或多或少可以非正式地进入管理部门。

第三种机制涉及大型组织中的各种标签的咨询机构或单位的发展，协助管理变革工程和规划。当然，内部咨询已经存在了一段时间，但通常只与外部咨询相关，因此并没有流行开来（Armbruster，2006；Lacey，1995）。因此，目前，结合管理咨询作为一个整体有时带有污名的事实，“顾问”或“咨询”的名称可能在内部单位中没有公开地存在，即使许多（如果不是全部的话）核心特征是明显的。事实上，有人说，“内部咨询公司已经成为主要行动者。事实上，有很多经理在做顾问工作……而他们自己却没有意识到这一点”（Law，2009；Visschar，2006）。这些单位以及在其中工作的个人，是新科层制许多特征的例证。例如，他们通常是感到不安全的，严重依赖于高管的支持，并在高层结构中采用“非等级式样”的互动方式；使用变革和项目管理的咨询方法；并发挥跨职能整合的作用，包括通过各种形式的伪市场“关系管理”（Sturdy，Wright and Wylie，2015）。

总体说来，这三种内部化咨询途径所反映的发展有可能会破坏或者模糊咨询与管理之间的区别。这种去分化的一种可能的观点是，正如管理主义变得如此成功和广泛，以至于管理和经理的特殊地位下降（Grey，1999）；咨询也变得无处不在，以至于顾问身份失去了独特性和威望。

咨询在管理中的作用——主动和被动客户 529

我们已经看到咨询和管理是如何在概念上和历史上展现出复杂的、多样的和变化的关系。在最后一节中，我们将探讨这种模式是如何在它们实际交互的方式中反映出来的。在这里，角色和地位的多样性以及权力、反抗和相互依赖的关系更加明显。这些复杂性至关重要地塑造了管理客户和顾问之间关系的性质。正如斯特迪（Sturdy，1997）引用的一位高级管理人员所说的，“我喜欢和顾问一起工作，只要他们向我汇报，而不是向我的老板汇报”。尤其重要的是，经理在与顾问的关系中是主动还是被动。然而，尽管文化价值往往被放在行动或“主动”上，主动或被动都不一定意味着实现目标的成功或失败（Hislop，2002）。我们使用“主动”一词来表示对环境有意行为的控制或影响（Bohart and Tallman，1996），而“被动”则意味着对环境、他人意图、行为及其后果的接受。

第一个问题是识别什么是“客户”或者谁是“客户”。这并不是个让人感到陌生的挑战。例如，沙因（Schein）将其描述为一个“模糊的、有问题的”过程（1997：202），拒绝将客户视为组织的单一观点。他指出，顾问的第一个“联络人”和问题的“主要”所有者（两者可能都是管理人员）以及其他直接、无意或间接参与项目的“中间”个人或团体之间存在分歧。在这些基础上，我们可能会增加潜在的和以前的客户，也就是那些在正式项目和/或与各种形式的咨询销售计划相关的咨询顾问之间的行动者。换句话说，经理与顾问的关系绝不仅限于项目。

第二个问题是客户活动的目的和动机。这源于文献中重要的可变性而引起的，强调可以对顾问进行控制（即积极管理）和/或与咨询干预相关的想法。例如，客户可能积极地为项目寻找和选择顾问，却被动地接受所涉及的管理思想，而不会受到太多的批评和改变。（见图解 26.1）（Hislop，2002；Sturdy and Wright，2011）

	被动客户	活跃客户
控制顾问	A 推销的受害者	C 买方、竞争对手或合作伙伴
控制思想	B 时尚追随者	D 联合制作人

图解 26.1　被动和主动管理客户端两种形象

改编自 Sturdy and Wright，2011.

530 被动的管理者

被动管理客户的两种形象中的第一种（对顾问控制得低，即象限 A）在文献中相当常见。在这里，管理者被视为高度依赖；缺乏使用咨询服务的知识或经验；在管理或评估顾问方面做的很少；在销售技巧和政治手腕方面（Ernst and Kieser，2002），他们很脆弱，甚至容易上当受骗。此外，被动的客户在许多主动顾问的描述中都有间接的提及，例如，作为技术专家、修辞学家和"催化剂"的服务（Blake and Mouton，1983）。这也适用于被动客户的第二种形象，但与管理思想（象限 B）有关。在这里，批评性咨询文献，以其对管理知识的广泛关注，强调了客户似乎非批判性地采用了管理思想和模型（Huczynski，1993；Kieser，2002）。

主动的管理者

顾问的活跃用户（象限 C）涉及管理者形象作为采购商和合作伙伴在管理上的界限（Karantinou and Hogg，2009）。购买方利用资源动力和项目管理技能来控制、系统化，甚至怀疑顾问的选择、管理和评估（Deelmann and Mohe，2006）。这种对主动管理客户的看法，是被顾问作为下属、外包的"灰色"劳动力的为数不多的形象所左右的（Alvesson and Johansson，2002；Höner and Mohe，2009）。与此同时，管理人员还可以积极利用顾问的信号功能，使自己或组织的目的合法化（Armbruster，2006）。类似地，潜在的和中间的客户可能会积极抵制使用顾问，因为他们对个人、职业或组织构成威胁，或者基于顾问的局外人身份（充当看门人的身份）而积极地拒绝使用顾问（Sturdy，1997）。这种管理者和顾问之间的直接竞争或冲突在文献中仍然相对被忽视，尽管在实践中被广泛确证（Sturdy and Wright，2011）。与此相反的还有另一种占主导地位的形象，即顾问是一位积极的管理用户，是一位“合作伙伴”或值得信赖的同事（Czarniawska and Mazza，2003）。

在这里，重点在于通过协商和对话建立和维护共同的目标，在组织边界之间，作为同一项目团队的一部分，各方共同居住在组织边界的界限空间里（比较 Antal and Krebsbach-Gnath，2001；March，1991）。最后，如前所述，管理者可以积极地对待管理思想对组织、群体和个性化的象征、信号和政治作用（Staw and Epstein，2000）。同样，潜在的和间接的客户可能积极抵制外来的新 531
思想（Kipping and Armbrüster，2002）。

积极使用咨询的管理条件

文献中咨询服务的管理用户的形象继续在被动和主动之间交替，部分取决于研究重点和完善性。然而，正如芬彻姆（Fincham，1999）一段时间前指出的那样，权力、知识和依赖关系因环境而异。所以，我们可以问这样一个问题：什么时候管理者在使用咨询服务方面更活跃？首先要考虑的是项目本身的性质。例如，利皮特和利皮特（Lippitt and Lippitt，1986）在指导性项目和非指导性项目（如过程咨询）之间进行了划分。指导性项目是指咨询师将解决方案推荐或强加给作为“患者”的管理客户。同样，马卡姆（Markham，1997：72）概述了与“以客户为中心”项目相关的不同条件：

- 顾客想要独立性，去学习，以及去做任何决定
- 顾问想要防止依赖和客户成长
- 在两者关系中几乎没有同理心；顾问并不完全为管理层所接受
- 高风险或动态/长期的项目

这些因素中隐含着管理客户的能力/知识和权力/依赖性。因此，我们可能会发现，在具有咨询经验的管理人员中（Sturdy and Wright，2008），以及处在高风险和关键的组织变革中的组织会更积极地使用顾问（Abrahamson，1996）。同样，即使是高度依赖的管理者，只要有足够的知识水平和个人自信，也可能追求积极的方法（Fincham，1999）。这也可以通过咨询项目管理的正式培训和治理机制，或者专业采购或项目管理文化来指导（Werr and Pemer，2007）。

可能的管理活动的普遍条件是有益的，但为了与更普遍的创新研究保持一

致，模式需要在其特定的背景下加以确定（Tidd，2001）。此外，这种对活动概念的处理方法仍然相当静态。例如，纳库姆（Nachum，1999）指出，依赖性关系在很大程度上影响了管理者的积极性，但随着时间的推移，积极参与本身就会产生相互依赖性。更传统的做法是，商业服务领域中的许多账户都表明参与阶段之间客户活动水平的变化（Mills and Morris，1986）。同样，为数不多的专注于活跃的管理客户的咨询研究之一，也发现了咨询项目过程中的变化（Hislop，2002）。例如，在一种情况下，客户积极选择顾问，但随后选择将顾问定义为后续阶段的主导角色——也许是“主动消极”的一种形式。

532

结 论

在本章中，我们探讨了管理的一个被忽视的特征——它与咨询的关系。我们通过研究在不同的背景下如何实现这一点来做到，尤其是将咨询定义为包括管理在内的两种截然不同的主流定义——“我们都是顾问”——或“独家的”和“专业的”。我们认为管理和管理咨询既是相同的，又是不同的，这一观点是通过对与管理变化有关的咨询出现的历史简要叙述而发展起来的，包括最近的趋同模式。最后，我们从管理客户和他们的顾问实际如何一起工作的角度来看他们之间的关系。在这里，权力、反抗和依赖，以及管理者和顾问可以占据不同的位置和背景，对他们的关系和管理思想的使用产生不同的影响。从这个角度来看，我们可以看到尽管经理和顾问可以分享技能、方向、身份和兴趣，但即使在同一个项目中，也存在竞争和冲突的区域。

我们的方法试图扩大对管理的分析，从传统的关注管理职能、角色和组织内的活动，转向寻找一种特殊的、极端的情况下的管理，往往跨越组织边界。在这里，顾问要么是管理层的“突击队”，帮助将想法和实践引入其他管理集团；要么是为管理客户主人提供专业知识和合法性服务的“灰色劳动力”；要么是看上去颇具创新精神的榜样，供管理人员效仿或使其在职场上脱颖而出。

这种分析有助于从管理的形式、组成和影响等方面扩展管理的观点，并将其置于历史或动态的视角。然而，这也提出了可能在进一步研究中解决的问题。特别是在集中注意管理和咨询之间的关系方面，其他专家组处于次要地位。例如，对咨询公司的历史比较分析表明，在管理级别内外，咨询公司通常都有其他选择，比如各种行业、政府机构以及大学，它们提供管理理念和资源（Kipping and Wright, 2012）。那么，咨询公司是如何在某些管理、历史、地理和行业背景中占据主导地位的，而在其他方面却没有呢？这种情况会继续下去吗？或者，其他专业知识来源或渠道能更好地服务于现代管理？最后，无论是以便利的、过程技术的形式，还是更占优势的、以机械为基础的工具的方法，咨询都反映了一种特殊的组织形式。作为组织形式，这些和管理方法有哪些替代方案？在将管理视为一种活动、职业和身份认同时，我们作为重要的研究人员应该想象到，除了当前的组织之外，还有其他形式的组织市场原教旨主义和"理性"管理的新自由主义模板。

参考文献 533

Abrahamson, E. (1996). 'Management Fashion', *Academy of Management Review*, 21 (1): 254 - 85.

Alvesson, M. and Johansson, A. (2002). 'Professionalism and Politics in Management Consultancy Work', in T. Clark and R. Fincham (eds.), *Critical Consulting: New Perspectives on the Management Advice Industry*. Oxford: Blackwell, 228 - 46.

Antal, A. B. and Krebsbach-Gnath, C. (2001). 'Consultants as Agents of Organisational Learning', in M. Dierkes, A. B. Antal, J. Child, and I. Nonaka (eds.), *Handbook of Organizational Learning and Knowledge*. Oxford: Oxford University Press, 462 - 83.

Armbrüster, T. (2006). *The Economics and Sociology of Management Consulting*. Cambridge: Cambridge University Press.

Armbrüster, T. and Kipping, M. (2002). 'Types of Knowledge and the Client-Consultant Interaction', in K. Sahlin-Andersson and L. Engwall (eds.), *The Expansion of Management Knowledge: Carriers, Flows and Sources*. Stanford: CA: Stanford University Press, 96 - 110.

Blake, R. and Mouton, J. (1983). *Consultation: A Handbook for Individual and Organizational Development*. Reading, MA: Addison-Wesley.

Bohart, A. C. and Tallman, K. (1996). 'The Active Client: Therapy as Self-Help'. *Journal of Humanistic Psychology*, 36(3): 7 - 30.

Bolin, M. and Härenstam, A. (2008). 'An Empirical Study of Bureaucratic and Post-Bureaucratic Characteristics in 90 Workplaces'. *Economic and Industrial Democracy*, 29 (4): 541 - 64.

Boltanski, L. and Chiapello, E. (2005). *The New Spirit of Capitalism*. London: Verso.

Brech, E., Thomson, A., and Wilson, J. F. (2010). *Lyndall Urwick, Management Pioneer: A Biography*. Oxford: Oxford University Press.

Brint, S. (1996). *In an Age of Experts: The Changing Role of Professionals in Politics and Public Life*. Princeton, NJ: Princeton University Press.

Brocklehurst, M., Grey, C., and Sturdy, A. (2010). 'Management: The Work that Dares not Speak its Name', *Management Learning*, 41(1): 7-19.

Caldwell, R. (2001). 'Champions, Adapters, Consultants and Synergists: The New Change Agents in HRM'. *Human Resource Management Journal*, 11(3): 39-52.

Chandler, A. (1962). *Strategy and Structure*. Cambridge, MA: MIT Press.

Christensen, C. M., Wang, D., and van Bever, D. (2013). 'Consulting on the Cusp of Disruption'. *Harvard Business Review*, 91(10): 106-14.

Clegg, S. (2012). 'The End of Bureaucracy?'. *Research in the Sociology of Organizations*, 35: 59-84.

Czarniawska, B. and Mazza, C. (2003). 'Consulting as a Liminal Space'. *Human Relations*, 56(3): 267-90.

Czerniawska, F. (2011). 'Consultant-Managers: Something Else to Worry About'. *The Source Blog*, 3 May. Available at: <http://www.sourceforconsulting.com/blog/2011/05/03/consultant-managers-something-else-to-worry-about/> (accessed 26 July 2016).

Dalton, M. (1950). 'Conflicts between Staff and Line Managerial Officers'. *American Sociological Review*, 15(3): 342-51.

Daudigeos, T. (2013). 'In \\Their Profession's Service: How Staff Professionals Exert Influence in Their Organization'. *Journal of Management Studies*, 50(5): 722-49.

David, R. J., Sine, W. D., and Haveman, H. A. (2013). 'Seizing Opportunity in Emerging Fields: How Institutional Entrepreneurs Legitimated the Professional Form of Management Consulting'. *Organization Science*, 24(2): 356-77.

534 Deelmann, T. and Mohe, M. (eds.) (2006). *Selection and Evaluation of Consultants*. Munich: Rainer Hampp Verlag.

Donnelly, R. (2009). 'The Knowledge Economy and the Restructuring of Employment: The Case of Consultants'. *Work, Employment and Society*, 23(2): 323-41.

Drucker, P. (1946). *The Concept of the Corporation*. New York: John Day.

Engwall, L. (2012). 'Business Schools and Consultancies: The Blurring of Boundaries', in M. Kipping and T. Clark (eds.), *The Oxford Handbook of Management Consulting*. Oxford: Oxford University Press, 365-85.

Ernst, B. and Kieser, A. (2002). 'In Search of Explanations for the Consulting Explosion', in K. Sahlin-Andersson and L. Engwall (eds.), *The Expansion of Management Knowledge: Carriers, Flows, and Sources*. Stanford, CA: Stanford University Press, 47-73.

Farrell, C. and Morris, J. (2013). 'Managing the Neo-bureaucratic Organisation: Lessons from the UK's Prosaic Sector'. *The International Journal of Human Resource Management*, 24(7): 1376-92.

Fincham, R. (1999). 'The Consultant-Client Relationship: Critical Perspectives on the Management of Organizational Change'. *Journal of Management Studies*, 36(3): 335-51.

Fincham, R. (2003). 'The Agent's Agent: Power, Knowledge, and Uncertainty in Management Consultancy'. *International Studies of Management and Organization*, 32(4): 67-86.

Fincham, R. (2012). 'Expert Labour as a Differentiated Category: Power, Knowledge and Organisation'. *New Technology, Work and Employment*, 27(3): 208-23.

Fincham, R. and Clark, T. (2002). 'Introduction: The Emergence of Critical Perspectives on Consulting', in T. Clark and R. Fincham (eds.), *Critical Consulting: New Perspectives on the Management Advice Industry*. Oxford: Blackwell, 1-18.

Fincham, R. and Evans, M. (1999). 'The Consultants' Offensive: Reengineering - from Fad to Technique'. *New Technology, Work & Employment*, 14(1): 32-44.

Fine, G. (1996). 'Justifying work: Occupational Rhetorics as Resources in Restaurant Kitchens'. *Administrative Science Quarterly*, 41(1): 90 – 116.

Galal, K., Richter, A., and Wendlandt, V. (2012). 'IT Consulting and Outsourcing Firms: Evolution, Business Models and Future Prospects', in M. Kipping and T. Clark (eds.), *The Oxford Handbook of Management Consulting*. Oxford: Oxford University Press, 117 – 36.

Gouldner, A. W. (1957). 'Cosmopolitans and Locals: Towards an Analysis of Latent Social Roles I'. *Administrative Science Quarterly*, 2(3): 281 – 306.

Grey, C. (1999). ' "We Are all Managers Now"; "We Always Were": On the Development and Demise of Management'. *Journal of Management Studies*, 36(5): 561 – 85.

Guest, D. E. (1987). 'Human Resource Management and Industrial Relations'. *Journal of Management Studies*, 24(5): 503 – 21.

Hales, C. (2002). ' "Bureaucracy-lite" and Continuities in Managerial Work'. *British Journal of Management*, 13(1): 51 – 66.

Hammer, M. and Champy, J. (1993). *Reengineering the Corporation: A Manifesto for Business Revolution*. New York: Harper Business.

Harding, N., Lee, H., and Ford, J. (2014). 'Who is "the Middle Manager"?'. *Human Relations*, 67(10): 1213 – 37.

Hislop, D. (2002). 'The Client Role in Consultancy Relations During the Appropriation of Technological Innovations'. *Research Policy*, 31(5): 657 – 71.

Hodgson, D. (2002). 'Disciplining the Professional: The Case of Project Management'. *Journal of Management Studies*, 39(6): 803 – 21.

Höner, D. and Mohe, M. (2009). 'Behind Clients' Doors: What Hinders Client Firms 535
from "Professionally" Dealing with Consultancy?'. *Scandinavian Journal of Management*, 25(3): 299 – 312.

Huczynski, A. (1993). 'Explaining the Succession of Management Fads'. *International Journal of Human Resource Management*, 4(2): 443 – 63.

Johnson, P., Wood, G., Brewster, C., and Brookes, M. (2009). 'The Rise of Post-Bureaucracy: Theorists' Fancy or Organizational Praxis?'. *International Sociology*, 24(1): 37 – 61.

Karantinou, K. M. and Hogg, M. K. (2009). 'An Empirical Investigation of Relationship Development in Professional Business Services'. *Journal of Services Marketing*, 23(4): 249 – 60.

Khurana, R. (2007). *From Higher Aims to Hired Hands: The Social Transformation of American Business Schools and the Unfulfilled Promise of Management as a Profession*. Princeton, NJ: Princeton University Press.

Kieser, A. (2002). 'Managers as Marionettes? Using Fashion Theory to Explain the Success of Consultancies', in M. Kipping and L. Engwall (eds.), *Management Consulting: Emergence and Dynamics of a Knowledge Industry*. Oxford: Oxford University Press, 167 – 83.

Kipping, M. (1999). 'American Management Consulting Companies in Western Europe, 1910s to 1990s: Products, Reputation, and Relationships'. *Business History Review*, 73(2): 190 – 220.

Kipping, M. (2002). 'Trapped in Their Wave: The Evolution of Management Consultancies', in T. Clark and R. Fincham (eds.), *Critical Consulting: New Perspectives on the Management Advice Industry*. Oxford: Blackwell, 28 – 49.

Kipping, M. (2011). 'Hollow from the Start? Image Professionalism in Management

Consulting', *Current Sociology*, 59(4): 530 – 50.

Kipping, M. and Armbrüster, T. (2002). 'The Burden of Otherness: Limits of Consultancy Interventions in Historical Case Studies', in M. Kipping and L. Engwall (eds.), *Management Consulting: Emergence and Dynamics of a Knowledge Industry*. Oxford: Oxford University Press, 203 – 21.

Kipping, M. and Wright, C. (2012). 'Consultants in Context: Global Dominance, Societal Effect and the Capitalist System', in M. Kipping and T. Clark (eds.), *The Oxford Handbook of Management Consulting*. Oxford: Oxford University Press, 165 – 185.

Kitay, J. and Wright, C. (2003). 'Expertise and Organizational Boundaries: The Varying Roles of Australian Management Consultants'. *Asia Pacific Business Review*, 9(3): 21 – 40.

Kitay, J. and Wright, C. (2004). 'Take the Money and Run? Organisational Boundaries and Consultants' Roles'. *The Service Industries Journal*, 24(3): 1 – 18.

Kitay, J. and Wright, C. (2007). 'From Prophets to Profits: The Occupational Rhetoric of Management Consultants', *Human Relations*, 60(11): 1613 – 40.

Kubr, M. (1996). *Management Consulting: A Guide to the Profession*. Geneva: ILO.

Lacey, M. Y. (1995). 'Internal Consulting: Perspectives on the Process of Planned Change'. *Journal of Organizational Change Management*, 8(3): 75 – 84.

Law, M. (2009). 'Managing Consultants'. *Business Strategy Review*, 20(1): 62 – 6.

Legge, K. (1978). *Power, Innovation, and Problem-Solving in Personnel Management*. London: McGraw-Hill.

Lemann, N. (1999). 'The Kids in the Conference Room'. *The New Yorker*, 75(31): 209 – 16.

Lippitt, G. and Lippitt, R. (1986). *The Consulting Process in Action*. San Diego, CA: University Associates Inc.

McDonald, D. (2013). *The Firm: The Story of McKinsey and Its Secret Influence on American Business*. New York: Simon and Schuster.

536 McGinn, D. (2013). 'Inside Consulting's Black Box'. *Harvard Business Review*, 91(9): 126 – 7.

McKenna, C. D. (2006). *The World's Newest Profession: Management Consulting in the Twentieth Century*. Cambridge: Cambridge University Press.

March, J. (1991). 'Exploration and Exploitation in Organizational Learning'. *Organization Science*, 2(1): 71 – 87.

Markham, C. (1997). *Practical Management Consultancy*. London: Accountancy Books.

Mills, P. K. and Morris, J. H. (1986). 'Clients as "Partial" Employees of Service Organizations: Role Development in Client Participation', *Academy of Management Review*, 11(4): 726 – 35.

Morris, T. (2000). 'From Key Advice To Execution? Consulting Firms and the Implementation of Strategic Decisions', in P. Flood, T. Dromgoole, S. Carroll, and L. Gorman (eds.), *Managing Strategic Implementation: An Organizational Behaviour Perspective*. Oxford: Blackwell, 125 – 37.

Muzio, D., Hodgson, D., Faulconbridge, J., Beaverstock, J., and Hall, S. (2011). 'Towards Corporate Professionalization: The Case of Project Management, Management Consultancy and Executive Search'. *Current Sociology*, 59(4): 443 – 64.

Nachum, L. (1999). 'Measurement of Productivity of Professional Services: An Illustration on Swedish Management Consulting Firms'. *International Journal of Operations & Production Management*, 19(9): 922 – 49.

O'Mahoney, J. and Markham, C. (2013). *Management Consultancy*. Oxford: Oxford University Press.

O'Shea, J. and Madigan, C. (1997). *Dangerous Company: The Consulting Powerhouses and the Businesses They Save and Ruin*. New York: Times Business.

OGC (2006). *Delivering Value from Consultancy*. London: Office of Government Commerce.

Poole, M., Mansfield, R., and Mendes, P. (2001). *Two Decades of Management*. London: The (UK) Institute of Management.

Reed, M. (1996). 'Expert Power and Control in Late Modernity: An Empirical Review and Theoretical Synthesis'. *Organization Studies*, 17(4): 573-97.

Reed, M. (2011). 'The Post-Bureaucratic Organization and the Control Revolution', in S. Clegg, M. Harris, and H. Höpfl (eds.), *Managing Modernity: Beyond Bureaucracy?* Oxford: Oxford University Press, 230-56.

Ruef, M. (2002). 'The Interstices of Organizations: The Expansion of the Management Consulting Profession, 1933-1997', in K. Sahlin-Andersson and L. Engwall (eds.), *The Expansion of Management Knowledge: Carriers, Flows, and Sources*. Stanford, CA: Stanford University Press, 74-95.

Schein, E. (1987). *Process Consultation: Lessons for Managers and Consultants*. Reading, MA: Addison-Wesley.

Schein, E. (1997). 'The Concept of "Client" from a Process Consultation Perspective: A Guide for Change Agents'. *Journal of Organizational Change Management*, 10(3): 202-16.

Schein, E. (2009). *Helping: How to Offer, Give and Receive Help*. San Francisco, CA: Berrett-Koehler.

Selim, G., Woodward, S., and Allegrini, M. (2009). 'Internal Auditing and Consulting Practice: A Comparison between UK/Ireland and Italy'. *International Journal of Auditing*, 13(1): 9-25.

Shenhav, Y. A. (1999). *Manufacturing Rationality: The Engineering Foundations of the Managerial Revolution*. Oxford: Oxford University Press.

Staw, B. M. and Epstein, L. D. (2000). 'What Bandwagons Bring: Effects of Popular Management Techniques on Corporate Performance, Reputation, and CEO Pay'. *Administrative Science Quarterly*, 45(3): 523-56.

Sturdy, A. (1997). 'The Consultancy Process-an Insecure Business?'. *Journal of* 537
Management Studies, 34(3): 389-413.

Sturdy, A. (2009). 'Popular Critiques of Consultancy and a Politics of Management Learning?'. *Management Learning*, 40(4): 457-63.

Sturdy, A. (2011). 'Consultancy's Consequences? A Critical Assessment of Management Consultancy's Impact on Management'. *British Journal of Management*, 22(3): 517-30.

Sturdy, A., Handley, K., Clark, T., and Fincham, R. (2009). *Management Consultancy: Boundaries and Knowledge in Action*. Oxford: Oxford University Press.

Sturdy, A. and Wright, C. (2008). 'A Consulting Aiaspora? Enterprising Selves as Agents of Enterprise'. *Organization*, 15(3): 427-44.

Sturdy, A. and Wright, C. (2011). 'The Active Client: The Boundary-Spanning Roles of Internal Consultants as Gatekeepers, Brokers and Partners of Their External Counterparts'. *Management Learning*, 42(5): 485-503.

Sturdy, A., Wright, C., and Wylie, N. (2015). *Management as Consultancy: Neo-Bureaucracy and the Consultant Manager*. Cambridge: Cambridge University Press.

Tidd, J. (2001). 'Innovation Management in Context: Environment, Organization and Performance'. *International Journal of Management Reviews*, 3(3): 169–83.

Ulrich, D. (1997). Human Resource Champions. Boston, MA: Harvard University Press.

Visscher, K. (2006). 'Capturing the Competence of Management Consulting Work'. *Journal of Workplace Learning*, 18(4): 248–60.

Werr, A. and Pemer, F. (2007). 'Purchasing Management Consulting Services: From Management Autonomy to Purchasing Involvement'. *Journal of Purchasing and Supply Management*, 13(2): 98–112.

Werr, A., Stjernberg, T., and Docherty, P. (1997). 'The Functions of Methods of Change in Management Consulting'. *Journal of Organizational Change Management*, 10(4): 288–307.

Wickham, P. A. (1999). *Management Consulting*. London: Financial Times/Pitman.

Worren, N. A. M., Ruddle, K., and Moore, K. (1999). 'From Organizational Development to Change Management: The Emergence of a New Profession'. *Journal of Applied Behavioral Science*, 35(3): 273–86.

Wright, C. (1995). *The Management of Labour: A History of Australian Employers*. Melbourne: Oxford University Press.

Wright, C. (2000). 'From Shopfloor to Boardroom: The Historical Evolution of Australian Management Consulting, 1940s to 1980s'. *Business History*, 42(1): 86–106.

Wright, C. (2002). 'Promoting Demand, Gaining Legitimacy and Broadening Expertise: The Evolution of Consultancy-Client Relationships in Australia', in M. Kipping and L. Engwall (eds.), *Management Consulting: Emergence and Dynamics of a Knowledge Industry*. Oxford: Oxford University Press, 184–202.

Wright, C. (2008). 'Reinventing Human Resource Management: Business Partners, Internal Consultants and the Limits to Professionalisation'. *Human Relations*, 61(8): 1063–86.

Wright, C. and Kipping, M. (2012). 'The Engineering Origins of Consulting – and Their Long Shadow', in T. Clark and M. Kipping (eds.), *The Oxford Handbook of Management Consulting*. Oxford: Oxford University Press, 29–49.

Wylie, N., Sturdy, A., and Wright, C. (2014). 'Change Agency in Occupational Context: Lessons for HRM'. *Human Resource Management Journal*, 24(1): 95–110.

主题索引

介绍性说明

诸如“178－9”之类的参考文献说明是在跨页（不一定是连续的）讨论某个主题。因为这整本书都是关于“管理”的，所以使用这个术语（以及贯穿始终的某些其他术语）作为切入点就受到了限制。请查看适当的详细条目。在可能的情况下，对于有许多参考文献的主题，这些主题要么被划分为次主题，要么只列出对该主题的最重要的讨论。

A

B

C

D

E

F

G

H

I

J

K

L

M

N

O

P

Q

R

S

T

U

V

W